Zoltán Jákli
Vom Marshallplan zum Kohlepfennig

Schriften des Zentralinstituts für sozialwissenschaftliche Forschung der Freien Universität Berlin

ehemals Schriften des Instituts für politische Wissenschaft

Band 58

Zoltán Jákli

Vom Marshallplan
zum Kohlepfennig

Grundrisse der Subventionspolitik
in der Bundesrepublik Deutschland 1948–1982

Westdeutscher Verlag

CIP-Titelaufnahme der Deutschen Bibliothek

Jákli, Zoltán:
Vom Marshallplan zum Kohlepfennig: Grundrisse der Subventionspolitik in der Bundesrepublik Deutschland 1948–1982 / Zoltán Jákli. — Opladen: Westdt. Verl., 1990
  (Schriften des Zentralinstituts für Sozialwissenschaftliche Forschung der Freien Universität Berlin; Bd. 58)
  Zugl.: Berlin, Freie Univ., Diss.
  ISBN 3-531-12145-6

NE: Zentralinstitut für Sozialwissenschaftliche Forschung ⟨Berlin, West⟩: Schriften des Zentralinstituts ...

D 188

Der Westdeutsche Verlag ist ein Unternehmen der Verlagsgruppe Bertelsmann International.

Druck und buchbinderische Verarbeitung: Lengericher Handelsdruckerei, Lengerich
Printed in Germany

ISBN 3-531-12145-6

Inhalt

Vorbemerkung 11

Prolog 12

| I. | Einleitung .... | 16 |

1.	Subventionen und Subventionspolitik	16
2.	Referenzebenen der Subventionspolitik	19
3.	Entwicklungsmuster der Subventionspolitik	22
4.	Aufbau der Studie	24

| II. | **Bestandsaufnahme: Erste Konturen der Subventionspolitik — ein Propädeutikum** .... | 26 |

1.	Vorbemerkung	26
2.	Definitorische und phänomenologische Annäherung an einen schillernden Gegenstand	26
2.1.	Subventionsdefinitionen: Probleme einer Begriffsbestimmung ..	26
2.2.	Subventionsarten — grobe Auswahl aus einer Vielfalt	31
3.	Subventionsentwicklung 1950—1982. Annäherung an die Quantität des Gegenstandes	33
3.1.	Die Löcher im statistischen Netz: Vorbemerkung zur Materiallage	33
3.2.	Die Entwicklung des Subventionsvolumens 1950—1966	35
3.2.1.	Direkte Subventionen (Finanzhilfen)	35
3.2.2.	Steuerliche Subventionen	36
3.3.	Subventionsentwicklung 1966—1982	37
3.3.1.	Die Entwicklung der Finanzhilfen	41
3.3.2.	Vergleich der Ergebnisse der Subventionsberichterstattung mit denen anderer Untersuchungen	47
4.	Zusammenfassung: Erste Konturen der Subventionspolitik	50

| III. | **Der hilfreiche Staat — Subventionspolitik 1948—1955** .... | 52 |

1.	Vorbemerkung: Warum mit 1948 beginnen?	52
2.	Die Finanzierung des Wiederaufbaus. Finanzierungsmethoden und Steuerungsstrategien gesellschaftlich-staatlicher Absicherung der Marktwirtschaft	54
2.1.	Wirtschaftsentwicklung und Staatsfinanzen in den Nachkriegsjahren	54
2.2.	Währungsreform und DM-Bilanzgesetz: Der Boden wird bestellt	55
2.3.	Formen subventiver Wirtschafts- und Gesellschaftspolitik: eine Fruchtfolge	58

2.3.1. Steuerliche Subventionspolitik 1948–1955: die Finanzierung der privaten Kapitalbildung 58
2.3.1.1. Im Brennpunkt: AfA – Absetzung für Abnutzung 59
2.3.1.2. Die „Siebener-Gruppe" 61
2.3.2. Die Marshallplan-Hilfe: Importfinanzierung, Investitionslenkung und Westintegration 65
2.3.3. Das Investitionshilfegesetz von 1952: der Selbsthilfebeitrag der Wirtschaft und die Reetablierung industriellen Interesseneinflusses 68
2.3.3.1. Die Entstehung des Investitionshilfegesetzes 69
2.3.3.2. Konstruktion und Verteilung der Investitionshilfe 71
2.3.3.3. Das Investitionshilfegesetz 1952: ökonomische, politische und rechtliche Fernwirkungen 73
3. Subventionspolitik als Gesellschaftspolitik 74

IV. **Subventionspolitik 1955–1964: Kompensation sozialökonomischer Problemlagen** 79

1. Schattenriß: Die Konturen einer Produktionsgesellschaft 79
2. Subventionen für die Landwirtschaft – ein Wirtschaftsbereich wird ausgegliedert 81
2.1. Zur Lage der Landwirtschaft: beschränkt überlebensfähig 81
2.2. Das Landwirtschaftsgesetz 1955: Staatliche Hilfe wird gesetzlich verankert 82
2.2.1. Ein Verband setzt sich durch – die politische Genese des Landwirtschaftsgesetzes 82
2.2.2. Einzelmaßnahmen agrarpolitischer Subventionspolitik 87
2.2.3. Gesamtbegünstigung der Landwirtschaft 92
2.3. Agrarsubventionen: strukturerhaltend oder strukturverändernd? 93
3. Der Gefälligkeitsstaat und die herrschaftssichernden Möglichkeiten der Subventionspolitik 96
4. Von der Krisenkompensation zur Krisenregulierung. Entwicklungsschritte der Subventionspolitik in der Krise des deutschen Steinkohlenbergbaus 100
4.1. Das hilflose Krisenmanagement: staatliche Kohlenpolitik in der Absatzkrise 1958/59 101
4.2. Die Entstehung einer staatlich-privaten Regulierungsstruktur – subventionspolitisch abgefedert 103
4.3. Überblick: Subventionen für den Steinkohlenbergbau 1958–1967 109
4.4. Die Kohlenkrise als subventionspolitischer Lernprozeß 114
5. Subventionspolitik im Aufbauboom: Eine Problemstellung wird entworfen 118

V. **Anfänge einer funktionalen Subventionspolitik 1964–1969** . . . 121

1. Ausgangsbasis der funktionalen Subventionspolitik: Wandel der ökonomischen und politischen Situation Mitte der sechziger Jahre 121
2. Formen funktionaler Subventionspolitik 123

3.	Die volkswirtschaftliche Förderungswürdigkeit der Veräußerungsgewinne — §§ 6b, c EStG	125
3.1.	Ökonomische Hintergründe und steuersystematische Probleme des § 6b EStG	126
3.2.	Der Vorläufer des § 6b EStG und verwandte Regelungen	132
3.3.	Entstehung und Inhalt des § 6b EStG	133
3.3.1.	Der Entwurf der Bundesregierung und die Diskussion im Finanzausschuß	133
3.3.2.	Regelung des § 6b EStG: die doppelt eingegrabene gesamtwirtschaftliche Rationalität	138
3.4.	Nutzungsprofil der Übertragbarkeit stiller Reserven — volkswirtschaftlich förderungswürdig?	140
3.4.1.	Struktur der Steuerpflichtigen und der Veräußerungsgewinne — oder: Wer viel gewinnt, gewinnt jetzt doppelt	141
3.4.2.	Veräußerungs- und Übertragungsstruktur	144
3.4.3.	Unternehmensgrößenspezifisches Nutzungsprofil	147
3.4.4.	Fazit §§ 6b, c EStG	154
3.5.	Die Verwaltung der Ausnahmen: § 6b Abs. 1 Satz 2 Ziff. 5 EStG	155
4.	Aspekte und Kriterien funktionaler Subventionspolitik — eine Zwischenbilanz	159
4.1.	Die entpolitisierende Funktion des Begriffs „volkswirtschaftliche Förderungswürdigkeit"	160
4.2.	Rechtliche Aspekte funktionaler Subventionspolitik	162
VI.	**Kontrolle und Abbau der Subventionen — subventionspolitische Formierung auf der Ebene „abstrakter" Subventionspolitik**	168
1.	Subventionsdiskussion und Subventionspolitik unter dem Eindruck der Haushalts- und Wirtschaftskrise 1965—1967	168
2.	Institutionalisierung der Subventionsberichterstattung im Stabilitäts- und Wachstumsgesetz (StWG)	172
3.	Die Praxis der Subventionsberichterstattung (1968—1975): subventionspolitisches Steuerungsinstrument oder Spiegel der Subventionspraxis?	177
3.1.	Die Widerspiegelung der Abbaupraxis im Subventionsbericht	181
3.2.	Subventionsberichterstattung und öffentliche Meinung: die Kanalisierung der subventionspolitischen Diskussion	192
4.	Strategien der Subventionskontrolle — mit dem Subventionsbericht durchsetzungsfähiger?	196
4.1.	Die Umwandlung von Steuervergünstigungen in Finanzhilfen	196
4.2.	Befristung der Subventionen	198
4.3.	Erfolgskontrolle	201
5.	Zwischenbilanz: Von der Subventionsdiskussion zur kontrollierten Subventionspolitik	203

VII.   Subventionspolitische Prosperität? Die Entwicklung neuer subventionspolitischer Programme 1967—1974 210

1.   Modernisierung der Finanz- und Wirtschaftspolitik 210
2.   Regionale Wirtschaftsförderung — die „neue" Subventionspolitik? 211
3.   Nach der Wirtschafts- und Finanzkrise 1966/67: die stille Blüte der Subventionspolitik 221

VIII.   Subventionsabbau jetzt! Subventionsabbau gerade jetzt? Subventionspolitische Entwicklungen in den Problemjahren 1974—1984 226

1.   Der Weg in die Stagnation — neue Rahmenbedingungen für die Subventionspolitik 226
2.   Subventionsdiskussion und Subventionsabbau in der Wirtschaftskrise 1974/75 227
3.   Politisierung der Subventionsdiskussion 1976—1982 und die Sparpolitik der Bundesregierung. Hat die Intensivierung der subventionspolitischen Diskussion Auswirkungen auf die Wirtschafts- und Haushaltspolitik des Bundes? 233
3.1.   Strukturierung der subventionspolitischen Diskussion in Parteien und Verbänden — Ende des subventionspolitischen Laientums? 234
3.2.   Was wird abgebaut, wenn abgebaut wird? — Das Abbauprofil der Sparmaßnahmen 1981/82, verglichen mit den gleichzeitig eingeführten Entlastungen für die Wirtschaft 245
3.2.1. Subventionsabbaugesetz 1981 246
3.2.2. Zweites Haushaltsstrukturgesetz 1981 250
3.3.   Zur fiskalischen Bedeutung von Subventions- und Sozialabbau — Versuch einer Gegenrechnung 257
4.   Die Politisierungsschwäche der Subventionspolitik und die Verhinderungsmacht der Erbhöfe 263

IX.   Neue Wege in der Subventionspolitik? Fiskalische und rechtliche Alternativen zur bisherigen Subventionspraxis 269

1.   Die Subventionen beherrschen — aber wie? 269
2.   Beherrschbarkeit der Subventionen durch Kodifizierung subventionspolitischer Grundsätze? 270
3.   Bildung von Subventionssegmenten — Sonderfonds und Sondervermögen als subventionspolitische Strategie 275
3.1.   Formen parafiskalischer Sonderabgaben 276
3.2.   Interessenpolitische Homogenität als Voraussetzung subventiver Segmente? Schlußfolgerungen aus Genese und Praxis der Ausgleichsabgabe „Kohlepfennig" 279
4.   Hilfsfiskalismus und Verrechtlichung — Königswege oder Auswege der Subventionspolitik? 283

X.　　**Schluß** 287

1.　　Der gewundene Weg der Subventionspolitik. Eine Zusammen-
　　　fassung 287
2.　　Defizite subventionspolitischer Erklärungsmuster 293
2.1.　Subventionen im Rahmen neoliberaler Politikvermeidungs-
　　　strategie 293
2.2.　Keynesianische Modernisierung: Subventionen als Mittel wirt-
　　　schaftspolitischer Feinsteuerung? 297
2.3.　Probleme des Konzepts einer funktionalen Subventionspolitik . 299
2.4.　Subvention — Instrument politischer Konfliktdämpfung 301
3.　　Politikdefizite der Subventionspolitik 303

Tabellenanhang 306

Quellenverzeichnis 319

Literaturverzeichnis 320

Vorbemerkung

Die Entstehungsgeschichte meiner Studie über die Subventionspolitik in der Bundesrepublik reicht in das Jahr 1978 zurück. Damals nahm das Forschungsprojekt „Der Steuerstaat — ökonomische und legitimatorische Strukturprobleme staatlicher Steuerreformversuche (1966—1976)" seinen Anfang, das von Wolf-Dieter Narr und Peter Grottian geleitet und von der VW-Stiftung finanziert wurde. Ein Thema unter anderen waren die politischen Auseinandersetzungen um die Subventionen der vorangegangenen Jahre. In den Diskussionen mit meinem damaligen Projektkollegen Gert Bruche entwickelte sich die Idee, Rhythmen und Verlauf der öffentlichen Subventionsdiskussionen herauszuarbeiten und die Ursachen ihrer von uns damals vermuteten relativen Folgenlosigkeit zu untersuchen. Im Rahmen des „Steuerprojekts" war es möglich gewesen, einen Teil der notwendigen empirischen Erhebungen durchzuführen; es gelang jedoch nicht, die Arbeiten darüber hinaus fortzusetzen. Erst im Sommer 1983 bot sich mir als wissenschaftlicher Mitarbeiter am Institut für Politikwissenschaft der Technischen Universität Berlin die Gelegenheit, dieses Projekt in Angriff zu nehmen. Anfang 1986 reichte ich die Arbeit als Dissertation am Fachbereich Politische Wissenschaft der Freien Universität Berlin ein. 1987 hat das Direktorium des Zentralinstituts für sozialwissenschaftliche Forschung der Freien Universität Berlin beschlossen, die Studie in seine Schriftenreihe aufzunehmen. Für die Veröffentlichung wurde sie gekürzt.

Am Gelingen dieser Studie haben viele mitgewirkt: Peter Grottian, der jederzeit für Diskussionen zur Verfügung stand, Wolf-Dieter Narr, der nicht unerheblich zur Schärfung der Argumentation beigetragen hat und Dieter Grühn, der so manchen Urlaubstag für die kritische Lektüre der Rohfassung opferte. Rita Ackermann beschleunigte mit Geduld und Nachdruck die Niederschrift des Gedachten und steuerte zugleich der „selbstgewählten Einsamkeit des Forschenden am Schreibtisch" erfolgreich gegen. Karin Grünewald hat mit viel Sorgfalt ein erstes lesbares Manuskript hergestellt. Axel Murswieck hat die für den Autor immer schwierige Arbeit des Kürzens mit vielen hilfreichen Anregungen erleichtert. Frauke Burian schließlich hat das Manuskript für die Veröffentlichung stilistisch geglättet und von manchem Ballast befreit. Ihnen allen danke ich herzlich.

Berlin, im Oktober 1989   Zoltán Jákli

Prolog

1986 ging ein langersehntes Ziel aller Bundesregierungen in Erfüllung: Die Kosten eines Ausgabenprogramms konnten im wesentlichen durch den Abbau von Subventionen gedeckt werden. Das Beschäftigungsprogramm 1986 mit einem Ausgabenvolumen von neun Milliarden DM, mit dem etwa 300 000 bis 400 000 Arbeitsplätze geschaffen werden sollten, wurde zu mehr als zwei Dritteln durch Abbau oder Einschränkung von Finanzhilfen und Steuervergünstigungen finanziert. Allein vier Milliarden DM an Steuereinnahmen brachte die Einschränkung von Steuervergünstigungen, knapp zwei Milliarden wurden bei den Finanzhilfen eingespart. Im einzelnen: Durch den Ausschluß des Vorsteuerabzugs bei den Betriebs-Pkw floß eine Milliarde DM mehr in die Staatskassen; Einschränkungen im Rahmen des § 7b EStG (Einschränkung der erhöhten Absetzung für Altbauten und der steuerlichen Begünstigung eigengenutzten Wohnraums in Ein- und Zweifamilienhäusern) brachten fast zwei Milliarden DM ein; abgebaut wurde die 1983 eingeführte Mehrwertsteuerbegünstigung für die Landwirtschaft. Konsequent wurde der Rotstift bei denjenigen Subventionen angesetzt, die aus umwelt- und energiepolitischen Gründen nicht mehr zu rechtfertigen waren: Ihm fielen die Gasölbeihilfe für die Landwirtschaft, die bis 1987 um 50 Prozent reduziert wurde (Einsparung ab 1987 ca. 330 Millionen DM jährlich), aber auch die Mineralölsteuervergünstigung für die Luftfahrt zum Opfer. Eine neue Gebietsabgrenzung in der regionalen Wirtschaftsförderung, die sich ab 1987 auf wenige Gebiete mit hoher Arbeitslosigkeit konzentrierte, erbrachte weitere 300 Millionen DM. Darüber hinaus wurde durch die lineare Kürzung aller übrigen Subventionen auf der Einnahmen- wie der Ausgabenseite ein weiteres Finanzierungsvolumen für das Beschäftigungsprogramm von 1,5 Milliarden DM sichergestellt.

Doch damit nicht genug: Ein von der Bundesregierung eingesetzter Subventionsausschuß wird parallel zum Subventionsbericht ohne Ressortverpflichtungen Konzeptionen zur Überarbeitung von Subventionsprogrammen vorlegen, die − im Unterschied zu früheren Versuchen − verbindliche Streichungsvorschläge enthalten sollen. Man hatte beschlossen, Subventionen im Bundeshaushalt gesondert aufzuführen; neue Subventionen sollen nur dann vergeben werden, wenn in gleichem Umfang Subventionen abgebaut werden. Mit diesem „Deckelbeschluß" hofft man, die Ressorts zu sparsamen Subventionsausgaben bewegen zu können.

Die Entwicklung zu diesem mit Abstand größten Subventionsabbau ist nicht überraschend gekommen. Sie ist das Ergebnis von Reformvorschlägen zur Subventionspolitik und zu einzelnen Subventionen, die seit Ende der siebziger Jahre mehr oder minder systematisch weiterentwickelt wurden. Begonnen hatte es bereits 1976, als sich in Parteien und Fraktionen Arbeitsgruppen zum Thema Subventionen bildeten, die es sich zur Aufgabe machten, den Subventionsbericht − und nicht nur ihn − nach überflüssigen Finanzhilfen und Steuervergünstigungen zu durchforsten und die darüber hinaus Grundsätze für eine wirtschaftlichen und fiskalischen Gegebenheiten entsprechende effizientere Subventionspolitik entwickelten.

In der Folgezeit übten Politiker unterschiedlicher Couleur heftige Kritik an der herrschenden Subventionspolitik. Zwei prominente Mitglieder der SPD taten dies an hervorgehobener Stelle: der nordrhein-westfälische Ministerpräsident Rau vor der Vereinigung der industriellen Arbeitergeber und der damalige Hamburger Bürgermeister Klose vor der Arbeitsgemeinschaft für Arbeitnehmerfragen der SPD. Rau hielt den industriellen Arbeitgebern vor, daß — rechnerisch gesehen — inzwischen die Hälfte der gesamten Unternehmensgewinne nach Berechnungen der Deutschen Bundesbank von Subventionen gestellt werde, und Klose sah in der staatlichen Wirtschaftsförderung, die immer dann greife, wenn Großunternehmen mit vielen Arbeitsplätzen in wirtschaftliche Schwierigkeiten gerieten, die Theorie vom Staat als „Reparaturbetrieb des Kapitalismus" bestätigt. In der „Zeit" stellte im gleichen Jahr der damalige Finanzminister Apel angesichts des vom Kieler Institut für Weltwirtschaft errechneten tatsächlichen Ausmaßes der Subventionen die Frage, ob denn 80 Milliarden DM jährlich „für die Katz" seien. Kritik kam auch aus der CDU: Die niedersächsische Wirtschaftsministerin Birgit Breuel profilierte sich zu einer beharrlichen Kritikerin des bestehenden Subventions-(un-)wesens.

Es regte sich also Ende der siebziger Jahre einiges an der Subventionsfront. Eine erste subventionspolitische Zwischenbilanz zog 1981 Bundesfinanzminister Matthöfer mit dem Subventionsabbaugesetz und dem Zweiten Haushaltsstrukturgesetz. Doch das war erst der Anfang. Da Subventionspolitik inzwischen breite Öffentlichkeit und politisch-administrative Bedeutung erlangt hatte, beschäftigte sich auch der zuständige Bundestagsausschuß, der Haushaltsausschuß des Deutschen Bundestages, eingehender mit ihr. Im Juni 1982 veranstaltete er ein öffentliches „Subventionshearing", zu dem 54 Verbände und Institutionen eingeladen wurden. Zwar blieben 22 der Eingeladenen eine Antwort schuldig, und nicht alle Verbände wandten sich so strikt gegen Subventionen wie die Arbeitsgemeinschaft der selbständigen Unternehmer (ASU); immerhin bestätigte jedoch die Mehrheit die erheblichen Bedenken gegen Subventionen und sprach sich dafür aus, sie einzudämmen. Das sollte nach Meinung des DGB dadurch geschehen, daß die Erfolgskontrolle verschärft würde; der Deutsche Industrie- und Handelstag und der Bundesverband der Deutschen Industrie versprachen sich dagegen mehr von einer linearen Kürzung der Subventionen.

Ergänzt wurde dieser verbandspolitische Beinahekonsens durch die Stellungnahmen der wirtschaftswissenschaftlichen Forschungsinstitute im Rahmen der Strukturberichterstattung 1983. In diesem Zusammenhang veröffentlichte das Deutsche Institut für Wirtschaftsforschung (DIW) einen ganzen Katalog von Subventionen, die nach wirtschaftspolitischen Maßstäben nicht mehr gerechtfertigt waren; sechs Milliarden DM Mehreinnahmen bzw. Minderausgaben waren danach durch Subventionsabbau zu erreichen.

Die neue christlich-liberale Bundesregierung schien einen nicht minder kritischen Kurs zu verfolgen als zuvor die sozial-liberale Regierung. Zwar gingen ihre Sparentscheidungen zur Sanierung der Staatsfinanzen in erster Linie zu Lasten der Sozialhaushalte, aber immerhin hatte der neue Bundeskanzler in seiner Regierungserklärung die kritische Überprüfung der Subventionen angekündigt — wenn auch in etwas milderer Form als in den vorangegangenen Wochen des Wahlkampfes – und fand hierin Unterstützung bei seinem Finanzminister.

Die weiter zunehmende Arbeitslosigkeit, die fiskalischen Probleme der öffentlichen Haushalte, aber auch der strenge ordnungspolitische Kurs der Bundesregierung in der Wirtschaftspolitik erzeugten subventionspolitischen Handlungsdruck. Restriktive subventionspolitische Entscheidungen konnten, wie sich ja schon im Jahr davor im Rahmen des Subventionshearings des Haushaltsausschusses abgezeichnet hatte, auch mit vorsichtiger Zustimmung der Verbände rechnen. So nahm man einen Vorschlag des BDI auf, den dieser auf eben diesem Hearing gemacht hatte: Es wurden Arbeitsgruppen gebildet, denen Vertreter der Regierung, der betroffenen Wirtschaftsverbände und Abgeordnete angehörten und die *konsensfähige* Ergebnisse zum Subventionsabbau erarbeiten sollten. Die Arbeitsgruppen standen in engem Kontakt zu der sogenannten Subventionsabbaukommission, die dem Bundeskanzleramt zugeordnet war und als deren Leiter man den von allen Gruppen anerkannten Direktor des Finanzwissenschaftlichen Instituts der Universität zu Köln, Professor Karl-Heinrich Hansmeyer, gewinnen konnte. Nach mehrmonatiger Arbeit legte die Kommission einen durch die Arbeitsgruppen in seiner politischen Realisierbarkeit bereits vorgeklärten ersten Subventionsabbauplan vor, die Grundlage für die subventionspolitischen Entschlüsse im Rahmen des Beschäftigungsprogramms 1986. Der Erfolg der „konzertierten Aktion" führte dazu, daß die Arbeit der Subventionsabbaukommission fortgesetzt werden soll, nunmehr unter der Bezeichnung „Kommission zur Begutachtung der staatlichen Wirtschaftsförderung durch Steuervergünstigung und Finanzhilfen", kurz „Subventionskommission", deren Gutachten dem Subventionsbericht als Anlage beigefügt ist.

Das war ein *Gedankenspiel* – doch in den Einzelheiten nur zum Teil eine rein gedankliche Fiktion. Der weitaus größte Teil der dargestellten Abläufe hat sich tatsächlich ereignet: Ob es die anschwellende Subventionskritik war oder die kritischen Reden von Rau und Klose, die selbstkritisch-zweifelnde Frage des Bundesfinanzministers, ob denn die 80 Milliarden Wirtschaftsförderung jedes Jahr „für die Katz seien", das Subventionsabbaugesetz 1981 und das Hearing zur Subventionspolitik im Finanzausschuß, der dort aufscheinende „Beinahe-Konsens" der Wirtschaftsverbände, ja selbst der Vorschlag des BDI findet sich dort.

Nachprüfbar ist auch die Äußerung Bundeskanzlers Kohl in seiner Regierungserklärung vom 5. Mai 1983, desgleichen die Stellungnahmen des Bundesfinanzministers. Nicht einmal die in diesem Szenario aufgeführten Einschränkungen bei Steuervergünstigungen und Finanzhilfen sind fiktiv oder nur eigener Urteilskraft entwachsen: Sie sind zum größten Teil in den Subventionsabbauvorschlägen des DIW aus dem Jahre 1983 enthalten, der Vorsteuerabzug für Betriebs-Pkw stand sogar schon auf der Streichungsliste des Regierungsentwurfs des Zweiten Haushaltsstrukturgesetzes 1981 und ist schließlich dem Widerstand der Länder zum Opfer gefallen. Nur weniges ist Fiktion, wenn auch das Entscheidende: Es gab keine Subventionsabbaukommission und auch keine Arbeitsgruppen, die deren Arbeit unterstützen sollten – wohl gab es einen entsprechenden Vorschlag des BDI, vorgetragen auf dem Subventions-Hearing des Haushaltsausschusses im Juni 1982. Und natürlich gab es 1986 kein „Beschäftigungsgesetz", erst recht nicht ein so finanziertes.

Im ersten Moment jedoch erscheint die Vorstellung plausibel, daß die subventionspolitische Diskussion der vergangenen Jahre in der Konsequenz in ein Subventionsabbaugesetz mündet, das zur Finanzierung beschäftigungspolitischer Programme beitragen soll. Warum eine solche Konsequenz ausblieb und ausbleiben konnte, welche Strukturen und Prozesse die Dynamik der Subventionspolitik in Wirklichkeit bestimmten, ist Ausgangsfrage und Gegenstand der nachfolgenden Untersuchung.

I. Einleitung

1. Subventionen und Subventionspolitik

Subventionen sind — eng definiert — direkte oder indirekte finanzielle Hilfen des Staates an Unternehmen, Unternehmensgruppen oder auch ganze Wirtschaftszweige. Die politischen Ziele der Subventionsmaßnahmen sind nicht minder vielfältig wie die Subventionsformen, die zu ihrer Verwirklichung kreiert wurden. Subventionen sind ein widersprüchliches Instrument: Zum einen haben sie im Rahmen des marktwirtschaftlichen Systems den Vorzug, über die Beeinflussung von wirtschaftlichen Rahmenbedingungen hinaus durch direkte, mehr oder minder gezielte finanzielle Angebote an einzelne Produzenten und Produzentengruppen deren Verhaltensweise zu ändern, ohne die Dispositionsfreiheit der Marktteilnehmer einzuschränken; zum anderen beeinträchtigen sie das marktwirtschaftliche Prinzip der Gleichheit der Anbieter auf dem Markt, indem einzelne Marktteilnehmer bevorzugt werden. Nach welchen Kriterien und in welcher Form die Förderung geschieht, ob sie tatsächlich wirtschaftspolitisch berechtigt ist und welche politischen Maßstäbe anzuwenden sind — dies sind subventionspolitische Fragen, die in der Öffentlichkeit mißtrauisch beäugt werden.

Es vergeht kaum ein Jahr ohne öffentliche Subventionsdiskussion — sei es über einzelne Subventionsmaßnahmen oder über Subventionen allgemein. Das „Subventionsunwesen" ist festgestellt, und nicht nur Protagonisten einer strengen marktwirtschaftlichen Wirtschaftspolitik rufen nach einem „Kahlschlag im Subventionsdschungel". Selten aber ist diese Forderung mit konkreten Abbauvorschlägen verknüpft. Subventionskritik braucht sich jedoch nicht mit ideologischen Argumenten zu begnügen. Sie kann auf eine reiche Palette von Beispielen verweisen: So hat die nunmehr dreißig Jahre währende finanzielle Unterstützung der Landwirtschaft die Hilfen keineswegs überflüssig gemacht — im Gegenteil: Subventionspolitik hat hier vor allem mit den eigenen Folgewirkungen zu tun, der landwirtschaftlichen Überproduktion; auch die Probleme im Steinkohlenbergbau konnten selbst mit einem jährlichen Stützungsaufwand von bis zu zehn Mrd. DM[1] nicht gelöst werden; seine Zukunft ist heute angesichts des Preisverfalls auf den Weltenergiemärkten nicht minder gefährdet als in den sechziger Jahren. Wären also diese Mittel nicht besser in die wirtschaftliche Förderung der entsprechenden Regionen geflossen? Aber auch die regionale Wirtschaftsförderung, die angetreten war, die wirtschaftlich schwächer entwickelten Gebiete der Bundesrepublik dem Wohlstandsniveau der übrigen Republik anzugleichen, muß heute feststellen, daß die damaligen Krisenregionen auch heute noch von den Wachstumsproblemen der Wirtschaft am stärksten betroffen sind, mit dem Unterschied, daß sie bis-

---

1 Jahresgutachten des Sachverständigenrates 1983/84, S. 235.

weilen mit den Ruinen gescheiterter staatlicher Industrieansiedlungspolitik gekrönt sind[2]. Und schließlich wird vermutet, daß Subventionierungen von Unternehmensinvestitionen vielfach grundsätzlich überflüssig sind, weil sie auch ohne finanzielle Anreize vorgenommen wurden. Insofern sind staatliche Finanzhilfen ein „Zubrot"; sie verbilligen den Unternehmen ihre Investition, geben jedoch nicht den Anstoß. Angesichts dieser „Erfolge" nimmt es nicht wunder, daß Subventionen insbesondere zu Zeiten fiskalischer Engpässe in den engeren Kreis der Einsparmöglichkeiten geraten. 65 Mrd. DM wurden im Jahre 1986 von Bund und Ländern — laut Subventionsbericht der Bundesregierung[3] — verteilt. Bei diesem Volumen lassen sich Subventionen leicht als Finanzierungspool für Haushaltsdefizite und Steuerreformen entdecken. Der „Kahlschlag im Subventionsdschungel" gerät zum *deus ex machina* konzeptueller wirtschaftspolitischer Nöte und finanzpolitischer Zwänge. Privilegien soll es dabei nicht geben: Vor dem „Rasenmäher" der pauschalen Subventionskürzung sind alle Subventionen gleich. Ein solcher Abbau könnte — so errechnete das Kieler Institut für Weltwirtschaft[4] — darüber hinaus noch gesamtwirtschaftlich produktive Folgen zeitigen: Die Reduzierung des Subventionsvolumen um die Hälfte würde ein zusätzliches Wachstum des Bruttosozialprodukts in einem Zeitraum von fünf Jahren von ca. zwei Prozent ermöglichen. Allerdings lag diesem Modell ein Subventionsvolumen von ca. 120 Mrd. DM (1985) zugrunde, das aufgrund eines gegenüber der Subventionsberichterstattung der Bundesregierung weiteren Subventionsbegriffs zustande kam[5].

Wenn es ernst wird, bleibt wenig übrig: Auch die jüngste Subventionsabbaudiskussion (1988), die unter den eben genannten Gesichtspunkten geführt wurde, versagte wie viele vor ihr trotz kraftmeierischer Ansätze vor dem Problem, benennen zu sollen, was konkret abzubauen ist. Zur pauschalen Reduzierung des Subventionsvolumens konnte sich niemand bereitfinden. Die Ursachen für das weitgehende Scheitern der Abbaubestrebungen sind rasch ausgemacht: Verbände, Interessengruppen und Großunternehmen kommen ins Blickfeld. Ihr ökonomisch-politisches Machtpotential ist es, das die Schwäche staatlicher Verweigerungsfähigkeit gegenüber Subventionsforderungen und das Unvermögen des Staates, ineffektive und überflüssige Subventionen abzubauen, begründet.

Aber läßt sich Subventionspolitik auf das Wirken einflußreicher Interessenverbände reduzieren? Eine solche Position neigt dazu, das eigenständige staatliche Interesse an den Subventionen als einem wirtschaftspolitischen Steuerungsinstrument zu vernachlässigen. Es ist die Crux der pauschalen Subven-

---

2 Vgl. *Die Zeit* v. 15.2.1985.

3 *11. Subventionsbericht*, S. 9.

4 Vgl. Egbert Gerken / Karl Heinz Jüttemeier / Klaus-Werner Schatz / Klaus-Dieter Schmidt, Mehr Arbeitsplätze durch Subventionsabbau, in: *Kieler Diskussionsbeiträge*, hrsg. v. Institut für Weltwirtschaft Kiel, H. 113/114, Kiel 1985, S. 34.

5 Die Unschärfe der definitorischen Subventionsbegrenzung hat in der Subventionsdiskussion Tradition; auch die Bundesregierung beklagt die mangelnde Einheitlichkeit in der Abgrenzung des Subventionsbegriffs der wirtschaftswissenschaftlichen Institute in ihrer Strukturberichterstattung und verspricht im kommenden Strukturbericht größere Harmonie. Vgl. *11. Subventionsbericht*, S. 8.

tionskritik, falsche Alternativen zu suggerieren. Als stünde der Subvention, wenn der Staat sich nur der Gruppeninteressen und -einflüsse erwehren könnte und nicht auch noch periodisch in die kostspielige „Legitimationsfalle" der Parteienkonkurrenz geraten würde, ein entsprechendes Haushaltsplus gegenüber. Übersehen wird die Verpflichtung zum sozialstaatlichen Prinzip der Vorsorge und Fürsorge, dem sich der Sozial- und Wohlfahrtsstaat nur um den Preis der Gefährdung der eigenen Existenzbedingungen oder des Verzichts auf demokratische Strukturen zugunsten sozialer und politischer Repression entziehen kann. Die ökonomisch rationale Verweigerung von subventiven Maßnahmen kann zur politischen Sackgasse werden. Der sozialpolitische Aspekt ist von dem effektiver wirtschaftspolitischer Steuerung nicht zu trennen – es sei denn um den Preis der Anwendung eindimensionaler ökonomischer Beurteilungskriterien.

Akzeptiert man die grundsätzliche Berechtigung und – jeweils zu begründende – Notwendigkeit subventiven Eingreifens des Staates zur wirtschaftspolitischen Wachstumsvorsorge und Milderung sozialökonomischer Konfliktlagen, dann bewegt sich die Subventionskritik primär entlang der Frage, ob Subventionen das erreichen, was ihnen als Ziel vorgegeben ist – wobei die Klarlegung der Zielvorgaben keine Selbstverständlichkeit ist, wie der Subventionsbericht beweist. „Erfolgskontrolle" wird zum zentralen Stichwort. Ihre Vorteile liegen auf der Hand: Einmal kann sich die Forderung, die Effizienz einer staatlichen Stützungsmaßnahme oder eines staatlich finanzierten Investitionsanreizes zu überprüfen, einer breiten Zustimmung sicher sein; zum anderen ist damit noch keine Spezifizierung überflüssiger Subventionen vorgenommen worden – ein Umstand, der sich in der Subventionsdiskussion Beifall sichert, ohne Betroffene benennen zu müssen. Weiterreichendes strategisches Ziel größerer Effizienzkontrolle der Subventionen ist es, die befürchtete oder auch tatsächliche Dominanz machtpolitischer Verkrustungen der Subventionsbeziehungen, der die Beharrungstendenz der Subventionen ursächlich zugeschrieben wird, durch Vervollkommnung administrativ-politischer Kunstfertigkeit, durch Rationalisierung der Zweck-Mittel-Struktur staatlicher Subventionsprogramme aufzubrechen bzw. gar nicht erst entstehen zu lassen.

Damit sind die Grundkomponenten der Subventionspolitik gegeben: die Vermittlung interessenpolitischer Einflußnahme (*politics*) und steuerungspolitischer Zielsetzung (*policy*). Das periodische Aufflammen der Subventionsdiskussion kann als Indikator dafür gewertet werden, daß die fugenlose Integration der Subventionen in staatliche Politikprogramme nicht gelingt. In den Subventionsdiskussionen zeichnet sich jedoch eine zusehends stärker hervortretende Ritualisierung und Kanalisierung der Auseinandersetzung ab, in deren Verlauf sich Subventionspolitik als „Politikfeld" zu strukturieren beginnt. Subventionspolitik ist danach nicht nur ein formaler Rahmen für die Addition einzelner Maßnahmen, die jede für sich den spezifisch-politischen Gesetzmäßigkeiten des jeweiligen Politikbereichs gehorcht und die zusammen ihre Gemeinsamkeit nur formal, in der Ähnlichkeit des instrumentellen Aspekts finden; Subventionspolitik als Politikfeld hieße, daß sich oberhalb der Ebene der Subventionsmaßnahmen eine institutionelle Politikebene etablierte, die übergreifend auf die Subventionen wirkt. Elemente einer solchen übergreifenden, „abstrakten" Politik sind z. B. die Subventionsberichterstattung oder verbindliche Grundsätze zur Subventionspolitik und Subventionsvergabe.

Beherrschendes Thema des Politikfeldes Subventionspolitik ist die Subventionskontrolle, d. h. Effektivierung und Abbau ineffizienter bzw. dysfunktionaler Subventionsmaßnahmen. Es ist nicht anzunehmen, daß sich ein Politikfeld Subventionspolitik ausschließlich aus der subventionspolitischen Diskussion in der Öffentlichkeit entwickelt hat. Die Vermutung erscheint berechtigt, daß materielle Probleme staatlicher Wirtschafts-(förderungs-)politik zugrunde lagen, die eine Änderung traditioneller Subventionspolitik erforderlich machten. Die Frage ist, inwiefern sich ein Muster „Politikfeld Subventionspolitik" eher in der Lage sieht, Probleme der Subventionskontrolle zu meistern und das Grundthema subventionspolitischer Entwicklung, das Spannungsverhältnis zwischen machtpolitischer Stabilisierung und steuerungspolitischer Effektivierung zugunsten der letzteren neu zu bestimmen.

Das Thema der Arbeit ist damit umrissen: Sie skizziert die Entwicklung der Subventionspolitik in der Bundesrepublik und untersucht die Fragen, wie es zur Formierung der Subventionspolitik als Politikfeld kommt, welche materiellen Problemlagen dem zugrunde liegen und welche Folgen dies für die Subventionspolitik insgesamt hat.

2. Referenzebenen der Subventionspolitik

Subventionspolitik — so könnte man definieren — ist die besondere Form der Bearbeitung gesellschaftlich-ökonomischer Problemlagen durch selektive staatliche finanzielle Begünstigungen zugunsten spezifischer Wirtschaftsbereiche, Unternehmensgruppen oder einzelner Unternehmen wie auch gesellschaftlich-ökonomischer Gruppen *und* die Regulierung der mit dieser Bearbeitungsform verbundenen Konflikte. Drei *Referenzebenen* lassen sich für eine so gefaßte Subventionspolitik ausmachen:

1. *Umverteilungsebene:* Subventionspolitik als die staatlich organisierte Umverteilung finanzieller Ressourcen zugunsten von einzelnen Unternehmen, Unternehmensgruppen und Produktionsbereichen. Es handelt sich dabei nicht um allgemeine Vergünstigungen, die jedes Unternehmen betreffen, sondern um Einkommens- und Vermögensübertragungen, die sektoral und/oder regional spezielle Unternehmen, Produktionsbereiche oder spezifische unternehmerische Tätigkeiten, die unter dem Gesichtspunkt des „öffentlichen Interesses" (wie auch immer konkretisiert) förderungswürdig sind. Neben diesen Vergünstigungen und Zahlungen an die Unternehmen werden in Darstellungen des Subventionsvolumens häufig auch Finanzhilfen und Steuervergünstigungen an private Haushalte aufgeführt; diese werden zwar unter subventions*politischer* Perspektive zu beachten sein, können jedoch nicht als Subventionen betrachtet werden[6].

   Drei Aspekte sind unter dem Bezugspunkt Umverteilung zu berücksichtigen:
   — Die selektive Umverteilung finanzieller Ressourcen kann auch ohne staatliche Beteiligung erfolgen: Subventionsähnliche Umverteilungs-

---

6 Ich lege hier ganz bewußt keine eigene Definition des Begriffs Subvention vor. Der Grund hierfür ist, daß diese inhaltliche Abgrenzung selbst wiederum Ergebnis subventionspolitischer Strategien und Entwicklung ist.

maßnahmen zugunsten einzelner Unternehmen in Form von Kostenentlastungen oder Ertragssteigerungen können aufgrund ökonomisch-politischer Machtpositionen durch oligopolistische oder monopolistische Preissetzungsstrategien auf Anbieter- und/oder Nachfragerseite organisiert werden[7].

— Subventionen sind nicht die einzige Form selektiver staatlicher Begünstigung von Unternehmen; Schutzzölle zählen beispielsweise ebenso dazu wie Maßnahmen zur selektiven Senkung der Produktionskosten von Unternehmen, wie z.B. der Bau von Infrastruktureinrichtungen (geregelt in den sogenannten Ansiedlungsverträgen zwischen Unternehmen und Kommune) oder die Übernahme von Kosten für Grundlagenforschung[8].

— Allgemeine Ausnahmen von der Steuernorm werden nicht als Subvention betrachtet: Steuerliche Sonderregelungen, die den Unternehmensbereich generell entlasten (wie allgemeine Abschreibungsregeln [degressive AfA], Absetzungsmöglichkeiten als Betriebskosten), sind keine Subventionen, da es sich nicht um Vergünstigungen für besondere Bereiche der Wirtschaft handelt.

Subventionspolitik organisiert also im Rahmen der Umverteilung finanzieller Mittel nur den Bereich der *selektiv* begünstigenden finanziellen Maßnahmen zugunsten von Unternehmen.

2. *Ebene „konkreter" Subventionspolitik:* Umverteilungsbedarf wird nicht als solcher thematisiert. Die zugrunde liegenden sozial-ökonomischen Probleme erscheinen als „Steuerungsprobleme" und werden im Hinblick auf bereichsspezifische Bearbeitungsmuster politisiert. Privater Bedarf an finanzieller Unterstützung wird von seiten der Unternehmen bzw. ihrer Verbände artikuliert, ein staatliches Interesse definiert und in konkreten Subventionen und Subventionsprogrammen bearbeitet. Subventionspolitik erscheint hier als distributive Intervention, segmentiert in einzelne Politik- und Aufgabenbereiche und entsprechende Subventionsmaßnahmen, die eingepaßt sind bzw. sein sollten in ein mehr oder minder klar ausformuliertes Politikkonzept: Agrarpolitik, Kohlepolitik, Energiepolitik, Regionalpolitik u.a. Die einzelnen Bereiche können durchaus miteinander verbunden sein, und sozialpolitische Aspekte stellen häufig die Verbindungsglieder. Subventionspolitik reduziert sich auf dieser Ebene auf die Technik der effizienten Subventionierung, der optimalen instrumentellen Gestaltung und der Eingliederung in das jeweilige Politikprogramm.

Zu vermuten ist: Je besser es gelingt, die jeweiligen Subventionen in die entsprechenden Politikprogramme zu integrieren und je besser der steuerungspolitische Erfolg der Maßnahme ist, um so weniger Kritik wird es an dieser Form der wirtschaftspolitischen Lenkung geben. Administrative Rationalisierung der Politik *mit* Subventionen würde somit den politisch-konfliktorischen Kern der Subventionspolitik reduzieren.

7   Ein solcher Aspekt kommt ins Blickfeld, wenn eine Abgrenzung der Subvention unter streng betriebswirtschaftlichen Kriterien versucht wird (so Karl Alewell, *Subventionen als betriebswirtschaftliche Frage*, Köln/Opladen 1965).

8   Im Subventionsbericht der Bundesregierung werden nur die Finanzhilfen für „marktnahe" Forschung und Entwicklung aufgeführt; seit dem 10. Subventionsbericht werden FuE-Ausgaben nachrichtlich erwähnt.

3. *Ebene „abstrakter" Subventionspolitik:* Subventionen und Subventionierungsstrategien werden als politisch-ökonomisches und politisch-etatistisches Problem thematisiert. Nachdem sich die Subventionen auf der konkreten Politikebene etabliert haben, werden sie auf der Ebene abstrakter Politik, losgelöst von den spezifischen Fragen einzelner, konkreter Subventionsmaßnahmen, hinsichtlich ihrer Vergabekriterien, ihrer Erfolgsbilanz, ihrer Belastungen für den Staatshaushalt, ihrer wirtschaftspolitischen Effektivität usw. problematisiert. Die Intensität der Diskussion korreliert mit dem Ausmaß fiskalischer Zwänge und wirtschaftlicher Probleme, die staatliche Verteilungsspielräume einengen. Dies hat Folgen: Es bilden sich institutionelle Verdichtungen heraus, in erster Linie die Subventionsberichterstattung der Bundesregierung, die die öffentliche Subventionsdiskussion rationalisieren und kanalisieren sollen.

Diese erste Strukturierung gehört gegenwärtig zu den wesentlichen Bestandteilen einer übergreifenden Subventionspolitik, die die Basis für weitere subventionspolitische Entwicklungen gelegt hat: für den Ausbau von Evaluationsprogrammen und für die Festlegung von subventionspolitischen Grundsätzen. In der Sichtweise der institutionalisierten Subventionsberichterstattung erscheint die übergreifende Subventionspolitik als politisch-administratives Konzept der Subventionskontrolle und des Subventionsabbaus, der Durchsetzung strenger Vergabekriterien und der Überprüfung subventionspolitischer Entscheidung konkreter Politikprogramme.

Hier, auf der Ebene abstrakter Subventionspolitik, wird in spezifisch veränderter Form das Umverteilungsproblem der Subventionspolitik erneut thematisiert, das als politisches Problem bei der Bearbeitung der einzelnen Politikprogramme und im Verlauf des politischen Prozesses der instrumentellen Einbindungen im interessierten Einverständnis der Beteiligten in den Hintergrund getreten ist. Durch Anwendung eines selektiven Subventionsbegriffs, der nur einen Teil der tatsächlichen Subventionen erfaßt, des weiteren ein nicht unbeträchtliches Volumen an Finanzhilfen und Steuervergünstigungen an private Haushalte mit dem Begriff Subvention etikettiert, wird dieser Umverteilungsaspekt schief abgebildet. Betrachten wir die Subventionspolitik im Zusammenhang der drei Referenzebenen: Kernproblem ist die Umverteilung von finanziellen Ressourcen durch den Staat zugunsten von Unternehmen. Zu dessen Lösung bilden sich auf der Ebene konkreter und abstrakter Subventionspolitik politisch-administrative Strukturen und Prozesse heraus. *These:* Die Herausbildung subventionspolitischer Strukturen auf der Ebene abstrakter Subventionspolitik ist das Ergebnis sozial-ökonomischer Anforderungen an staatliche Politik, die mit dem anfänglich vorhandenen subventionspolitischen Instrumentarium allein nicht zureichend bearbeitet werden konnten. Die Entwicklung neuer, den Anforderungen entsprechender subventionspolitischer Programme schlägt sich auf der Ebene abstrakter Subventionspolitik in doppelter Weise nieder: einmal als Intensivierung öffentlicher Subventionskritik, zum anderen als Ausgangspunkt aufgabenübergreifender staatlicher Subventionskontrolle, die darauf zielt, die partikularen administrativ-politischen und ökonomisch-sozialen Interessenverflechtungen im Wirkungs- und Nutzungsbereich einzelner Subventionsmaßnahmen zu durchleuchten und gegebenenfalls aufzubrechen.

3. Entwicklungsmuster der Subventionspolitik

Subventionspolitik, so lautet die These dieser Arbeit, unterlag seit Anfang der fünfziger Jahre einem Wandlungsprozeß, der sie von einer sozial-protektionistischen zu einer funktionalen Begünstigungspolitik führte, die wiederum Anfang der achtziger Jahre zusehends Merkmale von *kontrollierter Politik* herausbildete. Diese Wandlung vollzog sich auf zwei Ebenen:

— als langsame Veränderung der subventionspolitischen Steuerungsform (auf der Ebene konkreter Subventionspolitik), d.h. als Wandlung der wirtschaftspolitischen Konzeption in Zielsetzung und Ausgestaltung der Subventionsmaßnahmen, verursacht durch Defizite tradierter Subventionspraxis;

— Folge dieser Wandlung war die Herausbildung abstrakter Subventionspolitik, über die sich Subventionspolitik zu einem Politikfeld zu formieren beginnt und die sich „reflektierend" zur Ebene konkreter subventionspolitischer Maßnahmen verhält.

Markieren wir zunächst die Ausgangspunkte: Die Dominanz sozial-protektionistischer Begünstigungen in der Subventionspolitik bezeichnet ein Muster staatlicher Politik, nach dem Entscheidungen über Subventionsmaßnahmen primär nach Maßgabe von (parteipolitischen) Machterhaltungsstrategien getroffen werden, sei es wahlpolitisch motiviert, sei es interessenpolitisch inspiriert. Ihr Ergebnis ist demzufolge eher geeignet, die Begünstigten vor unliebsamen Bedingungen zu schützen als sie zu Verhaltensänderungen anzuregen. Protektionistisch ist demnach nicht allein das Zustandekommen der jeweiligen Subvention, sondern vor allem die Ausformung der entsprechenden Maßnahme: Die steuerungspolitische Zielsetzung tritt hinter die umverteilungspolitische Absicht zurück.

Die sozial-protektionistische Handhabung der Subventionen hat unbestreitbare Vorteile: Der staatliche Diagnoseaufwand ist gering und erschöpft sich im Grunde genommen im zielsicheren Erkennen der wichtigsten gesellschaftlichen Interessen. Auch steuerungspolitisch scheinen diese Subventionen wenige Probleme zu bieten, da sie im wesentlichen auf einer Umverteilung von Finanzmassen beruhen, deren weitere Verwendung geringen oder keinen Auflagen unterliegt. Ein Kontrollproblem der Zielerreichung kann es infolgedessen kaum geben, da das Ziel gar nicht soweit operationalisiert ist, daß man es einer Erfolgskontrolle aussetzen könnte. Auf der anderen Seite erzeugen diese „Vorteile" Kosten: Weder garantiert das Auswahlverfahren, daß auf diese Weise die unter volkswirtschaftlichen Gesichtspunkten am meisten geeigneten Unternehmen und Unternehmensgruppen subventioniert werden, noch daß dies sparsam und effektiv geschieht. Solange die fiskalische Situation des Staates es erlaubt, wird dieses subventionspolitische Verfahren trotz öffentlicher Kritik unproblematisch bleiben.

Der funktionalen Subventionspolitik liegt ein Konzept zugrunde, das den steuerungspolitischen Intentionen keynesianischer Wirtschaftspolitik kongruent ist. Entscheidungen über Subventionsmaßnahmen sind hier — im Idealfall — in ein wirtschaftspolitisches (Gesamt-)Konzept einbezogen, das subventionspolitische Maßnahmen nach dem Kriterium volkswirtschaftlicher Nutzeneffekte beurteilen läßt. Dieser Idealtypus legt der Entscheidung keine Machterhaltungsgesichtspunkte, sondern steuerungspolitische Aspekte zugrunde. Eine solche Ausrichtung wirkt sich auch auf die instrumentelle Ausgestaltung einer Subvention aus: Verwendungsauflagen sollen garantieren, daß die Subventionsmittel vom Begünstigten auch so verwendet werden, wie es das subventionspolitische Ziel erfordert. Kosten-Nutzen-Analysen sollen wiederum die Effektivität der Maßnahmen überprüfen. Eine derartige Subventionspolitik versucht die Subvention als ein effizientes, im Einsatz an Voraussetzungen geknüpftes steuerungspolitisches Instrument der Wirtschaftspolitik zu nutzen. Subventionspolitik, die nicht mehr (primär) partikularen Interessen, sondern gesamtwirtschaftlichem Nutzen dient, die wirtschaftliche Anpassungs- und Wachstumsprozesse fördert und in ihrer Wirkung den Arbeitsmarkt entlastet, wird zu einer besonderen Form von Sozialpolitik.

Es ist nicht davon auszugehen, daß sich das Bild einer funktionalen Subventionspolitik harmonisch in die Produktionsbedingungen staatlicher Politik einfügt. Weder kann angenommen werden, daß politisch-programmatische Rationalisierungs- und Modernisierungsstrategien die Relevanz von Machterhaltungsstrategien entwerten, noch ist es wahrscheinlich, daß wirtschaftspolitisch funktionale Politikkonzepte sich ohne weiteres in vorhandene politisch-administrative Strukturen einpassen lassen.

Für den Typus der sozial-protektionistischen Subventionspolitik hat die Herausbildung der Ebene abstrakter Subventionspolitik keinen erkennbaren Nutzen; im Gegenteil: Öffentliche Subventionsdiskussionen zeigen die beginnende Erosion des sozialprotektionistischen Politikmusters an. Forderungen nach Subventionskontrolle und Subventionsabbau, die Errichtung institutioneller Regelungen der Subventionskontrolle, Aspekte der Formierung der Subventionspolitik als Politikbereich flankieren die Durchsetzung des Typus funktionaler subventionspolitischer Programme. Zugleich ist die institutionalisierte Subventionskontrolle geeignet, ehemals wirtschaftspolitisch sinnvolle Subventionen, die ihr Wirkungsoptimum überlebt haben, im regelmäßigen Überprüfungsprozeß herauszufiltern. Eine solche doppelte Funktion der „abstrakten" Subventionspolitik könnte die Gesamtstruktur einer wirtschaftspolitisch funktionalen Subventionspolitik absichern.

Denkbar wäre aber auch, daß die institutionalisierte Subventionskontrolle sich in einer lediglich formalen Überprüfung der Subventionen erschöpft. Dann liefe sie Gefahr, ins Gegenteil umzuschlagen: Die versuchte, aber gescheiterte Problematisierung einzelner Subventionen wird zur Rechtfertigung für deren weitere Existenz. Kontrolle wird zum Ritual. Statt über die Ebene der abstrakten Subventionspolitik, deren wichtigste Ressource die Herstellung von Öffentlichkeit ist, eine Politisierung der Subventionspolitik zu erreichen, die die einzelnen Subventionen umschließende Interessenkonstellation aufzubrechen in der Lage wäre, würde so gerade die Entpolitisierung der Subventionspolitik organisiert.

Nimmt man beide Varianten zusammen, dann ständen staatlicher Politik auf der Ebene abstrakter Subventionspolitik sowohl Strategien der Problematisierung als auch der Entpolitisierung der Subventionen zur Verfügung. Damit ist eine letzte These umrissen: Die „modernisierte" Subventionspolitik mit ihren institutionellen Ausformungen auf der Ebene abstrakter Subventionspolitik ermöglicht es dem Staat, einerseits durch Strategien der *kontrollierten Politisierung* einzelne Subventionen infrage zu stellen, andererseits subventionspolitische Probleme über Strategien der Kanalisierung der Diskussion, der formalen Rationalisierung, des Zurückgreifens auf akzeptierte politische Legitimationsmuster („arbeitsmarktpolitisch relevant") zu *entpolitisieren.*

4. Aufbau der Studie

Der Aufbau der Untersuchung folgt im wesentlichen der historischen Entwicklung der Subventionspolitik in der Bundesrepublik. Vorausgeschickt wird jedoch in Kapitel II eine „Bestandsaufnahme", die neben Definitionsfragen vor allem die Entwicklung von Steuervergünstigungen und Finanzhilfen in der Bundesrepublik nach Volumen und Aufgabenstruktur seit 1950 darstellt.

Die empirisch-historische Analyse untersucht zunächst die Rolle der Subventionspolitik im Rahmen der Wiederaufbaufinanzierung der deutschen Wirtschaft von 1948 bis 1955 (Kapitel III). Im Mittelpunkt steht die große umverteilungspolitische Bedeutung der Subventionspolitik und ihr Bezug zu anderen wirtschaftspolitischen Maßnahmen, die — zusammengenommen — wie in keiner anderen Phase die ökonomische und auch politische Struktur der Bundesrepublik prägten.

Mitte der fünfziger Jahre beginnt nach dem Auslaufen der Wiederaufbauförderung die Phase des subventionspolitischen „take-off", die schließlich 1965 im haushaltspolitischen Desaster endet. In Kapitel IV wird die subventionspolitische Logik dieser Phase am Beispiel der Subventionierung der Landwirtschaft und des Steinkohlenbergbaus dargestellt, die dem Typus einer sozialprotektionistischen Subventionspolitik am nächsten kommen. Die anhaltende Kohlenkrise und sich zusehends intensivierende Subventionsdiskussion mit Vorläufern einer Subventionsberichterstattung thematisieren eine doppelte Aufgabenstellung der Subventionspolitik für die kommende Phase: eine Effektivierung des Instrumentariums und eine stärkere Kontrolle der Entwicklung des Subventionsvolumens.

Erste Lösungsmuster für eine Modernisierung der Subventionspolitik gab es schon vor der Wirtschaftskrise 1966/67. Am Beispiel des § 6b Einkommensteuergesetz, der 1965 in Kraft trat, wird die Struktur einer Subventionsmaßnahme dargestellt, die dem Typus der funktionalen Subventionspolitik entspricht (Kapitel V).

Kapitel VI beschäftigt sich mit dem zweiten Bereich der subventionspolitischen Aufgabenstellung: der Effektivierung der Subventionskontrolle. Untersucht werden die Institutionalisierung der Subventionsberichterstattung, die Berichtspraxis und die mit ihr verbundenen Kontrollmöglichkeiten.

Kapitel VII, das sich mit der Phase 1969 bis 1974 befaßt, zeigt, daß tatsächlich Ende der sechziger und Anfang der siebziger Jahre die Bedingungen für eine Ausweitung funktionaler Subventionspolitik geschaffen werden. Beispielhaft dafür ist die Reorganisation der regionalen Wirtschaftsförderung.

Mit der Wirtschaftskrise 1975/76 und den damit beginnenden und bis heute andauernden fiskalischen Schwierigkeiten avancierte der Subventionsabbau wieder zum zentralen Thema der Subventionspolitik. In Kapitel VIII wird dargestellt, wie sich auf der Ebene abstrakter Subventionspolitik neue Strukturen abzeichnen, die Diskussion sachkundiger wird und sich institutionalisiert und welche Bedeutung dies für das Profil der Abbauschübe 1975 und 1981 hat. Es geht u.a. darum zu zeigen, welche Schwierigkeiten dem Abbau von Subventionen im Wege stehen und welche Bedeutung schließlich dem Subventionsabbau als fiskalischer Entlastung gegenüber anderen Einsparungsstrategien zukommt.

Die wirtschaftliche Situation, die fiskalischen Engpässe und auch der bisherige geringe Erfolg des Abbaus werfen die Frage nach alternativen subventionspolitischen Möglichkeiten auf. In Kapitel IX stelle ich zwei — sehr unterschiedliche — Wege vor und versuche, ihre Erfolgschancen zu beurteilen: die Einrichtung von Sonderfonds oder Sondervermögen mit eigenem Finanzierungsmodus außerhalb des Staatshaushalts, die sozusagen das bisherige Niveau der Subventionsmaßnahme unterschreiten, und die Verabschiedung von Subventionskodices, die die Subventionsgeber in ihren subventionspolitischen Möglichkeiten binden und ihre Aktivitäten aufeinander abstimmen.

Als Quellenmaterial lagen der Untersuchung neben der allgemein zugänglichen Literatur die Stenographischen Protokolle des Deutschen Bundestages, Bundestagsdrucksachen, Subventionsberichte und Finanzberichte der Bundesregierung, Jahresgutachten des Sachverständigenrates, Protokolle der Sitzungen des Finanzausschusses und Wirtschaftsausschusses des Deutschen Bundestages (III. bis 7. Wahlperiode) und in geringem Maße Aktenmaterial zugrunde; die Presseberichterstattung zur Subventionspolitik für die Jahre 1966 bis 1984 stand über die Pressearchive des Deutschen Bundestages und des Presse- und Informationsamtes der Bundesregierung weitgehend vollständig zur Verfügung; hilfreich waren ferner Gespräche mit Vertretern von Bundesministerien (Bundesministerium der Finanzen, Bundesministerium für Wirtschaft, Bundesministerium für Ernährung, Landwirtschaft und Forsten), Bundestagsabgeordneten und Fraktionsvertretern sowie Verbandsvertretern (Zitierweise: ,,Interview")[9]. Berücksichtigt wurde die bis einschließlich 1985 erschienene Literatur; später erschienene Literatur konnte auch im Rahmen der Überarbeitung nur selektiv Eingang finden.

---

9   Die Gespräche erfolgten zum größten Teil 1978/79 im Rahmen des Forschungsprojekts der Freien Universität Berlin ,,Der Steuerstaat — ökonomische und legitimatorische Strukturprobleme staatlicher Steuerreformversuche (1966—76)" sowie 1979/80 im Rahmen einer im Auftrag des Max-Planck-Instituts in Starnberg erstellten Studie zur Absatzregelung der deutschen Steinkohle im Verstromungsbereich.

II. Bestandsaufnahme: Erste Konturen der Subventionspolitik – ein Propädeutikum

1. Vorbemerkung

Es besteht ein auffälliges Mißverhältnis zwischen der Selbstverständlichkeit, mit der in der Öffentlichkeit der Begriff „Subvention" angewendet wird und die Eindeutigkeit und Praktikabilität suggeriert, und den wirtschafts- und finanzwissenschaftlichen mehr oder minder fruchtbaren Bemühungen um einen eindeutigen Begriff dessen, was als Subvention zu betrachten ist und welches ihre unverwechselbaren Merkmale sind. Ebenso selbstverständlich wird der Bereich Subventionspolitik thematisiert und damit ebenfalls eine Einheit unterstellt, die es bei näherer Betrachtung gar nicht gibt. Denn Subventionspolitik kann kein ressortierbares Entscheidungszentrum vorweisen, um das sich subventionspolitische Maßnahmen gruppieren könnten; sie besteht vielmehr aus einer Vielzahl von Einzelmaßnahmen, die in anderen Politikbereichen eingeordnet sind.

Damit sind die beiden Fragen des folgenden Abschnitts benannt. Ihre Beantwortung soll eine Vorklärung begrifflicher Grundprobleme und einen ersten Überblick über Grundmuster subventionspolitischer Entwicklung geben, wie er im späteren Verlauf der Untersuchung nicht mehr geboten werden kann.

2. Definitorische und phänomenologische Annäherung an einen schillernden Gegenstand

2.1. Subventionsdefinitionen: Probleme einer Begriffsbestimmung

„Die Begriffsbestimmung aber ist deshalb so wichtig, weil das Ausmaß der Subventionen zugleich über dessen Gewicht für die Finanz- und Wirtschaftspolitik Aufschluß gibt und damit nicht unwesentlich die Intensität der politischen Auseinandersetzung mitbestimmt."[1]

Die wissenschaftliche Subventionsdiskussion hatte sich in den vergangenen Jahrzehnten[2] redlich darum bemüht, eine möglichst präzise Bezeichnung dessen zu erarbeiten, was als Subvention zu gelten hat. Angesichts einer schöp-

---

1 Dietrich Albrecht, *Subventionen. Problematik und Entwicklungen (Schriftenreihe des Bundesministeriums der Finanzen*, H. 25), Bonn 1978, S. 48. Dr. Dietrich Albrecht war Ministerialrat im Bundesministerium der Finanzen und zuständig für die Erstellung des Subventionsberichts.

2 Im allgemeinen wird die Dissertation von Gertrud Zachau-Mengers aus dem Jahre 1930 als erster systematischer Versuch über Subventionspolitik gewertet. Vgl. Gertrud Zachau-Mengers, *Subventionen als Mittel moderner Wirtschaftspolitik*, Diss. Jena 1930.

ferischen subventionspolitischen Wirklichkeit entwickelte sich eine Begriffs-diskussion, deren „Grenzertrag" jedoch, wie Norbert Andel feststellte, „gegen Null" tendierte[3]. Zwar waren die wichtigsten Elemente schon früh erkennbar geworden[4]. Trotz unentwegter Anstrengungen um „einen" Subventionsbe-griff wurde keine Übereinstimmung erzielt. Die unterschiedlichen Subven-tionsbegriffe sind jedoch weniger der wissenschaftlichen Bemühung um ein empirisch-analytisch brauchbares Instrument zu verdanken als vielmehr dem Bestreben, eine mit (subventions-)politischem Erkenntnisinteresse und wis-senschaftlicher Methodik kompatible Begriffsstruktur zu erstellen: Die Ab-

---

3 Norbert Andel, *Subventionen als Instrument des finanzwirtschaftlichen Interventionis-mus*, Tübingen 1970, S. 4.
4 Aufgrund der in der Literatur häufig referierten Bemühungen um einen Subventions-begriff (u.a.: H.-J. Gundlach, *Subventionen als Mittel der Wirtschaftspolitik*, Berlin 1965, S. 2; Albert Bleckmann, *Subventionsrecht*, Stuttgart usw. 1978, S. 9), kann an dieser Stelle auf einen solchen Bericht verzichtet werden. Ausführliche systematische Diskussionen um den Subventionsbegriff finden sich in:
a) (volkswirtschaftlich/finanzwissenschaftlich) Zachau-Mengers, *Subventionen als Mittel* (Anm. 2); Fritz Neumark, Artikel „Subventionen", in: *Handwörterbuch des Bankwe-sens*, Berlin 1933, S. 548 ff.; Hans Erich Freudenberg, *Die Subventionen als Kreislauf-problem in der Marktwirtschaft und Staatswirtschaft*, Tübingen 1934; Emil Küng, Die Subventionen in nationalökonomischer Beleuchtung, in: *Jahrbuch für Nationalökono-mie und Statistik*, 1939; Wilhelm Meinhold, Artikel „Subventionen", in: *Handwörter-buch der Sozialwissenschaften*, Bd. X, 1959, S. 236–247; Karl-Heinrich Hansmeyer, *Finanzielle Staatshilfen für die Landwirtschaft*, Tübingen 1963; ders., Subventionen als wirtschaftspolitisches Instrument?, in: *Subventionen in der Bundesrepublik Deutsch-land*, hrsg. v. Karl-Heinrich Hansmeyer, Berlin 1963, S. 9–32; ders., Transferzahlungen an Unternehmen (Subventionen), in: *Handbuch der Finanzwissenschaften*, Bd. I, Tü-bingen ³1977, S. 960–996; Andel, *Subventionen* (Anm. 3); ders., Artikel „Subven-tionen", in: *HdWW*, Bd. 7, 1977, S. 491–510; Luitgard Sieber, *Subventionen, Subven-tionen, Subventionen*, Ludwigsburg 1971; Heiner Boehme, *Preissubventionen*, Berlin 1959.
b) (betriebswirtschaftlich) Ursula Berthold, *Zur Theorie der Subventionen*, Bern, Stuttgart 1965; Karl Alewell, *Subventionen als betriebswirtschaftliche Frage*, Köln/ Opladen 1965.
c) (juristisch) Karl Rutz, *Staatliche Subventionen an private Unternehmungen*, (Diss. Zürich) Turbenthal 1948; Hans-Peter Ipsen, *Die öffentliche Subventionierung Privater*, Berlin 1956; ders., Verwaltung durch Subventionen, in: *Veröffentlichungen der Deut-schen Staatsrechtslehrer*, H. 25, Berlin 1967, S. 257–307; Karl-Otto Henze, *Verwal-tungsrechtliche Probleme der staatlichen Finanzhilfe zugunsten Privater*, Heidelberg 1958; Manfred Zuleeg, *Die Rechtsform der Subvention*, Berlin 1965; Volkmar Götz, *Das Recht der Wirtschaftssubventionen*, München und Berlin 1966; Hans F. Zacher, Verwaltung durch Subventionen (Mitbericht), in: *Veröffentlichungen der Deutschen Staatsrechtslehrer*, H. 25, Berlin 1967, S. 308–400; ders., Staatliche Wirtschaftsför-derung in der Bundesrepublik Deutschland, in: *Wirtschaftsrecht*, H. 2/1972, S. 185–229; Horst Kreussler, *Der allgemeine Gleichheitssatz als Schranke für den Subventions-gesetzgeber unter besonderer Berücksichtigung von wirtschaftspolitischen Differenzie-rungszielen*, Berlin 1972; Gerd Schetting, *Die Rechtspraxis der Subventionierung*, Berlin 1973; H.G. Ruppe, Steuerbegünstigungen als Subventionen?, in: Karl Wenger (Hrsg.), *Förderungsverwaltung*, Wien 1973, S. 57–86; Albert Bleckmann, *Subventions-recht*, Stuttgart usw. 1978; Wilhelm Henke, *Das Recht der Wirtschaftssubventionen als öffentliches Vertragsrecht*, Tübingen 1979.

grenzung des Themas Subvention ist selbst Gegenstand subventionspolitischer Auseinandersetzung.

Uneinigkeit entsteht schon bei der Frage, ob mit Subventionen nur Zahlungen an Unternehmen bezeichnet werden sollen, oder ob darunter auch Einkommensübertragungen an private Haushalte zu rechnen sind. Die Wissenschaft verneint im allgemeinen letzteres: Sie versteht Subventionen ausschließlich als Unternehmensförderung[5]. Abweichend davon stellt sich die Praxis der Subventionsberichterstattung der Bundesregierung dar. Sie bezieht in ihren Subventionsbericht auf eine Initiative des Bundestagsausschusses für Wirtschafts- und Mittelstandsfragen[6] auch solche Finanzhilfen und Steuervergünstigungen an private Haushalte ein, die „in wichtigen Bereichen des volkswirtschaftlichen Marktgeschehens für private Haushalte bestimmte Güter und Leistungen ... verbilligen und die Spartätigkeit" anregen[7]. Auch wenn man unter Definitionsgesichtspunkten dieser Ausweitung der Begrifflichkeit nicht generell folgen kann, muß sie unter subventions*politischen* Aspekten weiterhin Beachtung finden, da sie — wie noch zu zeigen sein wird — einen Teil der subventionspolitischen Auseinandersetzungen darstellt.

Weitgehende Übereinstimmung herrscht darüber, daß zum Unternehmenssektor auch öffentliche Unternehmen zu rechnen sind[8]. Abweichend wiederum die Abgrenzungspraxis des Subventionsberichts der Bundesregierung: Gemäß § 12 StWG ist sie in ihrer Subventionsberichterstattung gehalten, lediglich Finanzhilfen an Stellen *außerhalb* der Bundesverwaltung auszuweisen. Damit sind sämtliche Hilfen an Bundesunternehmen wie z.B. an die Deutsche Bundesbahn im Subventionsbericht nicht berücksichtigt[9].

---

5 Vgl. Hansmeyer, Transferzahlungen (Anm. 4), S. 961. Dementsprechend wird auch der Bereich „Transferzahlungen" im *Handbuch der Finanzwissenschaft* (3. Aufl.) in zwei Artikeln abgehandelt; einmal: Willi Albers, Transferzahlungen an Haushalte, in: *Handbuch der Finanzwissenschaften*, Bd. I, Tübingen 1977, S. 863—959; zum anderen: Hansmeyer, Transferzahlungen.

6 Schriftlicher Bericht des Bundestagsausschusses für Wirtschaft und Mittelstandsfragen vom 3. Mai 1967 (Bericht zur BTDrs. V/1678).

7 *8. Subventionsbericht*, S. 5. Auch Luitgard Sieber (*Subventionen* [Anm. 4], S. 32) bezieht in den Begriff Subvention finanzielle Leistungen an private Haushalte ein, wenn es sich „der Sache nach" um Sonderleistungen des Staates handelt, die „kaum von der Förderung des Produktionsbereichs abgegrenzt werden können".

8 Vgl. Hansmeyer, Transferzahlungen (Anm. 4), S. 963.

9 Die in der Volkswirtschaftlichen Gesamtrechnung ausgewiesenen Subventionen beinhalten lediglich laufende Einkommensübertragungen an Unternehmen, die gewährt wurden, um die Verkaufspreise zu senken oder die Produktionskosten hinreichend zu decken. Steuerliche Vergünstigungen sind nicht eingeschlossen, ebensowenig Investitionszuschüsse, die als einmalige Zahlungen als Vermögensübertragungen gelten und damit im Rahmen der Systematik der Volkswirtschaftlichen Gesamtrechnung nicht als Subventionen zu betrachten sind. Vgl. Albrecht, *Subventionen* (Anm. 1), S. 16; Dietrich Albrecht/Thies Thormälen, *Subventionen — Politik und Problematik*, Frankfurt/Bern/New York 1985, S. 26 ff.

Subventionen sind somit – eng definiert[10] – finanzielle Transfers und geldwerte Leistungen (Steuervergünstigungen) der öffentlichen Hand an Unternehmen[11]. Einbezogen sind in dieses Verständnis finanzielle Begünstigungen, die nicht über die öffentlichen Haushalte, sondern über einen hoheitlich sanktionierten „horizontalen Finanzausgleich"[12] der Unternehmen bzw. allgemein der Marktteilnehmer finanziert werden. Darunter fallen Maßnahmen, die eine – außerhalb des Staatshaushalts fundierte – hoheitlich organisierte finanzielle Umverteilung zugunsten von Unternehmen enthalten (z. B. Investitionshilfe nach dem Investitionshilfegesetz 1952; Zuwendungen aus Ausgleichsfonds)[13].

10 Die empirische Analyse steht in der Abgrenzung des Gegenstandsbereichs vor einem Dilemma: Soll ein möglichst präziser und konsistenter Subventionsbegriff verwendet werden, so empfiehlt es sich, ihn eng zu fassen; damit läuft man allerdings Gefahr, eine Reihe von finanziellen Vergünstigungen für Unternehmen nicht berücksichtigen zu können. Ein Subventionsbegriff jedoch, der jede Unterstützung des Staates an Private miteinbezieht (also auch finanzielle Leistungen an soziale und kulturelle Organisationen), wird konturenlos: Subventionen werden ihres spezifischen Inhalts entleert und lediglich der rechtlichen Form nach als finanzielle Begünstigung bzw. Einkommensübertragung des Staates an Private betrachtet. (So Gerd Kirchhoff, *Subventionen als Instrument der Lenkung und Koordinierung*, Berlin 1973; vgl. dazu auch Ipsen, Verwaltung durch Subventionen (Anm. 4), S. 420 ff.) Einen Ausweg bietet Andel an: Er plädiert für eine auf Unternehmen beschränkte, ansonsten aber weite „problembezogene Begriffsdefinition" (die an die betriebswirtschaftliche von Alewell erinnert), da „die enge Definition den Nachteil [hat], interessante Erscheinungen auszuklammern, die zu den Subventionen in dieser Abgrenzung in einem engen substitutiven Verhältnis stehen, also zweckmäßigerweise zusammen analysiert werden sollten". (Andel, „Subventionen" [Anm. 4], S. 492.)

11 Festzuhalten ist, daß Subventionen nur einen Teil der öffentlichen Wirtschaftsförderung darstellen und auf keinen Fall mit ihr gleichzusetzen sind. In der Industrieansiedlungspolitik finden sich Formen öffentlicher Wirtschaftsförderung, die sich in *sachlichen* Leistungen niederschlagen, die zumeist in einem sogenannten Industrieansiedlungsvertrag mit dem jeweiligen Unternehmen direkt geregelt sind. Ein Beispiel hierfür gibt Gerd Winter, Literaturbericht zum Thema, in: *Rechtsformen der Verflechtung von Staat und Wirtschaft*, hrsg. v. Volkmar Gessner/Gerd Winter, *Jahrbuch für Rechtssoziologie und Rechtstheorie*, Bd. 8, Opladen 1982, S. 15.

12 Arnold Köttgen, Subventionen als Mittel der Verwaltung, in: *Deutsches Verwaltungsblatt*, 1953, S. 485 ff.; ders., *Fondsverwaltung in der Bundesrepublik*, Stuttgart 1965.

13 Diese Fassung des Subventionsbegriffs ist nicht unumstritten. Gestützt wird sie von Meinhold, der eine zu enge Fassung des Subventionsgebers ablehnt; Subventionen seien nicht allein Zahlungen und geldwerte Leistungen, die sich auf der Ausgaben- oder Einnahmenseite des Staatshaushaltes niederschlagen. Zu ihnen seien auch diejenigen Formen zu zählen, „die der Selbstverwaltungsinitiative der Wirtschaft entspringen und nicht aus dem öffentlichen Haushalt gedeckt werden, ... da der Staat durch Ermunterung sein öffentliches Interventionsinteresse an solcher Kapitallenkung zwischen Privaten ... bekundet." (Wilhelm Meinhold, Artikel „Subventionen", in: *Handwörterbuch der Sozialwissenschaften*, Bd. X, S. 238.) Eine entsprechende Auffassung vertreten: Berthold, *Theorie* (Anm. 4), S. 17 f.; Gundlach, *Subventionen als Mittel* (Anm. 4), S. 7; Ipsen, *Öffentliche Subventionierung* (Anm. 4), S. 47 ff. Luitgard Sieber lehnt es dagegen ebenso wie Zacher ausdrücklich ab, Zuwendungen aus Ausgleichsfonds unter dem Begriff Subvention zu fassen. Vgl. Sieber, *Subventionen*, S. 35 f.; Zacher, Verwaltung durch Subventionen; ders., Staatliche Wirtschaftsförderung (alle Anm. 4).

Das besondere Charakteristikum der Subvention ist, daß es sich um Leistungen handelt, die nicht mit einem marktwirtschaftlichen Entgelt verknüpft sind. Unter rechtsstaatlichen Gesichtspunkten ist die Begünstigung einzelner Marktteilnehmer nur dann möglich, wenn ein öffentlicher Zweck verfolgt wird. Dieser ist also „Kuppelprodukt" (Hansmeyer) aus staatlichem finanziellen Anreiz und privater Gegenleistung. Subventionen können somit (in Anschluß an Hansmeyer) definiert werden „als Geldzahlungen oder geldwerte Leistungen der öffentlichen Hand an Unternehmen ..., von denen anstelle einer marktwirtschaftlichen Gegenleistung bestimmte Verhaltensweisen gefordert oder erwartet werden, die dazu führen sollen, die marktwirtschaftlichen Allokations- und/oder Distributionsergebnisse nach politischen Zielen zu korrigieren"[14]. In der Verfolgung eines „öffentlichen Zwecks", der über das Ziel einer reinen Einkommensübertragung, wie dies bei Transferzahlungen an private Haushalte (z.B. Sozialleistungen) der Fall ist, hinausgeht, unterscheiden sich Subventionen von anderen Formen staatlicher Transferleistungen[15]. Es hat sich eingebürgert[16], in diesem Zusammenhang von einem „Primärzweck" der Subvention und einem „Endzweck" zu sprechen, wobei letzterer das mit der Summe der Primärzwecke zu realisierende öffentliche Interesse repräsentiert[17]. Das öffentliche Interesse kann also nur durch gemeinsames Handeln mit den Privaten erreicht werden. Mit Hilfe der Subvention versucht der Staat, beide Interessen, das öffentliche und das private, miteinander zu vereinbaren. Das Ergebnis dieser „Kooperation" (Schetting, Zacher) ist ein „Kuppelprodukt" (Hansmeyer) aus öffentlichen und privaten Interessen.

Da das Subventionsverhältnis somit eine „Kooperation" darstellt, in der die vom Staat erteilten finanziellen Vorteile mit wie auch immer präzise definierten privaten Verhaltensänderungen einhergehen sollen, sind Subventionen nicht ausschließlich der Leistungsverwaltung zuzurechnen, die die Privaten lediglich als „Adressaten" betrachtet. Staatliches Ziel ist vielmehr die Steuerung privaten Verhaltens über das Mittel der Vorteilsvergabe[18]; somit steht die Subvention dem staatlichen Eingriff näher als der Leistung[19]. Diese Zwischenstellung, bedingt durch das besondere kooperative Verhältnis, macht sie neben Eingriff und Leistung zum dritten Mittel der Verwaltung[20]. Thema-

14 Hansmeyer, Transferzahlungen (Anm. 4), S. 963.
15 Vgl. ebd., S. 964; Ipsen, Verwaltung durch Subventionen, passim; Zacher, Verwaltung durch Subventionen, passim; Schetting, *Rechtspraxis*, S. 8 (alle Anm. 4).
16 Vgl. ebd.; Hansmeyer, Transferzahlungen (Anm. 4), S. 964.
17 Beispiel: Der Endzweck des Programms zur regionalen Wirtschaftsförderung ist es, die Mängel der regionalen Wirtschaftsstruktur zu beseitigen bzw. zu mildern. Um diesen Endzweck zu verwirklichen, werden Maßnahmen gefördert, „die einen Primäreffekt für die Steigerung der Wirtschaftskraft eines strukturschwachen Gebietes auslösen können, durch die also unmittelbar zusätzliche Einkommensquellen in dem zu fördernden Gebiet erschlossen werden". (Richtlinien für die Verwendung der Bundeshaushaltsmittel für das regionale Förderprogramm der Bundesregierung vom 3. März 1967, zit. nach Schetting, *Rechtspraxis* (Anm. 4), S. 10.)
18 In diesem Sinne: Ipsen, *Öffentliche Subventionierung* (Anm. 4), S. 65.
19 Vgl. Schetting, *Rechtspraxis*, S. 5; Zacher, Verwaltung durch Subventionen, S. 317 ff., 326 ff.; zustimmend: Hansmeyer, Transferzahlungen, S. 964 (alle Anm. 4).
20 Vgl. ebd.

tisiert sind damit auch subventionspolitische Problemfelder: die Frage, wie die Subvention durch Auflagen so ausgestaltet werden kann, daß trotz vorhandener Freiheitsgrade die Nutznießer der finanziellen Vorteile sich auch im Sinne der politischen Zielsetzung verhalten.

2.2. Subventionsarten — grobe Auswahl aus einer Vielfalt

In der Subventionsdiskussion wurden zahlreiche Gliederungsversuche der Subventionen unternommen[21], auf die hier im einzelnen nicht eingegangen wird, da ihnen eher subventionsphilosophische als subventionspolitische Bedeutung zukommt. Um den weiteren Verlauf der Untersuchung von terminologischen Erläuterungen zu entlasten, sollen zwei nach unterschiedlichen Kriterien erfolgende Unterteilungen der Subventionen vorgestellt werden.

Bei phänomenologischer Betrachtung lassen sich Subventionen in Leistungs- und Verschonungssubventionen gliedern[22]:

1. Leistungssubventionen
   - *Prämien* werden vergeben, nachdem die entsprechend zu fördernden wirtschaftlichen Vorgänge stattgefunden haben (Stillegungsprämien, Prämien für eingerichtete Arbeitsplätze).
   - *Verlorene Zuschüsse:* nicht-rückzahlbare Zuwendungen. Sie gehören zu den häufigsten Formen der Subventionierung und sind meist mit Verwendungsauflagen (z.B. Investitionsauflagen) verknüpft; zu ihnen zählen jedoch auch pauschale Ausgleichszahlungen, Preissubventionen und Kostensubventionen.
   - *Darlehen:* Darlehen gelten dann als Subventionen (Finanzierungshilfen), wenn sie zu Konditionen vergeben werden, die günstiger als vergleichbare auf dem Kapitalmarkt sind. Finanzierungshilfen gehören zu den verbreitetsten Subventionsformen[23].
   - *Bürgschaften und Garantien:* Bei der Vergabe von Bürgschaften oder Garantien entstehen keine sofortigen Ausgaben. Es handelt sich um Eventualsubventionen, die erst dann ausgabewirksam werden, wenn der entsprechende Risikofall eingetreten ist. Bürgschaften und Garantien sind in erster Linie ein Instrument der Exportförderung, um auf diese Weise insbesondere die von den Unternehmen nicht tragbaren politischen Risiken abzudecken (Hermesbürgschaften)[24].
2. *Verschonungssubventionen* (Steuervergünstigungen)
   Hier stellt sich zunächst als Grundproblem die Frage, wann eine Steuervergünstigung eine Subvention und wann sie eine spezifische Ausgestaltung der Steuer selbst ist[25]. Allgemein wird der Begriff „Steuervergünstigung"

---

21 Vgl. dazu Meinhold, „Subventionen" (Anm. 4), 1959; Ipsen, *Die öffentliche Subventionierung* (Anm. 4).

22 Die Gliederung folgt Zacher, Staatliche Wirtschaftsförderung (Anm. 4); vgl. auch Albrecht/Thormälen, *Subventionen* (Anm. 9), S. 63 ff.

23 Vgl. Dickertmann, *Öffentliche Finanzierungshilfen* (Anm. 4), S. 48 ff.

24 Vgl. E.-A. Conrad, *Bürgschaften und Garantien als Mittel der Wirtschaftspolitik*, Berlin 1967; Dickertmann, *Öffentliche Finanzierungshilfen* (Anm. 4), S. 55 ff.

25 Vgl. Joachim Lang, *Systematisierung von Steuervergünstigungen*, Berlin 1974; Klaus Tipke, *Steuerrecht*, 4. Aufl. Köln 1977.

als „Sammel- oder Oberbegriff für alle die Steuerschuld mindernden Normen mit Ausnahmecharakter (Steuerbefreiungen, Steuerermäßigungen, Steuererleichterungen, Bewertungsfreiheiten, Sonderabschreibungen, Freibeträge und Freigrenzen, Abzüge von der Bemessungsgrundlage) verwendet"[26]. Die Logik dieser Definition bringt es mit sich, daß Begünstigungen innerhalb der allgemeinen Steuernorm (beispielsweise die, die aufgrund unterschiedlichen Veranlagungsverfahrens, unterschiedlicher Abschreibungsmöglichkeiten entstehen) nicht erfaßt werden können. Die Steuervergünstigung muß jedoch nicht zwangsläufig eine Einschränkung der allgemeinen Steuernorm bedeuten, im Gegenteil: Die sogenannte aptive (Lang) oder unechte (Tipke) Steuervergünstigung zielt gerade darauf, die Geschlossenheit der Besteuerung zu erreichen[27].

Davon zu trennen sind die uns hier interessierenden „subventiven Steuervergünstigungen", solche also, die durch Ausnahmeregelungen, d.h. bewußte und gezielte Durchbrechungen der Steuernorm Einfluß auf den Wirtschaftsablauf nehmen sollen. Vom sonst im Steuerrecht herrschenden Gerechtigkeitsprinzip werden sie m.E. nicht berührt, da sie zum Wirtschaftsrecht gezählt werden[28]. Der Gleichheitsgrundsatz als (juristisches) Bewertungskriterium gewinnt allerdings dann an Relevanz, wenn der monetären Umverteilung nicht eine entsprechende Zielformulierung und Zielrealisierung entspricht, es sich um eine (willkürliche) Privilegierung durchsetzungsfähiger Interessen handelt.

Analytisch fruchtbar erscheint eine andere, von Karl-Heinrich Hansmeyer vorgeschlagene Untergliederung der Subventionen nach dem Kriterium Steuerungsintensität[29]. Danach lassen sich zwei Gruppen von Subventionen unterscheiden: Transferzahlungen mit Verwendungsauflagen und Transferzahlungen ohne Verwendungsauflagen:
– Subventionen *ohne* Verwendungsauflagen sind solche, deren Auflagen lediglich die Empfangsmerkmale der Zahlung regeln, die Verwendung der Mittel jedoch der Entscheidung des jeweiligen Unternehmers überlassen. Dies geschieht bei der Subventionierung von Kostengütern, mit der entsprechende Produktionsmittel verbilligt werden (z.B. Dieselölverbilligung für die Landwirtschaft). Bei gleichbleibendem Produktionsniveau „gleicht die Subventionierung von Kostengütern einer frei verfügbaren Liquiditätsverbesserung für das Unternehmen, die überall dort eingesetzt werden kann, wo es der Unternehmenszweck erfordert, d.h. auch unabhängig vom beabsichtigten Subventionszwecke. Insbesondere in stagnierenden Sektoren können daher Kostengütersubventionen wie Einkommenstransfers wirken."[30] Eine andere Möglichkeit knüpft

26 Ebd., S. 122.
27 Vgl. Lang, *Systematisierung* (Anm. 4), S. 18.
28 Vgl. Tipke, *Steuerrecht* (Anm. 25), S. 405.
29 Erstmals von Hansmeyer 1963 vorgeschlagen (Hansmeyer, *Finanzielle Staatshilfen* [Anm. 4]); die folgende Darstellung orientiert sich an Hansmeyer, Transferzahlungen (Anm. 4).
30 Ebd., S. 966.

an Produkte an (Produktionsstück- bzw. Produktionswertsubventionie-
rung): Milch- und Eiersubventionierung, „Preissubventionen" oder gar
„Subventionierung von Betriebseinheiten", zu denen beispielsweise Ver-
lustausgleichszahlungen an die Landwirtschaft oder die Zuschüsse zu
den Altlasten des Steinkohlenbergbaus zählen. Die Problematik der
Kosten- und Preissubventionen liegt darin, daß sie tendenziell Über-
produktionen begünstigen, so daß der Staat früher oder später diesem
Folgeproblem mit Folgesubventionen begegnen muß.
— Subventionen *mit* Verwendungsauflagen: Dem Empfänger sind bestimmte Verhaltensweisen vorgeschrieben, denen er nach Erhalt der
Subvention nachzukommen hat. Das kann eine — mehr oder weniger —
definierte Investitionstätigkeit, die Einstellung von Arbeitskräften,
aber auch die Stillegung von Kapazitäten sein. Mit der Verwendungs-
auflage soll dem öffentlichen Interesse, das mit der Subvention verbunden ist, Geltung verschafft werden: Sie stellt den materiellen Gehalt
des steuerungspolitischen Teils der Subvention dar. Im Gegensatz zu
den Kosten- und Preissubventionen (*ohne* Verwendungsauflagen) kommt
es lediglich zu einem vorübergehenden Liquiditätszuwachs, dem dann
z. B. bei einer Investitionsauflage ein Vermögenszuwachs folgt. Ein Einkommenszuwachs erschließt sich erst über den folgenden Marktprozeß[31]. Bezogen auf die einleitend entwickelte These von der sich im
Untersuchungszeitraum herausbildenden funktionalen, d. h. steuerungspolitisch intensiveren Subventionspolitik hieße dies, daß Transferzahlungen mit Verwendungsauflagen sich im Untersuchungszeitraum stärker etablieren müßten.

3. Subventionsentwicklung 1950–1982. Annäherung an die Quantität des Gegenstandes

3.1. Die Löcher im statistischen Netz: Vorbemerkung zur Materiallage

Ein präziser Gesamtüberblick über die Entwicklung der staatlichen Subventionen im Einnahmen- und Ausgabenbereich seit Bestehen der Bundesrepublik ist nicht möglich, da eine kontinuierliche und umfassende Subventions-
statistik nicht existiert. Erst mit der Institutionalisierung der Subventionsberichterstattung des Bundes im Jahre 1967 liegt zumindest für den Bundeshaushalt eine regelmäßige Steuervergünstigungen und Finanzhilfen berücksichtigende offizielle Aufzeichnung vor; Subventionen der Länder werden hier
ab 1977 nachrichtlich erwähnt. Für die Jahre vor 1966 kann eine Studie des
DIW (Zavlaris)[32] herangezogen werden, in der für die Ausgabenseite anhand
der Haushaltspläne von Bund und Ländern Anzahl und Volumen der ausgezahlten Finanzhilfen rekonstruiert sind. Eine systematische Erfassung der
durch subventive Steuervergünstigungen verursachten Steuermindereinnahmen

---

31 Vgl. ebd., S. 968 f.
32 Démètre Zavlaris, *Subventionen in der Bundesrepublik Deutschland seit 1951*, Berlin
1970.

in den Jahren 1950—66 liegt nicht vor[33]. Der unterschiedlichen Datenbasis wurde formal insofern Rechnung getragen, als die Darstellung der Subventionsentwicklung in zwei Phasen erfolgt: 1950—66 und 1966—82. Dies erscheint auch deshalb notwendig, weil die von Zavlaris angegebenen Zahlen nur bedingt mit denen der Subventionsberichte vergleichbar sind.

Die Lücken in der Subventionsberichterstattung des Bundes sind nicht unbeträchtlich[34]. Auf der anderen Seite werden in den Subventionsberichten Leistungen aufgeführt, die nach dem vorherrschenden Verständnis keineswegs als Subventionen zu betrachten sind. Gemeint ist die Einbeziehung von Steuervergünstigungen und Finanzhilfen an private Haushalte und der Hilfen zur Sparförderung und Vermögensbildung, auf die im vorangegangenen Abschnitt schon hingewiesen wurde[35]. Trotz der Bedenken, diese sozialpolitisch motivierten Vergünstigungen als Subventionen zu bezeichnen, werden sie im folgenden entsprechend ihrer Berücksichtigung in den Subventionsberichten dargestellt, da auch hier, wie oben betont, der subventions*politische* Aspekt im Vordergrund steht.

33 Allerdings existieren für die erste Hälfte der fünfziger Jahre Fallstudien zur damaligen Steuervergünstigungspolitik. Siehe unten Kap. III.

34 Folgende Aspekte sind bei der Betrachtung des statistischen Materials der Subventionsberichte zu beachten:
1. Die Berichterstattung beschränkt sich gemäß dem Wortlaut des § 12 StWG auf Finanzmittel des Bundeshaushalts, die an Stellen außerhalb der Bundesverwaltung fließen (s. o. S. 28); finanzielle Begünstigungen aus Ausgleichfonds sind damit ebenfalls nicht berücksichtigt.
2. Im Bereich der Forschungsförderung sind nur solche Fördermittel aufgenommen, „die unmittelbar darauf gerichtet sind, die technische Leistungskraft der Unternehmen bei solchen Vorhaben zu stärken, deren Markteinführung und damit wirtschaftliche Verwertung in überschaubarem Zeitraum mit relativ großer Wahrscheinlichkeit zu erwarten sind" (*9. Subventionsbericht*, S. 308); dies trifft nur bei einem geringen Teil der Mittel zu.
3. Zinssubventionen sind unvollständig erfaßt. Mit der Monographie von Dietrich Dickertmann liegt jedoch eine Erfassung der Finanzierungshilfen seit 1960 vor (Dietrich Dickertmann, *Öffentliche Finanzierungshilfen*, Baden-Baden 1980).
4. Die Daten verschiedener Subventionsberichte stimmen — aufgrund veränderter Abgrenzungen — häufig nicht überein. Für die Erarbeitung einer konsistenten Zeitreihe waren Zusammenstellungen der Autoren der Subventionsberichte hilfreich (Dietrich Albrecht/Klemens Wesselkock, *Subventionen und Subventionspolitik*, Schriftenreihe des Bundesministeriums der Finanzen, H. 19, Bonn 1971; Dietrich Albrecht, *Subventionen. Problematik und Entwicklungen*, Schriftenreihe des Bundesministeriums der Finanzen, H. 25, Bonn 1978). Für die Jahre 1978— 82 wurden die Daten aus den verschiedenen Subventionsberichten zusammengestellt; die jüngste Arbeit der Autoren (Dietrich Albrecht/Thies Thormälen, *Subventionen — Politik und Problematik*, Frankfurt a.M./Bern/New York 1985) konnte erst nach Abschluß der Arbeit zur Überprüfung herangezogen werden; sie ist deshalb als Quelle nicht erwähnt. Zum Problem der Vergleichbarkeit der Subventionsberichte vgl. auch Horst Zimmermann, Vergleichbarkeit der Subventionsberichterstattung des Bundes, in: *Finanzarchiv, N.F.*, Jg. 37, 1979, S. 399—415.

35 Im VI. Kapitel wird auf die subventionspolitischen Hintergründe der Subventionsberichterstattung der Bundesregierung ausführlich eingegangen.

3.2. Die Entwicklung des Subventionsvolumens 1950–1966

3.2.1. Direkte Subventionen (Finanzhilfen)

Betrachtet man den Anteil der Finanzhilfen am Bundeshaushalt, so wird der überaus rasche Anstieg des Subventionsniveaus Mitte der fünfziger Jahre deutlich (Schaubild II/1). Von einem durchschnittlichen Anteil von 1,4 Prozent am Bundeshaushalt im ersten Jahrfünft der fünfziger Jahre stiegen die Finanzhilfen auf 5,7 Prozent 1956–60 bzw. 5,9 Prozent im jährlichen Durchschnitt in den Jahren 1961–65. Innerhalb weniger Jahre hatte sich das Subventionsvolumen mehr als verzehnfacht: von knapp 180 Mio. 1951 auf über zwei Mrd. 1957. Ausgelöst wurde diese Entwicklung durch die mit dem Grünen Plan (1956)[36] beginnende intensive Landwirtschaftsförderung mit dem Ziel, die

Schaubild II/1: Anteile der Finanzhilfen des Bundes am Bundeshaushalt (i. v. H.)

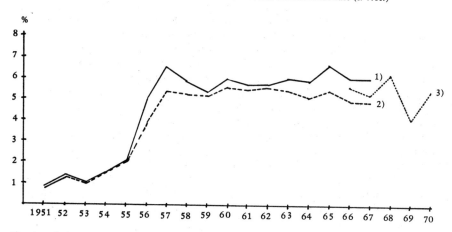

1) Anteil der *gesamten Finanzhilfen* am Bundeshaushalt (nach Zavlaris, *Subventionen seit 1951* [Anm. 32], S. 94; eigene Berechnungen). Von den bei Zavlaris als Subventionen aufgeführten finanziellen Leistungen sind hier nicht miteinbezogen: Zuschüsse an die Deutsche Bundesbahn, an nichtbundeseigene Bahnen, an die Deutsche Lufthansa, an Flughafenunternehmen sowie sonstige Zuschüsse im Bereich Verkehr (hauptsächlich Zahlungen an die DDR im Rahmen des Berlinverkehrs); Zuschüsse im Wohnungswesen. Letztere wurden ausgeklammert, um die Vergleichbarkeit mit den Daten des Subventionsberichts herzustellen, der im Gegensatz zu Zavlaris die haushaltsmäßige Belastung ausweist, während dieser die effektive volkswirtschaftliche Belastung zugrunde legt.

2) Anteil der Finanzhilfen für die *Landwirtschaft* am Bundeshaushalt.

3) Zum Vergleich: Anteil der Finanzhilfen für Landwirtschaft, gewerbliche Wirtschaft und Verkehr (ohne Berlinverkehr) nach den Daten des Subventionsberichts (Albrecht, *Subventionen* [Anm. 34], S. 56 ff.).

Quelle: Zavlaris, *Subventionen seit 1951* (Anm. 32), S. 94; Albrecht, *Subventionen* (Anm. 34), S. 56 ff.; eigene Berechnungen.

36 Landwirtschaftsgesetz vom 5.9.1955.

Produktivität zu steigern und die Ertragslage der Landwirtschaft zu verbessern. Handelsdüngersubventionen, Begünstigung der Vorratshaltung, Erhöhung des Auszahlungspreises für Qualitätsmilch waren die umfangreichsten Posten, die das Niveau der Beihilfen innerhalb von drei Jahren von ca. 450 Mio. DM (1955) auf 1,6 Mrd. DM (1957) ansteigen ließen. Bis Anfang der sechziger Jahre war die Subventionspolitik eine Domäne der Landwirtschaft. Erst gegen Ende der fünfziger Jahre kamen in relevantem Umfang andere Wirtschaftsbereiche hinzu, allen voran der Steinkohlenbergbau, der nach Jahren des Kohlemangels 1958 in die bis heute anhaltende Absatzkrise geriet. In der Berechnung nicht berücksichtigt sind die Zahlungen, die im Rahmen der Wohnungsbauprogramme geleistet wurden[37], sowie die Finanzhilfen des Bundes an die Deutsche Bundesbahn, die seit Mitte der sechziger Jahre bedeutend werden.

Berücksichtigt sind in Schaubild II/1 lediglich diejenigen Finanzhilfen, die über den Bundeshaushalt an die Unternehmen fließen. Nicht unbeträchtlich sind jedoch die finanziellen Mittel, die in diesem Zeitraum aus den Länderhaushalten zur Verfügung gestellt werden; sie liegen 1951 knapp unter 200 Mio. DM und steigen bis 1967 auf über 1,8 Mrd. DM an[38]. Ebenso wie die Struktur der Bundessubventionen, wird diejenige der Ländersubventionen wesentlich vom Zuschuß- und Unterstützungsbedarf der Landwirtschaft bestimmt. Doch es gibt Unterschiede: Landwirtschaftssubventionen machen nach den Untersuchungen von Zavlaris zwar den größten, im Verhältnis zur Subventionspolitik des Bundes jedoch einen geringeren Anteil aus; Finanzhilfen an die gewerbliche Wirtschaft haben in den Länderhaushalten − relativ gesehen − größere Bedeutung. Bemerkenswert ist auch ein Zweites: Sowohl im Bereich der Landwirtschaft als auch hinsichtlich der Subventionen an die gewerbliche Wirtschaft haben die Maßnahmen zur Förderung der Investitionstätigkeit im Verhältnis zu den Bundessubventionen größeres Gewicht[39].

Nicht berücksichtigt sind jene Subventionszahlungen, die nicht über die staatlichen Haushalte abgewickelt wurden. Dazu zählen die im Rahmen des Investitionshilfegesetzes (1952) erteilten finanziellen Förderungen zugunsten der Grundstoffindustrien.

3.2.2. Steuerliche Subventionen

Genauere Untersuchungen über die Struktur der Steuervergünstigungen in den fünfziger Jahren und die durch sie bedingten Einnahmeausfälle liegen nicht vor. Die Untersuchung von Zavlaris[40] setzt mit dem Jahre 1959 ein, dem Jahr, für das die Bundesregierung erstmals entsprechende Berechnungen vorgenommen hat[41]. Für die vorangegangenen Jahre fehlt eine solche Gesamt-

---

37 Um die Vergleichbarkeit herzustellen, habe ich die bei Zavlaris miteinbezogenen Zahlungen im Bereich Wohnungswesen und Verkehr (Bundesbahn usw.) nicht berücksichtigt; umfangmäßig fallen sie zumindest in den fünfziger Jahren nicht ins Gewicht. Vgl. Zavlaris, *Subventionen seit 1951* (Anm. 32), S. 94 f.

38 Vgl. Zavlaris, *Subventionen seit 1951* (Anm. 32), S. 97.

39 Ebd.

40 Vgl. ebd.

41 *BTDrs.* III/1229.

Tabelle II/1: Inanspruchnahme der §§ 7 a–f EStG 1950–56

Jahr	Inanspruchnahme in Mio. DM.	%-Verhältnis von Inanspruchnahme zu Steueraufkommen
1950	1 122	6,0
1951	1 939	7,7
1952	2 231	7,2
1953	2 520	7,3
1954	3 074	8,6
1955	1 903	4,7
1956	2 060	4,6

Quellen: Gerhard Zeitel, *Die Steuerlastverteilung in der Bundesrepublik Deutschland*, Tübingen 1959, S. 22; *Statistisches Jahrbuch der Bundesrepublik Deutschland*; eigene Berechnungen.

übersicht. Es gibt jedoch aufgrund verschiedener Fallstudien zumindest einige Anhaltspunkte, die etwas über das Ausmaß der steuerlichen Erleichterungen an Unternehmen in den Restaurationsjahren der Bundesrepublik aussagen. Setzt man die Inanspruchnahme der sogenannten Siebener-Paragraphen des Einkommensteuergesetzes ins Verhältnis zum gesamten Steueraufkommen, so erhält man für 1950 6,0 Prozent, für 1954 8,6 Prozent (vgl. Tab. II/1). Angesichts der hohen nominalen steuerlichen Belastung der Einkommen und Gewinne spiegeln sich hier Steuermindereinnahmen in Höhe von (geschätzt) 3 bzw. 4 bis 5 Prozent des Steueraufkommens wider. Schlaglichtartig zeigen diese Zahlen die Intensität steuerlicher Subventionspolitik zugunsten der gewerblichen Wirtschaft in jener Zeit.

Zwischen 1960 und 1967 stieg das Verhältnis von Steuervergünstigungen und gesamten Steuereinnahmen kontinuierlich an[42]. Im Unterschied zu den Finanzhilfen sind es hier die Subventionen an die gewerbliche Wirtschaft, die Struktur und Dynamik bestimmen. Durchschnittlich mehr als die Hälfte wird von ihr in Anspruch genommen, nur etwas über ein Zehntel betrifft die Landwirtschaft.

Es ist nicht unproblematisch, die Zahlen dieser Jahre mit denen der folgenden Jahre zu vergleichen, weil mit der Umstellung von der Bruttoumsatzsteuer auf die Mehrwertsteuer (1968) systembedingt bestimmte Steuervergünstigungen nicht mehr auftreten, so daß entsprechende Steuerausfälle auch nicht mehr zu verzeichnen sind.

3.3. Subventionsentwicklung 1966–1982

Die subventiven Steuervergünstigungen verursachten nach Schätzungen der Bundesregierung in ihren Subventionsberichten 1966 Steuerausfälle in Höhe von 6,8 Mrd. DM; 1982 waren die Steuerausfälle auf 29,5 Mrd. DM angestiegen — eine Zahl, die eher noch die untere Grenze der Schätzung darstellt,

42 Siehe Anhang Tabelle 3 und 4.

Schaubild II/2: Das Verhältnis von Steuermindereinnahmen durch Steuervergünstigungen zum gesamten Steueraufkommen (nach Aufgabenbereichen) in v. H.[a]

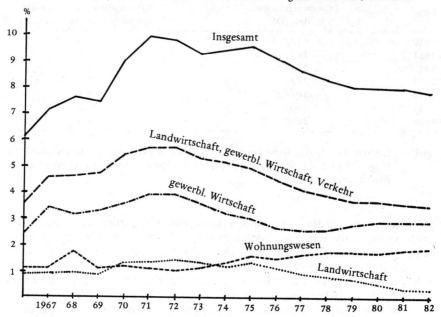

a   Anteil der Steuervergünstigungen am Steueraufkommen; gesamte Steuervergünstigungen entsprechend der Definition des Subventionsberichts (einschließlich Wohnungswesen, Sparförderung).

Quellen: Albrecht, *Subventionen* (Anm. 34), S. 62/63; *7.–9. Subventionsbericht*; eigene Berechnungen.

denn man kann davon ausgehen, daß die Einzelangaben und damit das Gesamtvolumen der Steuermindereinnahmen eher zu niedrig ausgewiesen werden[43].

Betrachten wir das Verhältnis der durch die Steuervergünstigungen verursachten Steuerausfälle zur Gesamtheit des jeweiligen Steueraufkommens (vgl. Schaubild II/2): Von einem leicht ansteigenden Niveau Ende der sechziger Jahre ausgehend, nahmen die steuerlichen Subventionen Anfang bis Mitte der siebziger Jahre verhältnismäßig stark zu, sanken ab 1975 langsam wieder, d.h. die durch die Steuervergünstigungen verursachten Steuerausfälle blieben

---

43   Zur Veranschaulichung: Der durch den § 13a EStG (Besteuerung der Landwirtschaft nach Durchschnittssätzen) bedingte Steuerausfall wurde im 5. Subventionsbericht mit ca. 700 Mio. DM (1976) angegeben; die Gutachterkommission zur Einkommensbesteuerung der Landwirtschaft, die in erster Linie mit Zahlen und Berechnungen des BMF arbeitete, kam für das gleiche Jahr aufgrund „vorsichtiger Schätzung" auf einen Steuerausfall von ca. 1,3 bis 1,6 Mrd. DM (Gutachten zur Einkommensbesteuerung der Landwirtschaft erstattet von der Kommission zur Begutachtung der Einkommensbesteuerung der Landwirtschaft hrsg. v. Bundesministerium der Finanzen, Bonn 1978, S. 30).

Tabelle II/2: Das Verhältnis von Steuervergünstigungen zu Steueraufkommen[a]
(Fünf-Jahres-Durchschnittswerte in %)

Jahr	Gesamt	Landwirt-schaft	Gewerbliche Wirtschaft	Verkehr	Wohnungs-wesen	Spar-förderung	Sonstige StVG[b]
1966–70	7,6	0,9	3,2	0,5	1,3	1,0	1,0
1971–75	9,6	1,3	3,6	0,4	1,2	1,8	1,3
1976–80	8,4	0,8	2,7	0,5	1,6	1,4	1,4
1981–82	7,9	0,3	2,9	0,4	1,9	0,9	1,7

a Absolute Werte vgl. Anhang, Tab. 12.
b Zu den „sonstigen" Steuervergünstigungen zählt der *Subventionsbericht* u. a. § 3 a EStG (Steuerbefreiung von Zinsen aus bestimmten festverzinslichen Wertpapieren), § 3 b EStG (Steuerbefreiung der tariflichen Zuschläge der Sonntags-, Feiertags- und Nachtarbeit), § 4 Nr. 14 UStG (Befreiung der ärztlichen Leistungen von der Umsatzsteuer).

Quellen: Albrecht, *Subventionen* (Anm. 34), S. 62/63; 7.–9. *Subventionsbericht*; Finanzberichte der Bundesregierung; eigene Berechnungen (Berechnungsweise: arithmetisches Mittel der summierten Jahresprozente; vgl. Anhang, Tab. 13, 15).

hinter den jährlichen Zuwachsraten des Steueraufkommens zurück. Fünf-Jahres-Durchschnittswerte verdeutlichen dies (vgl. Tab. II/2): 1966–70 betrug der von den Steuersubventionen hervorgerufene Steuerausfall im Verhältnis zum Steueraufkommen durchschnittlich 7,6 Prozent, zwischen 1971 und 1975 lag dieser Durchschnittswert bei 9,6 Prozent, 1976–80 schließlich bei 8,4 Prozent. 1982 betrug der Steuerausfall nur noch 7,8 Prozent des gesamten Steueraufkommens (vgl. Anhang, Tab. 13).

Diese Entwicklung verlief jedoch nicht in allen Subventionsbereichen gleich (vgl. Schaubild II/2): Während die steuerlichen Vergünstigungen für das Wohnungswesen wie auch die sonstigen Steuervergünstigungen (vgl. Tab. II/2, Anm. 2) weiterhin relativ anstiegen und auch die steuerlichen Subventionen für die gewerbliche Wirtschaft nach einem starken Rückgang in der zweiten Hälfte der siebziger Jahre Anfang der achtziger Jahre wieder zunahmen, sanken die Steuervergünstigungen für die Landwirtschaft wie auch die Steuermindereinnahmen aufgrund der Sparförderung kontinuierlich, und dies in einem Umfang, daß der gegenteilige Trend der übrigen Bereiche überlagert wurde. Die Hauptursache für den Rückgang der steuerlichen Subventionen seit 1975 ist der durch das Haushaltssicherungsgesetz 1975 initiierte Abbau der Sparförderung sowie der Abbau des 1970 als Kompensation der DM-Aufwertung gedachte Kürzungsanspruch der Landwirtschaft im Rahmen der Umsatzsteuer (§ 24 Abs. 1 UStG) (Steuerausfall 1976: 1,16 Mrd. DM); daneben wurden mit dem Gesetz zur Neuregelung der Einkommensbesteuerung der Landwirtschaft vom 25. Juni 1980 auch die durch den § 13 a EStG bis dahin verursachten Steuermindereinnahmen wesentlich eingeschränkt.

Mittelpunkt der Steuervergünstigung für die gewerbliche Wirtschaft sind die regionalen Strukturmaßnahmen (vgl. Tab. II/3): Sie stellen das „dynamische Zentrum" und erreichten mit einem Volumen von ca. 8,5 Mrd. DM Anfang der achtziger Jahre einen Gesamtanteil an den Steuersubventionen für die gewerbliche Wirtschaft von knapp 80 Prozent. Ins Gewicht fallen hier die

Tabelle II/3: Struktur der Steuervergünstigungen für die gewerbliche Wirtschaft[a]
(Fünf-Jahres-Durchschnittswerte in %)

Jahr	Bergbau	Regionale Strukturmaßnahmen	Kreditwirtschaft	Gewerbliche Wirtschaft allgemein
1966–70	7,6	57,6	13,9	20,9
1971–75	4,0	71,1	7,6	17,0
1976–80	3,0	76,2	5,3	15,4
1981–82	2,7	79,0	–[b]	18,4

a Vgl. Anhang, Tab. 16.
b Durch das Subventionsabbaugesetz vom 26.6.1981 sind die Steuervergünstigungen für die Kreditwirtschaft weggefallen.

Quellen: Albrecht, *Subventionen* (Anm. 34), S. 62/63; 7.–9. *Subventionsbericht*; Finanzberichte der Bundesregierung; eigene Berechnungen (Berechnungsweise: arithmetisches Mittel der summierten Jahresprozente; vgl. Anhang, Tab. 16).

steuerlichen Vergünstigungen der Berlinförderung und der Förderung des Zonenrandgebiets. Die gewerbliche Wirtschaft „allgemein" wird nach Angaben des 9. Subventionsberichts[44] mit 39 verschiedenen Steuervergünstigungen unterstützt. Das macht ein Gesamtvolumen von ca. 2 Mrd. DM (1982) aus, was jedoch eher zu niedrig ausgewiesen ist, da eine Reihe von Angaben zum Steuerausfall nicht angeführt ist.

Nach dem Wegfall der Steuervergünstigungen für die Kreditwirtschaft durch das Subventionsabbaugesetz vom 21. Juni 1981 erhält nur noch der Bergbau umfangreiche speziell ausgewiesene Begünstigungen[45], deren Volumen von 284 Mio. DM (1982) bzw. 2,6 Prozent der gesamten Steuervergünstigungen für die gewerbliche Wirtschaft von geringerer Bedeutung ist. Im Rahmen der Hilfsmaßnahmen für die deutsche Stahlindustrie gewinnen branchenbezogene Steuervergünstigungen wieder an Bedeutung: Mit Hilfe der Investitionszulage für Investitionen in der Eisen- und Stahlindustrie – eingeführt mit dem Zweiten Haushaltsstrukturgesetz 1981 – flossen in diesen Industriebereich allein 1984 ca. 200 Mio. DM[46]. Dies ändert jedoch nichts an dem Gesamtbefund, daß branchenspezifische Subventionspolitik im Bereich der Steuersubventionen von geringer Bedeutung ist.

Die durch die Steuervergünstigungen verursachten Steuermindereinnahmen schlagen sich im Gesamtsteueraufkommen von Bund und Ländern unterschiedlich nieder (vgl. Schaubild II/3). Es lassen sich allerdings Annäherungen feststellen: Während der Bund Anfang der siebziger Jahre von den Kosten der Steuervergünstigungen erheblich weniger betroffen war – 1970 machten die

44 9. *Subventionsbericht*, S. 206 ff.
45 Unter dem Titel „gewerbliche Wirtschaft allgemein" verbergen sich im Subventionsbericht Steuervergünstigungen, die nur für einzelne Branchen Geltung haben (etwa Biersteuer- bzw. Tabaksteuerbefreiungen); diese sind jedoch zumeist von fiskalisch geringer Bedeutung (vgl. 9. *Subventionsbericht*, S. 206 ff.).
46 9. *Subventionsbericht*, Anlage 2, lfd. Nr. 56.

Schaubild II/3: Das Verhältnis von Steuermindereinnahmen durch steuerliche Subventionen zum gesamten Steueraufkommen

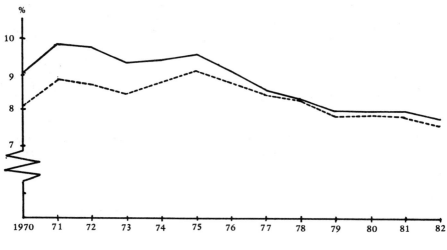

_____ Verhältnis von Steuervergünstigungen insgesamt zum gesamten Steueraufkommen

Verhältnis von auf den Bund entfallendem Anteil an den Steuervergünstigun
‑ ‑ ‑ ‑ ‑ ‑ ‑ ‑ ‑ ‑ gen zu den Steuereinnahmen (Bund)

Quellen: Subventionsberichte der Bundesregierung; Finanzberichte der Bundesregierung; eigene Berechnung.

so bedingten Steuermindereinnahmen 8,1 Prozent seiner gesamten Steuereinnahmen aus, betrugen jedoch insgesamt (Bund und Länder und Gemeinden) 9,0 Prozent —, näherten sich die Kosten der steuerlichen Subventionspolitik in den vergangenen Jahren einander an, so daß seit ca. 1977/78 ein wesentlicher Belastungsunterschied nicht mehr zu verzeichnen ist.

3.3.1. Die Entwicklung der Finanzhilfen

Bund und Länder bedienen sich des Subventionsinstruments in gleichem Maße. Vergleicht man die Entwicklung der Subventionshaushalte der Gebietskörperschaften, so hat sich der Schwerpunkt seit Ende der sechziger Jahre — in erster Linie aufgrund der Gemeinschaftsaufgaben — leicht zugunsten des Bundes verschoben: Lag der Subventionshaushalt des Bundes 1966 bei 6,2 Mrd. DM (ohne EG-Marktordnungsausgaben) und betrug damit 52,4 Prozent der von Bund und Ländern verteilten Finanzhilfen (in der Abgrenzung des Subventionsberichts des Bundes), so erhöhte sich sein Anteil 1968 auf 57,6 Prozent — ein Niveau, das er im Durchschnitt der Jahre mit leichten Abweichungen nach oben oder unten beibehielt (vgl. Anhang, Tab. 10, 11).

Betrachten wir zunächst den Anteil der Finanzhilfen des Bundes am Bundeshaushalt (vgl. Tab. II/4, Schaubild II/4, Anhang, Tab. 6). Mit einiger Über-

Tabelle II/4: Anteil der Finanzhilfen am Bundeshaushalt[a]
(Fünf-Jahres-Durchschnitt in % am Bundeshaushalt)

Jahr	Insgesamt	Landwirt-schaft	Gewerbliche Wirtschaft	Verkehr	Wohnungs-wesen	Spar-förderung
1966−70	9,0	3,9	1,3	0,2	1,9	1,7
1971−75	8,1	2,8	1,2	0,4	1,7	2,0
1976−80	6,9	1,6	1,6	0,5	1,4	1,9
1981−82	5,6	1,0	1,7	0,5	1,5	1,1

a Vgl. Anhang, Tab. 5, 6.

Quellen: Albrecht, *Subventionen* (Anm. 34), S. 56 ff.; *7.−9. Subventionsbericht*; eigene Berechnungen (Berechnungsweise: arithmetisches Mittel der summierten Jahresprozente).

Schaubild II/4: Anteile der Finanzhilfen des Bundes am Bundeshaushalt 1966−82 (in v. H.)

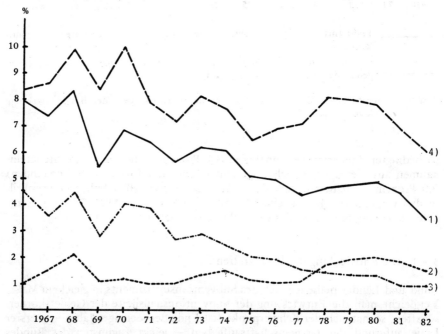

1) Finanzhilfen des Bundes, ohne Sparförderung und ohne Zahlungen an die DDR im Rahmen des Berlinverkehrs.
2) Finanzhilfen an die gewerbliche Wirtschaft.
3) Finanzhilfen an die Landwirtschaft.
4) Finanzhilfen des Bundes einschl. Marktordnungsausgaben der EG (ohne Sparförderung und ohne Zahlungen an die DDR). Die Kurve dient nur der Orientierung, da die Marktordnungsausgaben von der EG finanziert werden.

Quellen: Albrecht, *Subventionen* (Anm. 34), S. 56 ff.; Subventionsberichte der Bundesregierung; eigene Berechnungen (vgl. Anhang, Tab. 5, 6).

raschung stellt man fest, daß der Anteil der Subventionen am Bundeshaushalt seit 1968, als er mit 10,1 Prozent sein höchstes Niveau erreicht hatte, mehr oder minder kontinuierlich gesunken ist. Waren es in den Jahren 1966—70 im Durchschnitt 9 Prozent, so sind es im Durchschnitt der Jahre 1976—80 6,9 Prozent und 1982 gar nur noch 5,4 Prozent, die entsprechend der Subventionsdefinition der Bundesregierung als solche verteilt werden. Ausschlaggebend ist hier z. T. die subventionspolitische Entwicklung in der Landwirtschaft: Die landwirtschaftlichen Subventionen, die 1966 und 1968 jeweils 4,5 Prozent des Bundeshaushalts ausmachten, im Durchschnitt der Jahre 1966—70 3,9 Prozent, belasten den Haushalt nunmehr nur noch mit einem Prozent (1981 und 1982). Dies ist keineswegs Ausdruck der Gesundung der deutschen Landwirtschaft als vielmehr Folge der Agrarpolitik der Europäischen Gemeinschaft: Seit 1971 wird eine Reihe vormals in nationaler Kompetenz ausgezahlter Beihilfen von der EG finanziert. In den Jahren 1979—80 beliefen sie sich jeweils auf weit über 6 Mrd. DM, während die in nationaler Kompetenz vom Bund gewährten Hilfen 2,9 Mrd. DM (1980) betrugen (vgl. Anhang, Tab. 5). Die in den sechziger Jahren einsetzende Expansion der Subventionshaushalte des Bundes aufgrund der finanziellen Unterstützung der Landwirtschaft wurde somit in den siebziger Jahren im wesentlichen dadurch gebremst, daß sich das Problem auf supranationale Ebene verlagert hatte. In der Struktur der Finanzhilfen führt diese Verlagerung der Landwirtschaftshilfe zu einer Verringerung des landwirtschaftlichen Subventionsanteils (vgl. Tab. II/5) von 43 Prozent im Durchschnitt der Jahre 1966—70 auf 17,4 Prozent 1981/82.

Anteilsmäßig gesunken sind die im Rahmen der Wohnungs- und der Vermögensbildungspolitik verteilten Finanzhilfen. Der Anteil der Ausgaben des Bundes im Wohnungswesen (Finanzhilfen) betrug 1966—70 durchschnittlich 1,9 Prozent der gesamten Bundesausgaben, 1976—80 durchschnittlich nur noch 1,4 Prozent. Zwar ist die Summe mit weit über 2 Mrd. DM in den siebziger Jahren immer noch beträchtlich, doch zeigt der sinkende Anteil am Bundeshaushalt (trotz gleichbleibenden Strukturanteils am Subventionshaushalt von ca. 20 Prozent — vgl. Tab. II/5), daß die Entwicklung wesentlich hinter dem Wachstum des Gesamthaushalts zurückblieb: 1978 betrug der Anteil der

Tabelle II/5: Finanzhilfen des Bundes nach Aufgabenbereichen[a]
(Fünf-Jahres-Durchschnitt in % der gesamten Finanzhilfen des Bundes)

Jahr	Landwirt-schaft	Gewerbliche Wirtschaft	Verkehr	Wohnungs-wesen	Spar-förderung
1966—70	43,0	14,3	2,6	20,7	19,5
1971—75	34,1	15,2	5,1	20,9	24,7
1976—80	22,4	23,1	8,2	20,2	26,2
1981—82	17,4	28,9	9,0	26,1	18,9

a Vgl. Anhang, Tab. 7.

Quellen: Albrecht, *Subventionen* (Anm. 34), S. 56 ff.; *7.—9. Subventionsbericht*; eigene Berechnungen (Berechnungsweise: arithmetisches Mittel der summierten Jahresprozente; vgl. Anhang, Tab. 7).

Finanzhilfen für das Wohnungswesen am Gesamthaushalt des Bundes nur noch 1,2 Prozent, stieg allerdings in den folgenden Jahren wieder auf 1,5 Prozent an (1982).

In der Vermögenspolitik gab es in den achtziger Jahren keine expansive Wende. Der Anteil der Ausgaben für die Sparförderung sank. Dabei sollte nicht übersehen werden, daß sich die Entwicklung hier außerordentlich wechselhaft vollzogen hat: Zunächst lag der Anteil am Bundeshaushalt bei 1,6 Prozent (1973), wenig später (1975) bei über 2 Prozent und 1977 sogar bei 3,1 Prozent. Hier schlugen sich die Auswirkungen einer besonders lebhaften Zunahme der Sparverträge nieder, die im Vorfeld der Diskussion um das Haushaltssicherungsgesetz 1975, das die Sparförderung einschränkte, rasch noch abgeschlossen wurden. Seit 1979 liegt der Anteil der Sparförderung am Bundeshaushalt bei lediglich einem Prozent.

Während in den genannten Bereichen die Finanzhilfen des Bundes relativ und zum Teil auch absolut abnahmen, stiegen Anteil und Volumen der finanziellen Hilfen für die gewerbliche Wirtschaft. Sie bilden nunmehr den Kern bundesstaatlicher Subventionspolitik: Ihr Anteil stieg nicht allein im Rahmen der gesamten Finanzhilfen des Bundes (vgl. Tab. II/5), sie nahmen auch im Verhältnis zum Wachstum des Bundeshaushalts überproportional zu (vgl. Tab. II/4). Eine ganz ähnliche Entwicklung schlägt sich in der Struktur der von den Ländern erteilten Subventionen nieder:

Tabelle II/6: Finanzhilfen der Länder nach Aufgabenbereichen[a]
(Fünf-Jahres-Durchschnitt in % der gesamten Finanzhilfen der Länder)

Jahr	Landwirt-schaft	Gewerbliche Wirtschaft	Verkehr	Wohnungs-wesen	Wohnungsbau-prämien
1966–70	15,1	12,5	2,7	58,4	11,2
1971–75	16,7	15,8	6,6	42,1	18,8
1976–80[b]	14,2	20,9	6,1	49,2	9,5

a Vgl. Anhang, Tab. 9
b 1980: Haushaltssoll.

Quellen: Albrecht, *Subventionen* (Anm. 34), S. 72/73; *8. Subventionsbericht*; eigene Berechnungen (Berechnungsweise: arithmetisches Mittel der summierten Jahresprozente; vgl. Anhang, Tab. 9).

Die Ursachen für die starke Ausweitung der Subventionen an die gewerbliche Wirtschaft lassen sich relativ eindeutig benennen: Bis Ende der siebziger Jahre wurde die Dynamik der Subventionspolitik durch den Subventionsbedarf des Steinkohlenbergbaus bestimmt; bis zu 78 Prozent der Finanzhilfen (1968) an die gewerbliche Wirtschaft flossen an den Bergbau, in anderen Jahren waren es lediglich 27 Prozent (1971) (vgl. Tab. II/7). Verantwortlich für diese starken Schwankungen ist nicht nur die jeweilige Absatzlage. Die Höhe des Subventionsbedarfs wird wesentlich vom Weltmarktpreis für Kokskohle beeinflußt. Im Hüttenvertrag des Jahres 1967 war der deutschen Stahlindustrie für die Abnahme deutschen Steinkohlenkokses zur Sicherung des Absatzmark-

Tabelle II/7: Finanzhilfen des Bundes für die gewerbliche Wirtschaft: Aufgabenstruktur nach der Gliederung des Subventionsberichtes 1966–82*

Jahr	Insgesamt		Bergbau		Energie und Rohstoffversorgung		Innovationsförderung[a]		Marktnahe Förderung im Rahmen technologischer Schwerpunktprogramme[b]		Hilfen für bestimmte Industriebereiche[c]		Regionale Strukturmaßnahmen		Sonstige	
	in Mio. DM	%	in Mio. DM	%	in Mio. DM	%	in Mio. DM	%	in Mio. DM	%	in Mio. DM	%	in Mio. DM	%	in Mio. DM	%
1966	692	100	278	40,2	255	36,9	26	3,8	–	–	–	–	43	6,2	90	13,0
1967	1 107	100	786	71,0	161	14,5	48	4,3	–	–	–	–	55	5,0	57	5,2
1968	1 230	100	960	78,1	47	3,8	84	6,8	–	–	–	–	78	6,4	61	5,0
1969	867	100	493	56,9	18	2,1	122	14,1	–	–	–	–	136	15,7	98	11,3
1970	1 077	100	379	35,2	16	1,5	186	17,3	–	–	–	–	240	22,3	256	23,4
1971	1 024	100	280	27,3	78	7,6	248	24,2	–	–	–	–	190	18,6	228	22,3
1972	1 149	100	458	39,9	28	2,4	256	22,3	–	–	–	–	215	18,7	192	16,7
1973	1 605	100	913	56,9	47	2,9	269	16,8	–	–	–	–	167	10,4	209	13,0
1974	2 054	100	1 215	59,2	226	11,0	294	14,3	–	–	–	–	146	7,1	173	8,4
1975	1 935	100	889	45,9	349	18,0	289	14,9	63	3,7	–	–	159	8,2	186	9,6
1976	1 796	100	770	42,9	196	10,9	298	16,5	63	3,5	–	–	244	13,6	226	12,6
1977	1 917	100	977	51,0	209	10,9	17[d]	0,9	83	4,3	180	9,4	228	11,9	224	11,7
1978	3 126	100	2 069	66,2	138	4,4	21	0,7	66	2,1	348	11,1	256	8,2	227	7,3
1979	3 758	100	2 139	56,9	218	5,8	329	8,8	47	1,3	519	13,8	314	8,4	191	5,1
1980	4 291	100	2 457	65,4	234	5,5	388	9,1	44	1,0	675	15,7	329	7,7	164	3,8
1981	4 066	100	2 033	50,0	347	8,5	395	9,7	45	1,1	820	20,2	262	6,5	165	4,1
1982	3 673	100	1 320	35,9	369	10,1	420	11,4	122	3,3	1 012	27,6	213	5,8	216	5,9

* Gerundete Zahlen.

a Bis einschließlich 1976 (6. Subventionsbericht): „Luftfahrttechnik und Innovationsförderung" (vgl. Anm. c). Ab 1977 ohne Finanzhilfen zur Förderung der zivilen Luftfahrttechnik (Airbus).

b Seit dem 6. Subventionsbericht ausgewiesen.

c Seit dem 7. Subventionsbericht ausgewiesen; einschließlich Finanzhilfen für zivilen Flugzeugbau (Airbus).

d Ab 1977 ohne Finanzhilfen zur Förderung der Luftfahrttechnik (Airbus) (vgl. Anm. a und c).

Quellen: Albrecht, Subventionen (Anm. 34), S. 56 ff.; 7.–9. Subventionsbericht; eigene Berechnungen.

tes der deutschen Steinkohle eine Kokskohlenbeihilfe zugestanden worden, die der Eisenschaffenden Industrie die Differenz zwischen einem niedrigen Weltmarktpreis und einem hohen inländischen Preis für Kokskohle größtenteils erstatten sollte, um die Konkurrenzfähigkeit deutschen Stahls auf dem Weltmarkt zu gewährleisten. Je nach Höhe des Weltmarktpreises, der u. a. von den Wechselkursen bestimmt wurde, fiel die Kokskohlenbeihilfe hoch oder niedrig aus. 1981 lag sie bei einer Milliarde DM und machte damit ca. die Hälfte der Subventionen des Bundes für den Steinkohlenbergbau dieses Jahres aus.

Der Finanzierung der Absatzhilfen im Verstromungsbereich durch den Stromverbraucher über die Ausgleichsabgabe „Kohlepfennig" ist es zu verdanken, daß der Anteil der Bergbausubventionen an den gesamten Bundessubventionen für die gewerbliche Wirtschaft in den letzten Jahren zurückgegangen ist. Ebenso führte die (für die Ruhrkohle) günstige Preisentwicklung auf dem Weltkoksmarkt dazu, daß auch die Kokskohlenbeihilfe 1982 geringer ausfiel, so daß schließlich der Anteil der Finanzhilfen für den Steinkohlenbergbau 1982 nur noch 35,9 Prozent betrug (vgl. Tab. II/7).

Beinahe genausoviele Mittel wurden 1982 für die Sicherung der Energie- und Rohstoffversorgung (in erster Linie für DEMINEX), für die Innovationsförderung (größtenteils Zuschüsse für Personalaufwendungen im Forschungs- und Entwicklungsbereich kleinerer und mittlerer Unternehmen)[47] und für marktnahe Förderung technologischer Schwerpunktprogramme vergeben. Diese zum größten Teil als produktivitäts- und wachstumsfördernd anzusehenden Subventionen machen ein Drittel der gesamten Finanzhilfen des Bundes an die gewerbliche Wirtschaft aus. Besondere Beachtung sollte den „Hilfen für bestimmte Industriebereiche" zuteil werden: Dahinter verbergen sich Finanzhilfen an die Luftfahrtindustrie für die Vermarktung des Airbus[48], Hilfen für die Werftindustrie, finanzielle Unterstützungen der saarländischen Stahlindustrie und seit 1982 Zuschüsse an die deutsche Stahlindustrie in Höhe von 245 Mio. DM, die nach Haushaltsplan 1984 600 Mio. DM betragen sollten, tatsächlich jedoch bei 881 Mio. DM lagen[49]. Es handelt sich hier also um zwei neue Krisenbranchen, deren sich verschlechternde wirtschaftliche Situation Anfang der achtziger Jahre einen rasch ansteigenden Subventionsbedarf produziert.

Die absolute Höhe des Subventionsvolumens, das den einzelnen Wirtschaftsbranchen zufließt, gibt ein nur unzureichendes Bild über den tatsächlichen „Protektionsbedarf" des jeweiligen Wirtschaftsbereichs. Denn für eine umsatzstarke Branche kann eine Subvention von mehreren hundert Millionen DM verschwindend gering sein, während sie für einen kleinen Wirtschafts-

---

47 Die Personalkostenzuschüsse betragen jährlich ca. 300 Mio. DM und werden seit 1979 gewährt. Bis einschließlich 1977 wurden unter der Rubrik „Luftfahrttechnik und Innovationsförderung" des Subventionsberichts auch Hilfen an die deutsche Luftfahrtindustrie ausgewiesen; seit 1977 (7. *Subventionsbericht*) werden hier nur noch Finanzhilfen zur Innovationsförderung aufgeführt.

48 Bis 1976 (6. *Subventionsbericht*) wurden die Hilfen für die Luftfahrtindustrie unter der Rubrik „Luftfahrttechnik und Innovationsförderung" ausgewiesen, seit 1977 (7. *Subventionsbericht*) unter „Hilfen für bestimmte Industriebereiche" (vgl. Tab. II/7).

49 Vgl. 9. *Subventionsbericht*, S. 134 f.; 10. *Subventionsbericht*, S. 130 f.

zweig von ganz erheblicher existenzsichernder Bedeutung ist. Um hier einen Eindruck zu vermitteln, werden seit dem Achten Subventionsbericht „Subventionsgrade" ermittelt, d. h. es wird berechnet, wieviel an Subventionen des Bundes auf jeden Erwerbstätigen des jeweiligen Wirtschaftsbereichs entfallen. Dabei zeichnet sich folgendes Bild ab[50]: Im Durchschnitt wurde jeder Erwerbstätige in der gewerblichen Wirtschaft 1980 mit 1044 DM durch den Bund subventioniert (Finanzhilfen und Steuervergünstigungen). Einzelnen Branchen floß jedoch ein Vielfaches zu: So kostete jeder Beschäftigte des Steinkohlenbergbaus den Bund 11009 DM, 1970 waren es noch 1710 DM gewesen. Jeder Erwerbstätige in der Landwirtschaft wurde – einschließlich der Marktordnungsausgaben der EG – mit 6903 DM subventioniert. Nicht viel weniger – 6764 DM – erhielten die Beschäftigten in der Luft- und Raumfahrtindustrie, die im Schiffbau Beschäftigten dagegen nur 4379 DM, 1970 waren es noch 368 DM gewesen. Die durchschnittliche Subventionierung der Erwerbstätigen der Stahlindustrie fiel mit 255 DM 1980 relativ gering aus.

Sichtbar werden hier die Informationsgrenzen des Subventionsberichts: Denn berücksichtigt man die Berechnung der Subventionierung des Steinkohlenbergbaus, die der Sachverständigenrat vorgenommen hat (s.u.), ohne die Zuschüsse an die knappschaftliche Rentenversicherung miteinzubeziehen, so ergibt sich eine etwa doppelt so hohe Subventionierung eines jeden Erwerbstätigen als bei alleiniger Berücksichtigung der Bundessubventionen. Der tatsächliche „Subventionsgrad" bzw. „Protektionsgrad" (Jüttemeier/Lammers) läßt sich also mit den Zahlen des Subventionsberichts – wie vorauszusehen war – nicht berechnen. Ich stelle deshalb abschließend den Zahlen der Subventionsberichte die Ergebnisse von Untersuchungen wirtschaftswissenschaftlicher Forschungsinstitute zu Subventionsvolumen und -struktur gegenüber.

3.3.2. Vergleich der Ergebnisse der Subventionsberichterstattung mit denen anderer Untersuchungen

Im Rahmen ihrer Strukturberichterstattung für die Bundesregierung erstellten mehrere Wirtschaftsforschungsinstitute eigene Untersuchungen über die Entwicklung der Subventionen in der Bundesrepublik. Erwartungsgemäß wichen die Ergebnisse erheblich von denen der Subventionsberichte ab (vgl. Tab. II/8), aber auch untereinander herrschte wenig Einigkeit. Je nachdem, ob ein enger oder weiter Subventionsbegriff zugrunde gelegt wurde, differierte das errechnete Subventionsvolumen um einige zehn Milliarden DM, wobei der weitere Subventionsbegriff auch Zahlungen des Staates an private Organisationen ohne Erwerbscharakter miteinschloß (z.B. HWWA 1980). Insgesamt gesehen läßt sich feststellen, daß die Forschungsinstitute das vom Subventionsbericht erfaßte Volumen der Bundessubventionen zwar in der Trendrichtung für das berechnete Gesamtvolumen der Subventionen bestätigen (starker Anstieg des Volumens bis Mitte der siebziger Jahre, Verlangsamung bis Stagnation Anfang der achtziger Jahre), jedoch auch klar legen, daß – grob gerechnet – die Bundessubventionen nur rund die Hälfte bis ein Viertel der tatsächlich geleisteten Subventionen des Staates umfassen (vgl. Tab. II/8).

---

50 Vgl. ebd., S. 18; vgl. auch Anhang, Tab. 20.

Tabelle II/8: Vergleich der Subventionsvolumina
            (in Mio. DM)

Jahr	Subventionsbericht[a]	DIW[b] (1984)	Gerken u.a.[c] (1985)	Schwarze[d] (1980)	HWWA[e] (1980)
1970	15,0	21,12	–	25,6	36,1
1973	19,1	29,69	55,7	35,0	50,7
1974	20,8	–	60,8	38,9	55,8
1976	23,3	42,96	–	46,2	60,1
1979	25,7	49,41	98,1	–	74,8*
1980	27,7	–	100,5	–	–
1982	27,2	46,13	104,1	–	–

* 1978.

a Ausschließlich Finanzhilfen und Steuervergünstigungen, die auf den Bund entfallen; Quelle: 9. Subventionsbericht, S. 11 ff.

b DIW, Subventionspolitik – Bestandsaufnahme und Bewertung. Zur Entwicklung der Subventionen seit 1970, in: DIW-Wochenberichte, 20/1984, S. 232.

c Egbert Gerken/Karl Heinz Jüttemeier/Klaus-Werner Schatz/Klaus-Dieter Schmidt, Mehr Arbeitsplätze durch Subventionsabbau, Kieler Diskussionsbeiträge, H. 113/114, hrsg. vom Institut für Weltwirtschaft Kiel, Kiel 1985, S. 11.

d Ulla Schwarze, Subventionen – Spürbare Beeinflussung des Wirtschaftsgefüges?, in: RWI-Mitteilungen, 1980, S. 135 ff.

e HWWA, Strukturberichterstattung 1980, Hamburg 1980.

Welche Subventionsgrade ergeben sich nun bei Zugrundelegung der Zahlen der Wirtschaftsforschungsinstitute für die einzelnen Branchen? Stellt sich der Kohlebergbau erneut als höchstsubventionierter Bereich der deutschen Wirtschaft dar? In Tabelle II/9 findet sich eine Auswahl der am stärksten subventionierten Wirtschaftsbereiche, aufgeschlüsselt nach den Berechnungen des Subventionsberichts, des DIW und des Ifo-Instituts. Zugrundegelegt wurden die auf jeden Erwerbstätigen der jeweiligen Wirtschaftsbereiche entfallenden Subventionen, so wie sie in den Untersuchungen bzw. Berichten ausgewiesen sind.

Die Daten dieser Tabelle sind in zweierlei Hinsicht bemerkenswert: Einmal zeigt sich, daß der größte Subventionsempfänger mit dem höchsten Subventionsgrad die Deutsche Bundesbahn ist, die nach Berechnungen des Ifo-Instituts 1981 pro Erwerbstätigen fast 38000 DM erhielt. Allerdings bestehen auch hier Differenzen im berechneten Subventionsvolumen: Das DIW hat für 1982 „nur" knapp 27000 DM errechnet[51]. Des weiteren zeigt sich, daß die im Subventionsbericht ausgewiesenen Subventionsgrade weit unter denen liegen, die von DIW und Ifo errechnet wurden: meist weniger als die Hälfte, zum Teil nur ein Fünftel.

Es stellt sich die Frage, ob nicht insgesamt die Untersuchungen der Institute eine andere Subventionsstruktur bzw. einen anderen Subventionstrend aufzei-

---

51 Finanzhilfen an die Deutsche Bundesbahn sind aus systematischen Gründen im Subventionsbericht nicht aufgeführt; sie finden auch nachrichtlich keine Erwähnung.

Tabelle II/9: Subventionsvergleich: Subventionen je Erwerbstätigen (in DM)

	Subventionsbericht[a]				DIW (1984)			Ifo-Institut		Institut für Weltwirtschaft Kiel[e]		
	1970	1973	1979	1980	1970	1979	1982	1973	1981	1973	1980	1982
Landwirtschaft	2102 (3362)[c]	2278 (3587)[c]	2609 (6932)[c]	2558 (6903)[c]	1983[b]	2639[b]	1914[b]	5260	10570	–	–	–
Bergbau	1716	3822	9618	11009	3015	20696	18230	6510	23830	6511	26174	20496
Eisenschaffende Industrie	6	7	254	255	340	777	1338	280	1320	283	1113	3882
Luft- und Raumfahrt	3659	5375	7180	6764	3839	8364	8241	14550	14660	14555	14236	13983
Schiffbau	368	901	1881	4379	1236	3373	6000	3240	12710	3243	10448	9153
Schiffahrt	994	938	1338	1292	7473	13414	11995	6670	10300	–	–	–
Eisenbahnen[d]	–	–	–	–	8734	30865	27131	10870	37840	–	–	–

a Ausschließlich den Bund belastende Finanzhilfen und Steuervergünstigungen (Bundesanteil).

b Ohne Subventionen an Ernährungsgewerbe, deshalb Angaben nicht vergleichbar.

c Einschließlich EG-Marktordnungsausgaben (nach Angaben der Subventionsberichte).

d Finanzhilfen an die Deutsche Bundesbahn sind in den Subventionsberichten aus systematischen Gründen nicht berücksichtigt.

e Nur Bergbau und Verarbeitendes Gewerbe.

Quellen: *9. Subventionsbericht*, S. 18; DIW, Subventionspolitik – Bestandsaufnahme und Bewertung, in: *DIW-Wochenbericht* 20/1984, S. 232; BTDrs. 10/1699 (Kurzdarstellung des Strukturberichts 1983 des Ifo-Instituts für Wirtschaftsforschung); Egbert Gerken/Karl Heinz Jüttemeier/Klaus-Werner Schatz/Klaus-Dieter Schmidt, Mehr Arbeitsplätze durch Subventionsabbau, in: *Kieler Diskussionsbeiträge*, hrsg. vom Institut für Weltwirtschaft Kiel, H. 113/114, Kiel 1985, S. 14.

gen als der regierungsamtliche Bericht. Die Ergebnisse dieser Untersuchungen lassen sich wie folgt zusammenfassen:

Zunächst bestätigen die Berechnungen der Institute, daß sich das Gros der Subventionen auf einige wenige Wirtschaftszweige konzentriert, allen voran auf die nicht im Subventionsbericht berücksichtigte Deutsche Bundesbahn. Alle übrigen Wirtschaftsbereiche erhalten eine mehr oder minder umfangreiche „Basissubventionierung" ihrer wirtschaftlichen Tätigkeit in Form branchenunspezifischer Subventionsprogramme wie regionale Wirtschaftsförderung oder Forschungs- und Entwicklungsförderung[52].

Ferner wird offenbar, daß Subventionspolitik nur zu einem Teil — wenn auch zum größten — beim Bund, d. h. im Bereich der Ressorts gemacht wird, für die der Subventionsbericht zuständig ist; volumenmäßig beinahe ebensoviel, zum Teil auch mehr (je nach Jahr und/oder Berechnungsmodus) fließt aus einer Vielzahl anderer Quellen — aus EG- oder Länderhaushalten, aus Sondervermögen, aus kommunalen Haushalten oder aus dem Haushalt der Bundesanstalt für Arbeit. Dennoch scheint der Subventionshaushalt des Bundes trotz der auch hier unvollständigen Auflistung mit Ausnahme der bundeseigenen Unternehmen in seiner Struktur dem allgemeinen Entwicklungstrend zu entsprechen, ihn möglicherweise auch wesentlich zu bestimmen.

4. Zusammenfassung: Erste Konturen der Subventionspolitik

In einer ersten Annäherung wurde versucht, entlang der „fiskalischen Spuren" von Steuervergünstigungen und Finanzhilfen ein grobes Muster der Subventionsentwicklung seit Anfang der fünfziger Jahre zu skizzieren. Deutlich wurde dabei, daß jegliche Berechnung der Subventionen von der Ausgestaltung des jeweiligen Subventionsbegriffs determiniert ist. Auch wenn in der wissenschaftlichen Diskussion in den vergangenen Jahren ein Subventionsbegriff vorherrscht, der nur solche finanziellen staatlichen Leistungen faßt, die Unternehmen zufließen — in der politischen Diskussion ist ein weiter Subventionsbegriff etabliert, der ein Bild von Subventionspolitik als Verteilungspolitik in die Öffentlichkeit transportierte, die Unternehmen wie private Haushalte in gleichem Maße begünstigte. Gleichzeitig bildet der Subventionsbegriff der Bundesregierung nur zum Teil weniger als die Hälfte des tatsächlichen Subventionsvolumens ab, das sich bei einer nicht auf den durch den Gesetzesauftrag eingegrenzten Berichterstattung ergäbe.

Die quantitative Entwicklung der Subventionen verlief seit 1950 in zwei Schüben. Mitte der fünfziger Jahre vervielfachte sich das Subventionsvolumen innerhalb kurzer Zeit aufgrund der einsetzenden Stützungsmaßnahmen für

---

52 Vgl. Berechnungen der Wirtschaftsforschungsinstitute: DIW, Subventionspolitik — Bestandsaufnahme und Bewertung, in: *DIW-Wochenbericht* 20/1984, S. 232, 236; BTDrs. 10/1699 (Kurzdarstellung des Strukturberichts 1983 des Ifo-Instituts für Wirtschaftsforschung); Egbert Gerken/Karl Heinz Jüttemeier/Klaus-Werner Schatz/Klaus-Dieter Schmidt, Mehr Arbeitsplätze durch Subventionsabbau, in: *Kieler Diskussionsbeiträge*, hrsg. vom Institut für Weltwirtschaft Kiel, H. 113/114, Kiel 1985, S. 11 ff.; Ulla Schwarze, Subventionen — Spürbare Beeinflussung des Wirtschaftsgefüges?, in: *RWI-Mitteilungen* 1980, S. 142.

die Landwirdschaft; ein weiteres Mal kam es Ende der sechziger/Anfang der siebziger Jahre zu einer Expansion der subventiven Steuervergünstigungen und Finanzhilfen. Seit Mitte der siebziger Jahre scheint jedoch dieser Trend gebrochen zu sein. Der Anteil der Finanzhilfen am Bundeshaushalt sank, und auch das Steueraufkommen nahm rascher zu als die Zuwachsrate der durch subventive Steuervergünstigungen bedingten Steuermindereinnahmen. Wesentlich ist jedoch diese Entwicklung einmal einer Reduktion des Volumens der „Nominal-Subventionen" zu verdanken, der Steuervergünstigungen und Finanzhilfen also, die an private Haushalte gehen und somit dem üblichen Begriff der Subvention nicht entsprechen, sondern aufgrund einer politisch motivierten Ausweitung des Subventionsbegriffs in die Subventionsbericht-erstattung aufgenommen wurden; zum anderen ist dies auf die Ausweitung der landwirtschaftlichen Subventionspolitik der Europäischen Gemeinschaft und der entsprechenden Rücknahme von Landwirtschaftssubventionen aus nationalen Haushalten zurückzuführen. Im Bereich der klassischen Wirtschafts-subventionen ist dieser Trend in abgeschwächter Form zu beobachten, es scheint sich jedoch mit Anfang der achtziger Jahre wieder ein gegenläufiger Trend abzuzeichnen.

Festzuhalten ist jedoch, daß Anfang der achtziger Jahre das relative Niveau der im Subventionsbericht ausgewiesenen Steuervergünstigungen und Finanz-hilfen deutlich unter dem der vorangegangenen Dekade liegt, daß — wenn auch die Subventionen absolut zugenommen haben — die Zuwachsraten hinter de-nen des Bundeshaushalts und des Steueraufkommen zurückblieben. Ange-sichts dieses Befundes stellt sich die Frage, ob darin eine Wandlung der Sub-ventionspolitik zum Ausdruck kommt, eine Rationalisierung und Effektivie-rung, die sich sowohl im Gesamtbild der Subventionen als auch in einzelnen Subventionsmaßnahmen niederschlägt. Dieser Frage soll in der folgenden Un-tersuchung für die Jahre 1948 bis 1982 nachgegangen werden.

III. Der hilfreiche Staat – Subventionspolitik 1948-1955

1. Vorbemerkung: Warum mit 1948 beginnen?

Subventionen können auf eine umfangreiche Geschichte zurückblicken, deren Entwicklungslinie entlang der Herausbildung nationalstaatlichen Interesses an wirtschaftlicher Expansion und wohlfahrtsstaatlicher Aufgabenerfüllung verläuft. Erste Anfänge staatlicher Subventionspraxis finden sich in der Wirtschaftspolitik des Merkantilismus; mit einem System von Schutzzöllen wurde hier die heimische Produktion vor der Weltmarktkonkurrenz abgeschirmt und ihre Entwicklung durch finanzielle und materielle staatliche Unterstüzung gefördert[1]. Absicherung von Herrschafts- und Machtstrukturen und Förderung der Wirtschaft werden so in der merkantilen Wirtschaftspolitik miteinander verknüpft. In der Schutzzoll- und Subventionspolitik des Deutschen Kaiserreiches trat der konservativ-reaktionäre Aspekt von Abschottungspolitik in den Vordergrund: Nicht um die Entwicklung neuer Wirtschaftsbereiche ging es, sondern um die Absicherung agrarisch-schwerindustrieller Machtpositionen im Verein mit militaristisch-vorbürgerlicher Herrschaftsstrukturen. Schutzzollpolitik und die ihr untergeordnete Subventionspolitik hat hier einen innenwie außenpolitisch und außenwirtschaftlich folgenschweren Beitrag geleistet[2].

In der Zeit der Weimarer Republik trat Subventionspolitik in größerem Maße in Erscheinung. Der außenwirtschaftliche Erfolg der deutschen Exportindustrie und die damit verbundene Zunahme ihrer politischen Bedeutung erlaubten eine zollpolitisch-protektionistische Absicherung von Binnenmärkten in weit geringerem Maße als dies die Autarkiepolitik des Kaiserreiches ermöglichte[3]. Subventionen wurden in der weltmarktintegrativen Phase der

---

1 Vgl. A. Bürgin, Artikel „Merkantilismus", in: *HdSW*, Bd. VII, Stuttgart usw. 1961, S. 308 ff.; Leo Kofler, *Zur Geschichte der bürgerlichen Gesellschaft*, Darmstadt/Neuwied [7]1979, S. 203 f.; Norbert Elias, *Über den Prozeß der Zivilisation*, Bd. 2, Frankfurt a.M. 1979, S. 222–312; Karl Alewell, *Subventionen als betriebswirtschaftliche Frage*, Köln/Opladen 1965.

2 Vgl. George W.F. Hallgarten/Joachim Radkau, *Deutsche Industrie und Politik von Bismarck bis zur Gegenwart*, Hamburg 1981, S. 37 ff.; Hans Ulrich Wehler, *Das Deutsche Kaiserreich 1871–1918*, Göttingen [5]1983; L. Rathmann, Bismarck und der Übergang Deutschlands zur Schutzzollpolitik 1873/74 bis 1879, in: *Zeitschrift für die Geschichtswissenschaft*, 1956, S. 899 ff.; Ulrich Teichmann, *Die Politik der Agrarpreisstützung*, Köln 1955.

3 Vgl. Fritz Blaich, „Garantierter Kapitalismus" — Subventionspolitik und Wirtschaftsförderung in Deutschland zwischen 1925 und 1932, in: *Zeitschrift für Unternehmensgeschichte*, 22. Jg., 1977, S. 50–70; Dieter Gessner, *Agrardepression und Präsidialregierungen in Deutschland 1930–1933*, Düsseldorf 1977; Bernd Weisbrod, *Schwerindustrie in der Weimarer Republik*, Wuppertal 1978; Jacques Bariety, Das Zustandekommen der Internationalen Rohstahlgemeinschaft (1926) als Alternative zum miß-

Weimarer Republik (1924—1930/32) als „modernes Instrument der Wirtschaftspolitik" betrachtet[4], mit dem selektiv einzelne Unternehmen und Wirtschaftsbereiche zur Realisierung eines gesamtwirtschaftlichen Nutzens gefördert werden konnten; die hauptsächlichen Nutznießer dieser Subventionspolitik waren jedoch wie schon im Kaiserreich die Landwirtschaft und hier vor allem die Großagrarier und die Schwerindustrie[5]. Die Weltwirtschaftskrise beendete eine an Weltmarktintegration ausgerichtete subventionspolitische Entwicklung. Der Zusammenbruch des Welthandels und die außenwirtschaftliche Entflechtung führten zu einer neuen Autarkiepolitik, der sich angesichts rüstungswirtschaftlicher Perspektiven nach 1933 wichtige, ehemals exportintensive Industriezweige anschließen konnten.

Nach dem Zweiten Weltkrieg waren staatliche Hilfen für den Wiederaufbau der Wirtschaft in besonderem Maße gefordert. Sie konnten jedoch nur zum Teil über die traditionellen Instrumente der Subventionspolitik geleistet werden: Direkte staatliche Finanzhilfen für Unternehmen schieden aufgrund der Schwäche der öffentlichen Haushalte aus, Finanzierungshilfen hatten kaum Aussicht auf Erfolg, da der Kapitalmarkt das erforderliche Kreditvolumen nicht bereitzustellen vermochte. Primär war es also steuerliche Subventionspolitik, mit deren Hilfe die Innenfinanzierungsmöglichkeiten der Unternehmen verbessert wurden — unterstützt von den Leistungen, die über die Marshallplanhilfe einzelnen Branchen bereitgestellt wurden. Als „Notstandsmaßnahmen" konzipiert, liefen die meisten dieser Vergünstigungen Mitte der fünfziger Jahre aus. Gleichzeitig setzte eine neue subventionspolitische Entwicklung ein, ein subventionspolitischer „take off", die den Ausgangspunkt heutiger subventionspolitischer Strukturen markiert.

Diese Untersuchung beginnt nicht erst mit dieser „take-off"-Phase Mitte der fünfziger Jahre, sondern mit einer Darstellung der Finanzierungsinstrumente und ihrer Genese in der Wiederaufbaupolitik, denn — so die Überlegung — hier dürften sich Weichenstellungen (subventionspolitische ebenso wie wirtschafts- und gesellschaftspolitische) finden lassen, die Voraussetzung für das Verständnis nachfolgender subventionspolitischer Entwicklungen sind.

Fortsetzung Fußnote 3

    lungenen „Schwerindustriellen Projekt" im Versailler Vertrag, in: Hans Mommsen/ Dieter Petzina/Bernd Weisbrod (Hrsg.), *Industrielles System und politische Entwicklung in der Weimarer Republik*, Düsseldorf 1974, S. 552—568; Arno Fackelmeyer, *Subventionen und Produktionsförderung als Mittel der Außenhandelspolitik*, Diss. TU Berlin 1952.

4 Die wichtigsten finanzwissenschaftlichen Beiträge zur Subventionsdiskussion in den zwanziger und dreißiger Jahren waren: Joseph Schumpeter, Subventionspolitik, in: *Berliner Börsencourier*, (Berlin), Nr. 87 v. 2.2.1926; Gertrud Zachau-Mengers, *Subventionen als Mittel moderner Wirtschaftspolitik*, Diss. Jena 1930; Hans Erich Freudenberg, *Die Subventionen als Kreislaufproblem in der Marktwirtschaft und Staatswirtschaft*, Tübingen 1934; Karl Hochdörfer, *Die staatlichen Subventionen in der Nachkriegszeit in Deutschland*, Diss. Köln 1939.

5 Vgl. hierzu die Literaturangaben in Anm. 2.

2. Die Finanzierung des Wiederaufbaus. Finanzierungsmethoden und Steuerungsstrategien gesellschaftlich-staatlicher Absicherung der Marktwirtschaft

2.1. Wirtschaftsentwicklung und Staatsfinanzen in den Nachkriegsjahren

Trotz Kriegszerstörungen, trotz Demontage und Reparationen durch die Besatzungsmächte blieb die Substanz der (west-)deutschen Wirtschaft im wesentlichen erhalten, auch wenn die Produktionsprozesse unterbrochen waren[6]. Nach Berechnungen von Werner Abelshauser[7] lag das Bruttoanlagevermögen der westdeutschen Wirtschaft, berücksichtigt man Kriegszerstörungen, Abschreibungen und Demontagen, auf dem Gebiet des Vereinigten Wirtschaftsgebietes 1948 um 11 Prozent über dem des Jahres 1936[8]. Dies ermöglichte u.a., daß sich die wirtschaftliche Situation schon vor der Währungsreform stabilisieren konnte. Die Folge davon war ein wirtschaftliches Wachstum, das lediglich durch die Krise des Winters 1946/47 unterbrochen wurde – eine Krise, die weniger den unzureichenden Produktionskapazitäten als vielmehr einer von Kriegszerstörungen noch stark in Mitleidenschaft gezogenen Verkehrsinfrastruktur geschuldet war.

Mangel an Rohstoffen, insbesondere Mangel an Kohle, verbunden mit katastrophalen Transportverhältnissen waren die entscheidenden Hemmnisse einer Steigerung der Produktion. Um sie zu beseitigen, waren finanzielle Mittel, insbesondere auch Devisen, notwendig, die weder die Unternehmen noch der Staat bereitstellen konnten. Wenn es gelingen sollte, ein privatwirtschaftliches Wirtschaftssystem wiederaufzubauen, mußte die Finanzierungsfähigkeit der Unternehmen für Investitionen wiederhergestellt werden.

Die Steuerpolitik der Alliierten war zweifellos ungeeignet, solchen Erfordernissen zu genügen. Eine der ersten Amtshandlungen der Besatzungsbehörden war es nämlich gewesen[9], die Steuersätze massiv zu erhöhen, um über erhöhte Steuereinnahmen die durch die Besatzungskosten stark belasteten Länderhaushalte auszugleichen.

---

6 Anders sah die Situation in Berlin und der sowjetisch besetzten Zone aus. In den Westsektoren Berlins hatte die sowjetische Besatzungsmacht bis zu ihrem Abzug Ende Juni 1945 innerhalb von vier Wochen die wichtigsten Industrieunternehmen nahezu vollständig demontiert; in der sowjetischen Zone geschah dies sehr viel langsamer im Laufe der folgenden Monate. Die Westberliner Wirtschaft mußte somit im Juli 1945 tatsächlich mit dem Aufbau der Produktionsanlagen beginnen. Hinzu kam, daß in Berlin wie in der sowjetischen Besatzungszone mit der Besetzung durch die sowjetischen Truppen Anfang Mai die Banken geschlossen wurden und damit der Zugriff der Unternehmen auf ihre Bankguthaben unterbunden worden war. Um Löhne und Gehälter zahlen zu können, mußten somit die Berliner Unternehmen wie die Unternehmen der sowjetischen Besatzungszone so rasch wie möglich produzieren und verkaufen; ein Horten von Waren – in Erwartung einer Reform der Währung – war hier nicht möglich.
7 Vgl. Werner Abelshauser, Die Rekonstruktion der westdeutschen Wirtschaft und die Rolle der Besatzungspolitik, in: Claus Scharf/Hans-Jürgen Schröder (Hrsg.), *Politische und ökonomische Stabilisierung Westdeutschlands*, Wiesbaden 1977, S. 1–17; ders., *Wirtschaftsgeschichte der Bundesrepublik Deutschland (1945–1980)*, Frankfurt a.M. 1983.
8 Vgl. Abelshauser, *Wirtschaftsgeschichte* (Anm. 7), S. 20.
9 Kontrollratsgesetz Nr. 3 v. 20.10.1945.

Mit dem Kontrollratsgesetz Nr. 3 vom 20. Oktober 1945, ergänzt durch das Gesetz Nr. 12 im Februar 1946, wurden rückwirkend ab 8. Mai 1945 die bis dahin gültigen Steuersätze für Löhne, Gehälter und Einkünfte aus freien Berufen um 25 Prozent, die für alle anderen Einkunftsarten um 35 Prozent erhöht. Der Spitzensteuersatz, der bei Einkommen über 60 000 RM wirksam wurde, belief sich auf 95 Prozent. Zwar wurden 1947 höhere Freibeträge durch den Kontrollrat genehmigt (Kontrollratsgesetz Nr. 61), doch sorgten entsprechende Bestimmungen dafür, daß die Steuerschuld der Lohnsteuer keinesfalls unter 110 Prozent, die der Einkommensteuer nicht weniger als 115 Prozent der sich nach den bis zum 8. Mai 1945 gültigen Tarifen ergebenden Steuerschuld betrug. Gleichzeitig wurden auch die Körperschaftsteuersätze auf bis zu 65 Prozent, die Vermögenssteuer auf bis zu 2,5 Prozent des Gesamtvermögens erhöht. Bei der Umsatzsteuer ging man noch rigoroser vor: Hier erhöhte man den Tarif von zwei auf drei Prozent und hob gleichzeitig das 1934 eingeführte Organschaftsprivileg auf.

Mit dieser an „Konfiskation" grenzenden Besteuerung gelang zumindest der Ausgleich der Länderhaushalte; das ebenfalls angestrebte Ziel, damit die Nachkriegsinflation einzudämmen, blieb eine Illusion[10], vor allem auch deshalb, weil die Geldwirtschaft — Bezugspunkt der Besteuerung — weitgehend ausgeschaltet war.

Dies hatte zur Folge, daß Substanzeingriffe trotz der rigorosen Steuernorm nicht stattfanden und sich der Warenverkehr zum größten Teil aufgrund der Dominanz des Tauschhandels dem steuerlichen Zugriff entziehen konnte[11]. Der Besteuerung unterlagen lediglich diejenigen wirtschaftlichen Prozesse, die über Reichsmarkwährung abgewickelt wurden. Dies waren in erster Linie die Löhne und Gehälter, die der Lohn- und Einkommensteuer unterlagen — was auch den hohen Anteil dieser Steuern am gesamten Steueraufkommen jener Jahre erklärt. Die „konfiskatorische" Steuerpolitik der Alliierten erweist sich bei näherem Hinsehen als indirekte Begünstigung bzw. Schonung des Produktionsmittelbesitzes, indem die Last der Staats- und Besatzungskosten einseitig auf die Lohn- und Gehaltsempfänger übertragen wurde[12].

2.2. Währungsreform und DM-Bilanzgesetz: Der Boden wird bestellt

Die Währungsreform vom 20. Juni 1948 gilt als ökonomische Geburtsstunde der Bundesrepublik. Innerhalb eines Tages brachte sie ein nicht erwartetes Warenangebot in die Schaufenster und festigte damit „auf lange Zeit ihren

10 Illusorisch deshalb, weil die dazu notwendige Stillegung der Steuergelder nicht durchgeführt wurde.

11 Das Institut für Besatzungsfragen (Tübingen) führt an, daß die Steuergesetzgebung der Alliierten weder auf die spezifischen Eigenheiten des deutschen Steuerrechts noch der Steuerverwaltung Rücksicht genommen habe, so daß die Steuerverwaltung einer „erheblichen Erschwernis" gegenüberstand (Institut für Besatzungsfragen Tübingen, *Die Einwirkung der Besatzungsmächte auf die westdeutsche Wirtschaft*, Tübingen 1949, S. 170). Dies läßt den Schluß zu, daß in jenen Jahren aus verwaltungstechnischen Gründen die tatsächliche Steuerlast erheblich hinter der formalen Belastung zurückblieb.

12 Vgl. Ernst-Ulrich Huster/Gerhard Kraiker/Burkhard Scherer/Friedrich-Karl Schlotmann/Marianne Welteke, *Determinanten der Westdeutschen Restauration 1945—1949*, Frankfurt a.M. 1972, S. 86 ff.; Henry C. Wallich, *Triebkräfte des deutschen Wiederaufstiegs*, Frankfurt a.M. 1955, S. 70 ff.

Mythos als eigentliche Initialzündung und Beginn einer nunmehr stürmisch verlaufenden Phase des Wiederaufbaus"[13]. Für die Entwicklung der Produktion hatte die Währungsreform keinen grundsätzlichen, auslösenden Effekt, denn sie war schon im vorangegangenen Zeitraum in eine Aufschwungsphase übergegangen, die sich allerdings nicht in der offiziellen Statistik niedergeschlagen hatte, da ein beträchtlicher Teil der für Hortungslager produzierten Waren statistisch nicht erfaßt wurde[14]. Weitaus größere Auswirkungen hatte die Währungsreform auf die Einkommens- und Vermögensverteilung. Denn von der Umstellung betroffen waren Geldkapital und Geldeinkommen, nicht jedoch Produktivvermögen und Sachwerte. Insgesamt wurden mit dem Währungsschnitt 93,5 Prozent des alten Reichsmarkvolumens aus dem Verkehr gezogen[15].

Dieser passive Umverteilungseffekt der Währungsreform wurde ergänzt durch eine massive Begünstigung des Produktivkapitals durch das ein Jahr später verabschiedete DM-Bilanzgesetz (vom 20. August 1949), das einen wesentlichen Baustein der steuerrechtlichen Strukturierung unternehmensinterner Kapitalbildung brachte[16]. Es trat trotz – oder gerade wegen – seiner wirtschafts- wie gesellschaftspolitischen Bedeutung erst drei Wochen vor der Konstituierung des neuen Deutschen Bundestages in Kraft. Den Unternehmen wurde darin zugestanden, unter Umgehung des ansonsten unwiderruflichen Prinzips der Bilanzkontinuität alle beweglichen Wirtschaftsgüter neu zu bewerten. Die Entlastungswirkung war erheblich: Durch den steuerfreien Ausweis von stillen Reserven, die aufgrund bisheriger Unterbewertung des Anlagevermögens nicht ausgewiesen waren, durch die Aktivierung unterbewerteter Anlagen und durch die Aktivierung längst abgeschriebener Anlagen (selbst schrottreife Anlagen durften noch bis zu einem Drittel des DM-Neuwertes aktiviert werden[17]) ergab sich für die Unternehmen eine tatsächliche Währungsumstellung von 10:8,4[18].

Der Wirtschaftsrat und die spätere Bundesregierung hielten diese Maßnahme für unumgänglich. Wolfgang Mersmann, Ministerialdirigent im Bundesfinanzministerium, führte in der „Deutschen Steuerzeitung" 1950 dazu aus: „Angesichts der starken Währungs- und Kapitalverluste fast aller Betriebe und der Tatsache, daß der vorgenommenen Absetzung in der Reichsmarkzeit viel-

13 Abelshauser, *Wirtschaftsgeschichte* (Anm. 7), S. 51.
14 Vgl. ebd.
15 Eine Lastenausgleichsregelung sollte erst später gefunden werden. Dieser endgültige Lastenausgleich (Lastenausgleichsgesetz 1952) brachte jedoch keine Verschiebung der Vermögensverteilung bzw. Minderung der bestehenden Vermögen, da er aus den Vermögenszuwächsen finanziert und somit auf den Verbraucher abgewälzt werden konnte. Vgl. Abelshauser, *Wirtschaftsgeschichte* (Anm. 7), S. 50.
16 Eine Untersuchung über Entstehungsgeschichte und Wirkung des DM-Eröffnungsbilanzgesetzes steht noch aus. Eine Darstellung des Gesetzes gibt Wolfgang Mersmann, Die Bewertung in der DM-Eröffnungsbilanz, in: *Steuer und Wirtschaft*, 1949, S. 678–704; noch relativ ausführlich berichtet Karl W. Roskamp, *Capital Formation in West Germany*, Detroit 1965, S. 125–127.
17 Vgl. Gerhard Bessau, Steuerpolitik und Kapitalakkumulation in der Bundesrepublik Deutschland, in: *Gesellschaft – Beiträge zur Marxschen Theorie*, Nr. 8/9, Frankfurt a.M. 1976, S. 9 ff.
18 Vgl. Roskamp, *Capital Formation* (Anm. 16), S. 127.

fach nur noch geringe oder gar keine Werte gegenüberstehen, ist auch bei dem Ansatz des Anlagevermögens der Betriebe in der steuerlichen Eröffnungsbilanz ein neuer Start erforderlich. Das ist auch zur Wiederherstellung der Bilanzwahrheit und zur Schaffung einer klaren Kalkulationsgrundlage notwendig. Durch die neu ermöglichten Absetzungen für Abnutzungen kann in gewissem Grade eine Wiederbeschaffung der Anlagegüter finanziert werden. Es ist daher notwendig, bestimmte, in der Reichsmarkzeit voll oder zum großen Teil abgeschriebene Güter des Anlagevermögens in gewissem Umfang zu reaktivieren."[19]

Diese Vorgehensweise, die einer „kalten Steuerreform" gleichkam[20], blieb während der Entstehung des Gesetzes nicht ohne Widerspruch. So hielten es die Vertreter der Finanzverwaltungen einiger Länder u. a. nicht für angebracht, „dem durch die Währungsreform nicht betroffenen Sachbesitzer auch noch bei der Anfangsbewertung seiner Bestände in Deutscher Mark entgegenzukommen". Dieser Einwand sei, wie Mersmann feststellt, „m. E. nicht haltbar": „Zwar ist den Gewerbetreibenden bei der Währungsreform das Sachvermögen erhalten geblieben. Hierfür einen Ausgleich zu schaffen, ist aber nicht Sache der Gewinnbesteuerung, sondern des Lastenausgleichs."[21]

Ziel dieser Wirtschafts- und Finanzpolitik war es, die Selbst- und Innenfinanzierungsmöglichkeiten der Unternehmen konsequent auszubauen. Hierfür schuf nun das DM-Eröffnungsbilanzgesetz die erforderlichen Voraussetzungen, denn es gestattete mit seinen bilanz- und steuerrechtlichen Regelungen den Unternehmen, durch Aktivierung von Anlagegütern und stillen Reserven einen „Pool" von überhöhten, abschreibungsfähigen Buchwerten zu bilden[22]. Diese waren sozusagen die „strukturelle" Grundlage für den Erfolg der Wirtschaftsförderungspolitik durch Steuervergünstigungen (insbesondere Sonder-

19 Mersmann, DM-Eröffnungsbilanz (Anm. 16), S. 684.

20 Günter Pehl, *Steuerpolitik in der Bundesrepublik Deutschland*, Köln 1962, S. 65.

21 Mersmann, DM-Eröffnungsbilanz (Anm. 16), S. 686. Darüber hinaus wurden die Möglichkeiten der Höherbewertung so gestaltet, daß nicht durch die Hintertür Mehrbelastungen entstehen konnten: So lag der Beschränkung der Höherbewertung auf bewegliches Anlagevermögen die Annahme zugrunde, daß die Höherbewertung dieses Teils des Anlagevermögens durch massive Abschreibungen schon in wenigen Jahren abgebaut werden würde. Eine Höherbewertung des unbeweglichen Anlagevermögens (das aufgrund der Einheitswertfestlegung aus dem Jahre 1935 eher unterbewertet war) hätte jedoch längerfristige Auswirkungen gehabt, die im Rahmen der angestrebten Lastenausgleichsregelung die Unternehmen stärker belastet hätten. Vgl. Roskamp, *Capital Formation* (Anm. 16), S. 126.

22 Über den finanziellen Umfang der Vergünstigung sind der Literatur keine genauen Zahlen zu entnehmen — er dürfte jedoch beträchtlich gewesen sein. Roskamp (ebd., S. 127) zitiert eine Untersuchung, die aufgrund einer Analyse der Bilanzen von 21 Aktiengesellschaften eine Höherbewertung des Anlagevermögens um das Drei- bis Vierfache feststellt. Der Steuerberater D. Meilicke berichtet auf der Vierten Bonner Steuertagung (30.5.–1.6.1950) von einer Aufwertung des beweglichen Anlagevermögens in der DM-Eröffnungsbilanz gegenüber der RM-Schlußbilanz von 150 % — berechnet aus 37 bis dahin veröffentlichten Bilanzen. Jürgen Kuczynski (*Die Lage der Arbeiter unter dem Kapitalismus*, Bd. 7a, Berlin [DDR] 1963, S. 180) schätzt die Steuerersparnis der Unternehmen aufgrund der Regelungen des DMEBG auf 12 Mrd. DM. Elmar Altvater/ Jürgen Hofmann/Wolfgang Semmler (*Vom Wirtschaftswunder zur Wirtschaftskrise*, Berlin 1979, S. 287) beziffern die Steuerersparnis auf 6 Mrd. DM.

abschreibungen), die darauf zielte, die Unternehmensgewinne durch Anerkennung hoher Kosten wie (Sonder-)Abschreibungen von der Besteuerung
weitgehend auszunehmen, was angesichts der damaligen Steuersätze von bis
zu 95 Prozent von besonderer Bedeutung war[23]. Nutznießer solcher Regelungen waren vor allem diejenigen Unternehmen, deren Anlagevermögen vorher
überdurchschnittlich unterbewertet und überdurchschnittlich groß war bzw. die
kapitalintensiv produzierten und die sich in einer Marktposition befanden, in
der sie die Abschreibungsmöglichkeiten aufgrund preispolitischer Spielräume
auch nutzen konnten.

2.3. Formen subventiver Wirtschafts- und Gesellschaftspolitik: eine Fruchtfolge

Auf dem von der Währungsreform und dem DM-Eröffnungsbilanzgesetz gelegten Fundament wurde ein Gebäude subventiver Wirtschaftsförderung errichtet, abgestuft nach der unterschiedlichen interventionistischen Qualität
der einzelnen Maßnahmen. So setzte die Steuervergünstigungspolitik vor allem
direkt an dem neu geschaffenen „Pool" abschreibungsfähiger Buchwerte an,
zielte auf eine Verbesserung der Selbstfinanzierungsmöglichkeiten der Unternehmen und auf ein Finanzierungsäquivalent an Stelle des geschwächten Kapitalmarktes. Fein abgestufte Steuerungsmöglichkeiten besaß sie nicht. Präziser, aber auch von größerer Interventionsintensität waren die Hilfen aus dem
Marshallplan, der im Grunde eine Art Investitionslenkung jener Bereiche war,
die auf staatliche Finanzierungshilfen am meisten angewiesen waren. Die
ERP-Hilfe wurde 1952 ersetzt bzw. ergänzt durch die „Investitionshilfe":
Diese entstand als mehr oder minder staatlich forcierte Selbsthilfeaktion der
deutschen Wirtschaft und kam primär den Grundstoffindustrien zugute.

2.3.1. Steuerliche Subventionspolitik 1948–1955: die Finanzierung der privaten Kapitalbildung

Mit Inkrafttreten der Währungsreform wurde auch ein Gesetz zur Neuordnung
der Steuergesetzgebung erlassen, das neben einer allgemeinen Steuererleichte-
rung als entscheidende Neuerung den § 7 a in das Einkommensteuergesetz ein-
fügte: Er bot die Möglichkeit, abnutzbare bewegliche Wirtschaftsgüter, die auf
dem Wege der Ersatzbeschaffung angeschafft oder hergestellt worden waren,
in den ersten beiden Jahren mit 50 Prozent der Anschaffungskosten vom
steuerpflichtigen Einkommen abzusetzen. Damit wurde der erste jener Son-
dervergünstigungsparagraphen in das Einkommensteuergesetz eingeführt, die
die Selbstfinanzierungsmöglichkeit der Unternehmen verbessern sollten und
damit die hohen Steuersätze für diese Steuerpflichtigen zur formalen Norm
werden ließen.

Die von den Alliierten verordneten hohen Steuersätze waren Ausgangspunkt der Steuerpolitik der Bundesregierung und vor ihr des bizonalen Wirt-
schaftsrates bis 1954. Das Bestreben von Wirtschaftsrat und Bundesregierung,

---

23 Ähnlich Roskamp, *Capital Formation* (Anm. 16), S. 127.

im Sinne einer am Prinzip der Marktwirtschaft ausgerichteten Wirtschaftspolitik niedrigere Steuertarife einzuführen, um so den Unternehmen mehr Finanzierungsmöglichkeiten zu bieten, scheiterte regelmäßig am Widerstand der Besatzungsmächte, die bei einer Senkung der Steuerlast Defizite der öffentlichen Haushalte befürchteten. Als Kompromißformel erwies sich hier die Institutionalisierung von Steuervergünstigungen für die gewerbliche Wirtschaft: Der durch sie bedingte Steuerausfall wurde — zumindest im Steueränderungsgesetz von 1950 — durch stärkere Belastung der Arbeitnehmer (Einschränkung der Bestimmungen über die Steuersätze für die Entlohnung von Mehrarbeit: § 34a EStG 1950[24]) mit Zustimmung der Alliierten kompensiert. Ziel der gewerblichen Begünstigung war es, die Kapitalbildung zu fördern, die als unerläßliche Voraussetzung für zukünftiges Wirtschaftswachstum angesehen wurde. Dies sollte zunächst durch Begünstigung der Selbstfinanzierung, ab 1952 zusätzlich durch Förderung des Kapitalmarktes erreicht werden. Auf eine Korrektur der Auswirkungen auf die Einkommens- und Vermögensverteilung wurde verzichtet.

2.3.1.1. Im Brennpunkt: AfA — Absetzung für Abnutzung

Der Großteil der steuerlichen Vergünstigungen, mit denen der Staat zwischen 1949 und 1953 auf die Entwicklung der Wirtschaft fördernd einzugreifen versuchte, betraf Begünstigungen der betrieblichen Abschreibungen, in steuerrechtlicher Begriffswahl: Absetzung für Abnutzung (AfA). Sinn der Abschreibung ist es, „die Kosten eines aktivierungspflichtigen Wirtschaftsgutes in bestimmten jährlichen Teilbeträgen auf die gesamte Nutzungsdauer des Wirtschaftsgutes zu verteilen und vom Einkommen abzuziehen"[25]. Grundlage für die steuerliche Anerkennung der Abschreibung bildet der betriebswirtschaftliche Vorgang, daß Produktionsmittel aufgrund ihrer natürlichen, rechtlichen oder technischen Beschaffenheit im Produktionsprozeß der Abnutzung und damit einem Wertverlust unterliegen, daß diese Güter nicht in einer Periode (einem Rechnungsjahr) verbraucht werden und damit auch nicht in voller Höhe ihrer Anschaffungs- oder Herstellungskosten in die Gewinn- und Verlustrechnung Eingang finden können, sondern nur in der Höhe der jeweiligen technischen oder wirtschaftlichen Wertminderung[26]. Diese zunächst lediglich auf die Substanzerhaltung eines Betriebes abzielende steuerrechtliche Anerkennung der Abschreibung zielt darauf, jene Teile der Betriebseinnahmen der Gewinnbesteuerung nicht zu unterwerfen, die nicht Gewinn sind, sondern der Deckung der Produktionskosten dienen: Indem nun für das der Abnutzung unterliegende Produktionsmittel Abschreibungsgegenwerte in Form von Geld dem Betrieb verbleiben, ist die Abschreibung in der betrieblichen Bilanz nicht nur Aufwandsfaktor, sondern auch *Ertragsfaktor*[27] und somit auch Finanzierungsmittel für neue Investitionen. Dieses gewinnt seine unternehmenspolitische Bedeutung gerade dadurch, daß keine zwingenden Vorschriften innerhalb des Handels-

---

24 Vgl. Hans-Hermann Hartwich, *Sozialstaatspostulat und gesellschaftlicher Status quo*, Köln, Opladen 1970, S. 233.

25 Christoph Bellstedt, *Steuer als Instrument der Politik*, Berlin 1966, S. 307.

26 Vgl. Günther Wöhe, *Betriebswirtschaftliche Steuerlehre*, München [5]1978, S. 474.

27 Vgl. ebd.; Hans Ruchti, *Die Abschreibung*, Stuttgart 1953.

rechts für die Verteilung der Anschaffungskosten in der Handelsbilanz bestehen. So verringert eine unternehmerische „Abschreibungspolitik", die in der Bilanz die Abnutzung der Anlagegüter höher ausweist, als sie tatsächlich stattgefunden hat, den ausgewiesenen Gewinn. Sofern die angewendeten Abschreibungstechniken auch in der Steuerbilanz anerkannt sind, folgt daraus, daß ein Teil des betriebswirtschaftlichen Gewinns in Abschreibungsgegenwerte verlagert wird und nicht mehr der Besteuerung unterliegt.

Diese „degressive Abschreibung", die Abschreibungsbeträge in fallenden Jahresbeträgen beinhaltet, ist nicht mehr allein eine Sicherung der Substanzerhaltung der einzelnen Unternehmen, sie ist vielmehr schon eine besondere Form der Profitrealisierung. Die betriebswirtschaftliche Argumentation stellt allerdings in den Vordergrund, daß der wirtschaftliche Nutzungsverlauf eines Wirtschaftsgutes mit einer degressiven Abschreibungskurve zutreffend beschrieben sei, es sich hier also nicht um eine Begünstigung handeln könne — eine Argumentation, der sich bei Überprüfung dieser Frage die Steuerreformkommission 1971 angeschlossen hat[28].

Die eventuelle Begünstigungswirkung der steuerrechtlichen Anerkennung der Abschreibung wird mit dem Hinweis kommentiert, daß es sich bei Steuermindereinnahmen durch Abschreibung um einen vorübergehenden Steuerausfall handele, dem später, wenn ein Wirtschaftsgut vollständig abgeschrieben sei, eine höhere Steuerschuld nachfolge. Tatsächlich läßt sich dies nur bei Sonderabschreibungen mit begrenzter Laufzeit beobachten; und hier zeigt gerade das Beispiel der fünfziger Jahre, daß der Aufhebung der massiven Abschreibungsvergünstigungen Steuererleichterungen folgten, die damit den Steuerausfall besiegelten. Bei den übrigen Abschreibungen handelt es sich, da sich das Abschreibungsvolumen in einer wachsenden Wirtschaft zusehends erhöht, um ständige zinslose Kredite des Staates, die die Investitionsfinanzierungsmöglichkeiten der Unternehmen erheblich verbessern[29]. Immerhin hat die Bundesregierung den dauerhaften Steuerentlastungseffekt auch der degressiven Abschreibung bei kontinuierlicher Investitionstätigkeit eines Unternehmens in der Begründung der Ausweitung der steuerlichen degressiven Abschreibung im Rahmen des 2. Haushaltsstrukturgesetzes 1981 ausdrücklich bestätigt[30].

Offizielle öffentliche Stellungnahmen der Unternehmerverbände zur Abschreibungspraxis sind selten. Einem Beitrag in „Der Arbeitgeber"[31] ist zu entnehmen, daß die Unternehmerverbände 1951 wegen der Einschränkung des § 7a EStG (s. u.) und der damit verbundenen Einschränkung der Selbstfinanzierungsmöglichkeiten der Unternehmen bei der Bundesregierung protestierten. Klage wurde darüber geführt, daß dies vor Wiederherstellung eines gesunden Kapitalmarktes geschehen solle, denn der „starke Hang der westdeutschen Wirtschaft zu hoher Selbstfinanzierung seit der Währungsreform sei *kein Kind des Überflusses*, sondern ein *Kind der Not*"[32]. Und: „Die hohe Selbstfinanzierung ist einfach das wirtschaftliche Gegenbild der *übersteigerten*

---

28 Wöhe, *Steuerlehre* (Anm. 26), S. 485.
29 Vgl. Horst Albach, *Steuersystem und unternehmerische Investitionspolitik*, Wiesbaden 1970.
30 BTDrs. 9/795, S. 64; vgl. unten Kapitel VIII.
31 *Der Arbeitgeber*, H. 8/1951, S. 5 ff.
32 Ebd., S. 6.

Konsumneigung und *mangelnden Sparleistung der breiten Schichten* der Bevölkerung..."[33].

Der allgemeinen Abschreibungspolitik der Unternehmen machte der Staat bis 1956 (Veröffentlichung von Abschreibungsätzen in Form von Richtlinien) bzw. 1958 (Festlegung der zulässigen Abschreibungsmethoden durch Neufassung des diese Frage betreffenden § 7 EStG)[34] nur geringe Auflagen.

2.3.1.2. Die „Siebener-Gruppe"

Ergänzt wurde die allgemeine, branchenunspezifische Steuererleichterungspolitik durch großzügige steuerliche Abschreibungsregelungen (von denen der industrielle Bereich und hier die kapitalintensiven Branchen am meisten profitierten), die sogenannte Siebener-Gruppe, die §§ 7 a bis 7 e des Einkommsteuergesetzes, deren Ziel es war, „unter zeitweiliger Zurückstellung fiskalischer Interessen den im allgemeinen volkswirtschaftlichen Interesse liegenden Wiederaufbau durch Begünstigungen von Investitionen der verschiedensten Arten zu beschleunigen"[35]. Konkret ging es dabei um die steuerliche Förderung der Investitionsgüterproduktion des betrieblichen Anlagevermögens (§ 7a), die Förderung des Wohnungsbaus (§§ 7b und c) und des Schiffbaus (§ 7d) sowie um die Errichtung von Fabrik- und landwirtschaftlichen Betriebsgebäuden (§ 7e). Ferner begünstigte der § 7f EStG 1953 und 1954 die Vorfinanzierung des Lastenausgleichs.

Tabelle III/1: Übersicht über die Inanspruchnahme der Steuervergünstigungen nach den §§ 7a—f EStG* (in Mio. DM)

Art der Vergünstigung	1950	1951	1952	1953	1954	1955	1956
§ 7a Bewertungsfreiheit für bewegliche Wirtschaftsgüter	429	25	25	30	30	35	35
§ 7b Erhöhte AfA für Wohngebäude	78	624	778	960	1 177	1 395	1 545
§ 7c Förderung des Wohnungsbaus	270	600	750	850	1 000	250	250
§ 7d Abs. 1 Bewertungsfreiheit für Schiffe	217	309	326	251	207	213	220
§ 7d Abs. 2 Förderung des Schiffbaus	· 50	311	342	336	530	—	—
§ 7e Bewertungsfreiheit für Gebäude	78	70	10	10	· 10	10	10
§ 7f Förderung des Lastenausgleichs	—	—	—	83	120	—	—
Zusammen	1 122	1 939	2 231	2 520	3 074	1 903	2 060

* Für 1950 nach den Angaben der Statistik der veranlagten Einkommen- und Körperschaftsteuer für die folgenden Jahre nach einer Schätzung des Bundesministeriums der Finanzen.

Quelle: Zeitel, *Steuerlastverteilung* (Anm. 37), 1959, S. 22.

33 Ebd. (Hervorhebungen dort).

34 Gesetz zur Änderung steuerlicher Vorschriften auf dem Gebiet der Steuern vom Einkommen und Ertrag und des Verfahrensrechts vom 18.8.1958 (BGBl. I, S. 473).

35 Bühler-Paulick, EStG-Kommentar, 1963, Vorbemerkung zu §§ 7a—e EStG TZ1, zit. nach Bellstedt, *Steuer als Instrument* (Anm. 25), S. 311.

a) *Bewertungsfreiheit für bewegliche Wirtschaftsgüter*

Der § 7a: Förderung der betrieblichen Investition, schon eingeführt mit den zur Währungsreform 1948 erlassenen Steuervergünstigungen, gestattet es den Unternehmen bei Ersatzbeschaffungen, die Anschaffungs- oder Herstellungskosten von Anlagegütern in den beiden ersten Jahren mit insgesamt 50 Prozent der Kosten höchstens jedoch 100000 DM jährlich abzuschreiben (vor dem 1. Januar 1949 lag der Höchstbetrag bei 50000 DM). Sollte von der Vergünstigung aufgrund des Höchstbetrages kein Gebrauch gemacht werden können, so konnte eine Abschreibung von 15 Prozent ohne Höchstgrenze in den ersten beiden Jahren in Anspruch genommen werden.

Die Vergünstigung des § 7a lief darauf hinaus, daß Investitionsgüter innerhalb von zwei Jahren fast ganz abgesetzt werden konnten, denn neben der Sonderabschreibung wurde ja auch der Normalabschreibungssatz in Anspruch genommen[36]. 1950 betrug die Inanspruchnahme des § 7a EStG 429 Mio. DM[37]. Da 1948 und 1949 die Vergünstigung enger gefaßt war, kann aufgrund der hohen Steuersätze angenommen werden, daß der § 7a der Wirtschaft insgesamt eine Steuerersparnis von annähernd einer halben Milliarde DM gebracht hat. Ab 1951 war die Vergünstigung weitgehend eingeschränkt.

b) *Förderung des Wohnungsbaus*

Die Paragraphen 7b und 7c des EStG galten der Förderung des Wohnungsbaus. Mit Wirkung vom 1. Januar 1949 konnte jeder Steuerpflichtige nach dem 31. Dezember 1948 errichtete Gebäude, die zu mehr als 80 Prozent Wohnzwecken dienten, in den ersten zwölf Jahren der Nutzung zu 50 Prozent abschreiben. Im Gegensatz zur Förderung der Wirtschaft durch den § 7a konnten im Wohnungsbau durch die Sonderabschreibungen des § 7b kurzzeitig keineswegs die für Schaffung von Wohnraum notwendigen Finanzmengen von den Herstellern (Bauherrn) aufgebracht werden, denn die begünstigten Objekte mußten erst errichtet werden. So wurde dem § 7b der § 7c hinzugefügt, dessen Zweck es war, Kapitalströme in den Wohnungsbau zu leiten. Dies erreichte man dadurch, daß buchführende Steuerpflichtige Zuschüsse oder unverzinsliche Darlehen für den Wohnungsbau als Betriebsausgaben absetzen konnten, wenn sie gemeinnützigen Wohnungs- oder Siedlungsunternehmen oder Organen der staatlichen Wohnungspolitik zur Verfügung gestellt wurden. Die Bedeutung des § 7c für den Wohnungsbau zeigt ein Vergleich der Inanspruchnahme der §§ 7b und 7c: 1950 war die des § 7c mit 270 Mio. beinahe viermal so hoch wie die des § 7b; erst 1951 zog letzterer gleich, und ab 1953 blieb die Inanspruchnahme des § 7c hinter der des § 7b zurück (vgl. Tabelle III/1). 1955 wurde die Abzugsfähigkeit von Zuschüssen als Betriebsausgaben aufgehoben und die Vergabemodalitäten von unverzinslichen Darlehen enger gefaßt.

Die Konstruktion des § 7c EStG, die zunächst primär den wohnungswirtschaftlichen Notwendigkeiten der Nachkriegszeit gerecht zu werden schien, entpuppt sich bei näherem Hinsehen auch als steuerrechtliche Regelung zur

---

36 Bellstedt gibt als Beispiel ein Wirtschaftsgut von 100000 DM, das durch Kombination von Buchwertabschreibung und § 7a EStG nach zwei Jahren mit 93750 DM abgesetzt ist. Vgl. Bellstedt, *Steuer als Instrument* (Anm. 25), S. 314.

37 Gerhard Zeitel, *Die Steuerlastverteilung in der Bundesrepublik Deutschland*, Tübingen 1959, S. 22.

Minderung der Steuerbelastung der Unternehmen, wobei vor allem die gemeinnützigen Wohnungsbaugesellschaften (z.B. „Neue Heimat") als willfähiges Instrument herhielten. Eine Reihe von Großunternehmen (Mannesmann, Daimler-Benz, Bayer-Leverkusen u.a.) stellte ihnen ihre Spitzengewinne als zinslose Darlehen im Sinne des § 7 c zur Verfügung — zum Erschrecken des Vorstandes des BDI[38] ob dieser Kooperation von Gewerkschaften und Kapital. Diese Kooperation war jedoch bis ins einzelne geplant[39] und erwies sich für alle Seiten als ausgesprochen profitabel: Die Unternehmen gaben den gemeinnützigen Wohnungsbaugesellschaften zinslose Darlehen, von denen sie, wenn sie als Betriebseinnahmen wieder zurückflossen, lediglich 50 Prozent, später 75 Prozent versteuern mußten; der Zinsverlust wurde steuerlich berücksichtigt. Der Nachteil der 7c-Darlehen, daß nämlich die Unternehmen Gelder für zehn Jahre festlegen mußten, wurde durch eine Ersatzfinanzierung ausgeglichen, die mit Unterstützung der Wohnungsbaugesellschaften zustande kam[40]. Dieses gemeinsame Interesse von Industrie und Gewerkschaften hinsichtlich der Nutzung des § 7 c EStG war denn auch der Grund dafür, daß es Bundesfinanzminister Schäffer 1953 nicht gelang, die Refinanzierungsmöglichkeiten von 7c-Darlehen gesetzlich auszuschließen; erst 1959 wurde die Vergünstigung des § 7c für refinanzierte Darlehen gestrichen.

c) *Förderung des Schiffbaus*
Intensivste Förderung im Rahmen der Siebener-Gruppe des Einkommensteuergesetzes erfuhren der deutsche Schiffbau und die deutsche Schiffahrt. Ihnen kam nach Schätzungen Zeitels[41] zwischen 1950 und 1954 über den § 7d EStG rund 2,8 Mrd. DM zugute. Ebenso wie bei der Förderung des Wohnungsbaus ging die staatliche Förderung zweistufig vor:
— Zunächst konnten nach § 7d Abs. 1 EStG bei nach dem 31. Dezember 1948 angeschafften oder hergestellten Schiffen in den ersten beiden Jahren bis zu je 15 Prozent der Anschaffungs- oder Herstellungskosten vom Einkommen abgezogen und somit die Selbstfinanzierungsmöglichkeiten der Reedereien ganz erheblich verbessert werden. Der § 7d war also von seiner Struktur her eine erweiterte, nämlich auf Neuinvestitionen übertragene

---

38 Vgl. *Der Spiegel,* Nr. 10/1959, S. 31.
39 *Der Spiegel* (Nr. 10/1959) bezeichnet als „Erfinder" den Hamburger Finanzmakler Wolfgang Esser, Inhaber der Firma Sachwert Anlagen Gesellschaft mbH, der in Zusammenarbeit mit Gewerkschaftern, Wohnungsbaupolitikern und Industriellen diese Konzeption ersann.
40 Bei der Neuen Heimat ging man dabei folgendermaßen vor: Man setzte das 7c-Geld auf dem Papier für Projekte ein, die die Geschäftsbank durch Kapitalmarktmittel bereits voll finanziert hatte. Die 7c-Mittel wurden bei derselben Bank auf ein Sperrkonto gelegt, und der Neuen Heimat flossen lediglich die Zinsen zu (jährlich zwischen 10 und 20 Mio. DM), mit denen die Hypothekenzinsen abgetragen werden konnten. Um dem Einspruch der Finanzämter zu entgehen, veranstaltete man umfangreiche Manipulationen (vor allem Kontenaustausch), da 7c-Mittel direkt in Bauvorhaben fließen mußten. Die Banken gewährten nun den Unternehmen Kredite in Höhe der vorher abgegebenen 7c-Darlehen. Zwar mußten sie normal verzinst werden, doch war dies immer noch wesentlich „billiger" als eine Besteuerung der Spitzengewinne der Hochkonjunktur. Vgl. *Der Spiegel,* Nr. 10/1959.
41 Vgl. Zeitel, *Steuerlastverteilung* (Anm. 37), S. 22.

Fassung des für die gesamte Wirtschaft geltenden § 7a EStG, dessen sich innerhalb der Schiffahrtsindustrie solche Unternehmen bedienen konnten, die schon vor dem 31. Dezember 1948 Schiffsraum besaßen und jetzt Ersatzbeschaffungen vornahmen.

— Zur raschen und umfangreichen Herstellung von Schiffsraum war es — ebenso wie im Wohnungsbau — notwendig, Kapital aus anderen Wirtschaftsbereichen in die Schiffsindustrie zu leiten. Im Steueränderungsgesetz 1950 wurde deshalb analog zum § 7c EStG in § 7d Abs. 2 bestimmt, daß buchführungspflichtige Steuerpflichtige Zuschüsse und unverzinsliche Darlehen zur Förderung des Schiffsbaus als Betriebsausgabe absetzen konnten, wenn das Schiff in einer deutschen Werft gebaut wurde[42].

Der Erfolg des § 7d EStG war offenkundig: Zwischen 1951 und dem Auslaufen der Vergünstigung 1954 wurden 587 Schiffe für förderungswürdig erklärt; 54 Prozent der Baukosten in Höhe von 2,7 Mrd. DM wurden über die Finanzierungsmöglichkeit des § 7d Abs. 2 bestritten[43]. Die deutsche Handelsflotte nahm in diesem Zeitraum um 1,8 Mio. BRT zu. Damit war eine wichtige Voraussetzung geschaffen worden, den deutschen Außenhandel zu intensivieren.

Begünstigt waren jedoch nicht nur die deutsche Werftindustrie, die eine Auslastung ihrer Kapazitäten erreichte, und die deutschen Reedereien, die ihre Eigenkapitalbasis erheblich verbessern konnten. Ebenso wie beim § 7c EStG gehörten auch hier die Darlehensgeber zu denjenigen, die am meisten von dieser Vorschrift profitierten[44]. Einzelnen Unternehmen gelang es durch die Gründung von Reedereien, in die die Darlehen als Eigenkapital eingingen, sich der Besteuerung völlig zu entziehen und sich vom Staat die Ausweitung ihrer Unternehmensaktivitäten finanzieren zu lassen[45].

Von geringerer Bedeutung (fiskalisch gesehen) waren die Steuerausfälle, die die §§ 7e (Bewertungsfreiheit für Gebäude) und 7f (Förderung des Lastenausgleichs) mit sich brachten, der nur 1953 und 1954 Geltung hatte.

Der Steuerausfall, der durch die Vergünstigungen der Siebener-Paragraphen des Einkommensteuergesetzes verursacht wurde, war — gemessen am damaligen Steueraufkommen — erheblich: Geht man von einem geschätzten Anteil des Steuerausfalls an den Inanspruchnahmen der Vergünstigungen von etwa 50 Prozent aus, dann lagen die Steuermindereinnahmen 1950 bei etwa 0,5 Mrd. DM, stiegen bis 1954 auf 1 bis 1,5 Mrd. DM und beliefen sich 1956

---

42 Ab 1. Juli 1951 wurde die Absetzbarkeit an die Voraussetzung geknüpft, daß das Bundesverkehrsministerium die Förderungwürdigkeit des Baus oder Umbaus eines Schiffes anerkannte und die Mittel einem deutschen Unternehmen zum Bau oder Umbau zuflossen.

43 Büssgen berechnet — abweichend von Zeitel, *Steuerlastverteilung* (Anm. 41) — einen Steuerausfall von 700 bis 800 Mio. DM. Vgl. Hans-Rico Büssgen, Wiederaufbau eines Wirtschaftszweiges: „Indirekte" Subventionen für den Schiffbau, in: Karl-Heinrich Hansmeyer (Hrsg.), *Subventionen in der Bundesrepublik Deutschland*, Berlin 1963, S. 57—78.

44 Büssgen (ebd., S. 77) führt als Beispiel eine (ungenannte) AG an, die ihren gesamten steuerpflichtigen Gewinn in Höhe von 60 Mio. DM in 7d-Mittel anlegte.

45 Zum Beispiel die Handelsflotte des Oetker-Konzerns, der vor 1950 in diesem Bereich nicht tätig war.

noch auf rund 1 Mrd. DM (vgl. Tab. III/1, S. 61). Setzt man diese Summen in Relation zum gesamten Steueraufkommen der jeweiligen Jahre, so belaufen sich die § 7a—f bedingten Steuermindereinnahmen 1950 auf ca. 3 Prozent des Steueraufkommen, 1954 auf über 4 Prozent und 1956 auf etwa 2 Prozent. Zum Vergleich: In den Jahren 1976 bis 1980 betrug das Verhältnis von Steuermindereinnahmen, die durch Steuervergünstigungen für die gewerbliche Wirtschaft, Landwirtschaft, Verkehr und Wohnungswesen verursacht waren, zum steuerlichen Gesamtaufkommen durchschnittlich 5,6 Prozent (gewerbliche Wirtschaft allein: 2,7 Prozent).

Nicht alle ökonomischen Probleme der Nachkriegsjahre waren durch eine steuerlich geförderte Ausweitung des Selbstfinanzierungsspielraums der Unternehmen zu lösen, denn nur solche Unternehmen konnten die Möglichkeiten der steuerlichen Subventionspolitik ausschöpfen, deren Preisgestaltung keiner Bindung unterlag. Nur sie waren nämlich in der Lage, durch eine entsprechende Preispolitik Abschreibungen im steuerrechtlich zulässigen Maße anzusetzen und so auch die angestrebte Selbstfinanzierung der Unternehmensinvestitionen zu verwirklichen. Und da der schon vor dem Krieg verhängte Preisstopp 1948 für den konsumnahen Bereich aufgehoben wurde, war dies Unternehmen dieser Wirtschaftszweige auch möglich.

Anders sah es in der Landwirtschaft und in der Grundstoff- und Produktionsmittelindustrie aus: Die Preisbindung für landwirtschaftliche Erzeugnisse (mit wenigen Ausnahmen) sowie für Kohle, Erdöl, Benzin und Energie und für Eisen- und Stahlerzeugnisse blieb auch nach 1948 bestehen[46]. Damit sollte ein Preisschub in diesen Bereichen vermieden werden, der möglicherweise das Wachstum der übrigen Sektoren beeinträchtigt hätte[47]. Die Unternehmen dieser von den Selbstfinanzierungsmöglichkeiten teilweise ausgeschlossenen Wirtschaftsbereiche bedurften besonderer staatlicher Förderung. Dies geschah einmal durch den Marshallplan und den Marshallplan-Gegenwertfond und (ab 1952) mit Hilfe des Investitionshilfegesetzes.

2.3.2. Die Marshallplan-Hilfe: Importfinanzierung, Investitionslenkung und Westintegration[48]

Das European Recovery Program (ERP), nach dem damaligen amerikanischen Außenminister „Marshallplan" genannt, war Teil der amerikanischen Strategie, den Wiederaufbau Europas zu unterstützen. Dahinter stand die politi-

46 Vgl. Heiner Adamsen, *Investitionshilfe für die Ruhr. Wiederaufbau, Verbände und Soziale Marktwirtschaft 1948—1952*, Wuppertal 1981, S. 44.
47 Ein solcher Preisschub hätte das Gesamtkonzept der Wirtschaftspolitik Erhards gefährdet: Vgl. ebd., S. 50 ff.; Gerold Ambrosius, *Die Durchsetzung der Sozialen Marktwirtschaft in Westdeutschland 1945—1949*, Stuttgart 1977, S. 159.
48 Vgl. hierzu Werner Abelshauser, Die Rekonstruktion der westdeutschen Wirtschaft und die Rolle der Besatzungspolitik, in: Claus Scharf/Hans-Jürgen Schröder (Hrsg.), *Politische und ökonomische Stabilisierung Westdeutschlands*, Wiesbaden 1977, S. 1—17; ders., *Wirtschaftsgeschichte der Bundesrepublik Deutschland (1945—1980)*, Frankfurt a.M. 1983; Adamsen, *Investitionshilfe* (Anm. 46); Egon Baumgart, *Investitionen und ERP-Finanzierung*, Berlin 1961; John Gimbel, *The Origins of the Marshall Plan*, Stanford University California 1976; Ernst-Ulrich Huster/Gerhard Kraiker/Burkhard Sche-

sche und ökonomische Zielsetzung, den europäischen Markt wiederherzustellen und für die amerikanische Wirtschaft zu öffnen sowie außenpolitisch Europa als Einflußgebiet der USA gegen die UdSSR abzusichern. Die größte Not zu lindern und die wirtschaftliche Tätigkeit in Europa wiederzubeleben, waren das wichtigste Nahziel. Dies sollte mit Hilfe des ERP mit zwei aufeinander aufbauenden Strategien erreicht werden: durch Importfinanzierungskredite und durch Kredite aus den entsprechenden nationalen Gegenwertmitteln.

Insgesamt flossen bis Ende 1952 13,9 Mrd. Dollar im Rahmen des Marshallplans als Devisenkredite an europäische Länder, darunter (an erster Stelle) 3,4 Mrd. Dollar nach Großbritannien, 2,8 Mrd. Dollar an Frankreich, 1,5 Mrd. an Italien und 1,4 Mrd. Dollar an die Bundesrepublik (bzw. bis 1949 an die drei westlichen Besatzungszonen). In dieser Höhe konnten auf Antrag amerikanische Waren eingeführt werden, deren Einfuhr bzw. deren Finanzierung mit ERP-Mitteln durch die European Cooperation Administration (ECA) genehmigt werden mußte. Die so finanzierten Importe hatten in den ersten Jahren für Westdeutschland erhebliche Bedeutung: 64 Prozent der Einfuhren wurden 1948 durch Auslandshilfen finanziert; in den folgenden Jahren nahm der Anteil – mit zunehmender Gesundung der westdeutschen Handelsbilanz – kontinuierlich ab[49]. Vorherrschende Warengruppen der ERP-finanzierten Einfuhren waren Nahrungsmittel und Rohmaterialien, auf die jeweils ein Drittel des gesamten Warenwerts entfielen. Da diese zu 80 Prozent aus den USA stammten[50], stellte der Marshallplan in nicht unbeträchtlichem Maße eine Exportförderung für die amerikanische Wirtschaft dar, die die erhöhte Nachfrage mit entsprechenden Preissteigerungen beantwortete[51].

Unter der Perspektive binnenwirtschaftlicher Wirtschaftsförderung ist jedoch weniger die zweifellos gewichtige Rolle des ERP als Importfinanzierungsinstrument von Bedeutung als vielmehr die Kreditvergabe aus den Gegenwertmitteln, der zweiten wirtschaftspolitischen Strategieebene des Marshallplans. Sie wurde folgendermaßen abgewickelt: Die deutschen Importeure der mit ERP-Mitteln finanzierten Waren und Dienstleistungen (Transportkosten) hatten den Gegenwert der Einfuhren in Deutscher Mark auf ein Sonderkonto der hierfür gegründeten Bank für Wiederaufbau zu leisten, die dem Bundesminister für den Marshallplan unterstand. Aus diesem Gegenwertfond konnten Unternehmen Kredite zur Investitionsfinanzierung erhalten – vorausgesetzt, die amerikanische ECA-Verwaltung, der jede einzelne Kreditvergabe, die aus den Gegenwertmitteln finanziert werden sollte, zur Genehmigung vorgelegt werden mußte, gab ihre Zustimmung. Zinsen und Tilgungen der Kredite wurden dem ERP-Sondervermögen wieder zugeführt, so daß daraus weitere Kredite

Fortsetzung Fußnote 48

    rer / Friedrich-Karl Schlotmann / Marianne Welteke, *Determinanten der Westdeutschen Restauration 1945–1949*, Frankfurt a.M. 1972; Manfred Knapp, Deutschland und der Marshallplan, in: Scharf / Schröder (Hrsg.), *Politische und Ökonomische Stabilisierung Westdeutschlands*, S. 19–44; Manfred Pohl, *Wiederaufbau. Kunst und Technik der Finanzierung 1947–1953*, Frankfurt a.M. 1973; Henry C. Wallich, *Triebkräfte des deutschen Wiederaufstiegs*, Frankfurt a.M. 1955.

49 Vgl. Knapp, Marshallplan (Anm. 48), S. 31.
50 Vgl. ebd., S. 30.
51 Vgl. Huster u.a., *Determinanten* (Anm. 48), S. 72 ff.

bewilligt werden konnten. (Ende des Jahres 1983 betrug das ERP-Sondervermögen 13,9 Mrd. DM; der Förderungsschwerpunkt liegt heute im Bereich der mittelständischen Wirtschaft[52].) Insgesamt standen im ERP-Sondervermögen für die Kreditfinanzierung aus dem Marshallplan originäre Gegenwertmittel von ca. 6 Mrd. DM zu Verfügung[53]. Setzt man diese Summe ins Verhältnis zu den gesamten Bruttoanlageinvestitionen der gewerblichen Wirtschaft des Vergabezeitraums der Gegenwertmittel, dann nimmt sich ein Anteil der ERP-Finanzierung von 2,9 Prozent eher bescheiden aus. Selbst 1950, dem Jahr mit dem höchsten ERP-Finanzierungsanteil, erreichte er nur 8,7 Prozent (ohne Wohnungsbau: 9,7 Prozent).

Die wirtschaftliche Bedeutung der Kredite aus dem Marshallplan erschließt sich erst bei einer sektoralen Betrachtungsweise[54]. Hier zeigt sich, daß die Gegenwertmittel vor allem zum Abbau von Engpässen in der Energieversorgung, dem Infrastrukturbereich, dem Kohlebergbau, der Grundstoff- und Produktionsgüterindustrie sowie der Landwirtschaft ausgegeben wurden. Allein der Kohlenbergbau finanzierte 1949 und 1950 47 Prozent bzw. 40 Prozent seiner Investitionen mit ERP-Krediten und war damit in diesen ersten Jahren der höchstbegünstigte Wirtschaftsbereich nach der Bundesbahn, die 1949 Kredite in Höhe von 400 Mio. DM erhalten hatte. Auch die Energieversorgungsbetriebe finanzierten zwischen 1949 und 1951 ihre Investitionen zwischen 14 Prozent (1949) und 24 Prozent (1950) mit Krediten aus dem ERP-Sondervermögen; allein den Elektrizitätsversorgungsunternehmen wurden in diesem Zeitraum Kredite in Höhe von 783 Mio. DM bereitgestellt. Für diese Schlüsselbereiche der Wirtschaft hatten die Gegenwertmittel des ERP somit große Bedeutung bei der Investitionsfinanzierung. Den Wachstumsprozeß der Gesamtwirtschaft, wie es die Rede von der „Initialzündung" des Marshallplans nahelegt[55], haben die ERP-Mittel nicht ausgelöst[56]. Im Rahmen des nunmehr angelaufenen Konsolidierungsprozesses der westdeutschen Wirtschaft fiel jedoch den Gegenwertmitteln die Rolle einer „kritischen Manövriermasse an Investitionsplanungsmitteln"[57] zu, die angesichts der geringen Leistungsmöglichkeiten der Kapitalmärkte für einzelne Branchen zentrale Bedeutung erlangten und auf diese Weise den Wachstums- und Rekonstruktionsprozeß der deutschen Wirtschaft nicht unerheblich beschleunigten, mit Sicherheit jedoch Stagnation bzw. Rückfall wie 1946/47 verhinderten.

---

52 Das ERP-Sondervermögen zählt zu den subventionspolitischen Instrumenten der Bundesregierung; seine Ausgaben werden im Subventionsbericht nachrichtlich erwähnt. Einen kurzen Überblick über das ERP-Sondervermögen gibt Dietrich Dickertmann, *Öffentliche Finanzierungshilfen*, Baden-Baden 1980, S. 292—308.
53 Vgl. ebd., S. 293.
54 Vgl. hierzu Baumgart, *ERP-Finanzierung* (Anm. 48), S. 120 ff.; Abelshauser, *Wirtschaftsgeschichte* (Anm. 48), S. 58.
55 Baumgart, *ERP-Finanzierung* (Anm. 48), S. 48; Wallich, *Triebkräfte* (Anm. 48), S. 345.
56 Der Wachstumsprozeß war schon 1947 in Gang gekommen, also lange vor Beginn der Lieferungen aus dem Marshallplan, die in relevantem Umfang (verspätet) 1949 einsetzten und hinter dem von der Bundesregierung erwarteten Niveau zurückblieben. Vgl. Abelshauser, *Wirtschaftsgeschichte* (Anm. 48), S. 54 ff.
57 Knapp, Marshallplan (Anm. 48), S. 33.

Voraussetzung dafür, daß die Gegenwertmittel als „kritische Manövriermasse" zielgerichtet eingesetzt werden konnten, war die Existenz planwirtschaftlicher Elemente in der Wirtschaftspolitik – eine Bedingung, die trotz der ablehnenden Haltung Erhards in Rudimenten vorhanden war: Der Versuch der Fachabteilungen der Wirtschaftsverwaltungen des Vereinigten Wirtschaftsgebietes, einen „Aufbauplan" für die durch ERP-Mittel besonders bedachten Wirtschaftsbereiche zu erstellen, mündete Mitte 1948 in eine umfangreiche „Unterlage zur Investitionspolitik"[58]. Bindenden Charakter für die Wirtschaftsförderung erhielt diese Aufbauplanung allerdings nicht. Einzig die Kreditanstalt für Wiederaufbau verwendete bei der Bearbeitung der ERP-Mittel-Vergabe diese Planungsunterlagen, so daß hier, wie ihr damaliger Vorsitzender H.J. Abs im Rückblick feststellte, in einer sonst vorherrschend durch Selbstfinanzierung und damit autonom getragenen Investitionstätigkeit der Unternehmen ein schmaler Sektor von Planwirtschaft im Bereich der Gegenwertkonten existierte[59], der seine Existenz den von der amerikanischen Marshallplan-Verwaltung definierten Modalitäten der Kreditvergabe verdankte.

Die Marshallplanhilfe aus den Gegenwertkonten war also eine nach subventionspolitischen Maßstäben steuerungspolitisch effiziente Wirtschaftsförderungspolitik, die durch gezielte Lenkung von finanziellen Mitteln in Engpaßbereiche ein hohes Maß an gesamtwirtschaftlicher Wirkung erzielte; dies geschah auf der Grundlage einer strukturpolitischen Planungsvorgabe, deren Verbindlichkeit durch das Kontrollinteresse der amerikanischen Aufsichtsbehörde für den Marshallplan (ECA) gewährleistet wurde.

2.3.3. Das Investitionshilfegesetz von 1952: der Selbsthilfebeitrag der Wirtschaft und die Reetablierung industriellen Interesseneinflusses

Der folgende Abschnitt handelt von einem Mythos in der ökonomisch-politischen Aufbauphase der Bundesrepublik: dem Investitionshilfegesetz. Noch einmal geht es hierbei – materiell gesehen – um die Unterstützung der schon im Rahmen des Marshallplans besonders bedachten ökonomischen Engpaßbereiche der deutschen Wirtschaft im Grundstoff- und Produktionsmittelsektor sowie im Bereich der (Verkehrs-)Infrastruktur. Zum Mythos geriet die Maßnahme jedoch nicht wegen ihrer ökonomischen Zielrichtung oder ihres Volumens; mit 1 Mrd. DM hielt es sich – verglichen mit schon erwähnten subventionspolitischen Maßnahmen – eher in gemäßigtem Rahmen. Die mythische Karriere verdankt die Investitionshilfe ihrer spezifischen Form: Sie ging auf einen Vorschlag der Wirtschaftsverbände zurück und wurde von der Wirtschaft selbst aufgebracht. Zwar konnte auf eine hoheitlich-gesetzliche Organisation der Erhebungs-, Verwaltungs- und Vergabemodalitäten nicht verzichtet werden; dennoch hat sich die Investitionshilfe als gelungenes Selbsthilfeprojekt der Wirtschaft und als Vorzeigemodell marktwirtschaftlicher Wirtschaftsförderung einen festen Platz in der Wirtschaftsgeschichte und wirt-

---

58 Adamsen, *Investitionshilfe* (Anm. 46), S. 51 f.
59 Hermann Josef Abs, Nachwort, in: Pohl, *Wiederaufbau* (Anm. 48), S. 143.

schaftspolitischen Erfolgsbilanz der Bundesrepublik erobert[60]. Um den Mythos des Investitionshilfegesetzes von 1952 zu entzaubern, ist es notwendig, etwas genauer auf seine Entstehungsgeschichte einzugehen und vor allem die Frage zu beantworten, welche politischen Interessen die Wirtschaftsverbände mit ihrer Initiative verfolgt haben[61].

2.3.3.1. Die Entstehung des Investitionshilfegesetzes

Der mit dem Ausbruch des Koreakrieges (Juni 1950) einsetzende ökonomische Aufschwung machte einmal mehr auf die wirtschaftlichen Engpässe aufmerksam — Kohlenbergbau, Eisen- und Stahlproduktion, Energiesektor —, die die gesamte weitere Entwicklung zu bremsen drohten. Verschärft wurden diese Probleme durch das noch immer unzureichende Frachtraumangebot der Bundesbahn, von dem auch der Kohletransport betroffen war. Diese ökonomische Problemlage löste eine wirtschaftspolitische Debatte aus, die — ebenso wie die zur gleichen Zeit ablaufende Auseinandersetzung um Betriebsverfassung und qualifizierte Mitbestimmung — zu einer Kraftprobe gesellschaftspolitischer Machtgruppen avancierte; sie wurde lediglich nicht so offen ausgetragen. Engpässe und z.T. dadurch bedingte Zahlungsbilanzkrisen schienen die von Erhard propagierte soziale Marktwirtschaft zu diskreditieren und deutlich zu machen, daß eine Selbststeuerung der marktwirtschaftlichen Prozesse nicht möglich und eine stärkere staatliche Investitionslenkung erforderlich sei.

In der Diskussion um die Investitionshilfe kristallisierten sich zwei konträre Positionen heraus: Die eine war eher an einer Ausweitung des staatsinterventionistischen Instrumentariums interessiert: Dazu zählten die Vorschläge der Gewerkschaften und der SPD, die vor allem auf eine staatliche Lenkung der Investition zielten bei gleichzeitigem Abbau der privaten Investitionsfinanzierung auf seiten der Unternehmen[62]. Eine andere Gruppe war darauf be-

---

60 Daran versuchte die christlich-liberale Bundesregierung anzuknüpfen, als sie wenige Monate nach ihrem Regierungsantritt zusammen mit dem Haushaltsbegleitgesetz vom 29.6.1983 ein „Investitionshilfeabgabegesetz" verabschiedete. Das Bundesverfassungsgericht erklärte es in seinem Urteil vom 6.1.1984 für verfassungswidrig.

61 Eingehendere Untersuchungen über Entstehungsgeschichte, Struktur und Wirkung der Investitionshilfe sind spärlich gesät. Zwar wird in kaum einer Darstellung der Wirtschaftsgeschichte der Bundesrepublik die Investitionshilfe ausgelassen (Wallich, *Triebkräfte* [Anm. 48], S. 169 f.; Roskamp, *Capital Formation* [Anm. 16], S. 167 ff.; Andrew Shonfield, *Geplanter Kapitalismus*, Köln 1968, S. 323 f.), eine detaillierte Analyse insbesondere der Entstehungsgeschichte liegt aber erst mit der Monographie von Heiner Adamsen (*Investitionshilfe* [Anm. 46]) vor. Sie liegt der folgenden Darstellung zugrunde.

62 Hierzu zählte auch der „Abs-Plan", der vorsah, die Abschreibungsmöglichkeiten der Unternehmen einzuschränken und so unter Beteiligung des Kapitalmarktes Finanzmittel zugunsten des preisgebundenen Wirtschaftsbereichs umzuschichten (vgl. Pohl, *Wiederaufbau* [Anm. 48], S. 103 ff.; Adamsen, *Investitionshilfe* [Anm. 46], S. 133 ff.) sowie der Plan Bundesfinanzministers Schäffer; er favorisierte zum einen eine Sonderumsatzsteuer zur Finanzierung eventuell erwartbarer Haushaltslücken, zum anderen unterstützte er zur Begünstigung der Engpaßbereiche ein dem Abs-Plan ähnliches Modell der Reduzierung von Abschreibungen und gleichzeitiger Förderung des Kapitalmarkts

dacht, das Engpaßproblem zu lösen, indem sie gleichzeitig marktwirtschaftliche Prinzipien durchsetzen wollte[63]. Erhard dagegen favorisierte den sogenannten Sparmarkenplan, nach dem die Konsumenten auf bestimmte Warenarten einen Zuschlag zu zahlen hätten, der ihnen in Form von Sparmarken als
Sparguthaben verzinst und später wieder zurückgezahlt werden sollte. Allerdings stieß dieser Plan auf breiten Widerstand der Wirtschaft und ihrer Verbände sowie der Gewerkschaften und war auch in der Bundesregierung selbst
heftig umstritten. In dieser Situation brachte der BDI in einem „Memorandum
zur Wirtschaftslage der Bundesrepublik Deutschland" am 28. März 1951 den
Vorschlag in die Diskussion, die Mittel für die Bewältigung der Engpaßprobleme durch freiwillige Leistungen der Unternehmer aufzubringen, vom BDI
selbst als „freiwillige Umlage der Unternehmen" bzw. „Selbsthilfe der Industrie" öffentlichkeitswirksam tituliert.

Auf der Basis dieses Vorschlags der Wirtschaftsverbände ließ Erhard sehr
schnell seinen — umstrittenen — Sparmarkenplan fallen und unterstützte diesen Vorstoß, der in einem wesentlichen Punkt auch seinen Vorstellungen entgegenkam: Eine Selbsthilfeaktion der Wirtschaft würde eine Ausweitung der
staatlichen Intervention verhindern[64]. In Zusammenarbeit mit den Wirtschaftsverbänden wurden die Grundsätze der Investitionshilfe aufgestellt, die in einen
ersten Gesetzentwurf vom 8. Mai 1951 mündeten. Allerdings zeigte sich schon
rasch, daß eine Selbsthilfe ohne staatliche Mitwirkung nicht möglich sein würde: Die Interessengegensätze innerhalb der Wirtschaft, insbesondere zwischen
der Großindustrie, die sich für die Investitionshilfe aussprach, der mittelständischen gewerblichen Wirtschaft[65] und dem Handwerk sowie auch die Ressentiments der eisenverarbeitenden Industrie, die in einer Investitionshilfe für
die Schwerindustrie die Gefahr einer sich verschärfenden Konkurrenz sahen,
ließen eine „freiwillige", sprich: allein von den Wirtschaftsverbänden in „eigener Hoheit" organisierte Mittelerhebung als problematisch erscheinen. Schon
im Juli 1951, nach knapp dreimonatiger Beratung zwischen Verbänden, Gewerkschaften und staatlichen Stellen, wurde der Gesetzentwurf in den Bundestag eingebracht; die Verabschiedung verzögerte sich jedoch — zunächst aufgrund heftiger Auseinandersetzungen im Parlament, das sich gegen den unverhohlenen Einfluß der Verbände sperrte, später aufgrund der langwierigen Bearbeitung der vielen Änderungen. Am 18. Januar 1952 konnte das Investitionshilfegesetz schließlich in Kraft treten (BGBl. I, 1952, S. 7—14).

Fortsetzung Fußnote 62

(Adamsen, S. 135 f.). Eine stärkere staatliche Investitionslenkung wurde auch von amerikanischen Stellen insbesondere zur Regelung des Zahlungsbilanzdefizits gefordert
(Adamsen, S. 145 f.).

63 So schlug der Wissenschaftliche Beirat beim Bundeswirtschaftsministerium als erster
eine Lösung des Engpaßproblems durch Umschichtung der Investitionsmittel innerhalb
der Unternehmenssphäre vor (18. Gutachten vom 5.11.1950, zit. nach Adamsen, *Investitionshilfe* [Anm. 46], S. 111 f.).

64 Vgl. Adamsen, *Investitionshilfe* (Anm. 46), S. 164 ff.

65 Die Opposition der mittelständischen Wirtschaft gegen das IHG fand ihren endgültigen
Abschluß erst mit dem Urteil des Bundesverfassungsgerichts zum IHG vom 20.7.1954,
das die Verfassungsbeschwerde zurückwies.

Im parlamentarischen Prozeß hatte sich der ursprüngliche Vorschlag jedoch erheblich verändert. So wurden auf Initiative der FDP Sonderabschreibungsmöglichkeiten für die Grundstoffindustrie eingefügt (§ 36), die die Selbstfinanzierungsmöglichkeiten verbessern sollten und die schließlich mehr Steuerausfälle verursachten als über die Selbsthilfe an Mittel verteilt wurden; um die Abschreibungsmöglichkeiten auch ausfüllen zu können, wurde dem Bundeswirtschaftsministerium die Möglichkeit eingeräumt, die Preisbindung für Grundstoffe aufzuheben (§ 37)[66].

2.3.3.2. Konstruktion und Verteilung der Investitionshilfe

Wie in § 1 des Investitionshilfegesetzes festgelegt, sollten die Unternehmen der gewerblichen Wirtschaft eine Mrd. DM aufbringen[67], um den dringlichsten Investitionsbedarf im Kohlenbergbau, der eisenschaffenden Industrie und in der Energiewirtschaft zu decken. Für das einzelne Unternehmen berechnete sich die Bringschuld folgendermaßen: Die Bemessungsgrundlage für die Höhe des Aufbringungsbetrags ergab sich aus der Summe der Gewinne aus Gewerbebetrieb der Jahre 1950 und 1951, die bei der Einkommen- und Körperschaftssteuerveranlagung zugrunde gelegt worden waren, zuzüglich der aufgrund der §§ 7—7e vom Gewinn abgesetzten Beträge sowie zuzüglich vier Prozent der in diesen Jahren erreichten Umsätze. Der Aufbringungssatz belief sich dann auf dreieinhalb Prozent dieser Bemessungsgrundlage (§§ 6 und 7 IHG). Die Beträge waren an die Industriekreditbank in Düsseldorf zu zahlen, bei der ein „Sondervermögen Investitionshilfe" gebildet worden war. Das Aufbringungsverfahren wurde über die Finanzämter abgewickelt. Die Unternehmen erwarben für ihre Zahlungen Wertpapiere, die allerdings vor Ablauf von drei Jahren nicht für den Börsenhandel zugelassen waren (§ 31). Über die Verwendung der Mittel des Sondervermögens beschloß das „Kuratorium", dem 20 Mitglieder angehörten: Vertreter der gewerblichen Wirtschaft, der Gewerkschaften, der Bundesregierung und des Bundesrates; die Vertreter der gewerblichen Wirtschaft konnten nicht überstimmt werden, allerdings bedurften die Beschlüsse des Kuratoriums, soweit sie die Verteilung der Mittel betrafen, der Bestätigung durch den Bundeswirtschaftsminister (§ 29 Abs. 5).

In § 36 IHG wurde den Unternehmen der begünstigten Bereiche die Möglichkeit eingeräumt, Anschaffungen oder Herstellungen neben den normalen Abschreibungssätzen in den ersten beiden Jahren um weitere 30 Prozent (für unbewegliche) bzw. 50 Prozent (für bewegliche Wirtschaftsgüter) abzuschreiben. Voraussetzung für die Inanspruchnahme dieser Möglichkeit war, daß die-

---

66 Diese Erweiterungen waren nicht auf den Einfluß schwerindustrieller Kreise zurückzuführen, obwohl die Schwerindustrie davon weit mehr als von der Investitionshilfe selbst profitierte; hier schlugen sich die Interessen des mittelständischen Gewerbes nieder, das gegen die Sanierung der Grundstoffindustrien durch Kapitaltransfer opponierte und diese Interessen vor allem über die FDP in den parlamentarischen Raum transportieren konnte. Vgl. Adamsen, *Investitionshilfe* (Anm. 46), S. 193; s. auch S. 181—198, 103 ff., 249 f.

67 In § 3 wurden diejenigen Unternehmen näher bestimmt, die von dieser Verpflichtung befreit werden.

se Wirtschaftsgüter unmittelbar produktionssteigernd in *diesen* Bereichen und darüber hinaus volkswirtschaftlich förderungswürdig waren. Die oberste Landesbehörde sollte die Einhaltung der Voraussetzungen bescheinigen. Dies, wie auch die Bestimmung, daß die Beträge unverzüglich verwendet werden sollten, war innerhalb der Abschreibungsgesetzgebung eine einmalige Vorschrift, die den Eindruck staatlicher Steuerungsversuche im Rahmen des Investitionshilfegesetzes zu rechtfertigen scheint. In § 37 IHG wurde schließlich der Bundeswirtschaftsminister ermächtigt, die Preise der von den begünstigten Unternehmen produzierten Güter der Kostenentwicklung anzupassen. Dies führte in den folgenden Jahren zu z.T. erheblichen Preissteigerungen, die aber den Unternehmen erst die Ausschöpfung der großzügigen Sonderabschreibungen ermöglichten[68].

Über die Umlage des IHG wurden von der gewerblichen Wirtschaft 1,16 Mrd. DM aufgebracht. Der über eine Mrd. DM hinausgehende Betrag wurde – so bestimmt im Investitionshilfeschlußgesetz vom 24. Februar 1955– für die Förderung bisher nicht berücksichtigter Wirtschaftszweige, insbesondere mittlerer und kleinerer Unternehmen, verwendet. Die Investitionshilfe selbst verteilte sich auf die Engpaßbereiche wie folgt[69]:

Kohlenbergbau	228,2 Mio. DM
Eisen- und Stahlindustrie	296,5 Mio. DM
Elektrizitätsversorgung	241,8 Mio. DM
Gasversorgung	106,1 Mio. DM
Wasserversorgung	77,4 Mio. DM
Waggonbau	50,0 Mio. DM

Insgesamt wurden durch die Investitionshilfe Investitionen in einer Gesamthöhe von ca. 4,7 Mrd. DM ausgelöst, wobei die Investitionshilfemittel einen Anteil an der Finanzierung der Gesamtkosten von ca. 20 Prozent erreichten. Aus eigenen Mitteln (d.h. vor allem mit Hilfe des § 36 IHG) konnten die Unternehmen im Durchschnitt beinahe die Hälfte der Gesamtkosten finanzieren, im Kohlenbergbau sogar 59 Prozent[70].

Betrachtet man die regionale Kapitalumschichtung der Investitionshilfe, so stellt man als einzigen Nettogewinner Nordrhein-Westfalen fest, das 34,1 Prozent des Aufkommens erbrachte, in dem jedoch fast 70 Prozent der Investitionshilfemittel Verwendung fanden. Hier zeigt sich nicht allein das Gewicht des Steinkohlenbergbaus, sondern mehr noch die Bedeutung der Eisen- und Stahlindustrie, die in der Phase, in der das Investitionshilfegesetz realisiert wurde, mehr als nur den zunächst geplanten Anteil an der Investitionshilfe für sich vereinnahmen konnte[71]. Ökonomisch gesehen kann man somit die eisen-

---

68 So stiegen die Preise für Eisen und Stahl von einem Index von 122 (1951) auf 177 (1953) und die von Kohle in denselben Jahren von 112 auf 154; vgl. Adamsen, *Investitionshilfe* (Anm. 46), S. 271, Tab. 18.

69 Vgl. Fritz Terhalle, Das Finanz- und Steuersystem der Bundesrepublik Deutschland, in: *Handbuch der Finanzwissenschaft*, Bd. III., Tübingen ²1956, S. 142.

70 Adamsen, *Investitionshilfe* (Anm. 46), S. 229. Nach Berechnungen von Adamsen resultierten 93% der Eigenmittel der Unternehmen für Investitionsprojekte aus dem § 36 IHG.

71 Vgl. ebd., S. 264, Tab. 10.

schaffende Industrie als den großen Gewinner der Auseinandersetzung um die Investitionshilfe bezeichnen: Ihr ist es gelungen, ihr Investitionsvolumen nachhaltig zu steigern und vor allem den relativen Anteil an den industriellen Gesamtinvestitionen auszudehnen, von 3,6 Prozent im Jahr 1951 auf 7,8 Prozent 1955[72].

2.3.3.3. Das Investitionshilfegesetz 1952: ökonomische, politische und rechtliche Fernwirkungen

Das Investitionshilfegesetz spielt in der Geschichte der Bundesrepublik eine besondere Rolle. Symbolträchtig stellt es noch heute ein Beispiel geglückter Wirtschaftspolitik dar; zu leicht werden allerdings die besonderen Rahmenbedingungen übersehen. Seine Bedeutung gewinnt das Gesetz durch die Verknüpfung von drei Problemebenen:

— In *ökonomischer* Hinsicht stellt die Investitionshilfe ein Paradebeispiel effektvoller und funktionierender Investitionslenkung dar; es gelang, die Umverteilung von Kapitalmitteln so zu organisieren, daß sie tatsächlich gezielt eingesetzt werden konnten und ein vielfaches Investitionsvolumen auslösten; die sonst eher „unscharf" wirkende Subventionsform der Sonderabschreibung wurde so ausgestaltet, daß eine zweckgerichtete und kontrollierbare Verwendung möglich war.

Es mag dahingestellt bleiben, ob die Investitionshilfe das einzige Mittel gewesen war, mit dem das Engpaßproblem hatte gelöst werden können, auch mag dahingestellt bleiben, ob sich das Problem der Produktionsengpässe in den Grundstoffindustrien tatsächlich so dramatisch gestellt hatte wie in der Öffentlichkeit diskutiert: Ohne Zweifel ist es jedoch mit der Investitionshilfe gelungen, das systemintegrative Problem der Umverteilung von Investitionsmitteln vom Konsumgüterbereich in den Bereich der Grundstoff- und Schwerindustrie zu lösen und somit ein wesentliches Fundament für die weitere produktionsstrukturelle Entwicklung der westdeutschen Wirtschaft zu legen. Die Form der halb privaten, halb staatlichen Regulierung, halb Selbsthilfe der Wirtschaft, halb staatliche Intervention ermöglichte aufgrund des dadurch erreichten breiten Konsenses eine zügige und effektvolle Implementation der Investitionslenkung.

— Die *politische* Auseinandersetzung um das Investitionshilfegesetz (re-)strukturierte die Beziehungen zwischen Staat und Ökonomie: Die Wirtschaftsverbände konnten nach außen durch ihr Angebot einer Selbsthilfe der Wirtschaft ihren traditionellen Einfluß auf die Wirtschaftspolitik wiedergewinnen; intern konnten sich mit Hilfe des Staates die großindustriellen Interessen gegenüber mittelständischen durchsetzen. Zugleich bedeutete die Investitionshilfe eine Neutralisierung der gewerkschaftlichen Vorstellung einer Investitionslenkung, indem unter der Regie der Privatwirtschaft selbst (durch die Mehrheitsverhältnisse im Kuratorium des Sondervermögens) eine investitionslenkende Verteilung der Investitionshilfemittel vollzogen wurde. Die Gewerkschaften, die gegen die Investitionshilfe nicht opponiert hatten, spielten insgesamt eine eher untergeordnete Rolle. Da

72 Vgl. ebd., S. 272, Tab. 16.

sie an den Entscheidungen über die Verteilung der Mittel beteiligt waren,
handelt es sich dennoch bei der Investitionshilfe um die erste ausgeprägte
Form korporatistischer Politik-Regulierung in der Geschichte der Bundesrepublik, deren Ergebnis für die Folgejahre die gestärkte Stellung der Wirtschaftsverbände in der Wirtschafts- und Gesellschaftspolitik und somit
auch der Subventionspolitik begründete.

Zusammenfassend läßt sich festhalten: Gerade die besondere subventionspolitische Struktur der Investitionshilfe 1952 — die privatwirtschaftlich aufgebrachte Kapitalhilfe verbunden mit einem massiven staatlichen
Steuerverzicht, bei überwiegend privater Regulierung — hat der ökonomischen Machtverteilung in der Marktwirtschaft ihr politisches Profil ge-
schnitzt. In einer Problemkonstellation, in der die Umlenkung von Investitionsmitteln aus Systemgründen unumgänglich erschien, wurde eine Lösung
entwickelt, die eben dieses strukturpolitisch-investitionslenkende Politikkonzept als Ausnahmeerscheinung kenntlich machte und eine Fortsetzung
solcher wirtschaftspolitischer Strategien ausschloß.

— In *rechtlicher* Hinsicht führten die Auseinandersetzungen um das Investitionshilfegesetz zu einem Urteil des Bundesverfassungsgerichts, das gerade
die verfassungsrechtlichen Spielräume staatlicher Intervention in den Wirtschaftsablauf ausleuchtete und deren grundgesetzlichen Möglichkeiten bestätigte. In seiner Entscheidung vom 20. Juli 1954 stellte das Bundesverfassungsgericht fest, daß die Verfassung kein bestimmtes Wirtschaftssystem
vorgegeben habe und somit der Gesetzgeber die Möglichkeit habe, „die ihm
jeweils sachgemäß erscheinende Wirtschaftspolitik zu verfolgen, sofern er
dabei das Grundgesetz beachtet"[73]. Damit wurde nicht allein die verfassungsrechtliche Legalität einer interventionistischen Wirtschaftspolitik zugunsten einer forcierten Kapitalakkumulation bestätigt, es wurde auch die
prinzipielle Möglichkeit staatlicher Eingriffe in das marktwirtschaftliche
System als verfassungsrechtlich zulässig erachtet, ja dessen Existenz nicht
im Grundgesetz begründet gesehen — allerdings zu einem Zeitpunkt (1954),
als investitionslenkende strukturpolitische Alternative zur liberalen Wiederaufbaupolitik der Interventionsenthaltung politisch nicht mehr realistisch waren, von einer Alternative zur martkwirtschaftlichen Ordnung
ganz zu schweigen.

3. Subventionspolitik als Gesellschaftspolitik

Es gibt wohl keinen anderen Zeitraum in der Geschichte der Bundesrepublik,
in dem das gesellschaftliche Konstruktionsvermögen staatlicher Wirtschaftspolitik in ähnlicher Weise hervortritt wie in ihren Gründerjahren bis 1955. Dem
Wahrnehmungshorizont heutiger wirtschafts- und subventionspolitischer Diskussion ist zumeist entzogen, daß den Subventionen hierbei eine gesellschaftspolitische Gestaltungskraft zukam, wie sie in den folgenden Jahren, vor allem
auch in denen intensiver subventionspolitischer Auseinandersetzungen, ihres-
gleichen sucht. Eine solche Wertung staatlicher Subventionspolitik der Gründer-
jahre ergibt sich nur dann, wenn sich die subventionspolitische Analyse zur

„Grenzüberschreitung" bereitfindet: wenn das Blickfeld nicht durch wirtschafts- oder finanzwissenschaftliche oder juristische Begriffsdefinitionen oder auch durch offizielle Abgrenzungen beschnitten ist.

Konkret: Legt man den gegenwärtigen Subventionsbegriff zugrunde, so wie er in der Subventionsberichterstattung der Bundesregierung angewendet wird, ließen sich lediglich die Steuervergünstigungen als (indirekte) Subventionen identifizieren; der Praxis verschiedener Forschungsinstitute entsprechend, wären allerdings auch die Kreditvergaben aus dem Marshallplan-Gegenwertfond hinzuzuziehen; zumeist außer Betracht bliebe die Investitionshilfe nach dem IHG[74]. Nicht mehr unter einem Subventionsbegriff subsumieren ließe sich jedoch der Begünstigungseffekt des DM-Eröffnungsbilanzgesetzes und erst recht nicht die Währungsreform selbst. Würde man also nur die drei dargestellten Programmebenen in die Betrachtung und Beurteilung der Subventionspolitik dieser Jahre einbeziehen (Steuervergünstigungspolitik, Marshallplan, Investitionshilfegesetz) und sich die Darstellung der Wirtschaftsförderungspolitik darin erschöpfen, dann führte dies leicht dazu, daß die wirtschaftspolitische Effektivität der Subventionspolitik überschätzt, ihre gesellschaftspolitische jedoch häufig im gleichen Atemzug unterschätzt oder schlicht unbeachtet bliebe[75]. Erst alle wirtschaftspolitischen Maßnahmen dieser Jahre zusammengenommen ergeben jenseits der jeweiligen steuerungspolitischen Ausrichtung, strukturpolitischer, wohnungsbaupolitischer, außenwirtschaftlicher oder währungspolitischer Zielsetzungen einen Hinweis auf die Essenz all dieser Maßnahmen: die massive Umverteilung zugunsten expansionsfähiger oder expansionsnotwendiger Unternehmen und Unternehmensbereiche.

Dieser zentrale Gehalt einer grundsätzlichen Umverteilung gesellschaftlichen Reichtums zugunsten der Unternehmen, der allen Maßnahmen eigen ist (wenn auch in unterschiedlicher Ausprägung), ist die politisch spezifische Antwort auf die wirtschafts- und finanzpolitische Aufgabenstellung der Nachkriegsjahre: die Frage der Finanzierung des Wiederaufbaus. Es wurde ein Weg gewählt, der den Unternehmensbereich (mit weiterreichenden Folgewirkungen für die Vermögensverteilung) begünstigte[76], indem — nicht zuletzt aufgrund mangelnder Leistungsfähigkeit des Kapitalmarkts — den Unternehmen die Möglichkeit in die Hand gegeben wurde, die notwendigen Investitionen selbst zu finanzieren. Die damit verfolgte Umverteilungsstrategie vollzog sich in zwei bzw. drei Schritten: Währungsreform und DM-Eröffnungsbilanzgesetz stellten eine massive Aufwertung des Sach- und insbesondere Produktivvermögens gegenüber dem Geldvermögen dar; zugleich wurde den Unternehmen gestattet, mit letzterem die Buchwerte ihres Anlagevermögens zu erhöhen. Die monetären Gegenwerte dieses so in der Bilanz geschaffenen zusätzlichen Anlagevermögens konnten nun durch freizügige Abschreibungsvorschriften und Sonderabschreibungsregelungen, für deren Ausschöpfung Preiserhöhungen notwendig

---

74 So will Wilhelm Meinhold (Artikel „Subventionen", in: *Handwörterbuch der Sozialwissenschaften*, Bd. X, S. 238) sie als Subvention gelten lassen, während Luitgard Sieber (*Subventionen, Subventionen, Subventionen*, Ludwigsburg 1971, S. 35) dies ablehnt.

75 Insofern ist die Studie von Roskamp, *Capital Formation* (Anm. 16), der eine Gesamtsicht der Wirtschafts- und Finanzpolitik in den Wiederaufbaujahren versucht, trotz einiger Einschränkungen bis heute noch nicht überholt.

76 Vgl. dazu Bessau, Steuerpolitik (Anm. 17).

wurden, vor der Besteuerung gerettet und der unternehmensinternen Investitionsfinanzierung zugeführt werden; diejenigen Gewinnanteile, die nicht mehr durch Abschreibungen von dem zu besteuernden Gewinn abgezogen werden konnten, konnten durch indirekte Subventionen begünstigten Bereichen (Wohnungsbau, Schiffbau) als Kredite steuersparend zur Verfügung gestellt werden, ohne den Unternehmen als Akkumulationsmasse verloren zu gehen.

Beide Schritte waren also eng miteinander verknüpft: Währungsreform und vor allem DM-Eröffnungsbilanzgesetz schufen die Voraussetzung dafür, die globale und spezifische (subventive) Politik der Abschreibungserleichterungen effektiv anzuwenden. Dabei trat bei den subventionspolitischen Maßnahmen auch ein steuerungspolitischer Aspekt hervor, die Finanzmittel in spezifische Wirtschaftssektoren zu lenken (§§ 7c, d, e). Grundkonzept auch bei dieser „milden" Lenkung der privaten Mittel war − ganz der marktwirtschaftlichen Ideologie entsprechend −, daß, wenn den Unternehmen genügend eigene Investitionsfinanzierungsmittel, d.h. ausreichende Gewinne zur Verfügung standen, damit nicht allein die Finanzierung des Wiederaufbaus, sondern auch und wichtiger noch die Dynamik der wirtschaftlichen Entwicklung gesichert sei. Sie schien dann auch für die Richtigkeit dieser Überlegung zu sprechen. Damit sah sich aber auch ein subventionspolitisches Konzept bestätigt, das die Umverteilung von finanziellen Mitteln zugunsten der jeweiligen Unternehmen vor die effiziente steuerungspolitische Ausgestaltung der Maßnahme setzte − ein subventionspolitisches Muster, dessen Problematik sich erst in der darauf folgenden Entwicklungsphase zeigen sollte (Kap. IV).

Betrachtet man die wirtschaftsfördernden Maßnahmen unter diesem Spannungsbogen von Umverteilung und wirtschaftspolitischem Steuerungsziel, dann stellt sich die Gewichtung zwischen ihnen bei der Zuteilung der Marshallplan-Mittel und der Mittel aus dem Fond des Investitionshilfegesetzes gerade umgekehrt dar: Während der Gehalt der finanziellen Umverteilung schon aufgrund der Subventionsform (Kredite) gering blieb[77], ist in beiden Fällen angesichts der planerischen Vorgaben und der Strenge der Kontroll- und Vergabemodalitäten die investitionslenkende Qualität der Maßnahme offenkundig − allerdings war in dem einen Fall das ECA in Washington, in dem anderen Fall eine korporatistische Organisationsstruktur − das Kuratorium des Sondervermögens Investitionshilfe − für die Vergabeentscheidungen verantwortlich.

Die Wirtschafts- und Subventionspolitik war jedoch nicht allein qua Umverteilungswirkung auf die Vermögensverteilung von gesellschaftspolitisch prägender Kraft. Nicht minder bedeutsam war die diese Maßnahmen tragende politische Struktur: Außenpolitisch waren diese Maßnahmen verbunden mit der Einbindung Westdeutschlands in die ökonomische und politische Einflußzone der USA und damit auch in die Entwicklungsmöglichkeiten des von ihr domi-

---

77 Aus heutiger Sicht mag die Summe von einer Mrd. DM Aufbringungsvolumen bei der Investitionshilfe gering erscheinen; ein − bezogen auf das Bruttosozialprodukt − vergleichbares Finanzvolumen hätte sich 1982 auf ca. zehn bis elf Mrd. DM belaufen, die ausschließlich die gewerbliche Wirtschaft hätte aufbringen müssen. Im Vergleich dazu erscheint die 1983 beschlossene Investitionshilfeabgabe der Bundesregierung, die bei Lohn- und Einkommensteuerzahlern erhoben werden sollte, als Miniatur: Sie sollte in drei Jahren (1983−85) vier Mrd. DM erbringen (*Finanzbericht 1984*, S. 212 f.).

nierten Weltmarkts; innenpolitisch flankierten die Besatzungsmächte mit ihrer Wirtschaftspolitik die konservative Formierung in den Westzonen bzw. in der Bundesrepublik.

In dieser bürgerlich-konservativ vorstrukturierten und ökonomisch leidlich abgesicherten Gesellschaft der Bundesrepublik der ersten Jahre war die gesellschaftspolitische Machtverteilung keineswegs endgültig fixiert. Gerade die heftigen Auseinandersetzungen um Mitbestimmung und Betriebsverfassungsgesetz machten deutlich, daß sozialdemokratische und vor allem gewerkschaftliche Positionen zwar in der Defensive waren, sich jedoch nicht mit ihrer Position zufrieden gegeben hatten: Wenn auch die Entscheidung für eine Marktwirtschaft längst gefallen war und sich aufgrund einer entsprechenden Wirtschaftspolitik und nicht zum geringen Teil auch aufgrund günstiger außenwirtschaftlicher Entwicklungen gefestigt zu haben schien, so hatten Unternehmerschaft und Wirtschaftsverbände ihre alten politischen Einflußpositionen noch nicht wieder besetzt bzw. noch nicht absichern können. Der entscheidende Schritt, der ihnen dies ermöglichte, war die „selbstlose" Bereitschaft der Wirtschaft zur Selbsthilfe, mit der man ökonomischen Engpässen Herr zu werden trachtete. Zwar mußte mit einer gesetzlichen Regelung, dem IHG, staatlich nachgeholfen werden. Der politische Gewinn für die Wirtschaftsverbände schmälerte sich dadurch kaum: Er beruhte im wesentlichen darauf, daß der Status quo durch die Wiederbelebung alter Einflußstrukturen abgesichert, staatliche Interventionen verhindert und eine wirtschaftspolitische Mitsprache durch die Gewerkschaften zurückgewiesen wurde.

Es verwundert, daß angesichts der Ungleichbehandlung der Vermögen und der zu erwartenden gesellschaftspolitischen Konsequenzen, die ja die bürgerlichen Schichten als erste selbst negativ betrafen, keine tiefergehenden Legitimationsprobleme für die erste Bundesregierung entstanden, die gesellschaftlich-politischen Widerstände sich erst recht spät, und dann − angesichts der Probleme − eher verhalten erhoben und sich an Betriebsverfassung und Mitbestimmung entzündeten. Der Grund für die Hinnahme der massiven Umverteilungsmaßnahmen mag der gewesen sein, daß Währungsreform, DM-Eröffnungsbilanzgesetz und die allgemeine Steuergesetzgebung mit ihren konfiskatorischen Steuersätzen (konfiskatorisch für jene, die keine Abschreibungen ansetzen konnten) unter der Souveränität der westlichen Besatzungsmächte durchgeführt wurden[78] und die Politikfähigkeit nationaler politischer und sozialer (Oppositions-)Gruppen zu diesem Zeitpunkt noch sehr eingeschränkt war; und schließlich verbarg sich die tatsächliche wirtschafts- und vor allem gesellschaftspolitische Tragweite z.B. des DM-Eröffnungsbilanzgesetzes hinter seinem technischen Maßnahmencharakter.

Angesichts der allgemeinen Not erschien die Ungleichbehandlung der Vermögen unerheblich[79]. Wesentlich zur Legitimation des wirtschaftlichen und politischen Systems der Bundesrepublik in den fünfziger Jahren trug allerdings auch bei, daß die Bundesregierung große Anstrengungen unternahm, durch subventionspolitische Maßnahmen die Entspannung der Wohnsituation

---

78 So auch Roskamp (*Capital Formation* [Anm. 16], S. 44) über die ausbleibende Kritik an der Ungleichverteilung der Lasten der Währungsreform.
79 Vgl. Abelshauser, *Wirtschaftsgeschichte* (Anm. 48), S. 50.

massiv zu fördern[80]. Dies läßt einen grundsätzlichen Aspekt sichtbar werden: Nach der Katastrophe des Zweiten Weltkriegs war der „Wiederaufbau", d.h. die Rekonstruktion eines bereits erreichten Produktions- und Konsumniveaus, zur „sinnstiftenden" gesellschaftlichen Tätigkeit selbst geworden[81], die so die politisch grundsätzliche Frage nach den gesellschaftlich-politischen Konsequenzen der jüngsten Vergangenheit auf das „danach" verschob, deren Beantwortung mit dem Wiederaufbau gerade schon vorweggenommen wurde.

80   Vgl. Karl-Heinrich Hansmeyer, Transferzahlungen an Unternehmen (Subventionen), in: *Handbuch der Finanzwissenschaften*, Bd. I, Tübingen ³1977, S. 989.

81   August Schülein, Normalität und Opposition, in: *Leviathan*, H. 2/1983, S. 263.

IV. Subventionspolitik 1955-1964: Kompensation sozialökonomischer Problemlagen

1. Schattenriß: Die Konturen einer Produktionsgesellschaft

Mitte der fünfziger Jahre war die intensive Pflege unternehmensinterner Kapitalbildung weitgehend vorbei. Sonderabschreibungsmöglichkeiten wurden abgebaut, Steuervergünstigungen liefen aus. Lediglich der § 7b EStG blieb in veränderter Form weiter bestehen. Dies hieß jedoch nicht, daß in der Unternehmensbesteuerung wieder der Status quo ante wiederhergestellt worden wäre. Wichtige vormalige Sondervergünstigungen wurden jetzt vielmehr verallgemeinert: An die Stelle von Sonderabschreibungsmöglichkeiten trat 1958 die gesetzliche Verankerung der Methode der degressiven Abschreibung, womit ein wichtiger Eckpfeiler der steuerlichen Behandlung der Unternehmen errichtet war. Die staatliche Politik machte es sich in diesen Jahren zur Aufgabe, ordnungspolitische Eckwerte in das Gesellschafts- und Wirtschaftssystem der Bundesrepublik einzutragen. So konnte nach langjährigen Auseinandersetzungen 1957 das Wettbewerbsgesetz, das „Grundgesetz der Marktwirtschaft", verabschiedet werden. Weitere Grundsteine wurden gelegt: Es entstand das erste Atomprogramm, das der Bundesrepublik den technisch-ökonomischen Anschluß an die fortgeschrittene Technologie ermöglichen sollte[1]; im Jahr davor, 1956, war mit der Wiedererlangung staatlicher Souveränität und der Westintegration Westdeutschland der Aufbau der Bundeswehr begonnen worden. Er trug nicht nur der außen- und militärpolitischen Position des westdeutschen Staates angesichts des verschärften Ost-West-Konflikts Rechnung, er kam auch der außenwirtschaftlichen Entwicklung entgegen: Deutsche Rüstungsimporte erhielten die kompensatorische Funktion, deutsche Exporte (außen-)politisch abzusichern[2].

Die westdeutsche Exportentwicklung prägt bis heute Wirtschaft und Politik der Bundesrepublik — eine Entwicklung, die u.a. vom „Handelsblatt" schon im Jahre 1946 prognostiziert worden war: Es hatte in Übereinstimmung mit weiten Teilen der deutschen Industrie, die aufgrund der Schwä-

---

1 Vgl. Joachim Radkau, *Aufstieg und Krise der deutschen Atomwirtschaft 1945—1975*, Reinbek 1983; Herbert Kitschelt, *Kernenergiepolitik*, Frankfurt a.M./New York 1980.

2 Die offensive deutsche Exportentwicklung hatte in einer Reihe von Handelspartnerländern, unter ihnen die USA, eine Situation geschaffen, die handelspolitische Retorsionen nicht mehr ausschloß. Deutsche Rüstungsimporte wurden deshalb für die Bundesregierung „zu einem wichtigen Instrumentarium, um die noch ungefestigte Stellung der Bundesrepublik unter den westlichen Verbündeten abzusichern" und Zahlungsbilanzen jener Länder auszugleichen. Vgl. George W. F. Hallgarten/Joachim Radkau, *Deutsche Industrie und Politik von Bismarck bis zur Gegenwart*, Hamburg 1981, S. 470, 485 ff., hier S. 486; vgl. dazu auch Fritz Vilmar, *Rüstung und Abrüstung im Spätkapitalismus*, Frankfurt a.M. [5] 1970, S. 112 ff.

che des Binnenmarkts ihre Zukunft auf dem Weltmarkt sahen, „das Primat der Ausfuhr" ausgerufen[3]. Die Produktion für den Export wurde Motor der konjunkturellen Entwicklung, die Stellung auf dem Weltmarkt Indikator des gesellschaftlichen Wohlstands. Die Bundesrepublik befand sich auf dem Weg zur Produktionsgesellschaft. Absicherung und Förderung der deutschen Exportaktivitäten schlugen sich auch in der Entwicklung der Subventionspolitik nieder[4]. Dabei machte die direkte Förderung der deutschen Exporte — z.B. durch das Ausfuhrförderungsgesetz, das der deutschen Industrie allein 1954 Steuerersparnisse in Höhe von über 450 Mio. DM bescherte[5] — den kleineren Teil der subventionspolitischen Bemühungen aus. Zu deren Domäne wuchs in diesen Jahren die Kompensation der ökonomischen und gesellschaftlichen Kosten der Weltmarktintegration heran, die sozialökonomisch-absichernde Flankierung der Exporte — neben den sozialpolitisch motivierten, herrschaftssichernden Subventionen (wobei sich diese Formen zusehends vermischen)[6], während jene Subventionsformen, die gezielt technologische Innovationen fördern, Produktivitätssteigerungen anregen sollen, zu diesem Zeitpunkt so gut wie nicht vorhanden waren[7].

Zentrum dieser sozialökonomisch absichernden, sozialprotektionistischen Subventionspolitik war die Landwirtschaft, die sich in diesen Jahren zu dem Subventionsempfänger mit den höchsten Steigerungsraten entwickelte. Grundlage hierfür war das Landwirtschaftsgesetz des Jahres 1955; es setzte einen Schlußpunkt hinter eine langjährige Auseinandersetzung zwischen dem Deutschen Bauernverband auf der einen Seite und Regierung, Parteien, Gewerkschaften und Wirtschaftsverbänden auf der anderen um die staatliche Unterstützung der Landwirtschaft. Sowohl hinsichtlich seiner Genese wie auch seiner instrumentellen Ausgestaltung prägte dieses Gesetz die Subventionspolitik jener Jahre: in quantitativer Hinsicht, weil Subventionspolitik von nun an für eine Reihe von Jahren primär Agrarpolitik wurde; in qualitativer Hinsicht, weil das sich hier abzeichnende Politikmuster in Genese und Steuerungsform auch in anderen Bereichen Geltung erlangte und nicht unerheblich zur Thema-

---

3 *Handelsblatt* v. 23.5.1946 zit. nach Hallgarten/Radkau, *Deutsche Industrie und Politik* (Anm. 2), S. 435.

4 Volker Bahl (*Staatliche Politik am Beispiel der Kohle*, Frankfurt a.M. 1977, S. 16 ff.) betrachtet Subventionspolitik grundsätzlich als abhängige Variable der Weltmarktintegration. Der „Subventionsstaat" entspräche dann als „Strukturtypus" dem Staat in einer in den Weltmarkt integrierten Nationalökonomie, der „Zollstaat" dem einer sich dissoziierenden Ökonomie.

5 Vgl. Alois Oberhauser, Förderung der Vermögensbildung in Unternehmerhand durch finanzpolitische Maßnahmen des Staates, in: Georg Leber (Hrsg.), *Vermögensbildung in Arbeitnehmerhand. Dokumentation*, Bd. 3, Frankfurt a.M. 1965, S. 221.

6 Auf das Problem, sozialpolitisch motivierte Transfers und Steuervergünstigungen unter dem Subventionsbegriff zu subsumieren, wurde eingangs hingewiesen. Auch wenn dieser Ausweitung des Subventionsbegriffs nicht zugestimmt wird, ist es notwendig, unter *subventionspolitischem* Aspekt eine solche Einbeziehung mitzuberücksichtigen.

7 Ein Großteil der staatlichen Finanzmittel, die in den Bereich Forschung und Entwicklung fließen, wird nicht als Subvention betrachtet, da es sich nach finanzwissenschaftlicher und finanzpolitischer Definition um „Käufe" handelt. Vgl. Karl-Heinrich Hansmeyer, Transferzahlungen an Unternehmen (Subventionen), in: *Handbuch der Finanzwissenschaften*, Bd. I, Tübingen [3]1977, S. 961 ff.

tisierung der Subventionspolitik in der Öffentlichkeit beitrug. Es war ein Politikmuster, das unter der Leitvariablen der Machterhaltung finanzielle Vergünstigungen verteilte und gleichzeitig den wirtschaftspolitischen Eingriff wenn möglich vermied, dessen Voraussetzung jedoch entsprechende fiskalische Spielräume waren.

Ein zweites Feld der Subventionspolitik wurde gegen Ende der fünfziger Jahre der Steinkohlenbergbau. Bis dahin vor allem durch staatliche Hilfen zu Kapazitätserweiterungen begünstigt, stürzte er 1958 in eine Absatzkrise, die — von vorübergehenden Konsolidierungsphasen unterbrochen — schließlich bis heute anhält und die Subventionspolitik prägt. Die Krise des Steinkohlenbergbaus, die zunächst mit den klassischen subventionspolitischen Mitteln bearbeitet wurde, erzwang aufgrund ihrer wirtschaftsstrukturellen und regionalpolitischen Dynamik einen subventionspolitischen Lernprozeß, der Mitte der sechziger Jahre veränderte instrumentelle Formen hervorbrachte und auf der Ebene „konkreter Subventionspolitik" eine neue Phase einleitete.

2. Subventionen für die Landwirtschaft — ein Wirtschaftsbereich wird ausgegliedert

2.1. *Zur Lage der Landwirtschaft: beschränkt überlebensfähig*

Das Problem der Landwirtschaft Anfang der fünfziger Jahre lautete, auf einen kurzen Nenner gebracht[8]: Es wurde von zu vielen zu wenig und zu kostenintensiv produziert, so daß die landwirtschaftlichen Betriebe im Durchschnitt keine mit den übrigen volkswirtschaftlichen Sektoren vergleichbaren Einkommen erzielen konnten. 1950 waren in der Landwirtschaft ca. 5,1 Mio. Erwerbstätige beschäftigt, davon waren allerdings knapp 4,4 Mio. Familienangehörige[9]. Diese erwirtschafteten im selben Jahr 9,98 Mrd. DM, d.h. 10,2 Prozent des Bruttoinlandprodukts[10]. Bezogen auf den einzelnen Beschäftigten in der Land-

---

8 Anfänge staatlicher Unterstützung der Landwirtschaft finden sich im Kaiserreich in einer Kombination aus Schutzzöllen und Agrarsubventionen; dies wurde fortgesetzt im Agrarprotektionismus der Weimarer Republik, der zusehends eine machtpolitisch orientierte Außen- und Außenwirtschaftspolitik bestimmte. Zur Entwicklung des deutschen Agrarprotektionismus vgl. Hans-Heinrich Herlemann, Vom Ursprung des deutschen Agrar-Protektionismus, in: Gerhardt/Kuhlmann (Hrsg.), *Agrarwirtschaft und Agrarpolitik*, Köln 1969, S. 183–208; Hallgarten/Radkau, *Deutsche Industrie und Politik* (Anm. 2), S. 30ff. (insbesondere für die Verflechtung von agrarischen und schwerindustriellen Interessen in der Schutzzoll- und Subventionspolitik des Deutschen Kaiserreiches); Dieter Gessner, *Agrardepression und Präsidialregierungen in Deutschland 1930–1933*, Düsseldorf 1977 (für die Agrarpolitik in der Weimarer Republik); eine Darstellung der einzelnen Maßnahmen zur Stützung des Agrarpreises in der Zeit nach dem Ende des Zweiten Weltkriegs findet sich bei: Ulrich Teichmann, *Die Politik der Agrarpreisstützung*, Köln 1955.

9 Vgl. Albrecht Funk, *Abschied von der Provinz*, Opladen/Stuttgart 1977, S. 16.

10 Vgl. Günther Schmitt, Entwicklung, Struktur und Determinanten der finanzpolitischen Agrarförderung, in: Günther Schmitt / Hugo Steinhauser (Hrsg.), *Planung, Durchführung und Kontrolle der Finanzierung von Landwirtschaft und Agrarpolitik*, München 1978, S. 9.

wirtschaft heißt dies, daß die Wertschöpfung der Arbeitskraft in der Landwirtschaft nur 37,4 Prozent der durchschnittlich in der Industrie erreichten betrug[11]. Wenn auch überdurchschnittliche Produktivitätssteigerungen in der Landwirtschaft diese Distanz verringerten, so liegt doch die Arbeitsproduktivität der Landwirtschaft gegenwärtig ca. 50 Prozent unter der der übrigen Wirtschaftsbereiche[12].

Eine Hauptursache der mangelnden Produktivität lag in den zu geringen Betriebsgrößen. Die Mehrzahl der landwirtschaftlichen Betriebe waren Betriebe mit relativ geringer landwirtschaftlicher Nutzfläche: ca. eine Mio. Betriebe von insgesamt knapp 1,8 Millionen hatten weniger als fünf ha landwirtschaftlicher Nutzfläche[13]. Maschinisierung der Produktion, Voraussetzung für eine höhere Produktivität, war in diesen Betrieben nicht möglich – es sei denn durch Spezialisierung, wie sie in späteren Jahren in verschiedenen Bereichen erfolgte (Geflügelzucht, Schweinemast u.a.). Ein Teil der Produktivitätszuwächse der Landwirtschaft vollzog sich in den folgenden Jahren denn auch deshalb, weil unproduktive Kleinbetriebe aufgegeben wurden. Die Grenze schob sich allerdings allmählich immer höher: In den fünfziger Jahren waren es vor allem noch Kleinbetriebe bis zehn ha Nutzfläche, die wegen suboptimaler Betriebsgröße aufgeben mußten, ab Mitte der sechziger Jahre lag die Grenze schon bei 15–20 ha[14]. Ohne staatliche Hilfe konnte die Landwirtschaft, auf sich selbst gestellt, ihre Lage kaum verbessern, denn die Krise betraf die bäuerliche Produktionsform[15] selbst: Sie war in einer industrialisierten Wirtschaft nicht mehr aufrechtzuerhalten. Es stellt sich also nicht die Frage, ob staatliche Unterstützung im Agrarbereich notwendig war, sondern wie und – verflochten mit welchen gesellschaftlichen Interessen – mit welchem Ziel dies geschah.

2.2. Das Landwirtschaftsgesetz 1955: Staatliche Hilfe wird gesetzlich verankert

2.2.1. Ein Verband setzt sich durch – die politische Genese des Landwirtschaftsgesetzes

Die Lage der Landwirtschaft war Ende der vierziger, Anfang der fünfziger Jahre alles andere als rosig. Der Preisstopp für Nahrungsmittel tat ein übriges, daß sich die Ertragssituation nicht verbessern konnte: Auch die Landwirtschaft zahlte mit für die industrieorientierte Wiederaufbaupolitik, denn durch niedrig gehaltene Nahrungsmittelpreise sollte von dieser Seite kein Anlaß für Lohnforderungen bestehen, die zu einer Belastung der gewerblichen Kostenstruktur hätten führen können. Andererseits belastete die unzureichende inländische landwirtschaftliche Produktion, die lediglich 50 Prozent des Bedarfs deckte, die Handelsbilanz, da entsprechende Nahrungsmittelimporte notwendig wur-

---

11 Vgl. Curt Puvogel, *Der Weg zum Landwirtschaftsgesetz*, Bonn 1957, S. 15.
12 Vgl. Agrarbericht 1980 (Materialband), S. 36.
13 Vgl. ebd., S. 16.
14 Vgl. Funk, *Abschied* (Anm. 9), S. 17.
15 Zum Begriff der bäuerlichen Produktionsweise vgl. ebd., S. 23 ff.

den. Der Bundeskanzler sprach sich deshalb schon 1949 in seiner Regierungserklärung für eine landwirtschaftliche Förderung aus. 293 Mio. DM an Bundesmitteln wurden 1950 bereitgestellt[16], doch konnten damit die Forderungen der Bauernschaft weder zufriedengestellt noch die Lage der Landwirtschaft nachhaltig verbessert werden. Angesagt war eine Neuordnung der gesamten Agrarpolitik. Zu diesem Zweck legten 14 Sachverständige im Auftrag des Landwirtschaftsministers Anfang März 1950 ein Gutachten zur zukünftigen Agrarpolitik vor, in dem man jedoch in der Frage landwirtschaftlicher Marktordnung zu unterschiedlichen Auffassungen kam: Die eine Gruppe war an freiheitlichen Lösungen im Rahmen einer Wettbewerbsordnung interessiert, das Gutachten der anderen Gruppe machte „das Bestreben deutlich, an die Marktordnung des Reichsnährstandes anzuknüpfen"[17]. Dieser Tradition blieb vor allem die dem Großbauerntum entstammende Führung der deutschen Landwirtschaft verhaftet[18], die schon bald ihr Interesse an einem agrarpolitischen Ausnahmebereich innerhalb der neuen marktwirtschaftlichen Ordnung der Bundesrepublik artikulierte. Konsequent setzte der Deutsche Bauernverband (DBV) der strukturellen Benachteiligung der Landwirtschaft seine „Paritätsforderung" entgegen, die er zum ersten Mal in einem Treffen mit der Bundesregierung im Februar 1951 in einem „Memorandum" vortrug[19]. Zentraler Gedanke war die „Schaffung eines Agrarpreissystems, das die Produktionskosten durchschnittlicher landwirtschaftlicher Betriebe decke und den in der Landwirtschaft Beschäftigten einen Lebensstandard sichere, der mit dem in der gewerblichen Wirtschaft vergleichbar sei"[20]. Obwohl Adenauer diesem Gedanken grundsätzlich zustimmte – er sah darin eine Möglichkeit, die Importe zu reduzieren –, wurde die Bundesregierung nicht aktiv. Dies veranlaßte den Bauernverband, seine Forderungen um so nachhaltiger in der Öffentlichkeit vorzutragen. Aber auch die sogenannte Rendsburger Entschließung vom September 1951 und ein von ihm in Auftrag gegebenes Gutachten des Ifo-Instituts, das der Paritätsforderung des DBV die wissenschaftliche Grundlage geben sollte, blieben in der Bundesregierung offenbar wirkungslos: In seiner Regierungserklärung 1953 äußerte sich Adenauer zwar zur Agrarstrukturpolitik, nicht jedoch – trotz vorangegangener Kontakte mit dem DBV[21] – zur landwirtschaftlichen Parität. Es sah so aus, als sei der Bauernverband mit seinen Forderungen endgültig gescheitert. Nunmehr zahlte sich jedoch aus, daß der DBV sich nicht auf Bundeskanzler und Bundesregierung allein verlassen hatte. Schon im Herbst 1953, noch vor den Bundestagswahlen, hatte er sich direkt mit den Parteien in Verbindung gesetzt, die dann auch entsprechende agrarpolitische Zielvorstellungen in ihre Programme übernommen hatten. Die „Deutsche Bauern-Korrespondenz" äußerte hierzu[22]: „Mit diesen Verlautba-

---

16 Der Betrag wuchs bis 1954 auf 591 Mio. DM an. Vgl. Schmitt, *Agrarförderung* (Anm. 10), S. 9; vgl. auch Démètre Zavlaris, *Die Subventionen in der Bundesrepublik Deutschland seit 1951*, Berlin 1970, S. 47 ff.

17 Hermann Priebe, *Die subventionierte Unvernunft*, Berlin 1985, S. 53.

18 Vgl. ebd., S. 54.

19 Puvogel, *Landwirtschaftsgesetz* (Anm. 11), S. 28 ff.

20 Ebd., S. 29.

21 Vgl. Karl-Heinrich Hansmeyer, *Finanzielle Staatshilfen für die Landwirtschaft*, Tübingen 1963, S. 72.

22 *Deutsche Bauern-Korrespondenz*, 7. Jg., Nr. 8 v. 30.4.1954, zit nach Puvogel, *Landwirtschaftsgesetz* (Anm. 11), S. 58.

rungen der politischen Parteien war grundsätzlich sichergestellt, daß der jetzige Bundestag sich baldmöglichst mit der Paritätsforderung der westdeutschen Landwirtschaft beschäftigen würde. Darüber hinaus war anzunehmen, daß die politischen Fraktionen versuchen würden, eine positive, der Lage der Landwirtschaft gerecht werdende Lösung zu finden."

Inzwischen konnte sich die Bauernschaft auf eine breite Zustimmung im Parlament bei der Durchsetzung protektionistischer Forderungen stützen. CDU und FDP hatten in ihren agrarpolitischen Vorstellungen seit 1945 eine konservative Wandlung vollzogen: Sozialreformerische Gedanken (wie im Ahlener Programm der CDU 1947 noch festgehalten) verloren an Bedeutung, statt dessen avancierte landwirtschaftliche Produktivitätssteigerung zum Leitbild der Agrarpolitik, ergänzt (zumindest Anfang der fünfziger Jahre) durch autarkistische Momente. Den Schritt zu konservativen Agrarprogrammen vollzog die CDU in ihrem Hamburger Programm vom 22. April 1953, die FDP in ihrem Wahlprogramm 1953, in dem der Landwirtschaft nun innerhalb des marktwirtschaftlichen Systems aufgrund eines besonderen Schutzbedürfnisses ein Sonderstatus zugebilligt wurde. Die Bauernschaft konnte auch auf die Unterstützung der SPD rechnen. Sie hatte auf ihrem Dortmunder Parteitag am 28. September 1952 ein Aktionsprogramm beschlossen, das in seinen agrarprogrammatischen Teilen die gesellschaftspolitisch motivierten Forderungen nach einer grundlegenden Agrar- und Bodenreform, wie sie im Aktionsprogramm von 1946 vertreten waren, nicht wieder aufnahm und sich in „seinen grundsätzlichen Gedankengängen kaum mehr von vergleichbaren bürgerlichen Agrarprogrammen" unterschied[23].

Die Gunst der Stunde nutzend, unterbreitete der Deutsche Bauernverband Mitte März 1954 „maßgebenden Abgeordneten" einen „Vorschlag für ein Gesetz zur Sicherung der Volksernährung und zur Erhaltung eines gesunden Bauernstandes", der zwar (formal) den Begriff „Parität" vermied, jedoch dies materiell durch entsprechende Maßnahmen der Bundesregierung vorsah. Wenig später (Ende März 1954) legte die FDP-Fraktion den „Entwurf eines Gesetzes zur Sicherung der Volksernährung und zur Verbesserung der Produktivität in der Landwirtschaft"[24] vor, dem im Mai die CDU/CSU- und die DP-Fraktion[25] mit ihrem „Entwurf eines Gesetzes zur Sicherung der Volksernährung und zur Erhaltung einer leistungsfähigen Landwirtschaft" folgten. Der FDP-Entwurf schien weniger Protektionistisches zu versprechen: Sein Ziel war die „Verbesserung der Produktivität der Landwirtschaft". Tatsächlich jedoch waren sich die einzelnen Entwürfe in den Paritätsvorstellungen und den Maßnahmen ihrer Realisierung sehr verwandt – nicht allein in dem Ziel, daß die Bundesregierung mit entsprechenden Maßnahmen der Preis-, Handels-, Steuer- und Kreditpolitik dafür sorgen sollte, daß der Gesamtertrag der Landwirtschaft den notwendigen Aufwand deckte; in allen drei Entwürfen wurde auch betont, daß es nur um die Erhaltung ordnungsgemäß und rationell wirtschaftender Betriebe ging – eine Einschränkung, die aus dem Vorschlag des DBV nicht zu entnehmen war. Hinsichtlich der Berechnungsmethode des jeweiligen jährlichen staatlichen Stützungsbedarfs gab es Differenzen: Während der

23 Hansmeyer, *Staatshilfen* (Anm. 21), S. 85.
24 BTDrs. II/405.
25 BTDrs. II/448.

DBV-Vorschlag und der Entwurf der CDU/CSU und DP von einer zugrunde zu legenden Ertrags-/Aufwandsrechnung ausgingen (wie vom Ifo-Institut in seinem Gutachten 1952 vorgeschlagen und 1954 weiterentwickelt), sah der FDP-Entwurf ein Preisindex-System vor[26], dessen protektionistische Wirkung größer als die der Ertrags-/Aufwandsrechnung war.

Die schärfste Gegenposition zu den Versuchen, die Landwirtschaft durch Subventionen direkt zu stützen, trug der Wissenschaftliche Beirat beim Bundesministerium für Wirtschaft in seinem Gutachten vom 31. Mai 1954 vor[27]. Er trat den protektionistischen Vorstellungen der Paritätsforderungen warnend entgegen, da deren Realisierung sich hemmend auf die landwirtschaftliche wie die gesamtwirtschaftliche Produktivitätsentwicklung auswirken würde und zudem Preis- und Lohnerhöhungen nach sich zögen. Die Alternative zu einer Paritätsgesetzgebung sah der Beirat in einer umfassenden Agrarreform und Agrarstrukturpolitik — eine Position, die in ähnlicher Form auch Ulrich Teichmann, der kompetenteste Agrarwissenschaftler auf Gewerkschaftsseite, teilte; er wies insbesondere auf die schlechten Erfahrungen der USA, Schwedens und der Schweiz mit Paritätsgesetzen hin[28]. Diese agrarpolitische Alternative wurde jedoch den Forderungen des Bauernverbandes und den Paritätsgesetzentwürfen der Parteien nirgends profiliert entgegengesetzt. Selbst der Wissenschaftliche Beirat beim Bundeswirtschaftsministerium legte nur kurze Andeutungen einer Agrarreform bzw. Agrarstrukturpolitik vor. Unter solchen Bedingungen waren die Verhandlungen in den parlamentarischen Ausschüssen (zur Harmonisierung der Gesetzentwürfe wurde ein Unterausschuß „Paritätsgesetze" gebildet) eher Auseinandersetzungen über geeignete Methoden und Mittel, die Paritätsforderungen zu realisieren, als grundsätzliche Kontroversen.

Widerstand gegen ein Paritätsgesetz für die Landwirtschaft kam von der Industrie. So hob der Deutsche Industrie- und Handelstag in seiner Stellungnahme vom 18. September 1954 an die mit dem Gesetzesvorhaben befaßten Ausschüsse staatsrechtliche Bedenken hervor, da nunmehr auch andere Wirtschaftsbereiche ähnliche Privilegien fordern könnten; die Auflösung der einheitlichen Wirtschaftspolitik wäre die Folge[29]. Problematisch erschienen auch handels- und zollpolitische Schutzmaßnahmen; sie wurden als nicht für geeignet erachtet, die Landwirtschaft an die allgemeine Wohlstandsentwicklung anzukoppeln[30]. Die damit verbundene Gefahr eines außenwirtschaftlichen Protektionismus war der Punkt, der die industriellen Interessen — neben der Gefahr von Preis- und Lohnerhöhungen — am empfindlichsten berührte. Denn die Industrie konnte nicht daran interessiert sein, den nationalen Agrarmarkt vor Importen landwirtschaftlicher Güter zu schützen, die als Kompensationsgeschäfte westdeutscher Exporte möglich sein mußten: Gerade deutsche In-

---

26 Vgl. Viola Gräfin v. Bethusy-Huc, *Interessenverbände und Interessenpolitik*, Wiesbaden 1962, S. 10.

27 Laut Teichmann (1954) ist die Verbreitung dieses Gutachtens „angehalten worden, woran deutlich wird, als welch heißes politisches Eisen man die Paritätsfrage betrachtet". Ulrich Teichmann, Die Paritätsforderung der Landwirtschaft, in: *Gewerkschaftliche Monatshefte*, Nr. 8/1954, abgedr. in: Puvogel, *Landwirtschaftsgesetz* (Anm. 11), S. 218–219.

28 Vgl. ebd.

29 Vgl. Bethusy-Huc, *Interessenverbände* (Anm. 26), S. 19.

30 Vgl. ebd., S. 20.

dustrieexporte in agrarische Länder — dies hatte schon die Erfahrung der Weimarer Republik gelehrt[31] — waren häufig nur möglich, wenn der deutsche Agrarmarkt den landwirtschaftlichen Produkten dieser Länder offenstand, die so in der Lage waren, ihre Zahlungsbilanz auszugleichen.

Die Frontstellung zwischen DIHT und DBV war in diesen Fragen unversöhnlich, und der DIHT hielt seine Kritik am endgültigen Gesetzentwurf aufrecht[32]. Der Bundesverband der Deutschen Industrie (BDI) verhielt sich dagegen zumindest vorübergehend (bis 1960) versöhnlich[33]. In einer Besprechung zwischen DBV und BDI (30.1.–2.2.1955) einigten sich die beiden Verbände auf einen gemeinsamen Gesetzesvorschlag. Das Ergebnis war eine Akzentverschiebung. Das Ziel der Produktivitätssteigerung erhielt einen zentralen Stellenwert, und durch die Formulierung „Erhaltung einer dem Ausland gegenüber wettbewerbsfähigen Landwirtschaft" suchte man die außenwirtschaftliche Offenheit des deutschen Agrarmarkts zu bewahren. Während das Ziel der Produktivitätssteigerung schließlich auch Eingang in die endgültige Fassung des Gesetzes fand, wurde die „Weltmarktöffnung" nicht aufgenommen. Wesentliches Resultat der Verständigung zwischen BDI und DBV war jedoch, daß die Front der Gegner (DIHT, Bank deutscher Länder, Bundeswirtschaftsminister Erhard) durchbrochen, die „gesamte öffentliche Diskussion über die Paritätsgesetze in ruhigere Bahnen gelenkt" und den weiteren Verhandlungen in den Ausschüssen „eine Stütze" verliehen wurde und man sich hier auf die Mittelebene konzentrieren konnte[34].

Am 8. Juli 1955 verabschiedete der Deutsche Bundestag das Landwirtschaftsgesetz; es wurde am 5. September 1955 im Bundesgesetzblatt verkündet. In § 1 heißt es:

„Um der Landwirtschaft die Teilnahme an der fortschreitenden Entwicklung der deutschen Volkswirtschaft und um der Bevölkerung die bestmögliche Versorgung mit Ernährungsgütern zu sichern, ist die Landwirtschaft mit den Mitteln der allgemeinen Wirtschafts- und Agrarpolitik — insbesondere der Handels-, Steuer-, Kredit- und Preispolitik — in den Stand zu setzen, die für sie bestehenden naturbedingten und wirtschaftlichen Nachteile gegenüber anderen Wirtschaftsbereichen auszugleichen und ihre Produktivität zu steigern. Damit soll gleichzeitig die soziale Lage der in der Landwirtschaft tätigen Menschen an die vergleichbarer Berufsgruppen angeglichen werden."

31 Vgl. Gessner, *Agrardepression* (Anm. 8).

32 Vgl. Bethusy-Huc, *Interessenverbände* (Anm. 26), S. 28 f.

33 Die Annäherung zwischen BDI und DBV kam nicht überraschend, sondern entwickelte sich in den Jahren 1950/51: Auf Anregung von Tilo Freiherr von Wilmovski (DBV) und mit besonderer Unterstützung des Industriellen Paul Reusch wurde der sogenannte „Zwölfer-Kreis", ein Gesprächsforum von Landwirtschaft und Industrie, gegründet. Ferner wurden regionale „Verbindungsstellen Industrie/Landwirtschaft" institutionalisiert, die die gegenseitige Aufklärung und Konsultation fördern sollten. Vgl. hierzu: Hans Bürger, *Die landwirtschaftliche Interessenvertretung in der Zeit von 1933 bis zur Gegenwart unter besonderer Berücksichtigung der westdeutschen Verhältnisse,* Diss. Erlangen-Nürnberg, 1966, S. 243 f.; Hallgarten/Radkau, *Deutsche Industrie und Politik* (Anm. 2), S. 456, Anm. 38. — BDI-Präsident Berg selbst setzte öffentlich ein Signal, indem er auf dem Deutschen Bauerntag 1953 die weitgehende Interessenkongruenz von Industrie und Landwirtschaft hervorhob. (Vgl. Bürger, ebd., S. 244, Anm. 5).

34 Puvogel, *Landwirtschaftsgesetz* (Anm. 11), S. 99.

Damit hatte der Bauernverband seine ursprünglichen weiterreichenden Ziele, per Gesetz die Bundesregierung zu verpflichten, für eine kostendeckende Ertragssituation der Landwirtschaft zu garantieren, nicht erreicht. Vielmehr sollte die Landwirtschaft durch entsprechende Maßnahmen „in den Stand" gesetzt werden, Nachteile auszugleichen und — vor allem — ihre Produktivität zu steigern. Dies ist immer noch Verpflichtung genug, eine Verpflichtung, die bis heute Ausgangspunkt staatlicher Subventionsleistungen ist.

2.2.2. Einzelmaßnahmen agrarpolitischer Subventionspolitik

Im Rahmen des Landwirtschaftsgesetzes[35] wurde eine Reihe von finanzpolitischen Maßnahmen ergriffen, die den Subventionsaufwand für die Landwirtschaft sprunghaft erhöhten. Drei Gruppen finanzieller staatlicher Hilfen lassen sich unterscheiden: direkte einkommenswirksame Maßnahmen, indirekte preispolitische Maßnahmen und Hilfen, die auf eine Steigerung der Produktivität und somit auf eine Verbesserung der Agrarstruktur zielten, um eine günstigere Einkommenssituation in der Landwirtschaft zu schaffen.

a) *Subventionierung von Produktionsmitteln*
Die Subventionierung des *Handelsdüngers*, durch die die Listenpreise um ca. 20 Prozent gesenkt wurden, stellte die erste massive einkommenspolitisch motivierte Subventionierung der Landwirtschaft dar. 1956 wurden rückwirkend für das verflossene Kalenderjahr rund 447 Mio. DM auf diese Weise in den landwirtschaftlichen Sektor eingeschleust (221,1 Mio. DM für 1955, 226 Mio. DM für 1956); in den folgenden Jahren erhöhten sich die Auszahlungssummen (1957: 277 Mio. DM; 1958: 294 Mio. DM); ab 1959 entfielen die ausgezahlten Beträge (1959 und 1960: 230 Mio. DM; 1961: 185 Mio. DM) als Folge der geänderten Subventionstechnik[36]. Die Subventionierung des Handelsdüngers, „Prototyp der ‚eigentlichen' Subvention, d.h. einer staatlichen Maßnahme,

---

35 Kern des Landwirtschaftsgesetzes ist die Einführung eines Berichtswesens über die Lage der Landwirtschaft, das die informationelle Basis für die Maßnahmen der Bundesregierung bieten und ihre Wirksamkeit beurteilen soll. Demgemäß wird der Bundesminister für Ernährung, Landwirtschaft und Forsten verpflichtet, jährlich für das abgelaufene Wirtschaftsjahr über die wirtschaftliche Situation der landwirtschaftlichen Betriebe — gegliedert nach Betriebsgrößen, -typen, -systemen und Wirtschaftsgebieten — auf der Basis der Betriebsergebnisse von 6 000 bis 8 000 landwirtschaftlichen Betrieben zu berichten (§ 2). Gleichzeitig mit diesen „Feststellungen" hat die Bundesregierung jeweils bis zum 15. Februar einen „Bericht über die Lage der Landwirtschaft" vorzulegen („Grüner Plan", später „Agrarbericht der Bundesregierung"), in dem sie Stellung zu nehmen hat, inwieweit — sofern es sich um Betriebe mit durchschnittlichen Produktionsbedingungen und ordnungsgemäßer wirtschaftlicher Führung handelt — die hier erzielten Löhne denen vergleichbarer Berufs- und Tarifgruppen entsprechen, die Betriebsleiter ein angemessenes Entgelt erwirtschaften konnten und die Verzinsung des betriebsnotwendigen Kapitals als angemessen zu betrachten ist (§ 4). Schließlich hat die Bundesregierung mitzuteilen, „welche Maßnahmen sie zur Durchführung des § 1 — insbesondere im Hinblick auf ein etwaiges Mißverhältnis zwischen Ertrag und Aufwand unter Einschluß der Aufwandsposten gemäß § 4 — getroffen hat oder zu treffen beabsichtigt".

bei der schnelle Auszahlung und damit Liquiditäts- und Kaufkraftwirkung einer ‚gezielten' Wirksamkeit vorgezogen wird"[37], lief 1962 aus und gilt, so Zavlaris, als eine der wenigen erfolgreichen Subventionen, da mit ihr eine nachhaltige Erhöhung des Verbrauchs an Handelsdünger verbunden war[38].

Die Subventionierung des Handelsdüngers erfüllte somit zwei Zwecke: einmal die (indirekte) Verbesserung der Einkommenssituation der landwirtschaftlichen Betriebe, da sich deren Ausgaben für Dünger reduzierten — indirekt deshalb, weil die Auszahlung der Subvention nicht an die Landwirte direkt, sondern an die Düngemittelverkäufer, die landwirtschaftlichen Genossenschaften, erfolgte, die den Preis entsprechend reduzierten. Zum anderen war mit dem Einsatz von Düngemitteln eine Produktivitätssteigerung der Betriebe verbunden, da — so die Vorstellung — der mit der Düngemittelsubventionierung verbundene erhöhte Düngemitteleinsatz mittelfristig zu höheren Erträgen und damit auch zu höheren landwirtschaftlichen Einkommen führen mußte. Bei genauerer Überprüfung ist jedoch eine unmittelbare Verbindung zwischen Düngemittelsubventionierung und Verbrauch nicht festzustellen: Trotz steigender Düngemittelpreise erhöhte sich der Düngemittelverbrauch der Landwirtschaft auch zwischen 1950 und 1954; mit der Subventionierung der Düngemittel seit 1955/56 ging indes kein überproportionaler Anstieg des Verbrauchs einher; vielmehr entsprach er der sich in den vorangegangenen Jahren abzeichnenden Tendenz[39]. Hansmeyer vermutet deshalb, daß die Ursache in einer weitgehenden Habitualisierung des Düngemittelverbrauchs liegt[40], sowie in der Verknüpfung von „unzureichender Betriebsgröße"[41] und „Unzulänglichkeit des Betriebsleiters", die vor allem altersbedingt zu sein scheint[42]. Da ein relativ hoher Verbrauch bei ehemaligen Landwirtschaftsschülern festzustellen ist, ergibt sich die Schlußfolgerung, „daß die beste ‚Handelsdüngersubventionierung' in Maßnahmen zur Flurbereinigung, landwirtschaftlicher Schulung und frühzeitiger Hofübergabe liegt"[43].

Innerhalb der Landwirtschaft hatte diese Subventionsmaßnahme durchaus unterschiedliche Effekte: Nutznießer waren an erster Stelle diejenigen land-

---

36 Statt wie in den vorangegangenen Jahren den Handelsdünger um einen bestimmten Prozentsatz zu verbilligen und damit das Volumen der auszuzahlenden Subventionsleistungen von der Verbrauchs- bzw. der verkauften Menge abhängig zu machen (Quotitätsprinzip), wurde seit 1958 im Bundeshaushalt eine bestimmte Finanzmenge zur Verfügung gestellt, die nicht überschritten werden durfte und sich somit auf die verkaufte Menge verteilen mußte (Repartitionsprinzip); dadurch kam eine durchschnittliche Subventionierung des Düngers von 14 Prozent zustande. Vgl. hierzu Hansmeyer, *Staatshilfen* (Anm. 21), S. 141.

37 Ebd., S. 143. Vgl. hierzu den spezifischen Subventionsbegriff von Hansmeyer; Subventionen als Einkommensübertragungen ohne Verwendungsauflagen (ebd., S. 32 f.).

38 Zavlaris, *Subventionen* (Anm. 16), S. 62.

39 Vgl. Hansmeyer, *Staatshilfen* (Anm. 21), S. 262.

40 Vgl. ebd., S. 264.

41 Der Handelsdüngerverbrauch ist bei mittleren und großen landwirtschaftlichen Betrieben größer. Vgl. ebd., S. 233.

42 R. Schöttler, Untersuchungen über die Ursachen des unterschiedlichen Handelsdüngerverbrauchs in der Landwirtschaft und die Möglichkeiten seiner Steigerung, in: *Landwirtschaft — angewandte Wissenschaft*, Nr. 11, Hiltrup 1954, zit. nach ebd., S. 267.

43 Ebd.

wirtschaftlichen Betriebe, die schon vorher aufgrund günstiger Ertragssituation (infolge ihrer Betriebsgröße) Düngemittel in großem Umfang einsetzen konnten und die somit durch diese Subventionierung eine unmittelbare Verbilligung von Betriebskosten erreichten. Hingegen wurden kleinere Betriebe in schlechterer Ertragslage erst durch die Düngersubventionierung in die Lage versetzt, vermehrt Dünger einzusetzen; für sie traten Düngemittel als Betriebskosten jetzt stärker in Erscheinung. Wie die meisten an betriebliche Kostenfaktoren gebundenen Subventionen fand auch hier eine Begünstigung der ertragsstärkeren und größeren Betriebe statt — eine Wirkung, die sich wohl für viele landwirtschaftliche Subventionen nachweisen läßt: Die Wirtschaftskraft der Groß- und Mittelbetriebe wird gestärkt, die der kleineren wird gerade soviel angehoben, daß ihr Ausscheiden verzögert, die damit verbundenen sozialen Härten zeitlich gestreckt werden. Tendenziell bewirken derartige Subventionen ein Ansteigen optimaler Betriebsgrößen.

Ähnliches gilt für die Subventionierung von in landwirtschaftlichen Betrieben verbrauchtem *Dieselöl*, einer weiteren großen Subvention, die zwar schon in den vorangegangenen Jahren bestand, nunmehr jedoch ausgeweitet wurde. Die Befreiung der seit 1956 nach dem Verkehrsfinanzierungsgesetz (von 1955) erhobenen Mineralölsteuer sowie von Zoll und Umsatzausgleichssteuer schlug im Staatshaushalt 1956 mit 47 Mio. DM zu Buche. In den folgenden Jahren stiegen die Kosten der Dieselölverbilligung mit zunehmender Motorisierung der Landwirtschaft, dem Ziel der Maßnahme, auf 156 Mio. DM 1959, 387 Mio. DM 1965 und 570 Mio. DM 1978[44]. Die Gasölsubventionierung hat wohl kaum den Anstoß für die Motorisierung der Landwirtschaft gegeben, denn in erster Linie wurde lediglich die mit dem Inkrafttreten des Verkehrsfinanzierungsgesetzes verbundene Anhebung der Dieselölpreise für die Landwirtschaft kompensiert und der Dieselölpreis nur geringfügig, für die landwirtschaftlichen Betriebe wohl kaum merklich gesenkt. Wichtiger waren der zunehmende Arbeitskräftemangel auf dem Lande und Vergünstigungen bei der Kreditaufnahme zum Maschinenkauf, die den Erwerb von Schleppern begünstigten und in dessen Gefolge den Mineralöleinsatz erhöhten. Die Dieselölsubventionierung hat die Kostenseite der Motorisierung entlastet[45], größere Betriebe mit umfangreichem Maschinenpark mehr als kleinere.

Insgesamt gesehen hatte die Kostensubventionierung, wie sie hier am Beispiel des Handelsdüngers und der Dieselölsubventionierung vorgestellt wurde, weniger die Wirkung von Initialsubventionen; sie stellt vielmehr ein finanzielles Förderungs-„Milieu" her, dessen Entwicklungsrichtung mit „Industrialisierung und Maschinisierung der Landwirtschaft" gekennzeichnet werden kann. Agrarpolitische Maßnahmen, die dies unterstützen (Flurbereinigung, Spezialisierung und Vergrößerung der landwirtschaftlichen Betriebsgröße, Maschinisierung), erzeugen den Bedarf, die subventionierten Produktionsmittel einzusetzen. An dieser Entwicklung wiederum ist die Industrie interessiert. Staatliche Subventionen für die Landwirtschaft fördern indirekt andere Wirtschaftszweige, beispielsweise die landwirtschaftliche Maschinen produzierende Industrie und die Chemische Industrie, die durch die Handelsdüngersubventionierung das Gefälle zwischen hohen Inlandspreisen und niedrigen Prei-

---

44 Zavlaris, *Subventionen* (Anm. 16), S. 94; 6. SB, S. 46 f.
45 Vgl. Hansmeyer, *Staatshilfen* (Anm. 21), S. 268 ff.

sen für Exportgüter aufrechterhalten konnte[46]. Von geringerer Relevanz für die Einkommenssituation der Landwirtschaft war die Verbilligung von Saatgut, doch sollten auch damit ertragssteigernde Effekte verbunden sein, da nur bestimmte Saatgutsorten subventioniert wurden (z. B. stärkereichere Kartoffelsorten)[47].

b) *Preissubvention*

Mehr Bedeutung insbesondere für die strukturelle Entwicklung der Landwirtschaft hatten verschiedene Formen der Preissubventionierung. Hier sind vor allem die *Eier-* und die *Milchpreissubventionen* zu nennen. Letztere stellt die quantitativ bedeutsamste Einzelsubvention neben der Düngemittelsubventionierung dar. Wurde mit der Subventionierung des Eierpreises eine staatlich indizierte Verteuerung der inländischen Getreide- und damit auch Futtermittelpreise kompensiert – eine klassische „Folgesubvention" also[48], die darauf zielte, gestiegene Kosten nachträglich wieder zu vermindern –, so handelte es sich bei der Milchsubventionierung um eine genuine Einkommenssubventionierung, die den Milchauszahlungspreis der Milcherzeuger 1957 um vier Pfennig je Liter erhöhte. Verbunden war damit allerdings eine erhöhte qualitative Anforderung an die Milch. Insgesamt wurden im Rahmen der Milchsubventionierung 1957 400 Mio. DM aus dem Bundeshaushalt an die Landwirtschaft ausgezahlt; nach geringfügigem Absinken der Haushaltsansätze stieg die Summe 1961 auf 545 Mio. DM[49] und 1965 auf ca. 960 Mio. DM[50].

Die finanziell bedeutsamste einkommensstabilisierende Maßnahme für die deutsche Landwirtschaft ist wohl das Hochhalten der inländischen Agrarpreise. Dies geschah durch die „Einfuhr- und Vorratsstellen", über die eine indirekte Importregulierung ausgeübt wurde (mit einer langen Tradition, die bis ins Kaiserreich zurückreicht und 1950/51 wieder auflebte)[51]. Mit ihrer Hilfe konnten Schwankungen in der Produktion ausgeglichen werden. Das System der Einfuhr- und Vorratsstellen war ein Instrumentenzusammenspiel von Bürgschaften, Lagerkosten, Subventionen und Abschöpfungserträgen, dessen „in langer Erfahrung perfekt gewordenen Aufbau" man bei erster Betrachtung „bewundert"[52]. Die Gesamtbegünstigung für die Landwirtschaft lag im Jahr 1954/55 bei ca. 1,5 bis 2,2 Mrd. DM. In technischer Hinsicht ein Instrument von „großer administrativer Rationalität" (Hansmeyer), hatte es inzwischen ein hohes Maß an Autonomie erreicht, war von finanzpolitischen Einflußnahmen weitgehend unabhängig geworden und unterlag somit einer kaum kontrollierbaren Eigendynamik und in seinem Begünstigungseffekt weder von der Öffentlichkeit noch von den Begünstigten selbst – der Landwirtschaft – ausreichend bemerkt[53].

---

46 Vgl. ebd., S. 267, Anm. 60.
47 Vgl. ebd., S. 147 ff.
48 Ebd., S. 150 f.
49 Vgl. dazu ebd., S. 151 f.; abweichend davon die Zahlen von Zavlaris, *Subventionen* (Anm. 16), S. 60.
50 Vgl. ebd.
51 Vgl. dazu Teichmann, *Agrarpreisstützung* (Anm. 8).
52 Hansmeyer, *Staatshilfen* (Anm. 21), S. 166.
53 Vgl. ebd., S. 167.

Tabelle IV/1: Endgültige Einnahmeverzichte 1959

Grundlage	Art	geschätzter Steuerausfall
1. § 4 Ziff. 19 UStG	Befreiung von Landwirtschaft	230 Mio. DM
2. § 4 Ziff. 20 UStG	Befreiung Molkereien	110 Mio. DM
3. § 4 Ziff. 21 UStG	Befreiung bes. Vereine	1 Mio. DM
4. § 13,3 EStG	Freibetrag f. nichtbuchf. Landwirte	10 Mio. DM
5. § 2,5 Kraft St.G.	Befreiung von Zugmasch. und Anhängern	80 Mio. DM
6. § 31 KStDV	Steuerbefreiung landwirtschaftlicher Genossenschaften	10 Mio. DM
Summe der Einnahmeverzichte o. Aufl. im Jahre 1959		441 Mio. DM

Quelle: Zusammengestellt nach der BTDrs. III/1229, zit. nach Hansmeyer, *Staatshilfen* (Anm. 21), S. 155.

Ähnlich unbemerkt bleiben auch die Begünstigungen der Landwirtschaft innerhalb des Steuersystems. Eine Schätzung der Einnahmeausfälle wurde erst 1959 vom Bundesfinanzministerium vorgelegt (vgl. Tab. IV/1). Die umfangreichste Begünstigung ist die Befreiung von der Umsatzsteuer (eine sogenannte Bereichsausnahme)[54], die in ihren Ansätzen schon in das Jahr 1932 zurückreicht, als die Landwirtschaft von einer allgemeinen Erhöhung der Umsatzsteuer ausgenommen wurde[55]. 1956 wurde sie endgültig von der Umsatzsteuer befreit, was einen Steuerausfall (1959) von rechnerisch 341 Mio. DM bedeutete. Daneben bestehen Steuererleichterungen insbesondere im Rahmen der Einkommensteuer, deren Umfang für die damaligen Jahre nicht beziffert werden kann (vgl. Kap. VI).

c) *Produktivitätsfördernde Hilfen*
Neben diesen allgemeinen Maßnahmen, die vornehmlich die unmittelbare Verbesserung der Einkommenssituation der Landwirtschaft zum Ziel hatten, wurden mit dem Landwirtschaftsgesetz und dem Grünen Plan die Maßnahmen ausgebaut, die direkt die Rationalisierung in der landwirtschaftlichen Produktion intensivieren und Qualitätssteigerungen (z.B. bei der Milch) und Produktivitätssteigerungen finanzieren helfen sollten. Die Förderung der Flurbereinigung zählt hier ebenso dazu wie die finanzielle Unterstützung von Maschinisierung und Technisierung[56]. Insgesamt stellte allein der Bund 1959 fast 970

---

54 Stickrodt bezeichnet die Befreiung von der Umsatzsteuer als „nichtinterventionistische Bereichsausnahme", die deshalb nicht als subventionsartige Steuerbegünstigung anzusehen sei, weil eine interventionistische Zielsetzung im Gesetzestext (§ 4 Ziff. 19 UStG) fehle. Hansmeyer dagegen hält daran fest, daß die Umsatzsteuerbefreiung interventionistisch motiviert sei, zumal der Gesetzgeber selbst die einkommenserhöhende Wirkung berücksichtigt und sie zu den unsichtbaren Begünstigungen im Rahmen des Steuerrechtes rechnet. Vgl. Georg Stickrodt, *Das Subventionsthema in der Steuerpolitik unter besonderer Berücksichtigung der Stellung der Landwirtschaft*, Berlin 1960; Hansmeyer, *Staatshilfen* (Anm. 21), S. 158 f.
55 Vgl. Stickrodt, *Subventionsthema* (Anm. 54), S. 16.
56 Siehe die Aufstellung bei Hansmeyer, *Staatshilfen* (Anm. 21), S. 169 ff.

Mio. DM hierfür zur Verfügung – eine Summe, die sich unter Einbeziehung der von den Ländern bereitgestellten Mittel (die Bereitstellung der Bundesmittel war z. T. an eine gleiche Quote von Ländermitteln gekoppelt) nahezu verdoppelte.

2.2.3. Gesamtbegünstigung der Landwirtschaft

Nach Berechnungen von Hansmeyer[57] stiegen die haushaltswirksamen Leistungen für die Landwirtschaft insgesamt von ca. 1,9 Mrd. DM 1955 auf ca. 3,9 Mrd. DM 1957. Daran waren die Subventionen[58] mit über 950 Mio. DM beteiligt, 1955 waren es noch 29,5 Mio. DM gewesen; auch die Transferleistungen mit Auflagen (Ausgaben, die die Verbesserung der Agrarstruktur zum Ziel hatten, wie Milchsubventionierung, Förderung der Flurbereinigung u. a.; s. oben) stiegen 1957 gegenüber 1955 um ca. 900 Mio. DM; am stärksten nahm das Volumen 1957 gegenüber 1956 zu: Das Verausgabungstempo war wegen des höheren administrativen Aufwands, der durch die Verwendungsgebundenheit der Leistungen erforderlich wurde, deutlich langsamer, denn entsprechende Verwaltungsstrukturen mußten erst aufgebaut werden. Inklusive der Entlastungszahlungen und Entlastungsleistungen[59] war der Gesamtumfang der staatlichen (Brutto-)Leistungen für die Landwirtschaft 1957 um 2 Mrd. DM höher als im Jahr 1955. Im Vergleich zum Gesamthaushalt hatten sich damit die finanziellen Leistungen für die Landwirtschaft (auf der Ausgabenseite) 1957 gegenüber 1951 mehr als verdreifacht, während sich der Gesamthaushalt lediglich um 80 Prozent erhöht hatte[60]. Gleichzeitig sank die Steuerleistung der Landwirtschaft:

Tabelle IV/2: Steuerleistung von Landwirtschaft und Gesamtwirtschaft (in Mrd. DM)

Jahr	1950/51	1953/54	1956/57	1959/60
Steuerleistung der Landwirtschaft	1,098	0,965	0,701	0,667
Steuern des öffentlichen Gesamthaushalts	20,4	35,3	45,2	56,5
Anteil der Landwirtschaft (in %)	5,4	2,7	1,5	1,2

Quelle: *Grüner Bericht 1960*, S. 223, 1962, S. 26, zit. nach Hansmeyer, *Staatshilfen* (Anm. 21), S. 362.

57 Vgl. ebd., S. 214 ff.
58 Hansmeyer definiert Subventionen als Transferleistungen ohne Verwendungsauflagen – in diesem Falle also u. a. Handelsdünger- und Dieselölsubventionen.
59 Hansmeyer rechnet hierzu die Verbesserung der ländlichen Infrastruktur sowie Zinsverbilligungen im Rahmen des Agrarkredits; Hansmeyer, *Staatshilfen* (Anm. 21), S. 191 ff.
60 Gesamthaushalt 1951: 36,7 Mrd. DM; 1957: 66,0 Mrd. DM. Leistungen für die Landwirtschaft 1951: 1,3 Mrd. DM; 1957 3,9 Mrd. DM. Vgl. Hansmeyer, *Staatshilfen* (Anm. 21), S. 217, Tab. 24.

Nicht nur nahm der Anteil der von der Landwirtschaft abgeführten Steuern am Gesamtsteueraufkommen ab (1950/51 5,4%, 1956/57 1,5 %), was ja angesichts der hohen industriellen Wachstumsraten nicht verwunderlich sein konnte; es sank auch die absolute Steuerleistung von knapp 1,1 Mrd. DM 1950/51 auf 701 Mio. DM 1956/57 — mit weiter fallender Tendenz[61].

2.3. *Agrarsubventionen: strukturerhaltend oder strukturverändernd?*

In den ersten beiden Jahren nach Verabschiedung des Landwirtschaftsgesetzes flossen zusätzliche Mittel in Höhe von 3 Mrd. DM in den Agrarbereich. Dies scheint die Vermutung von der sozialprotektionistischen Wirkung des Gesetzes zu bestätigen. Die Maßnahmen, die sich in diesen Jahren herausgebildet hatten, waren jedoch eher dazu geeignet, den Strukturwandel in der Landwirtschaft zu fördern: Flurbereinigung, Maßnahmen zur Aussiedlung und Aufstockung u. a. dienen dazu, mittelfristig die Produktivität der Landwirtschaft zu erhöhen. Selbst die Kostensubventionierung, die noch am ehesten strukturerhaltend wirkt (was auch beabsichtigt ist), fördert längerfristig den Rationalisierungsprozeß, da insbesondere größere landwirtschaftliche Betriebe, die schon aufgrund ihrer Betriebsgröße kostengünstiger wirtschaften, Nutznießer der entsprechenden Subventionen sind. Also doch ein den Strukturwandel förderndes Gesetz und demnach kein sozialprotektionistisches?

Unübersehbar brechen sich die protektionistischen Zielvorstellungen der landwirtschaftlichen Interessenvertretungen an industriepolitischen Prioritäten. Die Kompromißlinie zwischen radikalem Sozialprotektionismus und marktwirtschaftlicher Einbindung, in der „Verständigung" zwischen BDI und DBV vorgeformt, verlief als fiskalpolitisch geschützte Industrialisierung, die den außenwirtschaftlichen Interessen der Industrie wie auch agrarindustriellen Entwicklungsinteressen Rechnung trug und die konkrete Entwicklungsdynamik der unterschiedlichen wirtschaftlichen Leistungsfähigkeit den landwirtschaftlichen Betrieben überließ. Die Umsetzung des Landwirtschaftsgesetzes in konkrete Maßnahmen wie auch die Überprüfung der Einkommenssituation der Landwirtschaft anhand der landwirtschaftlichen Berichterstattung der Bundesregierung folgt diesem Begünstigungsmuster: Sie orientieren sich an den leistungsfähigen mittleren und Großbetrieben und fördern so indirekt den strukturellen Wandel der Landwirtschaft auch und selbst mit den Maßnahmen (wie z.B. Handelsdüngersubventionierung), die primär einkommenspolitisch motiviert waren. Damit und mehr noch durch agrarstrukturelle Maßnahmen (Flurbereinigung, Förderung der Maschinisierung, Milchpfennig u.a.) wird die Herausbildung des leistungsfähigen Mittel- und Großbetriebes gefördert, die Spezialisierung begünstigt und die ursprünglich bäuerliche Betriebsform zugunsten eines industrialisierten landwirtschaftlichen Betriebes diskriminiert.

Sozialprotektionistisch ist somit nicht nur eine Subventionspolitik, deren Ziel die völlige Ausgrenzung des landwirtschaftlichen Bereichs aus der Marktwirtschaft und die staatliche Finanzierung der bäuerlichen Produktionsform und Sozialstruktur ist, wie die Paritätsforderung glauben macht; der sozial-

---

61 Vgl. ebd., S. 362, Tab. 39.

protektionistische Gehalt des Landwirtschaftsgesetzes zielt vielmehr darauf, angesichts der ökonomisch desolaten Lage der Landwirtschaft und der Notwendigkeit eines Strukturwandels der Produktionsform eine Stabilisierung der Sozialstruktur als Absicherung des ökonomischen und politischen Machtprofils innerhalb der Landwirtschaft zu erreichen. Eine staatlich garantierte Einkommensparität erschien hier dem Bauernverband als das geeignete Mittel, hätte es doch allen landwirtschaftlichen Erzeugern zur ökonomischen Existenzsicherung verholfen. Realisiert wurde im Landwirtschaftsgesetz zwar nicht die Garantie der Einkommensparität, aber zumindest die – fiskalisch handhabbare – gesetzliche Verankerung staatlicher Verantwortlichkeit für die weitere Entwicklung der Landwirtschaft: Auch diese bot den Großbetrieben weitaus mehr Chancen bzw. finanzielle Vergünstigungen als den kleineren Betrieben. Die Verlierer des Strukturwandels waren somit schon vorherbestimmt, wenn auch Härten gedämpft und ihr Ausscheiden zeitlich verzögert wurde. Dies war der Vorteil gegenüber einer ausschließlich an Produktivität orientierten Agrarpolitik ohne Berücksichtigung der Einkommenslage, die innerhalb kurzer Zeit zu Verarmung und zum Bankrott der Kleinbauern geführt hätte.

Die andere Alternative, die Konsolidierung der Landwirtschaft über eine umfassende Agrar- und Landreform zu erreichen, hätte bedeutet, eben diese Sozialstruktur der Landwirtschaft zum Thema agrarpolitischer Intervention zu machen mit der Konsequenz einer weiteren Intensivierung des agrarpolitischen Konflikts vor allem innerhalb der Landwirtschaft selbst: Die politische und ökonomische Dominanz der Großbauernschaft wäre zum Thema geworden[62]. Solche Alternativen waren nie realistisch, zumal es weder außerhalb noch innerhalb der Landwirtschaft Gruppen gab, die entsprechende Konzeptionen vertreten haben.

Daß eine Übernahme agrarpolitischer Verantwortlichkeit durch den Staat, so wie sie im Landwirtschaftsgesetz definiert wurde, im von industriepolitischen Interessen beherrschten Machtgeflecht der Bundesrepublik durchsetzbar war, lag an der aus den vorangegangenen Jahrzehnten des Agrarprotektionismus herübergeretteten starken gesellschaftlichen und politischen Stellung agrarischer Interessen[63] (die besondere Bedeutung durch nationalorientierte Autarkievorstellungen gewannen), an der organisatorischen Vereinheitlichung der bäuerlichen Interessen im Deutschen Bauernverband unter großbäuerlicher Dominanz, an der Durchdringung entscheidender parlamentarischer Gremien mit bäuerlichen Interessenvertretern, an der (sträflichen) Vernachlässigung der Erarbeitung eines agrarpolitischen Reformkonzepts durch die Bundesregierung wie auch der Parteien, an einer eher an Konfliktminimierung angelegten Politik der Bundesregierung nicht zuletzt angesichts einer Strategie zur Eindämmung sozialdemokratischer und gewerkschaftlicher Forderungen sowie angesichts einer industriellen Kompromißbereitschaft. Ein Landwirtschafts-

---

62   Zum dominanten ökonomischen und politischen Einfluß der Großbauern in der Landwirtschaft vgl. Priebe, *Unvernunft* (Anm. 17), S. 209 ff.

63   Auch in der Agrarwissenschaft war die Vorstellung eines notwendigen staatlichen Schutzes weit verbreitet; Hermann Priebe (ebd., S. 61): „So war in Deutschland nach nahezu hundert Jahren Agrarprotektion die Überzeugung weit verbreitet, daß die Landwirtschaft ihren Versorungsauftrag bei einer Eingliederung in die Marktwirtschaft nicht erfüllen könne."

gesetz, das die Schutzbedürftigkeit einer gesellschaftlichen Gruppe anerkennt und den Staat zum Handeln aufforderte, war im Rahmen der gesellschaftspolitischen Situation der fünfziger Jahre konsensfähig; ein agrarpolitisches Reformgesetz, das die Struktur der Landwirtschaft thematisierte und das soziale und ökonomische Gefälle zwischen großen und kleinen landwirtschaftlichen Betrieben problematisierte war noch nicht einmal als alternative Denkfigur diskutabel. In solch einer industriepolitisch auf Stillegung des Agrarkonflikts ausgerichteten politischen Szenerie, in der sich gerade eben die Machtstrukturen zu verfestigen begannen, konnte sich trotz aller Vorbehalte eine agrarprotektionistische Position eher durchsetzen. Resultat des Landwirtschaftsgesetzes war eine weitgehende Entpolitisierung des Agrarkonflikts:

— intern: indem die Diskriminierung landwirtschaftlicher Betriebe mit unterdurchschnittlicher Produktivität (in erster Linie Kleinbauern) weniger scharf ausfiel und damit die Spannungen innerhalb der Bauernschaft abgebaut wurden;

— extern: indem einerseits die Forderungen der Landwirtschaft nach staatlicher Unterstützung in ihrer Berechtigung gesetzlich verankert wurden („Institutionalisierung" als Entpolitisierungsstrategie[64]) und andererseits — steuerungspolitisch gesehen — vom Staat mit dem Landwirtschaftsgesetz und den ihm nachfolgenden Subventionen eine Politikform mit geringem Interventionsniveau gewählt wurde.

Ein Ergebnis war aber auch die forcierte Durchdringung der bäuerlichen Produktion mit industriellen Produktionsverfahren, in denen der landwirtschaftliche Betrieb nur *ein* Moment der umfassenden Nahrungsmittelproduktion ist[65], und die verbunden ist mit der Durchdringung des ländlichen Raums durch nichtlandwirtschaftliche Industriestrukturen („Abschied von der Provinz" — A. Funk). Dies macht deutlich, daß das als sozialprotektionistisch sich darstellende Landwirtschaftsgesetz keineswegs dazu diente, die bäuerliche Produktionsform zu konservieren und sie lediglich auf ein höheres Einkommensniveau zu heben. Das Resultat staatlicher nationaler und supranationaler Intervention und Protektion im Agrarbereich ist nicht eine marktorientierte landwirtschaftliche Produktion, sondern die Protektion auf neuer, höherer Stufe: die staatlich organisierte, subventionierte und administrierte Agrarproduktion, deren prägnantester Ausdruck die staatlich garantierte Abnahme der Überproduktion ist. In dieser garantierten Abnahme, deren fiskalische Kosten Anfang der achtziger Jahre zum Krisenfall der EG geworden sind[66], liegt die spezifische Protektion, die eine partielle Abkoppelung von Produktion und Nachfrage ermöglicht.

---

64 Vgl. dazu Hansmeyer, *Staatshilfen* (Anm. 21), S. 67 ff.

65 Vgl. Willem Günnemann, Konzentration und Zentralisation in der Agrarindustrie und in den Genossenschaften, in: Onno Poppinga (Hrsg.), *Produktion und Lebensverhältnisse auf dem Land*, Opladen 1979, S. 50—71.

66 Vgl. Willem Günnemann, *Agrarpolitik in der EG — Markt oder Lenkung?*, Opladen 1981; Priebe, *Unvernunft* (Anm. 17).

3. **Der Gefälligkeitsstaat und die herrschaftssichernden Möglichkeiten der Subventionspolitik**

Die massiven subventionspolitischen Maßnahmen Anfang der fünfziger Jahre hatten – wie berichtet – so gut wie keine kritische Diskussion in der Öffentlichkeit ausgelöst. Zwar wurde die damalige Begünstigungspolitik der Bundesregierung in der Presse kritisch beleuchtet[67] und von der Finanzwissenschaft die „dirigistische" Ausrichtung dieser Politik verurteilt[68]. Doch blieb die Kritik, selbst wenn sie in Einzelfällen auf eklatanten Mißbrauch aufmerksam machte, ohne Widerhall, da mit dem Argument der besonderen Bedingungen des Wiederaufbaus und des baldigen Endes der Vergünstigungen so mancher Wind aus den Segeln genommen werden konnte. Der gesamtwirtschaftliche Nutzen der Subventionierung einzelner Wirtschaftsbereiche bzw. Unternehmen war angesichts der Engpässe der ersten Nachkriegsjahre überzeugend: Die hohen Wachstumsraten der Wirtschaft, der rasche Abbau der Arbeitslosigkeit und das allmähliche Auslaufen der Vergünstigungen bestätigten die Politik der Bundesregierung. Die Kritik an dieser ersten Phase der Subventionspolitik erhob sich erst, als sie im Grunde genommen schon beendet war und die Folgen sichtbar wurden[69], als längst eine neue Phase der Subventionspolitik eingeläutet war: Neue Subventionen waren entstanden und konnten für sich nicht mehr das Wiederaufbau-Argument in Anspruch nehmen. Zu offensichtlich war auch die enge Verbindung von staatlichen Subventionsleistungen und Gruppenmacht geworden. Insbesondere die Einflußpolitik des Bauernverbandes vor Augen und die mit der Forderung nach staatlicher Unterstützung verbundenen Bauerndemonstrationen machten vor aller Öffentlichkeit deutlich, daß der Staat vor der konzentrierten Verbandsmacht kapitulierte. Eschenburgs „Herrschaft der Verbände"[70], das ein Menetekel des demokratischen Gruppenstaates an die Wand malte, war mehr als das: Betrachtet man das Anschwellen der Subventionsforderungen und Subventionsleistungen in der zweiten Hälfte der fünfziger Jahre, der Wahlgeschenke und finanziellen Gefälligkeiten, die zuvorkommende Begegnung der Adenauerschen Machtpolitik mit den Interessen konservativer Eliten und Gruppen[71], dann war die Rede von der „Herrschaft der Verbände" nicht bloß eine Warnung vor der Zukunft – vieles schien schon Wirklichkeit geworden zu sein.

Innerhalb weniger Jahre vervielfachte sich so das Subventionsvolumen: 1955 flossen aus dem Bundeshaushalt 464 Mio. DM als Subventionen an die

---

67 Vgl. *Der Spiegel*, Jahrgänge 1950 ff.

68 Vgl. hierzu Fritz Neumark, *Grundsätze gerechter und ökonomisch rationaler Steuerpolitik*, Tübingen 1970, S. 224.

69 Vgl. u.a.: *Der Spiegel*, Nr. 13/1954 (Kritik des Steuerreformentwurfs der Bundesregierung), Nr. 48/1954 (Abbau der Steuervergünstigungen) (beide Artikel eher wohlwollend neutral gegenüber den Steuervergünstigungen); dagegen: Nr. 51/1957 (Aufbau des Oetker-Konzerns durch Steuervergünstigungen), Nr. 25/1958 (Spiegel-Gespräch mit Bundesfinanzminister Etzel: „Warum werden die Steuerverstecke weiter geduldet"), Nr. 10/1959.

70 Theodor Eschenburg, *Herrschaft der Verbände*, Tübingen 1955; vgl. seine Ausführungen zur Interessenpolitik des Bauernverbandes und zum Landwirtschaftsgesetz, ebd., S. 62 ff.

71 Vgl. Hallgarten/Radkau, *Deutsche Industrie und Politik* (Anm. 2), S. 449 ff., 465 ff.

gewerbliche Wirtschaft, Landwirtschaft und Verkehr; 1961 waren es 2,4 Mrd. DM und 1964 schon 3,4 Mrd. DM. Der Haushalt des Bundes dagegen nahm in demselben Zeitraum lediglich um 160 Prozent zu. Der Anteil der Subventionen wuchs demnach von 2,1 Prozent im Jahr 1955 auf 5,8 Prozent 1964 (vgl. oben Schaubild II/1).

Die Entwicklung außerhalb dieses subventionspolitischen Kernlands verlief kaum anders. In der Wohnungsbauförderung war es die über das notwendige Maß hinausgehende Begünstigung des Eigenheimbaus. Dies geschah eingedenk der der Bundesregierung (insbesondere Adenauer — entgegen wirtschaftspolitischen und wohnungswirtschaftlichen Einwänden) bewußten Tatsache, daß mit dem Ausbau von Wohneigentum die Loyalität der so bevorzugten Bevölkerungsgruppen gegenüber der CDU/CSU gefestigt würde. Dabei mußten auch stabilitätspolitische Gesichtspunkte in den Hintergrund treten[72]. Die sozialprotektionistische Form der subventiven Wohnungsbauförderung zugunsten des (staatstragenden) Mittelstandes fand (und findet) in der Eigenheimförderung ihren prägnanten Ausdruck.

Sozialpolitisch ging es den konservativen Regierungen dieser Jahre vor allem darum, die legitimatorisch belastete Politik der vorangegangenen Zeit zumindest für die staatstragenden Gruppen auszugleichen. Ihnen kam dabei die ökonomisch überaus günstige Situation entgegen, die sich zunächst aufgrund hoher Wachstumsraten ihre legitimatorischen Flankierungen in Form beginnenden Wohlstands selbst produzierte. In relativ kurzer Zeit konnten zehn Millionen Flüchtlinge sozial integriert werden, und innerhalb eines Jahrzehnts war nach über zwei Millionen Arbeitslosen Anfang der fünfziger Jahre 1961 die Vollbeschäftigung erreicht: Erfolge, die trotz verteilungs- und gesellschaftspolitischer Einseitigkeiten des Systems eine legitimatorische Basis schafften. Unterstützt wurde sie durch eine Politik der Bundesregierungen der gezielten Loyalitätssicherung bei den sie tragenden gesellschaftlichen Gruppen: so durch die Steuergesetzgebung, insbesondere durch die mittelstandsorientierte Steuererleichterungspolitik der ,,Kleinen Steuerreform 1953" sowie der folgenden Reformen[73], durch das Lastenausgleichsgesetz, die Rentengesetzgebung und die Versuche, die Vermögensverteilung zu korrigieren (312-Mark-Gesetz 1961).

Daß sich bei alldem die Landwirtschaftspolitik besonders hervortat und zum Synonym für Subventionspolitik wurde, verwundert nicht: nicht nur, daß die Bauernschaft bzw. der Deutsche Bauernverband bei der Durchsetzung des Landwirtschaftsgesetzes alle Register möglicher Verbandsaktivitäten zog und damit das Verbandsbild in der Öffentlichkeit nachhaltig prägte; die konservative Ausrichtung der Bundesregierung hatte ihre eigenen Gründe, staatstragende Gruppen wie die Bauernschaft zu fördern, um so die gesellschaftliche Machtverteilung zu stabilisieren[74]. Die Folge davon war, daß jede öffent-

72 Vgl. Hallgarten/Radkau, *Deutsche Industrie und Politik* (Anm. 2), S. 464.

73 Vgl. Hans-Hermann Hartwich, *Sozialstaatspostulat und gesellschaftlicher Status quo,* Köln, Opladen 1970.

74 So setzte die Bundesregierung 1955 die Subventionierung der Trinkmilch dazu ein, um ein Aufheizen der Tarifverhandlungen im Metallbereich durch eine Erhöhung der Nahrungsmittelpreise zu verhindern. An die Stelle der Subventionierung sollte eine Preiserhöhung treten, wenn die Streikgefahr im Metallbereich gebannt sei (vgl. *Der Spiegel,* Nr. 48/1955, S. 17). Ähnliche Überlegungen spielten auch bei einer Subventionierung des Brotpreises eine Rolle (vgl. *Der Spiegel,* Nr. 12/1957, S. 14).

liche Forderung nach staatlicher Unterstützung der Landwirtschaft auf miß-
billigende Kommentierung in der öffentlichen Meinung stoßen mußte — allerdings auch auf die staatliche Wunscherfüllung treffen konnte. Zumindest nach
außen hin tat sich die Landwirtschaft schwer mit dem damit verbundenen
Image, Kostgänger des Staates zu sein, eine Sorge, die schließlich ungewollt
zum ersten „Subventionsbericht" führte (s. unten).

Bundesregierung und Parlament überboten sich geradezu, den jeweiligen
Gruppenforderungen zu entsprechen: Schließlich spülte die lebhafte Konjunktur der fünfziger Jahre jedes Jahr mehr Steuern in die Staatskassen als vom
Finanzminister vorausberechnet[75]. Altväterlichem Haushaltsgebaren entsprechend legte Bundesfinanzminister Schäffer wider die wirtschaftspolitische Vernunft einen Sparstrumpf („Juliusturm") an, der 1955 ein Volumen von 7,1
Mrd. DM erreichte[76]. Dies ließ Ressorts und Parlamentarier nicht ruhen: Allein
der „Kuchenausschuß" des Deutschen Bundestages beschloß 1957 angesichts
der bevorstehenden Bundestagswahlen Mehrausgaben von 3,5 Mrd. DM, die
durch laufende Einnahmen nicht gedeckt waren. Machterhalt wurde in der
Bundesrepublik bis Mitte der sechziger Jahre mehr als in der Folgezeit vor allem
mit entsprechenden finanziellen Begünstigungen in den Wahljahren erreicht. Die
jeweiligen „Ausgaben-Orgien" von Regierung und Parlament waren möglich
aufgrund der politischen Schwäche, die den Finanzministern der Adenauer-
Kabinette zuteil wurde[77].

Mit einer Politik „am Rande des Defizits" versuchte Schäffers Nachfolger
Etzel der Handhabung der Finanzen in den Ressorts Herr zu werden und den
Subventionsforderungen der Interessenverbände einen Riegel vorzuschieben.
In diesem Zusammenhang kam dem Finanzminister die Anfrage der DP im
Deutschen Bundestag[78] nicht ungelegen, in der er aufgefordert wurde, Rechenschaft über alle sichtbaren und unsichtbaren Subventionen abzulegen; darunter waren nach dem Verständnis der DP nicht nur finanzielle Zuweisungen an
Unternehmen zu verstehen, sondern auch Bürgschaften, Garantien, Steuervergünstigungen, Ausfuhrvergünstigungen sowie Sozialtransfers. Die Anfrage wollte das in der Öffentlichkeit vorherrschende Bild von der Landwirtschaft als
dem größten Subventionsempfänger widerlegen. Ihr Resultat war ein Bericht[79],
der insgesamt 159 Einzelposten aufführte, darunter auch Zuschüsse des Bundes an die Sozialversicherungen, der zugleich jedoch auch nachwies, daß die
Landwirtschaft mit beinahe zweieinhalb Mrd. DM tatsächlich der größte Subventionsempfänger in der westdeutschen Wirtschaft war[80].

Ein wichtiges Ergebnis dieses „ersten Subventionsberichtes", dem der
Bundesfinanzminister im Bundeshaushaltsplan für das Jahr 1959 noch eine
Vorbemerkung über „Subventionen als wirtschaftspolitisches und finanzpoli-
tisches Problem" „nachschob", war jedoch auch, daß zum ersten Mal das Aus-

---

75 Vgl. *Der Spiegel*, Nr. 9/1962, S. 20.
76 Ebd.
77 Klar umrissen wird die schwache Position der Finanzminister der Adenauer-Kabinette
   in einem Zitat Bundesfinanzministers Starke: „Ich kann im Kabinett nur überstimmt
   werden, wenn der Kanzler gegen mich stimmt. Immer wenn ich überstimmt worden bin,
   stand der Kanzler also nicht auf meiner Seite." (In: *Der Spiegel*, Nr. 9/1962, S. 22.)
78 BTDrs. III/835.
79 BTDrs. III/1229.
80 Vgl. *Der Spiegel*, Nr. 32/1959, S. 14.

maß der Subventionen deutlich wurde, ein Ausmaß, von dem Bundesregierung und der Finanzminister im besonderen überrascht waren. Eine neue Richtung konnte der Bericht der Subventionspolitik jedoch nicht geben: Seine rein fiskalische Ausrichtung war an den Interessen des Finanzministers orientiert und entsprach auch den vorherrschenden wirtschaftspolitischen Vorstellungen der Bundesregierung, die noch weit von einer ökonomie-funktionalen Orientierung entfernt waren. Gleichzeitig zeigte der Bericht ein für die spätere Subventionspolitik relevantes Muster: Die Auflistung von Sozialtransfers (die ja von der DP-Fraktion gefordert worden war) machte deutlich, daß keine Gruppe von den staatlichen Begünstigungen ausgenommen war.

Die fiskalpolitische Orientierung setzte sich auch in der Folgezeit fort: Begleitet von zunehmend kritischeren Tönen in der veröffentlichten Meinung berichtete das Bundesfinanzministerium in seinen Finanzberichten 1962 und 1964 in einem analog gegliederten Überblick über die „Subventionen". Eine eigenständig subventionspolitische Ausrichtung ist hier jedoch nicht zu entdecken. Es handelt sich vielmehr um den Versuch des Bundesfinanzministers, durch Offenlegung der finanziellen Begünstigungen den fiskalischen Zeigefinger zu heben und möglicherweise haushaltspolitischen Handlungsspielraum zu gewinnen. Zumindest in der öffentlichen Meinung konnte er dadurch mit Zustimmung rechnen. Das Haushaltsgebaren der Ressorts änderte er indes nicht. Im Gegenteil: Die günstige Konjunktur bescherte 1964 vermehrte Steuereinnahmen, und dies war angesichts der bevorstehenden Bundestagswahlen Grund genug, mit dem Steuerrechtsänderungsgesetz 1964 allein auf der Einnahmenseite Wahlgeschenke zu verteilen, die 1965 zu einem Einnahmeausfall von ca. 4 Mrd. DM führen sollten[81]. Es bedurfte der Wirtschaftskrise 1966/67, um den subventionspolitischen Aktivitäten und Diskussionen eine andere als die rein fiskalische Orientierung zu geben.

Dennoch läßt sich nicht leugnen, daß Subventionen zusehends zu einem wichtigen Thema öffentlicher Diskussion wurden[82]. Die Schwerpunkte der Diskussion konzentrierten sich um das jeweilige Subventionsvolumen in den Finanzberichten, dessen Anstieg man mit schon negativer Erwartungshaltung kommentierte. Die kritische Bereitschaft in der öffentlichen Meinung läßt sich meines Erachtens darauf zurückführen, daß einmal das Ansteigen der Subventionen so gar nicht mit der marktwirtschaftlichen Ideologie der westdeutschen Wirtschaftspolitik übereinzustimmen schien und zum anderen eine untergründige Verwunderung darüber herrschte, daß trotz steigenden Wohlstands und hohem Wirtschaftswachstum immer mehr Staatsmittel den privaten Haushalten und der Privatwirtschaft zufließen sollten. Das konnte schließlich nur damit

---

81 Vgl. Günter Hagemann, Die staatliche Tätigkeit in der Bundesrepublik Deutschland, in: *Finanzarchiv, N.F.*, Bd. 28, 1969, S. 315. Ein Teil der Steuererleichterungen (Erhöhung des Grundfreibetrages, z.T. die Tarifermäßigung, Arbeitnehmerfreibetrag) stellte eine schon lange anstehende Reform der Einkommensteuer dar, die allerdings jetzt vor allem unter wahlpolitischen Gesichtspunkten betrieben wurde. Vgl. Hagemann, ebd.; vgl. auch Ludwig Falk, Die Grundgedanken des Steueränderungsgesetzes 1964, in: *Deutsche Steuerzeitung*, Ausgabe A, Nr. 23/24 1964, S. 353−359.

82 Als Indikator mag die Zahl der in diesen Jahren in deutschen Zeitungen und Zeitschriften erschienenen Artikel gelten, die sich mit dem Thema Subventionen beschäftigten. Ihre Zahl steigt − wie der Internationalen Bibliographie der Zeitschriftenliteratur zu entnehmen ist − von Anfang bis Mitte der sechziger Jahre um ein Mehrfaches an.

erklärt werden, daß die Durchsetzung finanzieller Ansprüche an den Staat mit der besonderen politischen Macht der entsprechenden Interessengruppen zusammenhängen mußte, die sich über die Grundprinzipien des Wirtschaftssystems hinwegsetzen und sich mit der Unterstützung der an politischem Erfolg und Machterhalt interessierten Politikern einen Teil am öffentlichen Kuchen holen konnten. Die Heftigkeit der öffentlichen Kritik an den Subventionen, die in diesen Jahren zu einer von Teilen der Bundesregierung (BMF) selbst initiierten Politisierung des Subventionsthemas führte, beruht gerade auf der Verknüpfung von Subventionskritik und Kritik am Staat, der sich nicht ausreichend gegen die Verbandsforderungen zur Wehr setzen könne. Die Subvention war das augenfällige Beispiel staatlicher Schwäche: der „Gefälligkeitsstaat". Wenn sich dennoch die öffentliche Infragestellung der Subventionen in Grenzen hielt, so deshalb, weil die finanzielle Lage der Staatsfinanzen zunächst keinen Anlaß zu tieferer Besorgnis bot, die Subventionen zwar mißachtet und ihnen pauschal nur in Ausnahmefällen ein legitimer Vergabegrund zugesprochen wurde, sie sich jedoch immer noch in einem Rahmen bewegten, der – sieht man von der Einschätzung des Bundesfinanzministers ab – für die Staatsfinanzen als nicht bedrohlich angesehen wurde; eine etwaige volkswirtschaftlich ungünstige Wirkung, die von ihnen ausgehen könnte, wurde zwar ebenfalls gesehen, jedoch kam ihr hinter der fiskalischen Problematik die nachgeordnete Stellung zu.

Einen nachhaltigen Effekt erzielte die Auseinandersetzung um die Subventionen darüber hinaus noch nicht, etwa dergestalt, daß institutionelle Ausformungen auf der Ebene der „abstrakten" Subventionspolitik ein gesteigertes Steuerungs- und Kontrollinteresse des Staates gegenüber der Subventionspolitik dokumentierten. Allerdings zeigt die Subventionsdiskussion, daß die Akzeptanz bisheriger Subventionspolitik in der Öffentlichkeit schwindet, dies um so mehr als der neben der Landwirtschaft schwerwiegendste sektorale und regionale Problembereich, der Steinkohlenbergbau, die bisherige Praxis kompensatorischer Subventionspolitik obsolet werden ließ.

4. Von der Krisenkompensation zur Krisenregulierung. Entwicklungsschritte der Subventionspolitik in der Krise des deutschen Steinkohlenbergbaus[83]

Die subventionspolitische Diskussion jener Jahre verlief – sieht man von der fiskalpolitischen Grundeinstellung ab – noch ohne ausgeprägte Zielorientierung. Wenn Mitte der sechziger Jahre in der öffentlichen Auseinandersetzung zusehends eine wirtschaftspolitisch-funktionale Ausrichtung der Subventionspolitik thematisiert wird, so ist dies zu einem Gutteil auf die wirtschafts- und

---

83 Im folgenden geht es nicht um eine Darstellung der Entwicklung der Krise des deutschen Steinkohlenbergbaus und um eine Chronologie der staatlichen Maßnahmen, sondern um eine Synopse unter subventionspolitischem Blickwinkel. Detaillierte Darstellungen, auf denen auch die folgende Synopse beruht, finden sich bei: Friedrich Spiegelberg, *Energiemarkt im Wandel*, Baden-Baden 1970; Bahl, *Staatliche Politik* (Anm. 4); Manfred Horn, *Die Energiepolitik der Bundesregierung von 1958 bis 1972*, Berlin 1977; Martin Meyer-Renschhausen, *Energiepolitik in der BRD von 1950 bis heute*, Köln 1977; Peter Schaaf, *Ruhrbergbau und Sozialdemokratie*, Marburg 1978; Werner Abelshauser, *Der Ruhrkohlenbergbau seit 1945*, München 1984.

subventionspolitischen Mißerfolge bei der Bewältigung der Kohlenkrise zurückzuführen. Die Krise des deutschen Steinkohlenbergbaus wird Ausgangspunkt einer subventionspolitischen Umorientierung, die nicht auf diesen Bereich beschränkt bleibt, sondern sich prägend auf das Gesamtbild der Subventionspolitik in den folgenden Jahren auswirkt.

4.1. Das hilflose Krisenmanagement: staatliche Kohlenpolitik in der Absatzkrise 1958/59

Die mangelnde Produktivität des Kohlenbergbaus war ein wesentlicher Schwerpunkt wirtschaftspolitischen Bemühens nach dem Zweiten Weltkrieg. Um die Förderleistungen zu erhöhen, waren umfangreiche Mittel aus dem Marshallplan und im Rahmen des Investitionshilfegesetzes zur Verfügung gestellt worden. Insgesamt summierten sich die Finanzhilfen, die dem Bergbau von 1951 bis 1959 zuflossen, auf rund acht Mrd. DM[84], ebenso hoch veranschlagte der Steinkohlenbergbau (nach eigenen Angaben) die ihm in diesem Zeitraum aufgrund staatlich festgelegter Kohlenpreise entgangenen Einnahmen[85]. Obwohl demnach die staatliche Förderung die Mindereinnahmen aufgrund verordneter Höchstpreise kompensierte, gelang es nicht, die Förderleistung der Kohlennachfrage anzupassen. Selbst 1957, ein Jahr vor Beginn der Kohlenkrise, blieb das Angebot mit 133 Mio. Tonnen weit hinter dem Bedarf zurück, so daß umfangreiche Steinkohlenimporte aus den USA notwendig waren. Unter diesen Bedingungen sah sich die Bundesregierung in ihrer bisherigen Kohlen- und Energiepolitik bestätigt und rechnete mit einem Steinkohlenförderbedarf von 150 Mio. Tonnen im Jahre 1965[86]. Allen Prognosen zum Trotz stagnierte im Winter 1957/58 der Kohlenabsatz; fünf Zechen waren am 22. Februar 1958 genötigt, eine Feierschicht einzulegen, die erste in der Nachkriegszeit. Die Absatzkrise war durch mehrere Faktoren verursacht worden: durch ein verringertes Wirtschaftswachstum 1958, das vor allem mit einem Minderabsatz an Koks in der Eisen- und Stahlindustrie verbunden war; durch einen milden Winter mit entsprechenden Absatzeinbußen im Hausbrandbereich; durch eine Verringerung des Exports sowie durch ein konkurrierendes Angebot an billiger amerikanischer Importkohle, die aufgrund des Verfalls der Frachtraten weit unter dem Preis der Ruhrkohle angeboten wurde. Hinzu kam, daß sich 1958 erstmals das Heizöl auf dem Wärmemarkt bemerkbar machte.

Das Bundeswirtschaftsministerium verhielt sich der sich anbahnenden Krise gegenüber abwartend. Man glaubte, konjunkturelle Faktoren als Krisenursache identifizieren zu können und erkannte nicht die ersten Anzeichen der beginnenden tiefgreifenden strukturellen Veränderungen auf dem Energiemarkt. Erhards Ziel war es, den Steinkohlenbergbau wieder den Gesetzen der

84 Vgl. Horst Breder, *Subventionen im Steinkohlenbergbau*, Berlin 1958, S. 39.

85 Vgl. Spiegelberg, *Energiemarkt* (Anm. 83), S. 17.

86 Die Bundesregierung wurde darin durch eine Reihe von Prognosen bestärkt: durch Sachverständige der OEEC (1956), der EURATOM-Kommission (Frühjahr 1957), des Bundesministers für Atomenergie und Wasserwirtschaft (Herbst 1957). Vgl. hierzu Schaaf, *Ruhrbergbau* (Anm. 83), S. 59; genauer: Horn, *Energiepolitik* (Anm. 83), S. 206 ff.

Marktwirtschaft zu unterwerfen. Darin ließ er sich zunächst nicht beirren und wehrte alle Vorschläge ab, die darauf hinausliefen, die amerikanischen Kohleimporte zu begrenzen (die als Hauptursache der Absatzschwierigkeiten betrachtet wurden)[87]. Erst Interventionen der Industriegewerkschaft Bergbau und Energie — sie hatte schon früh (Anfang 1958) erkannt, daß die Krise strukturell bedingt war[88] — bei Adenauer zwangen die Bundesregierung dazu, die Situation des Steinkohlenbergbaus zur Kenntnis zu nehmen[89]. Aufgrund „eines beachtlichen Drucks aller Bergbaukreise"[90] war die Bundesregierung im September 1958 bereit, die Notstandsklausel (Art. 19) des Allgemeinen Zoll- und Handelsabkommens (GATT) in Kraft zu setzen und Importe aus Drittländern (also amerikanische Kohleimporte) genehmigungspflichtig zu machen. Ab Februar 1959 wurde Steinkohle aus Ländern außerhalb der Montanunion mit einem Kohlezoll von 20 DM je Tonne belastet, gleichzeitig wurde ein zollfreies Importkontingent von 5,13 Mio. Tonnen, jährlich eingerichtet[91]. Noch zögernder reagierte die Bundesregierung auf die Forderung des Bergbaus und der Industriegewerkschaft Bergbau und Energie, die Konkurrenz Kohle—Heizöl zu entschärfen. Der Bundeswirtschaftsminister, der aus wachstumspolitischen Gründen eine strikte Politik der billigen Energie durchzusetzen suchte[92], erklärte sich erst nach dem Scheitern des „Kohle-Öl-Kartells", eines Selbstbeschränkungsversuchs der Mineralölindustrie, im September 1959 bereit, neben der Umsatzsteuerpflicht für Öl auch eine Verbrauchsbesteuerung des Heizöls einzuführen. Der Widerstand der revierfernen Länder führte dazu, daß der Bundestag erst im März 1960 eine Besteuerung des schweren Heizöls mit 25 DM und des leichten Heizöls mit 10 DM je Tonne beschloß. Aus dem Erlös

---

87 Bahl, *Staatliche Politik* (Anm. 4), S. 305, Anm. 87, S. 217 ff. Erhards Zurückhaltung war jedoch nicht nur seinem Vertrauen auf die marktwirtschaftlichen Gesetze geschuldet, es entsprang auch einer tiefgehenden Verärgerung über den Kohlenbergbau, der wenige Tage nach der Bundestagswahl im September des Vorjahrs durch die Ankündigung von Preiserhöhungen einen öffentlichen Proteststurm ausgelöst und den Wirtschaftsminister in arge Verlegenheit gebracht hatte. Vgl. Werner Abelshauser, Kohle und Marktwirtschaft, in: *Vierteljahreshefte für Zeitgeschichte*, 3/1985, S. 488–546; Spiegelberg, *Energiemarkt* (Anm. 83), S. 23 ff., 32.

88 Vgl. Spiegelberg, *Energiemarkt* (Anm. 83), S. 31 f.

89 Vgl. Bahl, *Staatliche Politik* (Anm. 83), S. 217 ff.

90 Spiegelberg, *Energiemarkt* (Anm. 83), S. 35; vgl. auch Bahl, *Staatliche Politik* (Anm. 4), S. 226 ff.

91 Noch bestanden allerdings Einfuhrrechte an 30 Mio. t amerikanischer Kohle. Um diese Importwelle billiger Kohle abzufangen und durch heimische Kohle zu ersetzen, gründeten die Bergbauunternehmen der Reviere Ruhr, Aachen, Niedersachsen und Saar die Selbsthilfeorganisation „Notgemeinschaft deutscher Steinkohlenbergbau GmbH" — ein „handelspolitisches Novum" (Horn, *Energiepolitik* [Anm. 83], S. 245) —, die die Aufgabe hatte, die nicht unter das zollfreie Kontingent fallenden Einfuhrverträge abzulösen.

92 Staatssekretär Westrich (BMWi) erklärte am 1.10.1948: „Die Schwierigkeiten des Steinkohlenbergbaus müssen durchaus anerkannt werden; sie müssen jedoch stets im Rahmen der Entwicklung der gesamten Volkswirtschaft gesehen werden, und hier erhält die Versorgung mit möglichst billiger Energie eine immer größere Bedeutung." (Zitiert nach Bahl, *Staatliche Politik* [Anm. 83], S. 220.)

wurde die Frachthilfe für den Steinkohlenbergbau finanziert, die sich 1961 auf 87,4 Mio. DM belief[93].

Auch die sozialen Folgen der Absatzkrise 1958/59 wurden gedämpft: Die Massenproteste der Bergarbeiter auf den Kundgebungen der IG Bergbau und Energie (z.B. am 26. September 1958 in Bonn) veranlaßten die Bundesregierung, den Forderungen der Gewerkschaft weitgehend entgegenzukommen und einen Härteausgleich in Höhe von 75 Mio. DM für den durch Feierschichten verursachten Lohnausfall bereitzustellen und Anpassungshilfen für entlassene Bergarbeiter auszuzahlen[94].

4.2. Die Entstehung einer staatlich-privaten Regulierungsstruktur — subventionspolitisch abgefedert

In dieser ersten Phase der Kohlenkrise wurde die selbst in der Subventionierung noch vorherrschende „Arbeitsteilung" zwischen Staat, Unternehmen und Gewerkschaften deutlich: Staatliche Politik setzte die Rahmenbedingungen von Zöllen, Kontingenten und Steuern, innerhalb derer die Unternehmen des Steinkohlenbergbaus in eigener Entscheidung den Weg aus den strukturellen Schwierigkeiten finden sollten. Zugleich finanzierte der Staat die sozialpolitischen Kosten in der bilateralen Auseinandersetzung mit den Gewerkschaften. Dieser Arbeitsteilung entsprach auch die Zurückhaltung der Bundesregierung in der Festlegung einer energiepolitischen Konzeption. Denn mit der zollpolitischen Abschirmung und der subventionspolitischen Flankierung konnte sich die staatliche Politik vorerst aus der gesellschaftlich-politischen Entscheidung über eine mittelfristige energiepolitische Zielkonzeption zurückziehen. „Die Expansion des Heizöls ... kann und darf grundsätzlich nicht aufgehalten werden. Im Interesse der Wettbewerbsfähigkeit unserer Industrie kommt es im Gegenteil immer stärker auf die Nutzung des technischen und wirtschaftlichen Fortschritts an, den das Heizöl in manchen Verwendungsrichtungen zweifellos darstellt" — so Erhard am 29. Januar 1959 im Deutschen Bundestag. Es gelte jedoch, überstürzte Entwicklungen zu vermeiden[95]. Erhard glaubte, mit diesen Maßnahmen — und er konnte sich auf die Prognosen der Energieenquete 1961 berufen[96] — einen Absatz deutscher Steinkohle von 140 Mio. Tonnen jährlich

---

93 Vgl. Helmut Gröner, Die „flankierenden Maßnahmen" der Kohlepolitik, in: *Ordo*, Bd. 20, 1969, S. 181—259, S. 198 ff.; Horn, *Energiepolitik* (Anm. 83), S. 246 f.; Bahl, *Staatliche Politik* (Anm. 4), S. 236 ff.; Spiegelberg, *Energiemarkt* (Anm. 83), S. 42 f.; Dieter Stilz, Die Begünstigung des Steinkohlenbergbaus des Ruhrgebiets durch die öffentliche Finanzwirtschaft, in: *Schmollers Jahrbuch für Wirtschafts- und Sozialwissenschaften*, 89. Jg., I. Halbband, Berlin 1969, S. 178.
94 Vgl. Bahl, *Staatliche Politik* (Anm. 4.), S. 231.
95 Ludwig Erhard vor dem Deutschen Bundestag, BT-Prot. III.WP, 59. Sitzung, S. 3225. Auch Bundeswirtschaftsminister Schmücker sah sieben Jahre später das eigentliche Problem der staatlichen Kohlepolitik in den sozialen Fragen, während er in dem energiepolitischen Problem der Versorgungssicherheit erst einen nachgeordneten Aspekt der Kohlepolitik erkannte. (BT-Prot. 5. WP, 30. Sitzung vom 16.3.1966, S. 1312 ff.)
96 *Untersuchung über die Entwicklung der gegenwärtigen und zukünftigen Struktur von Angebot und Nachfrage in der Energiewirtschaft der Bundesrepublik unter besonderer*

aufrechterhalten zu können. Er versicherte Vertretern des Ruhrbergbaus im Mai 1962, daß dies das Ziel seiner Wirtschaftspolitik sei[97]. Die rasanten Verbrauchszuwächse beim Heizöl[98] hätten jedoch schon 1962 ernste Zweifel erwecken müssen, ob sich dieses Ziel würde verwirklichen lassen, da es doch eine (innen- wie außenpolitisch) kaum durchsetzbare Kursänderung der Energie- und Industriepolitik vorausgesetzt hätte. Tatsächlich wurde die Energiepolitik von den Unternehmen gemacht; der Staat spielte die Rolle des Finanziers, der zusehends stärker eingebunden wurde: Durch unterschiedliche Organisationsversuche suchte der Steinkohlenbergbau Rationalisierung und Zechenstillegungen in eigener Regie durchzuführen, die zunächst das bewährte Muster private Entscheidungsmacht und staatliche Finanzierungspotenz weiterknüpfte. Das führte zu einer immer intensiveren Verflechtung der Handlungsebenen, bis schließlich der erneute Absatzeinbruch 1965 die tatsächliche Dimension der Krise zutage treten ließ und damit auch die Abkehr vom bisherigen arbeitsteiligen Vorgehen erzwang. Dies mündete schließlich in die umfassende Krisenregulierung 1967/68 mit dem Kohleanpassungsgesetz und der Gründung einer Einheitsgesellschaft, der Ruhrkohle AG.

Eingeläutet und später flankiert wurde diese Krisenregulierung durch Maßnahmen klassischer Subventionspolitik: der subventiven Sicherung von Absatzmärkten im Kraftwerksbereich durch das 1. und 2. Verstromungsgesetz (1965 bzw. 1967) und durch die Subventionierung des Kokskohleabsatzes in der Eisenschaffenden Industrie, näher geregelt im sogenannten Hüttenvertrag[99].

Voraussetzung für eine intensive nationale Subventionierung des Steinkohlenbergbaus war die Einschränkung bzw. Aufhebung des Subventionsverbots des Montanvertrages. Nach Artikel 4 des Montanvertrages galten in nationaler Kompetenz gewährte Subventionen und Beihilfen für Kohle und Stahl als unvereinbar mit dem Gemeinsamen Markt für Kohle und Stahl und wurden unter-

---

Fortsetzung Fußnote 96

Berücksichtigung des Steinkohlenbergbaus. Auf Beschluß des Deutschen Bundestages vom 12. Juni 1959 durchgeführt von der Arbeitsgemeinschaft deutscher wirtschaftswissenschaftlicher Forschungsinstitute e.V., Bonn, abgeschlossen und vorgelegt 1961, Berlin 1962.

97 *Deutscher Steinkohlenbergbau im Spannungsfeld,* 1968, S. 18.

98 Der Verbrauch von leichtem und schwerem Heizöl in der Bundesrepublik hatte sich von 1958 bis 1961 mehr als verdoppelt (von 10,4 auf 24,5 Mio. t SKE). Noch aussagekräftiger sind die jeweiligen Anteile am Endenergieverbrauch: Dieser lag beim Heizöl 1958 bei 8,0 % und verdoppelte sich bis 1961 auf 16,3 % (Energiebilanzen Tabelle 2.51 und 2.52).

99 Die Elektrizitätswerke und die Eisenschaffende Industrie zählen zu den wichtigsten Absatzmärkten der Ruhrkohle, die angesichts des Verfalls der übrigen Märkte (Hausbrand, übrige Industrie, Verkehr und Gaswerke) noch an Bedeutung gewonnen haben. Der Verstromungsbereich ist der einzige Bereich, in dem zwischen 1957 und 1967 vermehrt Kohle abgesetzt werden konnte (Anstieg um fast 40 %); in der Eisenschaffenden Industrie wurden zwar 7 Mio. t Steinkohlenkoks weniger eingesetzt als 1957, dennoch blieb der Rückgang hinter der allgemeinen Entwicklung zurück. Die Kokskohlenbeihilfe und die Regelungen des 1. und 2. Verstromungsgesetzes sollten diese Absatzmärkte langfristig sichern.

sagt[100]. Dem standen auf seiten der Hohen Behörde der Montanunion keine Instrumente gegenüber, die geeignet gewesen wären, eine erfolgreiche Krisenregulierungspolitik zu betreiben, denn der Gemeinsame Markt für Kohle und Stahl war für eine Energiemangelsituation konstruiert und sah infolgedessen eine Bevorzugung der Verbraucherinteressen vor: Alle Verbraucher der Gemeinschaft hatten bei kontrollierten Preisen gleichen Anspruch auf Versorgung mit Kohle, und die Hohe Behörde war auch ohne einstimmigen Beschluß des Ministerrats ermächtigt, eine Verteilung des Steinkohleaufkommens vorzunehmen (Art. 59 § 3 des Montanvertrages); dem entsprach jedoch keine Abnahmeverpflichtung im Falle von Absatzschwierigkeiten, auch konnten Erzeugungsquoten nur mit Zustimmung des Rates eingeführt werden. Angesichts dieser geringen Handlungsmöglichkeiten auf supranationaler Ebene zur Regulierung der Absatzkrise war es nicht verwunderlich, daß nach einer weiteren Verschärfung der Wettbewerbssituation gegenüber dem Mineralöl durch das Auslaufen des deutschen Rohölzolls zum 31. Dezember 1963[101] durch das Energieabkommen vom 21. April 1964 das Subventionsverbot des Montanvertrages aufgehoben und damit der Weg für eine autonome nationale Subventionspolitik frei war, lediglich noch eingeschränkt durch die Pflicht, Subventionen durch die Hohe Behörde genehmigen zu lassen[102].

Die Entwicklung zu einer umfassenden, das bisherige Subventionsmuster verlassenden Krisenregulierung vollzog sich schrittweise. Zentraler Punkt der jeweiligen Etappen war die Regulierung der Zechenstillegungen:

a) Aktionsgemeinschaft Ruhrbergbau (1959)

Auf die Aufforderung der Bundesregierung hin, ein Rationalisierungsprogramm für das Ruhrrevier vorzulegen, kristallisierte sich Ende 1959 der Plan zur Gründung der „Aktionsgemeinschaft Ruhrbergbau" heraus, die sowohl die Stillegungsaktionen als auch den gesamten Kohleverkauf des Ruhrreviers übernehmen sollte. Die Hohe Behörde verhinderte diesen Versuch einer Kartellbildung, da dies ihrer Einschätzung nach zu einer Ausrichtung des Kohlepreises an den unproduktivsten Zechen geführt hätte[103]. Nach dem Scheitern des Ruhrkohle-

---

100 Vgl. Philipp Bennecke, *Die Subventionspolitik der Hohen Behörde der Europäischen Gemeinschaft für Kohle und Stahl und ihre Auswirkungen auf den Kohlebergbau der Gemeinschaft*, Köln und Opladen 1965, S. 28.

101 Der deutsche Rohölzoll, der Bundesrepublik im EWG-Vertrag von 1957 für eine Übergangszeit eingeräumt, galt dem Schutz der heimischen Rohölförderung gegen billiges Importrohöl. Als Ausgleich für den entfallenen Zollschutz wurde den betroffenen Mineralölgesellschaften in der Folgezeit eine Anpassungshilfe von insgesamt 1 240 Mio. DM gezahlt. Vgl. Horn, *Energiepolitik* (Anm. 83), S. 251.

102 Vgl. Bahl, *Staatliche Politik* (Anm. 83), S. 246 ff.; Horn, *Energiepolitik* (Anm. 83), S. 179; zum Subventionsverbot des EGKS-Vertrages: Bennecke, *Die Subventionspolitik der Hohen Behörde* (Anm. 100), S. 24 ff.

103 Vgl. Bahl, *Staatliche Politik* (Anm. 4), S. 138 ff. Die Frage eines zentralen Ruhrkohlenverkaufs war 1956—63 Konfliktthema zwischen Ruhrbergbau und Hoher Behörde, denn die mit einem zentralen Verkauf verbundenen Preissetzungsmöglichkeiten bildeten — auf der Basis eines einigermaßen stabilen Absatzes — die wichtigste Konsensmöglichkeit der ansonsten wegen ihrer unterschiedlichen Eigentums- und Produktivitätsstruktur kaum zu vereinbarenden Interessen der Bergbauunternehmen. Vgl. ebd., S. 124 ff.

kartells brachte der Ruhrbergbau dem Problem Zechenstillegungen wenig Interesse entgegen. Zum Teil wurde dieses Problem vom Staat gelöst: Fast die Hälfte der zwischen 1957 und 1961 stillgelegten Schachtanlagen war Eigentum des Staates[104], der aber insgesamt nur 21,5 Prozent der Förderung des Ruhrreviers (1957) in seinem Besitz (Mehrheitsbesitz) hatte[105].

b) Rationalisierungsverband Ruhrbergbau (1963)
Erst 1962 wurde angesichts der zunehmenden Gefahr einer unkontrollierten Eskalation von Zechenstillegungen die Frage eines Rationalisierungsverbandes des Ruhrbergbaus auf Vorschlag der Bundesregierung erneut diskutiert[106]. Ein Bündel finanzieller Hilfen (Stillegungsprämien, Krediten, Bürgschaften und Sonderabschreibungsmöglichkeiten) sollte die Arbeit eines solchen Verbandes erleichtern. Zwar stimmte der Bergbau diesem Vorschlag rasch zu, der in der energiepolitischen Debatte des Deutschen Bundestages am 16. Mai 1962 von der Bundesregierung vorgetragen wurde und Kernpunkt ihres ,,7-Punkte-Energieprogramms'' war. Dennoch verzögerte sich die Verabschiedung des Rationalisierungsverbandsgesetzes. Der kalte Winter 1962/63 brachte eine Entlastung auf dem Kohlemarkt, so daß die Bundesregierung keine besonderen Anstrengungen für eine rasche Verabschiedung unternahm; es konnte erst am 1. September 1963 in Kraft treten[107].

Dem Gesetz entsprechend sollte ein Selbstverwaltungsverband des Steinkohlenbergbaus (der ,,Rationalisierungsverband'') eingerichtet werden, der, ausgestattet mit Stillegungsprämien und der Möglichkeit, Darlehen und Bürgschaften in Höhe von 1,5 Mrd. DM zu gewähren, die Stillegung unproduktiver Förderkapazität organisieren sollte. Darüber hinausgehende strukturelle Veränderungen des Ruhrbergbaus sowie die Förderung von industriellen Neuansiedlungen blieben ausgespart. Die Stillegungen mußten bis zum 31. Oktober 1964 angemeldet sein; Öffentlichkeit darüber wurde nicht hergestellt, weil die Bergbauunternehmen eine frühzeitige Abwanderung der betroffenen Bergarbeiter befürchteten. Dies und die fehlende strukturpolitische Orientierung veranlaßten die IG Bergbau und Energie, die Zusammenarbeit mit dem ,,Zechensterbeverein'' zu verweigern.

Insgesamt wurden durch diese Aktion 26 Mio. t Förderkapazität stillgelegt[108]. Seit Beginn der Bergbaukrise 1957/58 waren es somit 40,6 Mio. t, die

---

104 Vgl. Schaaf, *Ruhrbergbau* (Anm. 83), S. 65.

105 Vgl. Horn, *Energiepolitik* (Anm. 83), S. 77.

106 Verhandlungen mit den Kohleverbänden fanden um die Jahreswende 1961/62 statt. In ihrem Rahmen soll Erhard dem Unternehmensverband Ruhrbergbau wie auch der Landesregierung von NRW zugesichert haben, die Förderkapazität von 140 Mio. t Kohle durch entsprechende wirtschaftspolitische Maßnahmen abzusichern. Vgl. Horn, *Energiepolitik* (Anm. 83), S. 248.

107 Vgl. Spiegelberg, *Energiemarkt* (Anm. 83), S. 106. In einer ,,Vorausaktion'' beschlossen die Bergwerksgesellschaften, 50 Mio. DM für Stillegungsprämien (12,50 DM je stillgelegter Tonne) selbst aufzubringen (ebd.); 6,6 Mio. t konnten damit stillgelegt werden (Bahl, *Staatliche Politik* [Anm. 83], S. 143).

108 Offenbar war die staatliche Subventionierung der Stillegung so attraktiv und die damit verbundene staatliche Kontrolle so gering, daß auch produktive Zechen stillgelegt wurden. Vgl. Dieter Stilz, Die Auswirkungen der öffentlichen Hilfen für den Ruhrbergbau auf dessen Wettbewerbsbedingungen, in: *Schmollers Jahrbuch für Wirtschafts- und Sozialwissenschaften*, 89. Jg., II. Halbband, Berlin 1969, S. 439; Bahl, *Staatliche Politik* (Anm. 4), S. 145.

nun als „freie" Förderkapazität auf die übriggebliebenen Schachtanlagen aufgeteilt wurden („Quotenkauf"). Trotz der Stillegung von Förderkapazitäten wird die Wirkung der subventionierten Stillegungsaktion eher negativ beurteilt[109]. Die Kostenentlastung bei der Stillegung führte eher dazu, daß Produktivitätssteigerungen verzögert wurden[110] bzw. die Neuansiedlung von Industrien im Ruhrgebiet verhindert wurde. Denn durch die staatlich finanzierte Verbesserung der finanziellen Situation der Bergbauunternehmen waren diese bei Stillegung nicht gezwungen, auf den Verkauf von Grund und Boden als Finanzierungsquelle zurückzugreifen. Da jedoch die Bergbauunternehmen zu den größten Grundeigentümern des Ruhrgebiets gehörten (ihr Anteil am für die Ansiedlung von Industrien geeigneten Gelände betrug z.B. in Bottrop 78 Prozent, in Recklinghausen 70 Prozent, in Herne 60 Prozent)[111], konnten sie durch diese „Bodensperre" die Neuansiedlung von Industrieunternehmen verhindern[112].

c) Aktionsgemeinschaft Deutsche Steinkohlenreviere GmbH (1966)[113]
Mit dem Jahr 1965 trat die Entwicklung des Steinkohlenbergbaus in eine neue Phase ein. Der Versuch der Erhardschen Wirtschaftspolitik, den Steinkohlenbergbau auf einem Förderniveau von 140 Mio. t jährlich zu halten und gleichzeitig eine liberale Mineralölpolitik zu betreiben, war gescheitert[114]. Das Förderziel ließ sich nicht halten und wurde schließlich Ende 1965 aufgegeben. Damit war auch deutlich geworden, daß die Ansiedlung neuer Industrien an der Ruhr nunmehr forciert betrieben werden mußte. Der Rationalisierungsverband des Steinkohlenbergbaus war dazu nicht in der Lage, da er als ein Organ der Bergbauunternehmen die Bodensperre nicht aufheben konnte, sie mit Unter-

---

109 Vgl. Bahl, *Staatliche Politik* (Anm. 4), S. 146 f.; Horn, *Energiepolitik* (Anm. 83), S. 251. Ein offizieller Bericht über den Erfolg der Maßnahme existiert nicht. Ein von der SPD-Bundestagsfraktion beantragter „Rechenschaftsbericht" wurde von der Mehrheit des Bundestages abgelehnt. Aus der ebenfalls am 13.11.1964 im Bundestag von der SPD vorgelegten Großen Anfrage geht hervor, daß erhebliche Zweifel an der gesamtwirtschaftlichen Rationalität der im Rahmen des Rationalisierungsgesetzes getroffenen Stillegungen bestanden (Monika Junker-John, Die Steinkohlenpolitik in der Kohlenkrise 1959–1969, in: *Jahrbuch für Sozialwissenschaft*, Bd. 27/1976, S. 420).
110 Vgl. Bahl, *Staatliche Politik* (Anm. 4), S. 146.
111 Vgl. Schaaf, *Ruhrbergbau* (Anm. 83), S. 104.
112 So u.a. geschehen beim Versuch der Neuansiedlung einer Fabrikationsstätte von Ford im Landkreis Recklinghausen, die an der Nichtveräußerung von Grundstücken von Bergbauunternehmen scheiterte. Ford errichtete das vorgesehene Werk schließlich in Belgien (Genk). Grund für die Nichtveräußerung von Grundstücken war die Verpflichtung der Unternehmen, für Bergschäden aufkommen zu müssen; dazu kam die Sorge, daß bei einer Neuansiedlung von Industrien die Bergarbeiter den Zechen davonlaufen würden. Vgl. Schaaf, *Ruhrbergbau* (Anm. 83), S. 105 ff.; Spiegelberg, *Energiemarkt* (Anm. 83), S. 105, 190.
113 An dieser Stelle wird die diesem Kapitel zugrunde gelegte Phasenabgrenzung überschritten: Es wird nunmehr der Zeitraum 1965–68 miteinbezogen. Für dieses Vergehen spricht die Geschlossenheit der Darstellung innerhalb dieses Politikbereichs. Deutlich wird auch, daß die Phaseneinteilung gerade für die Kohlenpolitik berechtigt ist: In der nun folgenden Phase entwickelt die staatliche Kohlenpolitik eine neue Qualität in Richtung größerer subventionspolitischer Steuerungsintensität.
114 Vgl. dazu Horn, *Energiepolitik* (Anm. 83), S. 260 ff.

stützung staatlicher Subventionen eher noch verschärfte. Es bedurfte eines weiteren Instruments. Der BDI ergriff die Initiative und schlug eine Selbsthilfeaktion der Unternehmen vor[115]. Am 23. November 1966 wurde die „Aktionsgemeinschaft Deutsche Steinkohlenreviere, Gesellschaft mit beschränkter Haftung" mit einem Stammkapital von 64,4 Mio. DM gegründet. Ziel der Aktionsgemeinschaft war es, eine geordnete Zechenstillegung zu erleichtern, die Wirtschaftsstruktur in den Steinkohlenbergbaugebieten zu verbessern und zu verhindern, daß Stillegungen von Förderkapazitäten zur Mehrförderung auf anderen Schachtanlagen führten[116]. Die hierfür notwendigen finanziellen Mittel sollte der Staat bereitstellen. Geregelt wurde dies in einem Vertrag zwischen dem Bundeswirtschaftsministerium und der Aktionsgemeinschaft[117], in dem der Aktionsgemeinschaft die Vergabe von Stillegungsprämien nach Maßgabe der vom Bundeswirtschaftsministerium herausgegebenen Vergaberichtlinien ermöglicht wurde. Danach hatte die Aktionsgemeinschaft „die für die öffentliche Verwaltung bei der Ermessensausübung geltenden Grundsätze, insbesondere den Grundsatz der Gleichbehandlung zu beachten" (§ 1 Abs. 2). Der Vertrag bestimmte ferner, daß mit der Stillegung von Förderkapazität keine Erhöhung der Förderung in anderen Schachtanlagen desselben Konzerns (auf acht Jahre) verbunden sein dürfe. Die Förderkapazität sollte nachhaltig gesenkt werden.

Um die Industrieansiedlungen weitgehend verhindernde „Bodensperre" der Bergbauunternehmen zu brechen, wurde in den Stillegungsrichtlinien (§ 2 Abs. 9 und 10) die Vergabe der Prämien davon abhängig gemacht, daß die entsprechenden Unternehmen bereit waren, der Aktionsgemeinschaft die von ihr gewünschten Grundstücke zu verkaufen, die bis dahin Eigentum des stillzulegenden Bergwerks waren. Dennoch gelang es der Aktionsgemeinschaft bis Ende 1967 nicht, die Bodensperre zu überwinden, so daß Bundeswirtschaftsminister Schiller sich gezwungen sah, dem Problem mit Enteignung zu begegnen[118]. Mit den §§ 31 ff. des Kohleanpassungsgesetzes 1968 erhielt die Aktionsgemeinschaft schließlich das strukturpolitisch notwendige Instrument der Industrielandenteignung, das schließlich wirkungsvolle Bedingungen einer Industrieansiedlungspolitik schuf. Die Aktionsgemeinschaft hatte ferner einen Gesamtanpassungsplan für den Steinkohlebergbau vorzulegen, in den die jeweiligen Stillegungen einzuordnen waren. Ebenso wie bei der Gewährung von Stillegungsprämien[119] im Rahmen der Stillegungsrichtlinien des Bundeswirtschaftsministeriums waren auch hier gesamtwirtschaftliche Belange zu berücksichtigen.

---

115 Entschließung des Präsidiums des BDI vom 7.3.1966, zit. nach Hans-Gerd von Düker, *Die Aktionsgemeinschaft Deutsche Steinkohlenreviere GmbH*, Frankfurt a.M. 1969, S. 13, Anm. 2.

116 Vgl. Gesellschaftsvertrag vom 23.11.1966, abgedr. in: v. Düker, *Aktionsgemeinschaft* (Anm. 115), S. 135.

117 Vertrag vom 22.3.1967, abgedr. in: ebd., S. 140 ff.

118 Karl Schiller, Rede vor dem Deutschen Bundestag am 8.11.1967, BT-Prot. 5. WP, S. 6635.

119 Gemäß den Richtlinien konnte der Staat die Prämienauszahlung verweigern, wenn diesen bei einer beabsichtigten Stillegung nicht Rechnung getragen wurde. In zwei Fällen wurde aus diesen Gründen die Entscheidung der Aktionsgemeinschaft annulliert. Vgl. hierzu Bahl, *Staatliche Politik* (Anm. 4), S. 150.

Wenn auch die Aktionsgemeinschaft zum ersten Mal im Verlauf der Kohlekrise nunmehr die Orientierung an neuen Industrien markierte und dies mit einer Stillegung zu verknüpfen trachtete, so mußten schon bald angesichts der sich verschärfenden Krise ihre Handlungsgrenzen deutlicher hervortreten: Sie konnte die Eigentumsstruktur des gesamten Kohlebergbaus nicht antasten. Letzte „Rationalisierungsreserve" (Bahl) war schließlich die völlige Neuordnung des Ruhrbergbaus durch die Gründung einer Einheitsgesellschaft, der Ruhrkohle AG, die mit dem Kohleanpassungsgesetz 1968 vorbereitet und durch eine Reihe steuerlicher Vergünstigungen flankiert[120] am 18. Juli 1969 gegründet wurde[121].

4.3. Überblick: Subventionen für den Steinkohlenbergbau 1958–1967

Von 1958 bis 1967 flossen aus dem Bundeshaushalt finanzielle Hilfen in Höhe von insgesamt 16,7 Mrd. DM an den Steinkohlenbergbau, weitere 400 Mio. DM wurden aus dem Haushalt des Landes Nordrhein-Westfalen finanziert[122]. Als größte Posten sind in dieser Summe enthalten: Entlastungszahlungen des Bundes an die knappschaftliche Rentenversicherung, die Übernahme der Arbeitslosenversicherung sowie Zuschüsse zur Kranken- und Unfallversicherung. Zusammengerechnet entfielen auf diese Zahlungen, die nicht zu den Subventionen gerechnet werden können, wenngleich sie die Unternehmen indirekt entlasten[123], rund 13 Mrd. DM. Übrig bleibt ein Volumen von ca. drei Mrd. DM (ohne die Zahlungen des Landes Nordrhein-Westfalen), die als Subventionen im engeren Sinne betrachtet werden können[124]. Im Zeitablauf lassen sich folgende Merkmale dieses Gesamtbildes feststellen[125]:

— Entlang der „Schübe" der Kohlenkrise wachsen Anzahl und Volumen der finanziellen Hilfen: Handelte es sich 1958 noch um 16 Einzelmaßnahmen, so waren es 1963 22, 1965 30 und 1967 bereits 49. Ihr Volumen bewegt sich zwischen 0,3 Mio. DM (Ferngasleitungen) und 1,05 Mrd. DM (Zuschuß zur knappschaftlichen Rentenversicherung). Die stärksten Anstiege sind zwischen 1963 und 1965 (von 1,6 auf 2,1 Mrd. DM) und schließlich noch einmal 1967 (auf 3,2 Mrd. DM) zu verzeichnen.

— Wie erwähnt, stellen Zuschüsse an Renten- und Kranken- und Arbeitslosenversicherungen den größten Anteil der staatlichen Hilfen. Seit 1963/64

---

120 Wie fast alles im Zusammenhang der Anpassung, Umstrukturierung des Bergbaus und Industrieneuansiedlung durch steuerliche Vergünstigungen gefördert wurde — vgl. Gesetz über steuerliche Maßnahmen bei der Stillegung von Steinkohlenbergwerken vom 11.4.1967.

121 Zur Entstehung des Kohleanpassungsgesetzes vgl. Bahl, *Staatliche Politik* (Anm. 4), S. 167 ff.; Schaaf, *Ruhrbergbau* (Anm. 83), S. 244 ff.; Horn, *Energiepolitik* (Anm. 83), S. 265 ff.

122 Vgl. Stilz, Begünstigung (Anm. 93), S. 178 ff.

123 Stilz betrachtet zumindest die Arbeitgeberanteile zur knappschaftlichen Rentenversicherung als Subvention, da eine Entlastung der Unternehmen eintrat. Vgl. Stilz, Begünstigung (Anm. 93), S. 155 ff.

124 Eine ähnliche Größenordnung für diese Jahre stellen fest: Horn, *Energiepolitik* (Anm. 83), S. 298 f.; Zavlaris, *Subventionen* (Anm. 16), S. 94, 97.

125 Vgl. Tab. IV/3.

Tabelle IV/3: Die Hilfen der öffentlichen Finanzwirtschaft für den Ruhrbergbau (in Mio. DM)

Art der Hilfen	1958	1959	1960	1961	1962	1963	1964	1965	1966	1967	Summe
I. Bundeshilfen											
A. Subventionen											
1. KnRV-Arbeitgeberant. (AG)	397,4	450,3	485,8	536,0	587,0	653,0	740,0	830,0	962,1	1050,0[b]	6691,6
2. KnRV-AG Zuschuß	–	–	–	–	–	–	141,0	147,0	135,0	120,0[b]	543,0
3. Arbeitslosenvers.-AG	31,0	28,6	28,1	17,7	14,9	21,3	20,4	21,3	19,4	20,0[b]	222,7
4. KnKrV-AG	10,6	10,1	7,3	10,7	10,2	9,8	9,7	9,9	10,7	10,8[a]	99,8
5. Unfallvers. Altrentenlast	–	–	–	–	–	227,2	243,0	249,0[b]	260,0[b]	268,0[b]	1247,2
Neurentenlast	–	–	–	–	–	–	–	85,0	97,8[a]	110,5[a]	293,3
Vorausaktion	•	•	•	–	49,7	64,2	–	–	–	–	113,9
6. Tarifermäßigung	•	•	•	•	•	•	•	•	•	•	•
7. Frachthilfe	–	–	30,4	87,4	77,5	85,5	72,5	55,6	52,7	55,3[a]	516,9
8. Bergmannsprämie	125,0	120,0	115,0	110,0	100,0	95,0	3,6	3,4	3,2[b]	3,0[b]	678,2
9. Kraftwerksrücklage	–	–	–	–	–	–	62,5	66,0	75,0	80,0[b]	283,5
10. Leichtölhilfe	–	–	–	–	–	–	15,0	15,0	15,0	15,0[b]	60,0
11. Bewertungsfreiheit	3,4	3,4	4,1	4,4	5,1	5,1	5,5	5,5	5,5	5,5[b]	47,5
12. Steuerfreiheit	•	•	–	•	•	•	•	–	–	9,0[a]	9,0
13. Sonstige Steuersubv.	•	•	–	•	•	•	•	–	•	•	•
14. Stillegungsprämie	–	–	–	–	–	73,0	19,3	38,6	59,6	67,5[a]	258,0
15. Stillegungsbeihilfe	–	–	–	–	–	–	–	–	–	82,5[a]	82,5
16. LAVA-Ablösung	–	–	–	–	–	–	–	–	–	8,3[a]	8,3
17. Gasölbeihilfe	5,8	6,6	8,0	11,7	14,3	15,6	17,0	17,6	18,8	–[a]	115,4
18. Dezentrale Einlagerung	–	–	–	–	–	–	–	12,5	15,8	19,0[a]	47,3
19. Nachholschichten-Arb.nehmer (AN)	–	–	–	–	–	–	–	–	17,0	72,0[a]	89,0
20. Nachholschichten-AG	–	–	–	–	–	–	–	–	–	40,0[a]	40,0
21. Kokskohlensubvention	–	–	–	–	–	–	–	–	–	106,0[a]	106,0
22. ERP-Kredite	1,3	1,3	0,8	0,3	0,3	0,4	•	–	–	–	4,4
Summe 1–22	574,5	620,3	679,5	778,2	859,0	1250,1	1349,5	1556,4	1747,6	2142,4	11557,5

B. Nachfragersubventionen											
1. Ferngasleitung	—	—	—	—	—	0,5	1,8	—	0,1	0,3[a]	2,7
2. Block- und Fernheizwerke	—	—	—	—	—	—	—	5,1	5,6	10,2[a]	20,9
3. 2. Verstromungsgesetz	—	—	—	—	—	—	—	—	—	14,0[a]	14,0
4. Bergschadensicherung	—	—	—	—	—	—	—	—	—	10,0[a]	10,0
5. Kraftwerksrücklage	—	—	—	—	—	—	62,5	66,0	75,0	80,0[b]	283,5
6. Leichtölhilfe	—	—	—	—	—	—	15,0	15,0	15,0	15,0	60,0
Summe 1–6	—	—	—	—	—	0,5	79,3	86,1	95,7	129,5	391,1
C. Unterstützungen											
1. KnRV-AN	223,5	253,2	273,3	302,0	330,0	367,0	416,0	466,0	541,2	590,0[b]	3762,2
2. Arbeitslosenvers.-AN	31,0	28,6	28,1	17,7	14,9	21,3	20,4	21,3	19,4	20,0[b]	222,7
3. KnKrV-AN	10,6	10,1	7,3	10,7	10,2	9,8	9,7	9,9	10,7	10,8[a]	99,8
4. Anpassungsbeihilfen	—	1,0	9,9	6,6	2,2	5,3	4,9	2,8	7,5	12,0[b]	52,2
5. Sonstige Anpassungsbeihilfen	—	—	7,6	9,0	5,1	0,6	0,2	0	0,5	1,0[b]	24,0
6. Bergarbeiterwohnungsbau	11,4	4,1	2,6	2,2	—	2,4	2,5	2,3	1,9	2,0[b]	31,4
7. Härteausgleich	—	63,8	—	—	—	—	—	—	—	—	63,8
8. Abfindungsgeld	—	—	—	—	—	—	—	—	—	· [a]	·
9. Feierschichten	—	—	—	—	—	—	—	—	—	90,0[b]	90,0
Summe 1–9	276,5	360,8	328,8	348,2	362,4	406,4	453,7	502,3	581,2	725,8	4346,1

Tabelle IV/3 (Fortsetzung): Die Hilfen der öffentlichen Finanzwirtschaft für den Ruhrbergbau (in Mio. DM)

Art der Hilfe	1958	1959	1960	1961	1962	1963	1964	1965	1966	1967	Summe
D. Entlastungsleistungen											
1. Versuchsgrube	0,5	0,5	0,4	0,6	0,8	1,2	1,4	1,2	1,2	1,0[a]	8,8
2. Bergrecht	0	0	0	0	·	·	·	·	·	0	0
Summe 1–2	*0,5*	*0,5*	*0,4*	*0,6*	*0,8*	*1,2*	*1,4*	*1,2*	*1,2*	*1,0*	*8,8*
E. Rentenzuschwemmung											
1. Kohlenzoll	—	·	·	·	·	·	·	·	·	·	·
2. Heizölsteuer	—	—	·	·	·	·	·	·	·	·	·
Summe 1–2	—	·	·	·	·	·	·	·	·	·	·
F. Öffentliche Bedürfnisse											
Infrastruktur[c]	—	—	—	—	—	—	·	·	—	(50,0)	(50,0)
Summe A–F	*851,5*	*981,6*	*1008,7*	*1127,0*	*1222,2*	*1658,2*	*1883,9*	*2146,0*	*2425,7*	*2998,7*	*16303,5*
II. Landeshilfen – NRW											
A. Subventionen											
1. Dezentrale Einlagerung	—	—	—	—	—	—	—	—	7,9	9,5[a]	17,4
2. Stillegungsbeihilfe einschl. LAVA-Ablösung	—	—	—	—	—	—	—	—	—	43,0[a]	43,0
3. Nachholschichten-AN	—	—	—	—	—	—	—	—	32,1[b]	32,1[a]	64,2
4. Kokskohlensubventionen	—	—	—	—	—	—	—	—	—	53,0[a]	53,0
5. Nachholschichten-AG	—	—	—	—	—	—	—	—	—	20,0[a]	20,0
6. Aktionsgemeinschaft	—	—	—	—	—	—	—	—	—	·	·
Summe 1–6	—	—	—	—	—	—	—	—	*40,0*	*157,6*	*197,6*
B. Nachfragersubventionen											
1. Absatzdarlehen	—	—	—	—	—	—	2,7	1,9	1,9	1,9[a]	8,4
2. Zinszuschüsse	—	—	—	—	—	—	—	—	15,0	33,0[a]	48,0
3. Bergschadensicherung	—	—	—	—	—	—	—	—	10,0	5,0[a]	15,0
4. 2. Verstromungsgesetz	—	—	—	—	—	—	—	—	—	7,0[a]	7,0
Summe 1–4	—	—	—	—	—	—	*2,7*	*1,9*	*26,9*	*46,9*	*78,4*

C. Unterstützungen											
1. Feierschichten	—	—	—	—	—	—	—	—	—	45,0[a]	45,0
2. Anpassungshilfen	—	—	—	—	—	—	—	—	—	2,0[a]	2,0
3. Bergarbeiterwohnungsbau	1,8	1,8	1,8	1,6	1,5	—	—	1,9	1,1	1,5[b]	13,0
Summe 1–3	1,8	1,8	1,8	1,6	1,5	—	—	1,9	1,1	48,5	60,0
D. Entlastungsleistungen											
1. Versuchsgrube	1,1	0,6	0,6	0,6	0,8	0,8	1,4	1,0	1,1	1,3[a]	9,3
2. Forschung	0,7	1,2	1,7	2,2	2,2	3,6	8,3	8,8	8,8	8,8[a]	46,3
3. Bergbau-Forschung-GmbH	—	—	—	—	—	—	—	4,3	4,3	3,3[a]	11,9
Summe 1–3	1,8	1,8	2,3	2,8	3,0	4,4	9,7	14,1	14,2	13,4	67,5
E. Öffentliche Bedürfnisse											
1. Hilfsmaßnahmen[c]	—	—	—	—	—	—	—	—	(15,0)	(49,0[a])	(64,0)
2. Gemeindehilfe[c]	—	—	—	—	—	—	—	—	—	(10,0[a])	(10,0)
Summe A–E	3,6	3,6	4,1	4,4	4,5	4,4	12,4	17,9	82,2	266,4	403,5
Summe I–II	855,1	985,2	1012,8	1131,4	1226,7	1662,6	1896,3	2163,9	2507,9	3265,1	16707,0

a = voraussichtlich; b = Schätzung; c = nicht ausrechenbar.

Quelle: Stilz, Begünstigung (Anm. 93), S. 178–181.

nahmen die direkt unternehmensbezogenen Hilfen zu: 1960 bestand als einzige relevante Unterstützung neben der Bergmannsprämie, die 1961 vom Europäischen Gerichtshof nach Art. 4 des Montanvertrages für verboten erklärt wurde[126], die Frachthilfe, die sich 1960 auf ca. 30 Mio. DM, 1961 auf 87 Mio. DM belief. 1963 kamen dann die Stillegungsprämien, 1964 die Kraftwerksrücklage hinzu; 1967 waren es schließlich insgesamt 28 Subventionen mit einem Volumen von 946,6 Mio. DM (davon neun Subventionen mit 204,5 Mio. DM des Landes NRW) gegenüber sieben Subventionen 1963 mit einem Volumen von 275,1 Mio. DM (nur Bundessubventionen).

Betrachtet man den Anteil der direkten Unternehmenssubventionen an den gesamten Bundeshilfen, so zeigt sich, daß sich diese Entwicklung auch anteilsmäßig niederschlägt: Betrug der Anteil der Subventionen im engeren Sinne[127] 1963 ca. 21 Prozent, so sank er zwar 1965 auf 18 Prozent (Wegfall der Bergmannsprämie), stieg jedoch 1967 auf fast 33 Prozent. Bezieht man die Subventionen des Landes NRW mit ein, dann ergibt sich ein Anteil der Subventionen an den gesamten Hilfen der öffentlichen Finanzwirtschaft von 16,6 Prozent 1963 und von 29 Prozent 1967.

Im Verlauf der Krise nahm also nicht nur die Anzahl der Unterstützungen zu, auch die Struktur der Unterstützungsleistungen veränderte sich: Bezogen sich die staatlichen Entlastungen am Anfang vor allem auf die Sozialkosten der Unternehmen, so traten mit fortschreitender Krise Subventionen hinzu, die Produktionskosten flankierend senken, den Abbau von Überkapazitäten verbilligen und Absatzmärkte sichern helfen sollten.

4.4. Die Kohlenkrise als subventionspolitischer Lernprozeß

Geht man von den beiden Grobzielen staatlicher Energiepolitik aus, nämlich Versorgungssicherheit mit Energie und niedriges Energiepreisniveau, dann war die Situation bis Mitte der fünfziger Jahre unter der Priorität eines industriepolitischen Deutungsmusters relativ einfach: Die finanzielle Förderung des Kohlenbergbaus und der Mineralölindustrie erhöhte die Versorgungssicherheit und trug zur Kostenentlastung der Unternehmen bei, d.h. wirkte dämpfend auf den Energiepreis, der allerdings — zumindest was die Kohle angeht — auch durch Höchstpreisverordnungen im Zaum gehalten wurde. In dieses Politikkonzept, das in Erwartung eines langfristigen Energiemangels ruhte und das sich gegenüber den ersten Anzeichen energiewirtschaftlicher Veränderungen 1957/58 als resistent erwies, ließen sich soziale, regionale und gesamtwirtschaftliche Interessen einordnen; zugleich fanden alle Unternehmen trotz unterschiedliche Produktivitätsstandards Kosten deckende Preise. Die Absatz-

---

126 Bennecke, *Subventionspolitik* (Anm. 100), S. 56 ff. Die Bergmannprämie wird seit 1969 wieder ausgezahlt; sie wird aus Mitteln des Lohnsteueraufkommens finanziert. Pro volle Untertageschicht wurden 1973 2,50 DM, danach 5 DM und ab April 1980 werden 10 DM ausgezahlt. 1984 entstanden Mindereinnahmen in Höhe von 235 Mio. DM (*9. Subventionsbericht*, S. 192/193).
127 Siehe Tab. IV/3: dort die Summe der Positionen A.6. bis A.22. und B. Vgl. Stilz, Begünstigung (Anm. 93), S. 178 ff.

krise des Jahres 1958 ließ diese Interessenharmonie aufbrechen. Die zoll- und subventionspolitischen Maßnahmen der Bundesregierung waren keineswegs dazu geeignet, das grundlegende Problem des Steinkohlenbergbaus, die zu geringe Produktivität, zu lösen. Dennoch wurde ihre Politik zunächst als erfolgreich eingestuft: Es gelang ihr nämlich, sich vorübergehend dem politisch-gesellschaftlichen Prozeß der Entscheidung über energiewirtschaftliche Strukturen zu entziehen, durch subventive Unterstützungen und außenwirtschaftliche Protektion das aktuelle Krisenmoment zu neutralisieren. Im gegenläufigen Prozeß der damit verbundenen Erweiterung privatwirtschaftlicher Handlungsspielräume und des Rückzugs staatlicher Interventionskompetenz wird allein dem einzelwirtschaftlichen Kalkül die Aufgabe zugedacht, gesamtwirtschaftliche Rationalität herzustellen. Wenn auch die Realisierung dieses Kalküls in seiner radikalsten Form, im Strukturkrisenkartell des Steinkohlenbergbaus „Aktionsgemeinschaft Ruhrbergbau", am Einspruch der Hohen Behörde der Montanunion gescheitert ist, so läßt sich die weichere Form dieses Musters an den nachfolgenden subventiven Unterstützungen privatwirtschaftlich organisierter Krisenstrategien beobachten. Die Tätigkeit des Rationalisierungsverbandes entsprach diesem Muster: „Die öffentliche Hand zahlte, ohne selbst ordnend in den Rationalisierungsprozeß einzugreifen."[128] Dahinter stand die Vorstellung, daß in die einzelwirtschaftliche Entscheidung selbst schon gesamtwirtschaftliche Nutzenkriterien eingingen bzw. aus deren Zusammenwirken ein gesamtwirtschaftlicher Nutzen entspränge.

Die Hoffnung trog. Nicht nur, daß die Stillegungspolitik der Unternehmen von Konzernstrategien bestimmt war, die nur teilweise mit gesamtwirtschaftlichen Zielen in Einklang zu bringen waren[129]; die staatliche Hilfe ermöglichte vielfach erst die Nichtveräußerung von Grund und Boden und somit die Absicherung einzelwirtschaftlicher Betriebs- und Unternehmensegoismen und verhinderte gleichzeitig die gesellschaftlich, sozial wie ökonomisch, sinnvolle Ansiedlung neuer Industrien. Ursache des partiellen Scheiterns dieser Politik war ein in der Struktur des Rationalisierungsverbandes verankertes Vergesellschaftungs- und Politisierungsdefizit: Da lediglich die Interessen der Bergbauunternehmen repräsentiert waren, konnten sich in den Entscheidungsprozessen des Rationalisierungsverbandes weder die Interessen anderer Unternehmen (z.B. ansiedlungswilliger Industrien) artikulieren noch die der Arbeitnehmer bzw. Gewerkschaften oder die des Staates — außer man wertet die Stillegung von Förderkapazität als auf jeden Fall im öffentlichen Interesse liegend.

Die Folge war mit der Aktionsgemeinschaft Deutsche Steinkohlenreviere GmbH eine Regulierungsform, die diese Defizite zumindest zum Teil auszugleichen versuchte: durch eine Ausweitung der Beteiligten (der Aktionsgemeinschaft gehören nicht nur Unternehmen des Ruhrbergbaus an) und durch größere steuerungspolitische Intensität (Anwendung der Grundsätze öffentlicher Verwaltung auf die Tätigkeit der Aktionsgemeinschaft, Zustimmungsbedürftigkeit der Vergabe von Stillegungsprämien durch das Bundeswirtschafts-

---

128 Abelshauser, *Ruhrkohlenbergbau* (Anm. 83), S. 107.
129 Ein Großteil der Bergwerksunternehmen befand sich im (Mehrheits-)Besitz der großen Stahlkonzerne, ein weiterer Teil gehörte verschiedenen Stromerzeugungsunternehmen sowie Unternehmen der Chemischen Industrie. Vgl. Horn, *Energiepolitik* (Anm. 83), S. 292 ff.; Abelshauser, *Ruhrkohlenbergbau* (Anm. 83), S. 194 f.

ministerium sowie der Verkaufszwang von Industrieansiedlungsland, Erstellung eines „Gesamtanpassungsplans" für das Ruhrgebiet). Daß die Aktionsgemeinschaft durch die Wirtschaft bzw. deren Verbände als privates Unternehmen organisiert wurde, dessen Tätigkeitsform sich an die für die öffentliche Verwaltung gültigen Regeln anlehnte (als Bedingung des staatlichen Finanziers – vgl. Richtlinien oben) und mit der Erfüllung öffentlicher Aufgaben „beliehen" wurde[130], kann vor dem bisherigen historischen Hintergrund als ein für die Bewältigungsmuster der Kohlenkrise typisches Charakteristikum gelten: Durch privatwirtschaftliche Organisation wurde einer stattdessen notwendig gewordenen staatlichen Intervention ohne selbstorganisatorische Beteiligung der Privatwirtschaft (vorerst) begegnet. Darüber hinaus konnte diese Konstruktion eines „privatrechtlichen Subventionsvermittlers" (Düker) den Kreis der am Krisenmanagement unmittelbar Beteiligten klein belassen: Eine Mitwirkung der Gewerkschaften – Kennzeichen eines korporatistischen Krisenregulierungsmodells – war in dieser Variante nicht vorgesehen; die Aktionsgemeinschaft sollte die Interessen der Betroffenen, der von Entlassung bedrohten Bergleute[131], als Teil des „öffentlichen Interesses" im Rahmen des Bewilligungsverfahrens für die Stillegungsprämien berücksichtigen[132].

Die Krise des Steinkohlenbergbaus konnte die Aktionsgemeinschaft nicht beenden; im Gegenteil, unter dem Eindruck des tiefgehenden konjunkturellen Abschwungs des Jahres 1966/67 nahm der Steinkohlenbergbau eine besorgniserregende Entwicklung. Nunmehr war deutlich geworden, daß es mit dem Aufbau privatwirtschaftlicher Hilfsorganisationen des Staates, flankiert von finanziellen Staatshilfen, nicht getan war, sondern daß ein Gesamtkonzept für den Steinkohlenbergbau notwendig wurde: eine Integration von Kohle(anpassungs-)politik, Sozialpolitik (Gesamtsozialplan), regionaler Wirtschaftsförderung. Erst ein Wechsel der Bundesregierung ermöglichte es, daß ein derart breit angelegtes Krisenbearbeitungskonzept Bestandteil staatlicher Politik wurde. Unter Beteiligung der SPD – sie stand interventionistischen wirtschaftspolitischen Strategien nicht so ablehnend gegenüber wie CDU – wurde durch das Kohleanpassungsgesetz das staatliche Interventionsniveau erhöht. Allerdings war auch deutlich geworden, daß Subventionen allein nicht krisenlösend wirken konnten: Die Eigentumsstruktur des Ruhrbergbaus selbst mußte geändert werden. Mit Hilfe seiner Finanzierungsmacht erzwang der Staat[133] die Aufhebung der bisherigen Eigentumsstruktur des Ruhrbergbaus, ihre Reorganisation und die Wiedereinsetzung des Privateigentums in seine unternehmerische Funktion in Form einer Einheitsgesellschaft „Ruhrkohle AG". Die Kosten dieses Umstrukturierungsprozesses – vor allem die jährliche „Abschlagszah-

130 Vgl. v. Düker, *Aktionsgemeinschaft* (Anm. 115), S. 75 ff.

131 Zwischen 1957 und 1967 sank die Anzahl der im Bergbau Beschäftigten um mehr als 300000, die Anzahl der unter Tage Arbeitenden von 384000 (1957) auf 159500 (1967); vgl. Gesamtverband des Deutschen Steinkohlenbergbaus (GVSt), *Steinkohle 1975/76*, Essen 1976.

132 Vgl. v. Düker, *Aktionsgemeinschaft* (Anm. 115), S. 23.

133 Das Kohleanpassungsgesetz machte die Auszahlung von Stillegungsprämien von „optimaler Unternehmensgröße" abhängig. Da die Bundesregierung unter einer optimalen Unternehmensgröße ausschließlich eine Gesamtgesellschaft verstand, machte sie die Zahlung von Stillegungssubventionen von der Bildung einer solchen Einheitsgesellschaft abhängig. Vgl. hierzu Bahl, *Staatliche Politik* (Anm. 4), S. 163.

lung" an die vormaligen Muttergesellschaften — sollte je nach wirtschaftlicher Lage der RAG der Staat tragen (vgl. Subventionsberichte, passim)[134]: ein Motiv mehr für den Staat, die Nachfragesituation der Kohle durch entsprechende Maßnahmen zu fördern (Kokskohlesubventionierung, Verstromungsgesetze) und für neue Formen der Subventionierung außerhalb des Staatshaushalts einzutreten (s. unten, Kap. IX).

Für diese umfassende Krisenregulierung bedurfte es einer geeigneten Ausgangsbasis. Unter der Führung Bundeswirtschaftsministers Schiller wurde deshalb Anfang 1967 dem „crisis management" ein neues Fundament gegeben: Die IG Bergbau und Energie wurde in die Krisenlösung durch die von Schiller geschaffene „konzertierte Aktion Kohle" eingebunden[135], deren Voraussetzung nach den Vorstellungen Schillers in einer größeren Verteilungsgerechtigkeit lag: Subvention (für die Unternehmen) und Sozialmaßnahmen (für die entlassenen Bergarbeiter) sollten ausgewogen sein, das hieß: Das Defizit an staatlichen finanziellen Leistungen für die durch Stillegungen betroffenen Bergarbeiter mußte aufgefüllt werden. So war die erste Aufgabe der „konzertierten Aktion Kohle" die Durchforstung der im Haushaltsplan des Bundes für 1967 vorgesehenen Mittel für den Steinkohlenbergbau. Ergebnis dieser dem Gedanken sozialer Symmetrie entsprungenen Durchforstungsaktion war als Gegenstück zur Stillegungsprämie ein Abfindungsgeld für Bergarbeiter, das bis zu 5 000 DM betragen konnte. Zwar stand die IG Bergbau und Energie dieser Abfindung sehr skeptisch gegenüber („Betäubungsspritze"), doch war ihr Widerstand nicht so hartnäckig, daß Schiller davon hätte Abstand nehmen müssen.

Die Logik der von der neuen Bundesregierung angestrebten Krisenregulierung tritt deutlich zutage: Während sich die von der CDU/CSU getragene Bundesregierung auf die mit Subventionen geschürte Erwartung stützte, daß die Unternehmen „es schon machen werden", wenn man ihnen nur entsprechende finanzielle Erleichterungen und Sicherungen bot und sich um die Frage der sozialen Symmetrie nicht kümmerte (und auch wegen der günstigen Konjunkturlage nicht zu kümmern brauchte, da entlassene Bergarbeiter relativ schnell neue Beschäftigungen fanden) und diese Politik gerade wegen der zu geringen Politisierungsstruktur (Beteiligungsbreite und Eingriffstiefe) trotz günstiger Konjunktur scheitern mußte, strebt das sozialdemokratische Muster eine korporatistische Krisenregulierung und — damit verknüpft — eine legitimatorisch inspirierte gerechtere Verteilung der Subventions- und Transferzahlungen an, um die Konsenskraft und damit die Leistungsfähigkeit der Regulierungsstruktur zu erhöhen.

---

134 Die Bundesregierung übernahm für die Verbindlichkeiten der RAG gegenüber der Muttergesellschaft eine Bürgschaft in Höhe von 3 Mrd. DM; vgl. Schaaf, *Ruhrbergbau* (Anm. 83), S. 305 ff.

135 Vgl. Spiegelberg, *Energiemarkt* (Anm. 83), S. 163 ff.; Schaaf, *Ruhrbergbau* (Anm. 83), S. 269 ff.

5. Subventionspolitik im Aufbauboom: Eine Problemstellung wird entworfen

Zweifellos kann man dem Hauptakteur der marktwirtschaftlichen Wirtschaftspolitik der fünfziger Jahre, Bundeswirtschaftsminister Ludwig Erhard, bescheinigen, ein vehementer Gegner jeglicher Subventionierung innerhalb des Wirtschaftsprozesses gewesen zu sein und die Probleme sich ausbreitender Subventionspolitik gekannt zu haben. Sowohl in den Auseinandersetzungen um das Landwirtschaftsgesetz als auch gegen die Subventionsforderungen des Steinkohlenbergbaus versuchte Erhard deshalb eine marktwirtschaftliche Lösung durchzusetzen. Dennoch konnte er nicht verhindern, daß gerade während seiner Amtszeit hier der Grundstock für die sich ausweitende Subventionspolitik gelegt wurde, ergänzt durch eine Vielzahl wahlpolitisch motivierter finanzieller Begünstigung. Als Ursache für dieses Scheitern marktwirtschaftlich begründeter Subventionsverweigerung wird zumeist die Schwäche des demokratischen Staates gegenüber dem Einfluß mächtiger gesellschaftlicher Interessen benannt. Zumindest für die Landwirtschaft und den Kohlebergbau konnte jedoch gezeigt werden, daß diese „Schwäche" des Staates nicht allein das Resultat angewandter Konfliktfähigkeit gesellschaftlicher Interessen ist; die bisherige Untersuchung legt vielmehr die weitergehende These nahe: Gerade die Grundeinstellung marktwirtschaftlich orientierter Wirtschaftspolitik einer staatlichen Enthaltsamkeit gegenüber wirtschaftlichen Prozessen provoziert unter den Bedingungen objektiv notwendiger staatlicher Intervention eine Subventionspolitik, die sich — industriepolitisch neutralisiert — als Positivabdruck der politischen Durchsetzungsfähigkeit partikulärer Interessen herstellt und damit gerade jenen Wildwuchs subventionspolitischer Maßnahmen mit „sozialprotektionistischem" Muster produziert, den sie zu verhindern trachtete. Auf zwei Ebenen wirkte sich dieses Defizit an Politikfähigkeit des Staates aus:

— auf der Ebene gesellschaftlich-politischer Konflikte: Die staatliche Verweigerung angesichts einer Situation, die staatlich-politischen Handlungsbedarf aufweist, machte es erforderlich, daß nunmehr die Verbände als Vertreter der betroffenen gesellschaftlichen Interessen um so stärker hervortraten und staatliches Handeln, sprich: Subvention einzuklagen suchten. Dazu wurden je spezifische Wege gewählt: Der Deutsche Bauernverband bevorzugte den Weg über Parteien, Parlament und Landwirtschaftsministerium, der Steinkohlenbergbau den über den Unternehmensverband Ruhrbergbau und die IG Bergbau und Energie den Weg direkt über die Ministerialbürokratie, wobei in allen Fällen der Einfluß auf das machtpolitisch, weniger wirtschaftspolitisch sensible Zentrum des CDU-Staates, den Bundeskanzler, in bestimmten Phasen von entscheidender Bedeutung war;

— als Zielkonflikt in der steuerungspolitischen Ausrichtung von subventionspolitischen Programmen: so beispielsweise zwischen einer kompensatorischen Ausgestaltung staatlicher Subventionsprogramme, die lediglich der flankierenden Finanzierung privatwirtschaftlicher Dispositionen dienen (so in der Landwirtschaft, so auch in den ersten Phasen der staatlichen Kohlen-(krisen-)politik), und einer steuerungsintensiven Ausrichtung (Steinkohlenpolitik der Bundesregierung nach 1965/66), die zur Erreichung wirtschaftspolitischer Ziele eine Einschränkung privater Handlungsautonomie durch mit Verwendungsauflagen verbundenen Subventionen miteinbezieht, um volkswirtschaftlich nützlich Ergebnisse zu erzielen. In dem Maße jedoch, wie die liberalistische „Voreinstellung" staatlicher Wirtschaftspolitik einen staatlichen Eingriff ausschließt, werden detaillierte interventionistische Programme gar nicht erst erstellt bzw. um sie zu erstellen, fehlt es an politisch-administrativer Kompetenz[136].

Der Versuch, eine streng marktwirtschaftliche Politik auch dann durchzusetzen, wenn staatliche Eingriffe gefordert waren, hatte zum Resultat, daß organisierte partikulare Interessen nicht nur erstarken mußten, sondern mehr noch gegenüber einer rein defensiven, konzeptionslosen Politik auch erstarken konnten. Unter dem Bedingungsgefüge von staatlicher Interventionsverweigerung, fiskalischen Spielräumen und parteipolitischem Machterhaltungsinteresse gerät Subventionsvergabe zu einer wohlfeilen staatlichen Politik des „Sich-Freikaufens" von gesellschaftlicher Verantwortung: Subventionen waren der Preis dafür, daß sich der Staat der Einbindung in ökonomisch-soziale Prozesse entziehen, sich der Verantwortung für die Durchsetzung gesamtwirtschaftlicher Rationalitätskriterien in der privatwirtschaftlichen Entscheidungssphäre (vorübergehend) entledigen konnte; und die üppig sprudelnden Steuern förderten die Bereitwilligkeit den Forderungen der organisierten Interessen nachzukommen bzw. machten es dem Staat schwer, sie abzuweisen. Subventionspolitik in den fünfziger Jahren läßt sich somit als Versuch kennzeichnen, sozialökonomische, politisch nicht mehr abweisbare Konfliktbereiche durch staatlich organisierte Übertragung finanzieller Vergünstigungen — sei es als Finanzhilfen, als Steuervergünstigungen oder auch als zollpolitische Maßnahmen — wenn nicht stillzulegen, so doch auf diese Weise in einen Schutzraum zu verlegen, der vorgeblich eine selbständige Lösung ermöglichen sollte und zugleich staatliche Verantwortung und Intervention niedrig hielt. Staatliche Subventionspolitik war dabei weniger von der Leitvariablen „Problemlösung" gesteuert, als vielmehr von der Intention der protektionistischen Stabilisierung gesellschaftlicher Machtstrukturen.

Eine derartige Subventionspolitik und vor allem die damit einhergehende Ausgabenmentalität von Regierung und Parlament war schon nach kurzer Zeit kaum noch finanzierbar. Mit den enger werdenden fiskalischen Spielräumen nahm auch die öffentliche Kritik an einer Subventionspolitik zu, die zum einen zum Selbstbedienungsladen gesellschaftlicher Interessenverbände geworden zu sein schien und die zum anderen offensichtlich kaum geeignet war, die ökonomischen und sozialen Probleme, auf die sie zielte, zu lösen oder auch nur lösen zu helfen.

Vor dem Hintergrund dieser subventionspolitischen Konfliktlagen, die sich bis Mitte der sechziger Jahre in aller Schärfe herausgebildet hatten, lassen sich die Anforderungen für eine zukünftige Subventionspolitik benennen, nämlich Effektivierung und Kontrolle:

---

136 Wie oben im Zusammenhang der Genese des Investitionshilfegesetzes erwähnt, hatte Erhard — da wirtschaftspolitische Planung nicht sein sollte — die in der Verwaltung der Bizone (Abteilung Wirtschaftsplanung) und später in der Grundsatzabteilung des Bundeswirtschaftsministeriums noch vorhandenen planungsadministrativen Ansätze nicht weiterentwickelt, sondern allmählich verkümmern lassen. (Adamsen, *Investitionshilfe für die Ruhr*, Wuppertal 1981, S. 33 ff., 51 ff., 58 f.)

— Subventionspolitik war zunächst in steuerungspolitischer Hinsicht gefordert: Das bisherige subventionspolitische Muster hatte sich als unzureichend erwiesen, die Krisenlagen zu bewältigen. Wie die Erfahrung aus der Kohlenkrise gezeigt hat, bedarf es vor allem der Ausrichtung subventionspolitischer Programme an wirtschaftspolitischen Kriterien, die es staatlicher Politik ermöglichen, gesellschaftlichen Interessen auf der Ebene verbandspolitischer Einflußnahme wie auch auf der Ebene der konkreten Subventionsvergabe mit eigenständigen Entscheidungsparametern zu begegnen und diese auch durchzusetzen. Es gilt also — analog zum subventionspolitischen Lernprozeß der Kohlenkrise — Programme zu entwickeln, die zur Realisierung explizit benannter gesamtwirtschaftlicher Nutzenkalküle geeignet sind.

— Des weiteren bedarf es eines fiskalisch orientierten subventionspolitischen Rahmens, der imstande ist, die bisherige Entwicklungsdynamik des Subventionshaushalts zu bremsen und Subventionsabbau einzuleiten. Das Bundesministerium der Finanzen hat schon Versuche in diese Richtung unternommen, die aber noch keine verbindliche Form gefunden haben.

Würden beide Aufgaben erfüllt werden, könnte Subventionspolitik auch von dem aufkeimenden legitimatorischen Problem entlastet werden, hat doch die bisherige Praxis der Subventionspolitik Subventionen als staatliches Instrument derart ins Zwielicht treten lassen, daß staatliche Handlungskompetenz in diesem Bereich öffentlich infrage gestellt wurde. Denkbar wäre aber auch eine andere Lösungsmöglichkeit: eine auf legitimatorische Entlastung gerichtete „symbolische" Politik dürfte in der Lage sein, die Duldung steuerungspolitisch suboptimaler Effizienz von Subventionsmaßnahmen herzustellen und die subventionspolitische Umverteilung zugunsten von Unternehmen und Unternehmensgruppen legitimatorisch zu entlasten.

Die folgenden Abschnitte der Untersuchung sollen zeigen, ob und inwiefern es gelingt, diese Aufgabenstellung zu bewältigen: Welche steuerungspolitischen Muster entwickelt werden (Kap. V) und welche Anstrengungen unternommen werden, fiskalische und legitimatorische Probleme zu lösen.

V. Anfänge einer funktionalen Subventionspolitik 1964-1969

1. Ausgangsbasis der funktionalen Subventionspolitik: Wandel der ökonomischen und politischen Situation Mitte der sechziger Jahre

Mitte der sechziger Jahre traten die fiskalischen und steuerungspolitischen Grenzen der bisherigen Subventionspolitik verschärft hervor. Gesucht wurde jetzt nach einem Politikmuster, das die gesellschaftlichen Machtverhältnisse grundsätzlich nicht infrage stellte, sondern — im Gegenteil — sie zu stabilisieren in der Lage war, gleichzeitig aber auch den staatlichen Handlungsspielraum erweiterte, d.h. Gesamtstabilität durch eine Vergrößerung der Anpassungsfähigkeit von Unternehmen und Wirtschaftsbereichen erreichte. Dies konnte nur durch die explizite Wahl einer systembezogenen Zielgröße geschehen, denn diese sich (als Resultat) aus dem politischen Machtkonflikt ergebende sozialintengrative Leitvariable der Machterhaltung bietet nur dann ein geeignetes Kriterium für Subventions- (wie — allgemein — Wirtschafts-)politik, wenn sich aus dem individuellen Handeln der so unter Machtgesichtspunkten protegierten Interessen unter der Hand und zwangsläufig die gesamtwirtschaftliche Systemrationalität ergäbe. Doch diese sich nach der „Wende" 1982 wieder wirtschaftspolitischer Popularität erfreuende Argumentation, daß allein die Förderung der kapitalistischen Kerngröße, des privaten Gewinns — in welcher Form auch immer —, jenen Mechanismus belebe, der die gesamtwirtschaftliche Rationalität und systemintegrative Dynamik verbürgt, kann keineswegs in jedem Fall auf Erfolg hoffen — das hat die Kohlenkrise gezeigt.

Ein solcher Bezugspunkt für Wirtschafts- bzw. Subventionspolitik (der allerdings auch den Anspruch in sich trägt, Bezugspunkt für jegliche Art staatlicher Politik zu sein) findet sich in der Zentralgröße kapitalistischer System- *und* Sozialintegration: dem Wirtschaftswachstum. Es ist darin der Versuch zu sehen, durch die Ausrichtung an einem gesamtgesellschaftliche Rahmenbedingungen erfassenden Bezugspunkt staatliche Politik selbst wie auch die von ihr beeinflußten bzw. beeinflußbaren Entscheidungen der privaten Unternehmen (bzw. auch der Tarifpartner) von gesamtwirtschaftlicher Rationalität durchdringen zu lassen. Für die staatliche Wirtschaftspolitik kommt dies am deutlichsten in dem 1967 beschlossenen Stabilitäts- und Wachstumsgesetz zum Ausdruck, in dem der Staat die Verantwortung für die stetige Wachstumsentwicklung der Gesamtwirtschaft übernimmt[1]. Kern des Stabilitätsgesetzes, das

---

1 Zumindest theoretisch ergeben sich aus dieser Zuständigkeit für gesamtwirtschaftliche Entwicklung Eingriffsmöglichkeiten des Staates, die die Freiheit der Tarifpartner berühren und auch die freie Investitionsentscheidung der Unternehmen nicht unberührt lassen könnten. Vgl. Ernst-Wolfgang Böckenförde, Die politische Funktion wirtschaftlich-sozialer Verbände und Interessenträger in der sozialstaatlichen Demokratie, in: Wilhelm Hennis/Peter Graf Kielmansegg/Ulrich Matz (Hrsg.), *Regierbarkeit*, Bd. 1, Stuttgart 1977, S. 203 ff.

ja nicht allein ein Bündel von wirtschaftspolitischen Maßnahmen darstellt, sondern auch der wirtschaftspolitischen Disziplinierung staatlicher Organe unter dem Kriterium gesamtwirtschaftlicher Rationalität dient, ist die Errichtung wirtschafts- und finanzpolitischer Rationalitätskriterien, die jenseits partikularer Interessen konjunkturpolitisch rationales staatliches Handeln ermöglichen sollen.

Diese Übernahme keynesianischer Strategien in die staatliche Wirtschaftspolitik war allerdings nicht erst, wie es die Verabschiedung des Stabilitätsgesetzes glauben macht, mit dem Eintritt der SPD in die Bundesregierung verbunden[2]. Schon das Sachverständigenratsgesetz zeigte die Tendenz zu einer Wirtschaftspolitik, die sich interventionistischen Strategien nicht mehr verschließen will bzw. kann[3]. In der Ministerialbürokratie waren bei Eintritt der SPD in die Regierung die Bemühungen um stärker wirtschaftslenkende (soweit dies überhaupt möglich ist) Maßnahmen relativ weit gediehen[4]. In mehreren Bereichen war es zu Einzelmaßnahmen gekommen, in denen Unternehmen in ihren wirtschaftlichen Entscheidungen nur dann mit Unterstützung des Staates rechnen konnten, wenn sie gesamtwirtschaftliche Kriterien berücksichtigten. Aus der Dynamik der sozialökonomischen Problemlagen (insbesondere des Kohlenbergbaus) und der staatlich-politischen Bearbeitung waren in der Ministerialbürokratie Konzepte entwickelt worden, die – ohne der sozialdemokratisch-keynesianischen Wende zu bedürfen – steuerungspolitische Vorstellungen präzisierten: so das Rationalisierungsverbandsgesetz und die Besteuerung stiller Reserven (§ 6b EStG); mehr einem traditionellen Interventionismus verbunden ist noch das 1. Verstromungsgesetz (1965) sowie die steuerliche Förderung von Forschung und Entwicklung (Steueränderungsgesetz 1964).

Es ist wichtig, in einen funktionalen und einen traditionellen Interventionismus zu unterscheiden. Im Rahmen des traditionellen Interventionismus findet die gesamtwirtschaftliche Anbindung außerhalb der eigentlichen Maßnahme in ihrer Zielorientierung statt: Da Forschungs- und Entwicklungsinvestitionen der Unternehmen für das wirtschaftliche Wachstum der Gesamtwirtschaft unentbehrlich sind, werden sie staatlich gefördert (durch Sonderabschreibungsmöglichkeiten); nicht entscheidend ist, *welche* Investitionen dies im einzelnen sind, ob sie im einzelnen diesen Kriterien genügen. Anders bei dem von mir als „funktional" bezeichneten Interventionismus: Hier (z.B. § 6b EStG Abs. 1 Ziff. 5; Kohleanpassungsgesetz § 32) wird die Beurteilung der gesamtwirtschaftlichen Kriterien am einzelnen Fall vorgenommen. Nicht die jeweilige unternehmerische Handlung „an sich" gilt schon als gesamtwirtschaftlich rational, sie muß erst im jeweiligen Kontext beurteilt werden. Welche Folgen dies für politisches und administratives Handeln hat, soll im folgenden dargestellt werden.

---

2 Zur Entstehungsgeschichte des StWG vgl. Egbert Osterwald, *Zur Entstehung des Stabilitätsgesetzes*, Frankfurt a.M. 1982, S. 45 ff.
3 Vgl. Andrew Shonfield, *Geplanter Kapitalismus*, Köln 1968, S. 339 ff.
4 Vgl. Osterwald, *Stabilitätsgesetz* (Anm. 2), S. 75 ff.

2. Formen funktionaler Subventionspolitik

Die direkte wie indirekte subventive Förderung der Unternehmen nach übergeordneten ökonomischen (mitunter auch außerökonomischen, z.B. umweltpolitischen) Kriterien geschah im wesentlichen durch zwei Formen: einmal durch die Subventionierung derjenigen betrieblichen Kosten bzw. Investitionen, von denen mittel- bis langfristig ein günstiger, wenn auch diffuser Einfluß auf die Entwicklung der Gesamtwirtschaft erwartet wurde (bzw. ein diffuser Einfluß auf das damit verbundene Ziel); zum anderen durch die direkte Beurteilung der volkswirtschaftlichen Förderungswürdigkeit der zu fördernden Maßnahme, die die Subventionen vergebende staatliche Institution vorzunehmen hat. Die erste Form unterscheidet sich von der traditionellen Subventionspolitik nur unwesentlich, zeigt sich doch hier eher die Flexibilität subventiver direkter wie indirekter Vergünstigungen. In dieser Gruppe finden sich u.a.:

— Sonderabschreibungsmöglichkeiten für Forschungs- und Entwicklungsinvestitionen nach § 82 d Einkommensteuer-Durchführungsverordnung. Sie wurden 1965 eingeführt (Steueränderungsgesetz 1964) und 1975 durch das Instrument Investitionszulage für Forschungs- und Entwicklungsinvestitionen ersetzt. Begünstigt waren hier die beweglichen und unbeweglichen Wirtschaftsgüter des Anlagevermögens, sofern sie ausschließlich bzw. zu mindestens zwei Dritteln Forschungs- und/oder Entwicklungszwecken dienten;

— Sonderabschreibungsmöglichkeiten für Umweltschutzinvestitionen (§§ 79, 82, 82e EStDV); seit 1975 § 7d EStG;

— subventive Förderung von DEMINEX (Förderprogramm zur Sicherung und Verbesserung der Erdölversorgung der Bundesrepublik);

— Besteuerungsfreiheit von Veräußerungsgewinnen in bestimmten Fällen zur Erleichterung des wirtschaftlichen Strukturwandels (§§ 6b, c EStG).

Wenn es sich hier auch um interventionistische Maßnahmen handelt, so bleibt die Eingriffstiefe gering: Ein direkter Zugriff auf die privaten Dispositionen erfolgt nicht. Die Subvention dient als „Anreiz", der an bestimmte interne Merkmale des Unternehmenshandelns geknüpft ist. Anders bei den funktionalen Subventionsmaßnahmen; hier werden außerbetriebliche Wirkungen und Kriterien herangezogen, um die Förderungswürdigkeit der wirtschaftlichen Handlungen der Privaten zu beurteilen. In den entsprechenden Gesetzestexten wird dieser jenseits einzelwirtschaftlichen Kalküls anzusiedelnde gesamtwirtschaftliche Bezug als „volkswirtschaftlich förderungswürdig" bezeichnet. Zu solchen Förderungsmaßnahmen, die von der (prospektiven) Feststellung eines mit der einzelwirtschaftlichen Tätigkeit verbundenen gesamtwirtschaftlichen Nutzens abhängig waren, zählte die Sonderabschreibungsmöglichkeit des Investitionshilfegesetzes (§ 36 IHG), von der die Unternehmen der vom IHG geförderten Branchen in den Jahren 1952—1954 nur dann Gebrauch machen konnten, wenn die über diese Sonderabschreibungen zu finanzierenden Investitionen dem Urteil der zuständigen obersten Finanzbehörde nach „volkswirtschaftlich förderungswürdig" waren. Diese wirtschaftslenkende Maßnahme, die den Versuch enthielt, das einzelwirtschaftliche Kalkül mit gesamtwirtschaftlichem Nutzen zu durchsetzen, blieb in den fünfziger Jahren in dieser Form ein Einzelfall. Erst in den sechziger Jahren taucht in Wirtschaftsförderungsgesetzen wieder die Verbindung von Subventionsvergabe und gesamtwirtschaftlichem Nutzen des zu fördernden Unternehmenshandelns auf:

– Mit dem Steueränderungsgesetz 1964 (DGBl. I, S. 885) wurde der § 6b EStG eingeführt, nach dem Gewinne aus Veräußerungen aus Anteilen an Kapitalgesellschaften dann steuerfrei bleiben sollten, wenn sie zur Anschaffung von Anteilen an Kapitalgesellschaften dienten, deren Erwerb „volkswirtschaftlich besonders förderungswürdig" ist (§ 6b EStG Abs. 1 Satz 2 Ziff. 5).

– Die Richtlinien zur Gewährung von Stillegungsprämien für Schachtanlagen des deutschen Steinkohlenbergbaus durch die Aktionsgemeinschaft Deutsche Steinkohlenreviere hatten die Bewilligung davon abhängig gemacht, daß sich der Steinkohlenbergbau an die veränderten Bedingungen auf dem Energiemarkt anpassen müsse; ferner müsse sie der Verbesserung der Wirtschaftsstruktur der betroffenen Bergbaugebiete sowie „sonstiger überwiegender öffentlicher Interessen" dienen (Richtlinien § 2 Abs. 2)[5].

– § 32 des Kohleanpassungsgesetzes gewährt eine Investitionsprämie für die Errichtung oder Erweiterung von Betriebsstätten in einem Steinkohlenbergbaugebiet dann, wenn der Bundesbeauftragte für Steinkohlenbergbau bescheinigt, „daß

1. die Errichtung oder Erweiterung der Betriebsstätte geeignet ist, die Wirtschaftsstruktur der Steinkohlenbergbaugebiete zu verbessern, volkswirtschaftlich besonders förderungswürdig ist und im Falle der Erweiterung oder einer im Zusammenhang mit einer Betriebsverlagerung innerhalb der Steinkohlenbergbaugebiete stehenden Errichtung einer Betriebsstätte zusätzlich Arbeitsplätze in angemessenem Umfange geschaffen werden,

2. bei Steuerpflichtigen, die im Rahmen der Neuordnung des Steinkohlenbergbaus eine Verpflichtung zu strukturverbessernden Investitionen übernommen haben, die Erfüllung dieser Verpflichtung sichergestellt ist und

3. die Errichtung oder Erweiterung der Betriebsstätte nicht im Zusammenhang mit einer Betriebsverlagerung aus den Bundesfördergebieten oder Berlin steht."

– Im Rahmen des Investitionszulagengesetzes (1969) erhalten Unternehmen, die in einem förderungsbedürftigen Gebiet (Zonenrandgebiet, Steinkohlenbergbaugebiet Saar, Gebiete mit unter dem Bundesdurchschnitt liegender Wirtschaftskraft bzw. mit Wirtschaftszweigen, die vom Strukturwandel negativ betroffen sind und dies auch Auswirkungen auf das Gebiet hat) ansässig sind, für die Errichtung und Erweiterung von Betriebsstätten eine Investitionszulage, wenn der Bundeswirtschaftsminister im Benehmen mit der zuständigen Landesregierung die volkswirtschaftlich besondere Förderungswürdigkeit bescheinigt hat (Investitionszulagengesetz § 1 v. 18.8.1969, BGBl. I, S. 1211)[6].

---

5 Zit. nach Hans-Gerd von Düker, *Die Aktionsgemeinschaft Deutsche Steinkohlenreviere GmbH*, Frankfurt a.M. 1969.

6 Bemerkenswert ist die Vorschrift des § 1 Abs. 3, nach der eine Investitionszulage solchen Unternehmen nicht gewährt wird, „deren Ertrags- und Vermögenslage nachhaltig so günstig ist, daß eine Finanzierungshilfe durch Gewährung der Investitionszulage auch unter Berücksichtigung der besonderen Verhältnisse des Zonenrandgebiets nicht ver-

Mit der Einführung des Kriteriums „volkswirtschaftlich förderungswürdig" zeichnet sich der Versuch ab, die an den jeweiligen betriebswirtschaftlichen Nutzenkalkülen orientierten Entscheidungen der Unternehmen im Sinne gesamtwirtschaftlicher und eventuell auch gesamtgesellschaftlicher Rationalitätskriterien bzw. Gemeinwohlkriterien zu überformen. Allerdings ist die Aufnahme eines solchen Begriffs nicht zugleich auch die Realisierung einer entsprechenden Strategie: Dem jeweiligen Gesetzestext ist eine genauere Definition dessen, was als volkswirtschaftlich besonders förderungswürdig zu gelten habe, nicht ohne weiteres zu entnehmen. Gerade dies wäre jedoch notwendig, wenn die wirtschaftslenkende Intention sich auch tatsächlich verwirklichen soll. Mit anderen Worten, es wäre zu prüfen, welche interventionistische Qualität diesem Begriff konkret zukommt. Dies soll am Beispiel der §§ 6b, c EStG im folgenden versucht werden.

3. Die volkswirtschaftliche Förderungswürdigkeit der Veräußerungsgewinne – §§ 6b, c EStG

Noch rechtzeitig vor den Bundestagswahlen brachte die Bundesregierung im September 1964 den Entwurf eines Steueränderungsgesetzes 1964 ein[7], das schon am 16. November im Bundesgesetzblatt verkündet wurde. Die Eile tat not, denn die Steueränderungen mußten am 1. Januar 1965 in Kraft treten, um die erhoffte wahlpolitische Wirkung zu erzielen[8]. Bestand doch jetzt dank voller Kassen und noch günstiger Konjunkturlage die Gelegenheit, sich dem Wähler noch einmal mit finanziellen Geschenken nachhaltig in Erinnerung zu bringen. Hiervon machten die Fraktionen aller Parteien Gebrauch: Sie stimmten dem Steueränderungsgesetz 1964 einstimmig zu[9].

Der Kern des Steueränderungsgesetzes war eine Reform des Einkommensteuertarifs, der seit 1958 unverändert geblieben war. Er wurde zugunsten einer Entlastung der unteren und mittleren Einkommen neu gestaltet und von einer Erhöhung des Grundfreibetrags und anderer breitenwirksamer Steuererleichterungen flankiert, die im Steueränderungsgesetz 1965 noch durch einen Ausbau des Wohnungsbauprämiensystems ergänzt wurden.

Fortsetzung Fußnote 6

tretbar erscheint". Es ist nicht bekannt, ob diese Vorschrift restriktiv ausgelegt worden ist. Ein Indiz für die tatsächliche Bedeutung könnte die Berichterstattung über dieses Gesetz in der Fachpresse sein; hier wird auf diese Einschränkung nicht eingegangen. Vgl. Otto Labus, Das Investitionszulagengesetz, in: *Der Betriebs-Berater*, H. 23/1969, S. 989–991; Christian Heinze, Rechtsfragen der gesetzlichen Investitionszulage für Fördergebiete, in: *Der Betriebs-Berater*, H. 6/1971, S. 259–262.

7 BTDrs. IV/2400.

8 Um die rechtzeitige Verabschiedung nicht zu gefährden, wurden Teile des Regierungsentwurfs abgetrennt und als Steueränderungsgesetz 1965 verhandelt. Vgl. Ludwig Falk, Die Grundgedanken des Steueränderungsgesetzes 1964, in: *Deutsche Steuerzeitung*, Ausgabe A, Nr. 23/24, 1964, S. 353.

9 Die vom Bundestag beschlossenen Veränderungen erhöhten die vom Steueränderungsgesetz 1964 verursachten Steuerausfälle auf 3,2 Mrd. DM; nach dem Regierungsentwurf waren es noch 2,8 Mrd. DM gewesen. Vgl. Falk, Steueränderungsgesetz 1964 (Anm. 8), S. 353.

Der wirtschaftspolitisch (neben Sonderabschreibungsmöglichkeiten für Forschungs- und Entwicklungs- sowie Lärmschutzinvestitionen) und steuersystematisch relevanteste Artikel dieses Steuergesetzes betraf die Übertragung stiller Reserven bei der Veräußerung eines Wirtschaftsgutes: § 6b EStG, dem später (1965) noch der § 6c EStG hinzugefügt wurde. In den Plenarberatungen des Bundestages zum Steueränderungsgesetz wurde der § 6b EStG nur am Rande erwähnt; mehr Aufmerksamkeit wurde ihm in den Sitzungen des Finanzausschusses zuteil, stellt er doch „die bedeutsamste Reform des deutschen Bilanzsteuerrechts dar, die dieses Rechtsgebiet seit seiner Entstehung erlebt hat"[10]. Gemessen daran, fand diese Reform auch in der Öffentlichkeit eine eher geringe Beachtung, überlagert von der Diskussion um die Tarifänderung im Einkommensteuerrecht. Das erweckt den Eindruck, daß die Einführung des § 6b bewußt im Windschatten von umfangreichen Steuerentlastungen mit großer Breitenwirkung durchgeführt wurde, um die politische Brisanz dieser Reform des Bilanzsteuerrechts zu neutralisieren. So mag es sogar als vorteilhaft betrachtet worden sein, daß lediglich wenige Monate zwischen Einbringung und Verabschiedung des Entwurfs lagen, in denen grundsätzliche Kontroversen nicht ausgetragen bzw. geklärt werden konnten.

In der Folgezeit blieb die Einstellung zum § 6b ambivalent: Schon 1967 forderte der wissenschaftliche Beirat beim Bundesfinanzministerium, den § 6b wieder abzuschaffen, während sich die Steuerreformkommission 1971 in ihrem Gutachten für eine Beibehaltung aussprach[11]. Die Einwände gegen den Paragraphen richteten sich vor allem gegen die mangelnde Integration von wirtschaftspolitischer Lenkung und Systematik des Steuerrechts und gegen die Nichtberücksichtigung alternativer Konstruktionen[12].

3.1. Ökonomische Hintergründe und steuersystematische Probleme des § 6b EStG

„Die Wirtschaft klage", so der Ministerialdirektor im Bundesfinanzministerium, Falk, in seiner Begründung des Gesetzentwurfs § 6b EStG vor dem Finanzausschuß, „seit langem über die Schwierigkeiten, die bei Veräußerung eines Betriebsgrundstücks und Erwerb eines Ersatzgrundstücks an anderer Stelle aus der damit verbundenen Auflösung und Versteuerung der stillen Reserven ent-

---

10 Rudolf Thiel, Die Übertragung stiller Reserven gemäß § 6b EStG, in: *Steuer-Kongreß-Report,* 1965, S. 183. Der Wertung von Rudolf Thiel, zum damaligen Zeitpunkt Ministerialdirigent in Düsseldorf, stimmte eine Reihe von Autoren zu, darunter auch der mit dem § 6b EStG in der Entstehungsphase befaßte damalige Oberregierungsrat (heutige Ministerialdirigent) Adalbert Uelner im Bundesministerium der Finanzen (Adalbert Uelner, Der neue § 6b des Einkommensteuergesetzes, in: *Die Deutsche Steuerzeitung,* Ausgabe A, Nr. 23/24, 1964, S. 364).

11 Wissenschaftlicher Beirat beim Bundesministerium der Finanzen, *Gutachten zur Reform der direkten Steuern (Einkommensteuer, Körperschaftsteuer, Vermögensteuer und Erbschaftsteuer) in der Bundesrepublik Deutschland vom 11.7.1967,* Bonn 1967, S. 21, 25 f.; *Gutachten der Steuerreformkommission 1971,* hrsg. v. Bundesministerium für Wirtschaft und Finanzen, Bonn 1971, S. 68 ff.

12 Vgl. Eberhard Littmann, *Kommentar zum Einkommensteuergesetz,* Bd. I, 1978, S. 1063 ff.

stünden". Ferner, so Falk, werde von seiten der Wirtschaft „geltend gemacht, daß die bei der Veräußerung eintretende Gewinnrealisierung auch eine Stillegung des älteren Wertpapierbesitzes zur Folge habe, obwohl der Erlös häufig dringend für Investitionen benötigt werde"[13]. Daß sich dieser sogenannte Steuerverschluß bzw. „lock-in-Effekt"[14] besonders auf den von Wertzuwächsen betroffenen Bodenmarkt auswirkt, scheint nicht zu überraschen: Nach Meinung der Bundesregierung ist hier eine Ursache für die Verknappung von Grund und Boden in Ballungsgebieten zu sehen, da unternehmenseigene Grundstücke nicht mehr veräußert würden[15], „obwohl häufig die in diesen Werten festgelegten Mittel nach einer Verwendung zu Rationalisierungs- und Modernisierungszwecken oder zu sonst notwendigen Investitionen drängten"[16].

Der staatliche Anspruch auf einen Anteil am Unternehmensgewinn aus der Veräußerung von Anlagevermögen — immerhin in den meisten Fällen mehr als die Hälfte des Gewinns — ist es, der die betrieblich wie volkswirtschaftlich sinnvolle Mobilität von Produktionsfaktoren des Anlagevermögens behindert — ohne daß dabei die Besteuerung realisiert wird: Allein die Drohung des Fiskus, die Hälfte des Gewinns und mehr „wegzusteuern", verhindert den Verkauf. Unter steuerrechtlichen Gesichtspunkten gibt es keinen Zweifel an der Steuerpflichtigkeit von Veräußerungsgewinnen. Sie entspricht der Methode der Gewinnermittlung des Einkommensteuergesetzes (Reinvermögenszugang) wie auch dem Gewinnbegriff, dem realisierten Nominalgewinn (§ 2 EStG)[17]; so überrascht denn auch nicht, daß aus dem Blickwinkel der Steuerrechtssystematik jegliche Veränderung der bisherigen Praxis der Besteuerung von Veräußerungsgewinnen als überflüssig und der § 6b als „systemwidriger Fremdkörper" im Einkommensteuerrecht betrachtet wird[18].

Ganz anders die betriebswirtschaftliche und ökonomische Argumentation[19]. Sie geht von der besonderen Qualität der Veräußerungsgewinne aus. Diese seien eben keine Einkommen im volkswirtschaftlichen Sinne, denn es handele sich nicht um Einkommen aus Umsatzgewinnen aus laufender Geschäftstätigkeit, sondern um Wertzuwächse, die dementsprechend einer Wertzuwachssteuer zu entwerfen seien[20]. Unter steuertheoretischen Aspekten hieße dies: Gewinne aus Veräußerung von Anlagevermögen sind nicht Einkommen im Sinne des Einkommensbegriffs der EStG (und damit entsprechend der Reinvermögenszugangstheorie), sondern ein Vermögenszuwachs (entsprechend der Quellentheorie), dessen Besteuerung mit dem entsprechenden Einkommensteuertarif eine Substanzbesteuerung darstellt.

---

13 Prot. des Finanzausschusses, 4. WP, 88. Sitzung v. 29.9.1964, S. 12.

14 Dieter Schneider, Besteuerung von Veräußerungsgewinnen und Verkaufsbereitschaft: der fragwürdige „lock-in-Effekt", in: *Steuer und Wirtschaft*, 53. Jg., H. 3/1976, S. 197– 210.

15 BTDrs. IV/2400, S. 46.

16 Falk, Steueränderungsgesetz 1964 (Anm. 8), S. 357.

17 Vgl. Heinz Dieter Hessler, *Finanzwissenschaftliches System der Besteuerung*, Tübingen/ Düsseldorf 1976, S. 36 f.; Wolfgang Rieden, *Die betriebswirtschaftliche Bedeutung der Übertragung stiller Rücklagen gemäß § 6b des Einkommensteuergesetzes*, Diss., Köln 1972, S. 38.

18 So Littmann, *Einkommensteuergesetz*, Bd. I (Anm. 12), S. 1067.

19 Vgl. Rieden, *Betriebswirtschaftliche Bedeutung* (Anm. 17), S. 38 ff.

20 Vgl. zu dieser Diskussion ebd., S. 46 ff.

Diese hier nur kurz angerissenen unterschiedlichen steuertheoretischen Positionen spiegeln entgegengesetzte gesellschaftliche Interessenstandpunkte wider: die steuerrechtliche Position als die einer an Eindeutigkeit und an systematischer Integrität des fiskalischen Besteuerungsprozesses (in Erhebung und Rechtsprechung) interessierten Steuerverwaltung und Steuergerichtsbarkeit; die ökonomische Position, die auf eine Angleichung der Besteuerungsstrukturen an die betriebswirtschaftlichen Strukturen zielt. Der § 6b EStG entspricht auf spezifische Weise eher letzterer, doch scheint die wirtschaftspolitisch motivierte Relativierung der Besteuerung von Veräußerungsgewinnen selbst zumindest zum Teil Folge wirtschaftspolitisch motivierter Steuerpolitik zu sein. Gerade in der Genese, in der wirtschaftspolitischen Notwendigkeit einer Relativierung der Besteuerung von Veräußerungsgewinnen, zeigt sich die Fragwürdigkeit wirtschaftspolitischer Steuerpolitik: Ist es Anpassung an ökonomische Erfordernisse oder Lenkung wirtschaftlicher Abläufe? Ist der Lenkungsaspekt legitimatorische Symbolik oder tatsächlich Steuerung bzw. Beeinflussung privatwirtschaftlichen Investitionsverhaltens?

Veräußerungsgewinne kommen nur dann zustande, wenn in der Veräußerung stille Reserven realisiert werden, wenn also der in der Bilanz ausgewiesene Buchwert eines Wirtschaftsgutes des Anlagevermögens nicht dem tatsächlichen Marktwert entspricht, nämlich zu niedrig ausgewiesen ist. Die Differenz zwischen Verkaufserlös und ausgewiesenem Buchwert stellt sich als Verkaufsgewinn dar (andere mit dem Verkauf verbundene Kosten seien hier vernachlässigt). Wie aber kommt es zu dem niedrigen Buchwert? Im wesentlichen sind drei Ursachenkomplexe dafür maßgeblich:

– Auf der Erlösseite sind es insbesondere reale Wertsteigerungen, in denen sich der zunehmende Knappheitsgrad eines Wirtschaftsgutes ausdrückt (z.B. bei Grund und Boden), und inflationistische Preissteigerungen. Wären ausschließlich letztere für die Veräußerungsgewinne verantwortlich, so wäre der Vorwurf gerechtfertigt, mit der Besteuerung von Veräußerungsgewinnen fände eine Substanzbesteuerung statt. Inflationäre Prozesse bei der Besteuerung zu berücksichtigen, hieße jedoch, sich vom bisherigen Prinzip der Nominalwertbesteuerung abzuwenden: Unter dem Gesichtspunkt von Gleichbehandlung und steuerlicher Gerechtigkeit ist nicht einzusehen, warum diese Entwicklungen bei der Besteuerung von Veräußerungsgewinnen im Gegensatz zur übrigen Einkommensbesteuerung berücksichtigt werden sollten. Sind die Gewinne auf einen Wertzuwachs zurückzuführen, dann erscheint zwar die quellentheoretische Kritik gerechtfertigt, daß es sich hier um einmalige Gewinne handle und nicht um Umsatzgewinne aus laufender Geschäftstätigkeit, die es bei der Besteuerung (mit einer entsprechenden Steuer) zu berücksichtigen gelte; es ist jedoch kein Grund dafür erkennbar, warum die Besteuerung unterbleiben sollte, zumal es sich hier um Auswirkungen wirtschaftlicher Betätigung handelt bzw. sich Wachstumswirkungen der Gesamtwirtschaft niederschlagen.

– Die Entstehung von stillen (Zwangs-)Rücklagen[21] wurde besonders begünstigt durch die Bewertungsvorschriften des DM-Bilanzgesetzes vom 21.

---

21 Zur Unterscheidung von Zwangsrücklagen, Ermessensrücklagen und Willkürrücklagen vgl. Adolf Coenenberg, *Jahresabschluß und Jahresabschlußanalyse*, München [3]1976, S. 167 ff.

August 1949, das hinsichtlich der in der DM-Eröffnungsbilanz anzusetzenden Werte die Unternehmen durch Höchstwertvorschriften in der Bewertung des Anlagevermögens gebunden hatte[22]. Sofern also diese Anlagegüter im Betriebsvermögen der Unternehmen geblieben sind, sind aufgrund unveränderter Bilanzwerte und realer und nominaler Wertsteigerungen stille Rücklagen entstanden: „Insbesondere Grundstücken und Gebäuden, Wertpapieren und Beteiligungen haften auf Grund der Höchstwertvorschriften des D-Markbilanzgesetzes stille Zwangsrücklagen in beträchtlichem, teilweise von Jahr zu Jahr zunehmendem Umfang an. Die Veräußerungswerte dieser Anlagegüter betragen auf Grund der wirtschaftlichen Entwicklung der letzten 20 Jahre und der kontinuierlichen Geldentwertung heute regelmäßig ein Vielfaches des historischen Eröffnungswertes.“[23] Der Grund für den geringen Wertansatz unbeweglichen Anlagevermögens war der zu erwartende Lastenausgleich, der sich ja nach Vermögenswerten berechnen sollte[24]. Die von den Unternehmen so heftig beklagte Besteuerung von Veräußerungsgewinnen ist also Folge einer vorher erhaltenen langjährigen Begünstigung: die Einsparung von Lastenausgleichsabgaben aufgrund niedriger Buchwerte für unbewegliche Anlagegüter, die sich jedoch nicht gewinnerhöhend auswirkte, da die um so größeren Abschreibungsmöglichkeiten aufgrund der Aktivierung schon abgeschriebener Teile des beweglichen Anlagevermögens den Gewinn in der Steuerbilanz wesentlich niedriger erscheinen ließen, die Selbstfinanzierungsmöglichkeiten jedoch erhöhten.

— Schließlich begünstigen einkommensteuerliche Vorschriften die Bildung stiller Rücklagen. Die Möglichkeiten der degressiven Abschreibung für Gebäude — trotz der auf den ersten Blick niedrigen Jahressätze — führen gerade in den ersten Jahren des Abschreibungszeitraums zu stillen Rücklagen[25]. Auch die wirtschaftspolitisch motivierten Sonderabschreibungsmöglichkeiten trugen dazu bei, den Pool stiller Rücklagen der Unternehmen ansteigen zu lassen; ihr voller Umfang tritt erst im Falle der Veräußerung des Anlagevermögens zutage. Zwar wird in der Begründung bzw. steuerrechtlichen Rechtfertigung von degressiven Abschreibungen immer wieder und mit Recht betont, daß es sich hierbei nur um eine Steuerstundung handelt, die Steuer demnach fällig wird, wenn der Abschreibungsvorgang beendet ist; doch da in einer wachsenden Wirtschaft bzw. wachsenden Unternehmen stets neue abschreibungsfähige Anlagegüter (bewegliche wie unbewegliche) hinzukommen, werden die Voraussetzungen der Steuerstundung regelmäßig erneuert. Es ist kein steuersystematischer Grund erkennbar, wes-

---

22 Vgl. Rieden, *Betriebswirtschaftliche Bedeutung* (Anm. 17), S. 23 ff.

23 Ebd., S. 24; so auch die Argumentation der Bundesregierung, vgl. BTDrs. IV/2400, S. 62.

24 Vgl. Wolfgang Mersmann, Die Bewertung in der DM-Eröffnungsbilanz, in: *Steuer und Wirtschaft*, 1949, S. 678–703.

25 Es sollte nicht übersehen werden, daß von Wirtschaft wie Wirtschaftswissenschaften die degressive Abschreibung als die der tatsächlichen Nutzung eines Wirtschaftsgutes angemessene Abschreibungsmethode betrachtet wird. Daß es dadurch zu stillen Rücklagen kommt, ist u.a. auf die „Ungewißheit der Schätzung des richtigen Abschreibungsaufwandes“ zurückzuführen. Vgl. Coenenberg, *Jahresabschluß* (Anm. 21), S. 168; Rieden, *Betriebswirtschaftliche Bedeutung* (Anm. 17), S. 26 f.

halb gerade der durch die Transformierung von langjährigem, nicht versteuertem Umsatzgewinn über die stille Reserve zur Vermögensmehrung entstandene Gewinn im Moment seines Erscheinens im ganzen Umfang von der Besteuerung verschont werden soll.

Aus allen drei Entstehungsursachen von stillen Reserven und Veräußerungsgewinnen ergibt sich keine zureichende Begründung in der Systematik des Besteuerungssystems, die eine Nicht-Besteuerung von Veräußerungsgewinnen vertretbar erscheinen ließe, im Gegenteil: Jeder Ursachenkomplex rechtfertigt den Besteuerungsvorgang geradezu — einzige Ausnahme: der Veräußerungsgewinn entstand durch nominale, inflationär bedingte Wertzuwächse. Wenn es also keine steuerrechtlichen und steuersystematischen Rechtfertigungen für die Einführung des § 6b EStG gibt[26] und auch Regelungen bestehen, die in Ausnahmesituationen die Übertragung stiller Reserven ermöglichen[27], dann bleibt als Grund für den § 6b tatsächlich nur eine wirtschaftspolitische Zielrichtung, die 1. den defensiven Charakter staatlicher Steuer- und Wirtschaftspolitik angesichts privater Dispositionsrechte über Produktionsmitteleigentum deutlich macht und 2. die dadurch notwendige wirtschaftslenkende Form dieser Maßnahme hervorhebt: Die aus dem § 6b herausscheinende, restriktiv wirkende Lenkungsabsicht entlang gesamtwirtschaftlicher Rationalitätskriterien ist die notwendige Konsequenz aus dem steuerrechtlichen Anpassungsprozeß.

Zu 1.: Die wirtschaftliche Eigendynamik wie auch steuerrechtliche Vorschriften und wirtschaftspolitisch motivierte Vergünstigungen haben zur Bildung von stillen Reserven geführt, deren Besteuerung unter steuerrechtlichen Gesichtspunkten und unter dem Aspekt der Steuergerechtigkeit gerechtfertigt erscheinen sollte. Da die Unternehmen jedoch bei einer Veräußerung der entsprechenden Anlagegüter einen Teil des über die stillen Reserven akkumulierten Wertes an den Staat via Einkommensteuer abtreten müßten, unterbleibt — so die Vermutung der „Schöpfer" und Befürworter des § 6b — die Veräußerung

---

26 Werner Flume versucht in Abwehr der Argumentation von Eberhard Littmann eine steuersystematische Begründung, indem er den dem 6b zugrundeliegenden betriebswirtschaftlichen Vorgang die Qualität einer „Umorganisation von Vermögen innerhalb eines Betriebes" zuschreibt, dessen Besteuerung „grundsätzlich nicht sachgemäß" sei, denn: „Wenn man bei einer solchen Umorganisation die stillen Reserven des veräußerten Gutes einer Besteuerung unterwirft, handelt es sich um eine Organisationsteuer." Bermerkenswert an diesem Beitrag Flumes im *Handelsblatt* ist weniger die Stringenz steuertheoretischer Argumentation als vielmehr die Schärfe und Polemik, mit der Flume diesen für Wirtschaftsinteressen günstigen Steuerparagraphen gegen die Kritik von Littmann (*Einkommensteuergesetz*, Bd. I [Anm. 12]) in Schutz nimmt. Flume überbietet noch die Einschätzung Thiels (Die Übertragung stiller Reserven [Anm. 10]), der § 6b sei die bedeutsamste Reform des deutschen Bilanzsteuerrechts, indem er ihn zu „eine(r) der bedeutsamsten schöpferischen Leistungen des Steuerrechts überhaupt nach 1945" stilisiert. Vgl. Werner Flume, Ist der Paragraph 6b EStG schon wieder abbruchreif?, in: *Handelsblatt* v. 25.8.1966.

27 Solche Ausnahmefälle sind: Wenn ein Wirtschaftsgut zwangsweise aus dem Betriebsvermögen (aufgrund höherer Gewalt oder infolge oder zur Vermeidung eines behördlichen Eingriffs) ausscheidet und beim Tausch funktionsgleicher und wertgleicher Anteile an Kapitalgesellschaften. Vgl. hierzu Uelner, Der neue § 6b (Anm. 10), S. 364; Klaus Tipke, *Steuerrecht,* Köln [4]1977, S. 227, 229 f.; ausführlich: Rieden, *Betriebswirtschaftliche Bedeutung* (Anm. 17), S. 60–65, 33 ff.

zumindest solange, wie sich dem Unternehmen für die anvisierten Investitionen andere und billigere Finanzierungsmöglichkeiten darbieten oder auch die Notwendigkeit der entsprechenden Investition nicht drängend genug ist, um die Veräußerungsgewinnbesteuerung in Kauf zu nehmen[28]. Was jedoch unter betrieblichen Gesichtspunkten (mit Einschränkung) als rational gelten mag, wirkt gesamtwirtschaftlich als Sanktion der privaten Dispositionsfreiheit über das Eigentum gegen die akkumulationsinadäquate Praxis der Besteuerung: Es kommt zur tendenziellen Blockierung der Mobilität von Produktionsfaktoren (am empfindlichsten: Grund und Boden), die gleich in zweifacher Hinsicht auf den Staat selbst zurückwirkt: Da die Förderung einer größtmöglichen Mobilität der Produktionsfaktoren eines der zentralen Ziele staatlicher Wirtschaftspolitik gerade unter marktwirtschaftlichen Rahmenbedingungen ist, ist hier ein wirtschaftspolitisch sensibler Bereich getroffen. Die Ursache für diese Blockierung liegt beim Staat. Sein Steuersystem hat sie herbeigeführt – so zumindest muß es von staatlichen Akteuren perzipiert werden: „Die ökonomische Anpassung der Wirtschaft an strukturelle Veränderungen produktionstechnischer, verteilungswirtschaftlicher und regionaler Art wird gegenwärtig dadurch erschwert, daß bei Veräußerungen von Anlagegütern wegen der zumeist niedrigen Buchwerte oftmals hohe Veräußerungsgewinne entstehen, die der Gewinnbesteuerung unterliegen."[29] Was im Grunde eine Fortsetzung der steuerlichen Vergünstigung des Akkumulationsvermögens der Unternehmen ist, stellt sich als Abbau eines „steuerlichen Hemmnisses" dar. Diesem läßt sich der Subventionscharakter dann ohne weiteres absprechen[30].

Zu 2.: Mit der steuerrechtlichen bzw. steuerpolitischen Adaption an ökonomische Bedingungen werden die steuerlichen Prinzipien aber nicht aufgegeben: Die Besteuerung des Veräußerungsgewinns aus dem Verkauf von Anlagevermögen wird beibehalten, der Anspruch auf die Besteuerung des Gewinns wird selbst mit dem § 6b – zumindest formal – aufrechterhalten; gestattet wird die Übertragung der stillen Reserven, und zwar unter staatlich definierten Bedingungen (s. u.), für beide Seiten: Verkauf und Neuanlage. Dieser Prozeß soll nur dann besteuerungsfrei bleiben (bzw. korrekter: die Steuer soll

---

28 Anderer Meinung ist hier allerdings D. Schneider, der der Steuerverschluß-These vehement widerspricht und seinerseits aufgrund modelltheoretischer Überlegungen zu dem Ergebnis kommt, der 6b behindere „eine wirtschaftlich zweckmäßige Verteilung der Produktionsfaktoren und (treibe), gerade weil die Steuerbefreiung und nicht die Besteuerung das Angebot verknappt (verzögert), die Preise von Grundstücken und anderen Anlagegegenständen in die Höhe". Vgl. Schneider, Besteuerung von Veräußerungsgewinnen (Anm. 12), S. 198.

29 BTDrs. IV/2400, S. 46.

30 So stellt Söffing, der in dieser Hinsicht (so darf man vermuten) die Meinung des BMF vertritt, fest, daß es verfehlt sei, „die Regelung des § 6b als eine steuerliche Vergünstigung für Unternehmen zu bezeichnen; denn eine Regelung, die zum Abbau oder zur Beseitigung steuerlicher Hemmnisse dient, ist *keine Steuervergünstigung*. Durch derartige Regelungen werden lediglich betriebswirtschaftlich und volkswirtschaftlich vernünftige Entscheidungen eines Steuerpflichtigen ermöglicht, die infolge der bestehenden steuerlichen Vorschriften sonst nicht zur richtigen Zeit oder überhaupt nicht getroffen würden." Günther Söffing, Erläuterungen zu § 6b EStG, in: Fritz Lademann/ Edgar Lenske/Hedin Brockhoff, *Kommentar zum Einkommensteuergesetz*, Loseblatt-Sammlung, Stuttgart usw., Nachtrag Mai 1977, S. 10 – Hervorhebung dort.

gestundet werden), wenn darin eine gesamtwirtschaftliche Rationalität zu entdecken ist. Mit dem wirtschaftspolitischen Ziel, das Wirtschaftswachstum durch größere Mobilität der Produktionsfaktoren und durch entsprechende Wiederanlage der Veräußerungsgewinne zu fördern, wird die verteilungspolitische Problematik der Nichtbesteuerung von Veräußerungsgewinnen neutralisiert: Wirtschaftswachstum ergibt einen gesamtgesellschaftlichen Nutzen. Oberregierungsrat Söffing im BMF drückt das in der Kommentierung zum § 6b so aus: „Man darf in diesem Zusammenhang auch nicht vergessen, daß die rechtzeitige freiwillige Veräußerung von Wirtschaftsgütern des Anlagevermögens und die rechtzeitige Anschaffung oder Herstellung anderer Reinvestitionsgüter regelmäßig die Voraussetzung für die Erhaltung und die Erweiterung des Betriebs und damit auch die Voraussetzung für die Erhaltung und Neuschaffung von Arbeitsplätzen ist. Es ist daher eine viel zu enge Betrachtung, die Regelung des § 6b als eine nur unternehmensbegünstigende anzusehen. Sie ist – in dem geschilderten Zusammenhang – vielmehr auch eine *sozialpolitische* Maßnahme."[31]

3.2. Der Vorläufer des § 6b EStG und verwandte Regelungen

Schon in der Regulierung der Steinkohlenkrise stand die staatliche Wirtschaftspolitik vor dem Problem, daß aufgrund der drohenden Besteuerung von Veräußerungsgewinnen der betriebswirtschaftlich und volkswirtschaftlich sinnvolle Verkauf von Anlagevermögen unterblieb. Im Gesetz zur Förderung der Rationalisierung im Steinkohlenbergbau vom 29. Juli 1963[32] ermöglichte es § 30 den Unternehmen, Veräußerungsgewinne, die durch Anlageverkäufe im Zusammenhang mit der Stillegung von Schachtanlagen entstanden waren, in eine steuerfreie Rücklage einzubringen.

Der § 6b ist auf die Dauer nicht alleine geblieben. Es entstanden zahlreiche Regelungen, die die Besteuerung von Veräußerungsgewinnen unter bestimmten Bedingungen aussetzten und die Übertragung der stillen Reserven erlaubten, um so eine unter regionalen, sektoralen oder raumordnungspolitischen Gründen erwünschte größere Mobilität von Anlagevermögen – meist Grund und Boden – zu ermöglichen[33]. Bemerkenswert ist, daß diese Ausnah-

---

31 Ebd., S. 10, Hervorhebung v. Verf.

32 BGBl. I, 1973, S. 549.

33 Nach einer Zusammenstellung von Coenenberg sind entsprechende Vorschriften in folgenden Gesetzen auszumachen:
    – Rücklage für Kapitalanlagen in Entwicklungsländern gem. § 34d EStG bzw. § 1 Abs. 1 Nr. 2 Entwicklungshilfe-Steuergesetz;
    – Rücklage gem. § 30 Abs. 1 des Gesetzes zur Förderung der Rationalisierung im Steinkohlenbergbau (BGBl. I, 1963, S. 549);
    – Rücklage für neue Kraftwerke gem. § 1 des Gesetzes zur Förderung der Verwendung von Steinkohle in Kraftwerken vom 12.8.1965 (BGBl. I, 1965, S. 777);
    – Rücklage gem. § 3 Abs. 1 des Gesetzes über steuerliche Maßnahmen bei der Stillegung von Steinkohlebergwerken (BGBl. I, 1967, S. 403);
    – Rücklage für Vorratsvermögen in West-Berlin gem. § 15 Berlinförderungsgesetz (BFG);
    – Rücklage für Zuschüsse aus öffentlichen Mitteln gem. Abschn. 34 EStR;

meregelungen in relativ kurzer Zeit entstanden sind, war doch das zugrunde liegende Problem schon lange bekannt und für jedes Unternehmen spürbar. Wenn dennoch bis Anfang der sechziger Jahre an der bisherigen Besteuerungspraxis festgehalten wurde und es der Staat erst ab 1963 als notwendig ansah, den „Klagen der Wirtschaft" (Falk) nachkommen zu müssen, dann ist die Vermutung berechtigt, daß dies seit eben diesem Zeitpunkt als Problemdruck perzipiert wurde. So verlangten staatliche Industrieansiedlungsprogramme, städtebauliche Maßnahmen oder auch die krisenpolitische Bewältigung der Schrumpfung des Steinkohlenbergbaus, sollten sie erfolgreich sein, daß die Umstrukturierung von Anlagevermögen erleichtert werden müsse. Insofern könnte die Einführung des § 6 b weit vor dem Stabilitätsgesetz und der Krise 1966/67 das Ende der Rekonstruktionsperiode der deutschen Wirtschaft nach dem Zweiten Weltkrieg markieren: eine staatliche Reaktion auf die ökonomisch notwendig gewordenen Umstrukturierungsprozesse unter Absicherung aufgelaufener Vermögenswerte[34].

3.3. Entstehung und Inhalt des § 6 b EStG

3.3.1. Der Entwurf der Bundesregierung und die Diskussion im Finanzausschuß

In ihrem ersten Entwurf des § 6 b EStG im Rahmen des Steueränderungsgesetzes 1964[35] sah die Bundesregierung vor, daß Steuerpflichtige, die
- Grund und Boden,
- Wald („stehendes Holz und zugehöriger Grund und Boden"),
- Gebäude,
- abnutzbare bewegliche Wirtschaftsgüter mit einer betriebsgewöhnlichen Nutzungsdauer von mindestens 25 Jahren,
- Schiffe oder
- Anteile an Kapitalgesellschaften

- Rücklage gem. BMWF-Schreiben betreffend steuerliche Maßnahmen zur Förderung von Investitionen im Zonenrandgebiet nach § 3 des Zonenrandförderungsgesetzes vom 5. Aug. 1971 (BGBl. I, 1971, S. 1237), in: BStBl. I, 1971, S. 386 ff.;
- Rücklage nach dem Gesetz über steuerliche Maßnahmen bei Auslandsinvestitionen der deutschen Wirtschaft vom 18.8.1969 (BGBl. I, 1969, S. 1214); § 1 bei Überführung bestimmter Wirtschaftsgüter in ausländische Betriebe, § 2 für Verluste ausländischer Tochtergesellschaften, § 4 i.V.m. § 6 b EStG zur Übertragung stiller Reserven auf Anteile an ausländischen Kapitalgesellschaften;
- Rücklage gemäß § 82 Städtebauförderungsgesetz (BGBl. I, 1971, S. 1125) i.V.m. § 6 b EStG.

Vgl. *Coenenberg, Jahresabschluß* (Anm. 21), S. 167.

34 Dem § 6 b EStG verwandte bzw. gleichwertige Regelungen der Übertragung stiller Reserven im Falle der Veräußerung gibt es auch in anderen EG-Ländern. Vgl. *Gutachten der Steuerreformkommission 1971* (Anm. 11), S. 928 ff.; Günter Lutz, *Die steuerliche Erfassung realisierter stiller Reserven des Anlagevermögens in den EWG-Staaten Belgien, Bundesrepublik Deutschland, Frankreich, Großbritannien und Niederlande,* Bern/Frankfurt a.M. 1973.

35 BTDrs. IV/2400.

veräußern, im Wirtschaftsjahr des Verkaufs von dem Buchwert derjenigen Wirtschaftsgüter, die in diesem oder im vorangegangenen Wirtschaftsjahr angeschafft oder hergestellt worden sind, einen Betrag in der Höhe des Veräußerungsgewinns abziehen können. Der Abzug ist jedoch nur dann zulässig, wenn es sich um

1. abnutzbare bewegliche Wirtschaftsgüter handelt;
2. um Grund und Boden — soweit der Gewinn bei der Veräußerung von Grund und Boden entstanden ist;
3. um Wald — soweit der Gewinn bei der Veräußerung von Wald entstanden ist;
4. um Gebäude — soweit der Gewinn bei der Veräußerung von Grund und Boden, Wald, Gebäuden oder Anteilen an Kapitalgesellschaften entstanden ist; oder
5. um Anteile an Kapitalgesellschaften — soweit der Gewinn bei der Veräußerung von Anteilen an Kapitalgesellschaften entstanden ist; Voraussetzung ist allerdings hier, daß „der Bundesminister für Wirtschaft im Benehmen mit dem Bundesminister der Finanzen und der von der Landesregierung bestimmten Stelle bescheinigt hat, daß der Erwerb der Anteile unter Berücksichtigung der Veräußerung der Anteile volkswirtschaftlich besonders förderungswürdig ist; dies ist insbesondere dann anzunehmen, wenn die Unternehmensstruktur eines Wirtschaftszweigs verbessert wird."[36]

Sollte dieser Abzug im Wirtschaftsjahr der Veräußerung nicht stattgefunden haben, können die Steuerpflichtigen eine entsprechende Rücklage bilden, die den steuerlichen Gewinn entsprechend mindert. Diese Rücklage kann — so der Entwurf der Bundesregierung — auf Wirtschaftsgüter, die in den folgenden zwei Jahren angeschafft oder hergestellt worden sind, entsprechend den vorgenannten Regelungen übertragen werden. Sollte die Rücklage am Ende des zweiten Wirtschaftsjahres noch vorhanden sein, muß sie gewinnerhöhend aufgelöst werden (Abs. 3 des Entwurfs).

In den Kreis der begünstigten Steuerpflichtigen konnten nur solche Unternehmen gelangen, die ihren Gewinn aufgrund ordnungsmäßiger Buchführung ermittelten und wenn die veräußerten Wirtschaftsgüter sechs Jahre im Besitz einer inländischen Betriebsstätte waren und auch die angeschafften bzw. hergestellten Wirtschaftsgüter zum Anlagevermögen einer inländischen Betriebsstätte gehörten (Abs. 4 des Entwurfs).

Beispiel: Ein Unternehmen besitzt ein Grundstück, das, vor mehr als sechs Jahren angeschafft, mit einem Buchwert von 100 000 DM in der Bilanz ausgewiesen ist. Seit Anschaffung des Grundstücks hat ein Wertzuwachs stattgefunden, so daß der Erlös des Grundstücks im Falle der Veräußerung mit 500 000 DM ein Mehrfaches des in der Bilanz ausgewiesenen Buchwertes betragen würde. Das Unternehmen würde somit einen Gewinn von 400 000 DM realisieren, der dem vollen Einkommensteuersatz unterläge. Tatsächlich hat natürlich dieses Grundstück schon vor der Veräußerung diesen Wert, auch wenn in der Bilanz ein wesentlich niedrigerer ausgewiesen ist. Dieser nicht ausgewiesene Wert von 400 000 DM, der erst im Falle der Veräußerung erscheint, stellt eine „stille Reserve" für das Unternehmen dar. Aus betriebswirtschaftlichen Gründen mag es sich aufgrund der anfallenden Einkommensteuer in vielen Fällen als günstiger erweisen, zur Finanzierung von Investitionen andere Möglichkeiten zu nutzen als den Verkauf von Anlagevermögen. Anders sieht es bei Inanspruchnahme des § 6 b aus: Das Unternehmen kann jetzt den gesamten Veräußerungsgewinn zur weiteren Investitionsfinanzierung nutzen: zur Finanzierung eines anderen Grundstücks, zur Errichtung von Gebäuden, für bewegliche Wirtschaftsgüter des Anlagevermögens. Die vormalige stille Reserve findet sich jetzt im neuen Anlagevermögen, mit entsprechendem Buchwert in der Bilanz ausgewiesen, wieder. Zumindest im Falle der Wiederanlage in Grund und Boden ist eine endgültige Steuerersparnis eingetreten und im Falle der Wiederanlage in abnutzbare Wirtschaftsgüter eine Steuerstundung, die sich allerdings unter den Bedingungen eines wachsenden und stetig investierenden Unternehmens zeitlich immer weiter hinausschiebt.

Die Beratungen des Finanzausschusses zum § 6b EStG standen unter erheblichem Zeitdruck[37]. Anträge der SPD-Fraktion, den § 6b in den zu einem späteren Termin zu verabschiedenden Teil II des Steueränderungsgesetzes 1964 aufzunehmen (92. Sitzung), lehnte die Mehrheit der Regierungskoalition (CDU/CSU und FDP) ab[38]. Eine grundsätzliche Diskussion über die steuerfreie Übertragung stiller Reserven hat — soweit dies anhand der Protokolle des Finanzausschusses erkennbar ist — nicht stattgefunden. Aus konjunkturpolitischen Gründen (überschäumende Konjunktur 1964) hielten einige Mitglieder des Finanzausschusses den Zeitpunkt der Einführung des § 6b für problematisch. Ihrem Einwand wurde von Regierungsseite entgegengehalten, daß man „nicht alle Lebensbereiche unter Konjunkturgesichtspunkten betrachten dürfe. Die Vorschrift sei auf jeden Fall geeignet", so der Regierungsvertreter, „die Unternehmen zum Abstoßen unproduktiver Wirtschaftsgüter zu veranlassen, Rationalisierungsmaßnahmen anzuregen und damit die Angebotsseite zu stärken. Diese Wirkung rechtfertige die Einführung der Bestimmung zum jetzigen Zeitpunkt, selbst wenn sie eine gewisse Erhöhung der Investitionstätigkeit und damit der Nachfrage mit sich bringen könnte."[39]

Grundsätzliche Bedenken drückten sich allerdings in dem Antrag der SPD-Fraktion aus, die Begünstigung des § 6b auf fünf Jahre zu befristen und dann auf der Basis der bis dahin gesammelten Erfahrungen neu zu entscheiden, ob diese Vorschrift aufrechtzuerhalten sei. Obwohl die Regierungsvertreter hervorhoben, es handle sich hier nicht um eine vorübergehende Maßnahme, sondern Schwierigkeiten der Wirtschaft sollten auf Dauer behoben werden, stimmte eine knappe Ausschußmehrheit für eine Befristung auf fünf Jahre[40]. Sie wurde allerdings in einer der folgenden Ausschußsitzungen[41] auf Antrag der FDP-Fraktion wieder fallengelassen; man sprach sich aber auf Anregung der SPD einmütig dafür aus, daß die Bundesregierung nach Ablauf der fünf Jahre einen Erfahrungsbericht über die Auswirkungen der Vorschrift vorlegen solle.

Die übrigen Beratungen waren vor allem von Strategien der Fraktionen bestimmt, den Begünstigungseffekt gegenüber dem im Regierungsentwurf vorgesehenen Umfang auszudehnen, wobei vor allem mittelständische und landwirtschaftliche Interessen Berücksichtigung fanden. Erfolgreich waren hier FDP und CDU/CSU: Auf Antrag der FDP wurde der Übertragungszeitraum stiller

37 Prot. des Finanzausschusses, IV. WP, 89., 91., 92., 93. Sitzung (29.9.–15.10.1964).
38 Um etwaige Verzögerungen des Inkrafttretens des Steueränderungsgesetzes und des § 6b zu vermeiden, war man statt dessen eher dazu bereit, auf einen Teil der Regelungen (§ 6b Abs. 1, Satz 2, Ziff. 5 – Übertragung stiller Reserven auf Anteile an Aktiengesellschaften) zu verzichten.
39 Prot. des Finanzausschusses, IV. WP, 88. Sitzung.
40 Prot. des Finanzausschusses, IV. WP, 89. Sitzung.
41 Prot. des Finanzausschusses, IV. WP, 92. Sitzung.

Reserven auf Gebäude und Schiffe von zwei auf vier Jahre ausgedehnt[42] und wurden — nach wiederholtem Antrag — die nicht-buchführenden Gewerbetreibenden in den Kreis der Begünstigten aufgenommen[43]; auf Antrag der CDU/ CSU stieß explizit auch die Landwirtschaft hinzu[44]. Keinen Erfolg hatte die SPD mit ihrem Antrag, der später auch vom Mittelstandausschuß des Deutschen Bundestages gestützt wurde[45], die Begünstigungswirkung des § 6b auf der Veräußerungsseite durch eine Herabsetzung der betriebsgewöhnlichen Nutzungsdauer der infrage kommenden abnutzbaren Wirtschaftsgüter von 25 auf zehn Jahre zu erweitern[46].

Kompetenzfragen zwischen Bund und Ländern boten hingegen einen Konfliktstoff, der fast den Zeitplan der Bundesregierung durcheinander gebracht hätte. Der Bundesrat hatte nämlich in seiner Stellungnahme zum § 6b EStG in der Frage der Übertragung stiller Reserven auf Anteile von Kapitalgesellschaften vorgeschlagen, daß die geforderte Bescheinigung der volkswirtschaftlichen Förderungswürdigkeit nicht durch das Bundeswirtschaftsministerium, sondern durch „die von der Landesregierung bestimmte Stelle im Benehmen mit dem Bundesminister für Wirtschaft" erteilt werden und die Federführung bei der jeweiligen Entscheidung demnach bei dem betreffenden Bundesland liegen solle[47]. Die damit vom Bundesrat erhobenen verfassungsrechtlichen Bedenken gegen die Vorschrift in der vorliegenden Form wurden in einem Schreiben des Landes Bayern ausdrücklich betont[48]. Der Bundeswirtschaftsminister dagegen hielt eine Übertragung der Entscheidungsbefugnis im Bescheinigungsverfahren des § 6b auf das Bundeswirtschaftsministerium für unerläßlich, wenn volkswirtschaftlich gefährliche Auswirkungen vermieden werden sollten. Eher sei er bereit, so in einem Schreiben an den Finanzausschuß, auf diese Regelung zu verzichten, als dem Änderungsvorschlag des Bundesrates zu folgen[49]. Das Interesse der Regierungsparteien, den § 6b noch im Rahmen des Steueränderungsgesetzes 1964 zu verabschieden und am 1. Januar 1965 in

---

42 Prot. des Finanzausschusses, IV. WP, 92. Sitzung.
43 Prot. des Finanzausschusses, IV. WP, 108. Sitzung. Eine entsprechende Vorschrift wurde mit dem § 6c EStG im Rahmen des Steueränderungsgesetzes 1965 eingeführt (BGBl. 1965, S. 377).
44 Prot. des Finanzausschusses, IV. WP, 92. Sitzung; vgl. unten S. 139: Graphische Darstellung der Übertragungsmöglichkeiten von Veräußerungsgewinnen nach §§ 6b, 6c EStG.
45 Prot. des Finanzausschusses, IV. WP, 93. Sitzung.
46 Die Regierungsvertreter sprachen sich insbesondere deshalb gegen diese Möglichkeit aus, weil man bei der Grenzziehung einer mindestens 25jährigen betriebsgewöhnlichen Nutzungsdauer von beweglichen Wirtschaftsgütern „im wesentlichen" an die Überlandleitungen der Versorgungsunternehmen gedacht habe; denn es liege im Interesse einer Verbesserung der „außerordentlich ungünstigen Strukturverhältnisse der Versorgungswirtschaft" (die allerdings nicht genauer spezifiziert wurden), die Veräußerung dieser Gegenstände zu erleichtern. Diese Versorgungsleitungen direkt herauszugreifen, sei jedoch „nicht glücklich", „weil dann innerhalb derselben Einkommensart eine Sonderbehandlung für eine einzelne Branche getroffen wird. Eine abstrakte Formulierung verdiene den Vorzug." (Prot. des Finanzausschusses, IV. WP, 92. Sitzung.)
47 Prot. des Finanzausschusses, IV. WP, 89. Sitzung.
48 Prot. des Finanzausschusses, IV. WP, 91. Sitzung.
49 Prot. des Finanzausschusses, IV. WP, 92. Sitzung.

Kraft treten zu lassen, war so groß, daß man angesichts einer etwaigen Anrufung des Vermittlungsausschusses durch den Bundesrat in dieser Frage und der damit verbundenen zeitlichen Verzögerung zunächst beschloß, auf diese Regelung (Abs. 1 Satz 2 Ziff. 5) zu verzichten; in der darauffolgenden Sitzung übernahm man jedoch einen Vorschlag des Wirtschaftsausschusses, der schließlich auch im Gesetz seinen Niederschlag fand: Der Erwerb von Anteilen an Kapitalgesellschaften sollte nur dann begünstigt werden, wenn Veräußerung *und* Erwerb volkswirtschaftlich besonders förderungswürdig und ferner geeignet seien, die Unternehmensstruktur eines Wirtschaftszweiges zu verbessern oder einer breiten Eigentumsstreuung zu dienen. Damit seien Ziele formuliert, die zu realisieren eindeutig eine zentrale Betrachtung erfordere. Verfassungsrechtliche Bedenken seien somit hinfällig — so die Regierungsvertreter in ihrer den Vorschlag des Wirtschaftsausschusses unterstützenden Argumentation[50].

Fassen wir zusammen: Die Beratungen im Finanzausschuß waren in erster Linie dazu bestimmt, bisher nicht berücksichtigte gesellschaftliche Interessen zu artikulieren und im Gesetz zu repräsentieren sowie gegenläufige föderale Interessen von Bund und Ländern zu harmonisieren. Wirtschaftspolitische Argumente, insbesondere wettbewerbspolitische Probleme der Regelung, wurden primär von den Regierungsvertretern vorgebracht und von den Parlamentariern eher passiv rezipiert. Lediglich die SPD machte in Form des Befristungsantrags das Unbehagen an dieser Vorschrift deutlich, und sie war es auch, die einen Erfahrungsbericht nach fünf Jahren Anwendung forderte und von den Regierungsvertretern verlangte, näher zu spezifizieren, wie man sich denn die Kriterien für die in Abs. 2 Satz 2 Ziff. 5 (Erwerb von Anteilen an Kapitalgesellschaften) vorgesehene Bescheinigung der besonderen volkswirtschaftlichen Förderungswürdigkeit (s. u.) denke.

Gemessen an der steuerpolitischen, wirtschaftspolitischen und auch verteilungspolitischen Bedeutung des § 6b ist der Zeitdruck, dem diese Regelung in den parlamentarischen Beratungen ausgesetzt war, bemerkenswert. Zwar hat sich der Finanzausschuß im gesamten zur Verfügung stehenden Zeitraum relativ ausführlich — verglichen mit der üblichen Beratungsdauer — mit dem Gegenstand befaßt, doch hat er nicht die Zeit gefunden, sich auf eine grundsätzliche Diskussion einzulassen. Die parlamentarische Behandlung des § 6b EStG scheint geradezu ein klassischer Fall für die These vom politischen Übergewicht der Gesetzesproduktion der Ministerialbürokratie zu sein: Von seiten der Parlamentarier wurde weder eine grundsätzliche Betrachtung der Notwendigkeit dieser Regelung angestellt, noch konnte dem finanz- und wirtschaftspolitischen Sachverstand mit steuerungspolitischer Färbung der Ministerialbürokratie Gleichwertiges entgegengesetzt werden. Dies führte dazu, daß gerade aufgrund der Komplexität dieser Regelung die Spannweite des Steuerungsbereichs und der Steuerungsziele lediglich noch von den Regierungsvertretern erfaßt wurde, die die Ausgrenzung eventueller Gefahren dieser Regelung betonten und die steuerungspolitische Diskriminierungsfähigkeit der Vorschrift auch gegen Vorschläge der Abgeordneten verteidigten.

---

50 Prot. des Finanzausschusses, IV. WP, 93. Sitzung.

3.3.2. Regelung des § 6 b EStG: die doppelt eingegrabene gesamtwirtschaftliche Rationalität

Die Substanz des § 6 b ist die Übertragbarkeit stiller Reserven, die bei Veräußerung eines Wirtschaftsgutes des unbeweglichen bzw. beweglichen Anlagevermögens offengelegt werden, auf neu erworbene Wirtschaftsgüter. Die Qualitäten der veräußerten und der neuerworbenen Wirtschaftsgüter müssen in einem vom Gesetz vorgeschriebenen Entsprechungsverhältnis stehen (Abs. 1). Am besten läßt sich diese Vorschrift bzw. die vom Gesetzgeber zugelassenen Bewegungsmöglichkeiten der stillen Reserven an einem Schaubild verdeutlichen (s. S. 139). Die Übertragungsstruktur ist im wesentlichen von dem Gedanken geprägt, daß die bei der Veräußerung aufgedeckten stillen Reserven nicht auf ein neu erworbenes Wirtschaftsgut übertragen werden dürfen, dessen Nutzungsdauer die des veräußerten Wirtschaftsgutes übersteigt, ,,weil dadurch die Versteuerung der stillen Reserven sehr lange, evtl. bis in das Jahr der Aufgabe oder Veräußerung des Betriebes hinausgeschoben werden könnte"[51]. Daraus ergibt sich, daß zwar das Konzept des § 6 b, die Übertragungsmöglichkeit der stillen Reserven im Veräußerungsfalle, einen ökonomischen Rationalitätserwägungen geschuldeten Verzicht auf unmittelbare Besteuerung des Veräußerungsgewinns darstellt; die Kriterien der Übertragungsstruktur sind jedoch aus allgemeinen fiskalischen bzw. steuerpolitischen und auch steuertheoretischen Überlegungen gewonnen: Der Steuerpflichtige soll durch die Inanspruchnahme der Vergünstigung nicht auch noch in eine vorteilhaftere Eigentumsposition gelangen, die ihm eventuell geringere Steuerzahlungen ermöglicht. Aus diesem Grund ist die steuermindernde Übertragung jeglichen Veräußerungsgewinns auf abnutzbare bewegliche Wirtschaftsgüter grundsätzlich möglich, da diese in überschaubarem Zeitraum abgeschrieben werden und somit nach erfolgter Abschreibung eine höhere Besteuerung eintritt[52]. Darüber hinaus können die offengelegten stillen Reserven aus der Veräußerung von Grund und Boden, Gebäuden, Anteilen an Kapitalgesellschaften und landwirtschaftlichen Anlagen auf die Herstellung und Anschaffung von Gebäuden übertragen werden. Grund und Boden jedoch kann ebenso wie landwirtschaftliche Anlagen nur durch die vorherige Veräußerung eines gleichen Wirtschaftsgutes steuermindernd erworben werden; noch stärker einschränkend sind die Übertragungsmöglichkeiten beim Erwerb von Anteilen an Kapitalgesellschaften: Hier bedarf es der Bewilligung durch das Bundeswirtschaftsministerium.

Zwar ist die Struktur der Übertragungsmöglichkeiten, wie gezeigt, in erster Linie von fiskalischen und steuerpolitischen Erwägungen bestimmt; dennoch ist auch eine wirtschaftspolitische Entscheidung enthalten. An Stelle einer diffusen Begünstigung von Kapitalmobilität begünstigt der § 6 b den Erwerb von abnutzbaren beweglichen Wirtschaftsgütern und beinhaltet damit eine strukturbedingte Förderung von produktionstechnischen Modernisierungs- und Rationalisierungsstrategien, die sich vornehmlich mit solchen Wirtschaftsgütern realisieren lassen[53]. Ob dies allerdings im Interesse einzelwirtschaftlicher Rationali-

---

51 Uelner, Der neue § 6 b (Anm. 10), S. 367.
52 Zu den dabei zu beachtenden Problemen s. oben Kap. III. 2.3.3.1.
53 Vgl. Bericht der Bundesregierung an den Finanzausschuß des Deutschen Bundestages über die Auswirkungen der §§ 6 b und 6 c EStG vom 9.2.1977 (Az. I A 5 – Vw 4600 – 7/76) (zit. im folgenden: Erfahrungsbericht 6 b, c), S. 3.

Graphische Darstellung der Übertragungsmöglichkeiten von Veräußerungsgewinnen nach §§ 6b, 6c EStG

Verwendung für: / Veräußerung von:	Abnutzbare bewegliche Wirtschaftsgüter	Gebäude	Grund und Boden	Anteile an Kapitalgesellschaften	Aufwuchs auf oder Anlagen im Grund und Boden	Gewinnerhöhende Auflösung der Rücklage	Den steuerlichen Gewinn mindernde Rücklage
Grund und Boden	ja	ja	ja				Einstellung in die Rücklage bis zu 2 Jahren. Fristverlängerung auf 4 Jahre bei neu hergestellten Gebäuden und Schiffen, wenn mit ihrer Herstellung vor dem Schluß des zweiten auf die Bildung der Rücklage folgenden Wirtschaftsjahres begonnen worden ist.
Gebäuden	ja	ja					
Anteilen an Kapitalgesellschaften	ja	ja		bewilligungspflichtig		Bei nicht fristgerechter Verwendung der Mittel muß die Rücklage gewinnerhöhend aufgelöst werden.	
Schiffen	ja		------				
abnutzbaren beweglichen Wirtschaftsgütern mit einer Nutzungsdauer von 25 u. mehr Jahren	ja						
Aufwuchs auf oder Anlagen im Grund und Boden (Land- und Forstwirtschaft)	ja	ja			ja		
lebendem Inventar (bei Betriebsumstellungen in der Land- u. Forstwirtschaft)	ja						

Bei den nicht gekennzeichneten Feldern ist eine Übertragung nicht möglich.

Quelle: Bericht der Bundesregierung an den Finanzausschuß des Deutschen Bundestages über die Auswirkungen der §§ 6b und 6c EStG. BMF Az. I A 5 – Vw 4600 – 7/76, S. 4.

tät liegen kann, ist zweifelhaft: Sie muß daran interessiert sein, ein möglichst geringes Gefälle zwischen der Nutzungsdauer des veräußerten und des erworbenen Gutes zu verwirklichen. Unter diesem Gesichtspunkt ist erwartungsgemäß die Veräußerung von Grund und Boden sowie die Übertragung der stillen Reserven in Grund und Boden die vorteilhafteste Nutzung des § 6b, was jedoch nur beschränkt möglich ist. Die zweitbeste Möglichkeit ist die Übertragung auf die Anschaffung und Herstellung von Gebäuden; angesichts von immerhin vier Übertragungsoptionen dürfte sie am häufigsten genutzt werden.

Den Beratungen des Finanzausschusses war zu entnehmen, daß das Bundeswirtschaftsministerium nur dann eine Möglichkeit der Übertragung der stillen Reserven aus der Veräußerung von Anteilen an Kapitalgesellschaften auf Anteile an Kapitalgesellschaften gewähren wollte, wenn die Bewilligungskompetenz auch beim BMWi liegen würde. Die entsprechenden Fälle sollten auf besondere volkswirtschaftliche Förderungswürdigkeit, auf Verbesserung der Unternehmensstruktur in einem Wirtschaftszweig und auf Verbesserung der Eigentumsstreuung geprüft werden. Während sich also im ersten Falle die wirtschaftspolitische Ausrichtung — unabhängig von der Grundkonzeption der Vorschrift — an Tatbestandsmerkmalen, somit an Formelementen, festmacht und von seiten der Vollzugsbehörde, dem jeweiligen Finanzamt, lediglich festgestellt werden muß, ob die entsprechenden Wirtschaftsgüter vorliegen, es sich also um den klassischen Verwaltungsvollzug handelt, wird im zweiten Fall die inhaltliche Qualität des ökonomischen Vorgangs beurteilt, dessen wirtschaftspolitische Qualifizierung durch die Administration nach den in der Vorschrift (sehr allgemein) festgelegten Kriterien über die Übertragbarkeit der stillen Reserven entscheidet. Nicht mehr übliche steuerbilanztechnische Merkmale im Sinne einer traditionellen verwaltungsmäßigen „wenn-dann-Konstruktion" sind allein maßgebend; sie geben nur die eine Bedingung an. Entscheidend ist die Bewertung des Vorgangs unter politisch festgelegten funktionalen Bezugspunkten[54]. Anhand des Erfahrungsberichts der Bundesregierung zur Anwendungspraxis der §§ 6b und 6c soll im folgenden geprüft werden, welche Nutzungsprofile ein solches Konzept funktionaler Subventionspolitik generiert.

3.4. Nutzungsprofil der Übertragbarkeit stiller Reserven — volkswirtschaftlich förderungswürdig?

Die durch die Inanspruchnahme der Vergünstigungen der §§ 6b und 6c EStG verursachten Steuermindereinnahmen sind, gemessen am Gesamtsteueraufkommen wie am gesamten durch Steuervergünstigungen bedingten Steuerausfall, relativ niedrig. Der im Entwurf des Steueränderungsgesetzes 1964 angekündigte Steuerausfall von 100 Mio. DM[55] wurde zwar schon im ersten Jahr um nahezu das Doppelte überschritten, doch mit durchschnittlich 280 Mio. DM in den Jahren von 1967 bis 1971 und ca. 500 Mio. DM in den achtziger Jahren scheint der § 6b EStG zu den „kleineren" Steuervergünstigungen zu zählen[56]. Betrachtet man jedoch lediglich die der gewerblichen Wirtschaft all-

---

54 Damit ist ein Übergang von der Konditionalprogrammierung zur Zweckprogrammierung gegeben. Vgl. Niklas Luhmann, *Zweckbegriff und Systemrationalität*, Frankfurt a.M. 1968.
55 BTDrs. IV/2400, S. 59.
56 Zum Vergleich dazu: Der § 7b EStG verursachte 1982 Steuerausfälle von 4 Mrd. DM.

gemein zukommenden Steuervergünstigungen[57], dann machen die so bedingten Steuerausfälle fast ein Viertel davon aus. Ihr tatsächliches Gewicht kommt
erst mit dem einzelnen Nutznießer in den Blick: Für ihn kann der Vorteil einige Millionen Mark ausmachen.

Dem Unbehagen einiger Abgeordneter ist es zu verdanken, daß zumindest
für die ersten Jahre einige genaue Informationen über das Nutzungsprofil dieser Steuervergünstigung vorhanden sind. Anhand des „Erfahrungsberichts"[58]
der Bundesregierung über die Anwendung der §§ 6b und 6c ist es möglich, einen Eindruck davon zu erhalten, ob sich die von der Bundesregierung mit den
§§ 6b, c verbundenen Ziele verwirklichen ließen bzw. ob sich tatsächlich in
der Nutzungsstruktur gesamtwirtschaftliche Rationalitätskriterien wiederent-
decken lassen. Es stellt sich die Frage, ob es mit dem Abbau der „goldenen
Fessel" (Uelner) der Besteuerung von Veräußerungsgewinnen tatsächlich gelungen ist,
- eine größere Mobilität der Produktionsfaktoren zu erreichen und es Anhaltspunkte dafür gibt, daß sich die angestrebte Unterstützung unterneh-
  merischer Modernisierungs- und Rationalisierungsstrategien auch tatsächlich einstellt und
- ob die Beteuerung der Bundesregierung zutrifft, daß es sich nicht um eine
  spezielle Vergünstigung für Großunternehmen handelt, sondern auch mittelständische Unternehmen in großem Umfang davon Gebrauch machen können.

Anhand des von der Bundesregierung dazu selbst erstellten Datenmaterials
werde ich im folgenden kurz das Nutzungsprofil der §§ 6b und 6c skizzieren[59].

3.4.1. Struktur der Steuerpflichtigen und der Veräußerungsgewinne — oder: Wer viel gewinnt, gewinnt jetzt doppelt

Im Durchschnitt der Jahre 1967—1971 wurde die Vergünstigung der §§ 6b und
6c von etwa tausend Steuerpflichtigen in Anspruch genommen (die Tendenz
ist steigend: 1977 waren es 2231)[60]. Die begünstigten Veräußerungsgewinne

---

57 D. h. ohne Berücksichtigung der unter sektoralen oder regionalen Gesichtspunkten vergebenen Steuervergünstigungen.
58 Erfahrungsbericht 6b, c (Anm. 53).
59 Anmerkung zur Materiallage: Grundlage für die folgenden Ausführungen ist der Bericht
   der Bundesregierung über die Anwendungspraxis der §§ 6b und 6c in den Jahren 1967—
   71 (Erfahrungsbericht 6b,c). Der Finanzausschuß des Deutschen Bundestages hatte die
   Bundesregierung beauftragt, über die Anwendung dieser Vorschrift einen Erfahrungsbericht zu erstellen, der einen Zeitraum von fünf Jahren umfassen sollte. 1965—74 haben
   die Finanzämter im Auftrag des BMF (mit Rücksprache der zuständigen Landesfinanz-
   ministerien) Erhebungen über die Inanspruchnahme der §§ 6b und 6c durchgeführt.
   In der dem Finanzausschuß vorgelegten Fassung fanden jedoch lediglich die Statistiken
   der Finanzämter der Jahre 1967—71 Eingang, da für die vorangegangenen und die folgenden Jahre (1972—74) die Unterlagen noch nicht vollständig waren. Insgesamt, so
   das BMF, bestehe aus steuer- und informationstechnischen Gründen die Vermutung,
   daß nicht alle betreffenden Fälle in der Statistik der Finanzämter erfaßt worden sind.
   Wie hoch allerdings die Abweichung sein könnte, wird im Bericht nicht mitgeteilt. Vgl.
   Erfahrungsbericht 6b, c (Anm. 53), S. 23, Anm. 1, 7, 8a.
60 Vgl. 9. Subventionsbericht, S. 297.

Tabelle V/1: Inanspruchnahme der §§ 6b und 6c 1967—71

Jahr	Steuerpflichtige mit positivem Gesamtbetrag der Einkünfte[a]		Veräußerungsgewinne		Veräußerungsgewinne (einschl. der am Schluß des Vorjahrs vorhandenen Rücklage)	
	Anzahl	Veränderung gegenüber Vorjahr in v. H.	Mio. DM	Veränderung gegenüber Vorjahr in v. H.	Mio. DM	Veränderung gegenüber Vorjahr in v. H.
1	2	3	4	5	6	7
1967	1 083	—	519,3	—	964,1	—
1968	932	− 13,9	589,8	+ 13,6	1 039,7	+ 7,8
1969	992	+ 6,4	593,2	+ 0,6	988,1	− 5,0
1970	991	± 0	467,1	− 21,3	896,2	− 9,3
1971	1 138	+ 14,8	673,2	+ 44,1	1 161,8	+ 29,6

a Ohne Verlustfälle.

Quelle: Erfahrungsbericht 6b, c, S. 6.

schwankten z.T. erheblich: 1970 war ein Tiefstand von 467,1 Mio. DM zu notieren, ein Jahr später ein vorläufiger Höchststand von 673,2 Mio. DM, im Durchschnitt der Jahre ca. 550 Mio. DM. Zehn Jahre später weist der Subventionsbericht einen Steuerausfall von 470 Mio. DM für 1981 und 1982 aus, was in etwa einem Veräußerungsgewinnvolumen von ca. einer Mrd. DM entspricht[61].

Die Zahlen schwanken in diesem Fünfjahreszeitraum erheblich (vgl. Tab. V/1). Doch scheint dies nicht allein von der Anzahl der jeweiligen Fälle abzuhängen, mehr noch schlagen sich Schwankungen in der Höhe der begünstigten Veräußerungsgewinne nieder.

„Große Fälle" scheinen demnach schon immer (und nicht erst seit der Inanspruchnahme durch die Flick KG) das Nutzungsprofil des § 6b stark beeinflußt zu haben. Zwar hebt die Bundesregierung hervor, daß die Inanspruchnahme der §§ 6b und 6c „auch im mittelständischen Bereich" als wesentliche Finanzierungshilfe für Rationalisierungs- und Modernisierungsinvestitionen angesehen werden kann[62]. Denn immerhin 75 Prozent der Steuerpflichtigen, die die §§ 6b, 6c in Anspruch nahmen, lagen im Berichtszeitraum mit ihren Einkünften unter einem jährlichen Gesamtbetrag von einer Mio. DM. Auch wenn man das Verhältnis von Einkommen- und Körperschaftsteuerpflichtigen betrachtet, zeichnet sich offenbar eine starke Mittelstandsausprägung ab: Fast die Hälfte der Steuerpflichtigen (im Durchschnitt 45,8 Prozent) ist einkommensteuerpflichtig; bezieht man die Zahlen des Subventionsberichts mit ein, so scheint sich diese Tendenz zu intensivieren: Von den 2 231 6b- und 6c-

61 Vgl. ebd., S. 206. Die Inanspruchnahme des § 6b durch die Flick AG wurde hier nicht berücksichtigt.
62 Erfahrungsbericht 6b, c (Anm. 53), S. 8.

Fällen des Jahres 1977 waren über 60 Prozent (1358) einkommensteuerpflichtig[63].

Anders sieht die Verteilung aus, wenn man das Volumen der Veräußerungsgewinne berücksichtigt:

Tabelle V/2: Steuerpflichtige und Veräußerungsgewinne nach Größenklassen der Einkünfte 1967–71

Größenklasse „Gesamtbetrag der Einkünfte"	Steuerpflichtige		Veräußerungsgewinn insgesamt	
	Anzahl	v. H.	Mio. DM	v. H.
unter 100000 DM	1977	38,5	372,8	13,1
100000 DM bis unter 1 Mio. DM	1910	37,2	488,7	17,2
1 Mio. DM und mehr	1249	24,3	1981,1	69,7
insgesamt	5136	100	2842,6	100

Quelle: Erfahrungsbericht 6b, c, S. 8; eigene Berechnung.

Es zeigt sich, daß sich beinahe 70 Prozent der Veräußerungsgewinne auf knapp 25 Prozent der Steuerpflichtigen konzentrieren, während in der untersten Einkommensgruppe 38,5 Prozent der Steuerpflichtigen gerade einen Anteil von 13,1 Prozent halten. Ähnliches zeichnet sich bei einem Vergleich der Anteile am Veräußerungsgewinn der Einkommensteuer- und Körperschaftsteuerpflichtigen ab. Zwar machen die Körperschaftsteuerpflichtigen nur wenig mehr als die Hälfte der Steuerpflichtigen aus, die 6b und 6c in Anspruch genommen haben, doch stellen sie mit mehr als 2,4 Mrd. DM knapp 85 Prozent des gesamten begünstigten Veräußerungsgewinns[64]. Noch deutlicher wird dieser Befund, wenn wir uns auf die Größenklasse der Steuerpflichtigen mit jährlichen Einkünften von „10 Mio. DM und mehr" konzentrieren (vgl. Tab. V/3). Nur 313 Unternehmen und damit 6,1 Prozent fallen in diese Kategorie, doch vereinigen sie 41,4 Prozent (1190,3 Mio. DM) der gesamten Veräußerungsgewinne auf sich.

Allerdings schwanken die Anteile der Großunternehmen in den einzelnen Jahren erheblich: Liegen sie im Jahre 1968 bei 63,1 Prozent, so sinken sie bis 1970 auf 25,2 Prozent. 1971 steigen sie wieder auf beinahe 40 Prozent (und erreichen damit nahezu den Stand des Jahres 1967). Diese Schwankungen sind zu heftig, und der Beobachtungszeitraum ist zu kurz, um eine Trendvoraussage zu rechtfertigen.

Es lohnt sich, die Struktur noch etwas genauer zu betrachten. In der Größenklasse „10 Mio. Gesamteinkünfte und mehr" spielen die Körperschaftsteuerpflichtigen die größte Rolle: 291 von den insgesamt 313 fallen in diese Rubrik. Der Anteil dieser Größenklasse an der Gesamtzahl der Körperschaftsteuerpflichtigen von 2783 beträgt 10,6 Prozent (291), auf die dann 48,6 Prozent des Veräußerungsgewinns der Körperschaftsteuerpflichtigen entfallen.

---

63 9. Subventionsbericht, S. 207.
64 Erfahrungsbericht 6b, c (Anm. 53), S. 9.

Tabelle V/3: Anteil der Größenklasse „10 Mio. DM und mehr" jährliche Einkünfte an der Gesamtzahl der Steuerpflichtigen bzw. des Veräußerungsgewinns

Jahr	Steuer-pflichtige insges.[a]	Veräuße-rungs-gewinne insges.	Größenklasse 10 Mio. und mehr						
			Steuerpflichtige		Veräußerungs-gewinne		davon KSt-Pflichtige		
							Steuerpflichtige		Veräußerungs-gewinne
	Anzahl	Mio. DM	Anzahl	%-Anteil	Mio. DM	%-Anteil	Anzahl	%-Anteil	Mio. DM	%-Anteil
1967	1 083	519,3	58	5,3	233,5	45,0	56	5,2	233,5	45,0
1968	932	589,8	76	8,2	373,1	63,3	73	7,8	371,9	63,1
1969	992	593,2	61	6,1	195,0	32,9	57	5,7	194,2	32,7
1970	991	467,1	51	5,2	120,4	25,8	46	4,6	117,8	25,2
1971	1 138	673,2	67	5,9	268,3	39,8	59	5,2	267,1	39,7
insge-samt	5 136	2 842,6	313	6,1	1 190,3	41,9	291	5,7	1 184,5	41,7

a Ohne Verlustfälle.

Quelle: Erfahrungsbericht 6b, c; Anhang Tab. 2a–e; eigene Berechnung.

Vergleicht man diese Zahlen mit der Gesamtstruktur der Körperschaftsteuerpflichtigen des Jahres 1974[65], dann stellt man fest: In der Größenklasse mit Gesamteinkünften über 10 Mio. DM finden sich lediglich 0,59 Prozent der körperschaftsteuerpflichtigen Unternehmen, die wiederum mit 17,8 Mrd. DM mehr als 60 Prozent des Gesamtbetrags der Einkünfte repräsentieren. Daraus ergibt sich: Gemessen am Anteil der Unternehmen mit Gesamteinkünften dieser Größenklasse an der Gesamtheit der Körperschaftsteuerpflichtigen sind diese bei der Inanspruchnahme des 6b überrepräsentiert – relativ gesehen um das nahezu Achtzehnfache. Während jedoch in der Körperschaftsteuerstatistik auf diese Größenklasse mehr als 60 Prozent der Gesamteinkünfte entfallen, sind es in der Statistik des 6b/6c „lediglich" etwas mehr als 40 Prozent. Diese Unternehmen nehmen also häufiger als andere kleinere Unternehmen den § 6 b in Anspruch, doch sind die dadurch begünstigten Veräußerungsgewinne im Verhältnis zu ihren Gesamteinkünften geringer.

3.4.2. Veräußerungs- und Übertragungsstruktur

Bevorzugte Veräußerungsobjekte der Unternehmen waren im Berichtszeitraum Grund und Boden und Anteile an Kapitalgesellschaften (vgl. Tab. V/4). Auf sie entfielen mehr als drei Viertel des Veräußerungsgewinns; ein Fünftel stammt aus dem Verkauf von Gebäuden.

Informationen über die Unternehmensgrößenstruktur auf der Veräußerungsseite bietet der Erfahrungsbericht 6b, c nicht an, so daß sich nicht feststellen läßt, wie sich das Unternehmensgrößenprofil auf die Veräußerungsobjekte bezieht. Insgesamt ergaben sich im Berichtszeitraum Veräußerungsgewinne in Höhe von 3 187,6 Mio. DM. Berücksichtigt man die 1967 noch vorhandenen Rücklagen in Höhe von 463,5 Mio. DM aus den Jahren 1965 und

---

65 Statistisches Bundesamt Wiesbaden, *Körperschaftsteuer 1974*, Fachserie 14: Finanzen und Steuern, Reihe 7.2, Stuttgart/Mainz 1979, S. 16.

Tabelle V/4: Struktur der Veräußerungsgewinne nach Wirtschaftsgütern

Veräußerung von	Gewinn	
	Mio. DM	v. H.
Grund und Boden	1 075,7	37,8
Gebäuden	545,1	19,2
Anteilen an Kapitalgesellschaften	1 086,6	38,3
Schiffen	76,9	2,7
abnutzbaren beweglichen Wirtschaftsgütern mit einer Nutzungsdauer von 25 und mehr Jahren	47,5	1,7
Aufwuchs auf oder Anlagen in Grund und Boden (Land- und Forstwirtschaft)	9,2	0,3
lebendem Inventar (bei Betriebsumstellungen in der Land- und Forstwirtschaft)	1,7	
Zusammen	2 842,7	100
Verlustfälle	344,9	
Insgesamt	3 187,6	

Abweichungen durch Runden der Zahlen.

Quelle: Erfahrungsbericht 6b, c, S. 11.

1966, so standen den Unternehmen im Zeitraum 1967–71 3 651,1 Mio. DM zur Verfügung. Davon wurden 735,4 Mio. Ende 1971 den Rücklagen zugeführt, so daß 2 915,7 Mio. DM auf andere Wirtschaftsgüter übertragen bzw. gewinnerhöhend aufgelöst wurden; wie diese Summe schließlich verwendet wurde, ist folgender Aufstellung zu entnehmen[66]:

Tabelle V/5: Verwendungsstruktur der Veräußerungsgewinne nach Wirtschaftsgütern

	Mio. DM	%
verwendete Veräußerungsgewinne bzw. aufgelöstes Rücklagenvolumen (insgesamt)	2 915,7	100
davon Übertragung auf:		
abnutzbare bewegliche Wirtschaftsgüter	364,5	12,5
Gebäude	1 287,6	44,2
Grund und Boden	551,1	18,9
Anteile auf Kapitalgesellschaften	516,1	17,7
Aufwuchs auf oder Anlagen in Grund und Boden	1,0	0,0
gewinnerhöhende Auflösung von Rücklagen	195,4	6,7

Quelle: Erfahrungsbericht 6 b, c, S. 12 f.

66 Die folgenden Zahlen sind dem Erfahrungsbericht 6b, c (Anm. 53), S. 12 f., entnommen. Der dortige Hinweis, diese Zahlen berechneten sich auf der Basis der Tabellen 1a–1e des Anhangs, erwies sich nur für die Globalzahlen als richtig: Veräußerungsgewinn, noch vorhandene Rücklagen der Jahre 1965 und 1966 sowie die Rücklage des Jahres 1971. Alle anderen Daten lassen sich nicht auf Daten des Tabellenteils zurückführen,

Im Vergleich mit der Veräußerungsseite zeigt sich die Auswirkung der Übertragungsrichtung: Der Anteil von „Grund und Boden" und „Anteile an Kapitalgesellschaften" ist auf der Erwerbsseite gegenüber der Veräußerungsseite stark zurückgegangen. Zum Teil wurde nicht einmal die Hälfte des durch Veräußerung von Anlagevermögen entstandenen Gewinns wieder in diesen Bereichen angelegt. Der größte Teil der Veräußerungsgewinne − 44,2 Prozent − floß erwartungsgemäß in die Herstellung oder Anschaffung von Gebäuden. Der Anteil der abnutzbaren beweglichen Wirtschaftsgüter ist auf der Erwerbsseite um ein Vielfaches größer; auch dies ist nicht unerwartet, da allein auf abnutzbare bewegliche Wirtschaftsgüter sämtliche Veräußerungsgewinne − unabhängig von der Qualität des Veräußerungsgutes − übertragbar sind. Es scheint also mit dieser Vorschrift und insbesondere mit der Strukturierung der Übertragungsmöglichkeiten gelungen zu sein, stille Reserven aus nicht abschreibungsfähigen Wirtschaftsgütern (Grund und Boden und Anteilen an Kapitalgesellschaften) auf abschreibungsfähige zu einem großen Teil zu übertragen und also den damit verbundenen Steuerausfall gering zu halten, da es sich bei der Übertragung auf abschreibungsfähige Güter lediglich um eine langfristige Steuerstundung handelt. (Allerdings sind hier nur die begünstigten Veräußerungs- und Erwerbsvorgänge berücksichtigt; über die Struktur der übrigen ist hier nichts ausgesagt.)

Die Bundesregierung zieht aus dieser Gegenüberstellung den Schluß, daß insgesamt die §§ 6b und 6c „die Anpassung der Wirtschaft an regionale, technische und wirtschaftliche Strukturveränderungen erleichtert und zur notwendigen Mobilität von Produktionsfaktoren beigetragen" haben[67]. Besonders herausgestellt wird, „daß die Mobilität des gewerblichen Grundstücksmarktes sowie die Durchführung von Stadtsanierungs- und Raumordnungsmaßnahmen, die durch diese steuerliche Regelung gefördert werden sollten, günstig beeinflußt worden sein dürften"[68].

Ob diese überaus positive Einschätzung der Wirkungsweise der §§ 6b und 6c so einfach übernommen werden kann, erscheint fraglich, zumal das hier aufgeführte Spektrum der Beurteilungskriterien von dem dem Bericht zugrundeliegenden Datenmaterial − das ja nach steuerstatistischen Merkmalen erfaßt ist − gar nicht gedeckt wird. Richtig ist, daß die Struktur des Anlagevermögens nach Nutzung der §§ 6b und 6c eine nach Mobilitätskriterien günstigere Struktur aufweist. Ob sich dies auch wirtschaftlich und technisch tatsächlich positiv ausgewirkt hat und auswirkt, kann damit noch nicht entschieden sein − es sei denn, man betrachtet jegliche Umverteilung des Anlagevermögens von nicht abnutzbaren zu abnutzbaren Wirtschaftsgütern als positiv in diesem Sinne.

Fortsetzung Fußnote 66

    diese fallen ausnahmslos niedriger aus. So weist z. B. die zitierte Aufstellung als gewinnerhöhende Auflösung aus den Rücklagen die Summe von 195,4 Mio. DM aus, addiert man jedoch die entsprechenden Posten des Tabellenteils (einschließlich Verlustfälle), so erhält man die Summe 168,9 Mio. DM. Dies ist auch für alle anderen Werte zu beobachten (Ausnahme: Spalte „Aufwuchs auf oder Anlagen im Grund und Boden"). Insgesamt ergibt sich nach den Daten des Tabellenteils ein um 400 Mio. DM geringeres Verwendungsvolumen − wobei die Globalzahlen richtig sind. Wie es zu diesen Verschiebungen kommt, konnte nicht ermittelt werden.

67 Erfahrungsbericht 6b, c (Anm. 53), S. 22.
68 Ebd., S. 18.

3.4.3. Unternehmensgrößenspezifisches Nutzungsprofil

Wenn somit insgesamt aus der Tatsache, daß Bewegungen im Grundstücksmarkt und im Besitz von Anteilen an Kapitalgesellschaften stattgefunden haben, gefolgert werden kann, daß eine ökonomisch sinnvolle Mobilität der Produktionsfaktoren und damit durchaus die Zweckbestimmung einer „funktionalen Subventionspolitik" erreicht wurde, stellt sich nun die ergänzende Frage, welche spezifische Begünstigungsstruktur eine solche subventionspolitische Maßnahme aufweist. Meine These: Großunternehmen sind aufgrund ihrer breiter gefächerten Handlungsoptionen weitaus besser in der Lage, die Möglichkeiten des § 6b zu nutzen als der Durchschnitt der übrigen Unternehmen. Diese These überprüfe ich anhand der Verwendungsstruktur der durch den § 6b begünstigten Veräußerungsgewinne und der Struktur der Übertragungsvorgänge[69].

Die Gruppe der Großunternehmen[70] mit jährlichen Gesamteinkünften von über „10 Mio. DM" besteht insgesamt aus 313 Unternehmen, die einen Anteil von 6,1 Prozent aller 6b-Fälle (ohne Verlustfälle) stellen (vgl. Tab. V/8). Diese 313 Großunternehmen stellen aber 40,3 Prozent des gesamten Veräußerungsgewinns und 40,9 Prozent des verwendeten Gewinns.

Ein Vergleich der Anteile der Großunternehmen an den einzelnen Übertragungsmöglichkeiten des Gewinns (Tab. V/9) zeigt darüber hinaus, welche Anlagemöglichkeiten von den Großunternehmen unter- bzw. überproportional genutzt worden sind. Dabei ist festzustellen, daß Großunternehmen im Vergleich zu ihrem Anteil am gesamten verwendeten Gewinn von 40,9 Prozent lediglich 28,2 Prozent der auf abnutzbare Wirtschaftsgüter übertragenen Gewinne und 32,4 Prozent der auf die Errichtung von Gebäuden übertragenen Gewinne stellen, also im Verhältnis zu den gesamten Steuerpflichtigen in diesen Bereichen weniger investiert haben[71]. Dagegen investierten sie überproportional in Grund und Boden (41,8 Prozent) und vor allem in Anteile an Kapitalgesellschaften (77,9 Prozent). Dies verwundert indes nicht, weil der notwendige vorherige Besitz an Kapitalanteilen vor allem bei Großunternehmen zu erwarten ist.

Weit unterproportional sind Großunternehmen genötigt, Vorjahresrücklagen gewinnerhöhend aufzulösen (weil keine entsprechenden Anlagemöglichkeiten — mehr — gefunden wurden): Hier stellen sie lediglich 9,3 Prozent des Gesamtvolumens der aufgelösten Rücklagen (Tab. V/9), oder, anders gerechnet: Während im Durchschnitt 6,4 Prozent des verwendeten Gewinns gewinnerhöhend aufgelöst werden müssen (bei den Verlustfällen sogar 9,2 Prozent), sind es bei den Großunternehmen lediglich 1,5 Prozent (Tab. V/6, II.).

Auf eine kurze Formel gebracht: Großunternehmen haben mehr als die Hälfte ihres angelegten Gewinns, nämlich 55,7 Prozent, auf die „guten" Anlagerisiken „Grund und Boden" und „Anteile an Kapitalgesellschaften" konzentriert (vgl. Tab. V/6, II.). Im Vergleich dazu betragen die entsprechenden

---

69 Vgl. hierzu Tab. V/6 u. V/7, insbes. jeweils Teil II; beide Tabellen stellen die Grundlagen für die Tab. V/8 u. V/9 dar.

70 Ich bezeichne im folgenden die Gruppe der Unternehmen, die in der Statistik des Erfahrungsberichts (und auch der Steuerstatistik) als Gruppe mit den höchsten Gesamteinkünften („10 Mio. DM und mehr") aufgeführt sind, als „Großunternehmen".

71 Vgl. auch die Übertragungsstruktur Tab. V/6, insbes. II.

Tabelle V/6: Verwendungsstruktur der Veräußerungsgewinne nach Unternehmens-Größenklassen und Rechtsformen (Gesamtvolumen der Jahre 1967–71)

Begünstigte Unternehmen	Steuerpflichtige	Veräußerungsgewinne einschließlich Rücklage aus 1965/66	Verwendeter Gewinn (ohne neue Rücklage 1971)	Übertragung auf[e]				gewinnerhöhende Auflösung der Vorjahresrücklage
				abnutzbare Wirtschaftsgüter	Gebäude	Grund und Boden in v.H. an Spalte 3	Anteile an Kapitalgesellschaften	
	Anzahl	1000 DM	1000 DM	v.H.	v.H.	v.H.	v.H.	v.H.
	1	2	3	4	5	6	7	8
I. Unternehmen nach Rechtsformen und Größenklassen (nach dem Gesamtbetrag der Einkünfte)[a]								
1. Gewerbebetriebe[a]								
unter 1 500 bis unter 75000 (einschl. Verlustfälle)	922	162548	124736	19,1	54,7	19,1	1,2	5,9
75000 bis unter 500000 DM	864	184378	116672	13,8	64,3	15,5	0,04	6,4
500000 DM und mehr	498	160572	94130	11,1	52,0	26,8	2,1	8,0
insgesamt	2284	507501	335578	15,0	57,3	20,0	1,03	6,6
2. Gesellschaften mit beschränkter Haftung[c]								
bis 100000 DM (einschl. Verlustfälle)	525	197776	128550	12,2	50,7	28,7	0,01	8,4
bis 1 Mio. DM	362	135900	95423	15,2	45,7	16,2	0,05	22,6
über 1 Mio. DM	271	474605	362965	17,3	51,1	13,5	14,6	3,5
insgesamt	1158	807831	586938	15,9	50,1	17,7	9,1	7,7

3. Aktiengesellschaften, KGaA, Kolonialgesellschaften^c

bis 100000 DM (einschl. Verlustfälle)	200	226964	168982	26,4	38,7	9,2	12,5	13,3
bis 1 Mio. DM	267	157061	109578	12,9	29,0	14,7	35,6	7,8
über 1 Mio. DM	594	1461155	117654	8,1	39,7	19,9	26,8	5,5
insgesamt	1061	1836090	394205	10,7	38,8	18,1	25,8	6,7

II. Begünstigte Unternehmen nach Größenklassen^bd

Steuerpflichtige bis unter 10 Mio. DM jährlicher Gesamtbetrag der Einkünfte	4823	1964220	1324310	13,8	50,2	19,2	7,0	9,9
Größenklasse „über 10 Mio. DM jährlicher Gesamtbetrag der Einkünfte"	313	1323199	915973	8,0	34,8	19,9	35,8	1,5
insgesamt (ohne Verlustfälle)	5136	3287419	2240283	11,4	43,9	19,5	18,8	6,4
nur Verlustfälle	582	296108	268352	21,5	47,1	13,9	8,4	9,2

a Erfahrungsbericht 6b, c; Anhang Tabellen 6–8.
b §§ 6b und 6c EStG.
c Nur § 6b EStG.
d Erfahrungsbericht 6b, c; Anhang Tabellen 1a–d.
e Die Gewinnübertragung auf „Aufwuchs und Anlagen im Grund und Boden" wurden in der Tabelle nicht berücksichtigt. Sie betragen für die Jahre 1967–71 437 000 DM (ohne Verlustfälle), das sind 0,02 % der gesamten verwendeten Teile des Gewinns (Spalte 3); bei den Verlustfällen betrug das Übertragungsvolumen 571 000 DM, d. h. 0,2 % des verwendeten Gewinns der Verlustfälle.

Quelle: Erfahrungsbericht 6b, c; Anhang Tabellen 1a–d, 6–8; eigene Berechnung.

Tabelle V/7: Struktur der Übertragungsfälle nach Unternehmens-Größenklassen und -Rechtsformen (Gesamtvolumen der Jahre 1967–71)

Begünstigte Unternehmen	Steuer-pflichtige	Übertra-gungs-fälle	Übertra-gungen je Steuer-pflichtigen	Übertragungsfälle auf									
				abnutzbare Wirt-schafts-güter		Gebäude		Grund und Boden		Anteile an Kapital-gesell-schaften		gewinner-höhende Auflösung der Rücklagen	
	Anzahl	Anzahl	2:1	Anzahl	v.H.	Anzahl	v.H.	Anzahl	v.H.	Anzahl	v.H.	Anzahl	v.H.
	1	2	3	4	5	6	7	8	9	10	11	12	13
I. Unternehmen nach Rechtsformen und Größenklassen (nach dem Gesamtbetrag der Einkünfte)[a]													
1. Gewerbebetriebe[b]													
unter 1 500 bis unter 75 000 DM (einschl. Verlustfälle)	922	948	1,03	202	21,3	437	46,1	200	21,1	–	–	109	11,5
75 000 DM bis unter 500 000 DM	864	1080	1,25	368	34,1	408	37,8	222	20,6	–	–	82	7,6
500 000 DM und mehr	498	468	0,94	56	12,0	213	45,5	164	35,1	–	–	35	7,5
insgesamt	2284	2294	1,01	424	18,5	1058	46,1	586	25,6	–	–	226	9,9
2. Gesellschaften mit beschränkter Haftung[c]													
bis 100000 DM (einschl. Verlustfälle)	525	485	0,95	87	17,9	204	42,1	115	23,7	–	–	79	16,3
bis 1 Mio. DM	362	406*	1,13	80	19,7	171	42,1	103	25,4	–	–	52	12,8
über 1 Mio. DM	270	353*	1,31	58	16,4	176	49,9	101	28,6	–	1,7	12*	3,4*
insgesamt	1158	1193	1,03	225	18,9	551	46,2	319	26,7	9*	0,8	89*	7,5

3. Aktiengesellschaften, KGaA, Kolonialgesellschaften[c]

bis 100000 DM (einschl. Verlustfälle)	200	251	1,26	53	21,1	98	39,1	49	19,5	8*	3,2	43	17,1
bis 1 Mio. DM	267	272	1,02	48	17,7	118	43,4	73	26,8	5*	1,8	28	10,3
über 1 Mio. DM	594	952	1,61	139	14,6	115	16,8	284	29,8	31	3,7	53	5,6
insgesamt	1061	1475	1,39	240	16,3	661	44,8	406	27,5	44	3,0	124	8,4

II. Begünstigte Unternehmen nach Größenklassen[d,e]

Steuerpflichtige bis unter 10 Mio. DM jährlicher Gesamtbetrag der Einkünfte	4823	4956	1,03	896	18,1	2274	45,9	1233	24,9	41*	0,8	512	10,3
Größenklasse „über 10 Mio. DM jährlicher Gesamtbetrag der Einkünfte"	313	564*	1,81	79	13,4	254	45,4	191	34,1	26*	4,6*	14*	2,5
insgesamt	5136	5516	1,07	971	17,6	2528	45,8	1424	25,8	67	1,2	526	9,5

* Wegen Wahrung des Steuergeheimnisses unvollständige Angaben.
a Erfahrungsbericht 6b, c; Anhang Tabellen 6—8.
b §§ 6b und 6c EStG.
c Nur § 6b EStG.
d Erfahrungsbericht 6b, c; Anhang Tabellen 1a—e.
e Ohne Verlustfälle.

Quelle: Erfahrungsbericht 6b, c; Anhang: Tabellen 1a—e, 6—8; eigene Berechnung.

Tabelle V/8: Inanspruchnahme des § 6b durch Großunternehmen (Größenklasse Gesamt-einkünfte „10 Mio. DM und mehr")

	insgesamt*	Großunternehmen	%-Anteil der Großunternehmen
Steuerpflichtige (nur § 6b)	5 136	313	6,1
gesamter Veräußerungsgewinn (nur § 6b) (in 1 000 DM)ª	3 287 419	1 323 199	40,3
verwendeter Gewinn (in 1 000 DM)	2 240 283	915 973	40,9
Übertragungsfälle	5 516	564	10,2

* Ohne Verlustfälle.

a Einschließlich noch vorhandene Rücklagen aus dem Jahr 1965/66.

Quelle: Erfahrungsbericht 6b, c; Anhang: Tab. 1a–e, 6–8; eigene Berechung (vgl. Tab. V/6, II. und Tab. V/7, II).

Tabelle V/9: Anteile der Großunternehmen an gesamten verwendeten Gewinnen und Über-tragungsfällen (Großunternehmen der Größenklasse Gesamteinkünfte „10 Mio. und mehr" – Gesamtvolumen der Jahre 1967–71) (ohne Verlustfälle)

Übertragung auf	verwendeter Gewinn			Übertragungsfälle		
	insgesamt in 1 000 DM	Großunter-nehmen in 1 000 DM	%-Anteil Sp. 1=100%	insge-samt Anzahl	Großunter-nehmen Anzahl	%-Anteil Sp. 4=100%
	1	2	3	4	5	6
Verwendeter Gewinn/Über-tragungsfälle gesamt	2 240 283	915 973	40,9	5 516	564	10,2
davon auf:						
abnutzbare Wirtschafts-güter	255 740	73 643	28,2	971	79	8,1
Gebäude	983 130	318 890	32,4	2 528	254	10,1
Grund und Boden	436 611	182 364	41,8	1 424	191	13,4
Anteile an Kapitalge-sellschaften	420 484	327 637	77,9	67	26*	38,8*
gewinnerhö-hende Auflösung der Rücklagen	144 318	13 439	9,3	526	14*	2,7*

* Wegen Wahrung des Steuergeheimnisses unvollständige Angaben (zu niedrig ausgewiesen).

Quelle: Erfahrungsbericht 6b, c; Anhang 1a–e; eigene Berechnung (vgl. Tab. V/6, II. und Tab. V/7, II.).

Anteile bei allen übrigen Unternehmen zusammengenommen lediglich 26,2 Prozent. Inwiefern Großunternehmen besser als andere Unternehmen in der Lage waren, günstige Strukturen auf der Veräußerungsseite auf die Verwendungsseite zu übertragen, läßt sich aufgrund der Datenlage nicht entscheiden, da, wie erwähnt, der Erfahrungsbericht der Bundesregierung keine Auskunft darüber gibt, wie sich die Anlagestruktur auf der Veräußerungsseite darstellte. Wenn dies auch keine Schlußfolgerungen über größere Handlungsspielräume der Großunternehmen zuläßt, so kann darin zumindest ein Indiz für die Vermutung günstigerer Ausnutzungsbedingungen für Großunternehmen gesehen werden. Aufschlußreich erscheint mir des weiteren, daß Großunternehmen genötigt sind, lediglich 1,5 Prozent des Gewinns gewinnerhöhend aufzulösen, während alle übrigen Unternehmen im Durchschnitt 9,9 Prozent nicht wieder anlegen können und damit gewinnerhöhend auflösen müssen. Ist dies ein Hinweis auf bessere Nutzungsbedingungen des § 6b für Großunternehmen? Und worin könnten diese begründet sein?

Einen Hinweis kann die Beantwortung der Frage bieten, wieviele Übertragungsvorgänge jeweils auf einen Steuerpflichtigen kommen. Dabei ist zu vermuten, daß sich die Veräußerung zunächst auf einen Übertragungsvorgang konzentriert, der gesamte Veräußerungsgewinn jedoch eventuell nur dann begünstigt wiederangelegt werden kann, wenn weitere 6b-fähige Investitionsmöglichkeiten vorhanden sind.

Auch hier ergibt sich[72], daß Großunternehmen die Möglichkeiten des § 6b besser zu nutzen verstehen: Während auf den Durchschnitt der Unternehmen (ohne Verlustfälle) 1,07 Übertragungen pro Steuerpflichtigen entfallen (ohne Großunternehmen sogar nur 1,03), nahmen die 313 Großunternehmen (mindestens) 564 Übertragungen vor und damit 1,81 Übertragungsvorgänge je steuerpflichtiges Großunternehmen.

Vergleicht man diese Zahlen mit der unternehmensgrößenspezifischen Übertragungsstruktur von Gewerbebetrieben, GmbH und Aktiengesellschaften (Tab. V/7, I–III), so läßt sich zwar nicht regelmäßig feststellen, daß die jeweils größten Unternehmen die meisten spezifischen Übertragungsvorgänge aufweisen (bei den Gewerbebetrieben finden sich Abweichungen), richtig ist die Tendenz bei GmbH und Aktiengesellschaften: Hier weisen die größten Unternehmen jeweils die meisten Übertragungsvorgänge auf, zugleich auch die niedrigste Übertragungsquote im Bereich der gewinnerhöhenden Auflösung von Rücklagen.

Gerade diese letzte Beobachtung bestätigt die These, daß den Großunternehmen mit der durch den § 6b regulierten Übertragbarkeit stiller Reserven die besten Nutzungsmöglichkeiten geschaffen wurden. Gerade die deutlich höhere Übertragungshäufigkeit der stillen Reserven – verbunden mit einer relativ geringeren Quote an schließlich wieder der Besteuerung zuzuführenden Restrücklagen – indiziert eine größere Bandbreite an Übertragungsoptionen, die jedoch eine zentrale Zielgröße besitzen: die ,,Erhaltung'' stiller Reserven durch den Erwerb nicht abnutzbarer Wirtschaftsgüter. Berücksichtigt man, daß mehr als die Hälfte der Veräußerungsgewinne im Beobachtungszeitraum hier wieder festgelegt werden konnte (gegenüber gerade einem Viertel bei allen übrigen Unternehmen), dann zeigen sich deutlich unterschiedliche Nutzungsprofile, die ich im folgenden kurz skizzieren werde.

---

72 Vgl. Tab. V/7 u. V/10.

Tabelle V/10: Übertragungsfälle nach Unternehmens-Größenklassen und -Rechtsformen
(Gesamtvolumen der Jahre 1967—71)

Begünstigte Unternehmen	Steuer- pflichtige	Anzahl der Übertragungs- fälle	Übertragungs- fälle pro Steuer- pflichtigen
I. Unternehmen nach Rechtsformen und Größenklassen (nach dem Gesamtbetrag der Einkünfte)[a]			
1. Gewerbebetriebe[b]			
unter 1 500 bis unter 75 000			
(einschl. Verlustfälle)	922	948*	1,03
75 000 bis unter 500 000 DM	864	1 080*	1,25
500 000 DM und mehr	498	468*	0,94
insgesamt	2 284	2 496*	1,01
2. Gesellschaften mit beschränkter Haftung[c]			
bis 100 000 DM (einschl. Verlustfälle)	525	485*	0,93
bis 1 Mio. DM	362	406*	1,13
über 1 Mio. DM	271	353*	1,31
insgesamt	1 158	1 247*	1,08
3. Aktiengesellschaften, KGaA, Kolonialgesellschaften[c]			
bis 100 000 DM (einschl. Verlustfälle)	200	251*	1,26
bis 1 Mio. DM	267	272*	1,02
über 1 Mio. DM	594	952*	1,61
insgesamt	1 061	1 475*	1,39
II. Begünstigte Unternehmen nach Größenklassen[de]			
Steuerpflichtige bis unter 10 Mio. DM jährlicher Gesamtbetrag der Einkünfte	4 823	4 956 (4 950)*	1,03
Größenklasse „über 10 Mio. DM jährlicher Gesamtbetrag der Einkünfte"	313	564 (566)*	1,81
insgesamt	5 136	5 520	1,07

* Um das Steuergeheimnis zu wahren, wurden in einzelnen Jahren, wenn die Fallzahl geringer als drei war, keine Zahlenangaben gemacht. Die Fallzahl ist also hier geringfügig zu niedrig ausgewiesen.

a Erfahrungsbericht 6 b, c; Anhang Tabellen 6—8.
b §§ 6 b und 6 c EStG.
c Nur § 6 b EStG; einschl. Verlustfälle.
d Erfahrungsbericht 6 b, c; Anhang Tabellen 1a—e.
e Ohne Verlustfälle.

Quelle: Erfahrungsbericht 6 b, c; Anhang: Tabellen 1a—e, 6—8; eigene Berechnung.

3.4.4. Fazit §§ 6 b, c EStG

Aus der Praxis, stille Reserven nach den §§ 6 b, 6 c EStG zu übertragen, ergeben sich zwei Nutzungsmuster, die sich zwar teilweise überschneiden, sich aber dennoch in ihrer Polarität unterscheiden lassen: Das mittelständische Nutzungsmuster ist dadurch geprägt, daß realisierte stille Reserven auf abnutzbare bewegliche Wirtschaftsgüter sowie auf Bauten und Umbauten von Gebäuden übertragen werden. Mehr als 70 Prozent des verwendeten Gewinns (vgl. Tab. V/6) der Gewerbebetriebe fließen in diese beiden Bereiche, in denen sich im mittelständischen Bereich in erster Linie (auch bei Bauten und Umbauten) Modernisierungs- und Rationalisierungsmaßnahmen niederschlagen dürften. Eine ähnlich große Bedeutung hat die Übertragung auf abnutzbare Wirtschaftsgüter bei Aktiengesellschaften mit Gesamteinkünften bis 100 000 DM jährlich. Bei den Gesellschaften mit beschränkter Haftung, die dem mittelständischen Bereich zuzuordnen sind, ist nach Angaben des Erfahrungsberichts der Bundesregierung[73] aus den statistischen Unterlagen ersichtlich, daß insbesondere Betriebserweiterungen finanziert wurden. Während somit die Übertragungen der mittleren Unternehmen eher an produktionstechnischen Veränderungen und Anpassungen orientiert zu sein scheinen, geht es den Großunternehmen, insbesondere den Aktiengesellschaften, in erster Linie um unternehmensorganisatorische Veränderungen; doch auch hier zeigt sich die große Bedeutung der Übertragung stiller Reserven auf Bauten und Umbauten.

Zusammenfassend läßt sich die Nutzung des § 6b folgendermaßen charakterisieren: Für kleinere und mittlere Unternehmen wirkt die Übertragbarkeit realisierter stiller Reserven gemäß § 6b eher als „Finanzierungsinstrument" für Modernisierungs- und Erweiterungsinvestitionen, das zwar Kosten mit sich bringt (denn bei abnutzbaren Wirtschaftsgütern stellt die Vergünstigung des § 6b eine langfristige Steuerstundung dar, die allerdings über die Kapitalakkumulation sehr weit in die Zukunft verschoben werden kann), jedoch günstiger als andere Finanzierungsinstrumente ist. Großunternehmen und vor allem die großen Kapitalgesellschaften pflegen den § 6b auch als Instrument der Substanzerhaltung und zur Reorganisation ihrer Eigentumsstruktur zu nutzen. Die Begünstigung ist hier nicht vorübergehend, sondern mit der Existenz des Unternehmens verbunden.

3.5. Die Verwaltung der Ausnahmen: § 6b Abs. 1 Satz 2 Ziff. 5 EStG

Die mit der subventiven Begünstigung verbundene Bevorzugung einzelwirtschaftlicher Interessen erscheint nur dann akzeptabel und politisch vertretbar, wenn plausibel gemacht werden kann, daß sich mit der Förderung des einzelwirtschaftlichen Kalküls auch ein gesamtwirtschaftlicher und gesamtgesellschaftlicher Nutzen ergibt. Nun ist dies sicherlich ein Erfordernis, das sich an die gesamte staatliche Politik richtet und dem auch in deren grundlegender Legitimationsfigur entsprochen wird. Dies korrespondiert mit der Form der staatlichen Tätigkeit, der allgemeinen Rechtsnorm bzw. dem allgemeinen Gesetz. Auch die Ausnahmeregelung unterwirft sich der allgemeinen Rechtsnorm, doch entwickelt sie sich nunmehr zur rechtlichen Organisation der jeweiligen Bedingungen der Ausnahme bzw. der konkreten staatlichen Maßnahme. Das vollzieht sich in Stufen, die sich innerhalb des § 6b deutlich unterscheiden: So wird – wie oben schon dargestellt – für die meisten Begünstigungsfälle über die Erfüllung der Ausnahmebedingungen danach entschieden,

---

73 Erfahrungsbericht 6b, c (Anm. 53), Anhang 1, S. 7.

ob entsprechende, im Gesetz definitorisch festgelegte Merkmale auf der Veräußerungs- und Erwerbsseite anzutreffen sind (§ 6b EStG Abs. 1 Satz 2 Ziff. 1 bis 4). Die Anwendung der Ausnahmeregel ist hier von vornherein festgelegt, der ausführenden Verwaltung sind über das in anderen Fällen übliche Maß keine Ermessensspielräume eingeräumt. Andererseits wird der wirtschaftspolitische Erfolg der Maßnahme insofern schon von vornherein unterstellt – und ist wohl auch begründet erwartbar –, als den Unternehmen zur Verwirklichung ihrer Unternehmensziele Handlungsspielräume dergestalt eingeräumt werden, daß deren Wahrnehmung über das einzelne Unternehmen hinauswirkende Nutzeneffekte nach sich zieht. Im Falle der ersten vier Übertragungsmöglichkeiten realisierter stiller Reserven nach § 6b wurde das Problem formal über Tatbestandsmerkmale geregelt. Der Grund dürfte in dem so operationalisierbaren Ziel, den gewerblichen Bodenmarkt zu mobilisieren, liegen, das als solches schon – nach den Erfahrungen der an mangelndem Industrielandsangebot scheiternden Industrieansiedlungen im Ruhrgebiet – von volkswirtschaftlichem und regionalwirtschaftlichem Nutzen ist. Einem anderen Problem sah sich die staatliche Wirtschafts- und Finanzpolitik bei der Frage der Übertragbarkeit der Gewinne aus Veräußerung von Anteilen an Kapitalgesellschaften *auf* Anteile an Kapitalgesellschaften, dem „problematischsten Teil des 6b"[74], gegenüber. Nicht allein, daß eine den anderen Übertragungsvorgängen angepaßte Regelung zu – vermutlich – wesentlich höheren Steuerausfällen geführt hätte; eine prinzipielle Übertragbarkeit realisierter stiller Reserven aus der Veräußerung von Anteilen auf Anteile an Kapitalgesellschaften wäre einer staatlichen Tolerierung von Spekulationsgewinnen gleichgekommen. Dem stehen also fiskalische wie legitimatorische Einwände im Wege.

Der nunmehr in Ziff. 5 des § 6b beschrittene Weg[75] scheint einen akzeptablen Ausweg zu bieten: Die Übertragung stiller Reserven aus Anteilen an Kapitalgesellschaften wird von einer besonderen Bewilligung abhängig gemacht, die der Bundeswirtschaftsminister selbst im Einvernehmen mit dem Bundesfinanzminister und der zuständigen Landesbehörde auszustellen hat. Doch soll die Bewilligung nur dann erteilt werden, wenn die Übertragung bzw. der Vorgang „volkswirtschaftlich besonders förderungswürdig und geeignet ist, die Unternehmensstruktur eines Wirtschaftszweiges zu verbessern oder einer breiten Eigentumsstreuung zu dienen" (§ 6b EStG Abs. 1 Satz 2 Ziff. 5). Damit wird die zweite Ebene der wirtschaftspolitischen Steuerung erreicht: Nicht mehr die strukturelle Selektivität der auf bestimmte Merkmalsidentifizierungen abgestellten Maßnahmen allein soll die ökonomisch-funktionale Ausrich-

---

74 Interview.

75 Kilz/Preuss behaupten, ohne dafür allerdings einen Beleg anzuführen, daß die Regelung der Übertragbarkeit stiller Reserven in Beteiligungstransaktionen auf Druck der Industrielobby durchgesetzt wurde, „als das Gesetz den üblichen Weg durch die Ausschüsse nahm" (Hans-Werner Kilz/Joachim Preuss, *Flick. Die gekaufte Republik*, Reinbek 1983, S. 121). Wenn diese Einfügung auf Druck der Industrielobby zustande kam, dann sicherlich nicht auf dem Weg durch die Ausschüsse: Ziff. 5 war schon im Regierungsentwurf enthalten. Es wäre wohl auch „schlechte Arbeit" der Industrielobby gewesen, wenn es ihr erst in den Ausschüssen gelungen wäre, den Zusatz einzuarbeiten. Wie gezeigt wurde, waren die in den Ausschüssen vorgenommenen Ergänzungen eher an mittelständischen Interessen orientiert. Allerdings hat der Ausschuß für Wirtschaft dafür gesorgt, daß Ziff. 5 wiederaufgenommen wurde.

tung gewährleisten – diese sind lediglich Einstiegsdefinitionen für ein jetzt entscheidungsorientiertes Selektionsverfahren, dem im Gesetz die Leitvariablen zwar vorgegeben sind (s. o.), deren spezifische Anwendung jedoch nicht weiter konkretisiert wird.

Die Vertreter der Bundesregierung hatten in der 92. Sitzung des Finanzausschusses auf Wunsch der SPD-Fraktion grob umrissen, wie sie sich die Entscheidungskriterien für die Behandlung des § 6b Ziff. 5 vorstellten. Danach sollten nach Darstellung eines Vertreters der Bundesregierung nur solche Beteiligungstransaktionen entsprechend dem § 6b begünstigt werden, die sich „von der Masse der Übrigen als volkswirtschaftlich besonders förderungswürdig unterschieden"[76]. Allerdings gäbe es für die Beurteilung keine abstrakten Einzelkriterien: „Die besondere volkswirtschaftliche Förderungswürdigkeit ergebe sich vielmehr aus der Beziehung des Einzelfalles zu der jeweiligen Situation der Volkswirtschaft." Dabei dachte man in erster Linie an die längerfristige strukturelle Situation, weniger an die kurzfristige konjunkturelle[77].

In der Praxis hatte sich folgendes Verfahren[78] entwickelt: Schon im Vorfeld filtert bei informellen Anfragen von Unternehmen das zuständige Referat des Bundesministeriums für Wirtschaft (Steuerpolitik I A 3) diejenigen Fälle heraus, die keine Aussicht auf Genehmigung haben. Für den formellen Antrag wird den entsprechenden Unternehmen ein Leitfaden[79] zur Antragserstellung übersandt, in dem neben genaueren Informationen über das antragstellende Unternehmen eine genaue Beschreibung der Beteiligungsübertragung, insbesondere der damit verbundenen Ziele, verlangt wird. Das federführende Referat Steuerpolitik leitet den Antrag an das Wettbewerbsreferat (und von diesem an das Kartellamt), an das Referat Strukturpolitik sowie Industriestruktur und gegebenenfalls an Fachreferate weiter. Im Verlauf der Antragsbearbeitung werden die Unternehmen meist um ergänzende Darstellungen gebeten; häufig kommt es auch zu beratenden Gesprächen zwischen den antragstellenden Unternehmen und dem Referat I A 3, in denen meist auf noch ungenügende Begründungen hingewiesen wird. Das Hauptproblem der Unternehmen ist es, daß der Antrag nicht betriebswirtschaftlich, sondern gesamtwirtschaftlich begründet werden muß. Schließlich erstellt das Referat I A 3 ein Gutachten (ablehnend oder zustimmend), das dem Bundesministerium der Finanzen und den entsprechenden Länderministerien zur Stellungnahme zugeleitet wird. Nach dem Eintreffen der Stellungnahme wird es vom Wirtschaftsminister genehmigt. In keinem Falle sei die Bescheinigung gegen die Bedenken des BMF oder eines Landeswirtschaftsministeriums erteilt worden[80].

Nach Auskunft des Referats Steuerpolitik des Bundeswirtschaftsministeriums wurden zwischen 1965 und 1979 ca. 290 Anträge erstellt, von denen 180

---

76 Protokoll des Finanzausschusses, 4. WP, 92. Sitzung.

77 Ebd.

78 Die Regelung der Wiederanlage von Veräußerungsgewinnen in Anteile von Kapitalgesellschaften ist mit dem Haushaltsstrukturgesetz 1981 geändert worden: Es ist nunmehr (u.a.) auch eine Abstimmung mit dem Bundesminister für Arbeit und Soziales erforderlich.

79 Hinweise für Anträge gemäß § 6b Abs. 1 Satz 2 Ziff. 5 EStG, BMWi, Gesch.-Z. I A 3 – 76 17 86, Fassung: Januar 1973.

80 Bundesministerium für Wirtschaft, Sachdarstellung 6b EStG v. 20.1.1976, S. 4.

genehmigt worden sind. Weitaus mehr Anträge hatte man schon im Vorfeld abschlägig beurteilt, so daß es zu einer Antragstellung erst gar nicht kam. Da das gesamte Verfahren dem Steuergeheimnis unterliegt, sind Informationen über die Praxis des § 6b hinsichtlich des Bewilligungsverfahrens, zum Beispiel über die branchen- und unternehmensgrößenspezifische und regionale Verteilung der antragstellenden Unternehmen, nicht zu erhalten[81]. In der bisherigen Bewilligungspolitik (bis 1980) wurden in erster Linie Anträge dann abgelehnt, wenn aus ihnen hervorging, daß lediglich ein Aktienwechsel intendiert war, somit kein „unternehmerisches Interesse" vorlag, oder/und — dies war der häufigste Ablehnungsgrund — wenn eine konzentrationsfördernde Wirkung zu erwarten war. Nach dem Selbstverständnis des BMWi ist eine Inanspruchnahme so zu genehmigen, daß sich das „unternehmerische Interesse" durchsetzen, d.h. eine Strukturanpassung oder Kapazitätserweiterung erfolgen kann[82].

Nach einer vom Bundeswirtschaftsministerium am 20. Januar 1976 veröffentlichten „Sachdarstellung 6b EStG"[83] war in der Praxis „fast ausschließlich" das gesetzliche Kriterium „Verbesserung der Unternehmensstruktur eines Wirtschaftszweiges" bedeutsam; aus ihm ergebe sich zwingend, „daß der Bewertungsmaßstab keineswegs das Wohl und Wehe des betreffenden Unternehmens ist, sondern allein die positive Wirkung auf die strukturelle Entwicklung des betr. Wirtschaftszweiges". In diesem Zusammenhang wird noch einmal betont, daß für Beteiligungstransaktionen unter Aufdeckung stiller Reserven grundsätzlich die Normalbesteuerung gelte und „nur in unter volkswirtschaftlichen — nicht betrieblichen — Gesichtspunkten sich hervorhebenden Einzelfällen" die Ausnahmebewilligung erteilt werde. Wenn ein Übertragungsvorgang geeignet ist, die Unternehmensstruktur eines Wirtschaftszweiges zu verbessern, sei im allgemeinen eine besondere volkswirtschaftliche Förderungswürdigkeit gegeben[84]. Allerdings sei es in Einzelfällen möglich, daß trotz zu erwartender Strukturverbesserungen volkswirtschaftliche Gründe gegen eine Bewilligung sprächen[85].

In der Praxis hat sich für die Erfüllung der Beurteilungsaufgabe nach Auskunft des BMWi das abstrakte Kriterium „volkswirtschaftlich besonders förderungswürdig" als sehr günstig erwiesen; denn da jeder Fall anders gelagert

---

81 Die Affäre um die 6b-Anträge des Flick-Konzerns ermöglicht es, zumindest an einem — sicherlich nicht repräsentativen — Fall die Vorgehensweise zu verfolgen. Allerdings ist auch hier den vorliegenden Veröffentlichungen nicht zu entnehmen, welche Kriterien die beteiligten Ministerien und Referate ihren Stellungnahmen im einzelnen zugrunde legten. Deshalb wird dies hier nicht weiter verfolgt. Vgl. hierzu Kilz/Preuss, *Flick* (Anm. 75), S. 117 ff.

82 Interview.

83 Die „Sachdarstellung 6b EStG" (Anm. 80) wurde der Öffentlichkeit vermutlich im Vorfeld des zu erwartenden 6b-Antrages der Flick KG vorgelegt. Vgl. für die folgenden Zitate ebd., S. 3. Den ersten 6b-Antrag hatte Flick nach mehrmonatigen „Vorkontakten" im BMWi im Februar 1976 eingereicht. Vgl. Kilz/Preuss, *Flick* (Anm. 75), S. 136, 117 ff.

84 Sachdarstellung 6b EStG (Anm. 80), S. 5.

85 Laut BMWi sind „Ablehnungen in diesem Zusammenhang ... z.B. in einigen Fällen erfolgt, als inländische Beteiligungen in sog. Oasenstaaten mit dem Ziele der Steuerersparnis veräußert werden sollten". (Sachdarstellung 6b EStG, S. 5.)

sei, könne über eine im Gesetz verankerte Legaldefinition die notwendige Nähe zum Einzelfall nicht erreicht werden. So jedoch werde der abstrakte Begriff durch die konkrete Erfahrung der Bürokratie bzw. Ministerialbürokratie inhaltlich gefüllt und anwendbar[86]. Damit deutet sich eine Entwicklung an, die nicht nur die Aufgabenstellung der Politik betrifft, sondern sich auf die Bürokratie selbst auswirkt. Denn mit der Ausrichtung der staatlichen Maßnahme auf ökonomisch über der Ebene des einzelnen Unternehmens liegende Zusammenhänge – nicht allein, um insgesamt der Maßnahme ein politisches Ziel zu geben, sondern um die jeweilige konkrete Umsetzung im Einzelfall nach diesen gesamtwirtschaftlichen Zusammenhängen zu beurteilen – muß das Verwaltungshandeln die tradierten Strukturen bürokratischen Vollzugs verlassen. Es genügt nicht mehr allein, die Richtigkeit des Gesetzesvollzugs entsprechend der formalen Regelung des jeweiligen Gesetzes und der allgemeinen Regeln des Verwaltungshandelns herzustellen, sondern über die formale Richtigkeit des Ablaufs hinaus entscheidet die sachliche Beurteilung des konkreten Falls unter einer ökonomisch-politischen Perspektive, die sich nicht aus dem Zusammenwirken von einzelwirtschaftlichem, betrieblichem Interesse und administrativem Gesetzesvollzug ergibt. Nötig wird ein Drittes: die Etablierung ökonomischen Sachverstands in der Administration, der nunmehr gesamtwirtschaftlich orientiert und von den Zwängen rechtlich fixierter, fallabstrakter Legaldefinitionen befreit, jeden Fall spezifisch und der gesamtwirtschaftlichen Situation angemessen beurteilen und entscheiden kann, zugleich jedoch nicht der legalen und legitimen Grundlage entbehrt. Der ökonomisch kompetente Sachverstand wird im Gesetz mit den abstrakten Begriffen „volkswirtschaftlich besonders förderungswürdig" gefordert und erfährt in den nachfolgenden Formulierungen („... und geeignet ist, die Unternehmensstruktur eines Wirtschaftszweiges zu verbessern oder einer breiten Eigentumsstreuung zu dienen") eine Operationalisierung bzw. Ergänzung.

4. Aspekte und Kriterien funktionaler Subventionspolitik – eine Zwischenbilanz

Die ausführliche Analyse des § 6b EStG hatte exemplarischen Charakter. An diesem Beispiel lassen sich einige Kennzeichen darstellen, die für die Charakterisierung einer Subventionspolitik von Bedeutung sind, die sich weitaus stärker an der funktionalen Anbindung an gesamtwirtschaftliche Rationalitätskriterien versucht, als dies in den vorangegangenen Jahren der Fall gewesen ist. Die Erfahrung, die die staatliche Wirtschaftspolitik Anfang der sechziger Jahre machte und die insbesondere für das wirtschaftspolitische Verständnis der Ministerialbürokratie von einflußreicher Bedeutung war, war eng mit der Kohlenkrise verknüpft. In diesem „subventionspolitischen Lernprozeß" wandelte sich die steuerungspolitische Struktur der Subventionsinstrumente: In den fünfziger Jahren waren sie lediglich auf eine Verbesserung der Erlösstruktur der entsprechenden Unternehmen gerichtet, in der Meinung, daß, wenn sie sich verbessere, von diesen selbst alles notwendige getan werde, um die Krise zu überwinden und sich somit automatisch ein gesamtwirtschaftlicher Nutzen herstelle. Man machte jedoch die Erfahrung, daß sich das Ver-

86 Interview.

halten und die betrieblichen Strategien keineswegs in diese Richtung bewegen müssen. Um die beabsichtigten gesamtwirtschaftlichen Wirkungen tatsächlich zu erreichen, war es notwendig, Subventionen mit weitergehenden Auflagen zu versehen und/oder sie in ein privates Handeln bindendes Vertragsgeflecht einzuweben[87]. Damit ist der Ausgangspunkt einer veränderten Subventionspolitik gewonnen: Nicht mehr das Unternehmenshandeln als solches soll durch Subventionen gefördert werden, sondern nur eines, das sich auf der Folie eines gesamtwirtschaftlichen Nutzenkalküls als funktional erweist, d. h. volkswirtschaftlich förderungswürdig ist.

Es stellt sich allerdings die Frage, was denn der spezifische Gewinn der funktionalen Subventionspolitik ist. Zwar bietet die Anknüpfung an einen volkswirtschaftlichen Nutzen einen Bezugspunkt, der die steuerungspolitische Effektivität von Subventionen erhöhen kann und damit tatsächlich die finanzpolitischen und ökonomischen Kosten zu senken in der Lage wäre; doch sind bei der Feststellung eines gesamtwirtschaftlichen Nutzens einer Subventionsmaßnahme bzw. der von ihr begünstigten unternehmerischen Handlung noch Bewertungsspielräume enthalten, die gerade bei scheinbar eindeutiger Beurteilung mißtrauisch werden lassen. Die Anknüpfung an gesamtwirtschaftliche Rationalitätskriterien hat dann die Funktion einer legitimatorischen Hilfskonstruktion. Die Hervorhebung eines volkswirtschaftlichen Nutzens als Bezugspunkt funktionaler Subventionspolitik ist für beides gut, als steuerungspolitisches Rationalitätskriterium wie auch als Legitimationsfigur; als Synonym für die Gemeinwohlverwirklichung gelten – trotz ökologischen Bröckelns an den Rändern – immer noch die Wachstumsraten der Volkswirtschaft. Hauptthema hinter dieser scheinbaren Polarität der Funktionen ist jedoch die Herstellung „kontrollierter Politik", d. h. durch gegenläufige Entpolitisierung und kontrollierte Politisierung Subventionspolitik instrumentell verfügbar zu machen. Wichtiges Instrument ist dabei der Begriff „volkswirtschaftlich förderungswürdig".

4.1. Die entpolitisierende Funktion des Begriffs „volkswirtschaftliche Förderungswürdigkeit"

Subventionen werden mit der Begründung ihrer „volkswirtschaftlichen Förderungswürdigkeit" ihres politischen Gehalts teilweise entkleidet. So wird nicht die mit der Subvention verbundene Umverteilung zugunsten spezifischer sozial-ökonomischer Gruppen, sondern die systemstabilisierende Leistung thematisiert. Konkret am Beispiel des § 6b EStG: Es werden nur solche Veräußerungsgewinne von der Besteuerung verschont, die tatsächlich im ökonomischen Systemzusammenhang der Produktion verbleiben bzw. deren Übertragungen nachweislich den funktionellen Zusammenhang der ökonomischen Teilsysteme verbessern und somit zu einem gesamtsystemischen Nutzen beitragen.

Gegenüber einer pauschalen Befreiung der Veräußerungsgewinne hat eine solche selektive Regelung nicht nur fiskalische, sondern auch verteilungspoli-

---

87 Vorausgesetzt ist dabei, daß innerhalb der Staatsadministration entsprechendes Analyse- und Prognosewissen vorhanden ist, das eine gesamtwirtschaftlich bezogene Zielfestlegung der Subventionserteilung erlaubt.

tische Vorteile. Mit der systemfunktionalen Selektivität sind jegliche sozial-integrativen Momente aus dem Erscheinungsbild einer solchen Subventions-politik gewichen. Die Umverteilung finanzieller Ressourcen stellt sich nicht mehr als von politischen Interessen geformt dar. Sie entzieht sich der Fassungs-kraft einer analytischen Perspektive, die selbst schon vom systemischen Zu-sammenhang und den entsprechenden funktionalen Notwendigkeiten geprägt ist:

Da das Überleben der Unternehmen, d.h. ihre Akkumulationsfähigkeit, Existenzbedingung für eine gesellschaftliche Formation ist, die ihre soziale Integration über die Verteilung von Zuwächsen bei Beibehaltung ungleich-gewichtiger Einkommens- und Vermögensverteilung zu lösen versucht – die ja wiederum soziale Voraussetzung für die spezifische Produktionsweise ist[88] –, kann eine Begünstigung dieser Akkumulationsfähigkeit gar nicht mehr als partikulare Bevorzugung wahrgenommen werden: Die Begünstigung wird zur Systemleistung, deren Nutzen nicht mehr ohne weiteres einem sozialen Nutz-nießer zugeschrieben werden kann. Über die Wechselwirkungen und Verflech-tungen der Ökonomie, vor allem der die ökonomischen und sozialen Existenz-bedingungen der Beschäftigten betreffenden Definitionsmacht der Unterneh-men, werden Subventionen (systemfunktional) zur sozialpolitischen Maßnahme und können als solche dann auch plausibel begründet werden – selbst wenn sie unmittelbar nur die Unternehmen (und deren Eigentümer) begünstigen[89]. Daß über Subventionierung in dieser Form – wie hier durch den § 6b EStG – zugunsten einer verbesserten ökonomischen Leistungsfähigkeit einer weiteren Ungleichgewichtigkeit der Vermögensverteilung Vorschub geleistet wird, indem letztendlich eine spezifische soziale (Eigentümer-) Gruppe begünstigt wird, entschwindet hinter der systemischen Funktionalität der Maßnahme[90].

Gerade in der Unterscheidung zwischen „Subventionen" als Transferleistun-gen, die mit vagen Zieldefinitionen verbunden und an spezifische Auflagen nicht gebunden sind, und „Zweckzuwendungen" als jene Übertragungen, die mehr oder minder präzisen Verwendungsauflagen unterliegen[91], ist das Ent-schwinden politischer (im Sinne interessenbezogener) Machtkalküle zu beob-achten. Es stellt sich dar als Rückzug (um-)verteilungspolitischer Strategien aus der Subventionspolitik zugunsten sozialer Gruppen und sozial-ökonomi-scher Strukturen, die ersetzt werden durch die funktional eingepaßte, poli-tisch-administrativ organisierte und zugleich ökonomischen Rationalitätskri-terien genügende Steuerungsleistung: scheinbar des gesellschaftspolitisch viru-lenten Gehalts entkleidet. Tatsächlich stellt auch sie eine Begünstigung von Sozialstrukturen dar, wenn auch verdeckt, in die Wechselbeziehung der Sy-stemeinheiten eingeflochten. Begünstigt werden jene Eigentumsstrukturen, die der funktionalen Zielsetzung am ehesten gerecht werden und deren Sank-tionsmacht wiederum die Realisierung solcher Ziele selbst beeinflussen kann.

88 Vgl. Fred Hirsch, *Die sozialen Grenzen des Wachstums*, Hamburg 1980.
89 Vgl. *11. Subventionsbericht*, S. 8.
90 Das Kartellamt, das zumindest im 6b-Fall der Beteiligungstransaktionen miteinbezogen ist, kann unter Wettbewerbsgesichtspunkten Monopolisierungstendenzen entgegen-wirken, nicht jedoch der grundsätzlichen Eigentumsbegünstigung, die diese Maßnahme enthält.
91 Vgl. Karl-Heinrich Hansemeyer, *Finanzielle Staatshilfen für die Landwirtschaft*, Tübin-gen 1963, S. 22 ff.; s. oben Kap. II.

An die Stelle sozialökonomischer Protektion *mit* Subventionen ist eine „funktional-protektionistische" Subventionspolitik getreten, die das gesellschaftliche Problem ungleicher Machtverteilung ausblendet (ausblenden kann) und das damit verbundene Umverteilungsproblem der Subventionspolitik ökonomisch „rationalisiert" und funktionalistisch aufhebt.

Mit diesem — gesellschaftspolitischen — Entpolitisierungsvorgang korrespondieren eine Intensivierung staatlicher Intervention aufgrund präziserer Verwendungsauflagen und -kontrollen und eine Strukturveränderung des Politikprogramms: Statt des „reizgesteuerten" Konditionalprogramm tritt im Strukturtypus der funktionalen Subventionspolitik das „erfolgsgesteuerte" Zweckprogramm in den Vordergrund[92]. Damit werden allerdings auch veränderte Anforderungen an die rechtliche Normierung solcher Politik gestellt. Es wäre voreilig, davon auszugehen, daß sich diese Anpassung problemlos herstellt, indem sich die neue Ausrichtung in traditionelle Rechtsstrukturen einfügt.

4.2. Rechtliche Aspekte funktionaler Subventionspolitik[93]

Wenn es gelingen soll, Subventionen finanzpolitisch effizient und wirtschaftspolitisch erfolgreich einzusetzen, so muß der Subventionszweck klar ausgewiesen, d.h. in entsprechenden Handlungsanweisungen operationalisiert sein; darüber hinaus muß die Subventionsverwaltung in der Lage sein, um die Subventionsvergabe am Subventionszweck ausrichten zu können, entsprechend den situativen Bedingungen des Einzelfalls zu entscheiden. Damit ist jedoch nicht allein ein Problem der Subvention angesprochen: Es ist eine grundlegende Erscheinung sozialstaatlicher Intervention, daß neben die klassischen allgemeinen (Ordnungs)Gesetze konkrete Maßnahmegesetze treten, in denen zeit-, ort- und sozialspezifische gesetzliche Regulierungen sozialer und ökonomischer Prozesse kodifiziert sind. In dem Maße, wie die Verwaltung nicht nur eindeutig festgelegte Normen anwendet, die die Ordnungsstrukturen gesellschaftlichen Verkehrs gewährleisten, sondern darüber hinaus in die gesellschaftlichen Prozesse selbst eingreifen soll, wird die Tätigkeit der Exekutive zunehmend auf die situativen Bedingungen eingestellt werden müssen.

Handlungsspielräume sind gefordert. Sie zu erstellen —, dazu dient einmal das Instrument der Subvention selbst: Subventionen sind typische Instrumente des Sozialstaates, der hier eine „Umverteilung nach dem Maß öffent-

---

92 Eine funktionale Anbindung kann auch mit Hilfe von Konditionsprogrammen erreicht werden, wenn auch um den Preis geringerer Präzision. Siehe oben S. 123 ff.

93 Im Rahmen dieser Arbeit können die mit den steuerlichen und den direkt wie indirekt haushaltswirksamen Subventionen verbundenen rechtlichen Regelungen und insbesondere die subventionsrechtlichen Diskussionen nicht ausführlich, sondern lediglich in Thesen behandelt werden. Unter „Subventionsrecht" werden im allgemeinen die rechtlichen Regelungen für „Zuschüsse, Darlehen, Bürgschaften und Garantien von Trägern öffentlicher Verwaltung an wirtschaftliche Unternehmungen zur Förderung eines öffentlichen Zwecks" (Wilhelm Henke, *Das Recht der Wirtschaftssubventionen als öffentliches Vertragsrecht*, Tübingen 1979, S. 1) verstanden; Steuervergünstigungen unterliegen dem Steuerrecht und werden nicht miteinbezogen.

licher Interessen"[94] vornimmt. Darüber hinaus sind jedoch Handlungsspielräume der Bürokratie in der Anwendung erforderlich, die sich auf zwei Problemebenen stellen, einer rechtlichen und einer bürokratisch-soziologischen. Unter dem rechtlichen Gesichtspunkt stellt sich die Frage, wie eine rechtsstaatliche Verwaltung so angeleitet werden kann, daß Rechtsnormen weiterhin die Grundlage von Struktur und Prozeß staatlicher Bürokratie bilden, zugleich sich jedoch auch die funktional notwendigen Handlungs- und Entscheidungsspielräume erschließen. Unter bürokratisch-soziologischem Aspekt ist zu fragen, wie sich die „soziologische Füllung" funktional notwendiger rechtlicher Handlungsspielräume darstellt; daran schließt sich die politikwissenschaftliche bzw. politische Frage an, welche Bedeutung diese Entwicklungslinien für die Politikfähigkeit des Staates bzw. einer Gesellschaft haben.

Unter der Perspektive bürokratischer Handlungsspielräume ergibt ein Vergleich von steuerlichen Subventionen (Steuervergünstigungen) und Subventionen auf der Ausgabenseite (Zuschüsse, Bürgschaften, Darlehen, Garantien) eine grundsätzliche Differenz: Auf Steuervergünstigungen besteht ein grundsätzlicher Rechtsanspruch, während bei Subventionen der Ausgabenseite in den jeweiligen Subventionsprogrammen häufig der Zusatz zu finden ist: Ein Rechtsanspruch besteht nicht. Auf der Ausgabenseite ist damit fiskalischer Handlungsspielraum gewonnen, denn wenn die entsprechenden zur Verfügung gestellten Mittel erschöpft sind, besteht für ein antragstellendes Unternehmen keine Möglichkeit mehr, eine Subvention zu erhalten — selbst wenn von den Tatbestandsmerkmalen her ein Subventionsantrag Aussicht auf Erfolg hätte.

Auf seiten der direkten Subventionen besteht keine eindeutige rechtliche Situation: Zwar kann man davon ausgehen, daß Subventionen eine gesetzliche Grundlage haben, die mit dem jährlichen Haushaltsgesetz formell hergestellt wird. Auch die Bundeshaushaltsordnung (§§ 23 und 44 Abs. 1)[95] stellt ein Mindestmaß an rechtlicher Regelung dar; und schließlich sind für die einzelnen Subventionsprogramme Einzelgesetze, Verordnungen und Richtlinien vorhanden. Insgesamt gibt es für die Subventionen der Ausgabenseite keine allgemeine gesetzliche Regelung im Rahmen eines (vielfach geforderten)

---

94 Hans-Peter Ipsen, Verwaltung durch Subventionen, in: *Veröffentlichungen der Deutschen Staatsrechtslehrer*, H. 25, Berlin 1967, S. 268.

95 § 23 der Bundeshaushaltsordnung lautet: „Ausgaben und Verpflichtungsermächtigungen für Leistungen an Stellen außerhalb der Bundesverwaltung zur Erfüllung bestimmter Zwecke (Zuwendungen) dürfen nur veranschlagt werden, wenn der Bund an der Erfüllung durch solche Stellen ein erhebliches Interesse hat, das ohne die Zuwendungen nicht oder nicht im notwendigen Umfang befriedigt werden kann."

In § 44 Abs. 1 BHO heißt es: „Zuwendungen dürfen unter den Voraussetzungen des § 23 gewährt werden. Dabei ist zu bestimmen, wie die zweckentsprechende Verwendung der Zuwendungen nachzuweisen ist. Außerdem ist ein Prüfungsrecht der zuständigen Dienststelle oder ihrer Beauftragten festzulegen. Verwaltungsvorschriften, welche die Regelung des Verwendungsnachweises und die Prüfung durch den Bundesrechnungshof (§ 91) betreffen, werden im Einvernehmen mit dem Bundesrechnungshof erlassen." (BHO v. 19.8.1969, *BGBl.*, S. 1284.)

Subventionsgesetzes[96]. (Natürlich hat auch eine Reihe der im Subventionsbericht aufgeführten direkten Subventionen eine gesetzliche Grundlage, aus der ein Rechtsanspruch hervorgeht, z. B. Wohngeld, Wohnungsbauprämien. Es handelt sich hier um Transferleistungen, auf die der Begriff Subvention nur mit erheblichen Einschränkungen angewendet werden kann.)

Unabhängig von dieser rechtlich gesehen zum Teil unbefriedigenden Lage stellen sich jedoch auch auf der Ausgabenseite — wenn auch mit geringerer Intensität — ähnliche Probleme wie auf der Einnahmenseite: die Integration von situationsbezogenem Entscheidungsbedarf und abstrakt-rechtlicher Form staatlichen Handelns. Drei miteinander verwobene Strategien versuchen dieses Problem zu lösen:

1. *Mittelbare Zweckorientierung:* Diese in den meisten Subventionsmaßnahmen (auch denen der „funktionalen Subventionspolitik") vorherrschende Lösungsstrategie zielt auf eine Begünstigung von Strukturen (Sektoren, Regionen, unternehmerische Verhaltensmuster), von denen erwartet wird, daß sie zur Realisierung des mit der Maßnahme anvisierten öffentlichen Zwecks beitragen.

Am Beispiel des hier analysierten § 6b läßt sich zeigen: Zur Realisierung des Zwecks „Mobilisierung des lokalen und regionalen Bodenmarktes", verbunden mit dem Ziel „Mobilisierung der Produktionsfaktoren zur Wachstumsförderung", werden den Unternehmen steuerrechtliche Möglichkeiten angeboten, von denen erwartet wird, daß ihre Nutzung zur Realisierung der entsprechenden Ziele führt. Es fragt sich allerdings, wie die Verwaltung bzw. das zuständige Bundesministerium (BMWi/BMF) den Erfolg einer solchen Maßnahme prüfen will, vor allem wie festgestellt werden soll, ob der „Erfolg", beispielsweise die Auflockerung des Bodenmarktes, auf das Wirken der staatlichen Maßnahme (hier der steuerlichen Vergünstigung) zurückzuführen bzw. wie groß ihr Beitrag an diesem „Erfolg" zu bemessen sei.

Die Verwaltung ihrerseits prüft die „Richtigkeit" ihrer Tätigkeit auch gar nicht am Kriterium der Ziel- bzw. Zweckerreichung, sondern an der formal richtigen Erfüllung der steuerrechtlichen Tatbestände. Für den Einzelfall kommt dabei immer „Richtiges" heraus. Denn die Veräußerung von Grund und Boden und die Übertragung der stillen Reserven auf ein neues Grundstück entsprechen einer Mobilitätszunahme. Ob man damit jedoch über den Einzelfall hinaus dem Ziel einer größeren Mobilität der Produktionsfaktoren näher gekommen ist, oder ob nicht andere Mittel geeigneter gewesen wären, läßt sich so nicht begründen.

2. Größere Zielgenauigkeit einer Subventionsmaßnahme wird erreicht durch eine *unmittelbare Zweckorientierung:* Durch eine entsprechende Zweckformulierung im Gesetz wird der Verwaltung die Möglichkeit gegeben, in der Gruppe der eventuellen Inanspruchnehmer eine präzisere Auswahl zu treffen.

---

96 Vgl. dazu die Stellungnahmen von Ipsen (Verwaltung durch Subventionen [Anm. 94]) *gegen* und von Hans F. Zacher (Verwaltung durch Subventionen (Mitbericht), in: *Veröffentlichungen der Deutschen Staatsrechtslehrer,* H. 25, Berlin 1967, S. 308–400) *für* ein allgemeines Subventionsgesetz. In jüngerer Zeit wurde des öfteren die Forderung nach einem allgemeinen Subventionsgesetz bzw. einem „Subventionsgrundsätzegesetz" erhoben, unter anderem pointiert von der niedersächsischen Wirtschaftsministerin Birgit Breuel (in: *Die Zeit* v. 21.10.1983).

Das erlaubt die Formel „volkswirtschaftlich besonders förderungswürdig": Anhand einer Prüfung des Einzelfalls mit Hilfe dieses Maßstabes eröffnet sich ein administrativer Handlungsspielraum, der – gesetzlich begründet – eine direkt auf den Subventionszweck bezogene Zurückweisung oder Genehmigung ermöglicht. Rechtliche Grundlage dieses Handlungsspielraums ist die besondere Qualität der Formel: Sie stellt einen „unbestimmten Rechtsbegriff" dar. So werden „auslegungsbedürftige Gesetzesbegriffe" bezeichnet, „bei denen das Ergebnis ihrer Anwendung auf den Einzelfall nicht mit Sicherheit vorhergesagt werden kann, während jedoch ... in jedem Fall nur ein einziges, bestimmtes Kriterium richtig und rechtens ist"[97].

In einer juristischen Wertung der Formel „volkswirtschaftlich förderungswürdig" kommt Heinze[98] zu dem Ergebnis, daß im Vergleich zu höchstrichterlichen Entscheidungen zu unbestimmten bzw. vagen Rechtsbegriffen dem hier vorliegenden Begriff als Kriterium differenzierter Wirtschaftsförderung der Verwaltung wohl kaum ein Spielraum „unüberprüfbarer Entscheidung" und auch kein „Beurteilungsspielraum" zugewiesen werde. Heinze meint aufgrund einer prozeßrechtlichen Würdigung, daß nur eine restriktive Auslegung der Formel „dem Recht der Wirtschaftslenkung unter den verfassungsrechtlichen und verteilungssystematischen Gegebenheiten in der Bundesrepublik bei grundsätzlicher Geltung eines Systems freier Wettbewerbswirtschaft adäquat ist"[99].

Ob allerdings eine solche restriktive Handhabung tatsächlich auch intendiert und durchsetzbar ist, erscheint fraglich[100]. In der Praxis scheint sich eher – zumindest was den § 6b EStG angeht – eine den Steuerungsinteressen der Bürokratie entgegenkommende Handhabung entwickelt zu haben[101].

Unbestimmte Rechtsbegriffe sind neben Ermessensspielräumen und Generalklauseln zu den wichtigsten rechtlichen Konstruktionen geworden,

97 Christian Heinze, Die Formel „volkswirtschaftlich förderungswürdig" als Richtmaß staatlicher Wirtschaftslenkung, in: *Wirtschaftsrecht* 1972, S. 280 f. Der Rechtswissenschaft ist es bisher nicht gelungen, eine klare Definition des „unbestimmten Rechtsbegriffs" vorzulegen, so daß wohl auch heute noch Ehmkes Wertung gilt, „das wesentlichste Merkmal des Begriffs des ‚unbestimmten Begriffs'" sei es, daß er „in seine eigene Kategorie" falle (Horst Ehmke, *„Ermessen" und „unbestimmter Rechtsbegriff" im Verwaltungsrecht*, Tübingen 1960, S. 29). Übereinstimmung scheint dahingehend zu herrschen, daß in Abgrenzung zum Begriff „Verwaltungsermessen" dem unbestimmten Rechtsbegriff eine gerichtliche Überprüfung der Verwaltungsentscheidung grundsätzlich zugestanden wird, da es ja *eine* richtige Entscheidung gibt, während sich im Falle des Verwaltungsermessens die gerichtliche Überprüfung lediglich auf die formelle Struktur des Verwaltungshandelns erstrecken kann. Ob also verfahrensmäßig korrekt entschieden wurde, nicht jedoch über die Inhalte der Entscheidung, da der Ermessensspielraum verschiedene Ergebnisse der Verwaltungsentscheidung ermöglicht (vgl. auch unten Anm. 102).
98 Heinze, Formel (Anm. 97), S. 285 ff.
99 Ebd., S. 288.
100 Heinze bestätigt, daß die Formel auf die Absicht des Gesetzgebers zurückgeht, „der Verwaltung einen weiten Bereich freier Entscheidung über die Gewährung oder Versagung von Finanzhilfen zu eröffnen." (Ebd., S. 289.)
101 Interview; vgl. Kilz/Preuss, *Flick* (Anm. 75).

die die situationsbezogenen Entscheidungen der Verwaltungen ermöglichen[102]. Sie gestatten es, sowohl abstrakt-formelle Gesetze „auszulegen" und damit zu konkretisieren, als auch Maßnahmegesetze[103], die auf spezifische Situationen bezogen sind, funktional-zweckorientiert zu handhaben[104].

3. Mit den beiden bisher genannten Aspekten wurden Momente der Eingriffs- und Hoheitsverwaltung gegenüber denen der Leistungsverwaltung, der die

---

102 Die juristische Literatur zum Thema „Ermessen" und „unbestimmter Rechtsbegriff" ist inzwischen Legion. Die verschiedenen Standpunkte sind zumeist mit eigenen Definitionen, analytischen Auflösungen und erneuten Kompositionen vielfach differenziert worden, so daß eine Klarheit in diesen Fragen zumindest für einen Außenstehenden nicht mehr erkennbar wird. Schon Ehmke hatte 1961 in einer kritischen Analyse der damaligen Fronten festgestellt, daß die „mit soviel Nachdruck vertretene Unterscheidung" zwischen beiden Begriffen theoretisch unbegründet und praktisch unbrauchbar sei (Ehmke, *„Ermessen"* [Anm. 97], S. 34). Ende der sechziger Jahre entflammte die Diskussion erneut, wobei insbesondere von Ossenbühl beklagt wurde, daß die Ermessenslehre den (verwaltungsgerichtlich nicht nachprüfbaren) Ermessensbegriff in einen (verwaltungsgerichtlich nachprüfbaren) unbestimmten Rechtsbegriff mit Beurteilungsspielraum umgewandelt habe. Ossenbühl, der darin eine Beschneidung des notwendigen Handlungsspielraums der Verwaltung sah, forderte demgemäß dem Verwaltungsermessen dort seinen legitimen Platz zuzuerkennen, „wo die Verwaltung eigenfunktionell und eigenkonzeptionell tätig werden kann und soll ..." (Fritz Ossenbühl, Tendenzen und Gefahren der neueren Ermessenslehre, in: *DÖV*, H. 17/18, 1968, S. 626; vgl. dazu auch Heinrich Rupp, Ermessensspielräume und Rechtsstaatlichkeit, in: *Neue juristische Wochenschrift*, 22. Jg. 1969, H. 30, S. 1273–1278; aus der neueren Literatur vgl. Hans-Joachim Koch, *Unbestimmte Rechtsbegriffe und Ermessensermächtigungen im Verwaltungsrecht*, Frankfurt a.M. 1979). Hervorzuheben ist an dieser Stelle weniger die – hier kaum wiederzugebende – juristische Diskussion, sondern vielmehr die Tatsache, daß diese in dem Moment verstärkt einsetzte, als staatliche Interventionen in Gesellschaft und Wirtschaft zunahmen, somit Handlungsspielräume der Verwaltung zu einem realen und nicht allein wissenschaftlichen Problem wurden. Darüber hinaus findet sich auch in der verwaltungssoziologischen und politikwissenschaftlichen Literatur eine vergleichbare Diskussion (z.B. Claus Offe, Rationalitätskriterien und Funktionsprobleme politisch-administrativen Handelns, in: *Leviathan*, H. 3/1974, S. 333–345).

103 Zum Begriff Maßnahmegesetz vgl. Franz Neumann, Der Funktionswandel des Gesetzes im Recht der bürgerlichen Gesellschaft, in: ders., *Demokratischer und autoritärer Staat*, hrsg. v. Herbert Marcuse, Frankfurt a.M. 1967, S. 31–81; Ulrich K. Preuß, *Legalität und Pluralismus*, Frankfurt a.M. 1973, insbes. S. 42 ff., 64 ff., 102 ff.; Erhard Treutner/Stephan Wolff/Wolfgang Bonß, *Rechtsstaat und situative Verwaltung*, Frankfurt a.M. 1978, S. 13 ff.; einen Literaturbericht zum Begriff Maßnahmegesetz gibt Werner Krawietz, Zur Kritik am Begriff des Maßnahmegesetzes, in: *DÖV*, H. 4/1969, S. 127–135. F. Hase und M. Ruete kommen in einer Kritik F. Neumanns und der Untersuchung der Rechtsentwicklung zu der – in diesem Zusammenhang der Entwicklung funktionaler Subventionspolitik, wie mir scheint – attraktiven Hypothese, daß die Zunahme von Generalklauseln und Maßnahmegesetzen, der Übergang von Konditional- zu Zweckprogrammen, d.h. „die Tendenz zu ... ‚strategischer Orientierung' des Rechts" damit verknüpft sei, „daß das staatliche Recht sich immer weniger darauf beschränken kann, eine vorgefundene gesellschaftliche Rationalität zu verwalten, vielmehr immer stärker in die Rolle ihres Organisators hineingedrängt wird" (Friedhelm Hase/Mathias Ruete, Dekadenz der Rechtsentwicklung?, in: *Leviathan*, H. 2/1983, S. 213).

104 Vgl. dazu auch Treutner/Wolff/Bonß, *Rechtsstaat* (Anm. 103), S. 25 ff.; zu den Subventionen vgl. Albert Bleckmann, *Subventionsrecht*, Stuttgart usw. 1978, S. 73 ff.

Subventionen der Ausgabenseite im allgemeinen eher zugerechnet werden, hervorgehoben. Dies erscheint gerechtfertigt, da empirischer Ausgangspunkt die Analyse einer steuerlichen Subvention war. In der Betrachtung zu kurz gekommen ist das in jedem Subventionsverhältnis in mehr oder minder starkem Maße enthaltene Moment „*Kooperation*": Zur Erfüllung des mit der Subvention angestrebten öffentlichen Zwecks ist die Mitwirkung des privaten Subventionsempfängers notwendig. Über Kontrolle und Auflagen wird versucht, auch tatsächlich zu erreichen, daß sich diese Mitwirkung herstellt. Das aber kann nur insoweit geschehen, als beim potentiellen Empfänger auch die Bereitschaft entsteht, sich in ein Subventionsverhältnis zu begeben. Die Subventionsstruktur (Zweck, Einsatzort und Auflagen) muß auf die Bedarfsstruktur des Empfängers abgestimmt sein, wenn er seinen Beitrag zur Realisierung des öffentlichen Zwecks leisten soll. Die Subventionsrechtslehre hat aus dieser Interessenstruktur im Binnenverhältnis zwischen Subventionsgeber und Subventionsempfänger den Schluß gezogen, daß es sich um ein Kooperationsverhältnis handele.

Wenn es zur Erfüllung der funktionalen Ausrichtung der Subvention eines kooperativen Binnenverhältnisses bedarf, bedarf es auch kooperativer Strukturen in der politischen Genese als eines Abstimmungsprozesses zwischen privaten Interessen und staatlichen Problemlösungsstrategien. Subventionspolitik dieser Art würde die funktional-interventionistische insofern komplettieren, als man die Zustimmung der Begünstigt-Gesteuerten vorher festschreibt. Subventionen wären in einem solchen „Kooperations-" bzw. besser: Regulierungszusammenhang nur *ein* Moment, allerdings, wie zu vermuten, ein unverzichtbares[105].

---

105 Vgl. auch unten, Kap. IX.

VI. Kontrolle und Abbau der Subventionen – subventionspolitische Formierung auf der Ebene „abstrakter" Subventionspolitik

1. Subventionsdiskussion und Subventionspolitik unter dem Eindruck der Haushalts- und Wirtschaftskrise 1965–1967

Hatten 1964 Bundesregierung und Parlament trotz aller Warnungen des BMF angesichts der bevorstehenden Bundestagswahlen noch einmal das bewährte Füllhorn steuerlicher Erleichterungen, Subventionen und sonstiger finanzieller Vergünstigungen geleert, so änderte sich mit der Haushaltskrise des Jahres 1965 die Situation schlagartig. Die Bundesregierung benötigte ein Haushaltssicherungsgesetz, um den Bundeshaushalt zu konsolidieren, konkret: um eine Reihe der ein Jahr zuvor beschlossenen Wahlgeschenke wieder „einzukassieren". Dies geschah zu einem Zeitpunkt, als noch niemand mit einer Wirtschaftskrise rechnete[1]. Diese hausgemachte Haushaltskrise, die also vom Haushalts- und Finanzgebaren der Bundesregierung und des Parlaments selbst verschuldet war, veränderte die öffentliche Diskussion um die Subventionen.

Im März 1966 veröffentlichte Bundesfinanzminister Dahlgrün wiederum eine lange Liste der Subventionen[2]; die Bundesregierung versäumte es jedoch nicht, aufgrund der insgesamt verschärften Kritik an ihrer Finanzpolitik wenige Tage später der öffentlichen Kritik die Spitze abzubrechen und die grundsätzliche Legitimität des Subventionsinstruments hervorzuheben: „Als vereinbar mit den Prinzipien einer sozialen Marktwirtschaft können unter gewissen Umständen Start- und Anpassungshilfen angesehen werden, die lebenswichtigen Wirtschaftszweigen oder in ihrer Existenz bedrohten Gruppen die Umstellung auf technische oder wirtschaftliche Veränderungen des Marktes erleichtern sollen, sowie Überbrückungshilfen zur Überwindung vorübergehender Notstände. Subventionen können also einen durchaus legitimen Platz in den Haushalten moderner Demokratien mit marktwirtschaftlichem System haben, wenn sie in ihrem Anwendungsbereich und ihrer Höhe genau begrenzt und zeitlich befristet sind." Geschehe dies nicht, dann sei allerdings die Gefahr gegeben, „daß die Subventionen als wirtschaftspolitische Instrumente nicht in dem gewünschten Umfang wirksam werden oder sich gegenseitig weitgehend aufheben"[3].

Diese differenzierte Einschätzung des Bundesfinanzministeriums in seinem Finanzbericht ist bemerkenswert. Denn schließlich war es das Finanzministerium, das seit 1959 auf das steigende Volumen der Subventionen hin-

---

1 Die Wachstumsrate des Bruttosozialprodukts betrug 1965 gegenüber dem Vorjahr 9,4 %, 1966 6,2 % und 1967 0,6 % (in jeweiligen Preisen).

2 Entsprechend der in den Vorjahren vorgenommenen Gliederung – vgl. *Finanzbericht 1966*, S. 178 ff.

3 *Aktuelle Beiträge zur Wirtschafts- und Finanzpolitik*, hrsg. v. Presse- und Informationsamt der Bundesregierung, Nr. 11/66 v. 7.3.1966, S. 1.

gewiesen hat, und noch 1959 hatte die Bundesregierung in der Vorbemerkung zum Bundeshaushalt festgestellt, daß die Subventionen in einer marktwirtschaftlichen Ordnung systemwidrig und grundsätzlich abzulehnen seien[4]. Angesichts der erheblichen Haushaltsschwierigkeiten der Jahre 1965 und 1966, die nach weitgehend übereinstimmender öffentlicher wie politisch-parlamentarischer Meinung über einen Subventionsabbau behoben werden sollten, wog diese jetzige abwägend positive Einschätzung des BMF um so schwerer. Betrachtet man jedoch den politischen, ökonomischen und sozialen Hintergrund, wird die Haltung des BMF verständlich: Die Krise des deutschen Steinkohlenbergbaus, ihre politischen und sozialen Folgen verboten es, eines der wichtigsten staatlichen Krisenregulierungsinstrumente pauschal zu verurteilen.

In der Presseberichterstattung folgte man zum größten Teil den Ausführungen und der Einschätzung des Finanzberichts. Das hatte einen besonderen Effekt: Denn das BMF führte mit den Subventionen an die Unternehmen auch sozialpolitische Maßnahmen auf, so u. a. – wie in früheren Jahren – die Zuschüsse des Bundes an die Sozialversicherung. Was von den einen als „Buntheit" des Subventionsbereichs gewertet[5] und von den meisten (unkritisch) referiert wurde, war tatsächlich in keinem Fall zu den Subventionen zu rechnen. Das monierten nur wenige Zeitungen wie in einer längeren Analyse[6] das „Handelsblatt" und der „Lübecker Morgen" (SPD), der die Funktion dieser „Fehldarstellung" in der „politischen Optik" sah, „damit der Steuerzahler nicht mißmutig werde wegen der hohen Leistungen an diese beiden [Landwirtschaft und gewerbliche Wirtschaft] Wirtschaftsbereiche"[7]. Die bisherige Strategie der Bundesregierung, in die Darstellung des Subventionsvolumens auch sozialpolitische Transferausgaben mitaufzunehmen, wurde also fortgesetzt und traf auf wenig Kritik; auf diese Weise gelang es, die zentrale Aussage einer Subventionsberichterstattung, die direkte oder indirekte Vergabe von staatlichen finanziellen Mitteln an die Privatwirtschaft, durch die gleichzeitige Darstellung von Sozialtransfers zu relativieren. Auf die Taktik „Subventionen für alle" wurde auch in den späteren Subventionsberichten nicht verzichtet.

In der Presseberichterstattung herrschte weitgehend eine diffuse, fiskalisch orientierte Abbauforderung vor. Die Mehrzahl der 1966/67 zum Thema Subventionen erschienenen Presseberichte enthielt folgende, für eine spätere wirtschafts- und wachstumspolitische Funktionalisierung notwendige „subventionskritische" Argumentationsstruktur: Die vehemente Forderung nach Subventionsabbau und nach dem „starken Staat" gegenüber den Interessengruppen wurde begleitet von der mehr oder minder unterschwellig vorgetragenen Vermutung, daß in Ausnahmefällen eine Subventionierung gerechtfertigt sein könnte. Die Schwierigkeit der Subventionspolitik sah man in der ungenügenden Kontrollmöglichkeit gegenüber Institutionalisierungs- und Ausweitungstendenzen der Begünstigungen, deren negative Auswirkungen sich in

---

4 Zit. nach *Augsburger Allgemeine* v. 28.3.1966.
5 *Süddeutsche Zeitung* v. 2.3.1966.
6 Werner Flume, „Subventionen" – ein strapazierter Begriff, in: *Handelsblatt* v. 24.3. 1966; die dort monierte Gliederung wird allerdings auch in einer eigenen Untersuchung des Deutschen Industrieinstituts übernommen (vgl. *Süddeutsche Zeitung* v. 11.11.1966).
7 *Lübecker Morgen* v. 2.3.1966.

geringeren Wachstumsraten, Inflation, Konjunkturkrisen und Finanzproblemen des Staates äußerten — eine Argumentationsstruktur, die von der Bundesregierung im Finanzbericht 1966 selbst vorgeführt und von den industriellen Interessen und der liberalen Ideologie getragen wurde. Die Presseberichterstattung übernahm die „selbstkritischen" Äußerungen des BMF zur Subventionsentwicklung, deutlich erkennbar an der teilweisen wörtlichen Übereinstimmung von Presseverlautbarungen der Bundesregierung und nachfolgenden Presseberichten[8]. Eine Ausnahme machte die wirtschaftsfreundliche Presse: „Handelsblatt" und „Industriekurier"[9], die in den Jahren 1966/67 die profiliertesten und mit Einschränkung kenntnisreichsten Stellungnahmen zur Subventionsentwicklung abgaben. Sie erkannten die grundsätzliche Berechtigung direkter und indirekter Subventionen an, forderten aber eine stärkere Kontrolle und eine Umorientierung zugunsten von Anpassungssubventionen. Die Abbaumöglichkeiten wurden aufgrund der Berechtigung der meisten Subventionen als gering eingestuft, wenn man auch den Abbau selbst (gerade der der Agrarsubventionen) wachstumspolitisch (weniger haushaltspolitisch) für wünschenswert hielt.

Von einer Subventions-„diskussion" kann angesichts dieser eher diffusen Meinungssituation in der Presseberichterstattung kaum die Rede sein; was sich hier abspielte, war eine permanente Thematisierung von „Subvention" in der Öffentlichkeit, wobei gleichzeitig unverkennbar eine Annäherung bzw. Meinungsprofilierung von staatlichen Subventionskriterien (BMF) und wirtschaftlichen Interessen stattfand.

Die Thematisierung hielt an. Im Mai 1966 forderte der Bundestag die Bundesregierung einstimmig auf, energische Maßnahmen zur Eindämmung der Subventionen einzuleiten und jährlich bis zum 15. September dem Parlament über die sichtbaren und unsichtbaren Subventionen zu berichten, vor allem jedoch mitzuteilen, welche Subventionen sie abzubauen gedenke. Für die Haushaltsberatungen 1967 verlangte der Bundestag Regierungsvorschläge für eine Kürzungssumme von 500 Mio. DM. Diese Initiative des Bundestages wurde einhellig begrüßt. Im September 1966 legte der Finanzminister schließlich einen Subventionsbericht vor, den „Dahlgrün-Bericht"[10], der über die Entwicklung von Finanzhilfen und Steuervergünstigungen in den Jahren 1964—66 Auskunft gab, sich jedoch dem Auftrag des Bundestages, über Abbaumöglichkeiten in Höhe von 500 Mio. DM für 1967 zu informieren, mit dem Hinweis entzog, daß eine Kabinettskommission eingesetzt worden sei, die die entsprechenden Abbaumöglichkeiten prüfen sollte; der tatsächliche Abbau könne dann dem Haushaltsentwurf 1967 entnommen werden[11]. Dieses sogenannte

---

8 Vgl. die Presseberichterstattung im März 1966.

9 *Handelsblatt* v. 24.3.1966 (Artikel Flume, „Subventionen" [Anm. 6]); *Handelsblatt* v. 30.11.1966 (Artikel: Werner Flume, Trugschlüsse um die Steuersubventionen); *Industriekurier* v. 6.1.1968 (Bericht, Kommentar: W. Schaefer, „Subventionen müssen sein"). Kenntnisreiche Berichterstattung findet sich auch in: *Münchner Merkur, Rheinische Post, Augsburger Allgemeine, Süddeutsche Zeitung.*

10 *BTDrs.*, V/931.

11 *BTDrs.*, V/931, S. 11. — Besondere Bedeutung kam im Bericht der Bundesregierung (wie auch schon in den vorangegangenen Darstellungen in der Subventionsentwicklung in den Finanzberichten) entsprechend dem Auftrag des Bundestages der Darstellung der

Streichquintett, das seine Arbeit im Sommer 1966 aufgenommen hatte, erlebte das, was auch seine Nachfolger erkennen mußten: die Erfahrung, daß kaum eine Subvention abgebaut werden konnte. Zwar wurde (laut Presseberichterstattung) eine Reihe von Vergünstigungen und Finanzhilfen problematisiert — von der Landwirtschaft bis zur Erdölindustrie —, was aber stets einen heftigen Proteststurm der betroffenen Interessenverbände und Ressorts auslöste. Übrig blieben auf der Einnahmenseite ein Abbau der Kilometerpauschale und eine Einschränkung der Sparförderung. Voluminöser nahm sich die Vision aus, die sich hinsichtlich *zukünftiger* Abbaumöglichkeiten verbreitete[12].

Mit der Verabschiedung des Bundeshaushalts 1967 verflachte auch die Subventionsdiskussion zunächst, hatte sie doch trotz wirtschaftspolitischer Aspekte[13] ihre Dynamik aus den fiskalischen Schwierigkeiten des Jahres 1966 erhalten. Zwar hatte die öffentliche Subventionskritik eine bis dahin nicht gekannte Intensität erreicht, auch hatten das BMF und die Bundesregierung erste Ansätze einer positiven Formulierung von Subventionskriterien unternommen, die — wie der Presseberichterstattung zu entnehmen war — von relevanten Meinungsführern unterstützt wurden; von einer „subventionspolitischen Formierung" kann jedoch noch keine Rede sein. Es scheint eher so zu sein, und die rein fiskalische Ausgestaltung des Dahlgrün-Berichts vom September 1966 deutet dies an, daß sich die subventionspolitische Strategie des BMF in einem fiskalischen Abbau- und Kontrollinteresse erschöpfte. Diese Vermutung wird dadurch gestützt, daß das BMF, nachdem es seinen haushalts- und finanzpolitischen Handlungsspielraum gegenüber den anderen Ressorts und dadurch gegenüber den Ansprüchen der Interessengruppen durch begrenzte Problematisierung der Subventionen ausdehnen und eine Einschränkung des Subventionsvolumens erreichen konnte, zunächst keine weiteren subventionspolitischen Schritte unternahm. Die weitere Entwicklung wurde jedoch nunmehr von den Beratungen um das Stabilitäts- und Wachstumsgesetz beeinflußt.

Fortsetzung Fußnote 11

Zinssubventionen zu. Dabei wurde der erhebliche Einfluß von Zinssubventionen auf die Kreditnachfrage und als Anreizwirkung auf die Durchführung von Investitionsnachfrage betont. Aufgrund der Auswirkungen auf den Kapitalmarkt sah man es als „dringend erforderlich" an, „nicht nur die unmittelbare Kreditnachfrage der öffentlichen Hand, sondern auch die durch öffentliche Subventionsprogramme geweckte Kreditnachfrage einzuschränken" (*BTDrs.*, V/931, S. 11; vgl. zur Bedeutung der Zinssubventionen Jürgen Richter, *Die Zinssubventionen in der Bundesrepublik Deutschland*, Frankfurt a.M. 1970). Diese besondere Aufmerksamkeit wurde den Zinssubventionen lediglich in den Finanzberichten 1962, 1964 und 1966 sowie im genannten „Dahlgrün-Bericht" geschenkt; in den späteren Subventionsberichten der Bundesregierung wurde auf eine eigenständige Untersuchung der Entwicklung der Zinssubventionen verzichtet.

12 So berichtet die *Frankfurter Rundschau* v. 3.9.1966 von einem potentiellen Abbauvolumen von 4 Mrd. DM.

13 Unter wirtschaftspolitischem Aspekt wurden insbesondere die Zinssubventionen seit dem Finanzbericht 1966 diskutiert, die vor allem in der Wirtschaftspresse für die hohen Kapitalmarktzinsen verantwortlich gemacht wurden, da sie zu einer zusätzlichen Nachfrage auf dem Kapitalmarkt von 5 Mrd. DM geführt hätten.

2. Institutionalisierung der Subventionsberichterstattung im Stabilitäts- und Wachstumsgesetz (StWG)

Daß die Bundesregierung nicht von vornherein daran interessiert war, den Gesamtbereich der Subventionen in ihre Wirtschaftspolitik einzubinden, zeigt der am 4. Juli vom Bundeskabinett verabschiedete und am 2. September 1966 dem Bundestag zugeleitete Regierungsentwurf eines Stabilitätsgesetzes. Dort heißt es in § 8: „Bundesmittel, die an Stellen außerhalb der Bundesverwaltung zur Erfüllung bestimmter Zwecke gegeben werden, insbesondere Finanzierungshilfen zur Förderung der deutschen Wirtschaft, sollen so gewährt werden, daß es den Zielen des § 1 nicht widerspricht."[14]

Von einer Berichtspflicht der Bundesregierung oder einer Kontrolle der Subventionen ist hier ebensowenig die Rede wie von einer Verpflichtung, die Finanzierungshilfen abzubauen. Steuervergünstigungen werden überhaupt nicht erwähnt. Dies ist um so verwunderlicher, als das Parlament das BMF schon vor der Verabschiedung des Regierungsentwurfs dazu verpflichtet hatte, jährlich einen Subventionsbericht mit Abbauvorschlägen vorzulegen. Dies spricht für die oben aufgestellte Vermutung, daß das Bundesfinanzministerium mit dem Subventionsbericht (bzw. mit den entsprechenden Vorformen in den Finanzberichten) lediglich ein haushaltspolitisches, nicht jedoch ein weitergehendes finanz- bzw. wirtschaftspolitisches Interesse verband. Allerdings wird im Entwurf des Stabilitätsgesetzes auch deutlich, daß für die einzelnen Subventionsmaßnahmen die Hinwendung zu einer gesamtwirtschaftlichen Orientierung, wie sie anhand einzelner Beispiele beobachtet wurde (s.o.), nun als gesetzliche Soll-Vorschrift, wenn auch negativ gefaßt („... den Zielen des § 1 nicht widerspricht"), institutionalisiert werden sollte.

Die Forderung der SPD-Fraktion, Steuervergünstigungen ebenfalls unter Stabilitätsgesichtspunkten zu beurteilen, lehnten die Regierungsparteien zunächst ab[15]. Die Vertreter der Regierungsparteien im Finanzausschuß hielten anfangs sogar den § 8 in der vorliegenden Fassung für grundsätzlich überflüssig[16]. Nach dem Eintritt der SPD in die Regierung und aufgrund der wirtschaftlichen Entwicklung im Spätherbst 1966, die zum ersten ernsten Konjunktureinbruch in der Geschichte der Bundesrepublik führte, womit noch wenige Wochen vorher niemand gerechnet hatte[17], wandelte sich die Einstellung hin-

---

14 *BTDrs.*, V/890. – § 1 des Regierungsentwurfs zu einem Stabilitätsgesetz lautete: „Bund und Länder haben ihre wirtschafts- und finanzpolitischen Maßnahmen so zu treffen, daß sie zur Wahrung des Geldwertes bei hohem Beschäftigungsstand, außenwirtschaftlichem Gleichgewicht und angemessenem Wirtschaftswachstum beitragen." (Ebd., S. 3.)

15 Prot. des Wirtschaftsausschusses des Bundestages, 4. WP, 28. Sitzung v. 5.10.1966, S. 5/6.

16 Prot. des Finanzausschusses, 5. WP, 33. Sitzung v. 22.9.1966.

17 Das StWG war zunächst dazu gedacht, in Zeiten überschäumender Konjunktur die Staatsausgaben restriktiver handhaben zu können zugunsten der Wahrung der Preisstabilität. Selbst die eher wachstumspolitisch orientierte SPD rechnete nicht mit krisenhaften Einbrüchen. So betonte Karl Schiller noch in der ersten Lesung des Regierungsentwurfs zum Stabilitätsgesetz: „Die ganze Frage einer Krisenpolitik ... wird uns in Zukunft in der westlichen Welt kaum sehr stark beschäftigen ... (Sten. Prot. des BT v. 15. 9.1966, S. 2785, zit. nach Egbert Osterwald, *Zur Entstehung des Stabilitätsgesetzes*, Frankfurt a.M. 1982, S. 80.)

sichtlich einer Einbindung der Subventionsberichterstattung in das Stabilitätsgesetz (das jetzt auch Wachstumsgesetz werden sollte). Flankenschutz erhielten die Verfechter einer Subventionsberichterstattung und einer stärkeren wachstumspolitischen Ausrichtung der Subventionspolitik vom wissenschaftlichen Beirat beim BMWi, der sich in einem Gutachten für eine schärfere Subventionskontrolle mit Hilfe eines von einem politisch unabhängigen Subventionsamt zu erstellenden Subventionsberichts und für eine Offenlegung der Subventionen in den Unternehmensbilanzen aussprach. Grundsätzlich erklärte der Beirat die Subventionen mit der Marktwirtschaft für vereinbar, solange sie Produktivität und Anpassung der Unternehmen förderten und eine Konservierung überkommener Strukturen vermieden[18].

Wenn auch in der schließlich verabschiedeten Fassung des StWG die Subventionsberichterstattung nicht einem (zu schaffenden) Subventionsamt übertragen worden ist (was ja auch von anderer Seite immer wieder gefordert wurde, um die Neutralität der Berichterstattung zu begründen), so wurde doch die Bundesregierung zu einer Subventionsberichterstattung verpflichtet, die in vielen Punkten den Anforderungen an eine bessere Subventionskontrolle zu entsprechen schien. In § 12 StWG heißt es nun:

„(1) Bundesmittel, die für bestimmte Zwecke an Stellen außerhalb der Bundesverwaltung gegeben werden, insbesondere Finanzhilfen, sollen so gewährt werden, daß es den Zielen des § 1 nicht widerspricht.

(2) Über die in Absatz 1 bezeichneten Finanzhilfen legt die Bundesregierung dem Bundestag und dem Bundesrat zusammen mit dem Entwurf des Bundeshaushaltsplans alle zwei Jahre eine zahlenmäßige Übersicht vor, die insbesondere gegliedert ist in Finanzhilfen, die
1. der Erhaltung von Betrieben oder Wirtschaftszweigen,
2. der Anpassung von Betrieben oder Wirtschaftszweigen an neue Bedingungen und
3. der Förderung des Produktivitätsfortschritts und des Wachstums von Betrieben oder Wirtschaftszweigen, insbesondere durch Entwicklung neuer Produktionsmethoden und -richtungen
dienen.

(3) In entsprechender Gliederung des Absatzes 2 wird eine Übersicht der Steuervergünstigungen zusammen mit den geschätzten Mindereinnahmen beigefügt.

(4) Zu den in Absätzen 2 und 3 genannten Übersichten gibt die Bundesregierung an, auf welchen Rechtsgründen oder sonstigen Verpflichtungen die jeweiligen Finanzhilfen und Steuervergünstigungen beruhen und wann nach der gegebenen Rechtslage mit einer Beendigung der Finanzhilfen und Steuervergünstigungen zu rechnen ist. Sie macht zugleich Vorschläge hinsichtlich der gesetzlichen oder sonstigen Voraussetzungen für eine frühere Beendigung oder einen stufenweisen Abbau der Verpflichtungen. Hierzu wird ein Zeitplan entsprechend der in Absatz 2 beschriebenen Gliederung aufgestellt."[19]

Damit wird in § 12 StWG eine doppelte Aufgabe gestellt: Einmal ergeht der Auftrag an die Bundesregierung, alle zwei Jahre einen Subventionsbericht zu erstellen, zum anderen gibt Abs. 1 Kriterien für die Subventionsvergabe an — allerdings nur für die Mittel aus dem Bundeshaushalt und hier nur für jene,

---

18 Wissenschaftlicher Beirat beim BMWi, Subventionen in der Marktwirtschaft, in: Presse- und Informationsamt der Bundesregierung (Hrsg.), *Bulletin der Bundesregierung* v. 31.3.1967.
19 Gesetz zu Förderung der Stabilität und des Wachstums der Wirtschaft v. 8.6.1967, *BGBl. I*, S. 582.

die an Stellen außerhalb der Bundesverwaltung gegeben werden; Finanzhilfen, die z.B. der Deutschen Bundesbahn zugedacht sind, fallen nicht darunter[20]. Hinsichtlich der Leitlinie einer Subventionsvergabepolitik ist also § 12 Abs. 1 in doppelter Weise eingeschränkt: Nur ein Teilbereich unterliegt der Maßgabe des Abs. 1, die selbst lediglich eine Sollensvorschrift (negative Formulierung) darstellt. Diese Formulierung erlaubt es, daß „in besonderen (atypischen) Ausnahmefällen" von der Zielharmonie des § 1 abgewichen werden kann[21], das heißt, einerseits existieren für die Subventionsvergabe (Finanzhilfen des Bundeshaushalts) explizite Grundsätze — allerdings nur in sehr abstrakter Form, die einen weiten Interpretationsspielraum lassen —, zum anderen wird implizit ein Handlungsspielraum für Härtefälle zugestanden.

Etwas genauer sind die Ansprüche an die Berichterstattung formuliert: Sie soll Finanzhilfen und Steuervergünstigungen nach erhaltungs-, anpassungs- und produktivitätsfördernder Ausrichtung untergliedern, ferner sollen die jeweiligen Subventionsgründe, Befristungen und Abbaumöglichkeiten aufgeführt werden. Ihr Ziel ist es, über eine „subventionspolitische Gewissensforschung"[22] eine stärkere parlamentarische Kontrolle und Eindämmung der Subventionen durch breitere und tiefergehende Information zu erreichen. Daß diese Zielsetzung jedoch recht unverbindlich bleibt, ergibt sich aus der Stellung des § 12 StWG im Stabilitäts- und Wachstumsgesetz.

Der Subventionsbericht soll der Vorbereitung und Prüfung finanz- und haushaltspolitischer Maßnahmen dienen. Er zählt in dieser Funktion zu den Informations-, Planungs- und Koordinierungsinstrumenten des Stabilitätsgesetzes[23], fällt jedoch aus dem Rahmen: Zwar ist ein Adressat genannt (Bundestag und Bundesrat), es fehlt aber jegliche Querverbindung zu anderen Instrumenten des StWG, und von den Adressaten wird keine Stellungnahme verlangt. Während der Jahreswirtschaftsbericht eine Antwort der Bundesregierung auf das Sachverständigengutachten sowie eine Projektion der angestrebten wirtschaftlichen Entwicklung und der voraussichtlichen wirtschafts- und finanzpolitischen Maßnahmen enthalten muß, das Sondergutachten die aktuelle Entwicklung durch ein von der Regierung unabhängiges wissenschaftliches Gremium beurteilt, wozu sich — nicht aufgrund gesetzlicher, sondern politischer Zwänge — die Bundesregierung äußern muß, wird für den Subventionsbericht nicht festgelegt, welche Institution bzw. welches Gremium sich

---

20 Der Begriff Subvention wird im Gesetz nicht verwendet; der hier gesetzlich verankerte Bericht heißt auch lediglich im Untertitel (und in Klammern gesetzt) seit seinem dritten Erscheinen „Subventionsbericht".

21 Klaus Stern/P. Münch/Karl-Heinrich Hansmeyer, *Gesetz der Stabilität und des Wachstums der Wirtschaft. Kommentar*, S. 148.

22 Dietrich Albrecht, Zehn Gebote für Subventionen, in: *Der Volkswirt*, Nr. 49 v. 9.6. 1966, S. 2345 f.

23 Zu diesen gehören: der Jahreswirtschaftsbericht der Bundesregierung (§ 2), das Sondergutachten des Sachverständigenrats und der Subventionsbericht als Informationsinstrumente; mittelfristige Finanzplanung (§ 9) und Investitionsprogramme (§ 10) als Planungsinstrumente und der Konjunkturrat (§ 18), die Konzertierte Aktion (§ 3) und Finanzplanungsrat (§ 17) als Koordinationsinstrumente. Vgl. Klaus Mackscheidt/Jörg Steinhausen, *Finanzpolitik I. Grundfragen fiskalpolitischer Lenkung*, Tübingen ²1975, S. 128.

damit beschäftigen und dazu Stellung nehmen soll, wie er in die finanz- und wirtschaftspolitischen Entscheidungen einzubinden ist.

Die mangelnde Einbindung in das instrumentelle und institutionelle Konzept des Stabilitätsgesetzes läßt es fragwürdig erscheinen, ob mit diesem Bericht als diffusem Informationsinstrument das Ziel größerer (Erfolgs-) Kontrolle, Effizienzorientierung der Subventionsvergabe und Subventionsabbau nach gesamtwirtschaftlichen Maßstäben im Rahmen des Stabilitätsgesetzes erreicht werden kann. Denn § 12 StWG, insbesondere der Subventionsbericht, erscheint wie ein „Additum", das in die Struktur des Stabilitätsgesetzes nicht funktional eingewoben ist. Mehr noch: Die im Subventionsbericht zusammengestellten Informationen stehen in gewisser Weise quer zu den für konjunkturpolitische Steuerung erforderlichen Informationsbedarf. Zum einen überschreitet ihre Detailliertheit die notwendige Konkretion bzw. führt die Detaillierung nicht auf ein funktionales Abstraktionsniveau zurück; andererseits unterschreitet der Bericht aufgrund seiner Selektivität (die durch das Gesetz zwar fixiert, jedoch in der Praxis weiter gefaßt wird) den Bedarf staatlicher Konjunkturpolitik an möglichst umfassender Information des staatlichen Ausgaben- und Einnahmengebarens. Der Subventionsbericht soll sich auf Finanzhilfen an Betriebe und Wirtschaftszweige konzentrieren (auch wenn in der Praxis der Subventionsberichterstattung sozialpolitisch motivierte Transferleistungen mit aufgenommen wurden) und bezieht somit z.B. staatliche Finanzhilfen an Bundesbahn und Bundespost und andere bundeseigene Unternehmen nicht mit ein. Eine solche Einschränkung wäre gerechtfertigt, wenn gezeigt werden könnte, daß diese besondere Selektivität der Berichterstattung die für die Anwendung des StWG wichtigsten Informationen erbrächte. Doch einer solchen Rechtfertigung hat sich der Subventionsbericht nicht zu stellen: Sein Informationsangebot ist unter konjunkturpolitischen Gesichtspunkten gar nicht gefragt.

Nun ließe sich einwenden, daß der Subventionsbericht in problematischen konjunkturellen Situationen mit entsprechenden Anforderungen an den Staatshaushalt einen Überblick über mögliche Einsparungen bietet (und dementsprechend auch 1975 und 1982 – mit Einschränkung – verwendet wurde). Doch handelt es sich dann um eine haushaltspolitische Verwendung zur Freistellung von Finanzmitteln: Der konjunkturell verschuldete fiskalische Engpaß ist wiederum Möglichkeit zum Subventionsabbau, der ohne diesen scheinbar nicht durchsetzbar war.

Es stellt sich die Frage, ob § 12 StWG dann nicht eher der wachstumspolitischen Ausrichtung des Stabilitätsgesetzes gerecht wird; sie ist zwar deutlich geringer angesetzt („bei angemessenem Wirtschaftswachstum"), doch ließe sich argumentieren, daß gerade die im Gesetz geforderte Unterteilung in erhaltungs-, anpassungs- und produktivitätsfördernde Finanzhilfen und Steuervergünstigungen darauf hindeutet, daß dem eine wachstumspolitische Vorstellung zugrunde liegt. Doch auch hier stellt sich die Frage, warum sie dann nicht näher spezifiziert ist und die Subventionsberichterstattung nicht unter diesem Gesichtspunkt funktional in eine Wachstumspolitik im Rahmen des Stabilitätsgesetzes eingebunden ist (auch könnte man sich sinnvollere, d.h. unter steuerungspolitischen Gesichtspunkten rationalere Formen der Berichterstattung vorstellen: z.B. im Rahmen einer Strukturberichterstattung bzw. eines Strukturberichts der Bundesregierung).

Es gibt damit offensichtlich aus der Logik des Stabilitätsgesetzes heraus keinen Grund, Subventionsberichterstattung in dieser Form einzuführen bzw. zu praktizieren. Wenn also die Funktion des § 12, vor allem die Subventionsberichterstattung, für die steuerungspolitische Praxis der Stabilitätspolitik, für die Anwendung des Stabilitätsgesetzes so verschwommen bleibt, dann muß die Frage anders gestellt werden: Welche Funktion hat das Stabilitätsgesetz für die Subventionspolitik, bzw. welche Funktion hat die stabilitätspolitische Einbindung der Subventionsberichterstattung für die Dynamik der Subventionspolitik?

Für eine solche umkehrende Fragestellung spricht auch die Genese der Subventionsberichterstattung. Zwar hatte schon der Regierungsentwurf zum Stabilitätsgesetz in § 8 die (Soll-)Verpflichtung der Bundesregierung beinhaltet, Finanzhilfen nicht in Widerspruch zu den Zielen des § 1 StWG zu gewähren; doch im Hinblick auf die Allgemeingültigkeit der Ziele des § 1 für das gesamte Einnahmen- und Ausgabengebaren des Bundes ist die gesonderte Aufführung der Finanzhilfen überflüssig[24] und nur vor dem Hintergrund der breiten Subventionsdiskussion und dem zu diesem Zeitpunkt schon langjährigen Bestreben des Bundesfinanzministers zu erklären, das Ausgabengebaren, insbesondere die (begrifflich weitgefaßten) Subventionsausgaben, stärker kontrollieren zu können. Berücksichtigt man die sich in der Presse widerspiegelnde Subventionsdiskussion, dann drängt sich der Eindruck auf, daß sich die Ursachen für die gesellschafts- und wirtschaftspolitische Schwäche des CDU-Staates in der Subventionspolitik niederschlugen, ja sie selbst Ausdruck dieser Schwäche geworden ist. So sieht denn auch der Bundestag, der auf Initiative der SPD-Fraktion wenige Wochen zuvor den Bundesfinanzminister aufgefordert hatte, jährlich rechtzeitig zu den Haushaltsberatungen über die Entwicklung der Subventionen zu berichten, nunmehr die Möglichkeit, in gesamtwirtschaftlicher Verantwortung und damit im Rahmen der Aufgabenstellung des Stabilitätsgesetzes eine regelmäßige Subventionsberichterstattung gesetzlich zu verankern. Das Ziel ist eine bessere Subventionskontrolle. Diese kann jedoch, wie wir gesehen haben, nicht durch die Einbindung der Subventionsberichterstattung in das Stabilitätsgesetz erfolgen. Vielmehr kann Subventionsberichterstattung — wie auch die Formulierung in § 12 Abs. 1 — eine solche Leistung in einem subventionspolitischen Rahmen nur langfristig erbringen. Unter dem Aspekt macht dann auch die Subventionsberichterstattung wie die Einbindung in das Stabilitätsgesetz Sinn: Subventionen werden mit den wirtschaftspolitischen Zielen des Stabilitätsgesetzes (die ja lange Jahre wie eine Operationalisierung von Gemeinwohl behandelt wurden) konfrontiert und damit im positiven Falle mit den höheren Weihen gesamtwirtschaftlicher Rationalität gesegnet; die dadurch bedingte fiskalische Belastung kann zur Zukunftsinvestition aufsteigen, die sich so wiederum eines allgemeinen Zuspruchs sicher sein kann. Im negativen Fall setzt sich eine Subvention wirtschaftspolitischer Kritik aus und kann damit keine Berechtigung für weiteres Bestehen vorweisen: Subventionsabbau ist einzuleiten — fiskalisch nur von Vorteil und in legitimatorischer Hinsicht des Zuspruchs aller Nicht-Begünstigten sicher.

---

24 In der ersten Beratung des Regierungsentwurfs zum Stabilitätsgesetz im Finanzausschuß lehnten im Gegensatz zur Bundesregierung Vertreter der CDU-Fraktion den § 8 des Entwurfs als überflüssig ab. (Prot. des Finanzausschusses, V. WP., 33. Sitzung v. 22.9. 1966.)

Dies ist jetzt sicherlich sehr vereinfacht dargestellt. Doch verbirgt sich dahinter die berechtigte These, die ich im folgenden prüfen werde: Durch die gesetzliche Anbindung von Subventionsvergabe an die Ziele des § 1 StWG erhält die bisher politisch offene Behandlung von Subventionsforderungen und Verwaltung des Subventionsbestandes ein strukturierendes Entscheidungskriterium, das – wenn auch noch weitgehend diffus – beginnt, den Subventionsbereich als „Subventionspolitik" zu formieren. Die Subventionsberichterstattung ist dabei trotz aller definitorischen Unzulänglichkeiten ein geeignetes Instrument, Abgrenzungen zu ziehen (in einer spezifischen Weise, wie ich unten noch zeigen werde) und diese Formierung der Subventionspolitik reflektierend zu unterstützen. Dies könnte den Weg eröffnen zu einer ökonomisch-rationalen, in der fiskalischen Belastung tolerierbaren (weil korrigierbar), legitimatorisch abgesicherten und damit administrativ-politisch verfügbaren Subventionspolitik.

3. Die Praxis der Subventionsberichterstattung (1968–1975): subventionspolitisches Steuerungsinstrument oder Spiegel der Subventionspraxis?

Seit der Institutionalisierung der Subventionsberichterstattung im Stabilitätsgesetz sind elf Subventionsberichte erschienen[25]. Die „Bericht(e) der Bundesregierung über die Entwicklung der Finanzhilfen des Bundes und der Steuervergünstigungen", die seit ihrem dritten Erscheinen im Untertitel die in Klammern gesetzte Bezeichnung „Subventionsbericht" tragen, können somit inzwischen auf eine langjährige Tradition zurückblicken. Es wäre an dieser Stelle verführerisch, die Entwicklung en bloc nachzuzeichnen, die einzelnen kritischen Stellungnahmen und Anregungen zu den Subventionsberichten gegenüberzustellen; doch würde sich dies in gewisser Weise zur Aufgabe dieses Kapitels quer legen. Denn nicht die Subventionsberichterstattung soll im Mittelpunkt stehen, sondern ihr Beitrag für die Herausbildung einer Subventionspolitik als Politikbereich. Die Phasen der Subventionsberichterstattung sind somit als Phasen der Subventionspolitik zu untersuchen, als Teilaspekte, die ihren Stellenwert erst durch das Entwicklungsmuster des sich herausbildenden Politikbereichs erhalten[26].

Betrachtet man die bisherigen Subventionsberichte, dann kann man bis 1982 grob von drei Phasen der Berichterstattung sprechen, die sich in definitorischen Formulierungen, Darstellungsformen, methodischen Erläuterungen sowie subventions- und wirtschaftspolitischen Rahmensetzungen unterscheiden. Die Phasen decken sich mit ökonomischen und fiskalischen Entwicklungsabschnitten:
– Die *erste Phase* umfaßt den ersten (1968) bis fünften (1975) Subventionsbericht und damit den Berichtszeitraum von 1966 bis 1974 (bzw. 1976)[27].

25 In dieser Arbeit konnten – entsprechend der Aufgabenstellung, die subventionspolitische Entwicklung bis ca. 1982 zu verfolgen – der *10.* und *11. Subventionsbericht* (erschienen 1985 und 1987) nicht mehr detailliert berücksichtigt werden.
26 Ich werde im folgenden über den Zeitraum 1966–75 hinausgreifen, wenn Entwicklungslinien darzustellen sind, die im späteren Zusammenhang nicht mehr aufgegriffen werden, zum Verständnis der jetzigen Problemstellung aber eine sinnvolle Ergänzung bilden.

Neben Definitionsfragen, die vor allem im ersten und dritten Subventionsbericht behandelt wurden, stand insbesondere der Subventionsabbau im
Vordergrund. Die Abbauliste wurde als Kern der Subventionsberichte angesehen (mit Ausnahme des ersten, der keine Abbauliste enthielt), gleichzeitig war jedoch gerade in diesem Zeitraum (insbesondere 1968—73)
ein vehementer Anstieg der Subventionen zu verzeichnen. Auch fiel in
diesen Zeitraum mit dem Haushaltsstrukturgesetz 1975 die erste Bewäh-
rungsprobe des Subventionsberichts; deren Auswirkungen für die Subventionsberichterstattung machten sich erst im nachfolgenden sechsten Bericht bemerkbar. Eine wirtschaftspolitische Einordnung der Subventionen
fand lediglich in den ersten beiden Berichten statt, doch begnügte man
sich hier mit vor allem ordnungspolitischen Erwägungen, die zum Teil
schon aus den vorangegangenen Darstellungen der Subventionsberichte
im Rahmen der Finanzberichte bekannt waren[28].

— Die *zweite Phase* umfaßt den 6. und 7. Subventionsbericht und damit den
   Berichtszeitraum 1975—78 bzw. 1980. Der 6. Subventionsbericht brachte
   die bis dahin tiefgreifendste definitorische Änderung bei den Steuervergünstigungen, die nunmehr den definitorischen Merkmalen der Finanzhilfen angepaßt wurden. Darüber hinaus gab er erstmals eine umfangreiche
   Darstellung von Methode und Aufgabenstellung der Subventionsberichterstattung, deren subventionspolitische Bedeutung in einem Wandel in
   der Darstellung der Subventionen besteht: So bemängelte man, daß Subventionen bisher lediglich unter dem Abbau-Gesichtspunkt gesehen wurden und der Subventionsbericht in seiner bisherigen Praxis dieser in der
   Öffentlichkeit vorherrschenden Perspektive entsprach. Dieses „negative
   Image"[29] werde jedoch der Bedeutung der Subventionen nicht gerecht,
   denn „volkswirtschaftlich gerechtfertigte Subventionen (sind) ein legiti-
   mes Instrument der Finanz-, Wirtschafts- und Gesellschaftspolitik"[30],

27 Die Subventionsberichte berücksichtigen nicht nur jeweils die beiden vorangegangenen
    Jahre, sondern beziehen auch das jeweils laufende Haushaltsjahr sowie das darauffolgen-
    de mit ein. Es handelt sich dann bei den Finanzhilfen um Soll- bzw. Finanzplanungsan-
    sätze, bei den Steuervergünstigungen um Vorausschätzungen.

28 Legt man das Kriterium wirtschaftspolitische Einordnung bzw. Bewertung der Subven-
    tionen bzw. Subventionspolitik im Rahmen der Subventionsberichte zugrunde, dann
    müßte die erste Phase der Subventionsberichterstattung in zwei Einzelphasen aufgeteilt
    werden, da in den ersten beiden Berichten eine solche Einordnung erfolgte, der dritte
    bis fünfte Bericht sich jedoch in seinem Textteil mit methodischen und deskriptiven
    Darstellungen begnügt. Die ersten beiden Subventionsberichte sind somit noch stärker
    von der vorangegangenen intensiven Subventionsdiskussion geprägt, während die drei
    folgenden eine rein technische Subventionsberichterstattung darstellen. Wenn ich den-
    noch darauf verzichte, die ersten beiden Berichte als eigenständige Phase zu behandeln,
    dann deshalb, weil trotz der ordnungspolitischen Rahmengebung inhaltlich definitori-
    sche und methodische Aspekte der Berichterstattung vorherrschen, beide Berichte zu-
    sammen mit dem dritten die Entwicklungslinie zur technischen Berichterstattung schon
    sammen mit dem dritten die Entwicklungslinie zur technischen Berichterstattung schon
    vorzeichnen.

29 Dietrich Albrecht, Der sechste Subventionsbericht der Bundesregierung, in: *Bulletin
    der Bundesregierung*, Nr. 116 v. 8.11.1977, S. 1070.

30 Ebd., S. 1070.

und damit stellt sich als „weitaus wichtigere Frage, wie die verschiedenen Subventionen hinsichtlich ihrer Zielsetzung zu bewerten sind"[31]. Infolgedessen hat „der Umfang des Abbauplans als solcher im Hinblick auf die Bewertung der Subventionspolitik keine entscheidende Bedeutung"[32]. Dementsprechend wurden nunmehr die „Möglichkeiten der Erfolgskontrolle" der Subventionen diskutiert[33], und am Ende des 7. Subventionsberichts wurden „grundsätzliche Überlegungen" zur Gewährung von Subventionen angestellt. Schon diese grobe Skizze verdeutlicht den Richtungswandel in dieser zweiten Phase: weg von der rein fiskalisch ausgerichteten Subventionsabbau-Berichterstattung, hin zu einer instrumentellen Betrachtung der Subventionen mit folgerichtiger Betonung des Kontroll- und Vergabeaspekts.

— In der *dritten Phase*, beginnend mit dem 8. Subventionsbericht (1981) und dem Berichtszeitraum 1979 ff., entwickelte sich die Berichterstattung zu einer Darstellung der „Subventionspolitik der Bundesregierung": Methodische Erläuterungen der Subventionsberichterstattung, bisher an vorderster Stelle des Subventionsberichts, wurden verdrängt, zum Teil (9. Subventionsbericht) in den Anlagenteil. An erster Stelle wurden nun allgemeine Einordnungen der Subventionspolitik, insbesondere eine Darlegung der „Grundsätze der Subventionspolitik", die noch im 7. Subventionsbericht als „Überlegungen" am Ende des Textteils zu finden waren. Auch finden sich im 9. Subventionsbericht deutliche Kennzeichen einer der neuen Bundesregierung entsprechenden veränderten Ausrichtung der Subventionspolitik: Waren im 8. Subventionsbericht noch in der Darlegung der Subventionspolitik die ökonomischen Rahmenbedingungen Ausgangspunkt, die „Subventionen als Teil der Wirtschaftsförderung" positiv bestimmt, so stand nunmehr (wiederum) der ordnungspolitische Gesichtspunkt im Vordergrund: Die nachteiligen Wirkungen von Subventionen wurden hervorgehoben. Dieser Wandel änderte jedoch nichts an der Tendenz zur umfassenden Darlegung der Subventionspolitik, die gerade im 9. Subventionsbericht sowohl in der Beschreibung der einzelnen Subventionsprogramme (die seit dem 5. Subventionsbericht von fünf Seiten auf 16 Seiten Text angestiegen ist) als auch in der langfristigen und internationalen Subventionsentwicklung noch detaillierter geworden ist.

Dieser grobe Überblick kann natürlich keine eingehende Analyse der Subventionsberichte ersetzen[34]. Es wird jedoch der Spannungsbogen sichtbar, der

---

31 *6. Subventionsbericht*, S. 4; *7. Subventionsbericht*, S. 4.

32 *7. Subventionsbericht*, S. 37.

33 *6. Subventionsbericht*, S. 32 ff.; *7. Subventionsbericht*, S. 39 ff.

34 In der finanz- und wirtschaftswissenschaftlichen Literatur findet sich inzwischen eine Reihe eingehender Betrachtungen zur Subventionsberichterstattung: Karl-Heinrich Hansmeyer, Die Beherrschbarkeit der Subventionen, in: *Wirtschaftsdienst*, 1967, S. 631—635; ders., Abbau von Subventionen. Ein finanzpolitischer Evergreen, in: *Wirtschaftsdienst*, 3/1973, S. 125—130; Deutsches Institut für Wirtschaftsforschung, Subventionsberichte der Bundesregierung: Als Instrument der Erfolgskontrolle reformbedürftig, in: *DIW-Wochenberichte*, 1976, S. 103—106; Horst Zimmermann, Die Informationsfunktion des Subventionsberichtes, in: *Finanzarchiv*, N.F., Jg. 35, 1977, S. 451—468; Gert Bruche/Zoltán Jákli, Die Subventionsberichte der Bundesregierung, in: *Leviathan*, 2/1978, S. 220—249; Horst Zimmermann, Vergleichbarkeit der Subven-

sich mit der Institutionalisierung der Subventionsberichterstattung andeutet: die Herausbildung der Subventionspolitik als Politikfeld. Natürlich erschöpft sich Subventionspolitik nicht in der Subventionsberichterstattung; in deren Entwicklungslinien schlagen sich vielmehr in spezifischer Weise konkrete subventionspolitische Problemstellungen nieder[35] wie auch mit den Subventionsberichten subventionspolitische Entwicklungen beeinflußt, initiiert werden sollen. Mit welchem Instrumentarium nun können die Subventionsberichte auf die Entwicklung der Subventionspolitik Einfluß nehmen? Schon die Ausgestaltung als Bericht verdeutlicht die Vorstellung der Initiatoren der Subventionsberichterstattung, daß allein eine fundierte Information über die Subventionen schon zu einer Eindämmung bzw. zu einem Subventionsabbau aufgrund rationalerer Entscheidungsgrundlagen führen würde — eine Vorstellung, die auch (allerdings erst im 6. Subventionsbericht[36]) explizit ausgesprochen

Fortsetzung Fußnote 34

tionsberichterstattung des Bundes, in: *Finanzarchiv, N.F.,* Jg. 37, 1979, S. 399—415; Dietrich Dickertmann, Mehr Transparenz im Subventionsbericht, in: *Wirtschaftsdienst,* 1980, S. 143—151; Dietrich Dickertmann/Klaus Dieter Diller, Der Subventionsbericht des Bundes, in: *WiSt-Wirtschaftswissenschaftliches Studium,* 15. Jg., H. 12/1986, S. 601—608; Horst Zimmermann, Der Zehnte Subventionsbericht, in: *Finanzarchiv, N.F.,* 44. Jg., 1986, S. 503—508.

35 So lag der „positiven Wendung" in der Darstellung der Subventionen im *6. Subventionsbericht* das Problem zugrunde, daß eine Reihe von Finanzhilfen zur Fristverlängerung anstand. Dies führte im BMF zu der Überlegung, daß Subventionsabbau allein nicht als Ziel des Subventionsberichts dargestellt werden könne, vielmehr den Subventionen eine positivere Darstellung zukommen solle (Interview).

36 „Sinn des Berichts ist es, mit Hilfe einer Durchleuchtung der Subventionen Regierung und Parlament die Möglichkeit einer Beurteilung der Subventionspolitik im Hinblick auf die verfolgte Finanz-, Wirtschafts- und Gesellschaftspolitik zu geben und Entscheidungshilfen für die künftige Subventionspolitik im Sinne von § 1 StWG anzubieten." (*6. Subventionsbericht,* S. 5.) Noch deutlicher wird im *8. Subventionsbericht* das vormalige eigenständige Ziel, Subventionsabbau zu initiieren, zugunsten einer effektiven wirtschaftspolitischen Verwendung und Kontrolle aufgegeben. Es heißt dort (ebd., S. 5):

„Er [der Subventionsbericht] hat die Aufgabe, die vorrangig auf die Unterstützung wirtschaftlicher Tätigkeit gerichteten Subventionen des Bundes systematisch darzustellen und dabei eine Prüfung ihrer Notwendigkeit und Wirksamkeit zu ermöglichen. Diese Überprüfung erstreckt sich u.a. auf die Gültigkeit der methodischen Grundlagen, auf die Zielsetzungen und Wirkungen von Fördermaßnahmen durch die verschiedenen Subventionsinstrumente, auf die Notwendigkeit ihrer zeitlichen Begrenzung und auf Abbauvorschläge. Der Subventionsbericht hat sich also nicht allein und unmittelbar mit der Frage zu befassen, welche Subventionen abgebaut werden können. Er soll versuchen, eine Bewertung der Effizienz und der Bedeutung, die Subventionen im Wirtschaftsgeschehen haben, zu ermöglichen. Er kann insofern auch als Anregung oder Entscheidungshilfe dienen, welche Subventionen möglicherweise abgebaut werden könnten."

Im *9. Subventionsbericht* wurde diese Darstellung der Aufgabenstellung weitgehend beibehalten, was angesichts seiner ordnungspolitischen Einleitung überrascht, deren Stellenwert jedoch auch kennzeichnet. Lediglich der letzte Satz wurde gegenüber dem 8. Subventionsbericht verändert — wie ich meine, vor dem Hintergrund der „Haushaltsoperation '82" zu lesen. Er lautet nun: „Er [der Subventionsbericht] kann insoweit auch als Anregung oder Entscheidungshilfe immer dann dienen, wenn die wiederholten

wurde. Diese „Informationsfunktion des Subventionsberichts"[37] zielt also inhaltlich auf einen fiskalischen und einen wirtschaftspolitischen Effekt: Subventionsabbau, Subventionskontrolle und gesamtwirtschaftliche Ausrichtung der Subventionsvergabe, ferner auf eine legitimatorische Absicherung, die sich im Prüfungs- und Rationalisierungsverfahren herstellen ließe.

3.1. Die Widerspiegelung der Abbaupraxis im Subventionsbericht

Inwieweit der Subventionsbericht selbst zur Verringerung der Wachstumsraten des Subventionsvolumens beigetragen und insofern die ihm zugedachte fiskalische Funktion aktiv erfüllt hat, läßt sich nur vage beantworten. Anhaltspunkte ergeben sich aus einem Aufriß der Instrumente des Subventionsberichts und ihres Einsatzes, mit denen die Kontrollfähigkeit des Staatsapparates gegenüber der Subventionsexpansion erhöht wird bzw. werden soll; ferner sollen jene Mittel bzw. subventionspolitischen Maßnahmen und Forderungen erwähnt werden, die versuchen, über eine Verbesserung der Subventionstechnik eine stärkere Kontrolle durchzusetzen. Zur ersten Gruppe gehört die in § 12 Abs. 4 geforderte und seit dem 2. Subventionsbericht beigefügte „Abbauliste". Hierzu zählt auch die durch den Subventionsbericht erreichte Kontrolle durch Veröffentlichung, ebenso der mit der einzelnen Aufführung der Finanzhilfen und Steuervergünstigungen wirksam werdende Begründungszwang. Beide Formen können jedoch in ihrer fiskalischen Wirkung kaum beurteilt werden. Zur zweiten Gruppe — stärkere Kontrolle über die Subventionierungstechnik — zählen nur diejenigen Mittel, die im Subventionsbericht selbst vorgestellt werden und die sich anhand des Subventionsberichts überprüfen lassen: Umwandlung von Steuervergünstigungen in Finanzhilfen; Befristung von Finanzhilfen und Steuervergünstigungen; Nutzen-Kosten-Analyse.

Nach dem Stabilitätsgesetz ist die Bundesregierung gehalten, zusammen mit dem Subventionsbericht „Vorschläge ... für eine frühere Beendigung oder stufenweisen Abbau der Verpflichtungen zu machen" (§ 12 Abs. 4 StWG). In das Gesetz aufgenommen wurde diese Aufgabe auf Initiative des Bundestages, der in einer solchen Vorschlagsliste eine wesentliche Voraussetzung für einen konsequenten Subventionsabbau sah und damit durchaus einer öffentlichen Erwartungshaltung Ausdruck verlieh, wie sie insbesondere in der Presseberichterstattung zum ersten und zweiten Subventionsbericht deutlich wurde[38].

Der 1. Subventionsbericht der Bundesregierung vom 21. Dezember 1967 enthielt noch keine Abbauliste. Mit der Bemerkung, daß die „im Rahmen der mehrjährigen Finanzplanung vorgenommenen Kürzungsmaßnahmen berück-

---

Fortsetzung Fußnote 36

Forderungen nach einem generellen Abbau von Subventionen in eine gezielte Diskussion über konkrete Einzelfragen der Berechtigung von Subventionen münden." (*9. Subventionsbericht*, S. 7.) Hinter dieser etwas verklausulierten Formulierung steht die Aussage, daß mit dem Subventionsbericht auf eine Initiative in der Frage des Subventionsabbaus verzichtet werden soll!

37 Vgl. Zimmermann, Informationsfunktion (Anm. 34); Bruche/Jákli, Subventionsberichte (Anm. 34).

38 Vgl. Presseberichterstattung 1967/68 und 1970.

sichtigt" und darüber hinausgehende Vorschläge nicht vorgesehen seien, war das Problem Finanzhilfen erledigt. Zum Abbau von Steuervergünstigungen verwies der Bericht auf die bevorstehende Steuerreform, die allerdings erst in der darauffolgenden Legislaturperiode verwirklicht werden könnte. Tatsächlich unternahm der damalige Bundesfinanzminister Strauß nichts, um die angekündigte Reform in Gang zu bringen[39]. Hatte man angesichts der intensiven Subventionsdiskussion der vorangegangenen Monate und Jahre einen Ausdruck öffentlicher Entrüstung in der Presse angesichts des Fehlens von Abbauvorschlägen erwartet[40], sah man sich arg getäuscht. Das dem Gesetzesauftrag widersprechende Fehlen von Abbauvorschlägen wurde keineswegs heftig kritisiert, im Gegenteil: Im Vordergrund standen die Beteuerungen der Bundesregierung, daß Subventionen ein wichtiges Instrument der Finanz-, Wirtschafts- und Gesellschaftspolitik seien. Diese Argumentation wurde von der Presse gewürdigt: „... ohne Subventionen (würde) unsere Wirtschaft und auch unsere Gesellschaftsordnung bereits in eine akute Krise geraten" schrieb die Augsburger Allgemeine[41]. Kritik wurde nur vereinzelt laut, so u.a. − allerdings ohne weitreichende öffentliche Resonanz − vom Vorsitzenden des Finanzausschusses des Bundestages Otto Schmidt[42].

Der 2. Subventionsbericht − er erschien verspätet am 16. Februar 1970 − konnte endlich die gesetzlich geforderte Abbauliste vorweisen: Sie enthielt nicht nur eine Aufstellung der Finanzhilfen, die 1970 ausliefen, sondern führte auch Finanzhilfen auf, deren „Abbau oder Einschränkung in den folgenden Jahren im Rahmen der mehrjährigen Finanzplanung des Bundes *in Betracht kommen*"[43], d.h. es handelte sich tatsächlich um „Vorschläge", denn zu diesem Zeitpunkt lag noch kein definitiver Beschluß der Bundesregierung vor. Der Subventionsbericht übte somit die Initiativfunktion aus, die er laut Gesetz zu erfüllen hatte. Allerdings zeigt sich hier auch die Ambivalenz solcher Vorschläge: Es bedarf einer weiteren politischen Initiative, um zu einem tatsächlichen Abbau zu gelangen; die Aufnahme in die Abbauliste selbst hat noch keine bindende Wirkung. Dennoch mußte die Signalwirkung für die betroffenen Unternehmen und Wirtschaftszweige beträchtlich gewesen sein. Nicht nur, daß eine Reihe der in der Abbauliste des 2. Subventionsberichts aufgeführten

---

39 Peter Grottian, *Große Steuerreform. Fallstudie zu einem gescheiterten Reformversuch,* MS, Berlin 1978.

40 Noch einige Tage vor Veröffentlichung des Subventionsberichtes wurden in der Presse Abbaumöglichkeiten im Bereich der Steuervergünstigungen diskutiert. Laut Bericht des Spiegel vom 8.1.1968 hatte das Bundeskabinett schon am 13.12.1967 über den Subventionsbericht beraten, das Fehlen einer Abbauliste bemängelt und den Bundesfinanzminister (Strauß) mit ihrer Erstellung beauftragt. In der Sitzung vom 20.12.1967 konnte Strauß durchsetzen, daß der Subventionsbericht ohne Abbauliste veröffentlicht wurde.

41 *Augsburger Allgemeine* v. 27.12.1967; ähnlich: *Generalanzeiger* (Bonn) v. 5.1.1967. Nicht ganz so dramatisch, jedoch die Wichtigkeit der Subventionen hervorhebend, sahen es die meisten übrigen Zeitungen, z.B.: *Trierischer Volksfreund* v. 6.1.1968; *Der Spiegel* v. 8.1.1968; *Kölner Stadt-Anzeiger* v. 11.1.1968; *Welt der Arbeit* v. 16.1.1968, die insbesondere die Einbeziehung von sozialpolitisch motivierten Finanzhilfen und Steuervergünstigungen kritisiert (H.-G. Wehner).

42 Otto Schmidt, Parlament im Minenfeld der Subventionen, in: *Die Welt* v. 20.4.1968.

43 *4. Subventionsbericht,* S. 4 (Hervorhebung v. Verf.).

Finanzhilfen auch heute noch existiert und wohl in absehbarer Zukunft als nicht verzichtbar gilt (z.B. die Kokskohlenbeihilfe, die indirekt den Absatz von Koks aus deutscher Steinkohle bzw. Gemeinschaftskohle in der deutschen Stahlindustrie absichern soll) –, die Änderung der Methode in der Auswahl der zu problematisierenden Subventionen in den folgenden Subventionsberichten deutet darauf hin, daß das im 2. Subventionsbericht gewählte Verfahren zu erheblichen Widerständen in den anderen Ressorts und bei betroffenen Wirtschaftszweigen geführt hatte. Für die Bundesregierung ergab sich daraus das Problem der „politischen Verbindlichkeit" des Abbauplans[44]. Anders ausgedrückt: Sollte der Subventionsbericht seine Initiativfunktion im Subventionsabbau ausüben, d. h. „autonom" nach den im Stabilitätsgesetz (§ 1) gegebenen Kriterien nicht (mehr) vertretbare Finanzhilfen bzw. Steuervergünstigungen zum Abbau vorschlagen, dann riskierte die Bundesregierung intern (zwischen den Ressorts), aber mehr noch extern (mit den Betroffenen, die ja schon aufgrund der Existenz der Subventionen ihre potentiellen Konfliktmöglichkeiten bewiesen hatten) nicht kalkulierbare politische Konflikte, deren Ausgang wohl eher auf eine Beibehaltung der Subventionen hinauslaufen dürfte. Damit jedoch würde wiederum die Glaubwürdigkeit der Bundesregierung in ihrer Abbauinitiative infrage gestellt, denn es entstände der Eindruck, daß Abbaupläne allein wegen des politisch-legitimatorischen Effekts aufgestellt würden. Denn: „Die Unterbreitung von Abbauvorschlägen für Finanzhilfen zum Zeitpunkt der Einbringung des Bundeshaushalts, die im Entwurf dieses Bundeshaushalts oder in der gleichzeitig vorgelegten Finanzplanung nicht berücksichtig wären, bliebe praktisch fast völlig unverbindlich und müßte darüber hinaus die Regierung unglaubwürdig erscheinen lassen. Dieser Eindruck würde sich noch verstärken, wenn – wie es in der Diskussion um den Abbauplan für zulässig gehalten wurde – die Regierung, um dem Erfordernis des § 12 StWG formell genüge zu tun, zwar Abbauvorschläge in den Subventionsbericht aufnehmen, aber gleichzeitig gegenüber diesen Vorschlägen Vorbehalte anmelden würde."[45]

Es zeigt sich: Die Bundesregierung kann die ihr im Stabilitätsgesetz übertragene Aufgabe, Vorschläge zum Subventionsabbau zu machen, nur bedingt wahrnehmen, weil die Glaubwürdigkeit der Regierung gerade bei konkreten Abbauvorschlägen ein hohes Maß an Verbindlichkeit verlangt. Letztere wiederum kann im Rahmen einer Initiative zur Überprüfung gar nicht hergestellt werden. Im Grunde bedeutet dies: Wenn der Subventionsbericht tatsächlich die Initiative im Subventionsabbau übernehmen soll, dann hat er aus institutionellen Gründen, nämlich aufgrund seiner Verankerung im BMF bzw. als Regierungsbericht, nicht den Handlungs- bzw. Vorschlagsspielraum, der für die Erfüllung dieser Aufgabe notwendig ist.

Die Bundesregierung hat das Problem „politische Verbindlichkeit" im 3. Subventionsbericht gelöst. In den Abbauplan des Subventionsberichts werden nur solche Vorschläge aufgenommen, zu deren Realisierung die Bundesregierung dem Parlament „in engem zeitlichen Zusammenhang konkrete Gesetzesentwürfe zuleitet". Konkret bedeutet dies für den Bereich der Finanzhilfen, „daß die Abbauvorschläge bereits ihren Niederschlag in dem Haushaltsentwurf

---

44 *3. Subventionsbericht*, S. 25.
45 Ebd.; *6. Subventionsbericht*, S. 36.

und in der Finanzplanung des Bundes finden müssen, mit denen zusammen der Subventionsbericht vorzulegen ist. Daraus folgt weiter, daß die Entscheidungen der Bundesregierung über den Abbau von Finanzhilfen vor allem im Rahmen der Fortschreibung der mehrjährigen Finanzplanung erarbeitet werden können." Entsprechendes gilt auch für die Steuervergünstigungen[46]. Nun kann natürlich das Problem politischer Verbindlichkeit wohlfeile Ausrede für die enge Grenzziehung der Abbaupläne sein. Zumindest für den ersten Subventionsbericht, in dem ein Abbauplan gar nicht zu finden war, mag dies zutreffen. Für den Einzelfall gibt es allerdings kaum Beurteilungsmöglichkeiten, ob durch diese Vorgehensweise mögliche Abbauspielräume nicht ausgeschöpft wurden. Doch scheint mir kein Zweifel daran zu bestehen, daß mit dieser Vorgehensweise und aufgrund der institutionellen Verankerung mögliche Problematisierungsspielräume ungenutzt geblieben sind und wohl auch bleiben werden. Lediglich im 8. Subventionsbericht wurde ein annehmbarer Kompromiß gefunden: die Unterteilung des Abbauplans in eine Abbauliste mit solchen Finanzhilfen bzw. Steuervergünstigungen, die im Berichtszeitraum rechtskräftig abgebaut werden sollten, und einer Liste mit für den Abbau vorgesehenen bzw. zum Abbau „vorgeschlagenen"[47] Finanzhilfen bzw. Steuervergünstigungen. Im 9. Subventionsbericht hat man diesen Weg allerdings wieder verlassen.

Wie sehen die Abbaupläne im einzelnen aus? Beginnen wir mit den *Steuervergünstigungen*. In Tabelle VI/1 sind die Abbaupläne der Subventionsberichte (Spalte 1) zusammengefaßt. Danach erscheint die Leistung der Bundesregierung imponierend: Lediglich im Berichtszeitraum des 7. Subventionsberichts liegt das Abbauvolumen unter einer halben Millarde DM, in allen anderen Abbauplänen ergeben sich meist Steuermehreinnahmen durch Abbau von über zwei Mrd., ja sogar über drei Mrd. DM. Doch der Schein trügt. Vergleicht man die Abbaulisten miteinander, stößt man auf aufschlußreiche Wiederholungen, auf einen „Übertrag", der zum Teil über mehrere Subventionsberichte und Abbaulisten mitgeschleppt wird und sie immer wieder neu „herausputzt". So finden sich 26 der 34 im 3. Subventionsbericht[48] aufgeführten Steuervergünstigungen in der Abbauliste des 4. Berichts wieder, wobei sich allerdings das Volumen vergrößert hat: zum Teil, weil sich aufgrund von Wirtschaftswachstum die Steuerausfälle durch Steuervergünstigungen bei gleichbleibender Begünstigungsstruktur erhöhen, zum Teil, weil die Steuerausfälle anders geschätzt wurden[49]. Auch im 5. und 6. Subventionsbericht finden sich noch Steuervergünstigungen, die schon in der Abbauliste des 3. Berichts aufgeführt waren. Der Grund dafür ist die sich verzögernde Steuerreform, deren Eckwerte und deren Abbauprogramm seit etwa 1971 grob beschlossen waren (zumindest was die Steuervergünstigungen anging)[50], die jedoch, was die Einkommensteuer betraf, noch bis 1975 auf sich warten ließ; die Körperschaftsteuerreform, in deren Zusammenhang eine Reform der Besteuerung des Kreditgewerbes und damit ei-

---

46 *3. Subventionsbericht*, S. 25, sowie in den folgenden Subventionsberichten.

47 *8. Subventionsbericht.*

48 Erst im *3. Subventionsbericht* wird eine Abbauliste für Steuervergünstigungen vorgelegt. Im ersten und zweiten Bericht hat man von einer solchen Liste unter Hinweis auf die bevorstehende Steuerreform abgesehen.

49 Vgl. Tab. VI/1, Anm. 12.

50 Vgl. Grottian, *Steuerreform* (Anm. 39).

Tabelle VI/1:   Abbaulisten der Subventionsberichte: Steuervergünstigungen

Subventions-berichte (SB)/ angegebener Abbauzeitraum	In den Subventionsberichten angegebener Abbau von StVG im Berichtszeitraum								In den Subventionsberichten „zum Abbau vorgesehen" (Vorschläge)					
	insgesamt		davon						insgesamt		von vorherigen SB übernommen		abgebaut	
			Steuerreform		HHStruktGes./ Sub.Abbauges.		von vorherigen SB übertragen							
	Mio.DM	Anzahl	Mio.DM	Anzahl	Mio.DM	Anzahl	Mio.DM	Anzahl	Mio.DM	Anzahl	Mio.DM	Anzahl	Mio.DM	Anzahl
	1	2	3	4	5	6	7	8	9	10	11	12	13	14
3. SB (ca.1969–72)[b]	2128	34	660[a]	9[a]	–	–	–	–	–	–	–	–	–	–
4. SB (ca.1971–74)[d]	3094	32	1439 (838)[c]	18 (5)	–	–	3053 (2373)[n]	26	–	–	–	–	–	–
5. SB 1973–75	2385	27	814	11	–	–	2295 (2190)[o]	18 (16)	2203	8	670 (670)[o]	7 (7)	2380[m] (6.SB)	8
6. SB 1975–78	2519	15	550[e] (120)	6	2380[f,g] (430)	9 (3)	2505[p,q] (755)	12 (11)	–	–	–	–	–	–
7. SB 1977–80	438	6	110[h]	1	316[i]	1	426	2	–	–	–	–	–	–
8. SB 1979–82	1323	11	–	–	783 (240)[j]	9 (1)	240	1	2150[k]	10	–	–	1969 (9.SB)	9[r] (10)
9. SB 1981–84	3152	20	–	–	1753	6	783[l]	9	–	–	–	–	–	–

a   Errechnet durch Vergleich mit 5. *Subventionsbericht.*

b   In der Abbauliste keine Zeitangabe; hier Zeitraum der Berichterstattung des 3. *Subventionsberichts.*

c   Reform der Besteuerung des Kreditgewerbes wird im 4. *Subventionsbericht* hinzugerechnet; in Klammern ohne Kreditgewerbe.

d   Berichtszeitraum: dieser Zeitraum ist nur für den Teil der Steuervergünstigungen angegeben, die in diesen Jahren aufgehoben, eingeschränkt werden bzw. auslaufen. Volumen: 1655 Mio. DM.

e   Abbau von StVG durch Steuerreform und Haushaltsstrukturgesetz 1975; in Klammern nur Steuerreform.

f   Abbau von StVG durch Haushaltsstrukturgesetz 1975 und Haushaltsstrukturgesetz in Verbindung mit Steuerreform; in Klammern, Abbauvolumen aufgrund HHStrG 1975 und Steuerreform.

g   Betrag enthält Abbau der Umsatzsteuervergünstigung für Landwirtschaft, die jedoch in vollem Umfang (1750 Mio. DM) erst bei vollständigem Abbau (1981) zu den schon hier mitberücksichtigten Mehreinnahmen führt.

h   Bereits im 6. *Subventionsbericht* aufgeführt mit 90 Mio. DM.

i   Die Umsatzsteuervergünstigung für die Landwirtschaft, die im 6. *Subventionsbericht* im Gesamtvolumen angeführt wurde (vgl. Anm. g), wird hier mit den jährlichen Steuermehreinnahmen, da stufenweiser Abbau, erneut aufgeführt.

j   Betrag in Klammern: Umsatzsteuervergünstigung für Landwirtschaft (jährlicher Abbau), der hier erneut berücksichtigt ist (vgl. Anm. i).

k   Im Subventionsbericht: „Vorschläge" benannt.

l   Beinhaltet vor allem Einsparungen durch Abbau von Steuervergünstigungen des Kreditgewerbes (Steuerreform, HHStrukG), die schon vorher (8. *Subventionsbericht*) aufgeführt worden waren (sog. Abbau des Sparkassenprivilegs). – Die im 8. *Subventionsbericht* als „Vorschläge der Bundesregierung" bezeichneten StVG sind hier nicht berücksichtigt.

m   Die Erhöhung gegenüber der vorgesehenen Abbausumme kommt vor allem aufgrund des höher angesetzten Steuerausfalls durch Umsatzsteuervergünstigung für Landwirtschaft zustande (5. *Subventionsbericht*: 1533 Mio. DM; 6. *Subventionsbericht*: 1750 Mio. DM).

n   Der durch Abzugsfähigkeit von Schuldzinsen als Sonderausgaben von der Einkommensteuer (§ 10 Ziff. 1) verursachte Steuerausfall wird in der Abbauliste des 4. *Subventionsberichts* auf jährlich 750 Mio. DM geschätzt, in der des 3. wurden 70 Mio. DM angegeben. Die Zahl in Klammern gibt die Summe der Mehreinnahme an, wenn man von der Schätzung des 3. *Subventionsberichts* ausgeht.

o   Volumen der StVG, die vom 3. *Subventionsbericht* übernommen wurden.

p   Volumen der StVG, die vom 3. und 4. *Subventionsbericht* übernommen wurden.

q   Volumen in Höhe von 2380 Mio. DM war im 5. *Subventionsbericht* unter „Abbau vorgesehen" aufgeführt (acht StVG von insgesamt zwölf aus dem 5. *Subventionsbericht* übertragenen StVG).

r   Die Vergünstigung des Entwicklungsländersteuergesetzes wurde in der Vorschlagsliste des 8. *Subventionsberichts* mit zwei Vergünstigungen aufgeführt, im 9. wurden sie zu einer zusammengefaßt.

Quelle: Subventionsberichte der Bundesregierung; eigene Berechnung.

ne wesentliche Einschränkung der steuerlichen Begünstigung von Sparkassen und Kreditgenossenschaften durchgeführt werden sollte, konnte erst zum 1. Januar 1977 in Kraft treten. (Sie finden sich im 5. Subventionsbericht unter der Rubrik „zum Abbau vorgesehen".) Das im 3. bis 5. und zum Teil im 6. Subventionsbericht ausgewiesene Volumen der Abbaulisten von zusammen sieben bis acht Mrd. DM entspricht damit einem tatsächlichen Abbau von Steuervergünstigungen in einem Umfang von ca. 3,5 Mrd. DM. Natürlich handelt es sich hier nicht um einen vorgetäuschten Abbau; es ergibt sich aus der Logik der Konstruktion der Abbaupläne, daß die im Rahmen der Steuerreform und auch unter anderen Kriterien zum Abbau vorgesehenen, jedoch noch nicht rechtskräftig abgebauten Steuervergünstigungen im nächsten Bericht erneut aufgeführt werden, schon um die Entschlossenheit der Bundesregierung zu zeigen, am Abbau festzuhalten. Andererseits findet sich in den Subventionsberichten kein Hinweis darauf, daß die Abbaulisten weitgehend „übertragen" worden sind.

Eine andere Variante zeigt sich im 5. Subventionsbericht: Hier suggeriert die gesonderte Liste „zum Abbau vorgesehen" eine besondere Initiativfunktion des Subventionsberichts; tatsächlich handelt es sich in der Mehrzahl der Fälle (16 von 18) um schon im 3. und 4. Subventionsbericht aufgeführte, im Rahmen der Körperschaftsteuerreform abzubauende Steuervergünstigungen sowie um den Abbau der Umsatzsteuervergünstigung für die Landwirtschaft (§ 14 UStG − „Grenzausgleich") in Höhe von 1,5 Mrd. DM Steuerausfall jährlich, dessen Abbau mit dem Haushaltsstrukturgesetz 1975 beschlossen wurde. Im 6. Subventionsbericht ist der Abbau rechtskräftig; obwohl die gesamten Steuermehreinnahmen erst nach vollständigem Abbau (der 1980 erreicht sein sollte) in Höhe von 1,7 Mrd. dem Staat zufließen, wurden sie schon jetzt vollständig in den Abbauplan aufgenommen − was sicherlich mit Einschränkung zulässig wäre; dann sollten allerdings nicht − wie im 7. und 8. Subventionsbericht geschehen − die entsprechenden partiellen Mehreinnahmen dieser Jahre erneut aufgeführt werden[51].

Das Haushaltsstrukturgesetz 1975 ist auch für den weiteren Subventionsabbau verantwortlich: Den Subventionsberichten (6. Bericht) ist zu entnehmen, daß der durch das Haushaltsstrukturgesetz 1975 initiierte Abbau von Steuervergünstigungen insgesamt Steuermehreinnahmen von 2,3 Mrd. DM erbringen sollte und wohl auch verantwortlich dafür war, daß endlich der im Rahmen von Steuerreformen angestrebte Abbau auch tatsächlich durchgeführt wurde.

Für einen weiteren Abbau sorgten 1981 das Subventionsabbaugesetz und das Zweite Haushaltsstrukturgesetz: Der größte Teil der nach dem 8. Subventionsbericht rechtskräftig abgebauten Steuervergünstigungen sind dem Subventionsabbaugesetz zuzuschreiben. In demselben Subventionsbericht machte die Bundesregierung gleich weitere „Vorschläge" zum Abbau von Steuervergünstigungen: u.a. Einschränkung der §§ 6b, 6c EStG; Streichung der Vergünstigung des Entwicklungsländersteuergesetzes − Einschränkungen, die schon seit längerer Zeit diskutiert worden waren. Übernimmt der Subventionsbericht nunmehr die Initiative? In Wirklichkeit handelt es sich bei den „Vorschlägen" um im Entwurf der Bundesregierung zum Zweiten Haushaltsstrukturgesetz[52] enthaltene Abbaumaßnahmen, der drei Tage vor dem Subventions-

---

51 Vgl. Tab. VI/1, Anm. g, ı, j.
52 *BTDrs.*, 9/972.

bericht (am 3. November 1981) veröffentlicht worden bzw. dem Parlament zu-
gegangen ist. Die „Vorschläge" kennzeichnen also primär den Stand der parlamentarischen Beratung. Bemerkenswert ist nur, daß so heftig diskutierte Steuervergünstigungen wie die beiden oben erwähnten erst im Rahmen einer fiskalischen Notlage eingeschränkt bzw. abgebaut werden konnten[53].

In der Abbauliste des 9. Subventionsberichts kamen die Beschlüsse des
Zweiten Haushaltsstrukturgesetzes zum Tragen: Alle „Vorschläge" der Bundesregierung wurden befolgt. Das angegebene Abbauvolumen ist allerdings
etwas überhöht: 783 Mio. DM abbaubedingte Steuermehreinnahmen waren
schon im 8. Subventionsbericht angezeigt, der Abbau der Steuervergünstigungen als rechtskräftig ausgewiesen. Sie konnten im 9. Bericht noch einmal aufgeführt werden, obwohl sie zum größten Teil in der „Übersicht" über die gesamten Steuervergünstigungen gar nicht mehr aufgeführt worden waren, da
man Kürzungsentscheidungen des gesamten Berichtszeitraums (also auch von
1981) zugrunde legte.

Fassen wir zusammen: Im Bereich steuerlicher Subventionen läßt sich eine
Initiativfunktion des Subventionsberichts hinsichtlich eines Subventionsabbaus nicht erkennen. In dem vorliegenden Berichtszeitraum seit 1970 waren
einmal die großen Steuerreformen der sozialliberalen Koalition, zum anderen
die fiskalischen Zwänge seit Mitte der siebziger Jahre für den Abbau steuerlicher Vergünstigungen verantwortlich. Die Abbaulisten der Subventionsberichte haben dies nicht initiiert, wohl aber dokumentiert. Weiter: Legt man
die Abbaulisten nebeneinander, erhält man ein falsches Bild vom gesamten
Abbauvolumen im Bereich steuerlicher Subventionen. Abbaulisten sind nur
auf den Berichtszeitraum des jeweiligen Subventionsberichts bezogen und
neigen dazu, das langfristige Abbauvolumen eher als zu hoch auszuweisen.
Eine derartige Unterteilung der Listen in rechtskräftigen Abbau und vorgesehenen Abbau wäre informativer. Der 9. Subventionsbericht gibt hier ein
negatives Beispiel.

Wenden wir uns den *Finanzhilfen* zu (vgl. Tab. VI/2). Die Vermutung
liegt nahe, daß hier subventionspolitische Abbaubemühungen und eventuell
eine damit verbundene Initiativfunktion der Abbaupläne des Subventionsberichts mehr Gewicht haben. Schon der Titel des ersten Abbauplans im 2.
Subventionsbericht scheint eine solche Initiativfunktion zu versprechen: „Übersicht über Finanzhilfen, die im Jahre 1970 auslaufen oder deren Abbau oder
Einschränkung in den folgenden Jahren im Rahmen der mehrjährigen Finanzplanung *in Betracht kommt*"[54]. Die Formulierung (die im übrigen von den
folgenden Subventionsberichten nicht übernommen wurde[55]) legt nahe, daß
hier auch Finanzhilfen aufgeführt sind, über deren Abbau oder Beibehaltung
noch keine definitive Entscheidung getroffen worden ist, an deren Problematisierung jedoch schon jetzt der Bundesregierung liegt. Doch leider macht die
fehlende Unterscheidung zwischen Finanzhilfen, die im Berichtszeitraum

---

53 Der größte Abbau erfolgte bei den Vergünstigungen des Vermögensbildungsgesetzes:
    ca. 1 Mrd. DM – vgl. *8. Subventionsbericht*, S. 302; *9. Subventionsbericht*, S. 301.
54 Hervorhebung v. Verf.
55 Der Titel der Abbauliste im *3.* und *4. Subventionsbericht* lautet: „Übersicht über die
    Finanzhilfen, die im Jahre 1972 (1974) oder im Zeitraum der mehrjährigen Finanz-
    planung bis 1975 (1977) auslaufen."

Tabelle VI/2: Abbaulisten der Subventionsberichte: Finanzhilfen

Subventions-berichte (SB)/ angegebener Abbauzeitraum	in den Subventionsberichten angegebener Abbau von FH im Berichtszeitraum				geplanter Abbau von Finanzhilfen				abgebaute Finanzhilfen	
	insgesamt		davon aufgrund von HHStrukGes. 1975/ SubvAbGes. 1981/ 2. HHStruktGes. 1981/ HHBegleitGes. 1983		insgesamt		aufgrund von HHStruktGes. 1975/ SubvAbGes. 1981/ 2. HHStruktGes. 1981/ HHBegleitGes. 1983			
	Mio. DM	Anzahl	Mio. DM	Anzahl	Mio. DM	Anzahl	Mio. DM	Anzahl	Mio. DM	Anzahl
	1	2	3	4	5	6	7	8	9	10
2. SB /1979 und mehrjährige Finanzplanung[a]	765,4	15	—	—	—	—	—	—	b	b
3. SB /1972 und mehrjährige Finanzplanung bis 1975[b]	1476,7[c]	13	—	—	—	—	—	—	b	b
4. SB /1974 und mehrjährige Finanzplanung bis 1977	280	10	—	—	—	—	—	—	200,6[d]	4
5. SB /Abbau 1973—75 /Finanzplanung 1976—79[e]	981	27	—	—	826,8	18	416 (516)[f]	6 (7)	448,3 (6.SB)	7 (6.SB)
6. SB /Abbau 1975—77 /Finanzplanung bis 1981[e]	768,1 (625,3)[g]	25 (24)	422,9	6	275,7	11	—	—	71,3 (7.SB)	6 (7.SB)

7. SB /Abbau 1977–80[b]	219,1 (122,0)[b]	20 (19)[h]	—	—	—	—	—	—	k
8. SB /Abbau 1979–82 /Vorschläge d. BReg.[e]	1984,6[i]	13	1523,5[i]	1130,8	9	j	j	k	k
9. SB /Abbau 1981–84[l]	2019	15	m	10	m	—	j	—	—

a   Keine Unterscheidung zwischen rechtskräftigem und im Rahmen der mehrjährigen Finanzplanung geplanten Abbau.

b   Im nachfolgenden Subventionsbericht keine eindeutige Kontrolle anhand der Abbaulisten, ob die geplanten Einschränkungen auch tatsächlich stattgefunden haben; deshalb keine Zahlenangabe.

c   Im Subventionsbericht (Textteil) werden 1,3 Mrd. DM genannt. Die Berechnung des Abbauvolumens ist unklar. In dem hier genannten Betrag von 1476,7 Mio. DM (der sich auf die Minderausgaben des Jahres 1972 bezieht) sind 420 Mio. DM einmalige Aussetzung des Bundeszuschusses an die Träger der landwirtschaftlichen Unfallversicherung mitberechnet, da dies auch in dem Abbauplan aufgeführt ist (mit diesem Hinweis). Zahlungen 1973: 300 Mio. DM; 1974: 528 Mio. DM (*5. Subventionsbericht*, S. 36).

d   Davon 193,9 Mio. DM Zuschüsse zur Sicherung des Steinkohleneinsatzes in der Elektrizitätswirtschaft.

e   Spalten 5 ff.

f   Einschließlich Reduzierung des Bundesanteils zur Finanzierung der Gemeinschaftsaufgabe „Verbesserung der Agrarstruktur und des Küstenschutzes" in Höhe von (geschätzt) 100 Mio. DM, basierend auf den Sparbeschlüssen der BReg. vom 10.9.1975.

g   Ohne auslaufende Konjunkturprogramme in Höhe von 142,8 Mio. DM.

h   Ohne Maßnahmen aufgrund von auslaufenden Konjunktur-Sonderprogrammen (96,9 Mio. DM).

i   Entstehungsjahr.

j   Die meisten (zahlenmäßig) für den Abbau vorgeschlagenen Finanzhilfen sind im Rahmen von Haushaltsentscheidungen (z. B. niedrigere Ansätze) abgebaut bzw. eingeschränkt worden. Umfangreichster Vorschlag: Verminderung der Kokskohlenbeihilfe (870 Mio. DM), dem jedoch nicht entsprochen wurde. Minderung der Ausgaben für Kokskohlenbeihilfe 1982 gegenüber 1981 um ca. 500 Mio. DM (*9. Subventionsbericht*, S. 100); dies geht jedoch auf die Konstruktion der Beihilfe zurück (gestiegener Weltmarktpreis für Kokskohle).

k   Anhand der Abbauliste des *9. Subventionsberichts* nicht einwandfrei zu identifizieren, jedoch vermutlich mehrheitlich abgebaut.

l   Kein Ausweis von geplanten Abbaumaßnahmen. Abbauliste beruht auf „Entscheidungen 1981–1984". Nur Finanzhilfen mit einem Volumen über 100 Mio. DM in einem der Jahre 1981 bis 1984.

m   Haushaltsentscheidungen im Rahmen der Sparbestrebungen der BReg. ohne Gesetzescharakter.

Quelle: Subventionsberichte der Bundesregierung; eigene Berechnung.

schon abgebaut wurden und solchen, deren Abbau vorgesehen ist, die Beurteilung des tatsächlichen Vorschlagspielraums schwierig, denn der folgende Subventionsbericht legt keine Rechenschaft darüber ab, ob tatsächlich alle zum Abbau oder zur Einschränkung vorgesehenen Finanzhilfen auch dementsprechend behandelt worden sind.

Subventionsabbau in großem Ausmaß scheint die Abbauliste des 3. Subventionsberichts zu versprechen: Einsparungen in Höhe von 1,4 bzw. 1,3 Mrd. DM werden angekündigt. Doch auch hier ist Vorsicht am Platze. Aufgeführt wird unter anderem der Zuschuß der Bundesregierung an die landwirtschaftliche Unfallversicherung (1971: 420 Mio. DM), dessen Auszahlung 1972 einmalig ausgesetzt wurde. Das Gros der Finanzhilfen, die in der Abbauliste aufgeführt werden, besteht aus zeitlich begrenzten Hilfen, deren Auslauftermin hier vermerkt wird. So auch der größte Posten: die Zuschüsse an die deutsche Landwirtschaft zum Ausgleich der Folgen der DM-Aufwertung, 1972: 810 Mio. DM.

Von dieser Praxis der abbaulistenmäßigen Notierung des Auslauftermins weicht erstmals der 5. Subventionsbericht stark ab: Wie schon bei den Steuervergünstigungen, so werden auch bei den Finanzhilfen die im Berichtszeitraum auslaufenden und die in den folgenden Jahren zum Abbau vorgesehenen Finanzhilfen getrennt ausgewiesen. Hier wie dort ist jedoch für den Anstieg des Abbauvolumens die Haushaltskrise des Bundes verantwortlich. Wird der Großteil des Abbauvolumens bis 1975 vor allem von auslaufenden Sonderprogrammen im Wohnungswesen gestellt (440 Mio. DM), während in der gewerblichen Wirtschaft 277,9 Mio. DM eingespart werden[56], so liegt der Schwerpunkt vor allem aufgrund des Gesetzentwurfs der Bundesregierung zur Verbesserung der Haushaltsstruktur (Haushaltsstrukturgesetz 1975) im Bereich der Sparprämien- und Wohnungsbauprämiengesetze — 400 Mio. DM sollen abgebaut werden und werden abgebaut[57]. Von der Vorschlagsliste ist dies volumenmäßig etwa die Hälfte; berücksichtigt man, was davon tatsächlich abgebaut worden ist, machen diese Einschränkungen ca. 90 Prozent aus.

Nachdem im 7. Subventionsbericht das Abbauvolumen augenfällig geschrumpft war und man vorsorglich schon im Textteil des Berichts darauf hingewiesen hatte, daß Subventionspolitik nicht nach ihren Abbauerfolgen beurteilt werden dürfe, haben das Subventionsabbaugesetz 1981 und die Sparbeschlüsse der Bundesregierung desselben und der folgenden Jahre zu weiteren umfangreichen Einschränkungen geführt. 1,9 Mrd. DM wies der 8. Subventionsbericht als abgebautes Subventionsvolumen (Entstehungsjahr) auf, davon gehen 1,5 Mrd. DM auf die Wirkung des Subventionsabbaugesetzes zurück; der größte Teil, 1,2 Mrd. DM, wurde bei der Vermögensbildung und Sparförderung eingespart; weitere 250 Mio. DM sparte die Bundesregierung, indem sie den Bundesanteil an der Gemeinschaftsaufgabe „Verbesserung der

---

56 Davon 193,9 Mio. DM Abbau von Zuschüssen zur Sicherung des Steinkohleneinsatzes in der Elektrizitätswirtschaft. Diese erhalten nunmehr eine eigene Finanzierungsbasis außerhalb des Bundeshaushalts. Vgl. unten Kap. IX.

57 Im *6. Subventionsbericht* sind in den Abbaulisten lediglich die aufgrund des Haushaltsstrukturgesetzes 1985 eingesparten Beträge (400 Mio. DM) aufgeführt, nicht die aufgrund der Umstellung der Sparförderung zustande gekommenen Milliardeneinsparungen.

Agrarstruktur und des Küstenschutzes" herabsetzte. Zudem unterbreitete sie auch für die Finanzhilfen (wie bei den Steuervergünstigungen) „Vorschläge" zum weiteren Abbau, immerhin in Höhe von ca. 1,1 Mrd. DM. 870 Mio. DM davon entfielen allein auf eine Verminderung der Kokskohlenbeihilfe, die für 1982 aufgrund des ansteigenden Dollarkurses in den Regierungsentwurf des Bundeshaushalts 1982 eingeplant wurde[58]. Im 9. Subventionsbericht tauchte die verringerte Kokskohlenbeihilfe nicht im Abbauplan auf. Auch sonst erscheint die Abbauliste des 9. im Vergleich zu der des 8. Berichts nicht sehr aussagekräftig, nicht nur deshalb, weil sie unvollständig ist (es werden nur Finanzhilfen über 100 Mio. DM aufgeführt), sondern weil im 8. Bericht als abgebaut ausgewiesene Finanzhilfen noch einmal aufgeführt werden. Die Abgrenzung bleibt allerdings unklar; ebenso unterbleibt eine Unterscheidung in rechtskräftig abgebaute Finanzhilfen und solche, deren Abbau geplant ist.

Insgesamt gesehen bestätigt die Praxis der Abbaulisten im Bereich der Finanzhilfen das schon für die Steuervergünstigungen gefällte Urteil: Den Abbaulisten kommt keine Initiativfunktion zu, sie dokumentieren lediglich auslaufende Subventionen bzw. Subventionsprogramme zum einen, zum anderen verzeichnen sie die Ergebnisse von Sparmaßnahmen im Rahmen der Haushaltsstrukturgesetze und des Subventionsabbaugesetzes bzw. Sparbeschlüssen im Rahmen von Minderausgaben. In einzelnen Fällen (z.B. DEMINEX) wurde zwar das Auslaufen von Programmen angekündigt, das später gar nicht stattfand, doch bleibt offen, ob es sich hier um eine gescheiterte Initiativfunktion oder um eine mangelnde Koordination handelte (gerade bei dem Prestigeobjekt DEMINEX scheint es sich hier eher um eine Verzögerung in der Programmfortsetzung gehandelt zu haben). Insgesamt gesehen ist in den Abbaulisten für Finanzhilfen (mehr als noch bei den Steuervergünstigungen) von der Erfüllung der im Gesetz vorgeschriebenen Verpflichtung zum früheren Abbau wenig zu erkennen. Das legt den Schluß nahe, daß sie, wenn sie schon keine Initiativfunktion besitzen, so doch von der Bundesregierung als flankierendes, symbolisches Instrument zur Durchsetzung fristgerechten bzw. in anderen Zusammenhängen vorgesehenen Subventionsabbaus (Sparbeschlüsse) Verwendung finden.

3.2. Subventionsberichterstattung und öffentliche Meinung: die Kanalisierung der subventionspolitischen Diskussion

Die öffentliche Diskussion um die Subventionen hat, wie wir gesehen haben, bei der Entstehung der Subventionsberichterstattung eine gewichtige Rolle gespielt. Der tatsächliche Einfluß der öffentlichen Meinung auf die subventionspolitische Entwicklung ist nicht präzise einzuschätzen, verlangt doch eine solche Beurteilung — sofern sie überhaupt möglich ist — eine Rekonstruktion der subventionspolitisch relevanten Entscheidungsprozesse und insbesondere die Rezeption der öffentlichen Diskussion durch die an den Entscheidungen beteiligten Institutionen und Akteure. Dies ist in dieser Arbeit nicht gemacht worden und scheint mir auch für die entwickelte Argumentation nicht unabdingbar zu sein. Denn aus dem Verlauf der Diskussion, so wie sie

---

58 Vgl. *8. Subventionsbericht*, S. 94/95; vgl. auch oben Tab. VI/2, Anm. 10.

sich in der Presseberichterstattung niederschlug, und aus den einzelnen Stellungnahmen des BMF und der Bundesregierung ließ sich durchaus das Grobmuster feststellen: Die Subventionsdiskussion war durch das BMF initiiert worden, traf jedoch auf eine aufnahmebereite öffentliche Meinung, die in der steigenden Anzahl der Subventionen das eigene Urteil über staatliche Schwäche und wirtschaftspolitisches Unvermögen bestätigt sah. So geriet die durch die regelmäßige Veröffentlichung des Ausmaßes der Subventionierung wie einzelner Subventionsprobleme (Zinssubventionen) begonnene Thematisierung allmählich zu einem „Selbstläufer", wie insbesondere die Presseberichterstattung der Jahre 1966 und 1967 zeigte, die schließlich auch in parlamentarische Initiativen mündete. Der Bundesregierung und insbesondere dem Bundesfinanzminister konnte dies nur recht sein, denn angesichts der problematischen Lage der Bundesfinanzen − Folge einer zu großzügigen Ausgabenpolitik der Vorjahre − erbrachte ja eine solche Subventionsdiskussion (die ja nicht auf Subvention im engeren, korrekten Sinne begrenzt war, sondern auch und vor allem eine ganze Reihe von Sozialleistungen bis hin zu den Überweisungen an die Sozialversicherungen miteinschloß) in der Öffentlichkeit das Bild, daß Sparen not täte, Sparbeschlüsse somit nicht unvorbereitet getroffen werden würden, ja sogar Zuspruch in der Öffentlichkeit finden mußten.

Angesichts dieser allgemeinen Abbaustimmung wäre nun zu erwarten gewesen, daß die eher verhaltenen Abbaubestrebungen der Bundesregierung eine Welle breiter Kritik auslösen würden. Doch überrascht stellt man fest, daß die öffentliche Schelte milde ausfiel, wenn nicht gar ganz ausblieb. Denn schließlich entbehrte der erste Subventionsbericht (1967) jeglicher Abbaulisten, doch konnte man dies mit dem Hinweis auf die vorangegangenen Sparbeschlüsse (Haushaltsstrukturgesetz 1965) und die bevorstehende Steuerreform plausibel vertreten. Ansätze einer positiven Beurteilung der Subventionen erbrachten die Einbindung in anerkannte Politikstrukturen, die insbesondere durch die überwundene Wirtschaftskrise an Berechtigung gewann: sektorale und regionale Strukturpolitik[59]. Hatte die Haushaltskrise das Subventionsthema zu einem kritischen Thematisierungspunkt gemacht, so führte die Wirtschaftskrise vor, daß auf staatliche Unterstützung nicht verzichtet werden konnte; sie sollte nur in Ausnahmefällen und auch dann nur zur Unterstützung von Anpassungsstrategien der Unternehmen an veränderte wirtschaftliche Bedingungen geleistet werden − eine Zielsetzung, die der Aufforderung des Stabilitätsgesetzes (§ 8) entspricht. Als krisenentschärfende Überbrückungshilfen sind sie unverzichtbar. Abzubauen sind jene, die lediglich überkommene Strukturen aufrechterhalten sollen. Als die Kritik an diesen Erhaltungshilfen überhand nimmt, diese aber gar nicht so schnell abgebaut werden können, findet sich im Subventionsbericht die Feststellung, daß es Subventionen mit strukturerhaltender Zielsetzung gar nicht gebe[60].

Der raschen Dethematisierung der Subventionspolitik kam somit entgegen, daß in den Krisenjahren ein Abbau von Transferzahlungen (weniger von Subventionen an Unternehmen) eingeleitet und gleichzeitig wirtschaftspolitisch begründete Subventionspolitik, insbesondere neue Subventionsausgaben, die Wachstumsmöglichkeiten der Wirtschaft erschließen sollten, plausibel gemacht

---

59 Vgl. *1. Subventionsbericht*, S. III f.
60 Vgl. *6. Subventionsbericht*, S. 7.

wurden. Damit waren schon vor Erscheinen des 1. Subventionsberichts die kurzfristigen fiskalischen Zwänge für den mit ihm durchzuführenden Subventionsabbau aus der Welt geschafft. Eine Verschiebung der Prioritäten bahnte sich an. Erstens ging es nun darum, den durch die Problematisierung der Subventionspolitik gewonnenen haushaltspolitischen Handlungsspielraum gegenüber externen und internen Ansprüchen zu sichern und Abbaumöglichkeiten offenzuhalten; zweitens ging es darum, die Legitimität des Subventionsinstruments sowie die Berechtigung bestehender Subventionen gegenüber den in der Öffentlichkeit immer noch aktuellen Abbauforderungen zu begründen. Beide Aufgaben konnten mit dem Subventionsbericht gelöst werden: Es ist der Bundesregierung gelungen, durch den Subventionsbericht einen potentiellen Handlungsspielraum dadurch zu sichern, daß er bei aktuellen Haushaltsproblemen Einsparungsmöglichkeiten ausweist, die anscheinend in kurzer Zeit realisiert werden konnten, wie es das Haushaltsstrukturgesetz 1975, 1981 und das Subventionsabbaugesetz 1981 zeigen.

Als besonders günstig erwies sich dabei jeweils der häufig beklagte unscharfe Subventionsbegriff in den Berichten, der (auf besonderen Wunsch des Bundestagsausschusses für Wirtschaft und Mittelstandsfragen) auch „Subventionen" an private Haushalte berücksichtigt. Durch diese Begriffsausweitung konnte sich der Staat von dem den Subventionen anhaftenden Geruch einseitiger Interessenbegünstigung lösen. Indem man den Begriff Subvention nicht genau definierte, sondern – im Gegenteil – die Begriffe Finanzhilfen und Steuervergünstigungen auf Unternehmen und private Haushalte gleichermaßen anwendete, erreichte man eine Übertragung der den Subventionen anhaftenden negativen Wertung[61] auf sozialpolitische und andere nicht unternehmensbezogene Hilfen und unterwarf sie damit ebenfalls dem Abbaupostulat. Andererseits gelangte man langfristig zu einer Neutralisierung des Begriffs Subvention und damit zur Anerkennung des subventionspolitischen Instruments, da alle als Subventionsempfänger erkennbar waren. Die Öffentlichkeit bzw. die Presse hat diese „Verschleierungstaktik der Bundesregierung"[62] kaum wahrgenommen.

Durch die Berichte wurde der subventionspolitischen Diskussion die Intensität genommen. Die pauschale Forderung nach Abbau von Subventionen war nicht mehr ohne weiteres aufrechtzuerhalten, eine Diskussion um konkrete Abbaumaßnahmen mußte beginnen. Ihr Rahmen war jedoch vorher durch die widerspruchslose Übernahme der von der Bundesregierung vertretenen und im Stabilitätsgesetz festgehaltenen, am gesamtwirtschaftlichen Wachstum orientierten Subventionspolitik abgesteckt. Als Dethematisierungs- und Legitimierungsstrategien sind in den Subventionsberichten folgende Muster zu identifizieren: neben Abbauversuchen und (teilweise) Realisierungen die Legitimierung durch Überprüfung und Begründung sowie durch Einbeziehung in programmatische Politikformulierung, die Begründung durch gesamtwirtschaftliche oder gesamtgesellschaftliche Erfordernisse, ferner durch die Überdehnung des Subventionsbegriffs.

Die Regulierbarkeit der subventionspolitischen Diskussion durch die Bundesregierung beruht darauf, daß das Subventionsthema gerade nicht *grund-*

---

61   Vgl. *SPD-Pressedienst* v. 31.1.1968.
62   *Lübecker Morgen* v. 2.3.1966.

sätzlich kontrovers war[63]. Durch selbstkritische Äußerungen, Darstellung des fiskalischen Eigeninteresses und der Notwendigkeit einer gesamtwirtschaftlichen Orientierung der Subventionspolitik baute der Staat ein Deutungsmuster auf, das in der öffentlichen Meinung nicht mehr umstritten war, sondern sogar deren volle Zustimmung erhalten hat. Dieses vom Staat — mit Unterstützung der politikberatenden Wissenschaft wie auch industrieller Interessenverbände — aufgebaute Deutungsmuster blieb „monopolistisch"[64], da die einzigen gesellschaftlich relevanten Interessengruppen, die alternative Vorstellungen hätten entwickeln können, die Gewerkschaften, selbst in die wirtschaftspolitische Deutung eingebunden sind.

Die Subventionsberichte sind geradezu ein idealtypisches Beispiel regierungsamtlicher Berichterstattung, die sich im „magischen Viereck" von öffentlichem Informationsbedarf, internen und externen Steuerungsfunktionen und Selbstdarstellung bewegt. Ebenso spiegelt sich in ihnen der gescheiterte Versuch des Parlaments, seinen haushaltspolitischen Entscheidungsspielraum zu erweitern: Statt durch den Subventionsbericht größere parlamentarische Kontrolle zu ermöglichen, benutzt die Exekutive ihn primär als Instrument, gegebenenfalls den eigenen haushaltspolitischen Spielraum zu erhöhen und den des Parlaments durch Vorentscheidungen in Grenzen zu halten.

Insgesamt läßt sich sagen, daß Subventionsberichte eher einem „symbolic use of politics" entsprechen. Sie fallen als wirtschaftspolitisches Steuerungsinstrument aus, da in ihnen nur die allgemeinen wirtschafts-, finanz- und haushaltspolitischen Entscheidungen ihren notariellen Niederschlag finden; faktisch aber beugen sie einer möglichen Erosion der Legitimationsbasis der Subventionen vor und sichern so die Flexibilität des wirtschaftspolitischen Instrumentariums des Staates. Eine über die symbolische Funktionserfüllung hinausgehende Subventionsberichterstattung müßte einen Subventionsbegriff zur Grundlage haben, der das indirekte und direkte finanzielle staatliche Begünstigungsprofil reflektiert und flexibel genug ist, neue instrumentelle Variationen besonders auch im Bereich der Quasisubventionen (z.B. Kohlepfennig), die der Subventionsbericht völlig ausklammern muß, mitzuerfassen. Konsequent wäre dann allerdings die Verbindung von Subventions- und Struktur- bzw. Konjunkturberichterstattung.

---

63 Es gibt keine konfliktfähige organisierte Interessengruppe, die der (wirtschaftspolitisch funktionalisierten) fiskalischen Orientierung des Staates und der Wachstumsorientierung der Industrie und der politikberatenden Wissenschaft eine Alternativkonzeption gegenüberstellen könnte. Die Gewerkschaften, die für eine verteilungspolitische Kritik in Frage kämen, äußern sich zurückhaltend; wenn überhaupt, dann zielen sie ebenfalls zuallererst auf eine stärkere wachstumspolitische Orientierung, als deren Effekt die fiskalische Entlastung eintrete. Beschäftigungspolitische Wirkungen der Subventionen binden die Gewerkschaften gerade unter den Bedingungen zu erwartender Lohnzuwächse, die die Subventionspolitik zu einem verteilungspolitischen Nebenschauplatz werden lassen, in eine produktionsstrukturelle Orientierung ein. Erstaunlich ist nur, daß die Gewerkschaften auch der allmählichen, aber seit 1959 stetig betriebenen Ausweitung des Subventionsbegriffs auf Sozialtransfers tatenlos zusahen und erst nach Erscheinen des 1. Subventionsberichts die unklare Definition vage beklagten (vgl. *Welt der Arbeit* v. 26.1.1968).

64 Vgl. Murray Edelmann, *Politik als Ritual*, Frankfurt a.M. 1976, S. 107.

4. Strategien der Subventionskontrolle — mit dem Subventionsbericht durchsetzungsfähiger?

In der subventionspolitischen Diskussion Mitte und Ende der sechziger Jahre war die Frage des Subventionsabbaus zwar ein zentrales Moment, das sich vor allem infolge der fiskalischen Probleme des Bundeshaushaltes in den Vordergrund schob. Für die Verwendbarkeit der Subventionen als Instrument staatlicher Wirtschaftspolitik war und ist jedoch die Subventionskontrolle von größerer Bedeutung, zumal sich das Problem Subventionsabbau dann lösen ließe, wenn man es unter eine effiziente Kontrolle subsumieren könnte, wenn sich das politisch-konflikthaft besetzte Problem des Entzugs finanzieller Begünstigungen (vor allem dann, wenn sie sich schon als Besitzstand kristallisiert haben) auf ein administrativ-politisches reduzieren bzw. „endogenisieren" ließe.

Für eine Subventionspolitik, die sich funktional in den Wirtschaftsprozeß einflechten soll und vermeiden will, lediglich sozialökonomische Gruppen durch staatliche Transferzahlungen strukturell abzusichern, muß demnach das Problem der Zielrealisierungskontrolle der Subventionen zur entscheidenden, steuerungspolitisch kritischen Frage werden; wenn sie zufriedenstellend gelöst wird, läßt sich auch die mit der Subventionierung verbundene finanzielle Umverteilung legitimieren. Strategien der Subventionskontrolle ließen sich danach unterscheiden, inwiefern sie geeignet sind, den staatlichen Entscheidungsvorbehalt in politischer Hinsicht (auf der Programmebene) und in administrativer Hinsicht auf der Ebene der Implementation abzusichern und gegebenenfalls zu erweitern. Unter diesen Gesichtspunkten beschreibe ich drei Kontrollmechanismen indirekter und direkter Art, die sowohl in der öffentlichen Diskussion als auch in der Darstellung der Subventionspolitik der Subventionsberichte von Bedeutung sind und deren Realisierung sich zum Teil anhand der Subventionsberichte überprüfen läßt.

4.1. Die Umwandlung von Steuervergünstigungen in Finanzhilfen

Die Forderung erscheint plausibel: Subventionen können politisch besser kontrolliert, ihr Einsatz flexibler gestaltet und ihr Abbau bzw. ihre Einschränkung erleichtert werden, wenn sie statt als Steuervergünstigungen auf der Einnahmenseite als Finanzhilfen auf der Ausgabenseite eingerichtet werden. Denn die für die Subventionen sprichwörtliche und von allen Seiten beklagte Beharrungstendenz ist bei Steuervergünstigungen ganz besonders ausgeprägt. Das ist ihrer besonderen Struktur geschuldet:
— Steuerliche Subventionen sind nicht Gegenstand jährlicher Haushaltsberatungen, während über Finanzhilfen in jedem Jahr mit jeder Haushaltsberatung zumindest formell erneut entschieden wird;
— ihre finanziellen Auswirkungen lassen sich weder hinsichtlich der Mindereinnahmen des Staates noch hinsichtlich ihrer Begünstigung für den Nutznießer genau ermitteln; Schätzungen, auch die im Subventionsbericht, können fast grundsätzlich als zu niedrig angesehen werden und weichen

möglicherweise bis zu 100 Prozent und mehr vom tatsächlichen Begünstigungseffekt ab[65];
— sie begründen für die Begünstigten ausnahmslos Rechtsansprüche; damit stellen sie für den Subventionsempfänger eine rechtliche Sicherheit dar, die andererseits nicht unbedingt grundsätzlich eine wirtschaftspolitische Funktionalität begründen kann: Nicht jede durch Sonderabschreibungen geförderte Investition erfüllt auch die jeweilig damit verbundenen wirtschaftspolitischen Zielsetzungen;
— eine solche Selektivität könnte durch Finanzhilfen erreicht werden, denn diese begründen keinen Rechtsanspruch beim potentiellen Nutznießer[66] und können somit fallspezifisch (in geregelten Grenzen) vergeben werden.

Die geringere öffentliche Aufmerksamkeit, die den Steuervergünstigungen zuteil wird, sowie die individuelle Deckung, die ihre Inanspruchnahme durch das Steuergeheimnis erfährt, mag insbesondere von den Begünstigten als Vorteil gesehen werden; für den Staat ist vor allem die meist verwaltungstechnisch einfachere Abwicklung durch die Finanzämter von Interesse.

Die Argumente für die Umwandlung von Steuervergünstigungen in Finanzhilfen scheinen für sich zu sprechen. Dennoch gab und gibt es hier grundsätzlich unterschiedliche Positionen. Während die SPD eine Umwandlung befürwortet[67] und auch die FDP — zumindest solange sie der sozialliberalen Koalition angehörte[68] — Finanzhilfen den Steuervergünstigungen vorzog, sprach und spricht sich die CDU schon traditionsgemäß für Steuervergünstigungen aus[69]. Die Umwandlung scheiterte auch daran, daß sie eine Umschichtung der Staatshaushalte nötig machte, die die bisherige Lasten- und Einnahmenverteilung der Gebietskörperschaften erheblich verändern würde; ferner zöge sie zwangsläufig eine höhere Steuerquote nach sich — Mindereinnahmen erschienen jetzt als Mehrausgaben, dazu ergäbe sich ein höherer Verwaltungsaufwand —, die politisch als nicht tragbar eingeschätzt wird, auch wenn damit eine Erhöhung der Transferausgaben und nicht des Staatsverbrauchs verbunden wäre[70].

65 Im 5. *Subventionsbericht* (S. 166) wurde der Steuerausfall aufgrund der Besteuerung der nichtbuchführenden Land- und Forstwirte nach Durchschnittswerten (§ 13a EStG) auf 750 Mio. DM in 1976 geschätzt. Obwohl die tatsächlichen Ausfälle in etwa dem BMF bekannt waren, waren diese politisch nicht diskussionsfähig. Es bedurfte eines hohen Politisierungsgrades, bis schließlich eine vom BMF und BM Ernährung, Landwirtschaft und Forsten eingesetzte „Kommission zur Begutachtung der Einkommensbesteuerung der Landwirtschaft" einen Betrag von 1,6 bzw. 1,3 Mrd. DM (obere / untere Grenze) ermittelte, der schließlich in den 7. *Subventionsbericht* aufgenommen wurde (Steuerausfall 1977: 1,45 Mrd. DM).

66 Außer, er ist gesetzlich explizit verankert.

67 Steuerparteitag 1971, Hamburger Parteitag 1977, Denkschrift des Hamburger Finanzsenators Seeler „Weiterentwicklung des Steuerrechts 1978".

68 Vgl. dazu die Initiative des Parteivorstandes der FDP zu einem „Rahmengesetz für Subventionen" (*Handelsblatt* v. 24.5.1978). Gerade an dieser Initiative zeigt sich sehr deutlich, wie schnell sich Unverbindliches auf allgemeiner Ebene zusammentragen läßt und öffentliche Beachtung findet. Vgl. auch den Kommentar in der *Frankfurter Rundschau* v. 26.5.1978.

69 Vgl. Manfred Langner, Grundsätze zur Subventionspolitik, in: *Pressedienst der CDU/ CSU-Fraktion im Deutschen Bundestag* v. 29.5.1978.

70 Inverview. Vgl. dazu die Position von Bundeswirtschafts- und Finanzminister Schiller, der sich ebenfalls aus haushaltspolitischen Gründen 1971 gegen eine Umwandlung von Steuervergünstigungen in Finanzhilfen aussprach: *Stuttgarter Zeitung* v. 10.7.1971.

Diese politischen und institutionellen Hemmnisse haben in den letzten Jahren weitgehend verhindert, daß Steuervergünstigungen — bis auf Einzelfälle — in Finanzhilfen umgewandelt wurden.

Es fragt sich allerdings, ob sich nicht in den letzten Jahren ein instrumenteller Kompromiß herausgebildet hat, der zwar die Argumente für eine stärkere Berücksichtigung der Ausgabenseite nicht gänzlich aufheben kann, der aber zumindest einige negative Aspekte der steuerlichen Subventionen nicht aufweist: Mit dem System der Investitionszulagen ist ein Instrument vorhanden, das weitaus bessere Kontrollmöglichkeiten als die vergleichsweise Steuervergünstigungen (Sonderafa) aufweist und das seit Mitte der sechziger Jahre (erstmals bei der Berlinhilfe) an Bedeutung gewinnt. Obwohl die Investitionszulagen im Subventionsbericht unter den Steuervergünstigungen geführt werden, kann man sie mit guten Argumenten wohl kaum unter diese subsumieren[71].

Insgesamt gesehen, ist seit Anfang der siebziger Jahre die Anzahl von Finanzhilfen und Steuervergünstigungen weitgehend unverändert geblieben — von geringfügigen Schwankungen abgesehen[72]. Anders jedoch sieht es mit dem Volumen aus: Geht man vom Basisjahr 1966 (= 100) aus, dann haben sich die Finanzhilfen des Bundes bis 1982 in etwa verdoppelt, während sich die durch Steuervergünstigungen verursachten Steuerausfälle mehr als vervierfacht haben. Auf dieser Globalebene hat sich also das Gewicht in den vergangenen Jahren sogar noch zugunsten der Steuervergünstigungen verschoben. Nimmt man nur die gewerbliche Wirtschaft, so stellt man eine nicht ganz so eindeutige Entwicklung fest: Bis Mitte der siebziger Jahre nahmen die Steuervergünstigungen volumenmäßig stärker zu, ab 1977 sind es die Finanzhilfen des Bundes, deren jährliche Steigerungsraten die der Steuervergünstigungen weit übertreffen (Index der Finanzhilfen für gewerbliche Wirtschaft 1982: 531; Index der Steuervergünstigungen in 1982: 418); absolut gesehen, überwiegen auch in der gewerblichen Wirtschaft die Steuervergünstigungen mit einem Volumen von 5,2 Mrd. DM gegenüber 3,6 Mrd. DM (Finanzhilfen) in 1982[73].

4.2. Befristung der Subventionen

Es herrscht weitgehende Übereinstimmung darüber, daß eine Befristung der einzelnen Subventionen deren Kontrollmöglichkeiten erheblich verbessern würde. Eine zeitliche Begrenzung, verbunden mit einer degressiven Ausgestal-

---

71 Vgl. Zimmermann, Informationsfunktion (Anm. 34), S. 358.

72 Die Anzahl der Finanzhilfen, die in den Subventionsberichten aufgelistet sind, schwankt zwischen 116 (*7. Subventionsbericht*) und 122 (*8. Subventionsbericht*), die der Steuervergünstigungen zwischen 122 (*6. Subventionsbericht*) und 129 (*8. Subventionsbericht*).

73 Jüttemeier/Lammers kommen allerdings zu dem Ergebnis, daß Finanzhilfen größere Bedeutung zukommt. Ihre Untersuchung, die lediglich das Jahr 1974 berücksichtigt, bezieht allerdings auch Zuschüsse an die Deutsche Bundesbahn (7,5 Mrd. DM) und an Private Organisationen ohne Erwerbscharakter (4,5 Mrd. DM) mit ein, weist Steuervergünstigungen ohne Investitionzulagen aus und kommt so zu einem Anteil der Steuervergünstigungen an den gesamten Subventionen (55 Mrd. DM) von 30 %, für die Industrie von 34 % (nur Investitionzulagen 22,6 % bzw. 37,4 %. Vgl. Karl Heinz Jüttemeier/ Konrad Lammers, Subventionen in der Bundesrepublik, in: *Kieler Diskussionsbeiträge des Instituts für Weltwirtschaft Kiel*, H. 63/64, Kiel 1979, S. 16.

tung, stellt eine der einfachsten Methoden einer intensiveren Kontrolle durch Regierung und Parlament dar. Denn eine über die Befristung hinausgehende Verlängerung wäre an eine erneute Thematisierung geknüpft, welche die Berechtigung und Notwendigkeit der weiteren Existenz dieser Subvention nachweisen müßte. Bei den Befürwortern der Subvention läge somit die Beweispflicht.

Befristung und degressive Ausgestaltung der Subventionen gehören also zu den traditionellen Forderungen der Subventionskontrolle, die sogar von der Bundesregierung selbst erhoben werden, zumal schon das Stabilitätsgesetz (§ 12 Abs. 4) von der Subventionsberichterstattung verlangt, das voraussichtliche Ende einer Subventionsmaßnahme anzugeben. Schon im 2. Subventionsbericht und in den meisten nachfolgenden war die Befristung gefordert worden; auch im Parlament herrscht über diese Form der Kontrolle Einigkeit[74]. Die Vermutung liegt nahe, daß aufgrund dieses breiten Konsenses der Anteil der befristeten Finanzhilfen und Steuervergünstigungen in den Jahren seit 1966 stetig zugenommen hat. Will man dies anhand der Subventionsberichte überprüfen, stößt man auf Schwierigkeiten: Bei einem Großteil der Finanzhilfen ist die Angabe einer Befristung nicht eindeutig erkennbar. Allerdings enthalten die Subventionsberichte im Textteil Angaben über Anzahl und Volumen der befristeten Finanzhilfen und zum Teil auch der Steuervergünstigungen (bis einschließlich 7. Subventionsbericht); sie beziehen sich indes nur auf die Daten des jeweiligen Regierungsentwurfs, also auf das dem Berichtsjahr folgende Jahr. Der Versuch, sich die entsprechenden Zahlen anhand des Anlagenteils auch für die vorangegangenen Jahre zu erschließen, stößt auf die genannten Identifizierungsprobleme, die schließlich zu von den im Subventionsbericht angegebenen Daten abweichenden Ergebnissen führen.

Der Trend stimmt jedoch überein, so daß hier die Angaben der Subventionsberichte zugrundegelegt werden können (vgl. Tab. VI/3). Es läßt sich eine bemerkenswerte Entwicklung feststellen:

— Bei den Finanzhilfen nehmen die befristeten Subventionen an Anzahl und Volumen zu; sie steigen von 18 (5. SB 1976) auf 52 (9. SB 1984) und stellen damit beinahe die Hälfte der aufgelisteten Finanzhilfen. Volumenmäßig stellen sie 1984 knapp 31 Prozent der gesamten Finanzhilfen des Bundeshaushaltes gegenüber nur 6,5 Prozent in 1976.

— Bei den Steuervergünstigungen stellt sich eine genau entgegengesetzte Entwicklung ein — allerdings ist hier die Datenlage noch unklarer, da die Abgrenzungsänderung mit dem 6. Subventionsbericht die Vergleichbarkeit mit den Vorjahren beeinträchtigt, darüber hinaus in den beiden letzten Subventionsberichten im Textteil keine Angaben darüber gemacht werden. Dennoch, auch aus den vorliegenden Angaben ist ersichtlich, daß die befristeten Steuervergünstigungen an Zahl und Volumen abnehmen.

Im 9. Subventionsbericht (1984) schwillt das Volumen der befristeten Steuervergünstigungen jedoch stark an: Es vergrößert sich um mehr als das Doppelte des Jahres 1982. Verantwortlich sind hierfür konjunkturpolitisch motivierte Steuervergünstigungen im Rahmen der Einkommensteuer[75], die allein 1984 Steuermindereinnahmen von 1,8 Mrd. DM verur-

---

74 Stellungnahme des Ausschusses für Wirtschaft des Deutschen Bundestages vom 19.10. 1978 anläßlich der Kenntnismahme des *6. Subventionsberichts*.

75 § 6d und § 21 Abs. 4 EStG; vgl. oben Tab. VI/3, Anm. 3.

Tabelle VI/3: Befristung von Finanzhilfen des Bundes und Steuervergünstigungen

Subventions- berichte / Stichjahr	Finanzhilfen						Steuervergünstigungen					
	Anzahl		%-Anteil der befr. FH	Volumen		%-Anteil der befr. FH	Anzahl		%-Anteil der befr. StVg	Volumen[a]		%-Anteil der befr. StVg
	Gesamt	befr. FH		Gesamt in Mio. DM	befr. FH in Mio. DM		Gesamt	befr. StVg		Gesamt in Mio. DM	befr. StVg in Mio DM	
5. SB (1976)	118	18	15,3	12.145	795	6,5	128[b]	21	16,4	21.080[b]	2.100	10,0
6. SB (1978)	122	27	22,1	12.587	2.200	17,5	122	18	14,8	23.909	1.600	6,7
7. SB (1980)	124	29	23,4	13.575	3.400	25,0	127	15	11,8	29.364	1.300	4,4
8. SB (1982)	122	44	36,1	12.617	4.300	33,9	128	15*	11,7	30.192	1.299*	4,3
9. SB (1984)	118	52	44,1	13.249	4.100	30,9	124	17*	13,7	33.289	3.307*[c]	9,9

* Im Subventionsbericht nicht explizit zusammengefaßt und ausgewiesen; eigene Zusammenstellung.

a Da in den Subventionsberichten bei den Steuervergünstigungen häufig nicht die damit verbundenen Steuermindereinnahmen angegeben sind (Steuergeheimnis, Schätzprobleme), ist das hier angegebene Volumen auf jeden Fall zu niedrig ausgewiesen.

b Ohne „Sonstige Steuervergünstigungen".

c Zunahme aufgrund § 6d EStG (Rücklage bei Erwerb von Betrieben, die stillgelegt oder von der Stillegung bedroht sind) und § 21a Abs. 4 EStG (erweiterter Schuldzinsabzug für selbstgenutzte Häuser), beide Maßnahmen bis 31.12.1986 befristet.

Quellen: Subventionsberichte der Bundesregierung; eigene Berechnung.

sachen. Es läßt sich daraus allerdings noch nicht ablesen, ob damit der bisher vorherrschende Trend gebrochen ist.

In den letzten Jahren hat sich also, so scheint es, zwischen Steuervergünstigungen und Finanzhilfen eine „subventionspolitische Arbeitsteilung" durchgesetzt. Während steuerliche Subventionen eher für die langfristige und breitgestreute „Basisbegünstigung" zuständig sind[76], werden Finanzhilfen für die kurz- und mittelfristige Programmsubventionierung eingesetzt.

4.3. Erfolgskontrolle

Die bisher dargestellten Möglichkeiten besserer Subventionskontrolle waren darauf ausgerichtet, Subventionen so auszugestalten, daß sie von ihrer Struktur her einer Überprüfung besser zugänglich sind. Ihre informationelle Grundlage kann jedoch nur verbessert werden, wenn vorab, begleitend oder im nachhinein Voraussagen bzw. Analysen über den Erfolg bzw. Nutzen der Subventionsmaßnahme möglich sind. Gefordert ist also eine Erfolgskontrolle, die über eine Überprüfung der Wirksamkeit der Subventionsmaßnahme eine politische Bewertung ermöglichen soll. Insbesondere die mit dem Subventionsbericht befaßten Ausschüsse des Deutschen Bundestages hatten verlangt, „die Entscheidungsfindung durch eine verstärkte Erfolgskontrolle der Subventionen zu erleichtern"[77].

Daß im Anschluß an den 6. Subventionsbericht in den Bundestagsausschüssen entsprechende Erwartungen geweckt wurden, hatte die Bundesregierung im 6. Subventionsbericht selbst provoziert, in dem erstmalig über die „Möglichkeiten der Erfolgskontrolle"[78] ausführlich und anhand von Fallbeispielen reflektiert worden war. Daß dies im Rahmen der Subventionsberichte erst 1977 stattfand, ist erstaunlich, denn schließlich hatten schon die Neufassung des Haushaltsgrundsatzgesetzes (§ 6 Abs. 2) und die Bundeshaushaltsordnung (§ 7 Abs. 2) 1969 gleichlautend festgelegt: „Für geeignete Maßnahmen von erheblicher finanzieller Bedeutung sind Nutzen-Kosten-Untersuchungen anzustellen." Allerdings erließ das BMF in Abstimmung mit den anderen Bundesministerien und den Länderfinanzministerien erst 1973 die „Erläuterungen zur Durchführung von Nutzen-Kosten-Untersuchungen"[79].

Erfolgskontrolle findet vor allem in der regionalen Wirtschaftspolitik Anwendung (vgl. Rahmenpläne der Gemeinschaftsausgabe „Verbesserung der regionalen Wirtschaftsstruktur"). Sie gliedert sich grob in zwei Gruppen:
— Zur einen Gruppe gehört die *Zielerreichungskontrolle*, die in einem Soll-Ist-Vergleich Ziele und Zielerreichung gegenüberstellt. Das Ergebnis dieser Erfolgskontrollen ist, so stellt die Bundesregierung in ihrem 6. Subven-

---

76 Vgl. Jüttemeier/Lammers, Subventionen (Anm. 73), S. 16.

77 *7. Subventionsbericht*; ebenso Stellungnahme und Grundsätze der Subventionspolitik von SPD und CDU/CSU.

78 *6. Subventionsbericht*, S. 32.

79 *6. Subventionsbericht*, S. 32. Zur Geschichte und Methodik der Nutzen-Kosten-Analyse vgl. Norbert Andel, Nutzen-Kosten-Analyse, in: *Handbuch der Finanzwissenschaften*, Bd. I, Tübingen ³1977; zum Überblick über ihre Anwendung bei Subventionsmaßnahmen vgl. Bruno Göbner, *Subventionen*, Göttingen 1983, S. 196 ff.

tionsbericht fest[80], in den Anmerkungen zu den einzelnen Subventionsmaßnahmen in den Subventionsberichten enthalten (Anlagen 1 und 3 der
Subventionsberichte).
– Die Bewertung eines Soll-Ist-Vergleichs kann jedoch nur durch die Einbeziehung von Alternativen erfolgen. Dies findet in der zweiten Gruppe von
Erfolgskontrollen statt, den *Nutzen-Kosten-Analysen*. Sie umfassen (im
besten Falle) alle entscheidungsrelevanten gesamtwirtschaftlichen und
gesamtgesellschaftlichen Vorteile (Nutzen) und Nachteile (Kosten) und
versuchen, diese zu quantifizieren und zu bewerten[81]. Nutzen-Kosten-
Untersuchungen werden in den Erläuterungen des BMF unterteilt in solche mit monetären Bewertungsverfahren (Kosten-Nutzen-Untersuchungen)
und in solche, die mit nichtmonetären Bewertungsmethoden arbeiten
(Kostenwirksamkeitsanalysen).
Die Bundesregierung hat mit ihrer Ankündigung intensiver Erfolgskontrolle
durch Nutzen-Kosten-Untersuchungen bei den Parlamentariern große Erwartungen geweckt, die sie nicht einhalten konnte. Dagegen hatte schon 1974
eine Untersuchung des BMWi (laut eines Berichts im „Handelsblatt"[82]) ergeben, daß nur 10 bis 15 Prozent der Subventionen einer solchen Überprüfung
zugänglich seien. Da sich § 7 Abs. 2 der Bundeshaushaltsordnung nur auf
ausgabenswirksame Maßnahmen beziehe, seien Steuervergünstigungen von
vornherein ausgeschlossen, ferner würde sich der Teil der Finanzhilfen um diejenigen reduzieren, die gesellschafts- und sozialpolitische Zielsetzungen bein-
halteten; von den übrigen kämen nur jene mit erheblicher finanzieller Bedeutung in Betracht, da Nutzen-Kosten-Analysen ihrerseits kostenintensiv sind
und somit bei kleineren Finanzhilfen nicht angemessen seien.
Im 7. Subventionsbericht wurden denn auch die Erwartungen gedämpft:
Weder sei es in ausreichendem Umfang möglich, die Ziele einer Subventionsmaßnahme entsprechend präzise zu beschreiben, vielmehr seien mit dieser
häufig mehrere Ziele oder sehr allgemeine Zielsetzungen verbunden, noch
könne die Wirkung der einzelnen Subvention ausreichend genau isoliert werden, und schließlich habe jede Subvention mehrere Wirkungen, „die auf ge-
gensätzliche Interessen gesellschaftlicher Gruppen stoßen können", so daß
auch dies eine allgemeine Umschreibung des Subventionsziels geraten erscheinen lasse[83].
Im 8. Subventionsbericht schließlich stellt die Bundesregierung fest: „Die
Erfahrung der letzten Jahre zeigt, daß es keine allgemein gültigen Methoden
gibt, um den Erfolg staatlicher Politik im allgemeinen und der Subventionspolitik im besonderen zu ermitteln."[84]
Insbesondere seien umfangreiche Subventionskomplexe aufgrund metho-
discher Probleme nur schwer analysierbar; aber auch bei einzelnen Subventionsmaßnahmen sei aufgrund der interdependenten Zusammenhänge und Verflech-
tungen die Bewertung und Wirkung der Maßnahmen problematisch. Der Subventionsbericht könne lediglich die einzelnen finanziellen Hilfen und ihre Ziel-

---

80 *6. Subventionsbericht*, S. 32.
81 Vgl. ebd.
82 Vgl. *Handelsblatt* v. 13.9.1974.
83 *7. Subventionsbericht*, S. 39.
84 *8. Subventionsbericht*, S. 43.

setzung darstellen, nicht jedoch umfassende Wirkungsanalysen erstellen; er könne Anstöße geben, bei welchen finanziellen Hilfen eine Untersuchung des Kosten-Nutzen-Verhältnisses notwendig erscheint, doch sollte die Aussagekraft der Untersuchungen „nicht unkritisch verabsolutiert" werden[85].

Diese recht ernüchternden Bemerkungen stellte die Bundesregierung im 8. Subventionsbericht ihren Ausführungen zur Subventionskontrolle voran. Das bedeutet jedoch nicht, daß man es aufgegeben hat, Nutzen-Kosten-Untersuchungen durchzuführen; die seit dem 7. Subventionsbericht in Auftrag gegebenen Untersuchungen belegen, daß man sich dieses Instruments weiter bedient. Dennoch ist hinsichtlich der Verwendungsmöglichkeiten eine deutliche Ernüchterung gegenüber den im 6. Subventionsbericht geweckten Hoffnungen zu verzeichnen: Die Nutzen-Kosten-Analyse kann nur bedingt die Internalisierung des politischen Entscheidungsproblems in einen administrativen Entscheidungsablauf betreiben. Dort jedoch, wo sie einen hohen Stellenwert erlangt[86], geschieht dies nicht aufgrund der Realisierung eines nunmehr nicht durch politische Entscheidungszwänge und Interessen sachlich angemessenen Bewertungsverfahrens; ihre Bedeutung liegt vielmehr in der Internalisierung des politischen Problems. Dieses ist in die Entscheidung über die Parameter und Definitionskriterien der Nutzen-Kosten-Analyse eingegangen.

5. Zwischenbilanz: Von der Subventionsdiskussion zur kontrollierten Subventionspolitik

Die sechziger Jahre stellen für die Subventionspolitik eine Schnittstelle dar, die in die in diesem Zeitraum insgesamt ablaufenden Veränderungen und Entwicklungsprozesse sowohl auf gesellschaftlich-ökonomischer als auch auf politischer Ebene eingegliedert ist. Die sich anbahnende Intensivierung der subventionspolitischen Diskussion geriet zur politischen Auseinandersetzung um die Entwicklung des Sozial- und Interventionsstaates, um Verbandseinfluß und Kontrollierbarkeit ausgabenintensiver und einnahmereduzierender wahlpolitischer Gefälligkeiten: Themen, hinter denen man das Problem einer strukturellen Schwäche demokratischer Staatsformen entdeckte. Die Subventionsdiskussion spiegelte hier gesellschaftliche Probleme und Identitätsbrüche der Bundesrepublik der sechziger Jahre wider, doch wurde sie vielfach auch zur Spielwiese unbedarfter Gesellschafts- und Staatskritik, die sich als Subventionskritik einer breiten Zustimmung sicher sein konnte. Aber ist es nur das gewesen?

Zunächst ist festzustellen: In der Phase, in der sich in einzelnen Politik- bzw. Problembereichen (Kohlebergbau), aber auch in einzelnen Begünstigungsformen (Übertragbarkeit stiller Reserven) neue Formen der Subventionierung entwickeln, die die Bezeichnung Subventionspolitik rechtfertigen, gesamtwirtschaftliche Kriterien bei der Vergabe gegen einzelwirtschaftliche Kriterien durchgesetzt werden sollen und der Subventionsempfänger mit Hilfe von Auflagen (wieder[87]) stärker gebunden werden soll, vollzieht sich gleichzeitig eine

---

85 Ebd.
86 Kritisch: Günther Schmid/Dieter Freiburghaus, Techniken politischer Planung: Vom Marktkalkül zum Plankalkül?, in: *Leviathan*, H. 3/1974, S. 346—382.
87 „Wieder", weil die Bindung Anfang der fünfziger Jahre zum Teil schon viel ausgeprägter gewesen war (Investitionshilfe).

umfangreiche Problematisierung der Subventionen. Ist dieser „Widerspruch"
das Ergebnis von Irrationalitäten und unzureichenden Koordinationen innerhalb des Regierungsapparates, denn schließlich wurde ja die Subventionsdiskussion zu einem großen Teil vom Bundesfinanzminister selbst entfacht? Oder
handelt es sich um eine taktisch besonders geschickte Variante ressortspezifi-
scher Interessenartikulation? Mir scheint, daß solche Fragestellungen zu kurz
greifen, da sie prozessual-intentionale Aspekte unmittelbar auf strategische
und funktionale/strukturelle Fragestellungen beziehen. Natürlich erscheint
die Gleichzeitigkeit von funktionalen subventionspolitischen Mustern und von
zunehmender Heftigkeit subventionspolitischer Diskussion augenfällig wider-
sprüchlich; doch sind nicht diese beiden Aspekte aufeinander zu beziehen,
denn die subventionspolitische Kritik hat ja gerade die tradierten Subventionsformen im Blickfeld, nicht aber diejenigen, deren Programm- und Vergabe-
strukturen funktional an übergeordneten wirtschaftlichen Kriterien ausgerichtet sind. Unter diesem Blickwinkel ergibt sich die These: Die von einem
engen fiskalischen Interesse ausgelöste und durch ein betont marktwirtschaft-
liches wirtschaftspolitisches Verständnis verstärkte Subventionsdiskussion
erweist sich im Resultat kongruent mit einer sich zusehends funktional an
übergeordneten wirtschaftlichen Kriterien ausgerichteten Subventionspolitik.
Es entsteht als Resultat der breiten Subventionskritik eine Korrespondenz-
struktur zwischen bereichsspezifischen subventionspolitischen Maßnahmen
und abstrakter subventionspolitischer Diskussion: die Internalisierung des Kontrollaspekts, der steuerungspolitisch und legitimatorisch erforderlich geworden
ist.

Diese Internalisierung und Institutionalisierung des Kontrollaspekts macht,
wie ich meine, die Korrespondenz und damit die Bedingungen für die veränderte Struktur von Subventionspolitik aus. Ich versuche diesen Gedanken, der an
die zentralen Unterscheidungen subventionspolitischer Dimensionen am Anfang
der Arbeit anknüpft (Umverteilung — politikbereichsspezifische und -bedingte
Subventionsmaßnahmen — abstrakt bezogene Subventionspolitik) im einzelnen
unter Rekurs auf vorangegangene Kapitel darzulegen: Die Ausnahmesituation
der Nachkriegs- und Wiederaufbaujahre, gekennzeichnet durch zeitliche Befristung der Mehrzahl der Begünstigungsmaßnahmen, die ihren Übergangscharak-
ter hervorhob, hat die finanzielle Umverteilung legitimatorisch entschärft und
auch unter steuerungspolitischen Aspekten unproblematisch erscheinen lassen.
Fragen der Subventionskontrolle, verursacht durch Verstetigung und Verfesti-
gung subventiver Begünstigungen, wurden bzw. haben sich nicht gestellt; der
breite Abbau der Steuervergünstigungen Anfang der fünfziger Jahre wie auch
die Selbsthilfemaßnahmen der Industrie (die schließlich auch den Umverteilungsaspekt neutralisierten) haben im Vorfeld eine kritische subventionspolitische Diskussion gebremst.

Diese kam erst auf, als sich trotz angehenden „Wirtschaftswunders" die Zuschüsse und Vergünstigungen an Wirtschaftsbereiche mehrten, verbunden mit
lautstark vorgetragenen Forderungen der Interessenverbände, denen auch in
anderen Bereichen aufgrund von vollen Kassen und wahlpolitischem Macht-
erhaltungsstreben freigiebig nachgegeben wurde, selbst als sich fiskalische
Engpässe bemerkbar machten. Die einsetzende Subventionsdiskussion hatte
einen Bezugsrahmen, der auch sozialpolitische Maßnahmen umfaßte, so daß
häufig kaum zu unterscheiden war, wem denn nun die Kritik gelten sollte:

der großen Anzahl indirekter und direkter finanzieller Begünstigungen an die Unternehmen, den unter marktwirtschaftlichen Gesichtspunkten so überaus suspekten Subventionen, oder wurde auf das ansteigende Niveau der Sozialaufgaben gezielt, die über diesen Umweg viel besser problematisiert werden konnten? Wenn auch diese Strategie in der Haushaltskrise der sechziger Jahre einiges dazu beigetragen hat, die Sparlasten zu verteilen — eine solche Subventionsdiskussion und Subventionskritik hätte nicht genügend Schlagkraft gehabt, daß sich allein daraus eine Veränderung der Subventions*politik* hätte entwickeln können.

Hinzugekommen war, daß die bisherige Form subventionspolitischer Maßnahmen in einigen Problembereichen obsolet geworden war (vgl. Kohlenkrise), daß neue Formen eingeführt werden mußten, um gesamtwirtschaftliche bzw. zumindest überbetrieblich politisch anvisierte Ziele besser zu erreichen, und das hieß, daß deren Vergabe und Effizienz durch Auflagen besser kontrolliert werden konnten. Denn die bisherige Subventionspolitik hatte sich nicht nur fiskalisch als überaus teuer erwiesen, auch ihre steuerungspolitische Effizienz war fragwürdig. Eine steuerungspolitisch zielgenauere Subventionspolitik war gefordert, bzw. genauer: wirtschaftspolitisch zielgenauer einsetzbare Subventionen. Das den Subventionen eigene Beharrungsbestreben, die tendenzielle Transformation in Besitzstandsverhältnisse mit entsprechend negativen wirtschafts- wie haushaltspolitischen Auswirkungen, sprach jedoch dafür, die Kontrollanforderungen auf einer übergeordneten wirtschafts- und finanzpolitischen Ebene und nicht allein im Rahmen einzelner Maßnahmen oder Subventionsprogramme zu verankern.

An dieser Stelle begegnen sich die beiden Linien: Die notwendige Steigerung der steuerungspolitischen Effizienz und Kontrollierbarkeit der Subventionen weist über die einfache Maßnahmeebene hinaus und begründet einen Bedarf an einer allgemeinen Subventionspolitik, die eine wirtschaftspolitische reflexive Kontrolle ermöglicht. Bereitgestellt wird dieser gegenüber den einzelnen Subventionsmaßnahmen auf einem abstrakten subventionspolitischen Niveau angesiedelte Bezugsrahmen von einer fiskalpolitisch inspirierten Subventionsdiskussion. Sie formuliert zwar zunächst lediglich eine enge finanzpolitische Subventionskritik, doch werden zusehends auch wirtschaftspolitische Kriterien eingebracht, bis schließlich mit dem Stabilitätsgesetz ein allgemeiner Referenzrahmen angeboten wird. Er unterwirft, wenn auch nicht als verbindlicher Maßstab, so doch als allgemeine Soll-Bestimmung, (nur) die Finanzhilfen einer gesamtwirtschaftlichen Orientierung und definiert damit auf abstrakter Ebene für die Subventionspolitik eine Zielsetzung, die mit den auf den einzelnen Maßnahmeebenen sich herausbildenden funktionalen Zielsetzungen korrespondiert. War also die frühere protektionistische Subventionspraxis in erster Linie an der Erhaltung von Machtstrukturen und wenig an einer allgemeinen Subventionspolitik interessiert, so scheint die sich nun herausbildende funktionale Subventionspolitik gerade zur besseren Durchsetzung (als neue Subventionsform) wie auch zur eigenen besseren Zielrealisierung (durch politische Kontrolle) einer allgemeinen subventionspolitischen Formierung zu bedürfen. Der Bezugsrahmen dieser Subventionspolitik wurde im § 12 StWG festgehalten; den „Resonanzboden" dieser Subventionspolitik bzw. dieser allgemeinen subventionspolitischen reflektiven Kontrolle bietet die Subventionsberichterstattung.

In der historischen Analyse der Subventionsdiskussion konnte gezeigt werden, daß in der Öffentlichkeit tatsächlich — was den Subventionsabbau betraf — weitgesteckte Erwartungen und Vorstellungen vorhanden waren. Doch Skepsis ist angebracht. Hatte sich nicht die subventionspolitische Kontrolleffizienz als relativ gering erwiesen und war nicht der Subventionsabbau trotz der massiven Haushaltsprobleme Mitte der siebziger Jahre unbedeutend gewesen? Es waren — so ist anzunehmen — intervenierende Kräfte und Interessen im Spiel, die die Formierung einer allgemeinen Subventionspolitik als reflektive Subventionskontrolle einengten und unter ganz anderen Bezugspunkten realisierten. Aus der Institutionalisierung der Subventionsberichterstattung, den Verlaufsmustern der Subventionsdiskussion und den Inhalten der Subventionsberichte lassen sich folgende Anhaltspunkte für diese Bezugspunkte gewinnen:

— Die Verankerung subventionspolitischer Ziele wie auch die Institutionalisierung der Subventionsberichte im Stabilitätsgesetz hat mehr symbolischen als funktionalen Wert: Ein „Leistungsaustausch" zwischen Subventionsberichten und anderen Informations- und Entscheidungsinstrumenten des Stabilitätsgesetzes ist nicht vorgesehen. Der § 12 StWG ist weniger auf die wirtschaftspolitische Effektivierung staatlicher Instrumente im Rahmen des StWG abgestellt als auf die gesetzliche Ermahnung der Subventionspolitik, sich an die Erfordernisse stabilitätskonformer und wachstumsfördernder Wirtschaftspolitik zu halten.

— Die Verankerung der Subventionsberichterstattung bei der Bundesregierung hat, abgesehen davon, daß sich das Parlament auf diese Weise der Verpflichtung zu eigenen Abbauinitiativen entledigt, zur Folge, daß nur solche Abbauvorschläge im Subventionsbericht gemacht werden können, deren politischer Vorlauf schon weit gediehen ist. Das notwendige Interressortclearing verhindert weitgehend Abbauinitiativen, die von den betroffenen Ressorts nicht gestützt werden; dem „Wildwuchs" wird ein Riegel vorgeschoben.

Diese strukturellen Bedingungen der Subventionsberichterstattung verhindern grundsätzlich die Entwicklung eines an einer subventionspolitischen Erfolgskontrolle orientierten Subventionsberichts, nämlich die Wahrnehmung der Rolle als „institutioneller Umsetzer"[88]. Bezeichnet werden damit in der bürokratiesoziologischen Forschung Methoden und Techniken der Überwindung organisationsinterner Informations- und Entscheidungsbarrieren, die sich aus der Segmentierung und Hierarchisierung bürokratischer Organisationen ergeben, die aufgrund ihrer spezifischen Entscheidungsstruktur („negative Koordination") zu einem konservativen Entscheidungsoutput der Gesamtorganisation (insbesondere bei Verbindung von administrativer und politischer Ebene) neigen[89], dies *trotz* flexibler und reformorientierter Programmansätze auf Referatsebene[90].

Es ist anzunehmen[91], daß zur Effektivität einzelner Subventionen auf der Ebene der entsprechenden Referate zum Teil erheblich kritischere

88　Vgl. zu diesem Begriff Günther Schmid/Hubert Treiber, *Bürokratie und Politik*, München 1975, S. 184 f.

89　Vgl. Hartmut Häußermann, *Die Politik der Bürokratie*, Frankfurt a. M. 1977.

90　Vgl. Peter Grottian, *Strukturprobleme staatlicher Planung*, Hamburg 1974; ders., *Steuerreform* (Anm. 39).

91　Partielle Bestätigung durch Interviews.

Einschätzungen vorliegen als dies aus dem Subventionsbericht hervorgeht, weil politische Opportunitäten und das Prinzip der negativen Koordination ein Entscheidungsergebnis produzieren, das an einer weitgehenden Übereinstimmung und damit an einem Ausfiltern konfliktträchtiger Alternativen orientiert ist. Ein Subventionsbericht, der die Aufgabe hat, das auf Referatsebene vorhandene kritische Kontrollwissen zu sammeln und umzusetzen, könnte die Funktion eines subventionspolitischen Kontrollinstruments wesentlich besser wahrnehmen, doch nur dann, wenn es sich nicht um die Bundesregierung selbst handelte, die diesen Bericht erstellte. Allerdings gibt es keine Institution, die, außerhalb der Regierung, Zugang zu referatsinternem Wissen über subventionspolitische Abläufe und Wirkungen hat[92].

— Die Subventionsberichte haben entsprechend der Abgrenzung des Stabilitätsgesetzes eine subventionspolitische Grenzziehung vorgenommen; zwar wird in ihnen immer wieder konstatiert, daß die vorgenommene Definition und Abgrenzung der Subventionen nur aufgrund des gesetzgeberischen Auftrags zustande gekommen sind, die Berichterstatter somit offensichtlich selbst nicht ganz mit dem Ergebnis zufrieden sind. Wichtiger ist die Wirkung dieser Grenzziehung: Denn das Bild, das dadurch entstanden ist, macht deutlich, daß die Unternehmen lediglich die Hälfte der Subventionen empfangen, die andere Hälfte an die privaten Haushalte geht. Daß Unternehmen in großem Umfang über ihre Forschungs- und Entwicklungstätigkeiten staatliche finanzielle Unterstützung in Milliardenhöhe erhalten, die nicht im Subventionsbericht aufgeführt sind (weil es sich nicht um „marktnahe Entwicklung" handelt), wird dabei ebenso ausgeblendet wie die Zuschüsse an die Deutsche Bundesbahn[93]. Übrig bleibt die in die Öffentlichkeit transportierte Botschaft: „Subventionen für alle". Damit wird vor allem der latente Vorwurf, daß Subventionen finanzielle Umverteilung zugunsten der Unternehmen bedeutet, dem Anschein nach aus der Welt geschafft. Und nicht nur das: Wie die Spar- und Abbaupraxis zeigt, wird jegliches fiskalische Subventionsabbauinteresse geradezu magnetisch von den großen Posten der sozialpolitisch motivierten „Subventionen" an die privaten Haushalte angezogen. Hier wurde umfangmäßig am meisten „abgebaut"[94].

— Die Presseberichterstattung zu den Subventionsberichten zeigte noch ein weiteres: Der Bundesregierung ist es offensichtlich mit der speziellen Ausgestaltung der Subventionsberichte gelungen, durch formelle Prüfung der Berechtigung von Subventionen und die Bestätigung der Notwendigkeit ihrer weiteren Existenz den Eindruck in der Öffentlichkeit zu erwecken, sich redliche Mühe gegeben zu haben: Indes sei der größte Teil der Subventionen berechtigt, ein weiterer Abbau scheitere an den eingeschränkten Möglich-

---

92 Die Rolle des institutionellen Umsetzers in subventionspolitischer Absicht erfüllte die Kommission zur Begutachtung der Einkommensbesteuerung der Landwirtschaft (1979), die ihre Arbeit im wesentlichen auf im zuständigen Referat des BMF bekannte, jedoch aufgrund des Widerstandes des Landwirtschaftsministeriums nicht auf normalen Wege politisierbare Erkenntnisse aufbaute. (Interview.)

93 Erst im *10. Subventionsbericht* werden die finanziellen Zuwendungen an die Unternehmen im Rahmen der Forschungshaushalte des Bundes nachrichtlich ausgewiesen.

94 Siehe unten Kap. VIII.

keiten. Dieses Bild professionalisierter Redlichkeit und Hilflosigkeit —
zusammen mit der Darstellung wirtschaftspolitischer Effizienz der Bundesregierung bei der Überwindung der Wirtschaftskrise 1966/67 — wirkte auf
die kurz vorher noch überaus kritische öffentliche Meinung besänftigend:
Die Subventionsdiskussion versandete Ende der sechziger Jahre und lebte
erst mit der neuerlichen Krise 1975/76 wieder auf.

Die der Subventionsberichterstattung zugrundeliegende politische
Strategie der Bundesregierung gegenüber der öffentlichen Diskussion war
somit keineswegs darauf gerichtet, sich das hier vorhandene subventionskritische Potential zugunsten einer effektiven Kontrolle und eines umfassenden Subventionsabbaus zunutze zu machen, sondern es ging im Gegenteil
darum, die subventionspolitische Diskussion zu kanalisieren und damit auch
zu entpolitisieren. Subventionsberichte sind nicht Mittel zur Politisierung
problematisch gewordener Subventionen mit Hilfe der Öffentlichkeit,
sondern Mittel staatlicher Selbstdarstellung. Die relativ geringe Beachtung,
die der Subventionsbericht viele Jahre in den Bundestagsausschüssen
gefunden hat, zeugt davon.

Grundrisse der Subventionspolitik werden nun erkennbar: Die Subventionspolitik war angetreten, um die politische Kontrolle über die Subventionen
zu intensivieren; tatsächlich formierte sie sich in einer Art und Weise, die geeignet ist, die subventionspolitische Diskussion zu kanalisieren, mögliche und
sich abzeichnende Formierung einer öffentlich-gesellschaftlichen Subventionskritik ihrer Funktion zu entheben und überflüssig zu machen und auf diese
Weise ein staatliches Politikmonopol (wieder)herzustellen: Die Kompetenz für
subventionspolitische Initiativen wurde zurückgewonnen und mit der entpo-
litisierenden Legitimationsstrategie der „Subventionen für alle" dem gesellschaftspolitischen Konfliktbereich entzogen.

Diese administrativ kontrollierbare Subventionspolitik war somit einmal
gegen von „außen" kommende politisch-gesellschaftliche Problematisierungs-
versuche weitgehend abgesichert; eine insbesondere durch wirtschaftspolitische Rationalisierung kantenfreie Selbstdarstellung ermöglichte solche Immu-
nisierungserfolge. Auch intern hat der hohe Konsensbedarf für Abbauinitiativen den Schwellenwert so hochgeschraubt, daß das Problem des Subventionsabbaus politischen Zufälligkeiten enthoben war, langfristig angegangen werden
mußte und somit administrativ-politisch im konservierenden Sinne „kalkulierbar" geworden war.

Die Anbindung der Subventionspolitik an das Zielsystem des Stabilitätsgesetzes ist in ihrer unmittelbaren Wirkung weniger als Rationalisierungsstra-
tegie der Subventionskontrolle von Bedeutung denn als Legitimationsstrategie,
als entpolitisierende, Konsens erheischende Einbindung in die allgemeine Wirtschaftspolitik. Je mehr diese von Erfolg gekrönt war (und sei es aufgrund der
allgemein günstigen weltwirtschaftlichen Lage Ende der sechziger und Anfang
der siebziger Jahre), um so eher konnte sich auch die Subventionspolitik ihren
Anteil aus dem Legitimationskuchen schneiden. Durch interne Mechanismen,
deren gröbere die spezifische Definition der Subvention im Subventionsbericht
ist, deren feinere sich in dem Hinweis der sozialpolitischen Bedeutung und
Funktion von Unternehmenssubventionen findet (s. o. § 6 b EStG), hat die Subventionspolitik Legitimationsressourcen geschaffen, die die grundlegenden
(um-)verteilungspolitischen Aspekte der Subventionen mit ihren kaum direkt

wahrzunehmenden gesellschaftspolitischen Folgen verschüttet, um sich statt dessen auf der Dimension funktionaler Leistungsbezüge von Systemeinheiten zu bewegen: Mit Erfolg kann hier dann auf das latent vorhandene „instrumentelle Gesellschaftsbild"[95] rekurriert werden. Ergebnis ist eine Subventionspolitik, deren Dynamik in doppelter Weise staatlicher Kontrolle unterworfen ist: Auf der Grundlage staatlicher Initiativkompetenz können Politisierungsprozesse (z. B. zum Subventionsabbau) ausgelöst werden, die aufgrund des vorangegangenen Abstimmungsprozesses auf einem hohen politisch-administrativen Konsens beruhen und damit relativ sichere Erfolgschancen haben; gleichzeitig ermöglicht die weitgehende Monopolisierung der Politikkompetenz die Eingrenzung dieser Politikprozesse, ihre Dethematisierung und gesellschaftliche Entpolitisierung.

Diese Mechanismen und Strategien machen Subventionspolitik administrativ-politisch kontrollierbar, als Politikbereich verfügbar. Es fragt sich allerdings, welche Kosten langfristig die Ausgrenzung und Entmündigung gesellschaftlicher Politikkompetenz zeitigen.

---

95 Georg Vobruba, Keynesianismus als Politisches Prinzip, in: *Leviathan*, H. 4/1979, S. 491–512.

VII. Subventionspolitische Prosperität? Die Entwicklung neuer subventionspolitischer Programme 1967-1974

1. Modernisierung der Finanz- und Wirtschaftspolitik

Der „Erfolg" keynesianischer Wirtschaftspolitik in der Bewältigung der Wirtschaftspolitik 1966/67 gab einem Politikkonzept Überzeugungskraft, das in der Rationalisierung und Modernisierung staatlicher Politik auf politisch-programmatischer wie administrativ-struktureller Ebene die Voraussetzung erkannte, ökonomische und soziale Problemlagen zu bewältigen. So bestand die Arbeit der Großen Koalition[1] im wesentlichen darin, anstehende bzw. längst überfällige Reformen vor allem des institutionellen Gefüges der staatlichen Wirtschafts- und Finanzpolitik zu verwirklichen. Diese Veränderungen der Rahmenbedingungen zur Verbesserung wirtschafts- und finanzpolitischer Steuerung vollzogen sich auf drei Ebenen:

— Verfassungsrechtliche Grundlage des Stabilitätsgesetzes war eine Änderung des Art. 109 GG, der zusammen mit dem StWG in Kraft trat; darin wurden Bund und Länder zu einer Haushaltswirtschaft verpflichtet, die den Erfordernissen des gesamtwirtschaftlichen Gleichgewichts Rechnung trägt. Um dessen Störung abzuwehren, wird dem Bund in Abs. 4 die Möglichkeit eingeräumt, durch Bundesgesetz — das StWG — geeignete Vorschriften zu einer notwendigen Kreditaufnahme bzw. einer Konjunkturausgleichsrücklage zu erlassen, die über Rechtsverordnung in der jeweiligen Situation angewendet werden können: eine verfassungsrechtlich abgesicherte Einschränkung des parlamentarischen Budgetrechts.

— Die unter finanz- und wirtschaftspolitischen Gesichtspunkten notwendige „Durchrationalisierung" der öffentlichen Haushaltswirtschaft, vor allem auch der Harmonisierung der Haushalte der Gebietskörperschaften, wurde über eine Haushaltsreform realisiert, die neben der Einführung der mittelfristigen Finanzplanung mit einer Grundgesetzänderung (20. Gesetz zur Änderung des Grundgesetzes vom 12.5.1968) die Voraussetzung für eine antizyklische Haushaltspolitik von Bund und Ländern legte und mit dem Haushaltsgrundsätzegesetz (vom 19.8.1969) und der Bundeshaushaltsordnung eine entsprechende Umsetzung erfuhr.

— Dritter wichtiger Bereich war die Neuordnung der Finanzverfassung. Diese Reform — schon vom ersten Jahresgutachten des Sachverständigenrates 1963 gefordert und durch das „Troeger-Gutachten" 1966[2] vorbereitet — sah eine Neuaufteilung der Steuern bzw. die Einführung eines Steuerver-

---

1 Eine Gesamtdarstellung der Gesetzesarbeit der Großen Koalition gibt Peter Nahamowitz, *Gesetzgebung in den kritischen Systemjahren 1967—1969*, Frankfurt a. M. 1978.
2 Kommission für die Finanzreform (Hrsg.), *Gutachten über die Finanzreform in der Bundesrepublik Deutschland*, Stuttgart usw. 1966 (nach dem Vorsitzenden der Kommission kurz „Troeger-Gutachten" genannt).

bundes zwischen Bund und Ländern mit den drei großen Steuern (Einkommen-, Körperschafts-und Umsatzsteuer) als „Gemeinschaftssteuern" (Art. 106 GG) vor, ferner die Einrichtung des „Instituts" der „Gemeinschaftsaufgabe" von Bund und Ländern (Art. 91a, b GG) im Bereich des Aus- und Neubaus von Hochschulen, der Verbesserung der regionalen Wirtschaftsstruktur und der Verbesserung der Agrarstruktur und des Küstenschutzes; Art. 104a GG gab dem Bund die Möglichkeit, Ländern und Gemeinden „Finanzhilfen für besonders bedeutsame Investitionen" zu gewähren, die aus konjunktur- und wachstumspolitischen Gründen oder zum Ausgleich unterschiedlicher Wirtschaftskraft im Bundesgebiet erforderlich sind – eine Generalklausel, die die Entstehung neuer Gemeinschaftsaufgaben über die des Artikels 91a GG hinaus zuließ.

Die kurze Skizze macht deutlich, daß die finanz- und wirtschaftspolitischen Reformen jener Jahre unter subventionspolitischer Perspektive dazu dienten, die Lösung der „subventionspolitischen Aufgabenstellung" (Kap. IV) im Sinne einer „funktionalen Subventionspolitik" voranzutreiben. Es gilt im folgenden Abschnitt aufzuzeigen – und diese Beweislast gibt auch die These von der Herausbildung einer funktionalen Subventionspolitik als Entwicklungshypothese auf –, daß Subventionsprogramme, die diesem Politikkonzept entsprechen, tatsächlich in jenen Jahren vermehrt und vertieft aufgebaut wurden. Der Nachweis geschieht in zwei Schritten: über eine vertiefte Darstellung der Entwicklung der regionalen Wirtschaftsförderung, auf deren Modernisierung die Finanzverfassungsreform explizit abgestellt war, als Kerntypus einer „neuen", „funktionalen" Subventionspolitik, und in einem Abriß der subventionspolitischen Entwicklung von 1967 bis 1974. In beiden Schritten muß sich die Analyse darauf beschränken aufzuzeigen, *daß* entsprechende subventionspolitische Entwicklungen eingetreten sind. Welchen Erfolg sie hatten, kann (und muß) hier nicht untersucht werden.

2. Regionale Wirtschaftsförderng – die „neue" Subventionspolitik?

Die Anfänge der regionalen Wirtschaftsförderung gehen auf die ersten Jahre des Wiederaufbaus zurück. Angesichts krisenhafter Entwicklungen auf regionaler und lokaler Ebene, bedingt durch hohe Arbeitslosigkeit gerade in ländlichen Gebieten, die durch den Strukturwandel der Landwirtschaft und durch die Konzentration von Flüchtlingen und Vertriebenen noch verstärkt wurde, stellte der Bund schon 1951 finanzielle Mittel für „Notstandsgebiete" bereit. 1953 wurde das Zonenrandgebiet als Notstandsgebiet abgegrenzt. Im ersten regionalen Förderungsprogramm der Bundesregierung (1953) wurden die Hilfen für das Zonenrandgebiet und für die übrigen Notstandsgebiete zusammengefaßt; für ihre Koordinierung auf Bundesebene sorgte der Interministerielle Ausschuß für Notstandsgebietsfragen[3].

Nachdem sich gegen Ende der fünfziger Jahre zeigte, daß der Wiederaufbau der alten Produktionskapazitäten der Unternehmen weitgehend abgeschlossen

---

3 Vgl. K. Stahl, Die Entwicklung der regionalen Wirtschaftspolitik in der Bundesrepublik, in: *Handbuch der regionalen Wirtschaftsförderung*, hrsg. v. H. H. Eberstein, Köln o. J. (1985), (Loseblattsammlung), Teil A II, S. 1 ff.

war und die Unternehmen nunmehr auch nach Industriestandorten in ländlichen, nichtindustriellen Gebieten drängten, die jedoch infrastrukturell noch recht unterentwickelt waren, und ferner die Krise der deutschen Landwirtschaft die Forcierung dieses Prozesses notwendig machte, wurde 1959 in das regionale Förderungsprogramm das „Entwicklungsprogramm für zentrale Orte in ländlichen, schwachstrukturierten Gebieten" aufgenommen. Dieses Konzept der Förderung „zentraler Orte", seit 1964 als „Bundesausbaugebiete" bezeichnet, war der Übergang von der Flächenförderung zur Schwerpunktförderung. Es beruhte auf der Vorstellung, Gemeinden von einer Mindestgröße von 20 000 Einwohnern und einem hinreichend großen Einzugsbereich mit relativ hoher Arbeitslosenquote, die eine „Mindestausstattung" an infrastrukturellen und auch kulturellen Einrichtungen sowie Ansätze von Industrieansiedlung vorweisen konnten, durch staatliche Förderung für Industrieansiedlungen attraktiv zu machen. Von 1959 bis 1968 erhöhte sich die Anzahl der Bundesausbauorte von 16 auf 81[4].

Die rasche wirtschaftliche Entwicklung bis Mitte der sechziger Jahre hatte die wirtschaftliche Schwäche der Problemregionen weitgehend kompensiert, z. T. auch nur verdeckt. Mit der Krise des Jahres 1966/67 wurde das tatsächliche Ausmaß der regionalen Disparitäten deutlich, denn die Problemregionen waren von der konjunkturellen Situation besonders stark betroffen. Eine Änderung der bisherigen Konzeption der regionalen Wirtschaftspolitik, die sich bisher primär mit den Problemen des Zonenrandgebiets und den Folgeproblemen des landwirtschaftlichen Strukturwandels beschäftigte, wurde durch die Krise des deutschen Steinkohlenbergbaus notwendig. Die Einbeziehung des Ruhrgebiets destabilisierte das Präferenzsystem nicht nur deshalb, weil ein neues Gebiet hinzukam, sondern auch dadurch, daß hier umfangreiche Infrastrukturinvestitionen getätigt wurden und mit der zehnprozentigen Investitionsprämie des Kohleanpassungsgesetzes ein besonders attraktives Förderinstrument vorhanden war, das, verbunden mit der günstigen allgemeinen Infrastruktur des Ruhrgebiets, die übrigen Fördergebiete deutlich benachteiligte[5]. Die durch die konjunkturelle Krise verschärfte regionale Situation der Problemregionen und die durch die sektorale Strukturkrise hervorgerufene Erosion des tradierten Präferenzsystems regionaler Wirtschaftsförderung

---

4　Vgl. ebd., S. 4 f.; detailliert: Wolfgang Albert, Verbesserung der regionalen Wirtschaftsstruktur – Rahmenplan, in: Handbuch der regionalen Wirtschaftsförderung, hrsg. v. H. H. Eberstein, Köln o. J. (1972), (Loseblattsammlung), Teil III B.

5　Vor allem dadurch, daß die Vergabe der Investitionsprämie sehr großzügig gehandhabt wurde: Zwar wurde in § 32 Kohleanpassungsgesetz definiert, daß die zu fördernden Investitionen „strukturverbessernd und volkswirtschaftlich besonders förderungswürdig" sein sollten, tatsächlich wurde die Investitionsprämie für fast alle Investitionen gewährt (vgl. Stahl, Entwicklung [Anm. 3], S. 6 f.; Fritz Scharpf / Bernd Reissert / Fritz Schnabel, Politikverflechtung: Theorie und Praxis des kooperativen Föderalismus in der Bundesrepublik, Kronberg/Ts. 1976, S. 77). Um das Gewicht der Investitionsprämie zu verdeutlichen: In der Laufzeit der Kohlegesetze (1968–71) wurden Investitionsprämien in Höhe von ca. 2 Mrd. DM vergeben; damit erhielt das Ruhrgebiet innerhalb von vier Jahren soviele Fördermittel, wie der Bund im Rahmen seiner Regionalförderung in 17 Jahren für alle Fördergebiete bereitgestellt hatte (vgl. Scharpf / Reissert / Schnabel, S. 77).

förderte die Bereitschaft bei Bund und Ländern, nunmehr ein System der regionalen Wirtschaftsförderung zu etablieren, das eine bessere Abstimmung zwischen Bund und Ländern gewährleisten sollte und das auch geeignet war, flexibel auf regionale Strukturkrisen zu reagieren. Der Aufbau der reformierten Regionalförderung vollzog sich in drei Schritten:

— Die Förderungsprogramme wurden vereinheitlicht: Bis dahin war eine disparate Struktur konkurrierender regionaler Förderprogramme vorherrschend gewesen, die zu immer höheren Förderpräferenzen, immer mehr Fördergebieten und immer weiter definierten Fördervoraussetzungen mit entsprechend zunehmenden Belastungen für den Staat tendierte, ohne daß das Ansiedlungspotential letztlich vergrößert werden konnte[6]. Bund und Länder erarbeiteten deshalb ein neues einheitliches Konzept der Regionalförderung, die „Regionalen Aktionsprogramme", die 1968 vom BMWi vorgestellt wurden[7]. In ihnen wurden die bisherigen Fördergebiete zu größeren Einheiten zusammengefaßt, die von Bund und Ländern gemeinsam gefördert wurden. 1969 und 1970 wurden 20 regionale Aktionsprogramme zwischen dem Bund und den jeweiligen Ländern vereinbart, als 21. kam 1971 das nördliche Ruhrgebiet hinzu. In diesen Förderprogrammen wurde einmal die Kreditförderung durch eine Zuschußförderung ersetzt, und statt des „ungeregelten Überbietungswettbewerbs der Länder um die Neuansiedlung von Betrieben"[8] wurde ein geregeltes Präferenzsystem eingeführt, dessen Höchstgrenzen der Fördersumme zwischen 10 Prozent und 25 Prozent der Investitionssumme lagen. Hinzu kam, daß nunmehr für die einzelnen Fördergebiete quantifizierte Zielvorstellungen der Förderpolitik in Form einer Benennung der neu zu schaffenden bzw. zu sichernden Arbeitsplätze in den Programmen ausgewiesen wurden.

— Als wichtiges Förderungsinstrument wurde 1969 mit dem Investitionszulagengesetz die (steuerfreie) Investitionszulage in Höhe von 10 Prozent (ab 1973 7,5 %) eingeführt, die auf Drängen der Nicht-Kohleländer zustande kam. Sie stellt eine für alle Fördergebiete geltende „Basisförderung" dar, die durch weitere von Bund und Ländern gemeinsam finanzierte Investitionszuschüsse je nach Eingruppierung des Fördergebiets aufgestockt wurde[9]. Nicht jede Investition, die in einem Fördergebiet getätigt wurde bzw. wird, kann mit einer Investitionszulage rechnen[10]; das Bundesministe-

6 Vgl. ebd., S. 78.
7 Der Bundesminister für Wirtschaft, *Intensivierung und Koordinierung der regionalen Strukturpolitik*, BMW-Text 17, Sept. 1968.
8 Peter Becker, Die Gemeinschaftsaufgabe „Verbesserung der regionalen Wirtschaftsstruktur", in: *Die Verwaltung*, 1972, S. 62, zit. nach: Scharpf/Reissert/Schnabel, *Politikverflechtung* (Anm. 3), S. 80.
9 Vgl. Albert, Verbesserung (Anm. 4), S. 15 f.
10 Hier unterscheidet sich die Investitionszulage nach dem Investitionszulagengesetz von jener nach dem Berlinförderungsgesetz: Nach dem Berlinförderungsgesetz (§ 19) wird die Zulage ausgezahlt — ohne ein Bescheinigungsverfahren —, wenn die entsprechenden Wirtschaftsgüter und der Personenkreis die entsprechenden Merkmale erfüllen; eine Beurteilung der Investition nach der „volkswirtschaftlichen Förderungswürdigkeit" erfolgt nicht.

rium für Wirtschaft hat in einem Bescheinigungsverfahren darüber zu befinden, ob das entsprechende Investitionsvorhaben volkswirtschaftlich besonders förderungswürdig ist und ob es den Zielen und Grundsätzen der Raumordnung und Landesplanung entspricht (§ 1 Abs. 4 InvZulG vom 18.8.1969). Im Unterschied zu dem in § 6b EStG vorgesehenen Bescheinigungsverfahren wurde hier das Kriterium ‚volkswirtschaftlich besondere Förderungswürdigkeit' näher definiert: So wurde im Investitionszulagengesetz vom 18. August 1969 in § 1 Abs. 4 ergänzt, daß bei einer Erweiterung oder der Errichtung einer Betriebsstätte „zusätzliche Arbeitsplätze in angemessenem Umfang" zu schaffen bzw. eventuelle Umstellungen oder Rationalisierungen zur Sicherung schon bestehender Arbeitsplätze erforderlich seien. In seiner novellierten Fassung vom 26. Juni 1973 wurden die Kriterien der Förderungswürdigkeit spezifiziert (§ 2), u. a. wurde der „angemessene Umfang" der zu schaffenden Arbeitsplätze genauer bestimmt (§ 2 Abs. 2 Ziff. 4).

Trotz einer im Vergleich zur Bewilligungspraxis der Investitionsprämie nach § 32 Kohleanpassungsgesetz restriktiveren Bescheinigungspraxis[11] übertrafen die Auszahlungen die anfänglichen Erwartungen: Statt prognostizierter Steuermindereinnahmen von 890 Mio. DM für die Jahre 1970–72 waren es über 1,2 Mrd.[12]. Nicht zuletzt aufgrund dieser hohen Inanspruchnahme wurde in der Novellierung des Investitionszulagengesetzes 1973 die Zulage auf 7,5 % gesenkt.

– Ein dritter Schritt war das Gesetz über die Gemeinschaftsaufgabe „Verbesserung der regionalen Wirtschaftsstruktur" vom 6. Oktober 1969. Es bestimmte, daß entsprechend Art. 91a GG Bund und Länder im Zonenrandgebiet und in den übrigen Fördergebieten die Förderung der gewerblichen Wirtschaft und den Ausbau der Infrastrukturmaßnahmen (Erschließung von Industriegelände, Ausbau von Verkehrseinrichtungen, Energie und Wasserversorgung, Abfall-und Abwasserbeseitigung, öffentliche Fremdenverkehrseinrichtungen sowie Ausbau von Ausbildungsstätten) gemeinsam wahrnehmen (§ 1). Der Bund sichert den Ländern die Erstattung der Hälfte der von ihnen zur Durchführung der Vorhaben verausgabten Mittel zu (§ 10). Für die Erfüllung der Gemeinschaftsaufgabe wird ein „Rahmenplan" erarbeitet (§ 4), in dem die Fördergebiete abgegrenzt, Ziele benannt und die im jeweiligen Zeitraum durchzuführenden Maßnahmen aufgeführt werden. Aufgestellt wird der Rahmenplan von einem gemeinsamen Planungsausschuß von Bundesregierung und Landesregierungen, in dem der Bund elf und jedes Land eine Stimme hat; der Planungsausschuß beschließt mit einer Mehrheit von drei Vierteln der Stimmen, so daß Entscheidungen allein mit den Stimmen des Bundes möglich sind. Bestandteil des Rahmenplans sind die jeweiligen regionalen Aktionsprogramme. Die Gemeinschafts-

---

11 Von den 28 000 Anträgen, die bis zum 30.6.1972 beim BMWi eingegangen sind, ist die Hälfte mit einem Investitionsvolumen von ca. 23 Mrd. DM genehmigt worden, die andere Hälfte mit einem Investitionsvolumen von ca. 8 Mrd. DM wurde abgelehnt. (Vgl. Albert, Verbesserung [Anm. 4], S. 15).

12 Vgl. Peter Becker, Das Bescheinigungsverfahren nach § 2 des Investitionszulagengesetzes, in: *Handbuch der regionalen Wirtschaftsförderung*, hrsg. v. H. H. Eberstein, Köln o. J. (1974), (Loseblattsammlung), Teil C II, S. 2.

aufgabe stellt somit eine multilaterale Planungs- und Koordinierungsinstanz der regionalen Wirtschaftsförderung dar. Sie soll die Förderkonkurrenz der Länder neutralisieren und durch den entscheidenden Einfluß des Bundes sicherstellen, daß die regionale Wirtschaftspolitik mit den Zielen der allgemeinen Wirtschaftspolitik und der Raumordnung, die in der Zuständigkeit des Bundes liegt, übereinstimmt[13].

Mit der Darstellung dieser drei Komponenten — regionale Aktionsprogramme, Investitionszulage und Rahmenplan bzw. Gemeinschaftsaufgabe — ist das System der regionalen Wirtschaftsförderung indes nur grob umrissen. Es werden jedoch unter subventionspolitischen Gesichtspunkten zwei Aspekte deutlich: die Einbindung der Subventionsmaßnahme in ein umfassendes Planungskonzept regionaler Wirtschaftsförderung, das die föderalen und nationalen regionalpolitischen Interessen koordiniert und das haushalts- wie wirtschaftspolitische Probleme konkurrierender subventiver Anreize, das unergiebige „Hochschaukeln" regionaler Ansiedlungsvergütungen durch Institutionalisierung eines Gesamtrahmens auszuschalten sucht. Das Instrument Erfolgskontrolle, das mit den Gemeinschaftsaufgaben in die regionale Wirtschaftsförderungspolitik eingeführt worden ist, soll gewährleisten, daß übergreifende, volkswirtschaftliche Kriterien stärker berücksichtigt werden. Insgesamt gesehen, wurde also eine staatliche Politikstrategie „rationalisiert": Die föderalen und nationalstaatlichen Interessen wurden koordiniert mit dem Ziel, regional- und volkswirtschaftliche Ziele durch Effektivierung der Regionalförderung zu realisieren.

Es stellt sich die Frage, ob diese neue Form subventiver Regionalförderung auch die angestrebte größere Effizienz erreicht hat. Obwohl ich hier keine abschließende Einschätzung der Leistungsfähigkeit regionaler Wirtschaftsförderung vornehme, sondern lediglich zeigen will, daß sich auch in anderen Anwendungsbereichen der Subventionspolitik die Muster einer „funktionalen Subventionspolitik" im Kontext einer Modernisierung wirtschaftspolitischer Instrumente Ende der sechziger/Anfang der siebziger Jahre durchsetzen, scheint es mir sinnvoll zu sein, zumindest einige Beurteilungsgesichtspunkte anzuführen.

1. Zunächst stellt sich die Frage, ob das System der Gemeinschaftsaufgabe tatsächlich die Interessen des Bundes und der Länder koordinieren und die politische Zielformulierung der regionalen Wirtschaftsförderung, wie sie im Rahmenplan vorgesehen ist, präzisieren konnte. Kriterium hierfür ist die Definition und Abgrenzung der Fördergebiete. Hierzu stellten Scharpf/Reissert/Schnabel anhand der Untersuchung des Zustandekommens der Eckwerte bzw. Fördergebiete des Rahmenplans 1974/75 fest, „daß mit der Multilateralisierung der regionalen Wirtschaftsförderung in der Gemeinschaftsaufgabe die die regionale Verteilung bestimmenden Eckwerte weitgehend erstarrt und nur noch pareto-optimal (d. h. bei Vergrößerung des Mittel- oder Gebietsvolumens) veränderbar sind"[14]. Im Gegensatz dazu war es dem Bund in den fünfziger und sechziger Jahren im Rahmen der bilateral — zwischen Bund und jeweiligem Land — abgestimmten regionalen Förderprogramme noch möglich gewesen, fallspe-

13 Vgl. H. H. Eberstein, Grundlagen der Regionalpolitik und ihre wesentlichen Grundsätze, in: *Handbuch der regionalen Wirtschaftsförderung*, hrsg. v. H. H. Eberstein, Köln o. J. (1972), (Loseblattsammlung), Teil A III, S. 23.

14 Scharpf/Reissert/Schnabel, *Politikverflechtung* (Anm. 5), S. 100.

zifisch je nach Dringlichkeit Änderungen durchzusetzen; dies war nunmehr aufgrund „erhöhte(r) Übersichtlichkeit und Gleichzeitigkeit der Verhandlungen"[15] nicht mehr möglich, denn der Wegfall eines Fördergebiets wurde in den Ländern als „politische Schwäche" und nicht als „erfolgreiche Politik" interpretiert[16]. Dennoch gelang es 1981 mit dem 11. Rahmenplan[17] die Fördergebiete einzuschränken. So „verlor" vor allem Baden-Württemberg seine Fördergebiete bis auf eines, den Neckar-Odenwald-Kreis. Das scheint in Baden-Württemberg zu Überlegungen zu führen, „ob es nicht sinnvoll und berechtigt sein könnte, auch noch außerhalb der Gemeinschaftsaufgabe besondere Fördergebiete auf Landesebene auszuweisen"[18] und ist verbunden mit der Forderung, die Gemeinschaftsaufgabe neu zu ordnen, um die individuellen Handlungsmöglichkeiten der Länder wieder zu erhöhen[19].

2. Wichtiger noch als die Frage, ob mit der Neustrukturierung der regionalen Wirtschaftsförderung die innerstaatliche Effektivierung des administrativ-politischen Prozesses gelungen ist, ist die Frage, ob das Ziel des regionalen Disparitätenausgleichs erreicht wurde oder ob man sich ihm wenigstens angenähert hat: Ist es gelungen, in strukturschwachen Regionen in relevantem Ausmaß Industrie anzusiedeln und damit das strukturelle Beschäftigungs- und Arbeitsmarktproblem zu mildern? Ohne Zweifel hat es dort in großem Umfang Industrieansiedlungen gegeben. Die Frage ist, inwiefern sie durch die regionale Wirtschaftsförderungspolitik gesteuert wurden, initiiert wurden, oder ob sie „naturwüchsig" verlaufen sind, bestimmt von den jeweiligen betrieblichen und unternehmerischen Kalkülen.

Die hohe Inanspruchnahme der Investitionszulage in den Jahren 1969 bis 1972, die die Erwartungen der staatlichen Förderpolitik weit übertraf, wird von offizieller Seite als positives Zeichen für den Erfolg dieser Maßnahme gewertet[20]. Doch gibt das hohe Aggrationsniveau einer auf Globalgrößen basierenden Erfolgskontrolle keine Auskunft darüber, ob die Standortverlagerungen von Unternehmen nicht auch ohne diese Förderung, d. h. ohne die staatlichen Anreize stattgefunden hätten. Fast 520 000 Arbeitsplätze sind nach offiziellen Angaben zwischen 1972 und 1977 von den Unternehmen mit staatlich begünstigten Investitionen geschaffen worden[21], bis 1981 waren es 720 000[22]. Die Zahlen sind imponierend, doch geben sie keine Auskunft darüber, ob diese Arbeitsplätze auch tatsächlich existieren: Es bestehen Differenzen von 10 bis 60 Prozent zwischen den von den Betrieben angegebenen und den tatsächlich

---

15 Ebd., S. 100.
16 Ebd., S. 93.
17 BTDrs. 9/1642.
18 Albert Klein, Aktivitäten der Länder in eigener Verantwortung versus bundesweite Planung in der regionalen Strukturpolitik, in: *Planung in der regionalen Strukturpolitik*, hrsg. v. Heinz Müller/Theodor Dams, Berlin 1982, S. 31 (Klein war zu diesem Zeitpunkt Regierungsdirektor im Ministerium für Wirtschaft, Mittelstand und Verkehr, Baden-Württemberg).
19 Vgl. ebd., S. 36 ff.
20 Vgl. Albert, Verbesserung (Anm. 4), S. 15.
21 Siebter Rahmenplan der Gemeinschaftsaufgabe „Verbesserung der regionalen Wirtschaftsstruktur" v. 26.7.1978, BTDrs. 8/2014, S. 11.
22 Elfter Rahmenplan der Gemeinschaftsaufgabe „Verbesserung der regionalen Wirtschaftsstruktur" v. 11.5.1982, BTDrs. 9/1642, S. 16.

Tabelle VII/1: Rangfolgen der wesentlichen Standorteigenschaften in verschiedenen empirischen Untersuchungen

Autoren	Ballerstrem[a]	Brede[b]	Brinkmann/Schliebe[c]	Freund/Zabel[d]	Fürst/Zimmermann/Hansmeyer[e]	Georgi/Giersch[f]	IHK Koblenz[g]	Kaiser/Hörner[h]	Wolf[i]
Ansiedlungszeitraum der befragten Unternehmen	1966–1971	1955–1964	1970–1975	1970–1975	1966–1970	1969–1976	1967–1972	Nicht eingegrenzt	1945–1971
Ansiedlungsregion der befragten Unternehmen	Nordrhein-Westfalen	Bundesgebiet	Bundesgebiet	Saarland/Westpfalz	Schleswig-Holstein, Rheinland-Pfalz, Bayern, Hessen	Saarland	IHK-Bezirk Koblenz	Stadtregion Köln	Hessen
Rangfolge der 9 wichtigsten Standortanforderungen	1. Verfügbare Arbeitskräfte	1. Arbeit	1. Flächen und Gebäude	1. Grundstücksreserven für Erweiterungsmöglichkeiten	1. Anschluß an überregionales Verkehrsnetz	1. Verkehrsinfrastruktur	1. Fehlende Ausdehnungsmöglichkeiten am alten Standort	1. Arbeitsmarkt	1. Quantitativ und qualitativ ausreichendes Betriebsgelände
	2. Grundstücksreserven	2. Möglichkeiten der räumlichen Ausdehnung	2. Arbeitskräfteangebot	2. Guter Anschluß an Autobahnen und Bundesstraßen	2. Grundstücksreserven	2. Förderung durch die öffentliche Hand	2. Arbeitskräftereserven	2. Verkehr und Transport	2. Ausreichendes Arbeitskräftepotential
	3. Grundstückspreis	3. Boden	3. Absatz und Transport	3. Investitionsbeihilfen des Staates	3. Preiswerte Grundstücke	3. Grundstücke und Gebäude	3. Sonstige Gründe (Rohstoffvorkommen, Übernahmen)	3. Boden und Gebäude	3. Niedrige Grundstückspreise
	4. Verkehrslage	4. Absatz	4. Private Gründe	4. Preiswerte Grundstücke	4. Angebot ungelernter Arbeitskräfte	4. Arbeitsmarkt	4. Zentralere Lage zu den Hauptabsatzgebieten	4. Allgemeine Infrastruktur	4. Öffentliche Finanzierungshilfen

a)	b)	c)	d)	e)	f)	g)	h)	i)
5. Erschlossenes Grundstück	5. Steuern und öffentliche Vergünstigungen	5. Öffentliche Förderung	5. Ausreichendes Angebot an ausgebildeten Facharbeitern	5. Angebot von Fachkräften	5. Absatz- und Bezugsfaktoren	5. Verkehrsverhältnisse	5. Absatz und Beschaffung	5. Vorhandene Betriebsgebäude
6. Vorhandene Gebäude und Anlagen	6. Transportkosten	6. Rohstoffe	6. Kundennähe	6./7./8. Niedrige Erschließungskosten	6. Infrastrukturelle Eigenschaften	6. Private Gründe	6. Industrielle Ballung	6. Günstige Verkehrslage zu Absatzmärkten
7. Hilfe bei Grundstückserwerb	7. Fühlungsvorteile		7. Niedrige Erschließungskosten	6./7./8. Investitionsbeihilfen, Sonderabschreibungen			7. Sonstige Faktoren	7. Sonstige Standortentscheidungsgründe
8. Baukosten	8. Persönliche Präferenzen		8. Ausreichendes Angebot an ungelernten Arbeitskräften	6./7./8. Kredithilfen			8. Öffentliche Förderung	8. Günstige Verkehrslage zu Bezugsmärkten
9. Hilfe bei Grundstückserschließung	9. Natürliche Bedingungen		9. Starkes Interesse der Gemeinde an Problemen der Unternehmer	9. Gemeindliches Interesse an Problemen der Unternehmer				9. Sonderabschreibungen

a) F. Ballestrem, *Standortwahl von Unternehmen und Industriestandortpolitik*, Berlin 1974.

b) H. Brede, *Bestimmungsfaktoren industrieller Standorte*, Berlin 1971.

c) M. Brinkmann/K. Schliebe, *Die Standortwahl der Industriebetriebe in der Bundesrepublik Deutschland und Berlin (West)*, Bonn 1975.

d) U. Freund/G. Zabel, *Regionale Wirkungen der Wirtschaftsstrukturförderung* (Schriftenreihe Raumordnung des Bundesministers für Raumordnung, Bauwesen und Städtebau), Bonn 1978.

e) D. Fürst/K. Zimmermann/K.-H. Hansmeyer, *Standortwahl industrieller Unternehmen*, Bonn 1973.

f) H. Georgi/V. Giersch, *Neue Betriebe an der Saar*, Hrsg.: Der Chef der Staatskanzlei und Industrie- und Handelskammer, Saarbrücken 1977, Ms.

g) IHK Koblenz, *Strukturpolitik mit Augenmaß*, Hrsg.: Industrie- und Handelskammer Koblenz, Koblenz 1973, Ms.

h) K.-H. Kaiser, *Standortpolitik von Industriebetrieben in der Stadtregion Köln*, Seminar für Allgemeine Betriebswirtschaftslehre und Betriebswirtschaftliche Planung der Universität zu Köln, Köln 1976, Ms.

i) F. Wolf, *Effizienz und Erfolgskontrolle der regionalen Wirtschaftsförderung*, Hrsg.: Hessische Landesentwicklungs- und Treuhandgesellschaft mbH, Wiesbaden 1974.

Quelle: Siehe Anm. 27.

existierenden Arbeitsplätzen[23]. Auch sagt die Anzahl der neugeschaffenen Arbeitsplätze nichts darüber aus, ob die geschaffenen Arbeitsplätze dauerhafte sind und also die regionale Wirtschaftsförderung regionale Krisengebiete tatsächlich erfolgreich saniert hat: Vergleicht man die Arbeitslosenquote der Arbeitsamtsbezirke mit den höchsten Arbeitslosenquoten 1967 und 1975, so lagen auch 1975 neun davon zumindest teilweise in Fördergebieten[23]. Somit kann von einem nachhaltigen, strukturverändernden Erfolg wohl kaum die Rede sein, wenngleich selbst eine wenig erfolgreiche staatliche Politik für sich das Argument in Anspruch nehmen kann, daß es ohne sie noch schlimmer hätte kommen können. Dieses Argument ist aber nur dann zutreffend, wenn die regionale Wirtschaftsförderung und die Investititionssubventionierung im engeren Sinne für die Industrieansiedlungen und Produktionserweiterungen überhaupt ausschlaggebende Anreizmittel gewesen sind. Die Rede ist von den „Mitnahmeeffekten": Lediglich 17 Prozent der geschaffenen Arbeitsplätze lassen sich ursächlich auf die Wirkung staatlicher Subventionen zurückführen[25]; bei den Erweiterungs-, Umstellungs- und Rationalisierungsinvestitionen ist die Effizienz der eingesetzten Mittel nach Berechnung von Wolf[26] noch geringer.

Die tatsächliche Bedeutung der staatlichen Investitionsförderung in der Prioritätenskala der Unternehmen bei Standortentscheidungen zeigt die vergleichende Aufstellung der Präferenzen, wie sie sich auf der Basis verschiedener empirischer Untersuchungen ergeben haben (Tab. VII/1): In keinem Fall konnte festgestellt werden, daß die staatliche Subventionsmaßnahme eine primärkausale Bedeutung für die Standortentscheidung der Unternehmen hatte; im besten Falle landeten die staatlichen Finanzierungshilfen auf dem zweiten (Georgi/Giersch) bzw. auf dem dritten Rang (Freund/Zabel). In der Mehrzahl der Untersuchungen wurden die Rangplätze fünf und niedriger festgestellt.

Freund und Zabel haben in einer Untersuchung festgestellt[27], daß sich, legt man den Parameter Betriebs- bzw. Unternehmensgröße zugrunde, die Lenkungseffizienz je nach Unternehmensgröße recht unterschiedlich darstellt: 82,5 Prozent der Arbeitsplätze der neu angesiedelten Unternehmen werden

23 Vgl. Albrecht Funk, *Abschied von der Provinz*, Opladen/Stuttgart 1977, S. 90.

24 Vgl. Kommission für wirtschaftlichen und sozialen Wandel, *Wirtschaftlicher und sozialer Wandel in der Bundesrepublik Deutschland. Gutachten der Kommission für wirtschaftlichen und sozialen Wandel*, (MS), Bonn 1976, S. 594 ff.; Funk, *Abschied* (Anm. 23), S. 81 f.

25 Entsprechende Berechnungen bei E. Recker, Investitions- und Arbeitsplatzerfolge der Regionalpolitik, in: *Informationen zur Raumentwicklung*, H. 12/1976, S. 825, zit. nach Funk, *Abschied* (Anm. 23), S. 90.

26 Vgl. F. Wolf, Wie effizient ist die regionale Wirtschaftsförderung?, in: *Informationen zur Raumentwicklung*, H. 9/1975, S. 431—437.

27 Ulrich Freund/Gerhard Zabel, Zur Effizienz der regionalpolitischen Industrieförderung in der Bundesrepublik Deutschland, in: *Raumforschung und Raumordnung*, 36. Jg. 1978, S. 99—106.

28 Ebd., S. 104.

29 Ulrich Freund, Rolle und Ausmaß des Mitnahmeeffekts in der Gemeinschaftsaufgabe „Verbesserung der regionalen Wirtschaftsstruktur", in: *Planung in der regionalen Strukturpolitik* (Anm. 18), S. 76.

30 Karl-Heinrich Hansmeyer, Subventionen im finanzwirtschaftlichen Konsolidierungsprozeß, in: *Wirtschaftsdienst* 1983, S. 277 f.

von ihnen als subventionsinduziert eingestuft (2548 von 3089); bezogen auf die Ansiedlungsfälle sind es 62 Prozent (18 von 29). Die Schlußfolgerung von Freund und Zabel lautet, „daß der Lenkungseffekt bei größeren Unternehmen erheblich ausgeprägter ist als bei kleinen Betrieben, die meist regional gebunden sind und bei deren Ansiedlungsentscheidung weniger die Standortfrage als vielmehr die Suche nach einer – regionalen – Marktnische im Vordergrund steht"[28].

Ist damit die Frage der Mitnahmeeffekte in der regionalen Wirtschaftsförderung beantwortet? Für Freund[29] und Hansmeyer[30] hat sie an kritischer Brisanz verloren: Die Lenkungseffizienz müßte demnach als größer angenommen werden als zunächst unterstellt. Doch scheint mir – vor allem in Anschluß an die Analyse der Inanspruchnahme des § 6 b EStG sowie gestützt durch die Untersuchung von Mackscheidt u. a.[31] – auch eine andere Überlegung berücksichtigenswert zu sein: Das Nutzungsprofil von und damit auch das Sensibilitätsprofil für Subventionen ist unternehmensgrößenbezogen spezifisch ausgestaltet: Größere Unternehmen können Subventionen besser in Anspruch nehmen als kleinere, sind somit aber auch empfänglicher für subventive Anreize[32]. Ob damit schon von einer Lenkungseffektivität die Rede sein kann, scheint mir fragwürdig zu sein: Eher ist wohl die Vermutung gerechtfertigt, daß diese Lenkungseffektivität Ergebnis einer in ihrer Gesamtstruktur, also auch in der Ausgestaltung der Infrastrukturmaßnahmen, auf die Bedürfnisse der Ansiedlung von Groß- bzw. mittleren Unternehmen abgestellten Wirtschaftsförderungspolitik ist. So bevorzugt denn auch die Umstellung der Regionalförderung von begünstigten Darlehen auf Investitionszulagen, deren Nettosubventionseffekt gleichgeblieben ist, letztlich die Großunternehmen und benachteiligt ansiedlungs- bzw. – allgemein – investitionsinteressierte Kleinunternehmen, denen mit den staatlichen Darlehen die für Kleinunternehmen gewöhnlich schwierigere Kapitalbeschaffung erleichtert wurde[33].

3. Der regionalen Wirtschaftsförderung ging es schließlich auch darum, Bedingungen zu schaffen, die eine flexible Reaktion auf regionale Krisenentwicklungen möglich machten. In einer Reihe von Sonderprogrammen hat hier die Gemeinschaftsaufgabe „Verbesserung der regionalen Wirtschaftsstruktur" die gewünschte Flexibilität bewiesen[34]. Ohne die jeweiligen Programme im einzelnen darstellen und beurteilen zu können, sei jedoch auf eine für die Subventionspolitik damit verbundene Entwicklung hingewiesen: Regionale Wirt-

---

31 Klaus Mackscheidt/Heinz-Hermann Menzenwerth/Jessica Metzmacher-Helpenstell, *Unternehmensgrößenspezifische Benutzerprofile von Staatsleistungen*, Göttingen 1977.

32 Für die Forschungspolitik gelangte Duisberg zu einem ähnlichen Befund (Carl-Heinz Duisberg, *Forschungssubventionen an Großunternehmen: wettbewerbs- und verfassungsrechtliche Probleme der Vergabepraxis*, Bielefeld 1983). Die Bevorzugung der Großunternehmen ist jedoch hier explizite Methode: Wie schon Hauff/Scharpf feststellten, könne nur den Großunternehmen die entsprechende Forschungs- und Innovationskraft zugesprochen werden, so daß nur sie für die Projektförderung infrage kämen – eine Feststellung, die wohl heute nicht mehr geteilt werden kann. Vgl. Volker Hauff/Fritz Scharpf, *Modernisierung der Volkswirtschaft*, Frankfurt a. M. 1975, S. 55.

33 Vgl. Albert, Verbesserung (Anm. 4), S. 16; Stahl, Entwicklung (Anm. 3), S. 7.

34 Die jeweiligen Sonderprogramme können dem Rahmenplan der Gemeinschaftsaufgabe „Verbesserung der regionalen Wirtschaftsstruktur" entnommen werden.

schaftsförderung stellt geradezu den Idealtypus einer von partikularen wirtschaftlichen und gesellschaftlichen Interessen abstrahierenden „funktionalen" Subventionspolitik dar. Subventionspolitik als Krisendämpfer besteht nicht mehr primär in der kompensierenden Unterstützung krisenbetroffener Wirtschaftszweige — gerade das Sonderprogramm für die von der Krise des VW-Konzerns betroffenen Regionen wie auch das „Stahlstandortprogramm" (1982) machen dies deutlich —, sondern in der flankierenden Förderung der regionalen Wirtschaftskraft: der Ansiedlungsanreize für neue Industrien zur Schaffung von Ersatzarbeitsplätzen. Insofern ist tatsächlich die Rede von der regionalen Wirtschaftsförderung als dem Typus einer „neuen" Subventionspolitik berechtigt. Inwiefern sie real durchsetzbar ist und sich nicht nur auf eine Rationalisierung staatlicher Programm- und Organisationsstrukturen beschränkt, kann an dieser Stelle nicht entschieden werden.

3. Nach der Wirtschafts- und Finanzkrise 1966/67: die stille Blüte der Subventionspolitik

Hatte man erwartet, daß die Rationalisierung staatlicher Finanz- und Wirtschaftspolitik auch den Subventionszuwachs eindämmen würde, so belehrte uns die tatsächliche Entwicklung schon bald eines besseren: Die *Finanzhilfen* des Bundes erhöhten sich allein von 1967 auf 1968 um mehr als eine Milliarde DM, und ihr Anteil am Bundeshaushalt erreichte 1968 mit 10,1 Prozent den höchsten Prozentsatz überhaupt; im Durchschnitt der Jahre 1967—74 wuchsen die Finanzhilfen jährlich um 9,7 Prozent. Sie lagen damit zwar hinter den Zuwachsraten des Bundeshaushalts, doch verschönte die Statistik des Subventionsberichtes die tatsächliche Entwicklung, da der unterproportionale Anstieg der Hilfen für die Landwirtschaft (durchschnittlich 3,2 Prozent) durch die seit 1971 anwachsenden EG-Hilfen kompensiert wurde. Zwar erreichten die Zuwachsraten der Finanzhilfen nicht mehr das Niveau der Jahre 1965—59 und 1959—65 (vgl. Tabelle VII/2), das Gesamtniveau (als Anteil am Bundeshaushalt) war jedoch das mit Abstand höchste: 8,6 Prozent 1967—74.

Die Entwicklung der *Steuervergünstigungen* vollzog sich rasanter: Mit durchschnittlichen jährlichen Zuwachsraten von 25,2 Prozent lag der Anstieg noch über dem des Zeitraums 1959—65 und übertraf den Zuwachs der gesamten Steuereinnahmen in diesem Zeitraum um fast 10 Prozent jährlich. Der starke Zuwachs schlug sich in allen Bereichen nieder (vgl. Tab. VII/3), lediglich die Vergünstigungen im Verkehrsbereich stiegen mit 15,2 Prozent geringfügig langsamer an als die gesamten Steuereinnahmen. Bemerkenswert ist hier, daß in dieser Phase einer erstmals von der SPD verantwortlich mitgeprägten Finanz- und Steuerpolitik, die immer wieder den Vorrang der Finanzhilfen vor den Steuervergünstigungen betont hatte, die inkriminierten Steuervergünstigungen ganz besonders stark und überproportional anwuchsen.

Nach einer Zeit heftiger Subventionsdiskussionen und eines nicht unbeträchtlichen Subventionsanstiegs sowohl der direkten wie der indirekten Begünstigungen setzte eine Phase „subventionspolitischer Prosperität" ein. Das Wachstum der Subventionen war keineswegs gebrochen, es gelangte vielmehr

Tabelle VII/2: Zuwachsraten der Finanzhilfen 1955–1981

Jahr/ Zeitraum	Finanzhilfen gesamt	Landwirtschaft	gewerbliche Wirtschaft	Verkehr	Wohnungswesen	Sparförderung	Bundeshaushalt
Volumen in Mio. DM							
1955[a]	515,5	446,3	5,5	46,0[1]	17,7[1]	–	22 419
1959[a]	2 089,3	1 861,4	59,0	154,5[1]	14,5[1]	–	36 865
1965[a]	4 726,8	3 417,6	676,6	428,9[1]	203,7[1]	–	64 004
1967[b]	6 549	2 701 [2]	1 107	103	1 600	1 038	74 545
1974[b]	11 013	3 312 [2]	2 054	601	2 470	2 576	134 035
1981[b]	13 606	2 330 [2]	4 066	1 316	3 504	2 392	232 995
durchschnittliche Zuwachsraten in v. H.							
1955–59	76,3	79,3	[3]	58,9	[4]	–	16,1
1959–65	21,0	13,9	174,5	29,6	[4]	–	12,3
1967–74	9,7	3,2	12,2	69,1	7,8	21,2	11,2
1974–81	3,4	- 4,2	14,0	17,0	6,0	- 1,0[5]	10,6

1 Jahre 1955 bis 1965 aufgrund anderer Berechnungsmethoden nicht mit den Jahren 1967 ff. vergleichbar.
2 Ohne Marktordnungsausgaben.
3 Keine Angabe, da 1955 bis 1959 stark schwankende Entwicklung.
4 Keine Angabe aufgrund nicht vergleichbarer Berechnungsmethoden für diese Jahre (Anm. 1).
5 Für die Jahre 1974–1977 durchschnittliche jährliche Wachstumsraten von 15,1 %; in der Folgezeit wird die Sparförderung stark eingeschränkt.

Quellen: a) Démètre Zavlaris, *Die Subventionen in der Bundesrepublik Deutschland seit 1951*, Berlin 1970, S. 94; Finanzberichte der Bundesregierung.

b) Subventionsberichte; Dietrich Albrecht, *Subventionen*, Bonn 1978; Finanzberichte der Bundesregierung; eigene Rechnung.

Tabelle VII/3: Zuwachsraten der Steuervergünstigungen 1959–1981

Jahr/ Zeitraum	Steuervergünstigungen insgesamt	Landwirtschaft	gewerbliche Wirtschaft	Verkehr	Wohnungswesen	Sparförderung	Sonstige Steuervergünstigungen	Steuereinnahmen insgesamt
Steuermindereinnahmen in Mio. DM								
1959[a1]	3 910	680	2 135	560	535	–[2]	–[3]	56 645
1965[a1]	8 635	1 195	6 490	860	835	–[2]	–[3]	103 804
1967[b]	8 072	881	3 799	491	1 327	1 060	514	113 066
1974[b]	22 306	2 904	8 513	1 014	3 029	3 830	3 016	238 282
1981[b]	29 645	1 134	10 563	1 453	6 633	3 785	6 095	370 319
durchschnittliche jährliche Zuwachsraten in v. H.								
1959–65	20,1	11,9	34,0	8,9	9,4	–	–	13,9
1967–74	25,2	32,8	17,7	15,2	18,3	37,3	69,5	15,8
1974–81	4,7	- 8,7	3,4	6,2	17,0	- 0,2[4]	14,6	7,9

1 1959 und 1965 einschließlich der Umsatzsteuervergünstigungen, die nach Systemwechsel zur Mehrwertsteuer dort nicht mehr als Steuervergünstigungen ausgewiesen sind; deshalb im Niveau nicht mit den Jahren 1967 ff. vergleichbar.
2 Bei Zavlaris keine Daten über die Sparförderung aufgrund anderer Abgrenzung.
3 Bei Zavlaris „sonstige Steuervergünstigungen" nicht ausgewiesen.
4 Bis 1977 Zuwachsraten von durchschnittlich 6,7 % jährlich, danach aufgrund von Sparmaßnahmen Rückgang der Steuermindereinnahmen.

Quellen: a) Démètre Zavlaris, *Die Subventionen in der Bundesrepublik Deutschland seit 1951*, Berlin 1970, S. 112; Finanzberichte der Bundesregierung.

b) Subventionsberichte; Dietrich Albrecht, *Subventionen*, Bonn 1978; Finanzberichte der Bundesregierung; eigene Rechnung.

erst jetzt zu neuen Höhepunkten, ohne allerdings diesmal heftiger Kritik ausgesetzt zu sein, wie es in den vorgangenen Jahren der Fall gewesen war.

Hinter diesem Anstieg in denjenigen Maßnahmebereichen, deren Ausbau durch die wirtschaftspolitische „Modernisierung" sowohl in programmatischer wie institutionellrechtlicher Hinsicht möglich geworden ist, verbergen sich neue und umfangreiche regionale Subventionsprogramme, die Hauptmerkmal dieser Phase waren. Sie waren aufgrund des anhaltenden Strukturwandels der Landwirtschaft und der Krisenentwicklung des deutschen Steinkohlenbergbaus notwendig geworden. Um zur Bewältigung regionaler Wohlstandsunterschiede die Finanzkraft des Bundes einsetzen zu können, wurde mit der Finanzreform des Jahres 1969 das Institut der „Gemeinschaftsaufgaben" von Bund und Ländern geschaffen. Vor allem die Gemeinschaftsaufgabe zur Verbesserung der Agrarstruktur und des Küstenschutzes[35] und die Gemeinschaftsaufgabe zur Verbesserung der regionalen Wirtschaftsstruktur[36] stellten subventionspolitisch relevante Instrumente der Regionalpolitik dar. Sie ergänzten das seit dem 18. August 1969 gültige Investitionshilfegesetz, das (§ 1) Investitionszulagen für Investitionen in bestimmten Regionen (Zonenrandgebiet, Steinkohlenbergbaugebiet Saar, Bundesausbaugebiete) vorsah; für das Steinkohlenbergbaugebiet an der Ruhr hatte man eine Investitionszulage für die Neuansiedlung bzw. die Erweiterung von Industrieunternehmen schon mit dem Kohleanpassungsgesetz vom 15. Mai 1968 eingeführt. In beiden Fällen werden Zulagen von den Finanzämtern nur dann erteilt, wenn im Rahmen eines Bescheinigungsverfahrens das Bundesministerium für Wirtschaft bzw. der Bundesbeauftragte für den Steinkohlenbergbau die besondere volkswirtschaftliche Förderungswürdigkeit der entsprechenden Investition — Erweiterung oder Verlagerung eines Betriebes — festgestellt hat (s. o. Kap. V.2).

Im Anstieg der steuerlichen Subventionen schlug sich vor allem auch die zunehmende Berlinförderung nieder. Die Steuervergünstigungen für die Berliner Wirtschaft, deren Anfänge in das Jahr 1950 zurückreichen, wurden 1962 im Berlinhilfegesetz neu gefaßt, in den folgenden Jahren in drei Änderungsgesetzen präzisiert und ausgeweitet; sie haben schließlich im Berlinförderungsgesetz vom 29. Oktober 1970 die Grundlage für die heute gültige Form gefunden[37]. Volumenmäßig stellen die steuerlichen Erleichterungen für die Berliner Wirtschaft den größten Teil der steuerlichen Subventionen im Rahmen der regionalen Wirtschaftsförderung[38].

---

35 Gesetz über die Gemeinschaftsaufgabe „Verbesserung der Agrarstruktur und des Küstenschutzes" v. 4.9.1969.

36 Gesetz über die Gemeinschaftsaufgabe „Verbesserung der regionalen Wirtschaftsstruktur" v. 6.10.1969.

37 Ein kurzer Überblick zur Entwicklungsgeschichte der einzelnen Vergünstigungen des Berlinförderungsgesetzes findet sich bei Heinz George, *Berliner Steuerpräferenzen. Kommentierung des Berlinförderungsgesetzes*, Stuttgart/Wiesbaden ⁵1975.

38 Auf die Darstellung der Entwicklung der Stützungsmaßnahmen des Bundes für die Berliner Wirtschaft, die ja einen erheblichen Teil der gesamten Subventionen ausmachen (1982 betrugen die Steuermindereinnahmen aufgrund des Berlinförderungsgesetzes 6,8 Mrd. DM, *9. Subventionsbericht*, S. 43), wurde im Rahmen dieser Arbeit verzichtet, da sich hier eine von der übrigen Subventionspolitik abgehobene Eigendynamik entfaltet.

Daneben schlugen sich auch die im Rahmen sektoraler strukturpolitischer Maßnahmen begonnenen Subventionsprogramme nieder, hier vor allem die Unterstützungen für den deutschen Steinkohlenbergbau, dessen Neuordnung das Kohleanpassungsgesetz flankierte und dessen Absatzmarkt durch Verstromungshilfen (1. und 2. Verstromungsgesetz) und Kokskohlenbeihilfe abgesichert werden sollte.

Auch die breite subventionspolitische Förderung von Forschung und Entwicklung in den Unternehmen schlug sich in der Zunahme des Subventionshaushalts nieder, auch wenn der Subventionsbericht keine Auskunft über das tatsächliche Ausmaß der staatlichen Finanzierungshilfen für Forschung und Entwicklung der Unternehmen gibt[39]. Im Subventionsbericht schlägt sich nur die allgemeine Förderung von F- und E-Ausgaben im Rahmen des Investitionszulagengesetzes oder die Förderung der Vermarktung technologischer Innovation nieder, nicht aber z. B. die Ausgaben für den Aufbau einer deutschen Kernindustrie. Wenn auch der als Subvention ausgewiesene Finanzierungsteil des Staates für industrielle Forschung und Entwicklung relativ gering ist, so wird ihm doch der Stellenwert eines „positiven Leitbildes" der Subventionspolitik eingeräumt, da diese Subventionen nach vorherrschender Meinung am ehesten dem Ziel einer Produktivität und Wachstum fördernden Maßnahme entsprechen.

Quantitativ von geringer Bedeutung sind Vergünstigungen, die allgemein die Möglichkeit der Unternehmen zur Expansion auf dem Weltmarkt verbessern sollen, soweit sie von gesamtwirtschaftlicher Bedeutung sind: So wurde mit dem Investitionszulagengesetz das Auslandsinvestitionsgesetz verabschiedet, das bei Investitionen in ausländische Unternehmen offengelegte stille Reserven von der Besteuerung unter bestimmten, ähnlich dem § 6 b Abs. 1 Ziff. 5 geregelten Bedingungen befreit und somit den Kapitalexport begünstigt. Die steuerliche Begünstigung des Entwicklungshilfesteuergesetzes, das Direktinvestitionen deutscher Unternehmen in Entwicklungsländer fördern sollte, wurde trotz der Bedenken gegen die Vergünstigung 1968 verlängert (Entwicklungshilfesteuergesetz vom 1. März 1968).

Auch der Bereich der indirekten und direkten finanziellen Begünstigungen für die privaten Haushalte — er wird hier nur unter Vorbehalt als Subvention bezeichnet, ist in den Subventionsberichten jedoch enthalten — ist bedeutend ausgeweitet worden. Das Steueränderungsgesetz 1969 brachte — rechtzeitig vor der Bundestagswahl — eine stärkere Begünstigung des Bausparens durch eine Erhöhung der Wohnungsbauprämien. 1970 verbesserte die sozialliberale Koalition mit dem Dritten Vermögensbildungsgesetz die Sparförderung, was angesichts steigender Masseneinkommen bis 1975 das Fördervolumen vergrößerte. Damit wurde schließlich — die Sparförderung ist größter Einzelposten der im Subventionsbericht ausgewiesenen Ausgaben und Mindereinnahmen — die materielle Grundlage für das subventionspolitische Legitimationsmuster der siebziger Jahre gelegt: „Subventionen für alle".

---

39 Erst der 10. Subventionsbericht nennt (nachrichtlich) die gesamten FuE-Ausgaben des Bundes an Unternehmen der gewerblichen Wirtschaft. Sie belaufen sich einschließlich der Steuererleichterungen und einschließlich der Ausgaben für die Verteidigungsforschung des Bundesministeriums für Verteidigung auf 5,7 Mrd. im Jahr 1982 (militärische Forschung 1,3 Mrd. DM) (*10. Subventionsbericht*, S. 294).

Der Aufbau neuer subventionspolitischer Programme im Rahmen regionaler und sektoraler Wirtschaftsförderung sowie einer intensiveren Forschungs- und Technologie- und Rohstoffvorratungspolitik fiel zeitlich mit einer sozialdemokratischen Politikzielen und Wählerschichten verbundenen Vermögenspolitik zusammen. Beide zusammengenommen führten zu einem Anwachsen der direkten und indirekten Subventionen, das aufgrund der günstigen ökonomischen Entwicklung der Jahre 1968 bis 1971 und der damit gegebenen sprudelnden Steuereinnahmen durch fiskalische Zwänge nicht eingegrenzt wurde.

VIII. Subventionsabbau jetzt! Subventionsabbau gerade jetzt? Subventionspolitische Entwicklungen in den Problemjahren 1974-1984

1. Der Weg in die Stagnation — neue Rahmenbedingungen für die Subventionspolitik

In den Jahren zwischen den Wirtschaftskrisen 1967 und 1975 schien die Welt der Wirtschaftspolitik dank der neuen keynesianischen Konzepte von Dämpfung und Anregung weitgehend in Ordnung zu sein. Wenn auch zu dieser Zeit staatliche Konjunkturpolitik nicht gerade überwältigende Erfolge erzielte, d. h. ein Wirtschaftswachstum ohne zyklische Schwankungen sich nicht einstellen wollte, so glaubte man sich doch auf dem besten Wege dazu: der „goldene Wachstumspfad" schien erreicht werden zu können, würden die staatlichen Instrumente der Globalsteuerung nur erst einmal ökonomisch-rational angewendet.[1]

Die wirtschaftliche Entwicklung der „Zwischenkrisenzeit" war geprägt von Vollbeschäftigung, hohen Wachstumsraten des Bruttosozialprodukts, kräftigen Produktivitätszuwächsen und einer Ausweitung des Export, aber auch von bisher — in der Geschichte der Bundesrepublik — nicht gekannten Inflationsschüben und Verteilungskämpfen („Septemberstreiks" 1969, „wilde Streiks" 1973), daneben von der von einer keynesianischen Wirtschaftspolitik und den sozialdemokratischen Reformvorstellungen inspirierten Ausweitung der staatlichen Tätigkeiten, wie sie in Teilbereichen im vorangegangenen Abschnitt referiert wurden. Mit dem Jahr 1973 ging diese Phase zu Ende. Obwohl sich in Teilbereichen der Wirtschaft schon deutlich konjunkturelle Verschlechterungen abzeichneten,[2] versuchte die Bundesregierung noch im Mai 1973 mit einem konjunkturpolitischen Dämpfungsprogramm inflationäre Tendenzen in den Griff zu bekommen. Im Herbst 1973 schließlich ging mit der sogenannten Energiekrise der Zwischenboom dieses Jahres zu Ende. 1974 stieg das Bruttosozialprodukt nur noch um 0,4 Prozent (in konstanten Preisen), und 1975 sank es sogar um 2,5 Prozent. Die Folge war eine Million Arbeitslose, die auch in den kommenden konjunkturell günstigeren Jahren nur geringfügig abgebaut wurde und mit dem neuerlichen Konjuktureinbruch Anfang der achtziger Jahre auf ein bis heute stabiles Niveau von über zwei Millionen anstieg.

Von der Krise besonders betroffen waren die „alten" Industriezweige. Neben dem Steinkohlenbergbau, der in ein neues Absatztief geriet, wurden vor allem die Eisen- und Stahlindustrie und die Werftindustrie — nicht nur in der Bundesrepublik — zu Krisenbranchen. Tiefgreifende Umstrukturierung, ver-

---

1 Vgl. Winfried Vogt, *Die Wachstumszyklen der westdeutschen Wirtschaft von 1950 bis 1965 und ihre theoretische Erklärung*, Tübingen 1968.
2 Vgl. Klaus Schroeder, *Der Weg in die Stagnation*, Opladen 1984, S. 39 ff.

bunden mit Kapazitätsabbau und umfassenden Rationalisierungsprozessen in diesen ökonomisch wie regional hochkonzentrierten Branchen, hatte wirtschaftliche und soziale Folgen, die subventionspolitische Aktivitäten auslösen mußten.[3]

Diese drei Bedingungskomplexe staatlicher Politik in diesen Jahren (reduzierte Wachstumsraten und steigende Arbeitslosigkeit, sektoral-regionale Krisenschwerpunkte, anhaltende finanzielle Probleme der öffentlichen Haushalte) ergeben für die Subventionspolitik spezielle Anforderungen:

1. Die sich abzeichnende Wachstumsschwäche der Wirtschaft betont die Notwendigkeit des nicht nur programmatischen, sondern auch substantiellen Ausbaus der funktionalen, d. h. an gesamtwirtschaftlichen Kriterien ausgerichteten Subventionspolitik.

2. Die sektoral-regionale Konzentration von Krisenschwerpunkten — die klassische subventionspolitische Konstellation — macht es dem Staat schwer, den hier artikulierten Subventionsbedarf zu übergehen. Die Ausweitung traditioneller Krisendämpfungssubventionen, auch wenn sie neue Formen annehmen sollten, ist zu erwarten. Diese subventions*politischen* Bedingungen machen es schwer vorstellbar, daß sie stärkere steuerungspolitische Ausrichtung der Subventionspolitik sich im geforderten Ausmaß realisieren läßt.

3. Die finanzielle Lage der öffentlichen Haushalte erfordert langfristige Einschränkungen, die sich je nach der aktuellen Haushaltslage mit kurzfristigen Sparmaßnahmen verbinden. Angesichts der anhaltenden Finanzprobleme der öffentlichen Haushalte ist nicht zu erwarten, daß eine sich um Subventionsabbau rankende öffentliche Diskussion so rasch wieder abflauen wird, wie dies Ende der sechziger Jahre der Fall war.

Es wäre denkbar, daß gerade dieser fiskalische Zwang genutzt werden kann, die Elemente funktionaler Subventionspolitik auszubauen. Dies könnte nach verschiedenen Richtungen hin geschehen: als steuerungspolitische Effektivierung der Subventionspolitik („Abspecken"); als Ausdifferenzierung und Segmentierung von Subventionsbereichen in kontrollierte Einzelbereiche; als Rationalisierung der Subventionspolitik insgesamt durch Strukturierung der Subventionspolitik als „Politikbereich", über eine weitere Intensivierung der subventionspolitischen Auseinandersetzung sowie über die Institutionalisierung verbindlicher subventionspolitischer Regelungen.

2. Subventionsdiskussion und Subventionsabbau in der Wirtschaftskrise 1974/75

Von einer intensiven subventionspolitischen Diskussion konnte in der ersten Hälfte der siebziger Jahre keine Rede sein. Bei Bewältigung der Wirtschafts- und Haushaltskrise der Jahre 1974/75 spielte infolgedessen eine gegenüber

---

3 Vgl. dazu Hans-Ulrich Klose, Was ist eigentlich die Gegenleistung für die staatliche Hilfe? — Rede auf der Bundeskonferenz der SPD-Arbeitsgemeinschaft für Arbeitnehmerfragen, abgedr. in: *Frankfurter Rundschau* v. 13.9.1979; Johannes Rau, Ohne regulierende staatliche Politik keine Absicherung. Rede vor der Landesvereinigung der industriellen Arbeitgeberverbände in Düsseldorf, abgedr. in: *Frankfurter Rundschau* v. 3.7.1979.

subventionspolitischen Problemen (insbesondere Abbauerfordernissen) sensibilisierte Öffentlichkeit keine Rolle. Zwar war in der Subventionsberichterstattung der Auftrag, Subventionsabbau in die Wege zu leiten, institutionalisiert; er war damit aber auch in der Zeit zwischen den Subventionsberichten der öffentlichen Diskussion zumeist entzogen. Die Steuerreform tat ein übriges: Sie thematisierte den Abbau von Steuervergünstigungen unter steuerpolitischen, nicht jedoch unter subventionspolitischen Gesichtspunkten, so daß, obwohl es u. a. um Subventionsabbau ging (Abzugsfähigkeit der Vermögenssteuer, Abzugsfähigkeit von Zinsen, Sparkassenprivileg), dies als subventionspolitisches Thema nicht in die Öffentlichkeit drang. Die Folge war, daß die Subventionspolitik seit 1972, von zwei kleinen „Thematisierungsrunden" abgesehen — ausgelöst durch die Veröffentlichung von Vorschlägen der Deutschen Bundesbank zur Subventionspolitik im Herbst 1972 und durch das Erscheinen des vierten Subventionsberichts im Herbst 1973 —, zusehends aus dem Blick der Öffentlichkeit geriet. Auch mehrere fundierte Artikel in der deutschen Presse konnten eine Diskussion nicht anregen.[4] Das Thema Subventionen tauchte erst im Dezember 1974 wieder auf: Der Haushaltsausschuß des Deutschen Bundestages beschäftigte sich anläßlich der Beratungen zum Etat 1975 zum ersten (!) Mal ausführlich mit dem Subventionsbericht und kritisierte öffentlich dessen Struktur.[5]

Erst mit dem Erscheinen des *5. Subventionsberichts*[6] erhebt sich eine etwas regere Presseberichterstattung über Subventionen allgemein und deren nunmehr erneut festgestellten Anstieg im besonderen, ohne allerdings zu einer längeranhaltenden Thematisierung zu führen. Verglichen mit den vorangegangenen Jahren, insbesondere mit den haushalts- und finanzpolitisch schwierigen Jahren 1965–67, in denen die subventionspolitische Diskussion eng in fiskal-, konjunktur- und staatspolitische Auseinandersetzungen eingebunden war und in der suggeriert wurde, daß die Beherrschung der Subventionen den Ariadnefaden auch für die Lösung der übrigen Probleme bilde, war es diesmal, in den Jahren 1974–76, eigentümlich ruhig. Das verdient um so mehr Beachtung, als die

---

4   Vgl. Albert Düren, Mauern gegen den Fortschritt, in: *FAZ* v. 19.1.1974; Herbert von Arnim, Die Macht der Lobby, in: *Die Zeit* v. 6.10.1974; Karl-Heinrich Hansmeyer, Abbau von Subventionen, in: *Wirtschaftsdienst*, 3/1973, S. 125–130.

5   Vgl. *Handelsblatt* v. 10.10.1974. Der Vorsitzende des Haushaltsausschusses des Deutschen Bundestages, Albert Leicht, kritisierte laut *Handelsblatt* vor allem die Berücksichtigung sozialpolitisch motivierter „Subventionen" im Subventionsbericht (Sparförderung, Berlinvergünstigung für Arbeitnehmer, Weihnachtsfreibetrag u. a.). Leicht: „Der Subventionsbegriff erscheint in diesem Bereich sehr denaturiert." Leicht befürwortete eine Neudefinition, die zumindest bei einigen anderen Mitgliedern des HHA (FDP, SPD) auf Sympathie stieß, während sich das BMF bedeckt hielt. Wie nicht anders zu erwarten, kam es zu keiner Gesetzesinitiative zur Änderung des § 12 StWG; die Änderung der Abgrenzung des Subventionsbegriffs im 6. *Subventionsbericht*, die zumindest einen Teil der kritisierten sozialpolitischen Subventionen (genauer Steuervergünstigungen) ausgrenzte, ging — so darf vermutet werden — sicherlich zum Teil auf die Kritik des HHA zurück.

6   Die Bundesregierung beschloß endgültig über die Sparmaßnahmen im Rahmen der mittelfristigen Finanzplanung für die Jahre 1976–79 am 10.9.1975; am 15.10.1975 behandelte der Bundestag den Entwurf eines Gesetzes zur Verbesserung der Haushaltsstruktur, am 22.10. verabschiedete die Bundesregierung den *5. Subventionsbericht* (Bundesministerium der Finanzen, *Finanzbericht 1976*, S. 228).

fiskalischen, binnenwirtschaftlichen und weltwirtschaftlichen Probleme 1974/
75 schärfer hervortraten, als dies Mitte der sechziger Jahre der Fall war — wenn
auch die staatliche Wirtschaftspolitik bis weit in das Jahr 1974 hinein das
tatsächliche Ausmaß der Wirtschaftskrise nicht zu rezipieren schien.

Auch dem 5. *Subventionsbericht* läßt sich nicht entnehmen, daß hier angesichts der Wirtschafts- und Haushaltskrise versucht werden sollte, die Subventionspolitik diesen neuen Bedingungen anzupassen, daß Ansätze entwickelt
würden, den Subventionsbericht über die buchhalterische Funktion hinaus
zu einem politischen Instrument zu machen. Daraus läßt sich die Schlußfolgerung ziehen, daß von staatlicher Seite — der Bundesregierung, des Parlaments
bzw. der Parteien — kein Interesse an einer Thematisierung der Subventionen
bestand. Vielmehr wurde der Eindruck vermittelt, dieses Thema sei jetzt,
nachdem die Steuerreform mit einigen Steuervergünstigungen aufgeräumt hatte,
weitgehend „ausgereizt". So sah Bundesfinanzminister Apel[7] keine weiteren
Sparmöglichkeiten mehr bei den Subventionen, die Streichung weiterer Steuervergünstigungen sei gar „kontraproduktiv". Für Apel war das Problem entschärft, weil das Subventionsvolumen seit 1973 hinter der Entwicklung des
staatlichen Finanzhaushalts zurückblieb — ein Argument, das er wenige Monate
später in einem Gespräch mit dem „Handelsblatt" nochmals hervorhob und
dabei auch auf den gesunkenen Anteil der durch Steuervergünstigungen verursachten Steuermindereinnahmen am Gesamtsteueraufkommen hinwies. Lediglich
lich den Anstieg der Ausgaben für die Sparförderung sah der Finanzminister
als problematisch an; er schloß sich der schon von der Deutschen Bundesbank
erstmals 1972 in ihren damals stark beachteten Subventionsabbauvorschlägen
vertretenen Meinung an, die Sparförderung einzuschränken bzw. abzubauen,
was denn auch im Rahmen der Steuerreform 1975 geschehen war und erhebliche steuerliche Mehreinnahmen bzw. Minderausgaben mit sich brachte. Es
kann wohl nicht überraschen, daß gerade diese als problematisch hervorgeho-
bene „Subvention" unter den im Haushaltsstrukturgesetz festgelegten Einsparungen den umfangreichsten fiskalischen Erfolg erbrachte.

Das Resultat des Subventionsabbaus ohne subventionspolitische Diskussion schlug sich wie folgt im Haushaltsstrukturgesetz 1975 nieder:

— Einschränkung der Sparförderung: Durch die Senkung der Sparprämien
  von 20 Prozent auf 14 Prozent bzw. der Wohnungsbauprämien von 23
  Prozent auf 18 Prozent sollten im Entstehungsjahr Finanzmittel im Ge-
  samtstaatshaushalt in Höhe von 1,15 Mrd. DM frei werden.

— Der stufenweise Abbau des Aufwertungsausgleichs für die Landwirtschaft,
  der nunmehr angesichts der Haushaltskrise beschlossen wurde, sollte jährliche Steuermehreinnahmen von ca. 200—300 Mio. DM bis 1980 bringen
  (bei Abbau der Gesamtvergünstigungen 1980: 1,3 Mrd. DM Steuermehreinnahmen).

— Die Einschränkung der Steuervergünstigungen im Kreditgewerbe, die im
  Rahmen der Körperschaftsteuerreform für das Jahr 1977 geplant war, sollte angesichts der Haushaltslage vorgezogen werden. Bundesregierung und
  Bundestag konnten ihre Vorstellungen gegenüber dem Bundesrat jedoch
  nicht voll durchsetzen: Statt die Körperschaftsteuersätze für die bisher
  begünstigten Kreditinstitute einheitlich auf 46 Prozent anzuheben, wie es

---

7 *Die Zeit* v. 24.10.1975.

der Entwurf zur Reform der Körperschaftsteuer vorgesehen hatte[8], wurde der Körperschaftsteuersatz für die öffentlich-rechtlichen Kreditinstitute, die Sparkassen und Staatsbanken, „soweit sie Aufgaben staatswirtschaftlicher Art erfüllen", von 35 Prozent auf 43 Prozent erhöht, der für Kreditgenossenschaften und Zentralkassen von 32 Prozent auf 41 Prozent[9]. Dies führte nach Schätzungen der Bundesregierung zu Steuermehreinnahmen von 38 Mio. DM im Entstehungsjahr[10].

Das Haushaltsstrukturgesetz erbrachte mit seinen Einschnitten im Subventionsbereich laut Finanzbericht 1977 geschätzte Einsparungen von ca. 1,4 Mrd. DM, bezogen auf das Entstehungsjahr. Hierin sind Finanzhilfen und Steuervergünstigungen enthalten.

Um die Aussage des Bundesfinanzministers, die Einsparmöglichkeiten bei den Subventionen seien „ausgereizt", einschätzen zu können, sollte man sich in Erinnerung rufen, daß tatsächlich in der langen Anlaufphase der Großen Steuerreform eine ganze Reihe von Steuervergünstigungen ins Abbauvisier geraten waren, die allerdings zum Teil Bagatellcharakter hatten – mit einer Ausnahme: das war der Wegfall der Abzugsfähigkeit der Vermögensteuer von der Einkommensteuer (verursachter Steuerausfall 1973 ca. 600 Mio. DM). Ferner entfiel bzw. lief außerhalb der Steuerreform eine Reihe von Vergünstigungen aus; so wurde schon 1973 (Steueränderungsgesetz 1973) der Schuldzinsenabzug als Sonderausgabe bei der Einkommensteuer beseitigt (Ausfall 1973: 750 Mio. DM). Doch waren damit tatsächlich alle Möglichkeiten des Abbaus von Finanzhilfen und Steuervergünstigungen ausgeschöpft?

Berücksichtigt man, daß schon wenige Jahre später (1977) der Abbau „alter" Vergünstigungen und problematischer Subventionen gefordert wurde[11], so kann man wohl davon ausgehen, daß es Einsparmöglichkeiten durchaus gegeben hätte. Daß von ausgeschöpftem Subventionsabbau gesprochen wurde, mag seinen Grund eher darin gehabt haben, daß der Pool der „politisierten" Vergünstigungen aufgebraucht war. Betrachtet man den Zeitraum zwischen der ersten Problematisierung und dem tatsächlichem Abbau, so liegen hier gerade bei umfangreicheren Vergünstigungen oft Jahre. Die sich im Haushaltsstrukturgesetz 1975 niederschlagenden Sparmaßnahmen im Subventionsbereich konnten somit nur dort zugreifen, wo ein Problematisierungsprozeß in Gang gebracht worden war: Beim Sparkassenprivileg war das offensichtlich seit der Bankenenquete 1968 der Fall; der Aufwertungsausgleich für die Landwirtschaft war von vornherein als befristet betrachtet worden – wenn man auch keine Befristung angegeben hatte. Die fiskalischen Probleme des Staatshaushalts boten die Gelegenheit, einen Abbau durchzusetzen, der sonst wohl kaum so schnell möglich gewesen wäre.

Die Problematisierung der Sparförderung schließlich hatte schon Anfang der siebziger Jahre eingesetzt und wurde bestärkt durch die Steuerreform, die Einkommensobergrenzen einführte. Doch zogen Sparförderung und Vermögensbildung in mehrfacher Hinsicht das fiskalisch-politische Interesse auf sich:

---

8 *BTDrs.* 7/1470.
9 Bundesministerium der Finanzen, *Finanzbericht 1977*, S. 55.
10 Vgl. ebd., S. 192.
11 Z.B. § 13a EStG (Einkommensbesteuerung der Landwirtschaft nach Durchschnittssätzen), § 6b EStG.

— Die Sparförderung war einmal einer der expansionsfreudigsten Posten der in den Subventionsberichten einbezogenen Begünstigungen: Ihr Anteil stieg von 13,5 Prozent 1968 auf 28,5 Prozent 1977 (1976: 24 Prozent)[12]. Insofern war sie leicht als „Schuldige" für den raschen Anstieg der Subventionen auszumachen.

— Die Sparförderung und die Vermögensbildung sind weitgehend gesetzlich fixiert; ihr Anstieg war einer seit Ende der sechziger Jahre (Folge des 3. Vermögensbildungsgesetzes und der zwischen 1969 und 1973 starken Zunahme der Lohn- und Gehaltseinkommen) zusehends stärkeren Inanspruchnahme geschuldet[13]. Veränderungen können nur durch entsprechende Gesetzinitiativen erreicht werden. Doch trotz aller Kritik an der Sparförderung: Unter normalen finanzpolitischen Bedingungen kann es sich aus wahlpolitischen Gründen kaum eine Regierung und Parlamentsmehrheit leisten, die staatliche Förderung der Vermögensbildung ohne ausgleichende Maßnahmen wieder einzuschränken. Eine Reform der Sparförderung und Vermögensbildung, wie sie im Zuge der Steuerreformdiskussion zunächst mit anvisiert wurde, stellte sich schon bald als koalitionspolitisch nicht durchführbar heraus. Insofern bot sich mit dem Haushaltsstrukturgesetz durch den Hinweis auf die finanzielle Notsituation des Staatshaushalts die Möglichkeit, scheibchenweise das durchzusetzen, was als staatliches Ziel zu realisieren vorher nicht möglich gewesen wäre: den staatlichen Beitrag zur Finanzierung der Vermögensbildung der unteren und mittleren Einkommensschichten zu reduzieren.

— Andererseits waren Sparförderung und Vermögensbildung in den vergangenen Jahren aufgrund ihres erheblichen fiskalischen Gewichts eines der plausibelsten subventionspolitischen Legitimationsmuster. Durch die Einbindung dieses umfangreichen Postens wurde das in der Presseberichterstattung beliebte Bild „Subventionen für alle" mit materiellem Gehalt versehen. Noch schien es als subventionspolitisches Legitimationsvermögen nicht in Frage gestellt, würde doch mit dem Abbau wieder staatliche Subventionsbeherrschungskraft demonstriert, wenn auch in einem Bereich, in dem sich kaum Widerstand regte: Die Sparkassen, die neben den Sparern

---

12 *9. Subventionsbericht*, S. 11 ff.

13 Über den Erfolg der bisherigen Sparförderungs- und Vermögensbildungspolitik ist damit noch nichts ausgesagt. In ihrer Studie über die personelle Vermögensverteilung in der Bundesrepublik stellen Horst Mierheim und Lutz Wicke fest, daß sich zwischen 1969 und 1973 die personelle Vermögenskonzentration verringert hat. Von einer „gerechten Vermögensverteilung" sei man jedoch „noch sehr weit entfernt". Die Gründe für diese Entwicklung sehen Mierheim und Wicke „zum geringsten Teil in einer erfolgreichen Vermögenspolitik", da die vermögenspolitischen Instrumente in viel zu geringem Maße auf die unteren Einkommens- und Vermögensschichten konzentriert seien. Hauptursache seien vielmehr die stark gestiegenen Masseneinkommen in der Phase 1969–73, die vielen Angehörigen der unteren und mittleren Einkommensschichten das Sparen in größerem Umfang erst ermöglichten. Unterstützt wurde dies allerdings durch das 3. Vermögensbildungsgesetz von 1969, das die Prämiensätze massiv erhöhte und dessen Ausnutzung durch tarifvertragliche Vereinbarungen begünstigt wurde. Ihm gestehen Mierheim und Wicke zu, daß es „eines der wenigen effektiven vermögenspolitischen Instrumente" sei (Horst Mierheim / Lutz Wicke, *Die personelle Einkommensverteilung in der Bundesrepublik Deutschland*, Tübingen 1978, S. 273.)

davon betroffen waren, rührten sich öffentlich so gut wie nicht, ebensowenig die Bausparkassen. Die finanziellen Schwierigkeiten des Staatshaushalts waren durch die Einsparungen von 1,4 Mrd. DM bei den Subventionen nicht behoben, zumal sich die Bundesregierung auch in konjunkturellen Ankurbelungsmaßnahmen, zum Teil in Konjunkturprogrammen, zum Teil mit finanziellen Maßnahmen zur „Verbesserung der Rahmenbedingungen der Wirtschaft", versuchte — Begünstigungen, die nicht nur vorübergehend gelten sollten. Als Ausgleich dienten Einsparungen im öffentlichen Dienst, beim Bafög und der Graduiertenförderung sowie eine Erhöhung des Beitragssatzes zur Arbeitslosenversicherung (von zwei auf drei Prozent) und Einschränkungen im Leistungsbereich des Arbeitsförderungsgesetzes; schließlich sollten durch eine Erhöhung der Tabaksteuer und der Branntweinsteuer ab 1977 weitere ca. 1,5 Mrd. DM jährlich die staatlichen Steuerkassen fließen[14].

Die sich verschlechternde Konjunktur im Verlauf des Jahres 1974 führte schließlich dazu, daß das lange aufgeschobene Jahrhundertwerk der Steuerpolitik, die „Große Steuerreform", doch noch verabschiedet wurde: Reformerische Gesichtspunkte standen dabei nicht mehr im Vordergrund. Als konjunkturpolitisches Instrument war die Steuerreform interessant geworden, da ihr — ob zu Recht oder zu Unrecht mag dahingestellt sein — aufgrund des Entlastungseffektes der Einkommen ein konjunkturell erwünschter zusätzlicher Nachfrageschub nachgesagt wurde.

Ob Reform oder Subventionsabbau: Die Wirtschafts- und Haushaltskrise schien zum *deus ex machina* abgehalfterter Reformen und aufgeschobener ungeliebter Entscheidungen geworden zu sein. War zu Beginn der Krise alles das gefragt, was sich einer konjunkturpolitischen Strategie unterordnete bzw. sich konjunkturpolitisch begründen ließ, so setzte mit anhaltender Krise seit 1975 die Doppelstrategie des sozialpolitischen Einsparens und der Verbesserung der Unternehmensgewinne ein. Neben dem voluminösen „Programm zur Stärkung von Bau- und anderen Investitionen" (5,75 Mrd. DM), das die Bundesregierung im August 1975 beschloß, wurde mit dem Gesetz zur Änderung des Einkommensteuergesetzes vom 20. April 1976[15] als „Maßnahme zur Verbesserung der Rahmenbedingungen der Deutschen Wirtschaft" die Möglichkeit eines Verlustrücktrages eingeführt, der nach Schätzung des Bundesfinanzministeriums 1976 zu Steuerausfällen von 300 Mio. DM geführt haben dürfte[16].

14 Gesetz zur Änderung des Tabaksteuergesetzes und des Gesetzes über das Branntweinmonopol. v. 5.7.1976; Zahlenangaben, in: Bundesministerium der Finanzen, *Finanzbericht 1977*, S. 56 f., 192 f. — Konjunkturpolitisch reagierte die Bundesregierung auf den Rückgang der wirtschaftlichen Tätigkeit und den raschen Anstieg der Arbeitslosigkeit mit Verzögerung. In Erwartung eines baldigen Wirtschaftsaufschwungs hatte man als einzige expansive Maßnahme im Februar 1974 ein „Einmaliges Sonderprogramm für Gebiete mit speziellen Strukturproblemen" in Höhe von 600 Mio. DM (zu denen die Länder noch weitere 300 Mio. DM beisteuerten) bereitgestellt, um die schlimmsten Auswüchse der wirtschaftlichen Entwicklung in Problemregionen zu glätten. Erst als bis zum Herbst keine Veränderung der konjunkturellen Situation eingetreten war, entschloß sich die Bundesregierung zu einem „Programm zur Förderung von Beschäftigung und Wachstum bei Stabilität", das über eine „klassische" keynes'sche Nachfragepolitik vor allem die private Investitionstätigkeit ankurbeln sollte. Vgl. Schroeder, *Stagnation* (Anm. 2), S. 146.
15 *BGBl. I*, S. 1054.
16 Bundesministerium der Finanzen, *Finanzbericht 1977*, S. 192.

3. Politisierung der Subventionsdiskussion 1976–1982 und die Sparpolitik der Bundesregierung. Hat die Intensivierung der subventionspolitischen Diskussion Auswirkungen auf die Wirtschafts- und Haushaltspolitik des Bundes?

Subventionen im wirtschaftspolitischen Kontext zu betrachten, schien 1975 so bedeutungslos geworden zu sein, daß im *5. Subventionsbericht* – vom Bundeskabinett auf dem Höhepunkt der Wirtschaftskrise im Herbst 1975 verabschiedet – die buchhalterische Ebene zu verlassen und einen Bezug zu den wirtschaftlichen Rahmenbedingungen herzustellen man nicht für nötig befunden hatte. Allerdings bot sich subventionspolitisch auch kein Anlaß, hatte doch die Erstellung des Haushaltsstrukturgesetzes 1975 anscheinend gezeigt, daß Subventionsabbau aus dem Stand möglich ist. Auch wenn die spezifische Profilierung dieser Sparmaßnahmen in erster Linie die privaten Haushalte (des unteren und mittleren Einkommensbereichs) betraf (Einschränkung der Sparförderung): Ein „Nachweis" subventionspolitischer Leistungsfähigkeit im Abbaubereich war *ex ante* erbracht. Dies ließ subventionspolitische Diskussion – geschürt durch fiskalische und ökonomische Krisenlagen – gar nicht erst aufkommen, zumal in den vorangegangenen Jahren im Rahmen der Steuerreform auch eine Reihe von Steuervergünstigungen abgebaut worden war.

Die Feststellung von Bundesfinanzminister Apel, jede weitere Einsparung bei den Subventionen könne kontraproduktiv geraten[17], deutet darauf hin, daß die politische Führung des BMF 1975/76 am Subventionsabbau nicht interessiert war. Die bevorstehende Bundestagswahl 1976 führte dazu, daß von Bundesregierung wie auch von Parteien und auch Verbänden[18] das Thema Subventionspolitik offensichtlich gemieden wurde. Die Vermutung einer wahlpolitisch geschuldeten Abstinenz bestätigt sich (zum Teil) in dem Wiederaufleben der Diskussion nach der Bundestagswahl. Mit dem Reformvorhaben § 13a EStG[19] bestand innerhalb des BMF ein subventionspolitisches Projekt, dessen agrar- und steuerpolitische, vor allem aber auch koalitionspolitische Brisanz seine Nicht-Thematisierung vor der Wahl plausibel macht.

In den folgenden Jahren konnte das Subventionsthema erneut die öffentliche Aufmerksamkeit auf sich ziehen. Angesichts der fortbestehenden Wirtschafts- und Haushaltsprobleme war dies nicht verwunderlich und wäre auch in dieser Untersuchung nicht allzusehr hervorzuheben, ließen sich hier nicht Veränderungen beobachten, die – zum Teil an der sich wandelnden Ausgestaltung des Subventionsberichts sichtbar gemacht (vgl. oben Kap. VI) – als Übergang von einer Diskussion über Subventionen zu einer Auseinandersetzung über Subventionspolitik gedeutet werden können. Diese Unterscheidung bedeutet nicht, daß im ersten Falle über einzelne Subventionen, im zweiten über Subventionen allgemein diskutiert wird. Auch ist damit nicht gemeint, die Diskussion über Subventionen sei unpolitisch im Unterschied zu denjenigen über Subventionspolitik. Die Unterscheidung bezeichnet vielmehr eine öffentliche politische Auseinandersetzung über das Thema Subventionen, in der

17 *Die Zeit* v. 24.10.1975; vgl. auch *Handelsblatt* v. 4.6.1976.
18 Mit Ausnahme des Bundes Deutscher Steuerzahler, vgl. *Handelsblatt* v. 18.12.1975.
19 Reform der Einkommensbesteuerung der Landwirtschaft nach Durchschnittssätzen.

— einmal, sich suggestiv der breiten Ablehnung von Subventionen vergewissernd, stets aufs neue das Subventionsvolumen, der Umfang einzelner Subventionen, das staatliche Unvermögen im Abbau derselben, die begünstigten Gruppen usw. beschrieben und an den Pranger — in milder Form, versteht sich — gestellt werden, ohne daß man darüber hinaus in eine politisch verbindliche Auseinandersetzung über die entsprechenden Maßstäbe für Vergabe oder Abbau eintritt;

— zum anderen der Versuch gemacht wird — und dieser sich auch in politisch verbindlichen Formen niederschlägt —, Kriterien einer Subventionspolitik zu entwickeln *und* durchzusetzen, die sich also in neu vergebenen Subventionen oder in einem dementsprechenden Subventionsabbau niederschlagen.

Unpolitisch sind beide Formen der Subventionsdiskussion keineswegs: Handelt es sich doch bei der ersten um die adäquate Form für eine Subventionspolitik, die gerade keine wirtschafts- oder/und finanzpolitisch klaren Kriterien angeben kann, außer vielleicht, daß jede Subvention unter ordnungspolitischen Gesichtspunkten bedenklich ist. Damit läßt sich keine subventionspolitische Strategie entwickeln, wohl aber eine Subventionspolitik, die bestimmt ist durch entsprechende machtpolitische Opportunitäten. Im zweiten Fall werden sozusagen unter steuerungspolitischen Gesichtspunkten „rational" der Vergabemaßstab und die notwendige Struktur der Subventionen bestimmt, die instrumentelle Perfektionierung jedoch lenkt eher von den gesellschaftlichen Machtstrukturen ab.

Es fragt sich, ob — wenn es richtig ist, daß eine subventionspolitische Auseinandersetzung begonnen hat — sich deren Wirkungen in der Struktur der Sparmaßnahmen 1981/82 niedergeschlagen haben. Ein solcher „Abdruck" wäre somit der Testfall für die Relevanz der mit dem Jahr 1976 allmählich beginnenden, gegenüber dem vorangegangenen Zeitraum in der Struktur veränderten subventionspolitischen Auseinandersetzung.

3.1. Strukturierung der subventionspolitischen Diskussion in Parteien und Verbänden — Ende des subventionspolitischen Laientums?

Versucht man, die das weite Subventionspolitikfeld besetzenden Akteure nach Zielen und Handlungsspielräumen zu unterscheiden, dann ergibt schon der erste Eindruck ein Bild, das sich bei weiterer Betrachtung als subventionspolitische Faustregel entpuppt: Die subventionspolitische öffentliche Diskussion wird vor allem von denen getragen, die weder bei der Vergabe beteiligt noch durch den Erhalt von Subventionen direkt begünstigt sind und in dieser Hinsicht deshalb das geringste Handlungsvermögen aufweisen, aber aufgrund dieser „Un"-Verantwortlichkeit des „außerhalb" des Subventionsverhältnisses Stehenden den größten öffentlichen Thematisierungsspielraum besitzen. Eine andere Gruppe bilden jene, die gerade aufgrund konkreter subventionspolitischer Betroffenheit (sei es als vergebende Institution oder als Empfänger bzw. Forderer) in dieser Hinsicht die größere Handlungskompetenz, eine (inhaltliche) Entscheidungsbefugnis besitzen, sich jedoch gerade deshalb weitgehend aus der öffentlichen Diskussion heraushalten.

Natürlich variiert dieses Muster bzw. wird überlagert durch eines, das in der Phase der „Subventionsdiskussion" (im Unterschied zur subventionspolitischen Diskussion — s. o.) vorherrschte: das Thematisieren abstrakter Subventionspolitik, das dazu diente, die konkrete Kritik zu umgehen. (Ein anderes Verfahren ist das „St.-Florians-Prinzip", das jedoch nur eine taktische Variante des eben genannten darstellt.)

Betrachten wir zunächst die zuerst genannte Gruppe subventionspolitischer Akteure. Zu ihr zählen:

— Auf Regierungsebene das Bundesfinanzministerium: Es stellt zwar qua eigener Basisfunktion den „subventionspolitischen Kassenverwalter" dar und zeigte sich in der Vergangenheit, was die allgemeine, vor allem fiskalische Problematik der Subventionen angeht, als recht thematisierungsfreudig; auch kommt ihm via Subventionsbericht regierungsamtlich die Darstellungskompetenz für die Subventionspolitik zu — wenngleich durch gesetzliche, politische und institutionelle Vorgaben restringiert. Die über die Thematisierung hinausgehende subventionspolitische Handlungskompetenz ist jedoch erheblich eingeschränkt, sie erschöpft sich im (sicherlich notwendigen) Zusammentragen von Daten; der daraus folgende subventionspolitische Impetus bricht sich an der subventionspolitischen Eigenständigkeit der betroffenen Ressorts.

— Auf parlamentarischer Ebene die damit befaßten Ausschüsse wie Finanzausschuß, Haushaltsausschuß und Wirtschaftsausschuß. Hier führte allerdings jahrelang mangelnder politischer Problemdruck dazu, die Auseinandersetzung mit dem Subventionsthema bzw. konkret mit dem Subventionsbericht der Bundesregierung ganz hintanzustellen oder sich nur relativ oberflächlich damit zu befassen. Eine nachhaltige Thematisierung der Subventionspolitik oder gar eine Problematisierung ist von den Ausschüssen nicht ausgegangen und angesichts des damit verbundenen hohen Konsensbedarfs auch kaum zu erwarten.

— Die Fraktionen: Von ihren jeweiligen Interessen werden die Thematisierungs- und Handlungsspielräume der Ausschüsse begründet und begrenzt, darüber hinaus aber auch durch das Informationsniveau der Bundestagsabgeordneten. Dies wiederum ist nicht allein ein individualisierbares Problem, sondern wird auch beeinflußt durch innerfraktionelle Arbeitsgruppen und Arbeitskreise. Neben der Schwerpunktsetzung der parlamentarischen Arbeit stellt sich hier die Frage, ob der gegebene Thematisierungs- und Politisierungsspielraum (der unter Umständen weiter ausgelegt ist als auf Regierungsseite, wenn auch mit geringerer Verbindlichkeit) nicht nur sporadisch, sondern nachhaltig genutzt wird. Zumindest in der Phase nach 1976 sind aus dieser Gruppe wichtige Anstöße gekommen.

— Im außerparlamentarischen Bereich auf staatlicher Seite wirtschafts- und finanzpolitisch kompetente Institutionen. Sie melden sich sporadisch in subventionspolitischer Absicht zu Wort und ihre Meinungsäußerung findet große Beachtung (Deutsche Bundesbank). Sie bringen sich jedoch nicht kontinuierlich in die subventionspolitische Diskussion ein.

— Im Verbandsbereich die großen Dachverbände der Unternehmer (BDI, DIHT)[20] und auch der Gewerkschaften (DGB)[21]. Ihre Stellungnahmen erfolgen jedoch meist nur in sehr allgemeiner Form und sind keineswegs geeignet, auf bestimmte subventionspolitische Maßnahmen einzuwirken. Weit davon entfernt, konkret Begünstigte zu sein — denn sie vertreten die „verallgemeinerten" Interessen —, beteiligen sie sich an Strategien klimatischer Einflußnahme: im Setzen von Duftmarken.

Getragen wird die allgemeine Subventionsdiskussion ferner von einer Reihe weiterer Akteure. Unermüdlich sind der Bund der Steuerzahler und die Deutsche Steuergewerkschaft; auch aus wissenschaftlichen Instituten kommen Stellungnahmen und subventionspolitische Analysen, die öffentlicher Aufmerksamkeit sicher sein können: Besonders im Rahmen der Strukturberichterstattung stellten sie im Auftrag der Bundesregierung mehrere Untersuchungen an, die das öffentliche Bild von der Subventionspolitik beeinflußt haben (das bis dahin von dem im Subventionsbericht gezeichneten dominiert wurde) und nicht ohne Folgen auf den Diskussionsprozeß geblieben sind[22]. Gemeinsam ist allen die öffentliche subventionspolitische Diskussion beherrschenden Akteuren, daß ihnen keine oder nur eine sehr eingeschränkte Entscheidungskompetenz für die konkrete Subventionserteilung und damit auch für die wesentliche Dynamik der Subventionsentwicklung zukommt.

20 Vor allem der DIHT mit seinen Vorschlägen „Subventionen abbauen". Neben den in der Diskussion üblichen Forderungen nach Befristung und linearer Kürzung der Subventionen schlägt der DIHT ein Bundessubventionsgesetz im Sinne eines Verfahrensgesetzes vor; ferner befürwortet er eine Verlagerung der Subventionsberichterstattung auf das Bundeswirtschaftsministerium. Konkrete Abbauvorschläge des DIHT beziehen sich auf eine Reduzierung der Projektförderung im Bereich Forschung und Technologie, eine Überprüfung der Subventionierung der Werften, des Steinkohlenbergbaus sowie des Instruments der regionalen Wirtschaftsförderung. Vgl. Deutscher Industrie- und Handelstag (DIHT), *Subventionen abbauen! Vorschläge des DIHT*, Bonn 1980. Zu Vorschlägen des BDI vgl. Deutscher Bundestag (Hrsg.), *Fragen der Subventionspolitik*, Bonn 1982, S. 26 ff.

21 Der DGB-Bundesvorstand beschloß im Februar 1980 detaillierte Forderungen und Vorschläge zur Subventionskontrolle. Neben Forderungen nach größerer Transparenz in der Subventionsberichterstattung als Voraussetzung einer effektiven Subventionskontrolle legte der DGB besonderen Wert auf eine verschärfte Erfolgskontrolle der Subventionen; vor allem aber sollten Subventionen und ihre Kontrolle in eine wirksame Struktur- und Beschäftigungspolitik eingebunden werden, verwirklicht durch staatliche Investitionslenkung und gekoppelt mit einem Bundesentwicklungsplan, Wirtschafts- und Sozialräten und Branchenausschüssen etc. Konkrete Vorschläge zum Abbau von Subventionen legte der DGB nicht vor. Vgl. Forderungen und Vorschläge des Deutschen Gewerkschaftsbundes zur Subventionskontrolle, in: *DGB — Wirtschaftspolitische Informationen*, Nr. 2 v. 22.2.1980.

22 Vgl. Karl Heinz Jüttemeier / Konrad Lammers, Subventionen in der Bundesrepublik, in: *Kieler Diskussionsbeiträge des Instituts für Weltwirtschaft Kiel*, H. 63/64, Kiel 1979; Egbert Gerken / Karl Heinz Jüttemeier / Klaus-Werner Schatz / Klaus-Dieter Schmidt, *Mehr Arbeitsplätze durch Subventionsabbau, Kieler Diskussionsbeiträge*, H. 113/114 hrsg. v. Institut für Weltwirtschaft Kiel, Kiel 1985; DIW, Subventionspolitik — Bestandsaufnahme und Bewertung. Zur Entwicklung der Subventionen seit 1970, in: *DIW-Wochenberichte*, 20/1984, S. 231—239; Ulla Schwarze, Subventionen — Spürbare Beeinflussung des Wirtschaftsgefüges?, in: *RWI-Mitteilungen* 1980, S. 135 ff.

Anders die zweite Gruppe von Akteuren, die den jeweiligen konkreten Politikbereich ausfüllt, in dem Subventionen Geltung erlangen. Hier sind auf Regierungsseite die betreffenden fachspezifischen Ressorts zu nennen, das Bundesministerium für Wirtschaft, das Bundesministerium für Forschung und Technologie, das für Wohnungsbau und nicht zuletzt das für Landwirtschaft, Ernährung und Forsten. Eigenständige Thematisierungen sind von dieser Seite nicht zu erwarten, eher defensive Strategien der Besitzstandswahrung. Und noch nicht einmal dieses: Denn wenn die Ressorts Programme der regionalen, sektoralen oder allgemeinen Wirtschaftsförderung, der Forschungs- und Entwicklungsförderung etc. befürworten, vermeiden sie es tunlichst, diese unter Subventionsaspekten zu thematisieren; gerade dem BMFT ist es nachhaltig gelungen, eine Reihe, wenn nicht die überwiegende Mehrzahl seiner Ausgabenprogramme gänzlich aus dem Subventionsbereich und damit von dieser verfänglichen Titulierung fernzuhalten[23].

Es versteht sich, daß auch die jeweilige Klientel wenig Ambitionen zeigt, sich an einer subventionspolitischen Diskussion zu beteiligen[24]. Beiträge von Wirtschaftsfachverbänden findet man selten im Rahmen subventionspolitischer Auseinandersetzungen — außer, es handelt sich um Antworten auf Problematisierungen von in diese Wirtschaftsbereiche fließenden Subventionen: Hier befleißigen sich dann die betroffenen Unternehmen und ihre Verbände einer heftigen Gegenwehr. Dabei sind die meisten Wirtschaftsbereiche nicht in einer so unglücklichen Lage wie die deutsche Landwirtschaft, die als Interessenvertreter der Bauernschaft einzig den Deutschen Bauernverband vorzuweisen hat[25]. Er allerdings betrieb sein Geschäft mit Verve und Erfolg (wenn auch sein Durchsetzungsvermögen seit Mitte der siebziger/Anfang der achtziger Jahre gelitten hat). In den meisten Fällen, wenn es um konkrete Subventionsförderungen geht, steht die jeweilige Industriegewerkschaft in nur geringer Distanz zur Haltung der betreffenden Verbände. Es ist deshalb kaum überraschend, daß ebensowenig wie die Dachverbände der Wirtschaft (BDI) auch der Deutsche Gewerkschaftsbund sich nicht zu einer „Abbauliste" für Subventionen

23 Mit dem *10. Subventionsbericht* wurden die Zahlungen des Bundes an Unternehmen im Rahmen der Forschungsförderung nachrichtlich in den Bericht aufgenommen.

24 Zum Subventionshearing des Haushaltsausschusses des Deutschen Bundestages vom 3. und 4. Juni 1982 wurden 54 Verbände und Institutionen vom Haushaltsausschuß aufgefordert, Stellungnahmen einzureichen; lediglich 33 beantworteten die Aufforderung und beteiligten sich an der öffentlichen Anhörung (Deutscher Bundestag, *Subventionspolitik* [Anm. 20], S. 14). Im öffentlichen Hearing des Finnazausschuesses zum Subventionsabbaugesetz vom 1. und 3. April 1984 meldeten sich dagegen 91 Verbände zu Wort (s. u.).

25 Hansmeyer sieht gerade im Fehlen einer oppositionellen Interessengruppierung, die gegebenenfalls als Bündnispartner auftreten kann, eine wesentliche Ursache für das große Interesse des DBV an der gesetzlichen Kodifizierung von Vergünstigungen. Vgl. Karl-Heinrich Hansmeyer, *Finanzielle Staathilfen für die Landwirtschaft*, Tübingen 1963, S. 68 f. Zur Frage der Interessenorganisation der Klientel der verschiedenen Ressorts vgl. Rolf Berger, Zum Verhältnis von Aufgabe, Struktur und Interessen in der Forschungspolitik, in: *Politische Wissenschaft und politische Praxis*, hrsg. v. Udo Bermbach, Opladen, *PVS*-Sonderheft, 9/1978, S. 169–191.

durchringen konnte[26]; hier wie dort wären konkrete Einzelinteressen verletzt worden.

Wenig Hilfestellung ist in diesem Zusammenhang auch von den jeweilig betroffenen Ausschüssen des Bundestages zu erwarten. Sie nehmen zwar eine gewisse Kontrollfunktion wahr, sind jedoch kaum in der Lage — und streben es auch nicht an —, subventionspolitische Zielsetzungen durchzusetzen, zumal auch hier parlamentarische Interessenverteter der entsprechenden gesellschaftlichen Interessen das Feld beherrschen.

Diese Zweiteilung der subventionspolitischen Diskussion — wie ja auch der Subventionspolitik selbst[27] — malt ein düsteres Bild über die Bedingungen der Möglichkeit von Politik im Subventionsbereich. Denn dort, wo die Kernprobleme der Subventionen thematisiert werden können, nämlich die über die einzelnen Subventionen hinausgehenden Fragen verteilungs-, steuerungs- und kontrollpolitischer Natur, werden sich nur jene Interessen beteiligen, die sich gegenüber den einzelnen Subventionen selbst „abstrakt" verhalten: Dort, wo Subventionspolitik als Subventionspolitik thematisiert wird, kann über sie zwar reflektiert, nicht jedoch entschieden werden. Dort dagegen, wo die konkreten subventionspolitischen Entscheidungen fallen, wird tunlichst vermieden — soweit dies möglich ist —, Subventionsentscheidungen als Subventionspolitik zu deklarieren; erst *ex post* erscheint sie als solche.

Die Trennung zwischen abstraktem und konkretem subventionspolitischen Bereich läßt sich nicht strikt durchhalten. Wäre dies möglich, würde die subventionspolitische Diskussion insgesamt wohl bald verkümmern, auch völlig überflüssig werden. Die Verbindung zwischen beiden Ebenen ist vielmehr durchaus vorhanden; subventionspolitische Dynamik entwickelt sich gerade aus dem Überschwappen von politischen Erfahrungen an konkreten Subventionen in allgemeine Subventionspolitik. In positiven Entwicklungsmustern verläuft dies in der Art eines subventionspolitischen Lernprozesses, wie er oben am Beispiel der Kohlepolitik beschrieben wurde, der Konsequenzen für andere Subventionsbereiche hatte.

Es stellt sich die Frage, welche konkreten Subventionsbereiche in den siebziger und achtziger Jahren die materiellen Auslöser (neben dem recht allgemeinen der fiskalischen Zwänge) waren, die die subventionspolitische Diskussion antrieben und die Subventionspolitik insgesamt auf ein qualitativ höheres Niveau hoben und welche Veränderungen in der Struktur subventionspolitischer Akteure damit eventuell verbunden waren.

Eine intensivere Beschäftigung der politischen Öffentlichkeit mit den Subventionen begann mit der Veröffentlichung des *6. Subventionsberichts* im November 1977. Anzeichen dafür finden sich jedoch schon deutlich früher; auch die veränderte Form und Abgrenzung des Subventionsberichts ist selbst Ausdruck dieser neuen Entwicklung. Es deutet einiges darauf hin, daß die

---

26 Allerdings legte der DGB ernstzunehmende Vorschläge zur besseren Subventionskontrolle vor. Vgl. hierzu Forderungen und Vorschläge (Anm. 21); Wilfried Höhnen, Subventionskontrolle im Dienste beschäftigungssichernder Finanz- und Strukturpolitik, in: Claus Schäfer/Hartmut Tofaute (Hrsg.), *Beschäftigungssichernde Finanzpolitik*, Frankfurt a. M., S. 90–100.

27 Vgl. hierzu auch die einleitenden konzeptionellen Überlegungen zur Subventionspolitik (s. o., S. 20 ff.).

ersten Schritte für diese Entwicklung auf parlamentarischer Ebene erfolgt sind. Insbesondere die anstehende Reform des § 13a EStG (Einkommensbesteuerung der Landwirtschaft nach Durchschnittssätzen) und die aktuelle Entwicklung um den § 6b EStG (Veräußerung der Kapitalanteile an Daimler-Benz durch Flick in Höhe von zwei Mrd. DM mit der Absicht, die Vergünstigung des 6b in Anspruch zu nehmen), die durch die Vorlage des sogenannten 6b-Berichts des BMF im Jahre 1977 im Finanzausschuß eine besondere Note erhielt, gaben der politisch-parlamentarischen Beschäftigung mit Subventionspolitik – verbunden mit fiskalischen Problemen – eine besondere Dringlichkeit. Die SPD-Fraktion und hier der Arbeitskreis Öffentliche Finanzwirtschaft sowie AG Steuern scheinen sich schon früh mit dem Subventionsthema intensiver befaßt zu haben, intensiver zunächst als die übrigen Fraktionen; aber auch bei FDP und CDU/CSU begann man sich dem Thema zuzuwenden. Im einzelnen:

a) SPD

Bei Erscheinen des 6. Subventionsberichts setzte die Arbeitsgemeinschaft Steuern im Arbeitskreis Öffentliche Finanzwirtschaft der SPD-Bundestagsfraktion eine ad-hoc-Gruppe ein, ihn zu überprüfen. Der Abgeordnete Dieter Spöri kritisierte in der Öffentlichkeit heftig die bisherige Form der Berichterstattung[28] und meldete grundsätzliche Einwände an[29]. Zentrale Inhalte der Kritik waren: Subventionen seien grundsätzlich ein zentrales unverzichtbares Instrumentarium der Struktur-, Verteilungs- und Wirtschaftspolitik, das jedoch flexibler Handhabung bedürfe, um neue notwendige Subventionen aus dem Abbau alter, überflüssig gewordener finanzieren zu können; ferner sollte der Subventionsbericht sich nicht allein auf eine statische Aufzählung beschränken, sondern Anhaltspunkte für die wirtschaftspolitische Beurteilung von Subventionen geben[30].

Bedeutung hatte diese subventionspolitische Kritik für die SPD vor allem unter dem Aspekt einer „vorausschauenden Strukturpolitik". So beschloß man auf ihrem Hamburger Parteitag im November 1977 im Rahmen der Konzeption für eine solche Strukturpolitik[31], daß insbesondere die Erfolgskontrolle der Subventionen ausgebaut werden müsse und daß zugleich mit der Vergabe Auflagen beschäftigungspolitischer Art zu verknüpfen seien. Ferner sprach man sich für offene Subventionen (Finanzhilfen) statt Steuervergünstigungen, für deren degressive Ausgestaltung und ihre Befristung, verbunden mit einer Rückzahlungsverpflichtung, aus – Forderungen, die auch an anderer Stelle wiederholt wurden und die inzwischen zum subventionspolitischen Profil der SPD gehören.

Die weitaus umfangreichste subventionspolitische Kritik legte im Juni 1978 der damalige Hamburger Finanzsenator Seeler vor, eine Denkschrift, die es nicht allein bei einer Entwicklung von Kriterien der Subventionsvergabe und Kontrolle beließ, sondern für eine Fülle von Steuervergünstigungen veränderte Regelungen vorschlug[32].

28 Vgl. *SPD-Pressedienst* v. 20.10.1977.
29 Vgl. *Vorwärts* v. 16.3.1978.
30 Arbeitskreis Öffentliche Finanzwirtschaft der SPD-Bundestagsfraktion (Herta List), *Entwicklung der Subventionen seit 1966 – Überlegungen für eine verbesserte Effizienz der Subventionsförderung*, Bonn, MS v. 30.11.1978, S. 5.
31 Leitantrag 506 des Parteivorstandes.
32 Arbeitskreis Öffentliche Finanzwirtschaft (Anm. 30), S. 5 ff.

b) CDU/CSU

Die CDU/CSU-Fraktion des Bundestages gründete zum Thema Subventionen eine ad-hoc-Arbeitsgruppe, die im Mai 1978 — noch vor der Behandlung des Subventionsberichts in den zuständigen Ausschüssen — „Grundsätze der Subventionspolitik" vorlegte[33]. Die CDU/CSU-Fraktion forderte ebenfalls klarere Zielformulierungen für die Subventionen, Erfolgskontrollen sowie Befristung und degressive Ausgestaltung. Auch seien Produktivitätshilfen und investive Subventionen Anpassungs- und Erhaltungshilfen und konsumtiven Subventionen vorzuziehen. Deutlich trat der Gegensatz zur SPD in der Forderung zutage, daß Steuerentlastungen Vorrang vor Finanzhilfen haben sollten. Bemerkenswert sind auch die differenzierten Vorstellungen, die die CDU/CSU-Fraktion zum Subventionsabbau hat: Zwar fordert sie den Abbau von Subventionen als unverzichtbar für die Konsolidierung der Haushalte, hält jedoch eine Konsolidierung nur dann für realisierbar, wenn ein „ausgewogenes Konzept" gefunden wird, das in den Abbau auch andere Transferleistungen, „die ihre soziale Zweckbestimmung verfehlen", einbezieht.

Im Subventionsbericht kritisiert wurde die Angleichung des Begriffs Steuervergünstigungen an den der Finanzhilfen, die zu einer Minderung des ausgewiesenen Volumens der steuerlichen Subventionen führte. Diese Neuabgrenzung, die von den meisten Kritikern begrüßt wurde, weil sie eine bessere Vergleichbarkeit von Finanzhilfen und Steuervergünstigungen zulasse, fand bei der CDU/CSU keinen Anklang. Ihrer Meinung nach sei „dem Bestreben, durch Eingrenzung des Subventionsbegriffs, einen Abbau vorzutäuschen, ... entgegenzutreten"[34].

Konkrete Änderungsvorschläge zu einzelnen Subventionen finden sich bei der CDU/CSU nicht.

c) FDP

Auch die FDP reagierte schnell auf die Veröffentlichung des 6. Subventionsberichts. In der Kritik ihrer Vertreterin im Finanzausschuß, Ingrid Mathäus, war ein ähnliches subventionspolitisches Kriterienprofil zu erkennen, wie es die SPD vorgeführt hatte. Neben den Forderungen nach Befristung, degressiver Ausgestaltung und der Bevorzugung von direkten Subventionen (Finanzhilfen) wurde die Weiterentwicklung des Subventionsberichts „zu einem Instrument der Strukturpolitik" verlangt. Die „Grundlage für eine Subvention sollte jeweils ein — in ein strukturpolitisches Gesamtkonzept eingeordnetes — Strukturanpassungsgesetz sein"[35].

Der FDP-Bundesvorstand verabschiedete am 28. April 1978 einen Kriterienkatalog für eine neue Subventionspolitik. Als wichtigster Punkt wurde ein

---

33 Manfred Langner, Grundsätze zur Subventionspolitik, in: *Pressedienst der CDU/CSU-Fraktion im Deutschen Bundestag* v. 29.5.1978.

34 Ebd., S. 2. — Die CDU/CSU-Fraktion schien hier keine konsistente Meinung zu vertreten, da der Vorsitzende des Haushaltsausschusses in der vorangegangenen Legislaturperiode im Hinblick auf den *4. Subventionsbericht* gefordert hatte, die Abgrenzung des Subventionsbegriffs zu ändern (vgl. *Handelsblatt* vom 10.10.1974).

35 Matthäus, Ingrid, Der Subventionsbericht muß zu einem Instrument der Strukturpolitik werden, in: *fdk-tagesdienst*, Pressedienst der Bundestagsfraktion der F.D.P. vom 17.11.1977, Bonn.

„Rahmengesetz für Subventionen" gefordert, in dem u. a. das Verhältnis zwischen Träger, Vermittler und Empfänger einer Subvention geregelt, der Staat an Vergabekriterien gebunden und auch die Erfolgskontrollen kodifiziert werden sollten. Nach dem Beispiel der Landwirtschaftsbesteuerung sollten „Neuordnungsvorschläge" für die jeweiligen Subventionen erstellt werden[36].

Grundsätzlich war die Position der FDP zu diesen subventionspolitischen Kriterien zwiespältig. Zwar hatte es den Anschein, daß sie ebenso wie die SPD die Effektivierung der Subventionspolitik vor allem aufgrund strukturpolitischer Erfordernisse für notwendig ansah; doch waren die Vorstellungen hinsichtlich dieser Strukturpolitik innerhalb der FDP sehr unterschiedlich. Vom Fachausschuß Steuer- und Finanzpolitik, der für die subventionspolitischen Vorschläge verantwortlich zeichnete, wurde gefordert, Subventionen durch eine Sachverständigen-Kommission für Strukturpolitik begutachten zu lassen. Dies lehnte Wirtschaftsminister Graf Lambsdorff vehement ab; er entdeckte darin erste Anzeichen der von SPD und Gewerkschaften geforderten Strukturräte[37].

Innerhalb der Bundestagsfraktionen hatten sich also im Laufe der Jahre 1977/78 subventionspolitische Vorstellungen präzisiert. Zumindest was die SPD und Teile der FDP anging, hatte man auch einzelne Subventionen (§ 13a, § 6b EStG) öffentlich nachhaltig problematisiert. Diese subventionspolitische Profilierung der Fraktionen konnte natürlich nicht folgenlos für die Ausschußarbeit bleiben. Der Wirtschaftsausschuß gab in seiner Stellungnahme zum Subventionsbericht (vom 18. Oktober 1978) die Empfehlung, bei der Berichterstellung und der Überprüfung von Subventionen folgendes zu beachten: „Subventionsziele und Subventionswirkungen müssen so klar beschrieben werden, daß eine sachgemäße Bewertung der Subventionen unter gesamtwirtschaftlichen Aspekten möglich ist." Auch seien Subventionen grundsätzlich zu befristen, strukturverbessernde seien vorzuziehen; insgesamt solle das Subventionsvolumen absinken.

Auch der Finanzausschuß kam in seiner Beratung zum Subventionsbericht zur Verabschiedung eines von der Koalitionsparteien SPD und FDP getragenen Entschließungsantrags — er wurde sogar teilweise von der CDU/CSU-Fraktion unterstützt —, in dem die nun schon bekannten gemeinsamen Forderungen an die Subventionspolitik dargelegt wurden: Befristung, Bevorzugung strukturverbessernder, offener Subventionen, Rückzahlungsverpflichtung und bessere Effizienzkontrolle, die sich danach im Subventionsbericht niederschlagen sollte[38].

Auch der für die Beratung des Subventionsberichts federführende Haushaltsausschuß hielt eine Kritik am Subventionsbericht für angebracht, der, so

---

36 *Handelsblatt* v. 24.5.1978 — Als „Liberales Eigentor" qualifizierte der Kommentator der *Frankfurter Rundschau* diesen Beschluß des FDP-Vorstands: Zu diesem Zeitpunkt war der FDP-Landwirtschaftsminister Ertl noch weit davon entfernt, sich auf ernsthafte Verhandlungen mit dem BMF hinsichtlich einer Reform des § 13a EStG einzulassen. Vgl. *Frankfurter Rundschau* v. 26.5.1978.

37 *Die Welt* v. 3.5.1978.

38 *Handelsblatt* v. 19.1.1979.

Heide Simonis, MdB, „vielleicht Züge eines Leistungsjubelberichtes" trage[39]. In der Resolution des Haushaltsausschusses — getragen von FDP und SPD — hieß es: „Die Bundesregierung wird gebeten, bei der Erstellung der kommenden Berichte und der Überprüfung von Subventionen in Zukunft Subventionsziele und Subventionswirkungen so klar und eindeutig zu definieren, daß eine sachgemäße Bewertung der einzelnen Subventionen unter gesamtwirtschaftlichen Aspekten möglich ist. Insbesondere sollten, sofern möglich, die regionalen, sektoralen, einkommensmäßigen und arbeitsplatzwirksamen Rückwirkungen dargestellt und Berechnungen darüber angestellt werden, vor allem auch darüber, welcher Effekt für die zukünftige wirtschaftliche Entwicklung und die Arbeitsplätze eintreten könnte, wenn Subventionen gewährt würden. Dabei sind strukturverbessernde Subventionen vorzuziehen, wobei darauf zu achten ist, daß mittel- bis langfristig ein Absinken des Subventionsvolumens ermöglicht wird."[40]

Zum ersten Mal hatten sich alle beteiligten Ausschüsse nicht nur mit allgemeinen Definitions- und Niveaufragen befaßt, sondern auch inhaltliche Kriterien für die Ausgestaltung der Subventionspolitik wie auch der Subventionsberichterstattung gegeben. Die angelegten Meßlatten — die, dies muß betont werden, vor allem von SPD und FDP getragen wurden — entsprachen dem Bild einer den Erfordernissen einer effizienten Struktur- und Wirtschaftspolitik gerecht werdenden Subventionspolitik. Die Formulierung des Finanzausschusses, daß im Rahmen der Subventionsberichterstattung auch „einkommensmäßige Rückwirkungen" dargestellt werden sollten, deutete das subventionspolitische Problem der (Um-)Verteilung gesellschaftlicher Finanzmassen an, das man bisher weitgehend ausgeblendet hatte bzw. das lediglich hinter dem Aspekt der Wettbewerbswirkungen von Subventionen zu vermuten war.

Die parlamentarische Beschäftigung mit Subventionsbericht und Subventionspolitik ging jedoch noch nicht so weit, daß die Ausschüsse ihre Berichterstattung auch dem Bundestagsplenum vorlegten. Die subventionspolitische Auseinandersetzung blieb auf einen relativ kleinen Kreis beschränkt, wenn auch gerade die SPD-Abgeordneten — im Zusammenhang mit den Problemfällen §§ 13a und 6b EStG — keine Gelegenheit versäumten, in der Öffentlichkeit die Problematik der Subventionspolitik herauszustellen[41]. Dennoch geriet das Thema erstmals nicht in Vergessenheit. Den nachhaltigen Thematisierungsschub erhielt die subventionspolitische Diskussion jedoch nicht allein durch das nunmehr vermehrt vorhandene Problembewußtsein einiger Bundestagsabgeordneter.

---

39 Heide Simonis, Die arbeitsplatzwirksamen Effekte der Subventionen müssen erfaßt werden, in: *Sozialdemokratischer Pressedienst* v. 15.2.1979.

40 Resolution des Finanzausschusses, zit. in ebd.

41 Vgl. hierzu u. a. Dieter Spöri, Steuergerechtigkeit — nicht nur Tariffrage, in: *Sozialdemokratischer Pressedienst* vom 20.10.1977; ders., Für Flick eine offene Hand, in: *Vorwärts* vom 16.3.1978; ders., Der Subventionsstaat, in: *Vorwärts* vom 5.4.1979; Heinz Westphal, *Scheinheilige Oppositions-Fragen*, in: *Sozialdemokratischer Pressedienst* vom 27.8.1979; ders. Krisenbranchen und -regionen — Was kann man tun?, in: *Wirtschaftsdienst*, 1983, S. 273—275; Simonis, Die arbeitsplatzwirksamen Effekte (Anm. 39).

Die personelle Komponente darf in diesem Zusammenhang nicht übersehen werden; zu beachten ist aber, daß sie sich nur vor dem Hintergrund geeigneter Bedingungen entfalten kann. Diese waren für eine subventionspolitische Diskussion günstig: Den ökonomischen Problemlagen — die sektoralen Krisen in der Stahlindustrie (vor allem Saarland) und im Schiffbau mit ihren regionalen Konzentrationen, das geringer werdende Wirtschaftswachstum mit der sich zyklisch erhöhenden Anzahl an Arbeitslosen — war mit den klassischen keynesianischen Instrumenten der Konjunkturbelebung nicht beizukommen. Um sie zu bewältigen, bedurfte es nach sozialdemokratischer Analyse strukturpolitischer Steuerungsinstrumente, unterstützt durch arbeitsmarkt- und beschäftigungspolitische Strategien: Eine staatlich gesteuerte „Modernisierung der Volkswirtschaft" war angesagt. Gleichzeitig jedoch wurden die zum Teil mageren Ergebnisse staatlicher Wirtschaftsförderung vor allem im Bereich der regionalen Strukturpolitik, aber auch in der Politik der Forschungs- und Innovationsförderung erkennbar: In vielen Fällen war unklar geblieben, ob die staatliche Intervention mit massiver Subventionierung privater Wirtschaftstätigkeit, sei es als Investitionsförderung durch direkte Übertragung finanzieller Mittel oder als mittelbare durch Infrastrukturleistungen, tatsächlich die angestrebten Ziele erreichen konnte, ob sie nicht ohne staatliche Unterstützung gleich oder ähnlich erreicht worden wären und vor allem, ob nicht durch staatliche Intervention erst die Grundlage für die unabweisbare weitere Subventionierung gelegt worden war.

Angesagt war also zumindest für einen Teil der SPD eine Reform der Wirtschaftspolitik: Der Aufbau eines strukturpolitischen Steuerungsinstrumentariums, das geeignet war, bei effizientem Mitteleinsatz tatsächlich gewährleisten zu können, die angestrebten Ziele zu erreichen. In diesem Zusammenhang kam instrumentell zuverlässig ausgestalteten Subventionen eine vornehme Bedeutung zu. Die Einbindung in eine steuerungspolitisch effiziente Wirtschaftspolitik bedeutete nicht allein den Aufbau neuer Subventionsinstrumente, sondern vor allem eine Veränderung der alten, und das hieß: Eingriff in Besitzstände. Die subventionspolitische Diskussion stellt unter diesem Gesichtspunkt also eine Konkretisierung der fragwürdigen steuerungspolitischen Effizienz bisheriger Wirtschaftspolitik dar.

Deutlich machte dies der bis dahin in dieser Frage eher verhalten agierende Bundesfinanzminister Apel, der sich anläßlich des gerade erschienenen 6. Subventionsberichts einer kritischen Würdigung bisheriger Subventionspolitik kaum noch entziehen konnte. Unter der provokanten Überschrift „Achtzig Milliarden für die Katz?"[42] zog er eine kritische Bilanz der subventions- und strukturpolitischen Praxis, eine Kritik, die gemessen an der Ausgangsfrage im Titel des Artikels eher zurückhaltend ausfiel. Weniger Erkenntnis- als vielmehr

---

42 Hans Apel, in: *Die Zeit* vom 16.12.1977. — Die 80 Mrd. DM an strukturpolitischer Leistung des Staates setzten sich zusammen aus den im Subventionsbericht ausgewiesenen Finanzhilfen und Steuervergünstigungen (32,8 Mrd.), die sich zusammen mit den nicht vom Subventionsbericht abgedeckten Hilfen auf einen Gesamtwert von finanziellen strukturpolitischen Maßnahmen in Höhe von jährlich 50 Mrd. DM belaufen. Hinzu addiert Apel noch den strukturpolitisch wirksamen Teil der Infrastrukturinvestitionen in Höhe von ca. 30 Mrd. DM.

Durchsetzungsprobleme seien es, so Apel, die die Fragwürdigkeit bestehender strukturpolitischer Maßnahmen begründeten und eine Verlagerung weg von den „ererbten Besitzständen" (Apel nennt hier ausdrücklich Bundesbahn und Landwirtschaft) hin zu einer „gezielten Förderung von Wachstumsbranchen" verhinderten. Lösungsmöglichkeiten sah er in einer Effektivierung des strukturpolitischen Instrumentariums (verbesserte Erfolgskontrolle, Koordinierung strukturpolitischer Maßnahmen und verbesserte Vorausschau struktureller wirtschaftlicher Entwicklungen)[43].

Der Ministerpräsident von Nordrhein-Westfalen, Johannes Rau, und der Hamburger Bürgermeister Klose haben diesen Zusammenhang − unabhängig voneinander − in seinen verteilungspolitischen Konsequenzen dargelegt[44]. Denn diese wachsen in ihrer zentralen subventionspolitischen Bedeutung in dem Maße, wie die steuerungspolitische Effizienz der einzelnen Subventionsmaßnahme abnimmt: Da durch die Vielfalt der Förderungsprogramme sozusagen „alles" subventioniert wird, d. h. unabhängig vom Inhalt der einzelnen unternehmerischen Investitionsentscheidung mit staatlicher Unterstützung gerechnet werden kann[45], ist deren Wirkung letztlich gleich einer sehr aufwendig betriebenen (und so auch kaschierten) Umverteilung gesellschaftlicher Finanzmittel zugunsten des Unternehmenssektors. Genauer: zugunsten eines sektoral wie auch nach Unternehmensgröße spezifizierten Bereichs, da nur sehr große Unternehmen sich jene Abteilungen leisten können, die allein dafür eingerichtet sind, entsprechende staatliche Vergünstigungen auszumachen.

Abgesehen von der Bedeutung einer solchen strukturpolitischen Debatte, hätte sie allein doch nicht ausgereicht − so meine Vermutung −, eine nachhaltige Thematisierung der Subventionspolitik zu erzielen. Sie gab aber der subventionspolitischen Diskussion einen konzeptionellen Rahmen, der allerdings von der CDU/CSU nicht mitgetragen wurde: Gerade das Insistieren der Union, steuerliche Subventionen den Finanzhilfen vorzuziehen, machte deren Ausgangsposition schlaglichtartig deutlich: Ordnungspolitisch sind Subventionen grundsätzlich abzulehnen; wenn sie aber doch nötig sein sollten, dann so, daß letztlich das einzelne Unternehmen über die Inanspruchnahme entscheidet und nicht eine staatliche Institution nach vorgegebenen Lenkungskriterien. In dieser Einschätzung hat die Union ihre Position der fünfziger Jahre nicht verlassen.

Als weiteres Thematisierungs- und Politisierungselement kommt hinzu, daß sich die Probleme bisheriger subventionspolitischer Praxis an spektakulären Einzelfällen konkretisieren ließen: Sowohl die Auseinandersetzung um die Einkommensbesteuerung der Landwirtschaft, auf die in diesen Jahren in fast jedem Presseartikel über Subventionen hingewiesen wurde, hat zu einer Dauerthematisierung beigetragen, als auch − vermutlich sogar in größerem Umfang − die sich zusehends intensivierende Diskussion um den § 6b EStG, der schließlich mit dem Flick-Fall gar einen politischen Skandal aufweisen konnte.

43 Apel (Anm. 42).
44 Klose, Gegenleistung (Anm. 3); Rau, Absicherung (Anm. 3).
45 Die „Faustregel" in einer Broschüre einer Unternehmensberatungsfirma: „Grundsätzlich werden *alle Investitionen* gefördert − außer bloßen Ersatzinvestitionen." (Ulrich Springsguth, *Investitionshilfen des Staates sowie sonstige finanzielle und steuerliche Vergünstigungen für Betriebe*, Heiligenhaus (System-Marketing Hans O. Rasche, Praktiker Checkliste) 1977, S. 1.)

Noch 1976 hatte der damalige Finanzminister Apel das Problem des Subventionsabbaus (vor der Bundestagwahl) als nicht vorhanden abgewiesen. Sein Nachfolger Matthöfer (1978) verhielt sich — u. a. auch aufgrund einer anderen Wirtschafts- und Haushaltssituation — einem Subventionsabbau gegenüber nicht ganz so zugeknöpft. Zwar wies der erste unter seiner Ägide erstellte Subventionsbericht (der siebte) die bis dahin volumen- und zahlenmäßig geringste Abbauliste aus (s. o. Kap. VI), und vorsorglich versicherte die Bundesregierung, daß die Qualität der Subventionspolitik sich nicht an ihrem Umfang ablesen lasse[46]. Die Vermutung liegt nahe, daß hier der Subventionsbericht, der in seinen einleitenden Ausführungen (insbesondere was die Darstellung und die Ziele der Subventionspolitik angeht) den von den Ressorts und Regierungsparteien gemeinsam getragenen subventionspolitischen Bewußtseinsstand der Bundesregierung widerspiegelt, nicht ganz auf der Höhe der Abbaudiskussion war, die sich im Laufe des Jahres 1979 rascher entwickelt hatte, als wohl administrativ zu verarbeiten war. So legte die Arbeitsgruppe Steuern der SPD-Bundestagsfraktion Anfang April 1979 eine umfangreiche subventionspolitische Kritik auch an einzelnen Maßnahmen vor[47]. Der politische Druck war aber nicht so groß, daß sich das Bundeskabinett veranlaßt sah, Subventionsabbau zu betreiben — wie Matthöfer vor der Presse nach der Verabschiedung des 7. Subventionsberichts beklagte.

Dies änderte sich erst ein Jahr später — nach der Bundestagswahl —, als angesichts der Haushaltslage in der Öffentlichkeit der Ruf nach Subventionsabbau lauter und nun auch von Unternehmerverbänden geteilt wurde: Die Einsparforderung war klar und bekannt: Subventionen — und soziale Transferleistungen mußten gebremst werden[48]. Es war müßig, im einzelnen darauf hinzuweisen: Auf Subventionsabbauforderung wollte keine der nicht gerade ein konkretes gesellschaftliches Interesse vertretenden Gruppierungen verzichten.

Es kann wohl kaum noch überraschen, daß sich die Bundesregierung Ende 1980 zu einem Achtung heischenden Kraftakt des Subventionsabbaus bereitfand — er trug den eindrucksvollen Titel „Subventionsabbaugesetz" — und in einem zweiten Anlauf — 1981 — im „Zweiten Haushaltsstrukturgesetz" erneut subventionspolitische Korrekturen mit Haushaltsentlastungen vornahm.

3.2. *Was wird abgebaut, wenn abgebaut wird? — Das Abbauprofil der Sparmaßnahmen 1981/82, verglichen mit den gleichzeitig eingeführten Entlastungen für die Wirtschaft*

Die Entlastung des Bundeshaushalts auf der Ausgaben- und Einnahmenseite zur mittelfristigen Minderung der öffentlichen Kreditaufnahme war nach der Bundestagswahl 1980 eines der wichtigsten finanz- und haushaltspolitischen Themen. Die Forderung nach Subventionsabbau mit seinem fiskalischen Hoffnungsschimmer fügte sich hier harmonisch und — mangels Betroffenheit aufgrund fehlender Spezifizierung — publizitätswirksam ein. Die sozialliberale

---

46 Vgl. *7. Subventionsbericht*, S. 37.
47 Vgl. die Presseberichterstattung Anfang April 1979.
48 BDI laut *Frankfurter Rundschau* v. 15.10.1980.

Regierung nahm in zwei Gesetzesinitiativen einen Abbau von Subventionen vor[49]. Um seine Bedeutung einschätzen zu können, erscheint es mir sinnvoll, im folgenden auch diejenigen finanzpolitischen Maßnahmen anzuführen, die weitere Steuermindereinnahmen bewirkten. Auf diese Weise erhält man ein ungefähres Verteilungsprofil der Sparmaßnahmen. Dabei gilt es auch, im Vergleich zu den Sparmaßnahmen des Haushaltsstrukturgesetzes 1975 die Frage zu berücksichtigen, ob Anzeichen dafür bestehen, daß die intensivere und andauernde Subventionsdiskussion zu einem extensiveren Subventionsabbau geführt hat, als dies 1975 der Fall gewesen ist.

3.2.1. Subventionsabbaugesetz 1981

Am 16. Dezember 1980 beschloß das Bundeskabinett den Entwurf eines „Gesetzes zum Abbau von Subventionen und sonstigen Vergünstigungen, zur Erhöhung der Postablieferung sowie zur Klarstellung von Wohngeldregelungen", kurz als „Subventionsabbaugesetz" bezeichnet. Der Gesetzentwurf[50], den der Bundestag am 26. Juni 1981 nur wenig verändert verabschiedete, sah Einsparungen im Bereich der Ölsubventionierungen, der Sparförderung sowie der Steuervergünstigungen in der Kreditwirtschaft vor; ferner sollten die Steuervergünstigungen für die wissenschaftliche, künstlerische und schriftstellerische Nebentätigkeit gestrichen und der Aufwand des Bundes im Rahmen des Branntweinmonopols eingeschränkt werden. Der Ablieferungssatz der Einnahmen der Deutschen Bundespost an den Bundeshaushalt wurde von 6 2/3 auf 10 Prozent erhöht. Im einzelnen ergaben sich nach Berechnungen der Bundesregierung Einsparungen in Form von Minderausgaben bzw. Mehreinnahmen für das Jahr 1981 von 1,8 Mrd. und für 1983 von ca. 3,7 Mrd. DM (vgl. Tab. VIII/1).

Den größten Einzelposten stellte die Erhöhung der Postablieferung dar, die aus definitorischen Gründen im Subventionsbericht nicht erwähnt wird. Vergleicht man die übrigen Maßnahmen mit den Einsparungen des Haushaltsstrukturgesetzes 1975, so fällt auf, daß den größten Anteil erneut zwei schon dort aufgeführte Einsparbereiche stellten: Abbau der Sparförderung und Einschränkung der Steuervergünstigungen für Sparkassen und Kreditgenossenschaften. Allerdings wurde im Sparkassenbereich nunmehr wesentlich rigoroser gestrichen: 538 Mio. DM Steuermehreinnahmen sollten diese Maßnahmen dem ge-

---

49 Der umfangreichste Abbau einer einzelnen steuerlichen Begünstigung fand mit der Reform der Einkommensbesteuerung der Landwirtschaft nach Durchschnittssätzen (Reform des § 13a EStG) 1980 statt. Der latente Begünstigungseffekt dieser mit Verwaltungsvereinfachung begründeten Regelung hatte bis zu diesem Zeitpunkt jährlich ca. 1,5 Mrd. DM betragen (vgl. Gutachten zur Einkommensbesteuerung der Landwirtschaft, erstattet von der Kommission zur Begutachtung der Einkommensbesteuerung der Landwirtschaft, hrsg. v. Bundesministerium der Finanzen, Bonn 1978). Nach der Reform besteht in § 13a eine vom Gesetzgeber gewollte Begünstigung für kleinere und mittlere Betriebe in Höhe von 480 Mio. DM (1986) (*11. Subventionsbericht*, S. 140). Der Bericht über diese Reform, die ein Lehrstück für die Schwierigkeiten des Subventionsabbaus darstellt, konnte aus Platzgründen hier nicht aufgenommen werden; sie wird an anderer Stelle erscheinen.

50 *BTDrs.* 9/92 v. 9.1.1981; Bericht des Finanzausschusses zum Entwurf des Subventionsabbaugesetzes: *BTDrs.* 9/378 v. 29.4.1981.

Tabelle VIII/1: Subventionsabbau im Subventionsabbaugesetz 1981

Maßnahmen	Minderausgaben/ Steuermehreinnahmen in Mio. DM			
	1981	1982	1983	1984
I. Abbau der Subventionierung des Ölverbrauchs				
Umstellung des Verfahrens bei der Gasölbeihilfe Landwirtschaft (vorübergehende Minderausgaben)	220	220	220	–
Stufenweiser Abbau der Gasölbeihilfe für schienengebundene Fahrzeuge[a]	–	93	186	281
Stufenweiser Abbau der Gasölbeihilfe im öffentlichen Personennahverkehr[a]	–	100	205	315
Einschränkung der allgemeinen Steuerbefreiung für Luftfahrtbetriebsstoffe (Sport- und Privatfliegerei) (§ 8 Abs. 3 Nr. 4 MinStG)	7	15	15	15
II. Einschränkungen beim Prämien- und Bausparen				
Aufhebung der Prämienvergünstigung für Neuverträge (Minderausgaben: 150 Mio. DM; wird erst nach 1984 wirksam)	–	–	–	–
Beseitigung der Doppelförderung durch Sparprämien und Arbeitnehmersparzulage (§ 10 Abs. 1 Ziff. 3 EStG) (bei voller Wirksamkeit: 600 Mio. DM)	–	–	100	200
Senkung des Prämiensatzes beim Bausparen	–	–	300	280
Beseitigung der Doppelförderung durch Wohnungsbauprämie und Arbeitnehmersparzulage	–	–	320	300
Wegfall der Doppelförderung durch Sonderausgabenabzug für Vermögenswirksame Leistungen (§ 10 Abs. 1 EStG)	–	–	230	220
III. Steuervergünstigungen für Sparkassen, Kreditgenossenschaften etc.				
Volle Besteuerung der Einkünfte aus langfristigen Kreditgeschäften bei bestimmten Kreditanstalten (§ 23 Abs. 4 Nr. 1–7 KStG)	60	70	80	80
Volle Besteuerung des Sparkassengewinns (§ 23 Abs. 5 KStG)	120	140	160	160
Volle Besteuerung des Einkommens bei Kreditgenossenschaften und Zentralkassen (§ 23 Abs. 4 Nr. 8 u. 9 KStG)	120	140	160	160
Voller Ansatz des Betriebsvermögens der Sparkassen (§ 109a BewG)	–	–	100	50
Voller Ansatz des Betriebsvermögens der Kreditgenossenschaften (§ 104a Abs. 2 BewG)	–	–	65	35
Aufhebung der Steuervergünstigung für Sparkassen im Rahmen der Gewerbesteuer (§ 11 Abs. 4 Nr. 1 GewSt)	–	50	80	80
Aufhebung der Gewerbesteuervergünstigung für Kreditgenossenschaften und Zentralkassen (§ 11 Abs. 4 Nr. 2 GewSt)	–	50	70	70
IV. Abbau sonstiger Steuervergünstigungen				
Wegfall der Steuerermäßigung für Nebeneinkünfte aus wissenschaftlicher, künstlerischer und schriftstellerischer Tätigkeit (§ 22 Nr. 4 Buchstabe d und § 34 Abs. 4 EStG)	–	–	30	100
V. Sonstiges				
Absenkung des Zuschusses an die Bundesmonopolverwaltung für Branntwein	30	20	20	20
Vereinnahmung der Zinseinkünfte der landwirtschaftlichen Rentenbank im Bundeshaushalt	3	3	3	3
Erhöhung des Ablieferungssatzes der Bundespost	1.270	–	–	–
Insgesamt	1.830	2.201	3.694	3.769
davon:				
Minderausgaben	253	354	1.191	1.151
Mehreinnahmen	1.607	1.847	2.503	2.618
davon Steuern	307	462	990	970
Subventionen (nach Definition des Subventionsberichts)	560	901	2.344	2.369
davon:				
– Prämien- und Bausparförderung	–	–	950	1.000
– nur Unternehmen (I. und II.)	527	878	1.341	1.246
– Sparkassenbereich	300	450	715	635

a) Da der Subventionsbericht nur Finanzhilfen an Stellen außerhalb der Bundesverwaltung ausweist, sind dort die Zahlungen an die Bundesbahn und Bundespost im Rahmen der Gasölbeihilfe nicht ausgewiesen. Die Einschränkung ist dort (bei vollendetem Abbau) für die schienengebundene Fahrzeuge mit 33 Mio. DM, für den Personennahverkehr mit 27 Mio. DM angegeben (*8. Subventionsbericht*, S. 299).

Quellen: *BTDrs.*, 9/92, S. 14–17; *Finanzbericht 1982*, S. 200 f.

samten Staatshaushalt bringen, wenn sie erst einmal voll wirksam sein würden. Das größere Einsparpotential hatte allerdings auch jetzt wieder die Sparförderung — letztmalig — zu bieten. Sparprämien für Neuverträge wurden nun mit dem Subventionsabbaugesetz ganz gestrichen — eine Einsparung, die stufenweise wirksam wurde und 1988 schließlich zwei Mrd. DM betragen sollte[51].

Hinzu kamen ein stufenweiser Abbau der Gasölbeihilfe für schienengebundene Fahrzeuge und im öffentlichen Personennahverkehr sowie eine Einschränkung der allgemeinen Mineralölsteuerbefreiung für Luftfahrtbetriebsstoffe, d. h. das Flugbenzin für Sport- und Bedarfsflieger sollte der normalen Besteuerung unterliegen[52]. Durch eine Systemänderung in der Gasölbeihilfe für die Landwirtschaft, die nach Ansicht der Landwirtschaft lediglich die Rückerstattung einer zu Unrecht erhobenen Steuer ist[53], sollten vorübergehend 220 Mio. DM jährlich (1981—83) eingespart werden; eine bleibende Einschränkung dieser unter energie- und umweltpolitischen Gesichtspunkten nicht mehr zu vertretenden Subventionierung des Ölverbrauchs auch in der Landwirtschaft konnte nicht durchgesetzt werden.

Diese Einschränkung bei der Ölsubventionierung setzte gegenüber dem Abbauprofil 1975 neue Akzente. Gleichgeblieben ist allerdings das Grundmotiv des Subventionsabbaus: die Verbesserung der finanziellen Lage der öffentlichen Haushalte[54]. Erst unter fiskalischem Zwang gelang es, solche Subventionen abzubauen, die unter energie- und umweltpolitischen Gesichtspunkten überflüssig, ja schädlich waren[55].

Angesichts des nicht gerade umfangreichen Abbauvolumens läge es an dieser Stelle nahe, den „politischen Willen" zum Abbau auf seiten der Bundesregierung und auch der Regierungsparteien als doch nicht so groß einzuschätzen, wie dies aufgrund der öffentlichen Diskussion vorab (seit September 1980) zu vermuten gewesen wäre.

Ein solcher „Mangel an politischem Willen" — wie im diffusen Bonner Sprachgebrauch häufig die Gründe des Scheiterns politischer Initiativen benannt sind — ist beim Subventionsabbau nicht weiter verwunderlich, da sich

---

51 *BTDrs.* 9/92, S. 12.
52 Bei der Anhörung im Finanzausschuß malten die betroffenen Sportflieger und Bedarfsluftfahrer allem Anschein nach ein Horrorgemälde von den Folgen dieser Streichung, die dem Staat Steuermehreinnahmen von 15 Mio. DM erbringen sollte. Im Bericht des Finanzausschusses heißt es: „Insbesondere konnte sich der Ausschuß nicht von der Richtigkeit des Einwandes überzeugen, besteuerter Bedarfsflugverkehr würde in einem Umfang zum Erliegen kommen, daß 250.000 Arbeitsplätze im Zusammenhang mit Regionalflughäfen, Wartungs-, Charter- und Flugschulbetrieben vernichtet würden." (*BTDrs.*, 9/378, S. 27.)
53 Vgl. *Die Welt* v. 23.10.1980.
54 Vgl. die „Allgemeine Begründung" des Subventionsabbaugesetzes, *BTDrs.*, 9/92, S. 12.
55 Die inhaltliche Begründung des einzelnen Subventionsabbaus liest sich im Bericht des Finanzausschusses wie folgt: „... so hielt die Ausschußmehrheit die Einschränkung der allgemeinen Mineralölsteuerfreiheit für Luftfahrtbetriebsstoffe, den Wegfall des einkommensteuerlichen Sonderausgabenabzugs für vermögenswirksame Leistungen, den Wegfall der Steuerermäßigung für bestimmte Nebentätigkeiten, die höhere Körperschaft- und Gewerbeertragsbesteuerung der Einkünfte bestimmter Kreditinstitute und deren Gleichbehandlung bei den einheitsabhängigen Steuern auch unter nichtfiskalischem Aspekt für richtig." (*BTDrs.*, 9/378, S. 26.)

außerhalb des Finanzministeriums kaum Unterstützer (sieht man von denen ab, die ihn „ganz allgemein" mittragen), wohl aber Gegner fanden: Im öffentlichen Hearing des Finanzausschusses zum Subventionsabbaugesetz meldeten sich am 1. und 3. April 1981 91 (!) Verbände zu Wort, vom Bundesverband der Deutschen Industrie bis zur Deutschen Orchestervereinigung im DGB. Der Finanzausschuß faßte diese Stellungnahmen in seinem Bericht zu einem griffigen Argumentationsmuster zusammen, das auch für jede andere Verbandsstellungnahme zum Subventionsabbau (schon im voraus) Gültigkeit beanspruchen kann. Es heißt dort: „... wobei ein Subventionsabbau allseits begrüßt oder jedenfalls in der gegenwärtigen Lage als unumgänglich anerkannt wurde. Namentlich die Wirtschaft sprach sich für Subventionsabbau aus, da sich Subventionen für die Wirtschaft nach den Erfahrungen weniger den Strukturwandel erleichternd als im Hemmen des Spiels der freien Kräfte strukturverkrustend ausgewirkt hätten. Die Kritik richtet sich vor allem gegen die Auswahl der für den Abbau ausgewählten Subventionstatbestände."[56]

Nicht immer war der Finanzausschuß in einer so glücklichen Lage wie im Falle der Besteuerung der Sparkassen. Hier standen sich zwei Lager gegenüber: die Sparkassen, Volksbanken und Raiffeisenbanken auf der einen Seite, die privaten Banken auf der anderen. Indem sich ihre jeweils vorgebrachten Argumente „in ihrer Gegensätzlichkeit aufhoben", wurde der Finanzausschuß in den Stand gesetzt, das anvisierte Vorgehen – die stufenweise Minderung der Steuervergünstigung für die Sparkassen usw. – fortzusetzen[57].

Die Schlußfolgerung daraus lautet: Maßnahmen zum Subventionsabbau treffen auf eine solche Vielzahl gesellschaftlicher Interessen, daß in einem einzelnen Gesetzesvorhaben der Abbau verschiedener Subventionen nur in begrenztem Umfang vorgenommen werden kann, da sonst die Quantität der zu berücksichtigenden, und sei es nur anzuhörenden Interessen an die Grenzen politisch-administrativer Verarbeitung stößt. Einzelnen gesellschaftlichen Interessen kommt dabei eine umfangreiche Vetomacht zu, die nicht allein in den Organisations- und Konfliktmöglichkeiten des jeweiligen Verbandes zu suchen ist, sondern die ihr besonderes Machtreservoir in den Institutionen staatlicher Politik selbst findet: sei es, daß ganze Ressorts sich zum Sachwalter ihrer –

---

56 *BTDrs.*, 3/378, S. 22.
57 Die Spaltung des Kreditsektors in die genannten zwei Lager ist verantwortlich dafür, daß es überhaupt zum Abbau des Sparkassenprivilegs kam. Die Ursache dieser Spaltung war die, daß die Sparkassen immer stärker in den Geschäftsbereich der Banken eindrangen. Die Sparkassen waren von der Körperschaftsteuer befreit, um auf diese Weise das Sparen der von ihnen bedienten Klientel, der breiten Bevölkerungsschichten, zu fördern und der damit verbundenen ungünstigen Kostenstrukturen der Sparkassen gerecht zu werden. Die Geschäftsbanken sahen in der Körperschaftsteuerbefreiung der Sparkassen, Volksbanken und Raiffeisenbanken aufgrund der Annäherung der Geschäftsstruktur von Sparkassen und Banken eine überkommene unzulässige Privilegierung. Vgl. Wilfried Koschorrek, Zur Geschichte der Steuerprivilegien der Sparkassen und Kreditgenossenschaften, in: *Finanzarchiv, N. F.*, Jg. 28, 1968, S. 253–279; Klaus Tipke, *Die Steuerprivilegien der Sparkassen. Steuersystematische und verfassungsrechtliche Aspekte*, Köln 1972, sowie grundlegend: Bericht der Bundesregierung über die Untersuchung im Kreditgewerbe und über die Einlagensicherung vom 18.11.1968, *BTDrs.*, V/3500 („Bankenquete").

nunmehr versachlichten – Interessen machen, sei es – meist weniger effektiv –, daß deren gelungene parteipolitische Etablierung ihre Berücksichtigung institutionalisiert. In beiden Fällen bedarf es manifesten Handlungsdrucks – eines verfassungsrechtlichen und politischen im Falle der Reform der Einkommensbesteuerung der Landwirtschaft (§ 13a EStG), eines fiskalischen im Falle der im Subventionsabbaugesetz eingeschränkten Subventionen –, der erst bei aller immanenten Begründung und Rationalität des Subventionsabbaus die äußere Notwendigkeit als Vollzugsbedingung herstellt.

Hat sich nun aufgrund der subventionspolitischen Politisierung in den Jahren vor dem Subventionsabbaugesetz das Abbauprofil gegenüber 1975 verändert? Im Grunde ist die Wirkung sehr gering geblieben. Obwohl hier keine Untersuchung der Genese des Subventionsabbaugesetzes vorgelegt werden konnte, mit der die dieses Abbauprofil generierenden administrativen und politischen Prozesse gezeigt werden könnten, soll eine Schlußfolgerung versucht werden: Das Subventionsabbaugesetz knüpfte zum Teil an bewährte „Sparstrümpfe" des Haushaltsstrukturgesetzes 1975 an, zum Teil reichten die öffentlichen Problematisierungen einzelner Begünstigungen noch weiter zurück: Das Sparkassenprivileg wurde seit Ende der sechziger Jahre infrage gestellt und der anhaltende Problematisierungsprozeß nunmehr im Subventionsabbaugesetz „bilanziert". Der lange Abschied von der Sparförderung war schon vor 1975, bald nach ihrem Entstehen, eingeleitet; jetzt war er endgültig. Neu war in diesem Spargesetz lediglich der Abbau im Bereich der Mineralölsteuervergünstigungen, die vor dem Hintergrund energiepolitischer Vernunft zur Diskussion gestellt wurden. Von den 1,8 Mrd. DM an steuerlichen Entlastungen, die hier abzubauen möglich gewesen wären[58], geschah dies nur dort, wo der Staat selbst Mitbegünstigter war: im Schienenverkehr und im öffentlichen Nahverkehr.

3.2.2. Zweites Haushaltsstrukturgesetz 1981

Noch bevor der Bundestag das Subventionsabbaugesetz in Dritter Lesung verabschiedet hatte, kündigte Bundesfinanzminister Matthöfer für das laufende Jahr ein Zweites Subventionsabbaugesetz an, das zusammen mit dem Bundeshaushalt eingebracht werden sollte[59]. Die weitere konjunkturelle Entwicklung ließ jedoch daraus im Sommer 1981 die bis dahin umfangreichste Sparaktion zur Sanierung des Bundeshaushalts werden, die sogenannte Operation '82, die nach dem Entwurf der Bundesregierung vom 28. September 1981[60] Gesamteinsparungen auf der Einnahmen- und Ausgabenseite von ca. 20 Mrd. DM für 1982 und 1983 vorsah (vgl. Tab. VIII/2). Zugleich wurden steuerliche Maßnahmen

---

58 Die Gasölbeihilfe für die Landwirtschaft lag 1981 bei 467 Mio. DM (reduzierte Belastung) und 1984 bei 700 Mio. DM; die Gasölverbilligung für die Binnenschiffart führte 1981 zu Steuermindereinnahmen von 310 Mio. DM. (*9. Subventionsbericht*, S. 63 f., 236 f.).

59 Vgl. *Handelsblatt* v. 15./16.5.1981.

60 Entwurf eines Gesetzes zur Verbesserung der Haushaltsstruktur vom 28.9.1981, *BT-Drs.*, 9/842 (Anhang 2: Stellungnahme des Bundesrates). Um das Gesetzgebungsverfahren zu verkürzen, wurde am 9.9.1981 ein gleichlautender Gesetzentwurf eines Haushaltsstrukturgesetzes von der SPD- und der FDP-Fraktion eingebracht (*BTDrs.*, 9/795).

Tabelle VIII/2: Finanzielle Auswirkungen der Sparmaßnahmen in Zusammenhang mit der Erstellung des Bundeshaushalts 1982 (nach Gesetzentwurf der Bundesregierung)

Gesetze / Maßnahmen	Bund, Länder und Gemeinden			
	1982	1983	1984	1985
	in Mio. DM			
A. Übersicht				
I. Gesetzliche Maßnahmen:				
Ausgabenseite	11.169	13.369	9.266	9.350
Einnahmenseite	4.685	6.760	9.007	11.632
II. Kürzungen im Haushaltsverfahren	4.044	6.065	10.032	9.153
Davon: Kokskohlenbeihilfe	1.550	1.400	1.100	1.100
I. und II. insgesamt	19.898	20.110	28.305	20.785
III. Steuerliche Maßnahmen zur Investitionsförderung:				
Verbesserung der degressiven Afa für bewegliche Wirtschaftsgüter	− 550	−1.055	−3.300	−4.600
Erhöhung degressive Afa für Gebäude	− 125	− 345	− 830	−1.600
Investitionszulage Eisen und Stahl	− 60	− 195	− 275	− 295
Verbesserung beim § 7b EStG	− 130	− 405	− 710	−1.015
zusammen	− 865	−2.000	−5.115	−7.510
B. Einzelne gesetzliche Maßnahmen				
I. Gesetz zur Konsolidierung der Arbeitsförderung	7.004	7.759	4.319	4.269
II. Verbrauchsteueränderungsgesetz	2.001	3.007	3.372	3.637
III. *2. Haushaltsstrukturgesetz*	6.004	6.499	5.958	6.817
davon: Öffentlicher Dienst	1.373	1.520	1.676	1.801
Kindergeld	1.700	1.820	1.820	1.820
Mehreinnahmen durch:				
Absenkung der Pensionsrückstellungen	−	−	700	2.300
Ausschluß des Vorsteuerabzugs bei Betriebs-Pkw's	850	1.050	1.100	1.150
Einbeziehung der Katasterämter in die Besteuerung	55	60	60	60
Wegfall des Haushaltsfreibetrages von 864 DM für Alleinstehende	400	515	515	515
Berücksichtigung des Arbeitslosengeldes, Kurzarbeitergeldes, Schlechtwettergeldes und der Arbeitslosenhilfe im Lohnsteuerjahresausgleich	−	130	300	500
Vollanrechnung eigener Einkünfte und Bezüge des Kindes auf die Ausbildungsfreibeträge	−	200	200	200
Einschränkung der Übertragungsmöglichkeit nach § 6b EStG	−	−	100	200
Kürzung der Berlinpräferenzen	200	250	260	280
Streichung der steuerfreien Rücklagen für Kapitalanlagen in Entwicklungsländern	188	281	338	385
Abschaffung des ermäßigten Umsatzsteuersatzes für die Leistungen der freien Berufe und vergleichbare Leistungen	280	350	360	380
Herabsetzung der Arbeitnehmersparzulagen mit differenzierten Zulagesätzen	810	900	900	900

Fortsetzung Tabelle VIII/2

Gesetze / Maßnahmen	Bund, Länder und Gemeinden			
	1982	1983	1984	1985
	in Mio. DM			
Halbierung der Steuerermäßigung für Arbeitgeber wegen Gewährung vermögenswirksamer Leistungen	–	80	163	163
Kürzung der Begünstigung für Belegschaftsaktien um ein Drittel	–	–	33	33
Mindereinnahmen durch:				
Verbesserung der degressiven Abschreibung für bewegliche Wirtschaftsgüter von 25 auf 30 % (ab 30.7.1981)	– 550	–1.055	–3.300	–4.600
Ausdehnung des Verlustrücktrages	–	– 100	– 100	– 100
Erhöhung der Vorsteuerpauschale um 0,5 % ab 1.1.1982 (Landwirtschaft)	– 190	– 250	– 250	– 250
Investitionszulage für die Eisen- und Stahlindustrie (10 %)	– 60	– 120	– 200	– 220
Investitionszulage zur Schaffung von Ersatzarbeitsplätzen in bestimmten Stahlregionen (8,75 %)	–	– 75	– 75	– 75

Quelle: *BTDrs.*, 9/842.

zur Investitionsförderung beschlossen, die 1983 zu Steuermindereinnahmen von 2 Mrd. DM, 1985 zu Mindereinnahmen von 7,5 Mrd. DM führen sollten. Insgesamt betraf die Sparoperation neben Kürzungen im Haushaltsverfahren sieben Gesetze, unter denen das 2. Haushaltsstrukturgesetz nach dem Gesetz zur Konsolidierung der Arbeitsförderung mit ca. sechs Mrd. (1982) die größte Haushaltsentlastung bewirkte (vgl. Tab. VIII/2)[61].

Der Subventionsabbau stellte sich im Entwurf zum Haushaltsstrukturgesetz als recht umfangreich dar (vgl. auch Kap. VI): Auf der Ausgabenseite sah die Bundesregierung als größten Einzelposten eine Kürzung der Kokskohlenbeihilfe von über 1,5 Mrd. DM in 1982 (Bund und Länder) vor — allerdings stellte sich dies schon bald als Fiktion heraus. Angesichts der schlechten Ertragslage der Stahlindustrie überrascht ein solcher Abbauversuch. Wenn man jedoch dann feststellt, daß im Finanzbericht 1983 unter der Rubrik „Zusätzliche beschäftigungsfördernde Maßnahmen" im Entwurf des Bundeshaushalts 1983 eine Erhöhung der Kokskohlenbeihilfe um 350 Mio. DM vorgesehen ist, und wenn man sich ferner in Erinnerung ruft, daß die Kokskohlenbeihilfe auf

61 Folgende fünf Gesetze neben dem Haushaltsstrukturgesetz: Gesetz zur Konsolidierung der Arbeitsförderung; Gesetz zur Ergänzung und Verbesserung der Wirksamkeit kostendämpfender Maßnahmen in der Krankenversicherung; Gesetz zur Bekämpfung der illegalen Beschäftigung; Gesetz zur Stärkung der Investitionstätigkeit im Baubereich und zum Abbau ungleichmäßiger Besteuerung in der Wohnungswirtschaft (das sich allerdings einnahmenmindernd auswirkte — 1982: – 184 Mio. DM; 1985: – 1,4 Mrd. DM); Verbrauchsteueränderungsgesetz.

dem sogenannten Hüttenvertrag beruht, in ihrer Höhe von der Entwicklung des Weltmarktpreises für Koks abhängig ist und nicht einseitig von der Bundesregierung ohne weiteres vermindert werden kann, dann fragt man sich, ob angesichts der umfangreichen sozialpolitischen Einschränkungen auch im Unternehmensbereich „Sparen" vorgeführt werden sollte.

Der Abbau steuerlicher Vergünstigungen war weitaus umfangreicher. Doch nur ein Teil kann den Subventionen zugerechnet werden. Vielmehr lassen sich bei diesem seit der Steuerreform umfangreichsten Abbau steuerlicher Vorteile vier Gruppen unterscheiden:

1. Einschränkung von allgemeinen steuerlichen Regelungen, die zu einer stärkeren Belastung von Unternehmen führen; hierzu zählen:
   o die Absenkung der steuerlich zulässigen Pensionsrückstellungen (Mehreinnahmen 1984: 700 Mio. DM);
   o der Ausschluß des Vorsteuerabzugs bei der Anschaffung von Betriebs-Pkw's (1984: 1,1 Mrd. DM Mehreinnahmen);
   o die Einbeziehung der Katasterämter in die Besteuerung (1984: 60 Mio. DM).

2. Einschränkung von allgemeinen steuerlichen Regelungen, die zu einer stärkeren Steuerbelastung privater Haushalte führen:
   o der Wegfall des Haushaltsfreibetrages von 864 DM für Alleinstehende über 49 Jahre (1984: 515 Mio. DM);
   o die Berücksichtigung des Arbeitslosen-, Kurzarbeiter- und Schlechtwettergeldes sowie der Arbeitslosenhilfe im Lohnsteuerjahresausgleich (Progressionsvorbehalt nach § 32 b EStG) (1984: 300 Mio. DM; 1985: 500 Mio. DM);
   o die Vollanrechnung eigener Einkünfte und Bezüge des Kindes auf die Ausbildungsfreibeträge (1984: 200 Mio. DM).

3. Einschränkung von im Subventionsbericht ausgewiesenen steuerlichen Vergünstigungen:
   o die Einschränkung der Übertragungsmöglichkeit von Veräußerungsgewinnen nach § 6b EStG (1984: 100 Mio. DM; 1985: 200 Mio. DM);
   o die Kürzung der Berlinpräferenzen (1984: 260 Mio. DM);
   o die Streichung der steuerfreien Rücklagen für Kapitalanlagen in Entwicklungsländern (1984: 338 Mio. DM);
   o die Abschaffung des ermäßigten Umsatzsteuersatzes für die Leistungen der freien Berufe und vergleichbare Leistungen (1984: 360 Mio. DM).

4. Einschränkung der Sparförderung und Vermögensbildung:
   o die Herabsetzung der Arbeitnehmersparzulagen mit differenzierten Zulagesätzen (1984: 900 Mio. DM);
   o die Halbierung der Steuerermäßigung für Arbeitgeber wegen Gewährung vermögenswirksamer Leistungen (1984: 160 Mio. DM);
   o die Kürzung der Begünstigung für Belegschaftsaktien um ein Drittel (1984: 33 Mio. DM).

Die folgenden Punkte erscheinen mir an dieser Aufstellung bemerkenswert: Einmal scheint die sozialliberale Bundesregierung versucht zu haben, eine gewisse Ausgeglichenheit in der steuerlichen Belastung von Unternehmen und privaten Haushalten herzustellen, was zumindest im Entwurf und begrenzt auf diesen Ausschnitt des Haushaltsstrukturgesetzes gelungen ist. Angesichts der nicht unerheblichen steuerlichen Entlastungen für den Unternehmensbereich (s. u.), die gleichfalls in diesem Haushaltssanierungsverfahren vorgenommen wurden und der übrigen vor allem als sozialpolitische Sparmaßnahmen konzipierten finanziellen Einschränkungen (vor allem das Arbeitsförderungsgesetz) erscheint diese Feststellung „maßlos"; dieser Aspekt erschließt sich in seiner Bedeutung erst dann, wenn man das Haushaltsstrukturgesetz mit den entsprechenden Maßnahmen der nachfolgenden christlich-liberalen Regierung vergleicht. Einen Vorgeschmack bot die Abänderung des Gesetzes im Vermittlungsausschuß: Während die Mehrbelastung der privaten Haushalte unberührt blieb, sorgten die CDU/CSU-regierten Länder im Vermittlungsausschuß durch ihre Stimmenmehrheit im Bundesrat dafür, daß der Vorsteuerabzug bei der Anschaffung von Betriebs-Pkw, der 1,1 Mrd. DM Steuermehreinnahmen bringen sollte, wegfiel und die vorgesehene Kürzung der Berlinpräferenz in der Umsatzsteuer auf etwa die Hälfte reduziert wurde: Statt 235 Mio. DM fließen dem Staatshaushalt seit 1983 nur etwas mehr als 100 Mio. DM zu[62].

Einig war man sich bei den Einsparungen im Bereich der Vermögensbildung und Sparförderung, die sich einmal mehr als haushaltspolitischer Sparstrumpf entpuppten, der, wie es scheint, ohne Risiko geleert werden kann. Bemerkenswert ist, daß die übrigen Subventionen, die von der Bundesregierung und vom Bundestag zum Abbau vorgesehen waren, die Tätigkeit des Vermittlungsausschusses uneingeschränkt überstanden: Der § 6b EStG und die Vorteile des Entwicklungsländersteuergesetzes wurden wie vorgesehen eingeschränkt, die Umsatzsteuerbegünstigung für die Leistungen freier Berufe abgeschafft.

Insgesamt wurden Subventionen mit einem Volumen von einer Mrd. DM abgebaut[63]. Dagegen betrugen die Mehreinnahmen aufgrund einer Absenkung der steuerlich zulässigen Pensionsrückstellungen der Unternehmen 1,1 Mrd. DM. Dies wirft die Frage auf, ob nicht die den Subventionen zugeschriebene fiskalische Problematik ein (mit Einschränkung) stilisiertes politisches Kunstprodukt darstellt, eine „Projektionsfläche", deren wesentliches Merkmal es ist, willfährig eine beliebige Vielzahl der sich in der politischen Diskussion tummelnden Fragen und Probleme auf sich zu ziehen und im „blow-up"-Verfahren zurückzuspiegeln — ohne sich allerdings für die Verbindlichkeit der zugrunde gelegten Maßstäbe zu verpflichten.

Am Haushaltsstrukturgesetz sei dies — quantitativ — noch einmal veranschaulicht: Im gleichen Atemzug, in dem Subventionen von einer Mrd. DM abgebaut wurden (oder im Vergleich: im Subventionsabbaugesetz waren es ohne Sparförderung gerade 500 Mio. DM, die an Mehreinnahmen erzielt werden sollten), wurde die degressive Abschreibung für bewegliche Wirtschaftsgüter und für Gebäude verbessert: Allein diese Maßnahme führte 1985 zu einer Steuerentlastung der Wirtschaft von 6,2 Mrd. DM; zusammen mit dem ebenfalls erweiterten § 7b EStG (zur Verbesserung der Wohnungsbauinvestitionen), der eine weitere Milliarde an Steuermindereinnahmen verursachte, wogen diese steuerlichen Entlastungen für Unternehmen und Bauherrn mehr als die für dieses Jahr (1985) vom Haushaltsstrukturgesetz produzierten Einspareffekte von 6,8 Mrd. DM[64]. Darüber hinaus wurde der Verlustrücktrag ausgedehnt

---

62 Vgl. Bundesministerium der Finanzen, *Finanzbericht 1983*, S. 214.

63 Leicht abweichende Schätzungen in: ebd.

64 Die Erweiterung der Abschreibungsmöglichkeiten wird als Investitionsanreiz betrachtet. Nur am Rande notiert sei an dieser Stelle — im Verweis auf die am Anfang dieser Arbeit dargestellte Abschreibungspolitik 1949–1955, als von staatlicher Seite (und auch später) immer wieder auf die dadurch bedingten nur vorübergehenden Steueraus-

(jährlicher Steuerausfall 100 Mio. DM), die Vorsteuerpauschale für die Land-wirtschaft um 0,5 Prozent erhöht (250 Mio. DM Steuerausfall) sowie für die Eisen- und Stahlindustrie eine zehnprozentige Investitionszulage und für die Schaffung von Arbeitsplätzen in Stahlregionen eine 8,75prozentige Zulage eingerichtet. Insgesamt betrachtet, steht also den durch Subventionsabbau bedingten Steuermehrbelastungen der Unternehmen ein Vielfaches an Steuer-entlastungen gegenüber.

Im Anschluß an die Untersuchung des Subventionsabbaus im Rahmen des Subventionsabbaugesetzes und des Haushaltsstrukturgesetzes 1975 stellt sich die Frage, inwiefern im Falle des Haushaltsstrukturgesetzes 1981 die vor-angegangene Subventionsdiskussion Einfluß auf die Struktur des Subventions-abbaus gehabt hat. Auch wenn nur ein Vergleich zwischen Themen der öf-fentlichen Diskussion und gesetzlichem Output zur Verfügung steht, bietet sich ein eindeutiges Bild. Im Haushaltsstrukturgesetz 1981 schlagen sich be-reits vorher problematisierte Subventionen nieder:

— Der hier vollzogenen Einschränkung des § 6b EStG ist eine jahrelange öffentliche Auseinandersetzung vorausgegangen, auf die insbesondere die Inanspruchnahme dieser Vergünstigung durch Flick politisierend ge-wirkt hat. Von seiten der SPD (insbesondere vom Bundestagsabgeordneten Dieter Spöri) wurde nachhaltig eine Einschränkung des § 6b gefordert, insbesondere sollten in die Formulierung der Ausnahmegenehmigung nach Ziff. 5 auch beschäftigungsbezogene Interessen aufgenommen wer-den. Dies ist in der Neuformulierung auch geschehen. Eine intensive Aus-einandersetzung mit dem § 6b im Finanzausschuß wurde auch durch die Vorlage des sogenannten 6b-Erfahrungsberichts erreicht, der 1979 im Finanzausschuß behandelt wurde. Es gibt jedoch keinerlei Anzeichen dafür, daß eine „autonome Einschränkung" des 6b, also ohne Einbindung in ein größeres Gesetzgebungswerk, geplant war.

— Auch die Umsatzsteuerpräferenzen für Berliner Unternehmen zur Förde-rung der Berliner Wirtschaft waren im Laufe der vergangenen Jahre pro-blematisiert (hinsichtlich ihrer steuerungspolitischen Effizienz) und in ihrer Wirkung durch mehrere Gutachten[65] untersucht worden. Ange-sichts des Gesamtvolumens der Berliner Umsatzsteuerpräferenz von 2,2 Mrd. DM[66] handelte es sich bei den im Regierungsentwurf vorgesehenen Kürzungen lediglich um eine geringfügige Einschränkung, die nur die west-

Fortsetzung Fußnote 64

    fall hingewiesen wurde — die gegenwärtige Begründung der Bundesregierung. Es heißt dort: „Über höhere Abschreibungsbeträge wird der zu versteuernde Gewinn und damit die Gewinnsteuerbelastung verringert; die vorläufige Steuerersparnis wird durch die in späteren Jahren anfallenden geringeren Abschreibungsbeträge zurückgezahlt. Die Un-ternehmen haben in bezug auf das einzelne Anlagegut einen Zinsvorteil.

    In bezug auf das gesamte Investitionsvolumen eines Unternehmens entsteht eine echte Steuerersparnis, wenn kontinuierlich neu investiert wird. Daher ist die Anhebung der degressiven Abschreibung besonders gut geeignet, die Investitionstätigkeit auf Dauer anzuregen." (*BTDrs.*, 9/842, S. 64.)

65 Peter Ring, *Wertschöpfungspräferenz nach dem Berlinförderungsgesetz*, Berlin 1975; ders., *Wertschöpfungsorientierte Umsatzsteuerpräferenz nach dem Berlinförderungs-gesetz (BerlinFG)*, Berlin 1981.

66 8. Subventionsbericht, S. 198 f.

deutschen Abnehmer betraf; tatsächlich durchgesetzt wurde jedoch eine gezielte Einsparung bei bestimmten Produktgruppen[67]. Die Berlinsubventionen haben auch diesmal — wie in anderen Fällen (z. B. Diskussion um die Einschränkung der Flugpreissubventionierung 1982) — ihre Resistenz gegen Abbauversuche bewiesen.

— Die umfangreichste der den Unternehmensbereich direkt betreffenden abgebauten bzw. eingeschränkten Subventionen war die Streichung der steuerfreien Rücklagen für Kapitalanlagen in Entwicklungsländern nach dem Entwicklungsländersteuergesetz, die immerhin 1984 Steuermehreinnahmen von 338 Mio. DM erbringen sollte. Auch hier lag eine langjährige Problematisierung vor: Schon 1977 erstellte das BMF auf Beschluß des Ausschusses für wirtschaftliche Zusammenarbeit des Bundestages einen Erfahrungsbericht über die Auswirkungen des Entwicklungsländersteuergesetzes, in dem einmal festgestellt wurde, daß eine Änderung der Investitionen deutscher Unternehmen zugunsten der ärmsten Entwicklungsländer nach Einführung der Vergünstigung nicht zu verzeichnen war, zum anderen Großunternehmen volumenmäßig die Begünstigung am meisten ausschöpften[68]. Dennoch[69] — allerdings nicht problemlos — wurde die Novelle zum Entwicklungsländer-Steuergesetz 1979 vom Bundestag beschlossen und die Vergünstigung damit bestätigt. Einen weiteren Bericht sollte die Bundesregierung zum 31. Dezember 1982 vorlegen. In ihrer Abbaubegründung bezieht sich die Bundesregierung nunmehr auf Untersuchungen wirtschaftswissenschaftlicher Institute, die ergeben hatten, daß Investitionen von Unternehmen in Entwicklungsländern durch diese Vergünstigung nicht besonders angereizt oder in besonders arme Länder gelenkt würden und daß man hier eher von einem Mitnahmeeffekt sprechen könne. Die Bundesregierung nahm somit mit ihrem Abbauvorschlag einen zu erwartenden Abbau in den folgenden Jahren vorweg.

Wir können somit festhalten: Bei den genannten Subventionen handelt es sich um problematisierte steuerliche Vergünstigungen, deren Abbau oder Einschränkung anstand. Lediglich § 6b EStG hatte in der öffentlichen Diskussion eine Rolle gespielt, während die anderen Vergünstigungen in den Auseinandersetzungen um das Haushaltsstrukturgesetz kaum oder nicht erwähnt wurden. Dennoch wurden — verglichen mit den Sparmaßnahmen 1975 — nunmehr auch Subventionen abgebaut, die den Unternehmensbereich direkt betrafen; allerdings handelte es sich um Subventionen, deren Problematisierung schon lange feststand. Es bedurfte des fiskalischen Drucks, die Einsparungen, die aus sachlichen Gründen angebracht waren, auch tatsächlich vorzunehmen. Haben also die öffentliche Thematisierung und Politisierung der Subventionen doch etwas bewirkt? In erster Linie haben hier die auf einzelne Subventionen gerichteten Problematisierungen (die es in dieser Form 1975 nicht gegeben hat) Früchte getragen, als daß die allgemeine subventionspolitische Diskussion dies als unmittelbaren Erfolg für sich verbuchen dürfte.

67 Bundesministerium der Finanzen, *Finanzbericht 1983*, S. 138.
68 Erfahrungsbericht Entwicklungsländersteuergesetz v. 14.12.1977, Aktenzeichen: BMF IV B 2 — S 1981 — 44/77.
69 Vgl. *Handelsblatt* v. 19.3.1979.

3.3. Zur fiskalischen Bedeutung von Subventions- und Sozialabbau —
Versuch einer Gegenrechnung

Das in der Verteilungs- oder besser Belastungsstruktur des Haushaltssicherungsgesetzes 1981 und auch der vorangegangenen Spargesetze aufscheinende Mißverhältnis von öffentlicher Beachtung und fiskalischer Relevanz des
Subventionsabbaus wird erst hinreichend deutlich, wenn man sich die Gesamtheit der allein auf der Einnahmenseite beschlossenen Maßnahmen zur
Haushaltssanierung und Wirtschaftsbelebung der Jahre 1978 bis 1984 ver-
gegenwärtigt (vgl. Tab. VIII/3)[70].

Insgesamt addieren sich die Steuermehreinnahmen[71], die Bund, Ländern
und Gemeinden infolge des Subventionsabbaus bei den Steuervergünstigungen zufließen, auf eine Summe von 3,6 Mrd. DM; ohne Berücksichtigung des
Abbaus der Sparförderung sind dies immerhin noch 2 Mrd. DM an Steuermehreinnahmen[72]. Dieser für sich allein recht ansehnliche Betrag erschließt
sich jedoch in seiner Bedeutung erst dann, wenn man ihn in Relation zu anderen steuerlichen Maßnahmen setzt: Eine Umsatzsteuererhöhung erbrachte
1978 6,4 Mrd. DM, eine weitere 1983 gar 8 Mrd. DM; die Erhöhung der Ver-
brauchssteuern zum 1. Juni 1982 brachte jährlich ca. 3,8 Mrd. DM ein; ja
selbst eine einzelne steuerrechtliche Einschränkung der Unternehmensbesteuerung (die Absenkung der steuerrechtlich zulässigen Pensionsrückstellungen)
bewirkte mit 1,1 Mrd. DM zusätzlichen jährlichen Einnahmen etwa genauso-
viel wie die Einschränkung der den Unternehmen zufließenden direkten Subventionen im Subventionsabbaugesetz und Zweiten Haushaltsstrukturgesetz
zusammen. Die Unternehmen konnten diesen subventiven Aderlaß indes recht
gut verschmerzen. Zur ,,Verbesserung der Rahmenbedingungen der Wirtschaft" wurden sie durch das Zweite Haushaltsstrukturgesetz 1981, ganz
im Sinne der vom Sachverständigenrat empfohlenen und von der Wirtschaft
selbst geforderten Wirtschaftspolitik der Gewinnbegünstigung, zugleich auch
steuerlich entlastet. Verbesserte Abschreibungsbedingungen, erweiterter Verlustrücktrag sowie eine zehnprozentige Investitionszulage setzten an die Stelle
eng begrenzter Vergünstigungen allgemeine Entlastung bei der Steuerzahlung.

Doch wie sieht die Rechnung aus, wenn alle Sparmaßnahmen und Wirt-
schaftsbelebungsmaßnahmen des Staates miteinbezogen werden? Adamy und

---

70 Ich beschränke mich nicht nur aus pragmatischen Gründen auf die Einnahmenseite:
Die mit den Sparmaßnahmen verbundene Einkommensumverteilung wurde hauptsäch-
lich über das Steuersystem verwirtlicht (so auch Wilhelm Adamy / Johannes Steffen,
Zwischenbilanz von Sozialdemontage und Umverteilungspolitik seit 1982, Seminar für
Sozialpolitik der Universität zu Köln, Köln, Januar 1984, S. 2).

71 Zugrunde gelegt sind jeweils die Steuermehreinnahmen des jeweiligen Entstehungs-
jahres gleich der vollen Wirksamkeit der Gesetzesänderung über zwölf Monate berechnet.

72 Im einzelnen: Reform der Landwirtschaftsbesteuerung 300 Mio. DM; Begrenzung des
negativen Kapitalkontos 500 Mio. DM; Subventionsabbaugesetz 1981 883 Mio. DM
(davon Abbau der Sparförderung 330 Mio. DM); Einschränkung § 6b EStG, Entwicklungsländer-Steuergesetz, Berlinförderungsgesetz, Auslandsinvestitionsgesetz 524 Mio.
DM; Einschränkung Sparförderung 1981 (HHStruktG) 1.099 Mio. DM; voller Umsatz-
steuersatz für Leistungen Freier Berufe 350 Mio. DM.

Tabelle VIII/3: Subventionsabbau, Steuerentlastung und Wirtschaftsbelebung 1978—84

Maßnahmen[a]	Entstehungs-jahr	Steuermehr-einnahmen im Entste-hungsjahr	Steuerminder-einnahmen im Entste-hungsjahr
I. *Maßnahmen 1978*			
1. Gesetz zur Änderung des EStG, des Ge-werbesteuergesetzes, des UStG und ande-rer Gesetze (StÄndG 1979) vom 30.11.1978	1979/81		
— Entlastung ESt (priv. HH) gesamt			13.420
— Steuerentlastung UN-Bereich gesamt			2.943
— Steuermehreinnahmen (UStG)		6.450	
2. Maßnahmen zur Verbesserung der Inve-stitionstätigkeit in bestimmten förde-rungsbedürftigen Gebieten und Bereichen (InvZulG, BerlinFG, Entwicklungsländer-StG — 1978/79)			
— UN gesamt	1979/81	25	593
— priv. HH			30
3. Sonstige Steuerrechtsänderungen (Kfz-St)	1979		168
II. *Maßnahmen 1979*			
1. Gesetz zur Änderung des UStG vom 26.11.1979	1980	170	465
III. *Maßnahmen 1980*			
1. Steuerentlastungsgesetz 1981 vom 16.8.1980 Entlastung priv. HH	1980/82		13.800
2. Neuregelung der Einkommensbesteuerung der Landwirtschaft vom 25.6.1980	1981	300	
3. Sonstige Steuerrechtsänderungen Darunter:			
— Minderbelastung UN			345
— Mehrbelastung (Begrenzung des negativen Kapitalkontos)		500	
— Minderbelastung priv. HH			140
IV. *Maßnahmen 1981*			
1. Mineralöl- und Branntweinsteuerände-rungsgesetz 1981 vom 20.3.1981 (Maß-nahmen zur Energieeinsparung und zur Entlastung des Bundeshaushalts)	1981/82	3.852	
2. Gesetz zum Abbau von Subventionen und sonstigen Vergünstigungen, zur Erhöhung der Postablieferung sowie zur Klarstellung von Wohngeldregelungen (Subventions-abbaugesetz 1981 vom 26.6.1981)	1981/82		
— Steuermehrbelastung private HH		330	
— Steuermehrbelastung UN		553	
(davon Sparkassen, Kredigenossen-schaften, Zentralbanken etc.)		(538)	

Fortsetzung Tabelle VIII/3

Maßnahmen	Entstehungs-jahr	Steuermehr-einnahmen im Entste-hungsjahr	Steuerminder-einnahmen im Entste-hungsjahr
3. Zweites Gesetz zur Verbesserung der Haushaltsstruktur vom 22.12.1981 (,,Maßnahmen zur Verbesserung der Haushaltsstruktur und der Rahmenbedingungen der Wirtschaft")	1982		
1. Mehrbelastung der UN			
1.1. Abbau von Vergünstigungen für UN (Einschränkung § 6b EStG, Entwicklungsländersteuergesetz, BerlinFG, Auslandsinvestitionsgesetz)	1982	524	
1.2. Absenkung der steuerrechtlich zulässigen Pensionsrückstellungen — steuerliche Mehrbelastung der UN	1984	1.100	
2. Einschränkung Sparförderung (priv. HH)	1983	1.099	
3. Mehreinnahmen USt (ohne BerlinFG)	1982/83	390	
3.1. Mehreinnahmen USt ab 1985 (Streichung der USt-Option)	1985	600	
4. Mehrbelastung der priv. HH im Rahmen von ESt und LSt	1982/84	1.165	
5. Steuerentlastungen UN gesamt	1982		2.870
Davon:			
— Verbesserung der degressiven Afa	1982		(2.000)
— degressive Afa Gebäude	1982		560
— Ausdehnung Verlustrücktrag	1982		100
— Investitionszulage Stahlindustrie	1982		210
6. Erhöhung Vorsteuerpauschale Landwirtschaft (USt)	1982		250
7. Mindereinnahmen durch Wohnungsbauförderung (davon § 7b — Ausweitung)	1981/82		315 (305)
8. Mehreinnahmen durch Ausdehnung der Einfamilienhausbesteuerung	1982	180	
Gesamtmehrbelastung UN (ohne USt)		1.784	
Gesamtminderbelastung UN (ohne LW, ohne USt)			2.870
Gesamtmehrbelastung priv. HH (einschl. Sparförderung und Wohnungsbau, ohne Einschränkung der Steuerermäßigung für vermögenswirksame Leistung der Arbeitgeber)		2.278	
Gesamtminderbelastung priv. HH (nur Wohnungsbauförderung)			315

Maßnahmen	Entstehungs-jahr	Steuermehr-einnahmen im Entste-hungsjahr	Steuerminder-einnahmen im Entste-hungsjahr
V. Maßnahmen 1982			
1. Gesetz zur Wiederbelebung der Wirtschaft und Beschäftigung und zur Entlastung des Bundeshaushalts vom 20.12.1982 (Haushaltsbegleitgesetz 1983)			
1. Mehrbelastung der UN			
2. Minderbelastung der UN (§ 6d EStG, Gewerbesteuergesetz)	1983		1.980
3. Mehrbelastung priv. HH	1983	3.600	
4. Minderbelastung priv. HH (davon Wohnungsbauförderung)	1983		2.430 (600)
5. Erhöhung der USt	1983	8.000	
6. Investitionshilfeabgabe	1983	950	
2. Investitionszulagegesetz (Verordnung vom 16.2.1983)			100
VI. Maßnahmen 1983			
1. Gesetz zur Stärkung der Wettbewerbsfähigkeit der Wirtschaft und Einschränkung von steuerlichen Vorteilen (Steuerentlastungsgesetz 1984) vom 22.12.1983			
— Entlastung der UN vor allem im Bereich der VSt, ESt/KSt (Sonderafa, Verlustrücktrag etc.)	1984		3.285
— Mehrbelastung		—	
— Steuerentlastung priv. HH			—
— Mehrbelastung priv. HH (Einschränkung der Kfz-Steuerbefreiung für Behinderte § 3 Nr. 11 KraftStG)		100	
2. Stahlinvestitionszulagen-Änderungsgesetz vom 22.12.1983	1984 1985		300 450
3. Förderung der Vermögensbildung der Arbeitnehmer durch Kapitalbeteiligung (22.12.1983)	1984		195
VII. Maßnahmen 1984			
1. Änderung des UStG vom 29.6.1984 Änderung des Durchschnittsatzes bei pauschalierenden Landwirten und Gewährung eines Kürzungsanspruchs für land- und forstwirtschaftliche Betriebe für bestimmte Umsätze (§§ 24 und 24a UStG) um 5 % 1.7.84—31.12.88 um 3 % 1.1.89—31.12.91	1985		2.600

Quelle: Bundesministerium der Finanzen: Finanzberichte 1979—1985, Tab. 14 (Finanzielle Auswirkungen der Steuerrechtsänderungen).

a Abkürzungen: priv. HH = private Haushalte; UN = Unternehmen.

Steffen haben 1984 eine Zwischenbilanz der Umverteilungspolitik der Sparoperationen 1982–85 vorgelegt[73]. Danach beträgt die Nettoumverteilungsmasse der Be- und Entlastungswirkungen der Sparoperationen 1982–84 rund 215 Mrd. DM (s. Tab. VIII/4). Davon trugen 176,6 Mrd. DM

– die abhängig Beschäftigten (58,9 Mrd. DM) vor allem durch die Erhöhung der Sozialversicherungsbeiträge;
– die Sozialeinkommen (75,5 Mrd. DM) durch Einsparungen bei den Sozialleistungen;
– die Masseneinkommen (42,2 Mrd. DM) insbesondere durch steuerliche Maßnahmen.

Daneben erbrachte der „Rückzug des Staates aus der sozialpolitischen Verantwortung" (Adamy/Steffen) rund 26 Mrd. DM. Darunter fällt eine „Restgröße" direkter Finanzkürzungen bzw. Aufgabenverlagerungen wie die Kürzung der Beiträge der Bundesanstalt für Arbeit für ihre Leistungsempfänger zur Rentenversicherung (1983: 5 Mrd. DM Einsparung). Die Unternehmereinkommen dagegen konnten im gleichen Zeitraum eine Entlastung von rund 9,3 Mrd. DM verbuchen. Diese konzentrierte sich auf die Jahre 1984 und 1985. In den ersten beiden Jahren waren die Unternehmen noch von den Sparmaßnahmen betroffen und wurden mit knapp 3 Mrd. DM belastet; dafür führten die Sparmaßnahmen und Wirtschaftsförderungsmaßnahmen in den folgenden beiden Jahren zu Entlastungen von rund 12 Mrd. DM. Doch ist diese direkte Entlastung der Unternehmen, so Adamy/Steffen, noch zu niedrig gerechnet: „... geht man davon aus, daß auch der Arbeitgeberanteil der Beitragssatzerhöhungen zur Sozialversicherung letztlich von den Arbeitnehmern bzw. Konsumenten getragen wird, die Unternehmen hierdurch also nicht belastet werden, so beläuft sich deren *bereinigtes Begünstigungsvolumen* auf rd. *24 Mrd. DM*."[74]

Gemessen daran, kann den mit großer öffentlicher Anteilnahme abgebauten steuerlichen Subventionen an die Unternehmen von knapp zwei Mrd. DM unter fiskalischen Gesichtspunkten – trotz der Bedeutung, die ein Finanzminister jeder Mehreinnahme geben muß – nur untergeordnete Bedeutung beigemessen werden.

Diese Sparpolitik der massiven Streichungen im sozialpolitischen Bereich und der Ausweitung von Begünstigungen für die Unternehmen hatte bereits zu Zeiten der SPD/FDP-Regierung begonnen. Doch hatte sie noch versucht – und dies wurde im Subventionsabbaugesetz 1981 und dem Zweiten Haushaltsstrukturgesetz 1981 deutlich –, auch den Unternehmensbereich, wenngleich maßvoll, zur Finanzierung der Haushaltskrise heranzuziehen. Dies unterscheidet die sozialliberale Regierung markant von ihrer Nachfolgerin, der christlichliberalen Regierung Kohl:

– In ihrem ersten „Haushaltsbegleitgesetz 1983", dem „Gesetz zur Wiederbelebung der Wirtschaft und Beschäftigung und zur Entlastung des Bundeshaushalts" vom 20. Dezember 1982 entlastete die neue Bundesregierung die Unternehmen um ca. zwei Mrd. DM, während die Masseneinkommen von der Erhöhung der Umsatzsteuer betroffen wurden und die Lohn- und Einkommensteuerpflichtigen mit weiteren zwei Mrd. DM belastet wurden.

---

73 Adamy/Steffen, *Zwischenbilanz* (Anm. 70).
74 Ebd., S. 4 – Hervorhebung dort.

Tabelle VIII/4: Überblick über die Be- und Entlastungswirkungen der Sparoperationen '82 bis '84 in Mio. DM

Betroffene	1982	1983	1984	1985	1982–85
I. Direkte Belastungen der					
— abhängig Beschäftigten	− 4.282,65	− 11.740,3	− 20.055,8	− 22.846,4	− 58.925,15
— Sozialeinkommen	− 6.543,00	− 16.305,5	− 23.832,5	− 28.818,0	− 75.499,00
— Masseneinkommen	− 4.211,00	− 8.368,0	− 15.203,0	− 14.439,0	− 42.221,00
I. Summe der direkten Belastungen	−15.036,65	− 36.413,8	− 59.091,3	− 66.103,4	−176.645,15
II. Be- (−) und Entlastung (+) der Unternehmereinkommen	− 2.545,75	− 379,0	+ 5.997,5	+ 6.213,0	+ 9.285,75
III. Belastung der Sozialversicherung durch Rückzug des Staates	− 1.863,0	− 8.040,0	− 7.941,0	− 7.995,0	− 25.839,00
IV. Umschichtung innerhalb der Sozialversicherung (nachrichtlich)	−	(1.200,0)	(887,5)	(1.085,0)	(3.172,5)
Volumen von Sozialabbau und Umverteilungspolitik insgesamt	(19.445,4)[a]	(46.032,8)[a]	(73.917,3)[a]	(81.396,4)[a]	214.942,4[b]

a brutto.
b netto.

Quelle: Adamy/Steffen, *Zwischenbilanz* (Anm. 70).

- Das Steuerentlastungsgesetz 1984 vom 22. Dezember 1983 versprach bereits in seinem Titel eine ausgewogenere Vorgehensweise: „Gesetz zur Stärkung der Wettbewerbsfähigkeit der Wirtschaft und Einschränkung von steuerlichen Vorteilen". Auf weit über drei Mrd. DM beliefen sich die Steuererleichterungen, die hier für die Unternehmen ausgesprochen wurden, darunter 300 Mio. DM (1985: 450 Mio. DM) Investitionszulagen für die Stahlindustrie. Dem Ausgewogenheit versprechenden Gesetzestitel zum Trotz waren es nur 100 Mio. DM, die durch die Einschränkung steuerlicher Vorteile zusätzlich eingenommen werden konnten. Sie wurden auch nicht in der Unternehmensbesteuerung eingespart: Es handelte sich um die Kfz-Steuerbefreiung für Behinderte, die reduziert wurde.
- Auch die Landwirtschaft wurde großzügig bedacht: Die Umsatzsteuervergünstigung wurde erhöht und beläßt nun der Landwirtschaft 2,6 Mrd. DM jährlich.

Das Muster einer solchen Wirtschafts- und Finanzpolitik wird hier kenntlich: weitgehende Entlastung der Wirtschaft von Abgaben; an die Stelle der Besteuerung tritt eine weitgehende „Nicht-Besteuerung", an die Stelle der begrenzten Vergünstigung, der Ausnahme von der Steuernorm, tritt die generalisierte Ausnahme. Subventionspolitik im Sinne einer staatlichen Einflußnahme auf privates Wirtschaften durch finanzielle Anreize, das Zusammenwirken von staatlichem und privatem Handeln, das in den vergangenen Jahren vor allem unter dem Aspekt Verbesserung des staatlichen Steuerungsbeitrags und der Steuerungseffizienz diskutiert wurde, wird in diesem Zusammenhang umgepolt, wenn nicht gar überflüssig.

4. Die Politisierungsschwäche der Subventionspolitik und die Verhinderungsmacht der Erbhöfe

Es läßt sich inzwischen wohl schon als allgemeines Gesetz formulieren: Subventionen geraten angesichts von Wirtschafts- und Haushaltskrisen sehr rasch ins Rampenlicht öffentlicher Diskussion, in der, einem ritualisierten Rollenspiel gleich, die anfängliche Entrüstung schon bald einem differenzierten Abwägen und schließlich einem hilflosen Schulterzucken weicht. Daß Subventionen in solchen wirtschaftspolitischen Situationen so schnell thematisiert sind, ist angesichts des ideologischen Vorbehalts kaum verwunderlich. Ebensowenig kann inzwischen auch überraschen, daß Subventionen in der Wirtschaftskrise gerechtfertigt erscheinen, liegt doch ihre Bedeutung — wenn auch nicht immer explizit ausgewiesen und nachweisbar — in der indirekten, eventuellen Wirkung auf die Sicherung oder gar Neuschaffung von Arbeitsplätzen. Gerade in der Wirtschaftskrise kann sich Subventionspolitik darauf berufen, eben auch Sozialpolitik zu sein: Die Förderung der Unternehmen stelle nur das Vehikel einer letztlich auf die Schaffung und Sicherung von Arbeitsplätzen (und seien es zukünftige) ausgerichteten Politik dar.

Diese Verknüpfung, die einen wesentlichen Teilaspekt der sich seit den sechziger Jahren herausbildenden funktionalen Subventionspolitik darstellt, könnte durch die langanhaltende Wirtschafts- und Haushaltskrise für die weitere Entwicklung der Subventionspolitik Bedeutung erlangen. Haushalts- und Wirtschaftskrisen üben in besonderer Weise einen allgemeinen Problematisierungsdruck auf die Subventionspolitik aus, wie die subventionspolitischen Veränderungen gezeigt haben, die die Wirtschafts- und Haushaltskrise der Jahre 1965–67 nach sich zog. Der Problematisierungsdruck müßte sich vor allem auf solche Subventionen auswirken, deren Ausgestaltung und Wirkungsweise wirtschaftspolitisch unbefriedigend ist. Umgekehrt wäre zu erwarten, daß solche Subventionen, die den wirtschaftspolitischen Anforderungen einer funktionalen Subventionspolitik entsprechen, unangetastet bleiben. Schwierige fiskalische und wirtschaftspolitische Rahmenbedingungen wären infolgedessen subventionspolitisch produktiv: Sie könnten den äußeren Zwang für die Durchsetzung jener subventionspolitischen Inhalte herstellen, die in der allgemeinen subventionspolitischen Diskussion und in Grundsätzen und Perspektiven der Subventionspolitik immer wieder gefordert, jedoch nur unzureichend verwirklicht wurden; ferner böten sie die Möglichkeit, den Abbau überkommener, diesen Zielen nicht angepaßter Subventionen anzugehen.

Diese Überlegung kann nicht nur gedanklich Plausibilität beanspruchen; die reale Entwicklung der subventionspolitischen Diskussion hat sie bestätigt. Allerdings gilt es zu unterscheiden:

– Im Verlauf der Wirtschafts- und Haushaltskrise der Jahre 1974–76 blieb die subventionspolitische Thematisierungsintensität eher gering, und die im Rahmen der Sparmaßnahmen abgebauten Subventionen beschränkten sich im wesentlichen auf die Spar- und Bausparförderung.

– Anders sah das Ergebnis der Sparaktion der Bundesregierung im Sommer und Herbst 1981 aus: Im Rahmen des Subventionsabbaugesetzes und des Haushaltsstrukturgesetzes wurde tatsächlich eine Reihe von Subventionen eingeschränkt; damit verbunden war eine sich intensivierende subventionspolitische Diskussion, die lange vor der Sparaktion begonnen hatte und sich auch nach der Verabschiedung der Sparmaßnahmen fortsetzte.

– In der sich anschließenden Phase christlich-liberaler Haushaltskonsolidierung und Wirtschaftspolitik setzte sich verbal zwar die subventionspolitische Auseinandersetzung fort; der tatsächliche Subventionsabbau ist jedoch dem verstärkten Abbau von Sozialleistungen gewichen, während die traditionelle Klientel von CDU und CSU (die Landwirtschaft) sich neuer Subventionen erfreuen konnte.

Zumindest in der Phase 1981/82 leistete die Subventionspolitik einen Beitrag für die Haushaltskonsolidierung, waren dem fiskalisch motivierten Ruf nach Einsparungen bei den Subventionen tatsächlich auch entsprechende Taten gefolgt. In der Gegenrechnung von Sozial- und Subventionsabbau nimmt sich der Beitrag der Subventionspolitik zur Haushaltskonsolidierung aber als eher marginal aus, der darüber hinaus schon zu Zeiten der sozialliberalen Regierung noch durch eine Ausweitung von allgemeinen steuerlichen Erleichterungen für die Unternehmen mehr als kompensiert wurde. Ernüchterung darüber breitet sich aus, ob angesichts selbst einer Haushaltskrise eine subventionspolitische Diskussion relevante fiskalische und subventionspolitische Strukturveränderungen bei den Subventionen herbeizuführen bzw. zu initiieren in der Lage ist.

Woran liegt es, daß der subventionspolitische Beitrag zur Haushaltskonsolidierung, gemessen an den Einsparungen im Sozialbereich bzw. bei den „sozialpolitischen Subventionen" selbst (Sparförderung), so niedrig geblieben ist? Versuchen wir zunächst, eine Antwort auf der *politisch-strategischen* Ebene zu finden. Vergleicht man den politischen Prozeß des Subventionsabbaus mit dem der haushaltspolitischen Entscheidung, so fällt vor allem die lange zeitliche Dauer auf, die subventionspolitische Reformvorhaben in Anspruch nehmen.

Ob es sich um die Reform der Einkommensbesteuerung der Landwirtschaft handelt, um den Abbau des Sparkassenprivilegs, das Entwicklungsländersteuergesetz oder die Begünstigung von Veräußerungsgewinnen nach §§ 6b, c EStG: In allen Fällen hat sich eine langfristige politische Strategie als notwendig erwiesen, denn die politischen Auseinandersetzungen zogen sich — häufige Ruhepausen eingeschlossen — über Jahre hin, bis schließlich die Verhinderungsmacht der Betroffenen und ihrer politischen und bürokratischen Repräsentanten soweit überwunden war, daß eine abschließende politische Kompromißbildung möglich war. Die haushaltspolitische Entscheidung dagegen hat sich innerhalb weniger Monate zu vollziehen und wird deshalb alle diejenigen eventuellen Einsparprojekte umgehen bzw. wieder fallenlassen, deren Bearbeitung absehbar einen weitaus längeren Zeitraum beanspruchen würde.

Dennoch gäbe es auch innerhalb des zeitlich engen Rahmens der haushaltspolitischen Sparentscheidung eine Strategie, die geeignet wäre, einen fiskalpolitisch orientierten Subventionsabbau in angemessener Zeit herbeizuführen. Gemeint ist die sogenannte Rasenmähermethode, d. h. die Einschränkung jeder Subvention um einen bestimmten Prozentsatz (zumeist werden in der Diskussion fünf bis zehn Prozent vorgeschlagen). Sie hätte einmal den Vorteil, daß von den staatlichen Sparentscheidungen auch die Subventionsempfänger betroffen wären und die Haushaltsentscheidungen sich nach größerer Verteilungsgerechtigkeit vollzögen; zum anderen könnte man davon ausgehen, daß zumindest, was die Subventionen auf der Ausgabenseite betrifft, eine solche Einsparstrategie kurzfristig realisierbar wäre. Tatsächlich ist diese Methode in der Bundesrepublik des öfteren diskutiert, jedoch nie realisiert worden. Trotz ihrer scheinbaren Einfachheit steht ihr u. a. die im einzelnen nicht vernachlässigbare Komplexität der zu regulierenden Einzelmaßnahmen und der daraus resultierende Gesetzgebungsaufwand entgegen.

Was bleibt, ist das kurzfristige „Einsammeln" der in einem langfristigen Problematisierungsprozeß für einen Abbau oder eine Einschränkung gereiften Subventionen — so geschehen im zweiten Haushaltsstrukturgesetz 1981 und — mit Einschränkungen — wohl auch beim Subventionsabbaugesetz.

Es wäre allerdings falsch, in der unterschiedlichen zeitlichen Dimensionierung der jeweiligen politischen Strategien die alleinige Ursache für die Resistenz von Subventionen gegenüber fiskalisch bedingten Abbaustrategien zu sehen. Es gilt tiefer zu schürfen. Denn die „Bevorzugung" der Sozialausgaben als Sparbereich gegenüber Ausgaben bzw. Einnahmeverzichten, die den Unternehmenssektor betreffen, läßt vermuten, daß die strukturelle Ausgestaltung des Budgetierungsprozesses selbst für die Ungleichgewichtigkeit der Lastenverteilung von Sparmaßnahmen verantwortlich zeichnen muß. Diese „Pathologie des Budgetierungsprozesses" wirkt auf Sozialausgaben und Subventionen gegensätzlich[75]:

— Unter den Bedingungen von Haushaltskonsolidierungsmaßnahmen sind solche Ausgaben benachteiligt, die kein „objektives Zielsystem" vorweisen, die somit gekürzt werden können, ohne daß dies offensichtlich und ausweisbar zu einer Wirkungseinbuße führen muß. An den Kern der sozialen Sicherung, so die häufig gleichlautende Formulierung in den Begründungen, werde damit nicht gerührt[76].

---

75 Die folgende Skizze nach: Karl-Heinrich Hansmeyer, Subventionen im finanzwirtschaftlichen Konsolidierungsprozeß, in: *Wirtschaftsdienst* 1983, S. 276—278.

76 Vgl. ebd., S. 277.

– Anders bei den Subventionen: Hinter diesen stecken häufig komplizierte, zum Teil noch nicht einmal offen ausgewiesene Programmstrukturen, die sich einem einfachen Kürzungsinteresse verschließen – eine Tendenz, die durch das formale Rationalisierungsbestreben der Subventionsberichterstattung eher noch wahrscheinlicher geworden ist[77]. Die Drohung eventueller Arbeitsplatzverluste läßt dann die betreffenden Subventionen sehr schnell aus dem eventuellen Sparmaßnahmenkatalog ausscheren.

Abhilfe brächte hier nur – so Hansmeyer – eine größere Transparenz des Budgetierungsprozesses wie auch der gesamten Subventionsdiskussion. Diese wiederum könnte nur durch eine verstärkte Überprüfung der Frage erreicht werden, ob mit den jeweiligen Subventionen auch die anvisierten politischen Ziele durchgesetzt werden können oder durchgesetzt worden sind: verstärkte Erfolgskontrollen und Wirkungsanalysen.

Wenn auch mit solchen Informations- und Beurteilungsinstrumenten Regierung und Parlament Möglichkeiten in die Hand gegeben wären bzw. auch schon sind, sich den Informations- und Beurteilungsmonopolen der interessierten Klientel und ihrer administrationsinternen Repräsentanten teilweise zu entziehen – so reichen sie doch nicht aus, die politische Macht der betroffenen Interessengruppen zu brechen. Denn unter der strukturellen Pathologie des Budgetierungsprozesses verbirgt sich die *politische Macht von gesellschaftlichen und auch staatlichen Interessen*, die die Rationalität der so informationell verstärkten Subventionskritik ins Leere laufen läßt, es sei denn, es gelingt, das zugrunde liegende soziale bzw. ökonomische Problem zu politisieren und die interessierte Kumpanei der begünstigten Gruppen zu brechen.

Dies nun wiederum wäre eine Aufgabe, der sich vorzugsweise die aufgabenübergreifende Subventionspolitik stellen müßte. Gerade die sich in dieser Phase abzeichnende Professionalisierung der subventionspolitischen Diskussion, die Bildung von parteiinternen Arbeitsgruppen zur Subventionspolitik, die Hebung des Informationsstandards durch die Ergebnisse der Strukturberichterstattung der Wirtschaftsforschungsinstitute im Auftrag der Bundesregierung, die subventionspolitische Positionsklärung von Verbänden und Gewerkschaften (mit Einschränkung auch beim Subventionshearing des Haushaltsausschusses veröffentlicht), die Definition von Grundsätzen der Subventionspolitik durch die Bundesregierung – alle Aktivitäten zusammengenommen könnten als Ansatz gewertet werden, daß sich aus der „einzelfallabstrakten" subventionspolitischen Diskussion Politisierungsstrategien zu einzelnen Subventionsbereichen oder Subventionen entwickeln. Zumindest in einzelnen Fällen ist dies auch geschehen (§ 13a, § 6b EStG), doch beschränkte sich die Politisierungsinitiative auf die SPD und einige wenige Abgeordnete im engeren Sinne und (flankierend) auf das Bundesfinanzministerium. Weitergehende subventionspolitische Initiativen, das hat insbesondere die Einsparungsdiskussion 1981/82 und vor allem die Fortsetzung unter der neuen Regierung gezeigt, haben sich nicht ergeben.

Damit schlagen die politische Funktion der subventionspolitischen Diskussion und das Arbeitsergebnis des im Bereich der fallabstrakten Subventionspolitik in diesen Jahren aufgebauten Thematisierungs- und Problematisierungspotentials ins Gegenteil um: Wie ein Scheinwerfer richtete sich die professionalisierte Subventionskritik der politischen Akteure angesichts der fiskali-

---

77 Vgl. ebd., S. 278.

schen Zwangssituation und der wirtschaftlichen Einbrüche zunächst auf die Subventionen, thematisierte den Subventionsabbau in einer seit langem nicht mehr gewohnten Schärfe — wenn auch ohne die für die sechziger Jahre charakteristische staatspolitische und staatsphilosophische Kritik. Dramatisch hob die Kritik die finanzielle Notlage des Staates hervor, die durch Subventionsabbau behoben werden könnte. Ein Erfolg war vorzuweisen: Mit dem Subventionsabbaugesetz 1981 hatte die Bundesregierung deutlich gemacht, wie ernst sie den Abbau nahm, daß — noch bevor umfangreichere Kürzungen der Sozialleistungen vorgenommen wurden — die finanziellen Vergünstigungen für die Unternehmen eingeschränkt werden sollten. Die Öffentlichkeit verfolgte den Gesetzgebungsweg mit großer Aufmerksamkeit, der Bundestag widmete der ersten Lesung des Gesetzes, die zu einem großen finanz- und wirtschaftspolitischen Aufrechnen wurde, weit mehr Debattenzeit und Redebeiträge als dem wenige Monate später verabschiedeten Zweiten Haushaltsstrukturgesetz, das wesentlich tiefer in bisherige Verteilungsstrukturen eingriff und ebenfalls Subventionsabbau (in sogar vergleichbarem Maße) beinhaltete, jedoch in der Hauptsache die Sozialleistungen einschränkte, neben der erwähnten Ausweitung der Abschreibungsmöglichkeiten für die Unternehmen[78].

Die subventionspolitische Kritik, angetreten mit dem Vorsatz, mit dem Subventionsabbau ernst machen zu wollen — und zumindest den einzelnen Akteuren, den Bundesfinanzminister eingeschlossen, war es ihren öffentlichen Äußerungen und Initiativen nach durchaus ernst gewesen[79] —, war damit in ein eigenartiges Zwielicht geraten. Gerade weil sie mit großem Aufwand nur relativ geringe Erfolge erzielt hatte, diese zudem mit großvolumigen, anders gearteten Einsparungen im Subventionsabbaugesetz ummäntelte, hat sie letztlich die Subventionspolitik von weiteren fiskalpolitisch motivierten Einschrän-

---

78 In erster Lesung beschäftigte sich der Bundestag vier Tage lang mit dem Subventionsabbaugesetz, dabei kamen 73 (!) Redner zu Wort, in der zweiten Beratung waren es allerdings nur noch fünf. Gemeinsam mit dem Subventionsabbaugesetz wurden auch das Haushaltsgesetz 1981 und andere Gesetze beraten, eine allgemeine Debatte über den Haushalt des Bundes war somit intendiert. Doch auch im Finanzausschuß wurde ähnliches Gewicht auf eine öffentliche Darstellung gelegt; 91 Verbände wurden wegen der zur Disposition gestellten Subventionen gehört. Anders war es beim Haushaltsstrukturgesetz 1981, das ebenfalls zusammen mit dem Bundeshaushaltsplan (für das Jahr 1982) und anderen Gesetzen beraten wurde: Obwohl es wesentlich mehr Einsparungen und Eingriffe auf der einen und Entlastungen auf der anderen Seite (der der Unternehmen) regelte, war die nach außen abgebildete Debatte geradezu wortkarg: Nicht nur, daß unter dem Aspekt Subventionsabbau in den Medien kaum berichtet wurde, auch die Plenardebatte (an drei Tagen) fiel mit 27 bzw. 13 Rednern (in der zweiten Lesung) wesentlich kürzer aus; die Ausschüsse blieben bei den Beratungen unter sich.

79 Matthöfer scheint der erste Bundesfinanzminister nach Etzel gewesen zu sein, der den Problemen der Subventionspolitik größere Aufmerksamkeit geschenkt hat. Einzelne Hinweise mögen hier genügen: So wurde in seiner Amtszeit die wirtschaftspolitische Einordnung der Subventionspolitik im Rahmen der Subventionsberichterstattung ausgeweitet; auch übernahm es Matthöfer im Gegensatz zu seinen Vorgängern und seinem Nachfolger, die Ergebnisse der Subventionsberichte selbst im Bulletin der Bundesregierung zu veröffentlichen (dies wurde sonst vom zuständigen Ministerialrat Dr. Dietrich Albrecht übernommen); auch der Presseberichterstattung ist Matthöfers subventionspolitisches Interesse zu entnehmen. Vor allem aber zeugt das Subventionsabbaugesetz — trotz aller Mängel und trotz des letztlich geringen Abbauvolumens — von seinem Interesse, Bewegung in die subventionspolitische Landschaft zu tragen.

kungsstrategien entlastet, ja wohl gar immunisiert. Statt dessen erschien es nunmehr berechtigt, das fiskalische Sparinteresse mehr auf die Sozialausgaben zu richten. Dies geschah denn auch, wie das Haushaltsstrukturgesetz 1981 zeigt, wesentlich zurückhaltender, ohne die von den staatlichen und parteipolitischen Sparstrategen beim vorangegangenen Subventionsabbaugesetz produzierte öffentliche Auseinandersetzung.

Die Ursache für diesen nicht-intendierten, subventionspolitische Strukturen konservierenden Entlastungseffekt ist wohl weniger in einem nur vordergründigen Subventionsabbauinteresse zu suchen, als vielmehr in einer die tatsächlichen subventionspolitischen Machtverhältnisse vernachlässigenden und an lediglich kurzfristigem Vorgehen orientierte Strategie. Die oben beschriebene, bestimmte gesellschaftliche Interessen begünstigende Pathologie des Budgetierungsprozesses verhinderte eine weitergehende Problematisierung und Politisierung von Subventionen und beließ es beim „Einsammeln" bereits problematisierter und zum Teil längst überfälliger Subventionen.

Heißt nun das Fazit der Subventionsabbauversuche: fiskalisch unerheblich, subventionspolitisch irrelevant? Hier gilt es, wie ich meine, wenigstens einige geringfügige Korrekturen vorzunehmen. Die Ausgangsfrage lautete, inwiefern sich angesichts von Haushalts- und Wirtschaftskrisen die Entwicklung zu einer funktionalen Subventionspolitik fortsetzt, oder ob sie gar noch — gerade jetzt — beschleunigt wird. Subventionsabbau, insbesondere die Struktur der abgebauten Subventionen sowie auch der Einschränkungen, kann hier als „hartes" Kriterium für eine solche Entwicklung genutzt werden[80]. Hier ist zu beobachten, daß, obwohl der Subventionsabbau vom Volumen her eher marginal ist, sich inhaltlich eine Fortsetzung der eingeschlagenen Richtung abzeichnet, so der Abbau gruppen- bzw. sektorenspezifischer Vergünstigungen wie das Sparkassenprivileg und die Steuerbefreiung der freien Berufe. Volkswirtschaftlich nicht mehr vertretbare Vergünstigungen wurden zwar subventionspolitisch anvisiert, doch gelang es hier nur, geringfügige Veränderungen durchzusetzen. Die energiepolitisch kaum noch rationale Steuerbefreiung des Mineralölverbrauchs im Verkehrsbereich konnte in einzelnen Bereichen gekürzt werden, stieß jedoch in anderen (Landwirtschaft) auf den heftigen Widerstand der betroffenen Interessen, so daß man sich mit feigenblattähnlichen Retuschen begnügen mußte. Idealtypisch verkörpert diese Entwicklung noch einmal mehr die Reform des § 6b EStG: Weniger daß hier nach seiner Änderung 1981 nur noch 80 Prozent der Veräußerungsgewinne steuerfrei angelegt werden können, wichtiger in diesem Zusammenhang ist, daß in dem für die Wiederanlage von Veräußerungsgewinnen in Kapitalbeteiligungen notwendigen Bescheinigungsverfahren (s. o. Kap. V) nunmehr auch die Stellungnahme des Bundesministers für Arbeit und Soziales erforderlich ist, der darüber zu befinden hat, inwiefern durch die Übertragung Arbeitsplätze gesichert bzw. neu geschaffen werden können: Subventionspolitik als „andere" Sozialpolitik. Zumindest in einzelnen Fällen scheint sich dieses Muster zu klären.

---

80 Die andere Möglichkeit besteht natürlich darin, die Struktur „neuer" Subventionen oder die der Subventionsänderung daraufhin zu untersuchen, ob sich das Muster der funktionalen Subventionspolitik stärker durchsetzt oder ob ein Rückfall in die Subventionspolitik der fünfziger Jahre, der gruppenorientierten Subventionspolitik, droht. Zumindest die subventionspolitischen Entscheidungen der christlich-liberalen Bundesregierung im Bereich der Landwirtschaft (Einführung von Kürzungsansprüchen für land- und forstwirtschaftliche Umsätze ab 1.7.1984 — § 24a UStG mit einem jährlichen Steuerausfall von ca. 2,5 Mrd. DM) schließen einen solchen Rückfall nicht aus.

IX. Neue Wege in der Subventionspolitik? Fiskalische und rechtliche Alternativen zur bisherigen Subventionspraxis

1. Die Subventionen beherrschen — aber wie?

Politisch-administrative Strategien, die auf eine bessere Beherrschbarkeit der Subventionen gerichtet sind, lassen sich grob in zwei Gruppen unterteilen[1]:

1. Die eine zielt darauf, auf der Ebene der einzelnen Subventionsmaßnahmen eine größere Rationalität durchzusetzen: d.h. durch größere Effizienz der instrumentellen Ausgestaltung, zu der auch die internalisierte Kosten-, Nutzen- und Wirksamkeitsbeurteilung zählt, einen der jeweiligen Subventionsmaßnahme immanenten Maßstab für die Entscheidung über ihre Existenzberechtigung mitzugeben, dessen Anwendung die Entscheidung über Abbau oder Aufrechterhaltung einer Subventionsmaßnahme im besten Fall zum Verwaltungsakt werden läßt, zumindest jedoch den politischen Instanzen anwendungsfähige Entscheidungsvorgaben in die Hand gibt.

2. Die andere subventionspolitische Strategie zielt auf größere Kontrollmöglichkeit durch eine wenn auch begrenzte Politisierung und Formierung eines vage umrissenen subventionspolitischen Politikfeldes, um über eine Ausweitung der subventionspolitischen Öffentlichkeit die Problematisierung von Subventionsmaßnahmen zu erleichtern.

Beide sich z. T. ergänzenden Strategien konnten bisher die Anforderung besserer Subventionskontrolle nur bedingt erfüllen. Gegen die tief in politisch-administrative Entscheidungsstrukturen eingegrabenen Begünstigungsprofile zugunsten gesellschaftlicher wie auch staatlicher Interessen gelingt es ihnen nur mit Mühe und auf lange Sicht, ein durchsetzungsfähiges Gegengewicht aufzubauen. Nicht zu übersehen ist auch, daß dieser subventionspolitische Rationalisierungsprozeß dem Ziel, Subventionskontrolle durch „Aufklärung" auszuüben, nicht nähergekommen ist, weil lediglich die formale Rationalisierung (wie z.B. im Subventionsbericht) beschritten wurde und diese z. T. mehr zu einer Rechtfertigung von Bestehendem geriet.

Es zeichnen sich nun zwei Wege ab, wie zumindest partiell die subventionspolitischen Kontrollmöglichkeiten erhöht werden können:

1. Einmal die Verabschiedung von verbindlichen Subventionsvergaberegeln: Wenn es gelingt, für bestimmte Bereiche und/oder zwischen verschiedenen Subventionsgebern subventionspolitische Verhaltensübereinkünfte und übergreifende Vergabekriterien zu vereinbaren, dann könnte die subventionspolitische Praxis der Subventionsgeber einander angeglichen und die die Subventionshaushalte in die Höhe treibende Subventionskonkurrenz — sei es zwischen den Regionen, sei es auf internationaler Ebene — ge-

---

1 Vgl. hierzu Hans Herbert v. Arnim, Subventionen. Von den Schwierigkeiten der Subventionskontrolle, in: *Finanzarchiv N. F.*, 44. Jg., H. 1/1986, S. 81—97.

bremst werden. Die Verbindlichkeit solcher „Subventionskodices" ist nur von Fall zu Fall einzuschätzen; sie bleibt auf jeden Fall hinter derjenigen einer gesetzlichen Regelung zurück. Dennoch stellen sie eine Einschränkung bisheriger subventionspolitischer Freizügigkeit dar.

2. Zum anderen die Herausbildung von „subventiven Segmenten"; gemeint ist damit die Verselbständigung von Subventionsmaßnahmen in Sondervermögen und Sonderfonds mit eigenen Finanzierungssystemen außerhalb des Staatshaushalts. Hier könnte vorteilhaft sein, daß die Kosten der Subvention von den unmittelbaren bzw. mittelbaren Nutznießern selbst aufgebracht werden müssen, daß eine „Verpreisung" möglich ist, über die sich die Kosten der Subventionierung marktmäßig auf die Käufer eines Gutes oder einer Dienstleistung verteilen. Erhöhungen der Subventionen würden sich direkt auf den Preis auswirken, könnten sich also nicht über das Steuersystem fast spurlos auf alle Steuerzahler verteilen. Schon allein in dieser Ausgliederung eines subventionspolitischen Segments könnte man eine Möglichkeit größerer Subventionskontrolle vermuten, die vor allem auch mit einer nicht unerheblichen Entlastung der Staatshaushalte verbunden sein dürfte.

2. Beherrschbarkeit der Subventionen durch Kodifizierung subventionspolitischer Grundsätze?

Subventionen ließen sich sicherlich in jeder Phase, sei es bei der Vergabe, Überprüfung oder in der Frage des Abbaus, dann besser beherrschen, wenn allgemein gültige Regeln ihre Einsatzbedingungen festlegen würden, sowohl was die wirtschaftlichen Voraussetzungen, die wirtschaftspolitischen Zielsetzungen als auch die instrumentellen Ausgestaltungen angeht. Damit lägen objektivierte Kriterien vor, die es möglich machten, insbesondere jene Subventionsforderungen einfacher abzuwehren bzw. jene Subventionen abzubauen, die unter wirtschaftspolitischen Gesichtspunkten nicht zu vertreten sind, da sie lediglich der Erhaltung überkommener unrentabler Produktionsstrukturen Vorschub leisten, ohne neue Produktionsmöglichkeiten und damit Arbeitsplätze hervorzubringen.

In der Subventionsdiskussion wurden seit Mitte der siebziger Jahre entsprechende Regeln vorgeschlagen, von den Bundestagsfraktionen (insbesondere der SPD) wie den Gewerkschaften[2]. Die Bundesregierung hat schließlich in ihrem siebten Subventionsbericht (1979) erste „Überlegungen" für subventionspolitische Grundsätze angestellt[3] und sie im neunten Subventionsbericht in überarbeiteter Form als „Ziele und Grundsätze der Subventionspolitik" dem eigentlichen Bericht vorangestellt[4]. Gleichzeitig verabschiedeten die Länderwirtschaftsminister einen „Subventionskodex", der das subventionspolitische Verhalten der Gebietskörperschaften vereinheitlichen sollte[5]. Der zehnte Sub-

---

2 Forderungen und Vorschläge des Deutschen Gewerkschaftsbundes zur Subventionskontrolle, in: *DGB — Wirtschaftspolitische Informationen*, Nr. 2 v. 22.2.1980.
3 *7. Subventionsbericht*, S. 41 f.
4 *9. Subventionsbericht*, S. 7 f.
5 Ebd., S. 310 f. (Subventionskodex der Länder).

ventionsbericht (vom 12. September 1985)[6] endlich führt insgesamt acht subventionspolitische Regelungen auf, die indes, was ihre Rechtsverbindlichkeit anbelangt, sehr unterschiedliche Bedeutung haben:

- die Grundsätze der sektoralen Strukturpolitik (*BTDrs. V/4568 vom 4.7. 1968*);
- die Subventionsgrundsätze des Bundes (*9. Subventionsbericht*, S. 7 f.);
- Subventionskodex der Länder vom 7.7.1982 (*9. Subventionsbericht*, S. 310 f.);
- Subventionskodex Einzelunternehmen vom 30.5.1983 (beschlossen von der Wirtschaftsministerkonferenz der Länder) (*9. Subventionsbericht*, S. 312);
- Subventionskodex Stahl: Entscheidung Nr. 2320/81/EGKS der Kommission vom 7.8.1981 zur Einführung gemeinschaftlicher Regeln für Beihilfen zugunsten der Eisen- und Stahlindustrie (abgedruckt im *9. Subventionsbericht*, S. 313 ff.);
- Subventionskodex Schiffbau vom 18.12.1984 (*Amtsblatt der EG* vom 3.1.1985, Nr. L 2, S. 13);
- Subventionsentscheidung Steinkohlenbergbau vom 25.2.1976 (*Amtsblatt der EG* vom 11.3.1976, Nr. L 63, S. 1 ff.);
- Subventionskodex des GATT (Übereinkommen zur Auslegung und Anwendung der Artikel VI, XVI und XXIII des Allgemeinen Zoll- und Handelsabkommens (*Amtsblatt der EG* vom 17.3.1980, Nr. L 71, S. 1 bzw. S. 72 ff.).

Ziel dieser Regelungen (eventuell mit Ausnahme der Grundsätze der sektoralen Strukturpolitik) ist es, eine effektive Subventionskontrolle und eine größere subventionspolitische Flexibilität durch Benennung der Einsatzbedingungen und Ausgestaltungskriterien der Subventionen zu erreichen. Ob dies im einzelnen auch tatsächlich der Fall ist, kann hier nicht beurteilt werden, denn die dazu notwendigen empirischen Erhebungen zur Genese, zur praktischen Anwendung und regulierenden Bedeutung der Grundsätze sind im Rahmen dieser Arbeit nicht möglich gewesen. Wenn ich dennoch versuchen will, eine erste und gezwungenermaßen oberflächliche Einschätzung ihres subventionspolitischen Stellenwerts zu geben, muß dies anhand einer Textanalyse geschehen.

Drei Regelungen betrachte ich unter dem Gesichtspunkt der Rechtsverbindlichkeit näher: die Subventionsgrundsätze des Bundes, den Subventionskodex der Länder und den Subventionskodex Einzelunternehmen (der eine Spezifizierung des Subventionskodexes der Länder darstellt) sowie den EG-Subventionskodex Stahl.

a) *Die Subventionsgrundsätze des Bundes*

Der 9. Subventionsbericht beschäftigte sich in seinen Grundsätzen mit der „Ausgestaltung" der Subventionen[7]. Sie sollten lediglich „Anstöße" geben, d.h. „Hilfe zur Selbsthilfe" sein, keine Wettbewerbsverzerrungen schaffen und sich nicht widersprechen; vorrangig sollten Subventionsformen von geringer Intensität eingesetzt werden (Darlehen haben Vorrang vor Zuschüssen), und

---

6 Vgl. *10. Subventionsbericht*, S. 8.
7 *9. Subventionsbericht*, S. 7.

die Maßnahmen sollten grundsätzlich befristet und degressiv gestaltet werden, Mitnahmeeffekte waren möglichst klein zu halten. Ausgangs- und Produktivitätshilfen sollte der Vorzug vor Erhaltungshilfen gegeben werden, Zielsetzungen und Auswirkungen von Subventionen sollten laufend kontrolliert werden.

Diese zum größten Teil schon bekannten Grundsätze geben, wie die fast durchgehende „Sollen"-Formulierung zeigt, nur Leitlinien der Subventionsvergabe an, von denen im Einzelfall — mit sicherlich „guter" Begründung — abgewichen werden kann.

b) *Subventionskodex der Länder*

Am 7. Juli 1982 beschloß die Länderwirtschaftsministerkonferenz bei gleichzeitiger Zustimmung des Bundeswirtschaftsministers „Grundsätze bei der Gewährung von Finanzhilfen, Steuervergünstigungen und Gewährleistungen an die Unternehmen der gewerblichen Wirtschaft". Dieser „Subventionskodex der Länder" gibt in acht Artikeln[8] und damit weitaus detaillierter als die subventionspolitischen Grundsätze des Bundes Richtlinien für die Vergabe von Subventionen an die gewerbliche Wirtschaft. In diesen wird zunächst festgestellt, daß Bund, Länder und Gemeinden in erster Linie über die Gestaltung der wirtschafts-, finanz- und gesellschaftspolitischen Rahmenbedingungen ohne Gewährung öffentlicher Hilfen den Strukturwandel der Wirtschaft erleichtern, „Anpassungshemmnisse abbauen und Beschäftigungsmöglichkeiten verbessern" sollen. Eine darüber hinausgehende Formulierung, daß „insbesondere die Bereitstellung einer ausreichenden Zahl von Arbeitsplätzen" gefördert werden solle, wie es die Länder Bremen und Nordrhein-Westfalen vorgeschlagen hatten, wurde nicht aufgenommen. Subventionen „dürfen ... nur gewährt werden", wenn der Anpassungsprozeß an den wirtschaftlichen Strukturwandel zu „unvertretbaren volkswirtschaftlichen und sozialpolitischen Konsequenzen (führe)"[9].

Diesen allgemeinen Zielsetzungen bzw. Beschränkungen eines Subventionseinsatzes folgen ähnliche Gestaltungsempfehlungen, wie sie schon in den subventionspolitischen Grundsätzen der Bundesregierung zu finden waren. Betont wird, daß die „unmittelbare Gewährung von Hilfen an einzelne Unternehmen (direkte Förderung) möglichst einzuschränken" und „der Verbesserung der Ausstattung mit wirtschaftsnaher Infrastruktur oder der Gewährung von Steuervergünstigungen (indirekte Förderung) ... in geeigneten Fällen der Vorzug einzuräumen (sei)"[10]. Ferner sei darauf zu achten („soweit möglich"), daß Subventionsbereiche oder einzelne Subventionen „eindeutig, ungeteilt und sachgerecht einzelnen Gebietskörperschaften zugeordnet werden"[11]. Im letzten Artikel wird schließlich bestimmt, daß eine Subvention nur dann eingeführt werden soll, wenn sie diesen Anforderungen Rechnung trägt; ferner sollen bestehende Subventionen unter den bezeichneten Bedingungen aufgehoben (u. a., wenn Erfolgskontrollen nicht durchgeführt werden) bzw. den Kriterien des Subventionskodexes entsprechend umgestaltet werden.

---

8 Vgl. ebd., S. 310.
9 Ebd.
10 Ebd.
11 Ebd., S. 311.

Der Subventionskodex der Länder wurde im Mai 1983 durch die „Mindestanforderungen für staatliche Hilfe zur Sanierung von Einzelunternehmen in Ausnahmefällen", den „Subventionskodex Einzelunternehmen", ergänzt. Darin wurden allgemeine Regeln aufgestellt, unter welchen Bedingungen und mit welchen Verfahrensweisen staatliche Finanzierungshilfen „zur Rettung existenzbedrohter, sanierungsfähiger Unternehmen" erteilt werden können[12]:

— Sind die Möglichkeiten von Unternehmen, Gläubigern und Eigentümern ausgeschöpft, so müssen „besondere Gründe" für eine staatliche Hilfe sprechen, z. B. „regionalpolitisch(e) oder arbeitsmarktpolitisch(e)". Allerdings wird ausdrücklich betont: „Die Erhaltung von Arbeitsplätzen in einem bestimmten Unternehmen rechtfertigt für sich genommen noch nicht die Gewährung von Finanzierungshilfen." (Punkte 1, 2, 3) Für andere Unternehmen darf sich aus der staatlichen Unterstützung keine direkte oder indirekte Gefährdung ergeben (Punkt 4).

— Im Einzelfall „darf" eine staatliche Hilfe „nur zugesagt werden", wenn ein Sanierungsplan erstellt und eine eingehende Analyse der wirtschaftlichen Situation des betreffenden Unternehmens — gegebenenfalls durch einen unabhängigen Sachverständigen — erfolgt ist (Punkt 5).

— Eine Kapitalbeteiligung des Staates sollte als Sanierungshilfe ausscheiden (Punkt 6); staatliche Hilfen „dürfen grundsätzlich nur gewährt werden, wenn eine ausreichende Prüfungszeit zur Verfügung gestanden hat" (Punkt 7).

Ohne die Genese dieser beiden Subventionskodices empirisch überprüft zu haben, kann man aus der zeitlichen Koinzidenz entnehmen, daß vor allem die sich Anfang der achtziger Jahre intensivierende konjunkturelle wie strukturelle ökonomische Krise und mehr noch die mit Vehemenz aufbrechenden sektoral-regionalen Krisen Pate gestanden haben: der Niedergang der Werftindustrie an den norddeutschen Küsten — mit regionalem Schwerpunkt Bremen und Hamburg — und die Krise der Stahlindustrie, genauer: der saarländischen Stahlindustrie, deren Subventionierung zum Bankrott des nicht-subventionierten Stahlunternehmens Korff führte.

Welchen rechtlichen Status haben diese beiden Subventionskodices? Der Subventionsbericht selbst betont, daß bei der Subventionsvergabe durch diese Regeln keine rechtliche Bindung erfolgen kann, daß es sich vielmehr um „Selbstverpflichtungen" der Wirtschaftsminister der Länder handele, Subventionen nach diesen Grundsätzen zu gewähren. Dem Charakter einer Selbstverpflichtung entsprechend ist keine Regelung vorgesehen, die ihre Einhaltung kontrolliert. „Einklagbar" könnte die Verpflichtung also — soweit dies den Unterlagen zu entnehmen ist — lediglich über die Ebene des politischen Konflikts, nicht über die der rechtlichen Auseinandersetzung, sein.

Da die Regeln nicht justiziabel sind, bestehen berechtigte Zweifel, ob die Landeswirtschaftsminister tatsächlich danach verfahren. Bereits ein Jahr nach Verabschiedung des Subventionskodexes der Länder mußte dessen maßgebliche Initiatorin, die niedersächsische Wirtschaftsministerin Birgit Breuel einräumen, daß die Bemühungen praktisch erfolglos waren. Sie forderte deshalb eine gesetzlich verbindliche Regelung der bisher nicht verbindlichen Grundsätze des Subventionskodexes im Rahmen eines „Subventionsgrundsätzegesetzes". Diese

---

12 Ebd., S. 312.

Idee ist jedoch noch bei weitem nicht zu einem konkreten Gesetzentwurf weiterentwickelt worden[13].

c) *Subventionskodex Stahl*

Anders liegen die Verhältnisse im Falle Subventionskodex Stahl, der von der EG-Kommission am 7. August 1981 verabschiedet wurde und der für den Stahlbereich der Europäischen Gemeinschaft rechtlich verbindlich ist. Der EG-Subventionskodex für die Eisen- und Stahlindustrie will verbindliche Leitlinien für die in nationaler Kompetenz gewährten Beihilfen zur Sanierung der Stahlindustrie EG-weit aufstellen und durchsetzen, um den Zusammenbruch des EG-Stahlmarkts zu verhindern. Auch ein Ende der Subventionierung sollte in Sicht sein: Die Beihilfezahlungen durften nur bis zum 31. Dezember 1985 erfolgen und mußten danach eingestellt werden. Im einzelnen regelt der EG-Subventionskodex Stahl[14] die Vergabemodalitäten von Investitionsbeihilfen (Art. 4), Betriebsbeihilfen (Art. 5), Notbeihilfen (Art. 6) und Forschungs- und Entwicklungshilfen (Art.7). Für alle Beihilfen gilt, daß das begünstigte Unternehmen bzw. die Unternehmensgruppe ein ,,zusammenhängendes, genau festgelegtes Umstrukturierungsprogramm durchführt, das die verschiedenen Umstrukturierungsmerkmale (Modernisierung, Kapazitätsabbau und gegebenenfalls finanzielle Neuordnung) umfaßt und geeignet ist, seine/ihre Wettbewerbsfähigkeit und Rentabilität ohne Beihilfen unter normalen Marktbedingungen wiederherzustellen`` (Art. 2).

Es wäre falsch anzunehmen, der EG-Subventionskodex Stahl habe eine Eindämmung der nationalen Subventionen im Stahlbereich erreichen sollen. Richtig ist wohl eher, daß der Stahlkodex den EG-rechtlichen Rahmen für eine Intensivierung der nationalen Subventionspolitik im Stahlbereich hergestellt hat. So stieg etwa die Anzahl der bei der EG-Kommission beantragten Beihilfevorhaben von 23 Anträgen 1981 auf 95 im Jahr 1982[15]. Allein das nationale Stahlprogramm in der Bundesrepublik belief sich nach Aussagen des 10. Subventionsberichts für die Jahre 1983 bis einschließlich 1985 auf ca. 2,7 Mrd. DM, davon allein 1,5 Mrd. DM als Zuschuß an die ARBED Saarstahl[16]. Folge des Subventionskodexes Stahl war die Investitionszulage für die Stahlindustrie, die mit dem Stahlinvestitionszulagen-Änderungsgesetz vom 22.12.1983 auf 20 Prozent verdoppelt wurde[17].

Es stellt sich die Frage, ob nicht auch die anderen Subventionskodices — die entsprechende Entscheidung der EG-Kommission für Steinkohlenbergbau und für Schiffbau (s. o.) wie auch die Grundsätze der Länder und des Bundes — primär dazu dienen, in einer Phase erhöhten Subventionsbedarfs mit einer Vereinheitlichung der Subventionsbedingungen zugleich Grenzen der Ausweitung zu setzen. Für den EG-Stahlkodex ist dies offensichtlich: Hier tritt neben die

13 Dietrich Albrecht/Thies Thormälen, *Subventionen — Politik und Problematik*, Frankfurt/Bern/New York 1985, S. 58.
14 Vgl. ebd., S. 313 ff.
15 Vgl. ebd., S. 54.
16 Vgl. *10. Subventionsbericht*, S. 130 f.
17 Vgl. ebd., S. 210 f.

Funktion, einen allgemeinen subventionspolitischen Freiraum zur „Befriedigung" nationaler Subventionsinteressen zu schaffen, aufgrund der rechtlichen Verbindlichkeit die Funktion einer Subventionsbegrenzung: Wenn schon Subventionen unvermeidbar sind, dann hat die Subventionspolitik nach verbindlichen und einheitlichen Kriterien zu erfolgen. Inwieweit diese Regeln tatsächlich durchgesetzt worden sind, kann ebenso wie die Frage nach der realen subventionspolitischen Bedeutung der Grundsätze von Bund und Ländern nur anhand konkreter Subventionsvorgänge beurteilt werden. Dabei gilt es dann auch, die Genese dieser Subventionskodices genauer zu verfolgen — eine Aufgabenstellung, die sich eng an die Frage nach der Herausbildung von institutionellen Momenten auf der Ebene abstrakter Subventionspolitik anschließt, die jedoch in dieser Arbeit nicht mehr beantwortet werden kann.

3. Bildung von Subventionssegmenten — Sonderfonds und Sondervermögen als subventionspolitische Strategie

Subventionen sind, so hatten wir grob definiert, finanzielle Vergünstigungen, die der Staat den Unternehmen mit mehr oder weniger engen Auflagen zur Verfügung stellt, um ein politisches Ziel zu realisieren. Eines wird aus dieser Definition ersichtlich und zeigt auch den Reiz von Subvention: Die Vergünstigung, die wenigen zugute kommt, wird von vielen bezahlt; ihre Kosten verschwinden nahezu im Gesamtvolumen des Staatshaushalts, verteilen sich unmerklich über das System der Steuer auf die Gesamtheit der Abgabepflichtigen. Noch günstiger für die fiskalische Belastung des Staates ist es jedoch, wenn eine gesonderte Finanzierungsform gefunden werden kann wie Sonder- und Ausgleichsabgaben.

Eine solche finanzpolitische Entlastungsstrategie ist nicht auf die Subventionen im engeren Sinne beschränkt, auch ist der Übergang von der allgemeinen Besteuerung zu der einen Sonderfond bzw. Sondervermögen des Staates finanzierenden Abgabe mehr oder weniger fließend. Ein Beispiel ist die zweckgebundene Steuer, deren Verwendung gesetzlich gebunden ist: z. B. das Straßenbaufinanzierungsgesetz von 1955, das das Aufkommen aus der Mineralölsteuer ausschließlich (eingeschränkt 1965) für die Finanzierung des Straßenbaus vorsah. Die unter fiskalischen Gesichtspunkten besonders günstige Auswirkung zweckgebundener Steuern wird an diesem Beispiel deutlich: Eine Zweckbindung — so sie politisch plausibel verkauft werden kann — erleichtert die Einführung einer neuen Steuer. Ist erst eine neue Steuer akzeptiert, so besteht auch kein Grund, sie wieder abzubauen, wenn die Zweckbindung aufgehoben ist. Der fiskalische Gewinn ist nachhaltig[18].

Anders sieht es im Falle von Sondererhebungen aus, der rückzahlbaren Investitionshilfe des Jahres 1952 beispielsweise, die sich gar nicht erst im Bundeshaushalt niederschlug, sondern in ein Sondervermögen einfloß (s. o. Kap. III);

---

18 Bundesfinanzminister Matthöfer hatte diesen Prozeß an einem anderen Beispiel vorgeführt: „Die Sektsteuer hat der Kaiser eingeführt für die Marine. Die Marine ist abgesoffen, der Kaiser ist weggelaufen. Die Sektsteuer bringt jährlich 420 Millionen Mark. Wir denken nicht daran, sie abzuschaffen." Bundesfinanzminister Matthöfer vor der Presse bei der Vorstellung des Bundeshaushalts 1980, zit. nach *Frankfurter Rundschau* v. 9.7.1979.

die Investitionshilfe des Jahres 1983 dagegen, die als Zuschlag zur Einkommen- und Körperschaftsteuer erhoben wurde, floß in den Bundeshaushalt zur Finanzierung eines Wirtschaftsförderungsprogramms. Das Bundesverfassungsgericht bereitete ihr jedoch ein klägliches Ende, indem es diese Form für verfassungswidrig erklärte.

Andere Formen jedoch werden als verfassungskonform akzeptiert. So wurden seit den fünfziger Jahren zunächst nur sehr vereinzelt und schwerpunktmäßig in der Agrarpolitik, seit Ende der sechziger Jahre verstärkt auch in anderen Bereichen Sonderfonds eingerichtet, die über nichtsteuerliche Abgaben finanziert werden: sogenannte „Pfennigabgaben", deren größte, der Kohlepfennig, immerhin ein Abgabevolumen von ca. zwei Mrd. DM jährlich erreicht. Insgesamt betrug das Volumen der durch Abgaben finanzierten Sonderfonds 1981 fast vier Mrd. DM (vgl. Tab. IX/1); es kann damit nicht mehr nur als hilfsfiskalische Randerscheinung abgetan werden. Die Vielzahl neuer Abgabenvorschläge[19], darunter die von Teilen der SPD vorgeschlagene Energieabgabe zur Finanzierung eines Sonderfonds für umweltpolitische Maßnahmen[20], macht sehr deutlich, daß der normale Staatshaushalt und sein Finanzierungssystem als Grundlage solcher Aufgabenerfüllung wenig Vertrauen genießten − sei es, weil die etablierten Besitzstände angesichts finanzieller Engpässe wenig Aussichten bieten, neue Schwerpunkte zu setzen und neue politische Ziele durchzusetzen, sei es, weil die institutionelle Organisation von Politikbereichen den neuen Aufgaben kontraproduktiv entgegensteht[21] und nun das Heil in der Institutionalisierung begrenzter, aufgabenbezogener, von der Finanzsituation des Staatshaushalts unabhängiger Regelsysteme gesucht wird. Zumindest in der öffentlichen Meinung scheint man die zweckgebundenen Abgaben einer Steuererhöhung vorzuziehen.

3.1. Formen parafiskalischer Sonderabgaben

Nach einer Aufstellung der Bundesregierung existierten 1981 15 parafiskalische Sonderabgaben[22]; eine weitere, die Berufsbildungsabgabe, ist zwar gesetzlich möglich, wird jedoch nicht praktiziert[23]. Der zahlenmäßige Schwerpunkt dieser Abgaben liegt im agrarpolitischen Bereich (vier), doch wurden gerade in den letzten Jahren vermehrt umwelt- und energiepolitisch orientierte Sonderabgaben realisiert, die volumenmäßig fast 90 Prozent der Gesamtsumme (1981)

19　Caesar führt eine Auswahl von immerhin 33 Vorschlägen unterschiedlicher Seriosität für neue Pfennigabgaben auf, deren Schwerpunkte im arbeitsmarkt-, sozial- und umweltpolitischen Bereich liegen. Vgl. Rolf Caesar, „Pfennigabgaben" − fiskalisch motivierte Steuertarnung und Rückfall in die Fondswirtschaft? Eine finanzwissenschaftliche Analyse, in: *Finanzarchiv, N. F.*, 38. Jg., H. 3/1980, S. 396 ff.

20　Vgl. *Die Zeit* v. 7.6.1985.

21　Vgl. zu letzterem für die Arbeitsmarkt- und Beschäftigungspolitik Gert Bruche/Bernd Reissert, *Die Finanzierung der Arbeitsmarktpolitik*, Frankfurt a. M. 1985.

22　Caesar nennt in seiner Aufstellung zwölf Abgaben; seine Liste ist somit nicht vollständig. Er erwähnt auch die Berufsbildungsabgabe, die von der Bundesregierung ebenso wie die Ausgleichsabgabe nach dem Benzinbleigesetz nicht aufgeführt wird. Vgl. Caesar, Pfennigabgaben (Anm. 19), S. 390 f.

23　Vgl. zur Berufsbildungsabgabe Claus Offe, *Berufsbildungsreform*, Frankfurt a. M. 1975.

erreichen. Ins Gewicht fällt im Vergleich dazu nur noch die sozial- und beschäftigungspolitisch motivierte Schwerbehindertenabgabe mit einem Aufkommen von 245 Mio. DM (1981).

Sonderabgaben lassen sich in vier Grundtypen unterteilen[24]:

1. *Ausgleichsabgaben.* Diese älteste Form der Sonderabgaben soll dazu dienen, Kosten und Ertragsunterschiede zwischen einzelnen Betrieben innerhalb einer Branche oder zwischen Regionen auszugleichen (letzteres bei der Preisausgleichsabgabe für Stahlverbraucher in Berlin West); zahlenmäßig bilden die Ausgleichsabgaben, die am ehesten den Erhaltungssubventionen entsprechen, nur eine kleine Gruppe, volumenmäßig jedoch die Masse der Sonderabgaben.

2. *Förderungsabgaben.* Sie kommen vor allem im agrarpolitischen Bereich vor und dienen „der Förderung des Absatzes, der Lagerhaltung oder der Qualität der Produkte eines ganzen Wirtschaftszweiges"[25].

3. *Verursacherabgabe.* Sie ist deckungsgleich mit umweltpolitischen Abgaben und zielt darauf, negative externe Kosten durch Belastung der Verursacher bzw. der Nutzer des verursachenden Gutes zu internalisieren (Altölbeseitigungsabgabe, Abwasserabgabe).

4. *Lenkungsabgaben.* Sie werden, folgt man Caesar, in ihrer reinen Form lediglich in der nicht praktizierten Berufsbildungsabgabe verwirklicht. Allerdings ist hier zu bedenken, daß der Lenkungsaspekt in gewisser Weise jeder Abgabe zugesprochen werden kann, weil jeder Abgabe ein definierter Verwendungszweck zugrunde liegt. Die Lenkung kann in dem einen Fall durch die vorangestellte Definition ohne Freiheitsgrade (wie der Kohlepfennig) erfolgen, oder aber durch einen offenen Verwendungszweck, der durchaus politische Entscheidungen zuläßt. Die Filmabgabe ist somit ebenfalls als Lenkungsabgabe zu charakterisieren.

Gemeinsam ist den Pfennigabgaben, daß zwischen Abgabeschuldner und dem Empfänger bzw. dem Verausgabungsziel ein homogener Zusammenhang hergestellt werden kann — sei es, daß über Abgabe und Verausgabung Teilmärkte abgedeckt werden, sei es, daß die Kosten einer Gruppe, die unter diesem Aspekt als homogen gelten kann, zugerechnet werden. Allerdings heißt dies nicht, daß der Abgabeschuldner mit einer unmittelbaren Gegenleistung zu rechnen hat: Weder besteht ein solcher Anspruch im rechtlichen Sinne, noch läßt sich eine unmittelbare Gegenleistung empirisch feststellen. Ausgleichsabgaben haben hier den Charakter einer — getarnten — Steuer[26].

An dieser Stelle stehen jedoch nicht die finanzwissenschaftlichen, steuerlichen und steuersystematischen Gesichtspunkte im Vordergrund. Es geht vielmehr um die Frage, unter welchen politischen und ökonomischen Bedingungen sich segmentierte subventionspolitische Regulierungszusammenhänge

---

24 Vgl. Caesar, Pfennigabgaben (Anm. 19), S. 388 ff.

25 Ebd., S. 389.

26 Dies ist auch die Kritik von finanzwissenschaftlicher Seite. Vgl. hierzu Dietrich Dickertmann/Antonius Voss, Der Kohlepfennig — eine getarnte Steuer, in: *Wirtschaftsdienst*, 1/1979, S. 41 ff.; Ingo Vogelsang, Eine Alternative zur Kohlepolitik des Dritten Verstromungsgesetzes, in: Ordo, 1977, S. 181 ff.; Antonius Voss, *Die Ausgleichsabgabe zur Sicherung der Elektrizitätsversorgung*, Sonderveröffentlichung Nr. 4 des Finanzwissenschaftlichen Forschungsinstituts der Universität zu Köln, Köln 1981; Caesar, Pfennigabgaben (Anm. 19).

Tabelle IX/1: Ausgleichsabgaben und Sonderfonds 1969—1981

	1969	1978	1979	1980	1981[a]
			— in Millionen DM —		
1. Kohlepfennig (§ 8 Drittes Verstromungsgesetz)	—	1.577	2.151	1.874	1.935
2. Beiträge zur Erdölbevorratung (§ 18 Erdölbevorratungsgesetz)	—	53	620	559	646
3. Altölabgabe (Gesetz über Maßnahmen zur Sicherung der (Altölbeseitigung)	39	46	48	56	62
4. Abwasserabgabe (Abwasserabgabengesetz)	—	—	—	—	750
5. Filmabgabe (Filmförderungsgesetz)	17	19	26	32	32
6. Schwerbehindertenabgabe (§ 8 Schwerbehindertengesetz)	—	373	221	217	245
7. Absatzfondsgesetz (§ 10 Absatzfondsgesetz)	—	82	82	86	85
8. Stabilisierungsfonds für Wein (Weinwirtschaftsgesetz)	6	11	11	11	11
9. Umlage Milch- und Fettgesetz (§ 22 Abs. 1 Milch- und Fettgesetz)	41	43	46	48	49
10. Förderung des Fischabsatzes (§ 6 Fischgesetz)	4	5	5	4	4
11. Beiträge Binnenschiffahrt z. Abwrackfonds (§ 32a Änderungsgesetz gewerblicher Binnen- schiffsverkehr)	8	12	14	15	14
12. Lotsenabgabe (§ 6 Gesetz über das Seelotsenwesen)	14	34	39	41	40
13. Preisausgleichsabgabe für Stahlverbraucher in Berlin (West) (VO PR Nr. 63/50/§ 2 Preisgesetz)	19	17	17	17	17
14. Ausgleichsbeträge Städtebauförderung (§§ 41, 42 Städtebauförderungsgesetz)	.	.	.	.	.b
15. Umlage für die Wasser- und Bodenverbände (Wasser- und Bodenverbandsgesetz)	.	.	.	.	.c
Summe	148	2.272	3.280	2.960	3.890

a Schätzung.
b Ausgleichsbeträge sind von den Gemeinden bisher nur in geringem Umfang erhoben worden; der Gesamtbetrag kann vom Bund nicht beziffert werden.
c Keine Angaben vorhanden. Größenordnung dürfte jedoch geringfügig sein.

Quelle: *BTDrs.* 9/382. — Vorzugslasten (z. B. Gebühren und Beiträge) sind in der Aufstellung nicht enthalten.

herstellen lassen. Dazu ziehe ich die an anderer Stelle[27] analysierte Genese und Struktur der Abnahmevereinbarung zwischen öffentlicher Elektrizitätswirtschaft und Steinkohlenbergbau heran, die die privatwirtschaftliche Substanz der Ausgleichsabgabe „Kohlepfennig" darstellt.

3.2. Interessenpolitische Homogenität als Voraussetzung subventiver Segmente? Schlußfolgerungen aus Genese und Praxis der Ausgleichsabgabe „Kohlepfennig"

Der Ausgleichsabgabe liegt das zentrale Problem des deutschen Steinkohlenbergbaus zugrunde: die Absatzsicherung der deutschen Steinkohle gegenüber konkurrierenden billigeren Energieträgern. Während in den Teilmärkten „Hausbrand und Kleinverbraucher" die Kohle gegenüber Heizöl (und später Erdgas) zusehends ins Hintertreffen geriet und auch keine staatlichen Entlastungsstrategien entwickelt wurden, war zumindest seit dem Hüttenvertrag 1967 der Absatzmarkt „eisenschaffende Industrie" durch die Kokskohlebeihilfe relativ abgesichert, wenn auch im Niveau weiterhin abhängig von der konjunkturellen Entwicklung im Eisen- und Stahlbereich. Zur Absatzsicherung im dritten großen Teilmarkt, dem Kraftwerksbereich, trugen bis 1971 die 1965 und 1966 verabschiedeten Verstromungsgesetze (1. und 2.) bei, die für die Errichtung von Kohlekraftwerken Investitionszuschüsse und für den zusätzlichen Einsatz von Steinkohle Betriebszuschüsse vorsahen, gleichzeitig den Einsatz von Heizöl der Genehmigungspflicht unterwarfen. Als die Verstromungsgesetze 1971 ausliefen, stand dieses Problem erneut auf der Tagesordnung, wollte man nicht einen erneuten Einbruch beim Steinkohleabsatz im Kraftwerksbereich riskieren, der sich zu diesem Zeitpunkt auf einem Niveau von ca. 30 bis 32 Mio. Tonnen SKE Steinkohle jährlich bewegte.

Mit dem 3. Verstromungsgesetz 1974 wurde die Ausgleichsabgabe „Kohlepfennig" eingeführt, die vom Abnehmer des Stroms der öffentlichen Elektrizitätswerke erhoben wird. Sie bildet auch heute noch die finanzielle Grundlage für die Sicherung des Absatzes der deutschen Steinkohle in der Elektrizitätswirtschaft. Von dieser Finanzierungsgrundlage abgesehen, stellt das 3. Verstromungsgesetz die klassische Subventionspolitik mittels finanzieller Anreize dar: Mit einer finanziellen Kompensation der Mehrkosten der Kohleverstromung auf der Investitions- und Betriebsebene gegenüber Heizöl und Gaskraftwerken glaubte man, das Verstromungsziel von 33 Mio. Tonnen Steinkohle jährlich erreichen zu können. Nach nur wenigen Monaten offenbarte das neue Verstromungsgesetz eklatante Schwächen: Auf Seiten der Energieversorgungsunternehmen bestand keine Verpflichtung, eine bestimmte Menge Kohle abzunehmen. Dies hatte zur Folge, daß der konjunkturell bedingte Minderverbrauch an Strom 1975 ausschließlich zu Lasten der Kohle ging. Statt 32 Mio. Tonnen SKE Steinkohle setzten die Energieversorgungsunternehmen lediglich 24 Mio. Tonnen SKE ein; das bedeutete einen Minderabsatz von 25 Prozent, während der Minderabsatz an Strom lediglich 3,5 Prozent betrug. Die Konsequenz daraus war, daß die Bundesregierung nachdrücklich auf eine freiwillige Abnahmeverpflichtung der Energieversorgungsunternehmen drängte, andern-

---

27 Vgl. Zoltán Jákli, Staatliche Intervention und private Politik im Energiesektor, in: Volker Ronge (Hrsg.), *Am Staat vorbei*, Frankfurt a. M. 1980, S. 30—82.

falls, so drohte sie, sei eine administrative Quotenregelung nicht auszuschließen.

Im Mai 1977 wurde nach langen Verhandlungen zwischen der Vereinigung der Deutschen Elektrizitätswirtschaft (VDEW) und dem Gesamtverband des Steinkohlebergbaus (GVSt) die „Vereinbarung über den Absatz deutscher Steinkohle an die öffentliche Elektrizitätswirtschaft in den Jahren 1978 bis 1987" unterzeichnet[28]. Zugrunde lagen der Vereinbarung Abnahmeverpflichtungen von 42 kohleverstromenden öffentlichen Energieversorgungsunternehmen über eine Gesamtmenge von 250 Mio. Tonnen SKE Steinkohle; zusammen mit der Steinkohlenabnahme der privaten Kraftwirtschaft ergab dies eine durchschnittliche jährliche Verstromungsmenge von 33 Mio. Tonnen SKE Steinkohle[29].

Flankiert wurde dieser „Jahrhundertvertrag" durch die Neuregelung der Ausgleichsabgabe ‚Kohlepfennig', die in Aufkommen und Vergabestruktur den neuen Modalitäten angepaßt worden war[30].

Für den Steinkohlenbergbau war und ist die Regulierung und Finanzierung des Teilmarkts Kraftwerkskohle von großer wirtschaftlicher und politischer Bedeutung, da er als einziger der Kohleabsatzmärkte relativ abgesichert ist[31]. Auch für die Kraftwerkswirtschaft war diese Regelung ein mehrfacher Erfolg: einmal, weil damit der jahrelange, z. T. heftige Konflikt mit dem Steinkohlenbergbau über die Abnahme von Kraftwerkskohle beigelegt war und die Elektrizitätswirtschaft sich zumindest in dieser Angelegenheit in der Öffentlichkeit entlastet sah[32]; zum anderen, weil die Kosten der Regelung von den Stromverbrauchern getragen werden und für die Kraftwerksbetreiber keine zusätzlichen Kosten entstanden; und schließlich, weil Flexibilisierungsregelungen in den Abnahmeverpflichtungen sie vor der Gefahr schützten, eventuell mehr abnehmen zu müssen, als verstromt werden konnten. Auch die Bundesregierung konnte mit der Regelung zufrieden sein, denn jetzt war im Bereich der Kohlepolitik

---

28 Der Wortlaut der Vereinbarung zwischen VDEW und GVSt vom 10.5.1977 ist veröffentlicht in: Hans Zydek / Wolfgang Heller, *Energiemarktrecht*, Loseblattsammlung, Essen 1978, Anlage zu: Richtlinien zu § 3b des Dritten Verstromungsgesetzes.

29 Im März 1980 wurde von VDEW und GVSt eine neue Rahmenvereinbarung getroffen, die sich nunmehr über 15 Jahre (1981—95) erstreckt. Sie sieht eine kontinuierliche Erhöhung der Einsatzmenge von Steinkohle in Kraftwerken auf schließlich 47,5 Mio. Tonnen SKE Steinkohle vor , geknüpft an einen vertraglich definierten Zuwachs des Stromverbrauchs (vgl. *Handelsblatt* vom 25., 26., 27.3.1980).

30 Vgl. Jákli, Staatliche Intervention (Anm. 27), S. 58 f.

31 Der Verfall der Energiepreise auf dem Weltenergiemarkt in den vergangenen Jahren hat die Finanzierung der Absatzsicherung von Ruhrkohle im Kraftwerksbereich infrage gestellt: Sie ist trotz der günstigen Finanzierungsregelung über den Kohlepfennig kaum noch tragbar. Seit 1987/88 gibt es Bestrebungen von seiten der Kraftwerkbetreiber, einzelnen Bundesländern und Teilen der Bundesregierung, zu einer veränderten Regelung, d. h. zu einer Reduzierung der im „Jahrhundertvertrag" festgelegten Abnahmemengen zu kommen. Aufgrund der tiefgreifenden wirtschaftlichen und regionalen Auswirkungen nahm man bisher von einer Veränderung der Finanzierungsregelung Abstand. Vgl. hierzu: Hans-Georg Wachendorf, Aktuelle Fragen der Steinkohlenverstromung, in: *Elektrizitätswirtschaft. Zeitschrift der Vereinigung Deutscher Elektrizitätswerke − VDEW* Jg. 87 (1988) H. 26, S. 1296−1301.

32 Dieser politische Effekt war der Elektrizitätswirtschaft nicht unwichtig. In § 9 der Vereinbarungsgrundsätze verpflichteten sich die Unternehmen beider Branchen zur „freundschaftlichen Zusammenarbeit" (Vereinbarungsgrundsätze [Anm. 28]).

ein seit Mitte der sechziger Jahre schwelendes Problem so gelöst worden, daß
für den Staat nicht einmal eine zusätzliche Belastung entstanden war. Lediglich
die revierfernen süddeutschen Bundesländer opponierten gegen die Regelung,
da sie darin eine besondere Form der Bevorzugung des Ruhrgebietes und eine
Benachteiligung eigener Interessen sahen. Um ihnen entgegenzukommen wurde
die Ausgleichsabgabe in der Folgezeit nach dem Kriterium der Revierferne/Re-
viernähe prozentual gestaffelt.

Die damalige allseitige Zufriedenheit — sieht man von den Stromverbrauchern ab — wirft die Frage auf, ob nicht auch in anderen Bereichen ähnlich
geartete subventionspolitische Regelungen möglich wären, die den Staatshaushalt entlasten und zugleich eine Realisierung des Subventionsziels in gleicher
Weise garantierten. Um diese Frage zu beantworten, ist es notwendig, die Struktur der Absatzregelung etwas genauer zu betrachten:

Die Absatzregulierung im Kraftwerksbereich ist voraussetzungsvoll. Sie ba-
siert auf einer Mixtur von staatlichem Eingriff (in der Finanzierungsfrage) und
privatwirtschaftlicher Regelung (Abnahmeverpflichtung). Erst in der Kombination beider, dies hatte das Scheitern des 3. Verstromungsgesetzes 1975 gezeigt,
kann eine erfolgreiche Absatzsicherung gewährleistet werden. Im Kern beruht
die Maßnahme darauf, daß zwischen dem deutschen Steinkohlenbergbau und
den kohleverstromenden Kraftwerksunternehmen eine „geschlossene" Marktbeziehung hergestellt wird, die für beide Seiten kalkulierbar ist und von dritter
Seite, nämlich dem Stromverbraucher, finanziert wird. Voraussetzung dafür
ist zum einen die prinzipielle Kompromißfähigkeit der beteiligten Interessen,
genauer: die Herstellung einer „Interessenhomogenität" in der grundlegenden
Frage; zum anderen muß die Möglichkeit bestehen, einer abgrenzbaren Gruppe
(hier den Stromverbrauchern) die Mehrkosten verbindlich zuzuweisen. Die erste
Voraussetzung ermöglichte die privatwirtschaftliche Regulierung, die zweite die
außerfiskalische Finanzierung. Der Staat (Bundesamt für gewerbliche Wirtschaft) führt die Aufsicht und überwacht, daß diese Situation, in der ja das unmittelbare Interesse des Abnehmers an einem niedrigen Kohlepreis erlahmt und
seine Möglichkeiten, diesen auch durchzusetzen, geringer geworden sind, nicht
zum überproportionalen Anstieg der Kohlenpreise führt.

Die zweite Voraussetzung scheint einfacher einzulösen zu sein. Prinzipiell,
so könnte man vermuten, ließe sie sich in jedem Fall, in dem Marktbeziehun-
gen bestehen, herstellen: Auf den Preis einer Ware oder einer Dienstleistung
wird ein Zuschlag erhoben, der in einen Sonderfonds abgeführt wird. So nimmt
es nicht wunder, daß mit dem Dritten Verstromungsgesetz 1974 als erstes diese
Finanzierungsvoraussetzung geklärt wurde. Eine besondere steuerungspolitische
Qualität war jedoch mit dem Sonderfond nicht verbunden. Die so finanzierten
Subventionsmaßnahmen des Dritten Verstromungsgesetzes entsprachen dem
üblichen Muster und stellen für die Energieversorgungsunternehmen lediglich
Anreize dar, keine bindenden Regelungen. Eine derartige, lediglich auf einem
veränderten Finanzierungs- und damit auch Subventionskostenverteilungsmo-
dus beruhende Maßnahme kann man dann als ausreichend ansehen, wenn der
Lenkungsbereich unproblematisch erscheint wie beispielsweise bei der Erdöl-
bevorratung oder auch bei den Maßnahmen zur Sicherung der Altölbeseitigung
(vgl. Tab. IX/1): In beiden Fällen hat der Staat nur eine andere Finanzierungs-
weise gewählt — weil die Nutznießer der zu finanzierenden Maßnahme identi-
fizierbar waren; die Durchführung der Maßnahme verblieb in seiner Handlungsautonomie.

Anders bei der Subventionierung des Kohleabsatzes in der Elektrizitätswirtschaft: Hier war die Realisierung des subventionspolitischen Ziels nicht mit der staatlichen Tätigkeit selbst identisch; es bedurfte der privaten Beteiligung. Die Energieversorgungsunternehmen waren nach dem 3. Verstromungsgesetz (1974) durch die Subventionsanreize in keiner Weise in der Abnahme von Kraftwerkskohle gebunden, sie konnten sich vielmehr hierin an jeweils aktuellen betriebswirtschaftlichen Kalkülen ausrichten. Gerade an dieser Freiheit der Unternehmensentscheidungen scheiterte in der Wirtschaftskrise der erste Versuch, die Kohleverstromung zu subventionieren. Das, was schließlich zum subventionspolitischen Erfolg führt, ist denn auch weniger die eigenwillige Finanzierung als vielmehr die vertragliche Bindung der Unternehmensinteressen: Durch die langfristige vertragliche Abnahmevereinbarung von Bergbauunternehmen und Energieversorgungsunternehmen wird das Unsicherheitsproblem, das steuerungspolitische Risiko jeder Subventionsmaßnahme, radikal eingeschränkt. Mit der interventionistischen Lösung einer Quotenregelung hätte man das Risiko nur bedingt einschränken können, weil sie den Widerstand der Energieversorgungsunternehmen herausgefordert hätte; in dem Fall wäre kurzfristig eher weniger als mehr Kohle abgesetzt worden.

Daß die bestehende Abnahmeverpflichtung und damit Gesamtregelung möglich ist, läßt sich teilweise — neben den grundsätzlichen Kompromißmöglichkeiten aufgrund der produktionsstrukturellen Gegebenheiten beider Branchen — auf die relativ einfache Problemstruktur sowie auf den hohen Konzentrations- und Organisationsgrad der beiden Wirtschaftsbereiche zurückführen. Das zugrunde liegende Problem war tatsächlich einigermaßen simpel: Es handelte sich um die Stabilisierung *einer* Marktbeziehung und dies auf einem Markt, der oligo- bzw. monopolistisch organisiert ist: Dieser hohe Konzentrations- und Organisationsgrad, verbunden mit der in etwa kalkulierbaren Entwicklungsdynamik des Strommarkts, muß als wesentliche Voraussetzung für das Zustandekommen der privatwirtschaftlichen Abnahmeregelung betrachtet werden.

Damit sind Kennzeichen für die politische Qualität der gesamten subventionspolitischen Regelungen gegeben, die möglicherweise für die weitere Beurteilung solcher kombinierter staatlich-privater Subventionssegmente von Bedeutung sind: Aufgrund des hohen Konsensbedarfs basieren sie auf dem kleinsten gemeinsamen Nenner der beteiligten Interessen, und das heißt im Grunde: auf der Absicherung vorhandener Marktpositionen. Nur so wird keiner der Beteiligten benachteiligt, und die Zustimmung aller — die Anwendung der Einstimmigkeitsregeln scheint in diesem Zusammenhang unvermeidbar — kann erreicht werden. Das heißt dann auch, daß eine Ausweitung der zu berücksichtigenden Interessen kaum Erfolg haben kann (nahe läge z. B. bei einem solchen Vertragswerk die Berücksichtigung von Umweltinteressen), da sie jenseits der unmittelbaren Marktbeziehung liegen und originär von den vertretenen wirtschaftlichen Interessen — Kohlebergbau und Elektrizitätswirtschaft — hier nicht eingebracht werden.

Was bedeutet das für den subventionspolitischen Modellcharakter einer solchen Regelung? Der Kohlepfennig und die mit ihm verbundene Abnahmevereinbarung werden wohl eine Ausnahme bleiben. Denn nur in wenigen Fällen ist die erforderliche Interessenhomogenität herstellbar; auch fragt sich, ob dies in jedem möglichen Falle zu wünschen ist, denn die strukturell konservierende Ausrichtung solcher Regelungen und der darin enthaltene Rückzug „öffentlicher Politik" zugunsten einer geschlossenen privaten Regulierung führt zu (unter gesamtgesellschaftlichen Gesichtspunkten) eher suboptimalen Problemlösungen. Wenn auch in diesem Falle aufgrund der staatlich organisierten Finanzierung (die zwar außerhalb der Besteuerungssysteme verlief, aber gesetzlich organisiert ist) sich der Staat ein Mitspracherecht sicherte, so ist bei einer grundsätzlich privaten Lösung von Problemen mit gesamtgesellschaftlicher Tragweite die Determinierung durch partikuläre Interessen zu vermuten, die bei einem staatlichen Lösungsmodell zumindest nicht in diesem Ausmaß möglich wäre.

Kaum ein Ausnahmefall dürfte die besondere Finanzierungsform bleiben, hat sie doch den großen Vorteil, die Finanzierungslast auf jene Gruppen zu verteilen, die Nutznießer der Subventionierung bzw. (Mit-)Verursacher des nunmehr zu bearbeitenden Problems sind. Auch hier kann man allerdings eine Verallgemeinerung wagen: Das Finanzierungsmodell des „subventiven Segments" wird sich wohl auf die Fälle beschränken, in denen sich im letztlich Belasteten eine Gruppe von geringer Organisations- und Konfliktfähigkeit findet, in den meisten Fällen der individuelle Verbraucher bzw. der Konsument von spezifischen Gütern und Dienstleistungen. Gerade die Nichtanwendung der Berufsbildungsabgabe stützt diese Vermutung[33]. Unter fiskalischen Gesichtspunkten mögen Sonderfonds in Einzelfällen eine attraktive Finanzierungsmöglichkeit darstellen −, unter haushaltspolitischen und rechtlichen Gesichtspunkten sind sie nur beschränkt empfehlenswert, weil die damit verbundene Ausgliederung aus dem Staatshaushalt besondere Wege parlamentarischer Kontrolle bedarf, die nicht grundsätzlich als geklärt angesehen werden.

4. Hilfsfiskalismus und Verrechtlichung − Königswege oder Auswege der Subventionspolitik?

Es spricht einiges dafür, daß sich in den beiden neuen Wegen in der Subventionspolitik eine Fortsetzung mehr oder weniger bewährter Strategien niederschlägt. Gerade die Subventionskodices der Länder scheinen primär eine Rationalisierung und Egalisierung der Subventionsvergabe durch die Anbindung an „harte" betriebswirtschaftliche Kalküle durchsetzen zu wollen. Sie zielen auf den Negativfall und versuchen sich durch wechselseitige Verpflichtung, sozusagen „eidgenossenschaftlich", auf die gleiche Regelung des marktwirtschaftlichen Ausnahmefalls festzulegen. Die Regeln, nach denen Unternehmen, insbesondere Unternehmen mit großer regionaler arbeitsmarktpolitischer Bedeutung, in wirtschaftlichen Krisen staatlich unterstützt werden sollen, sind nunmehr für alle Bundesländer gleich. Dies ist als Fortschritt zu werten, selbst wenn sich der Subventionskodex nur als legitimatorischer „Fangriemen" für die fallweise Ablehnung von Subventionsforderungen entpuppt. Denn eine effiziente Subventionspolitik ist aufgerufen, die Vergabeprozesse, in denen

---

33 Grundsätzlich scheint es jedoch keine eindeutige Regel zu geben, denn im Rahmen des Schwerbehindertengesetzes gelingt die Erhebung einer solchen Abgabe bei den Unternehmen. Vgl. Hans-Günther Ritz, Betriebliche und staatliche Arbeitspolitik − am Beispiel der beruflichen Integration Schwerbehinderter, in: Ulrich Jürgens / Frieder Naschold (Hrsg.), *Arbeitspolitik*, *Leviathan*-Sonderheft 1983, Opladen 1984, S. 342−362.

sich noch am ehesten privatwirtschaftliche Begehrlichkeit wie staatliche Ver-
führbarkeit Ausdruck verleihen können, so auszugestalten, daß optimale Kontrollmöglichkeiten gegeben sind. Insofern wären die Subventionskodices ähnlich der Rationalisierung der regionalen Wirtschaftsförderung Ende der sechziger Jahre der Versuch, konkrete Subventionsmaßnahmen und Subventionsvergaben so zu strukturieren, daß ein sich wechselseitiges Hochschaukeln von
Subventionszugeständnissen und Subventionsforderungen, ein Ausspielen staatlicher konkurrierender Interessen durch förderungsinteressierte Unternehmen
unterbunden wird.

Im Rahmen einer rationalen, wirtschaftspolitisch funktionalen Subventionspolitik ist das ein konsequenter Schritt. Wenn man die internationale Ebene
miteinbezieht (EG-Subventionskodex „Stahl"), scheint sich diese Vorstellung
noch zu bestätigen: Die Verrechtlichung der Vergabemodalitäten — wobei der
Status der Selbstverpflichtung eine Vorstufe ist — könnte eine Rationalisierung
der staatlichen Subventionsvergabe erbringen, indem die Schwachstelle staatlicher Subventionspolitik, die politischen Einflußmöglichkeiten von regional
bedeutenden Unternehmen, mit Hilfe der Rückendeckung durch rechtliche
bzw. quasi-rechtliche Bedingungen wie Selbstverpflichtungskodices relativiert
werden könnte.

Allerdings ergeben sich bei einer kritischen Betrachtung der Subventionsvereinbarungen von Bund und Ländern Überlegungen, die die Vorstellung einer
grundlegenden Umorientierung der Subventionspolitik von einer gesamtwirtschaftlichen bzw. gesamtgesellschaftlichen zu einer einzelwirtschaftlichen Perspektive nahelegen. Denn der geringe Stellenwert, der der gesamtwirtschaftlichen bzw. gesamtgesellschaftlichen Anbindung der Subventionspolitik in den
Grundsätzen und Vereinbarungen von Bund und Ländern zukommt, die mangelnde, wenn nicht gar ganz fehlende Einbindung in ein politisches Konzept,
die scheinbar rein subventionspolitisch-instrumentelle Ausrichtung dieser Vereinbarungen und Selbstverpflichtungen lassen es wiederum blauäugig erscheinen, gerade diesen augenscheinlich instrumentellen Charakter als solchen hinzunehmen. Denn darin kann sich ebenso eine Umorientierung subventionspolitischer Ausrichtung ausdrücken: War die funktionale Subventionspolitik darauf gerichtet, durch Anbindung der Subventionsmaßnahme an volkswirtschaftliche Ziele einen gesamtwirtschaftlichen Nutzen zu erreichen und so diejenigen Subventionsmaßnahmen auszusondern, die die Meßlatte einer wirtschaftspolitisch rationalen Förderung nicht erreichen konnten, dann versucht Subventionspolitik gesamtwirtschaftlichen Nutzen durch Anbindung an einzelwirtschaftliche Kalküle zu verwirklichen: Optimale Subventionspolitik ist demnach die, die sich an der prospektiven einzelwirtschaftlichen Überlebensfähig-
keit, sprich: Rentabilität als Subventionsvergabekriterium, orientiert. Die betriebliche Wirtschaftlichkeitsrechnung, *ein* wenn auch wichtiges Moment der
Entscheidung über staatliche Subventions- bzw. allgemeine Unterstützungs-
vergabe, wird hier zum zentralen Baustein gesamtwirtschaftlichen Nutzens.
Kriterien, die über den einzelwirtschaftlichen Horizont hinausweisen, wie etwa
die bei der Beratung des Ländersubventionskodex' von Bremen und Nordrhein-
Westfalen geforderte explizite beschäftigungspolitische Ausrichtung der Wirtschaftsförderungspolitik[34], die einen „Eckwert" in der Subventionspolitik

---

34　*9. Subventionsbericht*, S. 310, Anm. 1.

gesetzt hätten, wurden zugunsten allgemeiner Formulierungen wie Abbau von Anpassungshemmnissen und „damit Beschäftigungsmöglichkeiten (zu) verbessern"[35] abgewiesen.

Was bedeutet diese Entwicklungsmöglichkeit für die Struktur der Subventionspolitik? Erinnern wir uns: Die „institutionellen Verdichtungen" wie Subventionsberichterstattung, Subventionskontrolle usw. hatten sich in Wechselwirkung zur „funktionalen Subventionspolitik" herausgebildet. Beide waren miteinander verknüpft, sind aufeinander bezogen. Mit den Subventionskodices findet die bisher weitreichendste institutionelle Ausformung auf der Ebene der abstrakten Subventionspolitik statt: Nicht mehr nur indirekt, durch die Öffentlichkeitsfunktion der Subventionsberichterstattung, durch die langsame Veränderung subventionspolitischer Einstellungen und Strategien, sondern direkt, durch mehr oder minder unmittelbare Beeinflussung der Subventionsvergabe, durch Vereinbarung von Vergabebedingungen soll nun auf die Ebene der konkreten Subventionspolitik, auf die Subventionsmaßnahme, Einfluß genommen werden. Aber in dem Maße, wie diese Ebene abstrakter Subventionspolitik gegenüber der konkreten Subventionsvergabe nunmehr an Steuerungspotential gewinnt, scheint sie auf den Anspruch inhaltlicher Steuerung der Subventionspolitik zu verzichten: Subventionspolitik bzw. allgemeiner: Wirtschaftsförderungspolitik macht sich nicht mehr anheischig, die Entwicklungsrichtung ökonomischer Prozesse im gesamtwirtschaftlichen bzw. gesamtgesellschaftlichen Interesse bestimmen zu wollen (ob sie das letztlich tatsächlich kann, ist eine ganz andere Frage), sondern diese Aufgabe ist wieder den Unternehmen selbst zugestanden. Subventionspolitik hat jetzt vielmehr die Aufgabe, sicherzustellen, daß die knappen öffentlichen finanziellen Ressourcen so verteilt werden, daß Unternehmen, die nach betriebswirtschaftlichem Kalkül keine ausreichende Erfolgsgarantie bieten, subventiv mit Staatshilfe nicht berücksichtigt werden würden. Die einzelwirtschaftliche Gewinnorientierung hat also den offiziellen Status gesamtwirtschaftlicher und gesamtgesellschaftlicher Nutzbringung wiedererlangt.

Der Zustand vor der Einführung der funktionalen Subventionspolitik ist damit jedoch noch nicht wiederhergestellt worden. Denn ausschlaggebend soll eben nicht der politisch-ökonomische Einfluß sein, sei es, daß die sozialökonomische Bedeutung von Gruppen oder Unternehmen Berücksichtigung erzwänge, sei es, daß verbandspolitische Aktivitäten dies zu erreichen versuchten: Der Kodex (Subventionskodex Einzelunternehmen) soll gerade davor schützen und die Möglichkeit bieten, *ohne* Rekurs auf gesamtwirtschaftliche Ziele Staatshilfen zu verteilen. Funktion der „abstrakten" Subventionspolitik wäre dann nicht mehr, daß sich eine funktionale Orientierung der subventionspolitischen Maßnahmen an gesamtwirtschaftlichen Zielen oder auch gesamtgesellschaftlichem Nutzen durchsetzt, sondern vielmehr, daß staatliche Förderung denen zuteil wird, die als Realisatoren des gesamtwirtschaftlichen und gesamtgesellschaftlichen Nutzens betrachtet werden, ohne speziell festlegen zu können, worin er bestehen soll.

Aber liegt darin nicht eine Überinterpretation der Subventionskodices? Natürlich ist dies eine Hypothese. Es ist eine Frage, die sich an die Weiterentwicklung der Subventionspolitik richtet. Doch scheint mir diese auf der Basis

---

35 Ebd.

dieses schmalen empirischen Materials entwickelte These einer neuen Umorientierung der Subventionspolitik zumindest — auch angesichts allgemeiner wirtschaftspolitischer Entwicklungen (etwa der seit Ende der siebziger Jahre betriebenen Politik der Begünstigung von Unternehmensgewinnen) — einige Plausibilität beanspruchen zu können.

Aber wie steht es mit dem Kohlepfennig? Läßt sich die Struktur subventionspolitischer Segmente in diese Umorientierung miteinbeziehen? Im Grunde genommen entspricht er durchaus dieser Logik, denn die „Vereinbarung" und die Finanzierung der Kohleverstromung betonen das betriebliche Kalkül, entsprechen einem Konsens von nach einzelwirtschaftlichen Interessen definierten Brancheninteressen, der zwar durchaus über die unmittelbar Beteiligten hinaus gesellschaftlichen Nutzen bringt — Sicherung der wirtschaftlichen Situation des Steinkohlenbergbaus, Sicherung der Energieversorgung —, der jedoch über die unmittelbaren einzelwirtschaftlich repräsentierten Interessen hinaus keine gesellschaftlichen und wirtschaftlichen Nutzenaspekte (wie z. B. ökologische) mitaufzunehmen in der Lage ist.

In beiden Aspekten, den Subventionskodices wie den subventiven Segmenten (zumindest in den behandelten Fällen), wird der Stellenwert politischer Zielformulierungen relativiert: Staatliche Politik zieht sich aus der Funktion zurück, politische Ziele festzulegen und gerät in die Lage, gesellschaftliche Probleme zu verwalten, ohne deren Entwicklungsrichtung steuern zu wollen. Subventionspolitik scheint darauf ausgerichtet zu sein, wieder zu einem entpolitisierten Politikbereich des Staates zu werden, nun aber als strategisch und taktisch durchformter Bereich, administrativ kontrolliert.

X. Schluß

1. Der gewundene Weg der Subventionspolitik. Eine Zusammenfassung

Für die marktwirtschaftlich orientierte Wirtschaftspolitik lag die Aufgabenstellung im ersten Nachkriegsjahrzehnt klar auf der Hand: Die Gewinnsituation der Unternehmen mußte verbessert werden, um sicherzustellen, daß die notwendigen Investitionen finanziert werden konnten. Es war eher ein „Mengenproblem" als eine Frage von Zielfindung und Zielkontrolle. Währungsreform und DM-Bilanzgesetz boten zusammen mit der steuerlichen Subventionspolitik eine gute Voraussetzung, den Unternehmen die interne Finanzierung der notwendigen Investitionen – und mehr als diese – zu ermöglichen. Die Wahl der Unterstützungsformen prägte Wirtschaft und Gesellschaft der Bundesrepublik in stärkerem Maße als dies aus der isolierten Beachtung einzelner Instrumente erkennbar ist. Übersehen wird dabei häufig der interventionistische und investitionslenkende Charakter von Marshallplan und Investitionshilfegesetz. Die subventionspolitische Botschaft jener Jahre lautete vor dem Hintergrund dieser selektiven Wahrnehmung: Ein Erfolg staatlicher Wirtschaftsförderungspolitik stellt sich dann ein, wenn sich staatliche Wirtschaftspolitik auf die finanzielle Begünstigung der Unternehmen beschränkt und es den Unternehmen überläßt, über die Verwendung der finanziellen Mittel nach eigenem betriebswirtschaftlichem Kalkül zu entscheiden.

Dementsprechend entwickelte sich die Subventionspolitik in den folgenden Jahren – von einigen Modifikationen abgesehen. Ihrem Anspruch nach war die Wirtschaftspolitik der Bundesregierung marktwirtschaftlich orientiert, und das hieß keine staatlichen Beeinflussungsversuche des Wirtschaftsablaufs. Eine solche wirtschaftspolitische Ausgangsposition war allerdings ein willfähriger Nährboden für eine Subventionspolitik, die sich am machtpolitischen Durchsetzungsvermögen gesellschaftlicher Interessen orientierte und Gefälligkeitspolitik im tatsächlichen Sinne des Wortes darstellte, nicht jedoch ein gesamtwirtschaftlich orientiertes wirtschaftspolitisches Steuerungskonzept operationalisierte. Augenfälliges Beispiel dafür war die Subventionierung der Landwirtschaft, die mit der Verabschiedung des Landwirtschaftsgesetzes 1955 in großem Umfang begonnen hatte und die sich bis heute in den Grundstrukturen trotz oder gerade wegen des EG-Agrarmarkts kaum verändert hat. Die fiskalische Situation der fünfziger Jahre machte es einer solchen Gefälligkeitspolitik leicht. Schon bald aber (ab 1958) änderte sich das Bild, und die Finanzminister der Bundesregierung wurden die stärksten „Anheizer" einer Subventionsdiskussion, die durch regelmäßige Veröffentlichung der Subventionsdaten in den Finanzberichten der öffentlichen Diskussion Nahrung gaben. Ihre Absicht war es jedoch nicht, die wirtschaftspolitische Rationalität der entsprechenden Maßnahmen infrage zu stellen; vielmehr galt das Interesse ausschließlich der fiskalischen Belastung. Aufgrund dessen nahm man es auch mit der definitorischen Abgrenzung nicht so genau: Auch sozialpolitische Transferzahlungen wurden aufgeführt, hätten doch sonst Landwirtschaft, Steinkohlenbergbau und übrige Unternehmen als alleinige Empfänger staatlicher Leistungen dagestanden.

Unabhängig von der allgemeinen Problematisierung der Subventionen vollzog sich ein subventionspolitischer Wandel auf der Maßnahmenebene: Das bisherige Subventionsmuster ohne klare wirtschaftspolitische Ausrichtung konnte angesichts wachsender wirtschaftlicher Probleme nicht mehr genügen. Dies bewies vor allem die Krise des deutschen Steinkohlenbergbaus, die einen interventionistischen Eingriff des Staates erforderlich machte und schließlich zu weitreichenden Veränderungen des subventionspolitischen Instrumentariums führte (z. B. regionale Wirtschaftsförderung). Ansätze, die Subventionspolitik zu ändern, hatten sich schon relativ früh gezeigt, beispielsweise im § 6b EStG, der als Kriterium für die Subventionsvergabe die „volkswirtschaftliche Förderungswürdigkeit" verlangte und damit die Subventionsvergabe an einen gesamtwirtschaftlichen Nutzen band. Die ersten Erscheinungen einer funktionalen Subventionspolitik erhielten schließlich mit dem keynesianisch ausgerichteten wirtschaftspolitischen Konzept, das mit Eintritt der SPD in die Regierung hoffähig geworden war, einen politisch-programmatischen Überbau: § 12 des Stabilitäts- und Wachstumsgesetzes forderte, die Subventionspolitik habe ihre (direkten) Maßnahmen, die Finanzhilfen, so zu gestalten, daß die Stabilitäts- und Wachstumsziele (§ 1 StWG) nicht beeinträchtigt würden.

Die mit dem § 12 StWG eingeführte Subventionsberichterstattung war Ergebnis einer seit Anfang der sechziger Jahre — genauer: seit 1959 — andauernden Subventionsdiskussion in der Öffentlichkeit. Sie wurde vom Bundesfinanzminister unterstützt und führte angesichts der Wirtschaftskrise 1966/67 und der vorangegangenen Haushaltskrise 1965 schließlich dazu, daß das Parlament die Bundesregierung im Stabilitätsgesetz dazu verpflichtete, regelmäßig über die Entwicklung der Subventionen zu berichten und Abbauvorschläge zu machen, da man in der bisherigen Subventionsentwicklung einen wesentlichen Faktor für die sich dramatisch verschlechternde Lage der Wirtschaft und der Staatsfinanzen zu erkennen glaubte. Mit der Subventionsberichterstattung wurde oberhalb der Ebene der einzelnen Subventionen, auf der Ebene „abstrakter Subventionspolitik", ein Instrumentarium institutionalisiert, das man als ersten Schritt verstehen kann, den Bereich der Subventionen als „Politikfeld" abzugrenzen und gesondert zu behandeln — und sei es, daß damit lediglich intendiert war, diese „problematischen" wirtschaftspolitischen Instrumente unter öffentliche Beobachtung zu stellen.

Der Subventionsbericht ist in das wirtschafts- und finanzpolitische Instrumentarium des Stabilitätsgesetzes nur unverbindlich eingewoben, so daß sich die ihm zugedachte subventionspolitische Kontrollfunktion nur unzureichend entfalten kann. Seinem Stellenwert innerhalb der Informationsinstrumente des StWG ist zu entnehmen, daß es bei seiner Institutionalisierung weniger darum ging, Informationen für die konjunktur- und wachstumspolitische Feinsteuerung zu erlangen — dazu ist die im Subventionsbericht angebotene Information wie auch seine Bindung an andere wirtschaftspolitische Instrumente und Institutionen nicht geeignet —, als vielmehr darum, durch die Einbindung der Subventionen (genauer gesagt: lediglich der Finanzhilfen) in das Grundgesetz der Wirtschaftspolitik die Rahmenbedingungen einer Subventionspolitik zu bestimmen, sie somit als gesamtwirtschaftlich-funktionale zu definieren. Das Fundament für eine wirtschaftspolitisch brauchbare „Subventionsphilosophie" wurde hier gelegt. Diese entsprach einerseits dem Typus der „neuen" Subvention (die im Grunde genommen gar nicht so neu war), die anhand gesamtwirtschaftlicher Nutzenüberlegungen begründet und kontrolliert wurde. Zum anderen bot sie (allgemeine) Überprüfungskriterien für bestehende Subventionen und damit einen Maßstab für den gewünschten Subventionsabbau.

Es konnte nicht überraschen, daß in der Folgezeit vom Subventionsabbau wenig die Rede war. Zum einen war mit dem Auftrag an die Bundesregierung, Subventionen abzubauen, keine weitere Institutionalisierung der Aufgabe dergestalt verbunden, daß ein sanktionsfähiges Ressort damit beauftragt worden wäre. Das Bundesfinanzministerium konnte zwar die Berichterstattung koordinieren, nicht jedoch von sich aus den Abbau oder die Einschränkung bestimmter Subventionen erzwingen. Zum anderen schwand mit der anlaufenden Konjunktur und den wachsenden Steuereinnahmen auch der fiskalische Druck, die staatlichen Unterstützungen einschränken zu müssen. Im Gegenteil: Der Ausbau der funktionalen, wirtschaftspolitisch rationalen Subventionsmaßnahmen brachte Anfang der siebziger Jahre einen neuen Subventionsboom — und ein neues subventionspolitisches Legitimationsmuster: Waren in den frühen sechziger Jahren Subventionen vor allem auch deshalb in der Öffentlichkeit in den Geruch staatlicher Gefälligkeit für Unternehmen und Interessengruppen geraten, weil sie auf spezielle Bereiche (insbesondere die Landwirtschaft und den Unternehmensbereich) beschränkt blieben und dieser Eindruck auch nicht durch die anfänglich selbst die Sozialversicherung miteinbeziehende amtliche Berichterstattung über die staatlichen Unterstützungen aus der Welt zu schaffen war, so gelang dies nunmehr der offiziellen Subventionsberichterstattung der Bundesregierung. Dem Auftrag des Wirtschaftsausschusses des Deutschen Bundestages entsprechend, wurden auch volkswirtschaftlich wichtige Zahlungen des Staates bzw. Steuervergünstigungen an private Haushalte wie Wohngeld und Sparförderung mitaufgenommen, und diese wiesen gerade aufgrund sozialdemokratischer Vermögens-, Einkommens- und Sozialpolitik (verbunden mit den steigenden Masseneinkommen Anfang der siebziger Jahre) eine derartig steigende Tendenz auf, daß aufgrund der Subventionsberichte der Eindruck entstand: Alle werden subventioniert.

Das Ergebnis subventionspolitischer Diskussion Mitte der sechziger Jahre war also keineswegs der radikale Abbau von Subventionen, oder wenigstens all jener, die unter gesamtwirtschaftlichen oder auch gesellschaftspolitischen Gesichtspunkten nicht mehr zu rechtfertigen waren. Im Gegenteil: Vermutlich ist auf Initiative der Subventionsberichterstattung bis Mitte der siebziger Jahre kaum eine einzige Subvention abgebaut worden. Denn indem sie im Rahmen der Subventionsberichte formal überprüft wurden — eine materielle Prüfung war schon aufgrund unterschiedlich ressortierter Kompetenzen so gut wie nicht möglich —, führte die Subventionsberichterstattung zu einer offiziellen Rechtfertigung aller nicht explizit problematisierten Finanzhilfen und Steuervergünstigungen. Statt dessen wurden in der Phase wirtschaftspolitischer Modernisierung neue, zum Teil sehr komplexe „funktionale" Subventionsmaßnahmen eingerichtet, die zu einer instrumentellen Rationalisierung im Rahmen politikbereichsspezifischer wie auch gesamtwirtschaftlicher Anforderung ansetzten. Die mit dem Stabilitätsgesetz institutionalisierte Subventionsphilosophie unterstützte die Entwicklung größerer instrumenteller Effizienz und steuerungspolitischer Effektivität bei gleichzeitiger Intensivierung als volkswirtschaftlich produktiv erachteter Subventionsfelder (z. B. Forschung und Entwicklung).

Verbunden mit dem tendenziell positiven Subventionsbild, das über den Subventionsbericht in die Öffentlichkeit transportiert wurde, und mit dem allgemeinen Legitimationsmuster „Alle werden subventioniert!", veränderte sich das Erscheinungsbild der Subventionspolitik insgesamt: Wurde sie bis dahin als Umverteilungspolitik zugunsten von speziellen Wirtschaftsbereichen und Unternehmen angesehen, so entstand nunmehr der Eindruck, als sei grundsätzlich niemand von der Gruppe Subventionsempfänger ausgeschlossen. Subventionspolitik erwarb sich in diesen Jahren das Erscheinungsbild einer Verteilungspolitik, einer Art besonderer Sozialpolitik. Dieser Eindruck wurde durch Charakteristika der funktionalen subventionspolitischen Maßnahmen gestützt: Denn indem mittel- oder unmittelbar über die arbeitsplätzebindende bzw. -schaffende Kraft der Unternehmen Arbeitnehmer und ihre Haushalte in den Genuß der den Unternehmen zur Verfügung gestellten Subventionen gelangen, Unternehmen aufgrund von Subventionen Anpassungsschwierigkeiten überwinden und Arbeitsplätze erhalten und abbauen können, gewinnt Subventionspolitik sozialpolitische Aspekte — mit Folgen für die Außendarstellung. In dem Maße, wie sich dieses Muster durchsetzt (zum Beispiel im Bereich regionaler und sektoraler Strukturpolitik), bedarf es um so weniger anderer, etwa verteilungspolitischer Legitimierung. Allerdings ist auch die umgekehrte These berechtigt: Je mehr direkte sozialpolitisch motivierte Subventionsleistungen dem Rotstift zum Opfer fallen, um so mehr tritt das sozialpolitisch geprägte Bild der funktionalen Subventionspolitik in den Vordergrund: wirtschaftspolitisch optimale Subventionen zur Schaffung und Sicherung von Arbeitsplätzen als Gesellschafts- und Sozialpolitik. Dieses Muster ist nützlich, denn mit der Wirtschaftskrise 1974/75 wurden die sozialpolitischen Subventionen erstmals massiv zusammengestrichen: Das Haushaltsstrukturgesetz 1975 legte vor allem Hand an die Sparförderung.

Ab 1976 wurde die subventionspolitische Debatte stetig intensiviert, es bildeten sich Arbeitsgruppen und Arbeitskreise in den Bundestagsfraktionen. Parteien, Länderregierungen, Verbände und Gewerkschaften nahmen zur Subventionspolitik Stellung. Das Idealbild einer wirtschaftspolitisch funktionalen, effizienten Subventionspolitik wurde entworfen und — sieht man davon ab, daß CDU/CSU und Wirtschaftsverbände eher zu steuerlichen, SPD und Gewerkschaften zu direkten Subventionen neigten — zwischen den allgemeinen Anforderungskatalogen der verschiedenen Gruppen gab es kaum nennenswerte Differenzen. In dieser allgemeinen Subventionsdiskussion setzte die damalige Bundesregierung mit dem Subventionsabbaugesetz 1981 einen Markstein. Es brachte zwar, was den Subventionsabbau betraf, keine unerwarteten Erfolge. In erster Linie waren es schon seit langer Zeit als problematisch erkannte Subventionen, die endlich angesichts haushaltspolitischer Zwänge eingeschränkt werden konnten. Ohne die intensive öffentliche subventionspolitische Diskussion hätten jedoch selbst sie kaum abgebaut werden können. Darüber hinaus machte das Gesetz deutlich, daß institutionelle Verdichtungen auf der Ebene abstrakter Subventionspolitik wie Subventionsberichterstattung, öffentliche subventionspolitische Diskussion und ihre Professionalisierung in Arbeitskreisen von Parteien und Verbänden für anstehenden Subventionsabbau lediglich günstige Rahmenbedingungen schaffen können; es gelingt ihnen jedoch nicht, Subventionen „autonom" so weit zu problematisieren, daß ihr Abbau unausweichlich wird. Denn die Auseinandersetzung über die Berechtigung einer Subvention wird nicht allein auf der Ebene allgemeiner, neutraler oder objektiver Beurteilungsmaßstäbe geführt, sondern vielmehr auf der Ebene von machtpolitischen Interessen, ressortspezifischen Egoismen, von Bedingungen also, die der jeweilige Politikbereich stellt, in den die entsprechenden Maßnahmen eingebunden sind und die Initiativen auf der Ebene allgemeiner, abstrakter Subventionspolitik politisch kaum durchdringen und einer Problematisierung zugänglich machen können. Das Beispiel des Zweiten Haushaltsstrukturgesetzes 1981 hat das gezeigt, das nur wenige Monate nach dem Subventionsabbaugesetz 1981 noch einmal das Thema Subventionsabbau aufgriff, es jedoch marginal beließ und statt dessen den Bundeshaushalt durch Einsparungen im Sozialbereich entlastete. Kurzfristiger Subventionsabbau ist gerade unter den Bedingungen akuter Haushaltskrisen nicht möglich. Die Abbauforderungen der vordergründigen und kurzfristigen Subventionsdiskussionen scheitern an den nur langfristig zu brechenden symbiotischen Interessenverflechtungen von Ressorts und gesellschaftlichen bzw. wirtschaftlichen Interessen. Ihr Scheitern dient dazu, die Berechtigung bestehender Subventionen als erwiesen zu betrachten und mit gutem Gewissen den prüfenden Sparblick auf die Sozialausgaben zu lenken.

Die Subventionspolitik verändert sich Anfang der achtziger Jahren in doppelter Hinsicht: Es ist auffällig, daß der Anteil der Subventionen am Bundeshaushalt bzw. ihr Anteil am Gesamtsteueraufkommen zurückgegangen ist. In dieser Entwicklung drücken sich Verlagerungen der Landwirtschaftshilfen auf die Europäische Gemeinschaft ebenso aus wie der Rückgang der sozialpolitischen Subventionen Sparförderung und Wohnungsbauprämien. Doch selbst, wenn man beides berücksichtigt, bleibt ein relativer Rückgang der im Bericht der Bundesregierung ausgewiesenen Subventionen festzustellen. Bedeutet dies, daß der jahrzehntelange Trend steigender Subventionen gebrochen ist, daß es der Subventionspolitik gelungen ist, den absoluten Anstieg von Finanzhilfen und Steuervergünstigungen zu verlangsamen? Eine solche auf die Subventionen beschränkte Betrachtungsweise übersieht, daß Anfang der achtziger Jahre allgemeine Umverteilungsmaßnahmen zugunsten des Unternehmensbereichs erfolgten, die die Einschränkungen des Subventionshaushalts in den Schatten stellten. Denn ein Subventionsabbau von selbst einer Milliarde DM wirkt bescheiden, wenn gleichzeitig allein die Erweiterung der degressiven Abschreibungsmöglichkeiten jährliche Steuermindereinnahmen von mehr als viereinhalb Milliarden DM (1985) nach sich zieht.

Von einer zweiten Wende war die Rede. Sie deutete sich im letzten Abschnitt der Untersuchung an. Auch wenn die Entwicklung hier noch keineswegs zum Abschluß gekommen ist und Auswirkungen noch nicht berücksichtigt werden konnten, sei sie abschließend noch einmal betont, da sie sich in die Entwicklungs*logik* der Subventionspolitik einzufügen scheint. Es ist die Neuorientierung der Subventionspolitik weg von gesamtwirtschaftlichen Kriterien hin zu einzelwirtschaftlichen Maßstäben, so wie sie sich in den Subventionskodices der Länder insbesondere im Subventionskodex „Einzelunternehmen" niederschlägt. Man verzichtet auf die explizite Anbindung der Subventionsmaßnahmen bzw. -vergabe an über das einzelne Unternehmen hinausreichende Maßstäbe wie beispielsweise „volkswirtschaftlich förderungswürdig"; statt dessen wird die zu erwartende einzelwirtschaftliche Rentabilität zum wesentlichen Entscheidungskriterium. Dahinter verbirgt sich nicht nur eine Formveränderung der Subventionen, sondern vielmehr ein Wandel in der

Ausrichtung der Wirtschaftspolitik: Funktionale Subventionspolitik war Ausdruck für die Erkenntnis staatlicher Wirtschaftspolitik, daß allein die finanzielle Förderung des Unternehmenshandelns, ohne es durch Verwendungsauflagen oder vertragliche Vereinbarungen (etwa in korporatistischen Reglements) genauer festzulegen, keineswegs dazu ausreicht, gesamtwirtschaftlichen Nutzen zu verwirklichen, da einzelwirtschaftliche und gesamtwirtschaftliche Perspektiven im Ergebnis voneinander abweichen. Die Aufwertung der einzelwirtschaftlichen Maßstäbe, wie sie in den Subventionskodices erfolgt, impliziert, daß die einzelwirtschaftliche Perspektive wieder zum Garanten gesamtwirtschaftlichen Nutzens avanciert. Von einem Zielkonflikt, wie er schon in der Frage der Arbeitsplätze auftaucht, ist nicht die Rede.

Subventionspolitik fällt damit nicht hinter das Entwicklungsniveau der funktionalen Subventionspolitik zurück, auch wenn die jetzige Bundesregierung sich in Einzelfällen — zum Beispiel in der Mehrwertsteuersubventionierung der Landwirtschaft — für eine Regression empfänglich erweist. Mehrere Faktoren sprechen gegen einen generellen Rückfall in alte Politikmuster. Zum einen weckt sozialprotektionistische Subventionspolitik konkurrierende Begehrlichkeit (die ja mit der funktionalen Ausrichtung partiell eingeschränkt werden konnte) und ist in der gegenwärtigen fiskalischen Situation nicht bezahlbar. Zum anderen ist kaum anzunehmen, daß sich der Stand der subventionspolitischen Entwicklung ohne weiteres zurückschrauben läßt. Subventionspolitische Kontrollmechanismen auf der Ebene abstrakter Subventionspolitik mit ihren zwar noch recht unzulänglichen Möglichkeiten würden eine Regression erheblich erschweren. Auch die Integration der nationalen Wirtschaftspolitik in internationale Verträge und Wirtschaftsbeziehungen, sei es EG oder sei es GATT, macht einen Rückfall zumindest auf absehbare Zeit unwahrscheinlich, fördert sie doch — wie im EG-Subventionskodex Stahl gezeigt werden konnte — eine wie vage auch immer kontrollierte, international gleichen Kriterien unterworfene Subventionspolitik; sie aber ließe sich mit einer sozialprotektionistischen Ausrichtung kaum vereinbaren. Schließlich: Die „einzelwirtschaftliche Wende" der Subventionspolitik ergibt sich aus den Verengungen der funktionalen Subventionspolitik. Denn funktionale Subventionspolitik — dies zeigte die Analyse des § 6b EStG — begünstigt in ähnlicher Weise wie sozialprotektionistische Subventionspolitik zumindest latent die Großunternehmen — nicht weil sie diese von vornherein im Visier hätte, sondern weil Großunternehmen die Begünstigungsmöglichkeiten aufgrund ihrer breiteren Handlungsmöglichkeiten besser nutzen können und ihre wirtschaftliche Bedeutung es erforderlich macht, sie implizit zu berücksichtigen. Wirtschaftsförderungspolitik reproduziert in der latenten oder manifesten Selektivität ihrer Begünstigungsstrukturen die Relevanz, die den großen Unternehmen im ökonomischen Prozeß zukommt. Da die gesamtwirtschaftliche Ausrichtung der Subventionspolitik — das hat die Erfahrung der letzten Jahre gezeigt — nicht durchweg von Erfolg gekrönt war, ist es angesichts der Bedeutung der ökonomischen Entscheidung von Großunternehmen für die Gesamtwirtschaft konsequent, den einzelwirtschaftlichen Kalkülen bei der Subventionsvergabe einen höheren Stellenwert beizumessen — allerdings um den (gewollten) Preis eines Rückzugs staatlicher Politik.

Die vorangegangenen Feststellungen wurden im Februar 1986 geschrieben. Sie wurden in der Zwischenzeit in einem Ausmaß bestätigt, wie es zum damaligen Zeitpunkt in dieser Konsequenz nicht vorstellbar war. Vor dem Hintergrund der empirischen Analysen lautete damals die Prognose, daß Regeln stärker in den Vordergrund der Subventionspolitik rücken, die an die einzelwirtschaftliche Rentabilitätskalküle anknüpfen, mit der Folge einer gegenüber dem Politikmuster der funktionalen Subventionspolitik weiter verstärkten Begünstigung von Großunternehmen. Tatsächlich erreichte die Begünstigung einen Konkretionsgrad, der zum damaligen Zeitpunkt noch nicht einmal vermutet werden konnte: Die staatliche Förderung des Zusammengehens von MBB und Daimler-Benz durch Garantie der Subventionierung des Airbus macht deutlich, in welchem Ausmaß staatliche Wirtschaftspolitik auf die gesamtwirtschaftlichen Vorteile eines solchen Großkonzerns setzt.

2. Defizite subventionspolitischer Erklärungsmuster

2.1. Subventionen im Rahmen neoliberaler Politikvermeidungsstrategie

Subventionen — konsequente Verfechter neoliberaler Positionen aller Schattierungen betrachten sie als Stilbruch in der Marktwirtschaft. Auf der Modellebene der *reinen Marktwirtschaft* ist die ordnungspolitische Position einfach und logisch: Subventionen können durch nichts gerechtfertigt werden, sie verletzen den zentralen Steuerungsmechanismus, der unter den Bedingungen vollständiger Konkurrenz Gemeinwohl zu realisieren verspricht: das Preissystem. Aufgrund der subventiven Veränderung des Preissystems ist das wohlfahrtsökonomische Optimum nicht mehr erreichbar. Der Markt gerät aus dem Gleichgewicht, und Grund für neue Subventionen ist gegeben[1]. Zwar kennt auch die radikal marktwirtschaftliche Position Gründe für eine Subventionierung, etwa die „Außenhandelsoptimierung"[2] und die „marktpreisbedingte Güterpreisverzerrung"[3]. Klare Entscheidungskriterien für den Einsatz von Subventionen kann die wohlfahrtstheoretische Argumentation freilich nicht angeben — mit fatalen Folgen: „Ein Modell, das auf den ersten Blick Subventionen ausschließt, kann daher infolge problematischer Konstruktion zur permanenten Subventionsrechtfertigung umgedeutet werden."[4]

Vertreter des Neo- bzw. Ordoliberalismus[5] und des Konzepts der Sozialen Marktwirtschaft argumentieren differenzierter: Die ordoliberale Position erkennt zwar an, daß Wettbewerb nicht natürlich gegeben ist, sondern erst vom Staat hergestellt und gesichert werden muß. Nur ein „starker Staat" und eine aktive Wirtschaftspolitik (neben Geld- und Währungs- und Wettbewerbspolitik)

---

1 Vgl. Luitgard Sieber, *Subventionen, Subventionen, Subventionen*, Ludwigsburg 1971, S. 25 f.; 71 ff.; sowie am Beispiel der Agrarmarktregulierung: Heinrich Drinkuth, *Interventionen als Ursache von Interventionen*, Diss., Marburg 1960.

2 Norbert Andel, *Subventionen als Instrument des finanzwirtschaftlichen Interventionismus*, Tübingen 1970, S. 84.

3 Ebd., S. 82.

4 Karl-Heinrich Hansmeyer, Transferzahlungen an Unternehmen (Subventionen), in: *Handbuch der Finanzwissenschaften*, Bd. I, Tübingen ³1977, S. 981.

5 Vgl. zur Unterscheidung Reinhard Blum, *Soziale Marktwirtschaft*, Tübingen 1969, S. 116 ff.

können die Rahmenbedingungen für ein erfolgreiches Funktionieren der Marktwirtschaft gewährleisten[6]. Allerdings erkennen manche Vertreter des Ordoliberalismus die Berechtigung und Notwendigkeit einer (marktkonformen) Ablauf- und Prozeßpolitik an[7]. Subventionen lehnen sie ab, weil sie in ihnen den ersten Schritt zur Verstaatlichung der Wirtschaft und der Schwächung des Staates sehen. Ob sie zu den marktkonformen Mitteln der Wirtschaftspolitik zählen, ist auf der Basis der ordoliberalen Grundsätze nicht zu klären[8].

Das Konzept „Soziale Marktwirtschaft" unterscheidet sich in zwei wichtigen Punkten von der ordoliberalen Theorie: Es enthält eine politisch-praktische Zielrichtung und ist insofern eine Konkretisierung einer Reihe von ordoliberalen Vorstellungen[9]. Es weicht jedoch in entscheidender Hinsicht von ihm ab: Die Einheit von Produktions- und Verteilungsprozeß wird aufgehoben. Staatliche Sozialpolitik nimmt subsidiär eine redistributionspolitische Korrektur der marktmäßigen Einkommen vor, um die sich aus dem Marktprozeß ergebenden Härten zu kompensieren. Zu den dazu notwendigen Instrumenten zählen Subventionen[10] insofern, als sie das Kriterium der Marktkonformität erfüllen; Erhaltungssubventionen rechnen nicht dazu.

Wie man es dreht und wendet: In allen Variationen hat die liberal-marktwirtschaftliche Theorie es nicht vermocht, immanente Begründungen für Subventionen zu geben und Kriterien einer Subventionspolitik zu entwickeln. Die Einstellung der Marktwirtschaftler zu den Subventionen bleibt zwiespältig: Auf der einen Seite lehnen sie sie strikt ab, auf der anderen Seite bewahren sie sich die Möglichkeit, Subventionen durch die vom Modell abweichende, noch nicht ideale Wirklichkeit zu begründen. So sind Anpassungs- und produktivitätssteigernde Subventionen ohne weiteres als systemkonform akzeptiert, Erhaltungssubventionen werden als inkonform abgelehnt − was indes die Wirtschaftspolitik nicht davon abhält, sie zu vergeben[11]. Da die liberalen Theorien Politik ausklammern, können sie nicht zureichend klären, unter welchen Bedingungen Subventionen zu vergeben sind.

Das bedeutet nicht, daß ihnen nicht ein latentes subventions*politisches* Erklärungskonzept beigefügt ist. Sie enthalten in dem Konstrukt des „starken" bzw. „schwachen" Staates eine Erklärungsmöglichkeit, die in der öffentlichen Diskussion ausgiebig genutzt wird: Nicht-ökonomische, politische Strukturen des demokratischen Gruppenstaates sind es, die Subventionen verursachen. Zu ihnen zählt zuallererst die legitimatorische Abhängigkeit der Regierungen und damit die Konkurrenz der Parteien um Wählerstimmen. Im Streben nach Machtgewinn und Machterhalt sind die Parteien daran interessiert, ihre jeweili-

---

6   Vgl. Wilhelm Röpke, *Die Gesellschaftskrisis der Gegenwart*, Erlenbach−Zürich [5]1948, S. 284; Walter Eucken, *Grundsätze der Wirtschaftspolitik*, Reinbek 1959, S. 152 ff., 188 ff.

7   Vgl. Blum, *Marktwirtschaft* (Anm. 5), S. 75.

8   Vgl. Hansmeyer, Transferzahlungen (Anm. 4), S. 983.

9   Vgl. Blum, *Marktwirtschaft* (Anm. 5), S. 16 f.

10   Hansmeyer, Transferzahlungen (Anm. 4), S. 982.

11   In ihrem *6. Subventionsbericht* weist die Bundesregierung darauf hin, daß Erhaltungshilfen keineswegs die wirtschaftspolitische Zielsetzung hätten, vorhandene Wirtschaftsstrukturen zu konservieren: „Finanzhilfen und Steuervergünstigungen mit einer solchen ausdrücklichen (!) Zielsetzung gibt es nicht." (*6. Subventionsbericht*, S. 7.)

gen Klientelen, aber auch eventuelle neue Wählerschichten mit finanziellen Vorteilen, Finanzhilfen und Steuervergünstigungen zu versorgen, um die individuelle Entscheidung des Wählers zu beeinflussen. Ein solches Erklärungsmuster kann sich auf die mit ökonomischen Nutzenkalkülen operierende Theorie stützen: Die Vertreter der Neuen Politischen Ökonomie[12] legen dar, daß ein solches an der Maximierung von Wählerstimmen orientiertes Verhalten auch tatsächlich den Machterhalt einer Regierung gewährleisten kann. Zumindest für die ersten Wahlen zum Deutschen Bundestag lassen sich die Zusammenhänge von Wahltermin und Anstieg der Subventionen nachweisen — wenn auch vage und keineswegs ausreichend gesichert[13]. Deutlich zeigt sich diese Verknüpfung bei der Bundestagswahl 1965, in deren Vorfeld der Deutsche Bundestag durch eine Reihe haushaltswirksamer Maßnahmen Wahlgeschenke verteilte, die wenig später (nach der Wahl) mit Hilfe eines Haushaltssicherungsgesetzes wieder eingesammelt werden mußten. Für die späteren Wahljahre ist ein solcher Zusammenhang nicht mehr vergleichbar eindeutig nachweisbar.

Indes scheint eine wählerstimmenorientierte Subventionsverteilungsstrategie auch nicht für ein hohes Rationalitätsniveau staatlichen Handelns zu sprechen. Denn die von gruppenspezifischen Staatsleistungen Begünstigten schätzen oft den Anteil finanzieller Mittel aus dem Staatshaushalt, in deren Genuß sie kommen, niedriger ein, als er tatsächlich ist, und umgekehrt schreiben sie anderen Gruppen einen deutlich zu hohen Anteil zu[14]. Wenn aber die Interessengruppen die eigene Position wie die der anderen grundsätzlich falsch beurteilen, dann kann eine Regierung dauerhaft Wählerstimmen durch gruppenspezifische Leistungen nicht gewinnen. Sie verliert in jedem Fall mehr Stimmen als sie erlangen kann, ,,da die Widmung von Staatsausgaben für bestimmte Zwecke, die auf gut erkennbaren Präferenzbündelungen basieren, stets nur von sehr verhaltenen Belohnungen seitens der Begünstigungen begleitet ist, während die unberücksichtigten Gruppen eine um so deutlichere Unzufriedenheit zum Ausdruck bringen werden‘‘[15]. In diese ,,Subventionsfalle‘‘ geriet die an Machterhaltungsinteressen orientierte Politik der fünfziger Jahre: Sie ließ sich — kurzfristig gedacht — aufgrund übervoller Steuerkassen dazu verleiten, vor den Wahljahren immer neue finanzielle Vergünstigungen zu verteilen.

Der Begünstigte wird noch unzufriedener sein, wenn die staatliche Wirtschaftspolitik die wirtschaftspolitisch sinnvollen Anpassungs- und Produktivitätshilfen als Subventionsformen wählt: Sie weisen nämlich den wahlpolitischen Nachteil geringer Merklichkeit auf, da der Zusammenhang zwischen Subventionierung und individuellem Einkommenszuwachs durch zahlreiche Ver-

12 Anthony Downs, *An Economic Theory of Democracy*, New York 1957; Brian M. Barry, *Neue Politische Ökonomie*, Frankfurt a.M. 1975; Bruno S. Frey, Entwicklung und Stand der Neuen Politischen Ökonomie, in: *Politische Ökonomie des Wohlfahrtsstaates*, hrsg. v. Hans-Peter Widmaier, Frankfurt a. M. 1974, S. 30—63; Hans-Peter Widmaier, Politische Ökonomie des Wohlfahrtsstaates, in: ebd., S. 9—29.

13 Vgl. Werner Deininger, Die Stellung der Subventionen in den Wachstumszyklen unter besonderer Berücksichtigung der Wahltermine, in: Bernhard Gahlen (Hrsg.), *Wachstumszyklen und Einkommensverteilung*, Tübingen 1976, S. 238—261.

14 Vgl. Günther Schmölders, *Finanz- und Steuerpsychologie*, Reinbek 1970, S. 38.

15 Karl-Heinrich Hansmeyer / Klaus Mackscheidt, Finanzpsychologie, in: *Handbuch* (Anm. 4), S. 581.

mittlungsschritte ohne weiteres kaum erkennbar ist[16]. Subventionen sind also nicht sehr effektiv, wenn es gilt, den Wählerwillen zu beeinflussen. Wenn sie wahlpolitisch überhaupt Relevanz besitzen, dann — so ließe sich vermuten — weniger als Mittel direkten „Stimmenkaufs", eher als Mittel kurzfristig orientierter parteipolitischer Selbstdarstellung[17], getragen von Vorstellungen unaufgeklärter Politik.

Größere Bedeutung kommt dem verbandspolitischen Erklärungsmuster zu. Es besagt, daß Subventionen, denen keine ökonomische Rechtfertigung zugrunde liegt — und nur wenige Subventionen halten einer ökonomischen Beurteilung stand[18] —, allein dem Wirken einflußreicher Verbände geschuldet seien. Die marktwirtschaftliche Lehre weiß sich hier mit der juristischen Staatslehre in der Diagnose einig. Hans Herbert von Arnim stellt dazu fest: „Das Ausmaß an Steuervergünstigungen und Finanzhilfen und die politischen Schwierigkeiten sie einzudämmen, sind letztlich nichts anderes als der Ausdruck eines zu wenig kontrollierten laissez-faire-pluralistischen Kräftespiels."[19] Betrachtet man die Entwicklung der Subventionen in den fünfziger Jahren, insbesondere die Aktivitäten und Erfolge des Deutschen Bauernverbandes, dann erscheint ein solcher Befund zutreffend. In unterschiedlichen Ausprägungen beherrschte diese Argumentation die Verbandsforschung bis Mitte der siebziger Jahre als Erklärungsmuster für jegliche Art gruppenbegünstigender Staatsaktivitäten[20].

Das Argument von der Macht der Verbände als der subventionsschöpferischen Kraft ermöglicht es der neoliberalen Position, der Diskrepanz von Theorie und realen wirtschaftlichen und politischen Entwicklungen zu begegnen: Da die Marktwirtschaft neben ordnungspolitischer Rahmensetzung keinen Bedarf an staatlicher Intervention erzeuge, können staatliche Subventionen nur auf Druck und Einfluß organisierter Interessen zustandegekommen sein, deren politisches Einflußpotential durch ihre Organisationsfähigkeit begründet ist, nicht jedoch aufgrund ihrer sozialen und ökonomischen Relevanz. Die Sub-

---

16 Vgl. Hansmeyer, Transferzahlungen (Anm. 4), S. 986.

17 Zur „Selbstdarstellung" als Ressource staatlicher Legitimationsbeschaffung vgl. Volker Ronge, *Forschungspolitik als Strukturpolitik*, München 1977.

18 Vgl. Klaus Feiler/Thomas Hübner, *Ökonomisch begründbare Subventionen und öffentliche Finanzen*, WZB-discussion papers IIM/IP 82—16, Berlin 1982.

19 Hans Herbert von Arnim, *Gemeinwohl und Gruppeninteressen*, Frankfurt a. M. 1977, S. 350. — Ähnlich auch Kurt Schmidt: „Die verbandsbezogenen Staatsleistungen sind ... das Ergebnis politisch erfolgreich vertretener Sonderinteressen. Es handelt sich vor allem um Transferzahlungen ... " (Kurt Schmidt, Entwicklungstendenzen der öffentlichen Ausgaben im demokratischen Gruppenstaat, in: Ernst-Bernd Blümle/Walter Wittmann (Hrsg.), *Verbände*, Stuttgart 1966, S.17.) Schmidt kommt zu der Prognose: „Die gruppenbezogenen Staatsausgaben werden zu Lasten der gruppenindifferenten öffentlichen Ausgaben tendenziell zunehmen." (Ebd., S. 19.) Vgl. dazu auch: Feiler/Hübner, *Subventionen* (Anm. 18); dies., *Zum Erklärungsgehalt ökonomischer Politikmodelle*, WZB-discussion papers IIM/IP 84—8, Berlin 1984.

20 Vgl. Bodo Zeuner, Verbandsforschung und Pluralismustheorie, in: *Leviathan*, H. 2/1976, S. 137—177. Erst die Korporatismusdiskussion hat die ambivalente Stellung der Verbände innerhalb des Prozesses von Politikformulierung und Implementation herausgearbeitet. Vgl. u. a. Gerhard Lehmbruch, Wandlungen der Interessenpolitik im liberalen Korporatismus, in: Ulrich v. Alemann/Rolf G. Heinze (Hrsg.), *Verbände und Staat*, Opladen 1979, S. 50 ff.

ventionsursache liegt folglich im (gesellschafts-)politischen Bereich. Die Konsequenzen einer solchen theoretischen wie wirtschaftspolitisch-praktischen Einstellung sind fatal: Denn ein real vorhandener ökonomischer und gesellschaftlicher Bedarf an staatlicher Intervention transformiert aufgrund staatlicher Politikverweigerung zum politischen Machterhaltungsproblem. Je weniger die Wirtschaftspolitik des Staates bereit und in der Lage ist, problemspezifische Interventionskriterien zu entwickeln und danach zu handeln, um so mehr erlangen schließlich wahl- und interessenpolitische Faktoren Gewicht. Gerade die Ablehnung liberaler Theorie wie auch entsprechender wirtschaftspolitischer Praxis von kalkulierter subventionspolitischer Intervention bei gleichzeitigem Bedarf an staatlichen Eingriffen läßt einen subventionspolitischen Wildwuchs entstehen, der sich – da partikulare gesellschaftlich-politische Machtfaktoren an Gewicht gewinnen – in einem „sozial-protektionistischen" Muster der Subventionspolitik niederschlägt und nunmehr auf der Erscheinungsebene jene Entwicklung erkennbar werden läßt, die als Rechtfertigung der Ausgangsposition gedient hatte. Die (späte) politische Strategie gegen diese Entwicklung zielte – noch dem neoliberalen Konzept ganz verhaftet – nicht auf eine Modernisierung der wirtschaftspolitischen Programmatik, sondern auf eine Disziplinierung gesellschaftlich-politischer Interessen: Auf dem Parteitag der CDU 1965 stellte Ludwig Erhard den Entwurf einer „formierten Gesellschaft" vor, einen geregelten und durch Zugangsbeschränkungen kontrollierten Pluralismus – zu einem Zeitpunkt, als die öffentliche Diskussion um die gruppenspezifischen Ansprüche an den Staat ein kritisches Niveau erreicht hatte.

2.2. Keynesianische Modernisierung: Subventionen als Mittel wirtschaftspolitischer Feinsteuerung?

Die Keynes'sche Theorie räumt mit dem neoliberalen (Vor-)Urteil auf, daß funktionierender Wettbewerb auf dem Markt allein für Vollbeschäftigung und angemessenes Wachstum sorge und der Staat sich prozessualer Eingriffe in das Wirtschaftsgeschehen enthalten könne und müsse. Richtig ist nach Keynes vielmehr, daß die „Selbstheilungskräfte des Marktes" keineswegs immer ausreichen, ein wirtschaftliches Gleichgewicht bei Vollbeschäftigung und Auslastung der Kapazitäten wiederherzustellen, daß vielmehr Unterauslastung und Arbeitslosigkeit nicht automatisch wieder aufgehoben werden. Aufgabe des Staates ist es dann, der Ursache dieser Entwicklung, der mangelnden effektiven Nachfrage, durch eine zusätzliche staatliche Nachfrage insbesondere auf den Investitionsgütermärkten zu begegnen und somit den Anstoß für eine Rückkehr zum Gleichgewicht auf Güter- und Arbeitsmärkten zu geben. Damit ist ein neues Verhältnis von Staat und Ökonomie propagiert, das größere Realitätsnähe vorweisen kann. Es fällt nunmehr in den Verantwortungsbereich des Staates – und § 1 Stabilitäts- und Wachstumsgesetz kodifiziert dies –, den Wirtschaftsprozeß so zu beeinflussen, daß sich ein gesamtwirtschaftliches Gleichgewicht herstellt, wenn dies vom Markt selbst nicht mehr geleistet werden kann. Der Marktmechanismus verliert demgemäß seine exklusive Position als „Wert an sich", dessen Funktionsweise identisch mit Gemeinwohlrealisierung ist. Eine solche veränderte wirtschaftspolitische Perspektive hat Folgen für die Betrachtung und die Behandlung der Subventionen – auch wenn die Keynes'sche wie auch die keynesianische Theorie keine Theorie der Subventionspolitik bietet. Subventionen zählen jedoch zu denjenigen staatlichen Instrumenten, die geeignet sind, auf den Wirtschaftsprozeß Einfluß zu nehmen, und sind dann legitim, wenn sie zur Erreichung des gesamtwirtschaftlichen Gleichgewichtsziels beitragen — so hat es der § 12 des Stabilitäts- und Wachstumsgesetzes von 1967 zumindest für die Finanzhilfen gesetzlich festgelegt.

Mit der Einführung einer konjunkturpolitischen Globalsteuerung gewinnen durch die prinzipielle Anerkennung staatlicher Einflußnahme auf den Wirtschaftsablauf auch andere wirtschaftspolitische Instrumente an Bedeutung[21]. Zwar ist Subventionspolitik damit noch keineswegs integraler Bestandteil einer keynesianisch orientierten Wirtschaftspolitik; in dem Maße jedoch, in dem sich zeigt, daß die Folgeprobleme keynesianischer Konjunktursteuerung, die Kapazitäts- und Struktureffekte, erkannt werden, weitet sich keynesianische Konjunkturpolitik zu einer allgemeinen Struktur- und Wachstumspolitik. Denn eine auf Vollbeschäftigung zielende Wirtschaftspolitik muß aufgrund der Struktureffekte der konjukturpolitischen Einflußnahmen wachstumspolitisch orientiert sein. Damit stellt sich die Aufgabe, staatliche Diagnose- und Interventionsinstrumente herauszubilden und zu verfeinern: Aufbau wissenschaftlicher Politikberatung, insbesondere Verfeinerung ökonomischer Meß- und Beurteilungsmethoden, Rationalisierung und Planung staatlichen Haushaltsgebarens, Reform einer Reihe von Politikbereichen und schließlich Effektivierung des Wirtschaftsförderungsinstrumentariums, zu dem auch Finanzhilfen und Steuervergünstigungen zählen[22].

Keynesianische Konjunkturpolitik ist somit der Ausgangspunkt eines weiterreichenden wirtschaftspolitischen Steuerungsanspruchs des Staates, in dessen instrumentellem Rahmen Subventionen als regional- und sektoral-spezifisch steuernde Instrumente einen besonderen Stellenwert besitzen, da sie staatliche Intervention mit der Wahrung privater Eigentums- und Dispositionsrechte zu verbinden vermögen. Die steuerungspolitische Verwendbarkeit der Subventionen in einer interventionistischen Wirtschaftspolitik verlangt eine Rationalisierung der Subventionsvergabe, eine ökonomisch-funktionale Ausrichtung der Subventionsprogramme sowie eine effektive, diese Kriterien berücksichtigende Subventionskontrolle: eine Bindung an die Erfordernisse einer effizienten Wirtschaftsförderung als zielgerichtete und selektive Förderung wirtschaftlichen Wachstums unter Berücksichtigung auch konjunktureller Gegebenheiten.

Die Begründung der Subventionsvergabe hat sich gewandelt: Hatte die neoliberale Subventionskritik einen prinzipiellen Bedarf an subventionspolitischer Leistung des Staates negiert (wenn auch unter idealen Voraussetzungen) und die „Politik" als den Verursacher realer Subventionen ausgemacht, so erscheint die Subvention im keynesianischen Konzept einer „funktionalen Subventionspolitik" als wirtschafts- und finanzpolitische Antwort auf einen ökonomischen und sozialen Steuerungsbedarf. Zwar findet auch hier eine nicht-marktmäßige Umverteilung finanzieller Ressourcen statt, doch ist sie „endogenisiert": Der

---

21 Vgl. Rudolf Peters, *Grundlagen der Mesoökonomie und Strukturpolitik*, Bern / Stuttgart 1981, S. 277.

22 Vgl. Hans-Peter Spahn, Keynes in der heutigen Wirtschaftspolitik, in: *Der Keynesianismus, I: Theorie und Praxis keynesianischer Wirtschaftspolitik*, hrsg. v. Gottfried Bombach / Hans-Jürgen Ramser / Manfred Timmermann / Walter Wittmann, Berlin usw. 1981, S. 211–292.

finanzielle Gehalt der Subventionen dient lediglich als „Transportmittel", dessen staatliche Politik bedarf, um dem ökonomischen System die geforderte Korrekturinformation übermitteln zu können. „Funktional" ist eine Subventionspolitik dann, wenn es ihr gelingt, diesen Prozeß der Problemdiagnose bis zur Implementation der Maßnahme effizient und ökonomisch „richtig" abzuwickeln, d. h. mit volkswirtschaftlichem Nutzen und um ein gesamtwirtschaftliches Gleichgewicht herzustellen. Der staatlichen Wirtschaftspolitik wird eine solche Konzeption attraktiv erscheinen — allerdings beinhaltet sie nicht minder unrealistische Bedingungen wie die liberale Sicht eines unbefleckten Marktmechanismus. Denn sie setzt voraus, daß sich zwischen dem Steuerungsbedarf der Ökonomie und der staatlich-politisch bereitgestellten Steuerungsleistung eine „Harmonie" herstellen läßt.

2.3. Probleme des Konzepts einer funktionalen Subventionspolitik

Es ist keineswegs davon auszugehen, daß sich das Bild einer ökonomisch funktionalen Subventionspolitik harmonisch in die Produktionsbedingung staatlicher Politik einfügt. Weder ist anzunehmen, daß Machterhaltungsstrategien im Rahmen dieser Politik keine Bedeutung mehr zukommt, noch ist gewiß, daß solche wirtschaftspolitisch funktionalen Politikkonzepte sich ohne weiteres in vorhandene politisch-administrative Strukturen einpassen lassen. Statt dessen ist folgendes Dilemma funktionaler Subventionspolitik erkennbar:
— auf der *rechtlichen* Ebene: Wenn Subventionsmaßnahmen steuerungspolitisch eindeutig auf das Ziel eines gesamtwirtschaftlichen Nutzens hin ausgerichtet und implementiert werden sollen, bedarf es — vorausgesetzt, erforderliche Informationen werden bereitgestellt und die administrative Operationalisierung der politischen Zielsetzung ist erfolgt — administrativer Diskriminierungsmöglichkeiten. Die Verwaltung muß in der Lage sein, zwei formal gleichgelagerte Fälle nach wirtschaftspolitischen Kriterien zu unterscheiden und unterschiedlich zu behandeln. Hierzu sind administrative Handlungsspielräume nötig, deren rechtliche Voraussetzung die in unbestimmten Rechtsbegriffen, Ermessensspielräumen und Generalklauseln eröffneten administrativen Beurteilungsspielräume bilden. Von juristischer Seite als ein „Mangel an gedanklicher Klärung des Lenkungsproblems" kritisiert[23], ermöglichen die unbestimmten Rechtsbegriffe (im Falle des § 6b EStG: „volkswirtschaftlich förderungswürdig") die Ausweitung und Formveränderung administrativen Handelns[24];
— auf der *ökonomischen* Ebene: Steuerungspolitisch orientierte Subventionspolitik tendiert dazu, ein hohes Maß an Bindung und Kontrolle des subventionierten Unternehmens durchzusetzen. Um die steuerungspolitische Zielsetzung einer solchen Wirtschaftspolitik zu verwirklichen, wäre es nötig,

23 Christian Heinze, Die Formel „volkswirtschaftliche förderungswürdig" als Richtmaß staatlicher Wirtschaftslenkung, in: *Wirtschaftsrecht*, 1972, S. 289.
24 Vgl. Erhard Treutner/Stephan Wolff/Wolfgang Bonß, *Rechtsstaat und situative Verwaltung*, Frankfurt a. M. 1978.

die unternehmerischen Dispositionsrechte einzuschränken[25]. Damit steigt jedoch auch das staatliche Risiko der Fehlsubventionierung, oder aber die Subvention wird gar nicht erst in Anspruch genommen. Will man ein Mindestmaß an wirtschaftspolitischer Effektivität erreichen, ist es notwendig, die Subvention für die infrage kommenden Unternehmen und Unternehmensbereiche um den Preis geringerer steuerungspolitischer Präzision attraktiv zu machen;

– auf der *administrativen* Ebene: Es bleibt als ungelöstes Problem die Frage, ob die implementierenden staatlichen Institutionen in die entsprechenden Politikkonzepte funktional zuverlässig eingeordnet werden können. Dem scheinen die geringen Flexibilisierungsmöglichkeiten und das institutionelle Beharrungsvermögen bürokratischer Organisationen entgegenzustehen[26];

– auf der *politisch-ökonomischen* Ebene: Sozialprotektionistische Subventionspolitik tendiert dazu, sich partikularen Machterhaltungsstrategien zu unterwerfen und läuft so Gefahr, gesamtwirtschaftliche Interessen zugunsten partikularer außer acht zu lassen. Das Konzept der an eben diesem gesamtwirtschaftlichen Nutzen orientierten funktionalen Subventionspolitik setzt implizit voraus, daß mit der Förderung gesamtwirtschaftlichen Nutzens über spezifische Begünstigungen sich im Resultat auch das politisch-staatliche Ziel der Machterhaltung realisieren läßt und sich staatliche Subventionspolitik zugleich auf diese Weise dem Einfluß partikularer gesellschaftlicher Interessen entziehen kann. Da jedoch das Wirken gesellschaftlicher Interessen nicht erst auf der Ebene verbandsmäßiger Organisation beginnt, bedeutet die gesamtwirtschaftliche Ausrichtung funktionaler Subventionspolitik im Grunde eine Begünstigung der diese systemischen Nutzeneffekte am stärksten beeinflussenden Unternehmen und sozialen Gruppen. Keynesianisch orientierte Subventionspolitik wäre somit im Idealfall in der Lage, über die Durchsetzung gesamtwirtschaftlichen Nutzens gesellschaftliche Machtstrukturen und Machtverteilungen unter instrumentellen Gesichtspunkten zu erhalten und legitimatorisch zu untermauern[27].

Funktionale Subventionspolitik ist von mehr oder minder direkter Abhängigkeit von einzelnen durchsetzungsfähigen gesellschaftlichen Interessen und damit vom Ruch borniertet Gefälligkeitspolitik dann befreit; sie ist jedoch nicht grundsätzlich von gesellschaftlichen Interessen abgelöst, sondern baut über eine wirtschaftspolitische instrumentelle Rationalisierung ein Selektivitätsmuster auf, das primär auf die dynamischen Einheiten des Wirtschaftsprozesses gerichtet ist und gegebenenfalls in korporatistischen Regulierungsstrukturen relevante gesellschaftliche Interessen in die Politikstrategie einwebt

25 Was einer Korrektur der Systemgrenzen der Marktwirtschaft gleichkäme – eine Konsequenz, die sich aus dem Keynes'schen Ansatz ergibt. Vgl. Herbert Ostleitner, Keynesianische und Keynes'sche Wirtschaftspolitik, in: Heinz Markmann/Diethard Simmert (Hrsg.), *Krise der Wirtschaftspolitik*, Köln 1978, S. 88, 95.

26 Vgl. Fritz Scharpf, Der Erklärungswert „binnenstruktureller" Faktoren in der Politik- und Verwaltungsforschung, in: Joachim Jens Hesse (Hrsg.), *Verwaltungswissenschaft und Politikwissenschaft*, PVS-Sonderheft 13, Opladen 1982, S. 90–104; für den Bereich Arbeitsmarktpolitik vgl. Gert Bruche/Bernd Reissert, *Die Finanzierung der Arbeitsmarktpolitik*, Frankfurt a. M. 1985.

27 Vgl. Georg Vobruba, Keynesianismus als Politisches Prinzip, in: *Leviathan*, H. 4/1979, S. 491–512; ders., *Politik mit dem Wohlfahrtsstaat*, Frankfurt a. M. 1983.

— oder von ihnen eingewoben wird. Die funktionale Subventionsmaßnahme ist Ausdruck einer Subventionspolitik, die in ihren Selektivitätsstrukturen weitaus besser den für die ökonomische Entwicklung relevanten Interessen angepaßt ist, die jedoch — gegenüber der alten Subventionspolitik — keineswegs jetzt aktiv (im Sinne von vorausschauend und steuernd) auf die Entwicklung einzuwirken vermag, sondern vielmehr wirtschaftspolitisch rationalisiert und instrumentell modernisiert den ökonomisch relevanten Entwicklungen hinterhereilt.

2.4. Subvention — Instrument politischer Konfliktdämpfung

Es gehört zu den Charakteristika der Subventionen, daß sie trotz aller Betonung steuerungspolitischer Ausrichtung gegenüber sozialökonomischen und politischen Konflikten kompensatorisch wirken. Neoliberale wie keynesianisch-steuerungspolitische Positionen nehmen diesen Aspekt nur unter negativen Vorzeichen wahr: In beiden Konzepten bleibt die Existenz ökonomisch nicht begründbarer bzw. wirtschaftspolitisch ineffektiver Subventionen der letzthin unbegreiflichen Irrationalität politischer und politisch-administrativer Prozesse geschuldet. Eine empirische Analyse der Subventionspolitik kann sich auf eine solche Position nicht zurückziehen. Hier muß es darum gehen, hinter den vermeintlichen Irrationalitäten der Subventionspolitik das Muster einer staatlich-politischen Rationalität zu entdecken. Ein solches aus der Betrachtung „praktischer Politik" mit Subventionen gewonnenes Muster hat Karl-Heinrich Hansmeyer entwickelt[28]. Basis seiner Qualifizierung der Subventionen ist die Vorstellung, daß Politiker mit der Vergabe von Subventionen einen Beitrag zur Bestandssicherung des politischen Systems zu leisten beabsichtigen. Denn angesichts allgemeiner Daseinsvorsorge und -fürsorge werden „schmerzhafte wirtschaftliche Ereignisse nicht mehr als Naturereignisse" begriffen, sondern als steuerbar, ja als vermeidbar betrachtet mit der Folge, daß der Staat in ökonomisch-sozialen Konfliktsituationen zu einer „Politik des Konfliktausgleichs" aufgerufen ist, um die Stabilität des politischen Systems nicht zu gefährden. Wenn also strukturelle Veränderungen im Produktionsbereich über dadurch hervorgerufene Einkommens- und Vermögensparitäten zu „Spannungen zwischen Gruppen, Sektoren und Regionen" führen, die die Gesamtsituation „unter politischen Aspekten als suboptimal" erscheinen lassen, dann „ist praktische Politik nicht willens, Anpassungshärten hinzunehmen, da diese politische Pressionen zur Folge haben können"[29]. Verlangt ist statt dessen „der Kompromiß", die „langsame Anpassung": „Subventionen sind ..., und das läßt ihre Anwendung bei dieser Wirtschaftspolitik und Konfliktstrategie immer allgemeiner werden, zur Herbeiführung solcher Kompromisse und zur Milderung von Übergangshärten besonders geeignet."[30] „Besonders geeignet" deshalb, weil sie den Marktprozeß kurzfristig formal

---

28 Hansmeyer, Transferzahlungen (Anm. 4), S. 986 ff.
29 Ebd., S. 987.
30 Ebd.

nicht stören und weil die Kosten der Konfliktvermeidung über die Budget-finanzierung fast unmerklich auf alle Steuerzahler übertragen werden[31].

Der Bezugspunkt der Systemerhaltung bietet nicht nur die Möglichkeit, die konfliktdämpfende Wirkung der Subvention im Falle ökonomisch verur-sachter Konflikte hervorzuheben; darunter subsumierbar sind auch wahlpoli-tisch motivierte Subventionsvergaben und subventive Begünstigungen mächti-ger politischer und/oder ökonomischer Gruppen[32]. Darüber hinaus spricht Hansmeyer den Subventionen eine „allgemeine systemerhaltende Funktion" insofern zu, als „es dem Staat mit ihrer Hilfe gelingen kann, ganze Sektoren für politische Zwecke zu mobilisieren, ohne die ökonomische Verfügungs-macht über ihre Ressourcen zu besitzen" und so Rahmenbedingungen zu schaffen, „die eine systemgefährdende Unzufriedenheit von vorneherein beseitigen"[33].

Das Hansmeyersche Bezugssystem ist zunächst bestechend, denn er setzt unmittelbar dort an, wo ökonomische Betrachtungen der Subventionen, seien es neoliberale oder seien es keynesianische, lediglich „Irrationalitäten" vermu-ten: am politischen Prozeß bzw. an den Entscheidungskriterien der Politik. Unter dem Rationalitätskriterium der Stabilisierung des politischen Systems erscheint die Subvention als ein strategisch und taktisch rationales Instrument der Konfliktvermeidung, in das sich unterschiedliche politische und ökono-mische Ziele integrieren lassen. Eine abstrakte Konstruktion stellt allerdings das Bild vom rational handelnden Politiker dar, der im Interesse der Bestands-sicherung des politischen Systems seine Entscheidung über die Subventions-vergabe kalkuliert. Weder ist das Bestandsinteresse des politischen Systems so-weit operationalisierbar, daß es regelmäßig in die politische Einzelentschei-dung eingeht, noch ist anzunehmen, daß der „handelnde Politiker" sich in jedem Fall dieses Bezugspunktes in ausreichendem Maße bewußt ist bzw. wenn er es ist, ob er die unter den gegebenen Bedingungen tatsächlich rationale Ent-scheidung regelmäßig trifft. Es bedarf vielmehr eines komplexeren Hand-lungsfeldes, das die einzelnen Entscheidungen *ex post* und/oder *ex ante* soweit integriert, daß das konfliktdämpfende Mittel Subvention zum einen nicht vom „rationalen Instrument der Konfliktvermeidung" unter der parteilichen Hand des Politikers zum wohlfeilen Mittel der Politikvermeidung gerät und die in bestandssichernder Absicht erteilten Subventionsmaßnahmen in der Summe eine Destabilisierung des politischen Systems herbeiführen. Die Entwicklung eines solchen Integrationsfeldes als „Politikbereich Subventionspolitik" habe ich in den vorangegangenen Kapiteln nachzuzeichnen versucht.

---

31 Es ist durchaus möglich, daß die Subventionierung schon im symbolischen Gebrauch das Ziel der Konfliktminderung erreicht, indem sie bei den Begünstigten ein „Begünstigungs-gefühl erweckt, während aufgrund sich anschließender Kreislaufwirkungen die tatsäch-liche Begründung weitergetragen wird". Dennoch könne, so Hansmeyer, die ökonomi-sche und politische Verhaltenssteuerung Erfolg haben (ebd., S. 988).

32 Vgl. ebd., S. 988 f.

33 Ebd., S. 989; Hansmeyer hat hier die Wohnungsbauförderung der fünfziger Jahre vor Augen.

3. Politikdefizite der Subventionspolitik

Subventionspolitik — so hatte ich einleitend definiert — ist die besondere Form, gesellschaftlich-ökonomische Problemlagen durch selektive staatliche finanzielle Begünstigungen zugunsten spezifischer Wirtschaftsbereiche, Unternehmensgruppen oder Unternehmen und sozial-ökonomischer Gruppen zu bearbeiten und die damit verbundenen Konflikte zu regulieren. Kennzeichen der subventionspolitischen Regulierungsstruktur ist neben der an wirtschaftlichen Rahmenbedingungen (d. h. gesamtwirtschaftlichen und/oder einzelwirtschaftlichen) ausgerichteten, mit Einschränkung planvoll organisierten und im Ergebnis zumeist konfliktdämpfend wirkenden Subventionsmaßnahme die Institutionalisierung einer subventionspolitischen Öffentlichkeit, deren Aufgabe es ist, durch eine regulierte Permanenz des subventionspolitischen Konflikts die Verkrustung der Subventionsstruktur zu verhindern. Öffentlichkeit herzustellen, überkommene Subventionen zu problematisieren, die Subventionen am (gesamt-)wirtschaftlichen Nutzen auszurichten — das sind oberhalb der Ebene der konkreten Subventionsmaßnahmen die subventionspolitischen Strategien, um eine wirtschaftspolitisch rationale Subventionspolitik durchzusetzen und zu stabilisieren.

Auf der Ebene *Subventionsprogramme* versucht staatliche Politik durch instrumentelle Rationalisierung die Flexibilität der Subventionspolitik zu gewährleisten: Das Subventionsrecht wird den Erfordernissen wirtschaftspolitischer Steuerung angepaßt; durch Aufbau wirtschaftspolitischen, insbesondere strukturpolitischen Diagnose- und Beurteilungswissens sollen die informationellen Handlungsbedingungen verbessert werden; Kosten-Nutzen-Analysen sollen eine bessere Erfolgskontrolle einzelner Subventionsmaßnahmen ermöglichen. Darüber hinaus werden ähnlich der korporatistischen Krisenregulierung immer öfter private Interessen sehr früh in subventionspolitische Maßnahmen eingebunden. Mit diesen Strategien ist eine doppelte subventionspolitische Funktion verbunden: Zum einen soll die mit der Subvention verbundene Umverteilung fiskalischer Mittel effizient vonstatten gehen; zum anderen stellen entsprechende Programm- und Instrumentenmuster einen argumentativen Bezugsrahmen her, der für die politische Absicherung der Subvention nutzbringend ist und die Frage, ob es sich um eine materiale oder nur formale Rationalisierung handelt, schwer entscheidbar macht. Die Vermutung liegt nahe, daß dieses „Nebenprodukt" durchaus latentes Ziel dieser Strategien ist.

Die Institutionalisierung einer Subventionskontrolle selbst in der schwachen Form von öffentlicher Subventionsdiskussion und Subventionsberichterstattung stellte für protektionistische Subventionsmaßnahmen ein ernstzunehmendes Problematisierungspotential dar; dagegen unterstützten die Elemente einer maßnahmenübergreifenden *abstrakten Subventionspolitik* die Durchsetzung des Musters einer funktionalen Subventionspolitik auf der Maßnahmeebene: Wenn schon Subventionen nötig waren, dann solche, die wirtschaftspolitisch begründet und steuerungspolitisch zielsicher eingesetzt werden können — Kautelen, die später Eingang in die „Grundsätze" der Bundesregierung zur Subventionspolitik wie auch in die Subventionsvereinbarungen der Länder fanden. Darüber hinaus vermag institutionalisierte Subventionskontrolle Subventionen, die anfangs zwar wirtschaftspolitisch sinnvoll gewesen waren, inzwischen jedoch überflüssig geworden sind, im regelmäßigen Überprüfungsprozeß herauszufiltern und ihre Berechtigung öffentlich zu problematisieren.

Die doppelte Funktionsweise abstrakter Subventionspolitik könnte die Gesamtstruktur einer wirtschaftspolitisch funktionalen Subventionspolitik garantieren.

Es ist offensichtlich, daß eine funktionale Subventionspolitik mit konsequenter Subventionskontrolle und strikter steuerungspolitischer Ausrichtung
des Politikbereichs Subventionspolitik zu keinem Zeitpunkt verwirklicht worden ist. Auf der Ebene konkreter Subventionsmaßnahmen wird zwar die
Kosten-Nutzen-Analyse als Kontrollinstrument vermehrt angewendet[34]. Weitergehende Schritte wie die gelegentlich geforderte Einrichtung eines Subven-
tionsamts, die Berufung eines unabhängigen wissenschaftlichen Beirats, die
Kompetenzerweiterung der Subventionsberichterstattung oder gar die Ausdifferenzierung eines gesonderten ,,Subventionshaushalts", von einem allgemeinen Subventionsgesetz ganz zu schweigen, wurden nicht unternommen.
Dies schlägt auf die Wirksamkeit öffentlicher Subventionskontrolle zurück.
Keine größere Subventionsdiskussion der vergangenen Jahre — mit Ausnahme des Jahres 1981 — mündete in einen Subventionsabbau. Statt dessen folgte den lautstark vorgetragenen Abbauinitiativen regelmäßig kleinlaute Ernüchterung über die tatsächlichen Möglichkeiten des Subventionsabbaus. Das Resultat der Diskussion: Die Mehrzahl der Subventionen ist wohl doch wirtschaftspolitisch berechtigt. Der sensible Beobachter der Szenerie spürt das
erleichterte Aufatmen von Subventionsempfängern und ihren Interessenvertretern.

Für dieses Resultat sind im wesentlichen zwei Ursachen verantwortlich:
1. Subventionspolitik entbehrt einer homogenen, organisations- und konflikt-
fähigen gesellschaftlichen und politischen Gruppe, die ein originäres Interesse
an wirksamer Subventionskontrolle und wirksamem Subventionsabbau besitzt.
Das Feld beherrschten interessenpolitische Klientelen aus den verschiedenen
Subventionsbereichen, die sich wechselseitig davor hüten, ihren öffentlich
vorgetragenen Forderungen nach effektiver Subventionskontrolle und umfangreichem Subventionsabbau konkrete Abbauvorschläge folgen zu lassen. Den
,,Anwälten" sparsamer und rationaler Finanz- und Wirtschaftspolitik (z. B.
dem Bund der Steuerzahler) dagegen mangelt es an der gesellschaftspolitischen
Machtbasis. In der politischen Auseinandersetzung um den Subventionsabbau
kommt somit parlamentarischen Initiativen (gelegentlich von der Administration tatkräftig unterstützt) besondere Bedeutung zu, wenn die entsprechenden
Abgeordneten nicht gerade von einer Partei- und Regierungspolitik angehalten
werden, einen Konflikt um das ,,Instrument der Konfliktvermeidung" zu vermeiden.
2. Wegen der politischen Schwäche einer Subventionskontrollpolitik kommt
dem Subventionsbericht als Instrument der Subventionskontrolle besondere
Bedeutung zu. Um so schwerer wiegt, daß die Subventionsberichterstattung
in einer Form institutionalisiert ist, die ihre Leistungsfähigkeit erheblich ein-
schränkt[35], auch wenn in den vergangenen Jahren ihre Ausgestaltung zusehends
differenzierter wurde und die Berichterstattung des Bundes durch Länderbe-
richte ergänzt worden ist. Die Folge davon ist, daß die Prüfung der Subventionen nicht die wirtschaftspolitisch rationale Begründung der Subventionsmaßnahmen zu durchdringen vermag und an der formal fugenlosen rechtli-

---

34 Vgl. die Auflistung der Kosten-Nutzen-Analysen in den Subventionsberichten.
35 Vgl. Kapitel VI.

chen, wirtschaftlichen, politischen und administrativen Rechtfertigung scheitert. Damit läuft die Subventionskontrolle Gefahr, in ihr Gegenteil umzuschlagen: Angetreten, Subventionen zu überprüfen und zu problematisieren, rechtfertigt sie bestehende Subventionen. Die Kontrolle gerät zum Entlastungsritual. Statt über die Ebene abstrakter Subventionspolitik, deren wichtigste Ressource die Herstellung von Öffentlichkeit ist, Subventionspolitik zu politisieren, um die die einzelnen Subventionen umschließenden Interessenkonstellationen aufzubrechen, wird so die Entpolitisierung der Subventionspolitik in die Wege geleitet.

Subventionspolitik ist in ihrer heutigen Form so organisiert, daß ihre Maßnahmen häufig nicht eine wirtschaftspolitisch effektive, an gesamtwirtschaftlichem oder gar gesamtgesellschaftlichem Nutzen ausgerichtete Wirkungsweise erreichen, andererseits jedoch auch nicht einer unkontrollierten Politisierung unterliegen können. Sie ist staatlich induzierten Thematisierungs- bzw. Problematisierungsinitiativen zugänglich, die – falls notwendig – eine Anpassung an wirtschaftspolitische oder auch haushaltspolitische Gegebenheiten ermöglichen, die gleichzeitig aber auch den subventionspolitischen Konflikt auf der Maßnahmenebene (durch entsprechende immunisierende Ausgestaltung) wie auf der Ebene des öffentlichen subventionspolitischen Konflikts zu entpolitisieren erlauben und durch symbolische Überprüfungen bestehende Subventionen abzusichern vermögen. Das Ergebnis subventionspolitischer Entwicklung jenseits der von den jeweiligen Akteuren intendierten Ziele ist nicht, eine spezifische subventionspolitische Problemlösung zu verwirklichen, sondern eine Problembearbeitungsstruktur zu realisieren: die Einführung, Verwirklichung und Stabilisierung „kontrollierter", staatlich verfügbarer Subventionspolitik. Damit unterscheidet sie sich nicht fundamental von anderen Politikbereichen, denn es verbirgt sich hier ein wesentlicher Grundzug staatlicher Politik: Geht man von der Überlegung aus, daß sich Politik nicht in staatlicher Politik erschöpft, Staat und Politik also nicht identisch sind, sondern Politik als gesellschaftliche Handlungsmöglichkeit zu sehen ist, die eine, wenn auch sehr wesentliche Ausformung in der staatlichen Organisation von Politik erfährt, dann charakterisiert sich staatliche Politik durch die Fähigkeit, „*kontrollierte* Politik" herzustellen. Damit ist eine Politik gekennzeichnet, deren Alternativen begrenzt sind, die kanalisiert und reguliert ist und die darauf zielt, gesellschaftliche Problemlagen unter relativer Stabilisierung von Herrschafts- und Machtstrukturen zu bearbeiten. Der dabei vorhandenen Tendenz zu Bürokratisierung, zum Ersatz von Politik durch Verwaltung, läßt sich nur durch gezielte und konfliktreiche Politisierung vorhandener Politikmuster entgegenwirken. Dies gilt auch für die Subventionspolitik.

Tabellenanhang

Tab. A 1 Finanzhilfen des Bundes 1951—1968 (in Mio. DM)

Tab. A 2 Anteil der Finanzhilfen am Bundeshaushalt 1951—1968

Tab. A 3 Die steuerlichen Subventionen des Bundes und der Länder 1959—1967 (in Mio. DM)

Tab. A 4 Verhältnis der steuerlichen Subventionen zu den gesamten Steuereinnahmen 1959—1967

Tab. A 5 Die Finanzhilfen des Bundes 1966—1982 (in Mio. DM)

Tab. A 6 Die Finanzhilfen des Bundes: Anteile am Bundeshaushalt 1966—1982 (in v. H.)

Tab. A 7 Die Finanzhilfen des Bundes: Aufgabenbereiche 1966—1982 (in v. H.)

Tab. A 8 Finanzhilfen des Bundes an Unternehmen und private Haushalte 1975—1984

Tab. A 9 Die Entwicklung der Finanzhilfen der Länder 1966—1980

Tab. A 10 Finanzhilfen des Bundes und der Länder nach Aufgabenbereichen 1966—1977

Tab. A 11 Finanzhilfen des Bundes und der Länder: Bundesanteil nach Aufgabenbereichen 1966—1977 (in v. H.)

Tab. A 12 Steuerliche Subventionen 1966—1982 (in Mio. DM)

Tab. A 13 Steuerliche Subventionen und Gesamtsteueraufkommen 1966—1982

Tab. A 14 Steuerliche Subventionen nach Aufgabenbereichen 1966—1982 (in v. H.)

Tab. A 15 Verhältnis von steuerlichen Subventionen nach Aufgabenbereichen zum Gesamtsteueraufkommen 1966—1982 (in v. H.)

Tab. A 16 Steuerliche Subventionen für die gewerbliche Wirtschaft nach Aufgabenbereichen 1966—1982

Tabelle A 1: Finanzhilfen (direkte Subventionen) des Bundes 1951–1968 (in Mio. DM)

Jahr	Insgesamt	Landwirtschaft	Bergbau und Energie	Finanzhilfen[a]
1951	179,8	149,3	–	159,5
1952	318,7	276,9	–	292,1
1953	255,8	209,2	–	224,7
1954	374,0	332,6	–	340,9
1955	515,5	446,3	1,5	463,9
1956	1.442,2	1.021,0	207,5	1.374,7
1957	2.164,2	1.674,7	249,5	2.059,1
1958	2.078,4	1.739,8	1,5	1.954,6
1959	2.089,3	1.861,4	1,5	1.947,9
1960[b]	1.994,3	1.655,3	36,8	1.796,8
1961	2.842,3	2.311,6	103,7	2.448,4
1962	3.272,1	2.732,4	91,7	2.858,3
1963	3.695,4	2.890,9	261,0	3.213,4
1964	3.959,8	2.890,5	439,5	3.398,4
1965	4.726,8	3.417,6	527,4	4.167,0
1966	4.597,9	3.170,4	478,1	3.881,1
1967	5.247,3	3.501,3	564,4	4.337,3
1968	6.881,4	4.800,7	772,7	6.074,7

a) Nicht enthalten sind Zahlungen an: Deutsche Bundesbahn, Deutsche Lufthansa, Flughafenunternehmen, „sonstige Zuschüsse", Wohnungswesen.

b) Rumpfrechnungsjahr.

Quellen: Démètre Zavlaris, *Die Subventionen in der Bundesrepublik Deutschland seit 1951*, Berlin 1970, S. 94; eigene Berechnung.

Tabelle A 2: Anteil der Finanzhilfen am Bundeshaushalt 1951—1968

Jahr	Bundeshaushalt in Mio. DM	Finanzhilfen[a] in Mio. DM	Anteil der Finanzhilfen am Bundeshaushalt (%)	
1951	18.518	159,5	0,9	
1952	20.408	282,1	1,4	
1953	19.728	224,7	1,1	$\phi = 1,4\%$
1954	20.882	340,9	1,6	
1955	22.419	463,9	2,1	
1956	27.712	1.374,7	5,0	
1957	31.594	2.059,1	6,5	
1958	33.756	1.954,6	5,8	$\phi = 5,7\%$
1959	36.865	1.947,9	5,3	
1960[b]	30.287	1.796,8	5,9	
1961	43.054	2.448,4	5,7	
1962	49.864	2.858,3	5,7	
1963	54.762	3.213,4	5,9	$\phi = 5,9\%$
1964	58.150	3.398,4	5,8	
1965	64.192	4.167,0	6,5	
1966	66.874	3.881,1	5,8	
1967	74.642	4.337,3	5,8	
1968	75.765	6.074,7	8,0	

a) Ohne Zuschüsse an die Deutsche Bundesbahn, an nichtbundeseigene Bahnen, an die Deutsche Lufthansa, an Flughafenunternehmen, sonstige Zuschüsse im Bereich Verkehr (hauptsächlich Zahlungen im Rahmen des Berlinverkehrs); ohne Wohnungswesen.
b) Rumpfjahr

Quellen: Zavlaris, *Subventionen*, S. 94; Finanzberichte der Bundesregierung; eigene Berechnungen.

Tabelle A 3: Die steuerlichen Subventionen des Bundes und der Länder 1959—1967 (in Mio DM)

Jahr	insgesamt[a]	Landwirtschaft	Gewerbliche Wirtschaft[a]	Verkehr	Wohnungswesen
1959	3.910	680	2.135	560	535
1960	4.300	725	2.500	470	605
1961	5.410	810	3.480	475	645
1962	5.925	805	4.000	475	645
1963	7.255	850	5.155	565	685
1964	7.720	900	5.500	595	725
1965	8.635	1.195	5.950	715	775
1966	9.185	1.280	6.245	845	815
1967	9.475	1.290	6.490	860	835

a) Einschließlich Steuervergünstigungen im Rahmen der Umsatzsteuer; nach Einführung der Mehrwertsteuer (1968) ergeben sich wesentlich geringere Beträge, da aufgrund des Systemwechsels eine Reihe von Steuervergünstigungen nicht mehr als solche ausgewiesen sind.

Quellen: Zavlaris, *Subventionen*, S. 111.

Tabelle A 4: Verhältnis der steuerlichen Subventionen zu den gesamten Steuereinnahmen 1959–1967

Jahr	Steuereinnahmen insgesamt (ohne Sonderabgaben) in Mio. DM	Steuermindereinnahmen aufgrund von steuerlichen Subventionen 1959–1967 in Mio. DM	Verhältnis der Steuermindereinnahmen zu gesamten Steuereinnahmen in v. H.
1959	58.290	3.910	6,6
1960	66.405	4.300	6,5
1961	76.505	5.410	7,1
1962	84.288	5.925	7,0
1963	89.254	7.255	8,1
1964	97.429	7.720	7,9
1965	103.804	8.635	8,3
1966	110.919	9.185	8,3
1967	113.066	9.475	8,4

Quellen: Zavlaris, *Subventionen*, S. 111; Finanzberichte der Bundesregierung; eigene Berechnungen.

Tabelle A 5: Die Finanzhilfen des Bundes 1966–1982 (in Mio. DM)

Jahr	Insgesamt[a]	Landwirtschaft[a]	Gewerbliche Wirtschaft	Verkehr (davon Zahlungen an die DDR)		Wohnungswesen	Sparförderung
1966	6.257	2.985	692	111	52	1.527	942
1967	6.549	2.701	1.107	103	43	1.600	1.038
1968	7.617	3.404	1.230	158	92	1.588	1.237
1969	6.148	2.279	867	261	158	1.164	1.577
1970	8.115	3.590	1.077	275	179	1.193	1.980
1971	8.953	3.763	1.024	302	195	1.447	2.417
1972	8.907	2.957	1.149	458	337	2.060	2.283
1973	9.805	3.551	1.605	568	340	2.162	1.919
1974	11.013	3.312	2.054	601	300	2.470	2.576
1975	11.532	3.325	1.935	672	306	2.383	3.217
1976	12.212	3.186	1.796	871	474	2.730	3.629
1977	13.316	2.678	1.917	880	467	2.548	5.293
1978	12.668	2.762	3.126	1.171	473	2.285	3.325
1979	12.671	2.835	3.758	1.092	511	2.672	2.315
1980	13.461	2.922	4.291	1.271	695	2.720	2.256
1981	13.606	2.330	4.066	1.316	690	3.504	2.392
1982	13.208	2.322	3.673	1.080	685	3.470	2.663

a) Ohne Marktordnungsausgaben.

Quellen: Dietrich Albrecht, *Subventionen*, Bonn 1978, S. 56 ff.; Subventionsberichte der Bundesregierung; eigene Berechnungen.

Tabelle 6: Die Finanzhilfen des Bundes: Anteile am Bundeshaushalt 1966—1982 (in v. H.)

Jahr		Insgesamt[a]	Landwirt-schaft[a]	Gewerbliche Wirtschaft	Verkehr	Wohnungs-wesen	Sparför-derung
1966		9,4	4,5	1,0	0,2	2,3	1,4
1967		8,8	3,6	1,5	0,1	2,1	1,4
1968	$\phi = 9{,}0$	10,1	4,5	1,6	0,2	2,1	1,6
1969		7,5	2,8	1,1	0,3	1,4	1,9
1970		9,2	4,1	1,2	0,3	1,4	2,3
1971		9,1	3,8	1,0	0,3	1,5	2,5
1972		8,0	2,7	1,0	0,4	1,9	2,1
1973	$\phi = 8{,}1$	8,0	2,9	1,3	0,5	1,8	1,6
1974		8,2	2,5	1,5	0,5	1,8	1,9
1975		7,4	2,1	1,2	0,4	1,5	2,1
1976		7,5	2,0	1,1	0,5	1,7	2,2
1977		7,7	1,6	1,1	0,5	1,5	3,1
1978	$\phi = 6{,}9$	6,7	1,5	1,7	0,6	1,2	1,8
1979		6,2	1,4	1,9	0,5	1,3	1,1
1980		6,2	1,4	2,0	0,6	1,3	1,1
1981	$\phi = 5{,}6$	5,8	1,0	1,8	0,6	1,5	1,0
1982		5,4	1,0	1,5	0,4	1,4	1,1

a) Ohne Marktordnungsausgaben.

Quellen: Albrecht, *Subventionen*, S. 56 ff.; Subventionsberichte der Bundesregierung; eigene Berechnungen.

Tabelle A 7: Die Finanzhilfen des Bundes: Aufgabenbereiche 1966—1982 (in v. H.)

Jahr	Insgesamt[a] in Mio. DM (= 100)	Landwirt-schaft		Gewerbliche Wirtschaft		Verkehr		Wohnungs-wesen		Sparför-derung	
1966	6.257	47,7		11,1		1,8		24,4		15,1	
1967	6.549	41,2		16,9		1,6		24,4		15,9	
1968	7.617	44,7	43,0	16,2	14,3	2,1	2,6	20,9	20,7	16,2	19,5
1969	6.148	37,1		14,1		4,3		18,9		25,7	
1970	8.115	44,2		13,3		3,4		14,7		24,4	
1971	8.953	42,0		11,4		3,4		16,2		27,0	
1972	8.907	33,3		12,9		5,1		23,1		25,6	
1973	9.805	36,2	34,1	16,4	15,2	5,8	5,1	22,1	20,9	19,6	24,7
1974	11.013	30,1		18,7		5,5		22,4		23,4	
1975	11.532	28,8		16,8		5,8		20,7		27,9	
1976	12.212	26,1		14,7		7,1		22,4		29,7	
1977	13.316	20,1		14,4		6,6		19,1		39,8	
1978	12.668	21,8	22,4	24,7	23,1	9,2	8,2	18,0	20,2	26,3	26,2
1979	12.671	22,4		30,0		8,6		21,1		18,3	
1980	13.461	21,7		31,9		9,4		20,2		16,8	
1981	13.606	17,1	17,4	29,9	28,9	9,7	9,0	25,8	26,1	17,6	18,9
1982	13.208	17,6		27,8		8,2		26,3		20,2	

a) Ohne Marktordnungsausgaben.

Quellen: Albrecht, *Subventionen*, S. 56 ff.; Subventionsberichte der Bundesregierung; eigene Berechnungen.

Tabelle A 8: Finanzhilfen des Bundes an Unternehmen und private Haushalte 1975—1984[a]

Jahr	Finanzhilfen insgesamt in Mio. DM	Finanzhilfen für Unternehmen		Finanzhilfen für private Haushalte	
		in Mio. DM	in v. H.	in Mio. DM	i. v. H.
1975	11.532	4.889	42,4	6.643	57,6
1976	12.212	4.642	38,0	7.570	62,0
1977	13.857	4.999	37,5	8.317	62,5
1978	12.669	6.577	51,9	6.092	48,1
1979	12.671	7.168	56,6	5.504	43,4
1980	13.461	7.784	57,8	5.677	42,2
1981	13.606	7.017	51,6	6.590	48,4
1982	13.208	6.387	48,4	6.821	51,6
1983	13.653	6.771	49,2	6.943	50,8
1984	13.350	6.774	50,7	6.575	49,3

a) Gerundete Zahlen.

Quellen: Albrecht, *Subventionen*, S. 68 f.; Subventionsberichte der Bundesregierung.

Tabelle A 9: Die Entwicklung der Finanzhilfen der Länder 1966–1980[a]

Aufgabenbereich	1966 Mio. DM	v.H.	1967 Mio. DM	v.H.	1968 Mio. DM	v.H.	1969 Mio. DM	v.H.	1970 Mio. DM	v.H.	1971 Mio. DM	v.H.	1972 Mio. DM	v.H.	1973 Mio. DM	v.H.
Ernährung, Landwirtschaft und Forsten	987	17,4	797	13,5	773	13,9	857	18,5	628	12,0	1.089	17,2	994	14,8	912	12,4
Gewerbliche Wirtschaft	559	9,8	574	9,7	629	11,3	691	14,9	894	17,0	982	15,6	1.089	16,2	1.198	16,2
Verkehr	116	2,0	102	1,7	145	2,6	146	3,2	214	4,1	283	4,5	473	7,1	530	7,2
Wohnungswesen	3.540	62,2	3.900	66,0	3.453	62,3	2.322	50,2	2.706	51,5	2.895	45,8	2.912	43,3	3.273	44,4
Wohnungsbauprämien	490	8,6	537	9,1	547	9,9	610	13,2	810	15,4	1.070	16,9	1.250	18,6	1.458	19,8
Finanzhilfen insgesamt	5.692	100	5.910	100	5.547	100	4.626	100	5.252	100	6.319	100	6.723	100	7.371	100
Anteil der Finanzhilfen insgesamt an den Gesamtausgaben der Länder – in v.H. –	9,8		9,8		8,8		6,8		6,8		7,1		6,7		6,4	

Fortsetzung Tabelle A 9

Aufgabenbereich	1974		1975		1976		1977		1978		1979		1980ᵃ	
	Mio. DM	v. H.	Mio. DM	v. H.	Mio. DM	v. H.	Mio. DM	v. H.	Mio. DM	v. H.	Mio. DM	v. H.	Mio. DM	v. H.
Ernährung, Landwirtschaft und Forsten	1.544	19,9	1.589	19,1	1.535	18,2	1.260	14,3	1.350	13,3	1.582	12,6	1.621	12,6
Gewerbliche Wirtschaft	1.158	15,0	1.314	15,8	1.438	17,1	1.641	18,6	2.501	24,4	2.939	23,4	2.723	21,1
Verkehr	573	7,4	571	6,9	824	9,8	496	5,6	533	5,2	541	4,3	733	5,7
Wohnungswesen	2.938	37,9	3.266	39,2	3.490	41,6	4.506	51,0	4.932	48,1	6.546	52,1	6.883	53,4
Wohnungsbauprämien	1.537	19,8	1.584	19,0	1.120	13,3	929	10,5	933	9,1	950	7,6	934	7,2
Finanzhilfen insgesamt	7.750	100	8.324	100	8.413	100	8.832	100	10.249	100	12.559	100	12.894	100
Anteil der Finanzhilfen insgesamt an den Gesamtausgaben der Länder – in v. H. –	5,8		5,7		5,4		—		—		—		—	

a) 1980 Haushaltssoll.

Quellen: Albrecht, *Subventionen*, S. 72 f.; 7., 8. *Subventionsbericht.*

Tabellenanhang

Tabelle A 10: Finanzhilfen des Bundes und der Länder nach Aufgabenbereichen
1966—1977

Jahr	Insgesamt	Landwirt-schaft	Gewerbliche Wirtschaft	Verkehr (ohne Zah-lungen an die DDR)	Wohnungs-wesen	Spar-förderung	Anteil der Finanzhilfen des Bundes
			in Mio. DM				in v. H.
1966	11.897	3.972	1.251	175	5.067	1.432	52,4
1967	12.416	3.498	1.681	162	5.500	1.575	52,4
1968	13.072	4.177	1.859	211	5.041	1.784	57,6
1969	10.616	3.136	1.558	249	3.486	2.187	56,4
1970	13.188	4.218	1.971	310	3.899	2.790	60,2
1971	15.077	4.852	2.006	390	4.342	3.487	58,1
1972	15.293	3.951	2.238	594	4.972	3.533	56,0
1973	16.836	4.463	2.803	758	5.435	3.377	56,2
1974	18.463	4.856	3.212	874	5.408	4.113	58,0
1975	19.550	4.914	3.249	937	5.649	4.801	57,4
1976	19.791	4.721	3.234	1.221	6.226	4.749	57,5
1977	22.209	4.410	3.913	928	7.309	5.649	60,2

Quellen: Albrecht, *Subventionen*, S. 72 f.; 7., 8. *Subventionsbericht*; eigene Berechnungen.

Tabelle A 11: Finanzhilfen des Bundes und der Länder: Bundesanteil nach
Aufgabenbereichen 1966—1977 (in v. H.)

Jahr	Insgesamt	Landwirt-wirtschaft	Gewerbliche Wirtschaft	Verkehr (ohne Zahlungen an die DDR)	Wohnungs-wesen	Spar-förderung
			%-Anteil des Bundes			
1966	52,4	75,2	55,3	33,7	30,1	65,8
1967	52,4	77,2	65,9	37,0	29,1	65,9
1968	57,6	81,5	66,2	31,3	31,5	69,3
1969	56,4	72,7	55,7	41,4	33,4	72,1
1970	60,2	85,1	54,6	31,0	30,6	71,0
1971	58,1	77,6	51,1	27,4	33,3	69,3
1972	56,0	74,8	51,3	20,4	41,4	64,6
1973	56,2	79,6	57,3	30,1	39,8	56,8
1974	58,0	68,2	64,0	34,4	45,7	62,6
1975	57,4	67,7	59,6	39,1	42,2	67,0
1976	57,5	67,6	55,5	32,5	43,9	76,4
1977	60,2	71,4	58,1	46,6	38,4	83,6

Quellen: Albrecht, *Subventionen*, S. 72 f.; 7., 8. *Subventionsbericht*; eigene Berechnungen.

Tabelle A 12: Steuerliche Subventionen 1966–1982 (in Mio. DM)

Jahr	Insge-samt	Landwirt-schaft	Gewerbliche Wirtschaft	Verkehr	Wohnungs-wesen	Spar-förderung	Sonstige
1966	6.790	873	2.608	484	1.263	1.210	352
1967	8.072	881	3.799	491	1.327	1.060	514
1968	9.724	1.041	3.826	680	1.390	1.100	1.687
1969	11.323	1.186	4.800	807	1.595	1.130	1.805
1970	13.725	2.017	5.449	833	1.749	1.640	2.037
1971	16.995	2.290	6.686	846	1.868	3.120	2.185
1972	19.149	2.644	7.670	847	1.994	3.665	2.329
1973	20.866	2.937	7.926	967	2.556	3.725	2.755
1974	22.306	2.9o4	8.513	1.014	3.029	3.830	3.016
1975	23.119	3.155	7.613	1.061	3.742	4.295	3.253
1976	24.161	2.987	7.975	1.104	4.009	4.515	3.571
1977	25.598	2.766	8.023	1.444	4.828	4.595	3.942
1978	26.552	2.447	8.313	1.501	5.315	4.530	4.446
1979	27.234	2.245	8.759	1.616	5.874	4.170	4.570
1980	29.014	1.768	10.042	1.665	6.198	4.055	5.286
1981	29.645	1.134	10.563	1.435	6.633	3.785	6.095
1982	29.543	939	10.908	1.461	7.139	3.160	5.923

* In der Abgrenzung des 6. Subventionsberichts.

Quellen: Albrecht, *Subventionen*, S. 62 f.; Subventionsberichte der Bundesregierung.

Tabelle A 13: Steuerliche Subventionen und Gesamtsteueraufkommen 1966–1982

Jahr	Steuereinnahmen insgesamt (ohne Sonderabga-ben)	Steuermindereinnah-men aufgrund von steuerlichen Subven-tionen 1966–1982		Steuerliche Subven-tionen für Landwirt-schaft, gewerbliche Wirtschaft, Verkehr		Steuerliche Subven-tionen für Landwirt-schaft, gewerbliche Wirtschaft, Verkehr, Wohnungswesen	
	in Mio. DM	in Mio. DM	in % von Sp. 1	in Mio. DM	in % von Sp. 1	in Mio. DM	in % von Sp. 1
	1	2	3	4	5	6	7
1966	110.919	6.790	6,1	3.965	3,6	5.228	4,7
1967	113.066	8.072	7,1	5.171	4,6	6.498	5,8
1968	120.229	9.724	8,1	5.547	4,6	6.937	5,8
1969	143.795	11.323	7,9	6.793	4,7	8.388	5,8
1970	152.555	13.725	9,0	8.299	5,4	10.048	6,6
1971	170.970	16.995	9,9	9.822	5,7	11.690	6,8
1972	195.623	19.149	9,8	11.161	5,7	13.155	6,7
1973	223.506	20.866	9,3	11.830	5,3	14.386	6,4
1974	238.282	22.306	9,4	12.431	5,2	15.460	6,5
1975	240.827	23.119	9,6	11.829	4,9	15.571	6,5
1976	266.756	24.161	9,1	12.066	4,5	16.075	6,0
1977	298.101	25.598	8,6	12.233	4,1	17.061	5,7
1978	318.213	26.552	8,4	12.261	3,9	17.576	5,5
1979	342.559	27.234	8,0	12.606	3,7	18.480	5,4
1980	364.916	29.014	8,0	13.475	3,7	19.673	5,4
1981	370.319	29.645	8,0	13.132	3,6	19.765	5,3
1982	378.700	29.543	7,8	13.308	3,5	20.447	5,4

Quellen: Finanzberichte der Bundesregierung; Albrecht, *Subventionen*, S. 62 ff.; Subventionsberichte der Bundesregierung; eigene Berechnungen.

Tabelle A 14: Steuerliche Subventionen nach Aufgabenbereichen 1966–1982 (in v. H.)

Jahr	Landwirtschaft		Gewerbliche Wirtschaft		Verkehr		Wohnungswesen		Sparförderung	
1966	12,9		38,4		7,1		18,6		17,8	
1967	10,9		47,1		6,1		16,4		13,1	
1968	10,7	11,9	39,4	41,4	7,0	6,7	14,3	15,2	11,3	12,8
1969	10,5		42,4		7,1		14,1		10,0	
1970	14,7		39,7		6,1		12,7		12,0	
1971	13,5		39,3		5,0		11,0		18,4	
1972	13,8		40,1		4,4		10,4		19,1	
1973	14,1	13,6	38,0	37,7	4,6	4,6	12,3	12,7	17,9	18,2
1974	13,0		38,2		4,6		13,6		17,2	
1975	13,7		32,9		4,6		16,2		18,6	
1976	12,4		33,0		4,6		16,6		18,7	
1977	10,8		31,3		5,6		18,9		18,0	
1978	9,2	9,3	31,3	32,5	5,7	5,5	20,0	19,7	17,1	16,6
1979	8,2		32,2		5,9		21,6		15,3	
1980	6,1		34,6		5,7		21,4		14,0	
1981	3,8	3,5	35,6	36,2	4,9	5,0	22,4	23,3	12,8	11,8
1982	3,2		36,9		5,0		24,2		10,7	

Quellen: Albrecht, *Subventionen*, S. 62 ff.; Subventionsberichte der Bundesregierung; eigene Berechnungen.

Tabelle A 15: Verhältnis der steuerlichen Subventionen nach Aufgabenbereichen zum Gesamtsteueraufkommen 1966–1982

Jahr	Insgesamt	Landwirtschaft	Gewerbliche Wirtschaft	Verkehr	Wohnungswesen	Sparförderung	Sonstige
			in v. H. an den gesamten Steuereinnahmen				
1966	6,1	0,8	2,4	0,4	1,1	1,1	0,3
1967	7,1	0,8	3,4	0,4	1,2	0,9	0,5
1968	8,1	0,9	3,2	0,6	1,7	0,9	1,4
1969	7,9	0,8	3,3	0,6	1,1	0,8	1,3
1970	9,0	1,3	3,6	0,6	1,2	1,1	1,3
φ	φ=7,6	φ=0,9	φ=3,2	φ=0,5	φ=1,3	φ=1,0	φ=1,0
1971	9,9	1,3	3,9	0,5	1,1	1,8	1,3
1972	9,8	1,4	3,9	0,4	1,0	1,9	1,2
1973	9,3	1,3	3,6	0,4	1,1	1,7	1,2
1974	9,4	1,2	3,6	0,4	1,3	1,6	1,3
1975	9,6	1,3	3,2	0,4	1,6	1,8	1,4
φ	φ=9,6	φ=1,3	φ=3,6	φ=0,4	φ=1,2	φ=1,8	φ=1,3
1976	9,1	1,1	3,0	0,4	1,5	1,7	1,3
1977	8,6	0,9	2,7	0,5	1,6	1,5	1,3
1978	8,3	0,8	2,6	0,5	1,7	1,4	1,4
1979	8,0	0,7	2,6	0,5	1,7	1,2	1,3
1980	8,0	0,5	2,8	0,5	1,7	1,1	1,5
φ	φ=8,4	φ=0,8	φ=2,7	φ=0,5	φ=1,6	φ=1,4	φ=1,4
1981	8,0	0,3	2,9	0,4	1,8	1,0	1,7
1982	7,8	0,3	2,9	0,4	1,9	0,8	1,6

Quellen: Albrecht, *Subventionen*, S. 62 f.; Subventionsberichte der Bundesregierung; Finanzberichte der Bundesregierung; eigene Berechnungen.

Tabelle A 16: Steuerliche Subventionen für die gewerbliche Wirtschaft nach Aufgabenbereichen 1966–1982

Jahr	Insgesamt in Mio. DM	Bergbau in Mio. DM	%	regionale Strukturmaßnahmen in Mio. DM	%	Kreditwirtschaft in Mio. DM	%	allgemein in Mio. DM	%
1966	2.608	235	9,0	1.135	43,5	569	21,8	669	25,7
1967	3.799	219	5,8	2.195	57,8	680	17,9	705	18,6
1968	3.826	349	9,1	2.305	60,3	433	11,3	739	19,3
1969	4.800	350	7,3	3.017	62,9	454	9,3	379	20,4
1970	5.449	361	6,6	3.470	63,7	492	9,0	1.126	20,7
		φ=7,6		φ=57,6		φ=13,9		φ=20,9	
1971	6.686	363	5,4	4.490	67,2	570	8,5	1.263	18,9
1972	7.670	346	4,5	5.343	68,4	598	7,8	1.383	18,0
1973	7.926	172	2,2	5.790	73,1	535	6,8	1.429	18,0
1974	8.513	355	4,2	6.255	73,5	564	6,6	1.339	15,7
1975	7.613	292	3,8	5.595	73,5	643	8,5	1.083	14,2
		φ=4,0		φ=71,1		φ=7,6		φ=17,0	
1976	7.975	287	3,6	6.183	77,5	388	4,9	1.117	14,0
1977	8.023	249	3,1	5.963	74,3	413	5,2	1.398	17,4
1978	8.313	244	2,9	6.319	76,0	443	5,3	1.307	15,7
1979	8.759	230	2,6	6.669	76,1	491	5,6	1.369	15,6
1980	10.042	299	3,0	7.765	77,3	538	5,6	1.440	14,3
		φ=3,0		φ=76,2		φ=5,3		φ=15,4	
1981	10.563	280	2,7	8.377	79,3	–	–	1.906	18,0
1982	10.908	284	2,6	8.584	78,7	–	–	2.040	18,7
		φ=2,7		φ=79,0				φ=18,4	

Quellen: Albrecht, *Subventionen*, S. 62 f.; Subventionsberichte der Bundesregierung; eigene Berechnungen.

Quellenverzeichnis

a) *Allgemeine Quellen*

Bundestagsdrucksachen (BTDrs.)

Stenographische Protokolle der Sitzungen des Deutschen Bundestages (Sten.Prot.)

Bundesgesetzblatt (BGBl.)

Protokolle der Sitzungen des Finanzausschusses (IV. bis 7. Wahlperiode)

Protokolle der Sitzungen des Wirtschaftsausschusses des Deutschen Bundestages (IV. bis VI. Wahlperiode)

Amtsblatt der Militärregierung Deutschland, Britisches Kontrollgebiet, 1945 ff.

Sowie: Presseberichterstattung 1949 ff.

b) *Spezielle Quellen*

Agrarbericht der Bundesregierung 1980, Materialband, BTDrs. 8/3636

Agrarbericht der Bundesregierung 1984, Materialband, BTDrs. 10/981

Bericht der Bundesregierung an den Finanzausschuß des Deutschen Bundestages über die Auswirkung der §§ 6b und 6c EStG „Übertragung stiller Reserven auf bestimmte Anlagegüter" vom 9.2.1977, Bonn, BMF Az I A 5 − Vw 4600 − 7/76 (Zitierweise: Erfahrungsbericht § 6b EStG)

Bundesministerium der Finanzen: Finanzbericht 1960 ff.

Siebter Rahmenplan der Gemeinschaftsaufgabe „Verbesserung der regionalen Wirtschaftsstruktur" vom 26.7.1978, BTDrs. 8/2014

Elfter Rahmenplan der Gemeinschaftsaufgabe „Verbesserung der regionalen Wirtschaftsstruktur" vom 11.5.1982, BTDrs. 9/1642

Bericht der Bundesregierung über die Entwicklung der Finanzhilfen und Steuervergünstigungen (Subventionsbericht):

Erster Subventionsbericht vom 21.12.1967, BTDrs. V/2423

Zweiter Subventionsbericht vom 16.2.1970, BTDrs. VI/391

Dritter Subventionsbericht vom 23.12.1971, BTDrs. VI/2994

Vierter Subventionsbericht vom 29.10.1973, BTDrs. 7/1144

Fünfter Subventionsbericht vom 22.10.1975, BTDrs. 7/4203

Sechster Subventionsbericht vom 17.11.1977, BTDrs. 8/1195

Siebter Subventionsbericht vom 8.8.1979, BTDrs. 8/3097

Achter Subventionsbericht vom 6.11.1981, BTDrs. 9/986

Neunter Subventionsbericht vom 6.9.1983, BTDrs. 10/352

Zehnter Subventionsbericht vom 12.9.1985, BTDrs. 10/3821

Elfter Subventionsbericht vom 25.11.1987, BTDrs. 11/1338

Literaturverzeichnis

Abelshauser, Werner, Die Rekonstruktion der westdeutschen Wirtschaft und die Rolle der Besatzungspolitik, in: Claus Scharf/Hans-Jürgen Schröder (Hrsg.), *Politische und ökonomische Stabilisierung Westdeutschlands*, Wiesbaden 1977, S. 1–17

ders., *Wirtschaftsgeschichte der Bundesrepublik Deutschland (1945–1980)*, Frankfurt a.M. 1983

ders., *Der Ruhrkohlenbergbau seit 1945. Wiederaufbau, Krise, Anpassung*, München 1984

ders., Kohle und Marktwirtschaft. Ludwig Erhards Konflikt mit dem Unternehmerverband Ruhrbergbau am Vorabend der Kohlenkrise, in: *Vierteljahreshefte für Zeitgeschichte*, 3/1985, S. 488–546

Abs, Hermann Josef, Nachwort, in: Manfred Pohl, *Wiederaufbau. Kunst und Technik der Finanzierung 1947–1953. Die ersten Jahre der Kreditanstalt für Wiederaufbau*, Frankfurt a.M. 1973

Ackermann, Paul, *Der deutsche Bauernverband im politischen Kräftespiel der Bundesrepublik*, Tübingen 1970

Adamsen, Heiner, *Investitionshilfe für die Ruhr. Wiederaufbau, Verbände und Soziale Marktwirtschaft 1948–1952*, Wuppertal 1981

Adamy, Wilhelm/Johannes Steffen, *Zwischenbilanz von Sozialdemontage und Umverteilungspolitik seit 1982*, Seminar für Sozialpolitik der Universität zu Köln, Köln, Januar 1984

Albach, Horst, *Steuersysteme und unternehmerische Investitionspolitik*, Wiesbaden 1970

ders./Martin Beckmann, *Zur Reform der direkten Steuern*, Wiesbaden 1970

Albers, Willi, Transferzahlungen an Haushalte, in: *Handbuch der Finanzwissenschaften*, Bd. I, Tübingen [3]1977, S. 863–959

Albert, Wolfgang, Verbesserung der regionalen Wirtschaftsstruktur — Rahmenplan, in: *Handbuch der regionalen Wirtschaftsförderung*, hrsg. v. H.H. Eberstein, Köln, o.J. (Loseblattsammlung), Teil III B

Albrecht, Dietrich, Zehn Gebote für Subventionen, in: *Der Volkswirt*, Nr. 49 v. 9.6.1966, S. 2346 f.

ders., Der sechste Subventionsbericht der Bundesregierung, in: *Bulletin der Bundesregierung*, Nr. 117 v. 8.11.1977, S. 1070–1080

ders., *Subventionen. Problematik und Entwicklungen* (Schriftenreihe des Bundesministeriums der Finanzen, H. 25), Bonn 1978

ders./Thies Thormälen, *Subventionen — Politik und Problematik*, Frankfurt a.M./Bern/New York 1985

ders./Klemens Wesselkock, *Subventionen und Subventionspolitik* (Schriftenreihe des Bundesministeriums der Finanzen, H. 19), Bonn 1971

Alemann, Ulrich v./Rolf G. Heinze (Hrsg.), *Verbände und Staat. Vom Pluralismus zum Korporatismus*, Opladen 1979

Alewell, Karl, *Subventionen als betriebswirtschaftliche Frage. Eine betriebswirtschaftliche Untersuchung ihres Wesens, ihrer Erfassung im betrieblichen Rechnungswesen und ihrer Wirkungen auf die empfangenen Betriebe*, Köln/Opladen 1965

Altmann, A./K. Klare, Die Einkommensbesteuerung in der Landwirtschaft, in: *Agrarwirtschaft*, 1977, S. 211–216

Altvater, Elmar/Jürgen Hoffmann/Wolfgang Semmler, *Vom Wirtschaftswunder zur Wirtschaftskrise. Ökonomie und Politik in der Bundesrepublik*, Berlin 1979

Ambrosius, Gerold, *Die Durchsetzung der Sozialen Marktwirtschaft in Westdeutschland 1945–1949*, Stuttgart 1977

Andel, Norbert, *Subventionen als Instrument des finanzwirtschaftlichen Interventionismus*, Tübingen 1970

ders., Artikel „Subventionen", in: *HdWW*, 7/1977, S. 491–510 ders., Kosten-Nutzen-Analyse, in: *Handbuch der Finanzwissenschaften*, Bd. I, Tübingen [3]1977, S. 475—518

Apel, Hans, Achtzig Milliarden für die Katz? Bonner Strukturpolitik — Bestandsaufnahme und Perspektiven, in: *Die Zeit* v. 16.12.1977

Arbeitskreis Energiebilanzen, *Energiebilanzen der Bundesrepublik Deutschland*, hrsg. vom Energiewirtschaftlichen Institut an der Universität zu Köln (Loseblattsammlung)

Arbeitskreis Öffentliche Finanzwirtschaft der SPD-Bundestagsfraktion (Herta List), *Entwicklung der Subventionen seit 1966 — Überlegungen für eine verbesserte Effizienz der Subventionsförderung*, Bonn, Ms. v. 30.11.1978

Arnim, Hans Herbert v., *Gemeinwohl und Gruppeninteressen*, Frankfurt a.M. 1977

ders., Subventionen. Von den Schwierigkeiten der Subventionskontrolle, in: *Finanzarchiv* N.F., 44. Jg., 1/1986, S. 81—97

Bäcker, Gustav, Das Gesetz über die Ermittlung des Gewinns aus Land- und Forstwirtschaft nach Durchschnittssätzen, in: *Deutsche Steuer-Zeitung*, Ausgabe A, Nr. 19 v. 1.10. 1965, S. 296—300

Bahl, Volker, *Staatliche Politik am Beispiel der Kohle*, Frankfurt a.M. 1977

Bankmann, J., *Eine Untersuchung über den Einfluß der Steuerpolitik auf die Selbstfinanzierung der Eisen- und Stahlindustrie in der Bundesrepublik Deutschland*, Basel 1965

Bariety, Jacques, Das Zustandekommen der Internationalen Rohstahlgemeinschaft (1926) als Alternative zum mißlungenen ,,Schwerindustriellen Projekt'' im Versailler Vertrag, in: Hans Mommsen/Dieter Petzina/Bernd Weisbrod (Hrsg.), *Industrielles System und politische Entwicklung in der Weimarer Republik*, 2 Bde., Düsseldorf 1977, S. 552—568

Barry, Brian M., *Neue Politische Ökonomie. Ökonomische und soziologische Demokratietheorie*, Frankfurt a.M. 1975

Baumgart, Egon, *Investitionen und ERP-Finanzierung. Eine Untersuchung über die Anlageinvestitionen als Wachstumsdeterminante des Wirtschaftsprozesses in der Bundesrepublik Deutschland und die wirtschaftspolitische Einflußnahme durch Investitionsfinanzierung aus dem ERP-Sondervermögen in empirischer Sicht von 1949—1956*, Berlin 1961

Baumgartner, Monika, Die Entwicklungstendenzen der deutschen Landwirtschaft, in: *ProKla*, 3/1972, S. 55—104

Becker, Peter, Das Bescheinigungsverfahren nach § 2 des Investitionszulagengesetzes, in: *Handbuch der regionalen Wirtschaftsförderung*, hrsg. v. H.H. Eberstein, Köln o.J. (Loseblattsammlung), Teil C II

Beckerhoff, Dirk/Angelika Meine, *Der Deutsche Subventionsführer*, Frankfurt a.M. 1979

Bellstedt, Christoph, *Steuer als Instrument der Politik. Eine vergleichende Untersuchung der Steuerpolitik in den USA und in Deutschland*, Berlin 1966

Bennecke, Philipp, *Die Subventionspolitik der Hohen Behörde der Europäischen Gemeinschaft für Kohle und Stahl und ihre Auswirkungen auf den Kohlebergbau der Gemeinschaft*, Köln und Opladen 1965

Bentele, Karlheinz, *Kartellbildung in der allgemeinen Forschungsförderung. Politikverflechtung III*, Königstein 1979

Berger, Rolf, Zum Verhältnis von Aufgabe, Struktur und Interessen in der Forschungspolitik, in: *Politische Wissenschaft und politische Praxis*, hrsg. v. Udo Bermbach, Opladen, *PVS*-Sonderheft, 9/1978, S. 169—191

Berthold, Ursula, *Zur Theorie der Subventionen. Ein Beitrag zur mikroökonomischen Analyse der Subventionswirkungen und ihrer wirtschaftspolitischen Bedeutung*, Bern/Stuttgart 1965

Bessau, Gerhard, Steuerpolitik und Kapitalakkumulation in der Bundesrepublik Deutschland, in: *Gesellschaft — Beiträge zur Marxschen Theorie*, Nr. 8/9, Frankfurt a.M. 1976, S. 9 ff.

Bethusy-Huc, Viola Gräfin v., *Interessenverbände und Interessenpolitik*, Wiesbaden 1962

Bienert, K., Die Politik der Subventionen in finanzwissenschaftlicher Betrachtung, in: *Finanzwissenschaftliche Forschung und Lehre an der Universität zu Köln*, 1967, S. 101 ff

Blaich, Fritz, „Garantierter Kapitalismus" – Subventionspolitik und Wirtschaftsförderung in Deutschland zwischen 1925 und 1932, in: *Zeitschrift für Unternehmensgeschichte*, 22. Jg. 1977, S. 50–70

Blanke, Bernhard / Ulrich Jürgens / Hans Kastendiek, *Kritik der Politischen Wissenschaft*, 2 Bde., Frankfurt a.M. 1975

Bleckmann, Albert, *Subventionsrecht*, Stuttgart usw. 1978

Blum, Reinhard, *Soziale Marktwirtschaft. Wirtschaftspolitik zwischen Neoliberalismus und Ordoliberalismus*, Tübingen 1969

Böckenförde, Ernst-Wolfgang, Die politische Funktion wirtschaftlich-sozialer Verbände und Interessenträger in der sozialstaatlichen Demokratie, in: Wilhelm Hennis / Peter Graf Kielmansegg / Ulrich Matz (Hrsg.), *Regierbarkeit*, Bd. 1, Stuttgart 1977, S. 223–254

Boehme, Heiner, *Preissubventionen. Ein Beitrag zur Theorie der Ausgabeninzidenz*, Berlin 1959

Bökenkamp, E., *Besteuerung der Subventionen*, Diss., Köln 1966

Boeker, G., *Agrarsubventionen. Eine vergleichende Betrachtung verschiedener Subventionssysteme zur Neutralisierung der Einkommensdisparität der Landwirtschaft*, Kiel 1964

Börner, Bodo / Martin Bullinger (Hrsg.), *Subventionen im Gemeinsamen Markt. Arbeitsgruppe der Fachgruppe für Vergleichendes Öffentliches Recht und der Fachgruppe für Europarecht auf der Tagung für Rechtsvergleichung am 15. und 16.9.1977 in Münster*, Köln 1978

Breder, Horst, *Subventionen im Steinkohlenbergbau*, Berlin 1958

Breuer, Stefan, Politik und Recht im Prozeß der Rationalisierung, in: *Leviathan*, 1/1977, S. 53–99

Bruche, Gert, *Elektrizitätsversorgung und Staatsfunktion*, Frankfurt a.M. 1977

ders. / Zoltán Jákli, Die Subventionsberichte der Bundesregierung, in: *Leviathan*, 2/1978, S. 220–249

ders. / Bernd Reissert, *Die Finanzierung der Arbeitsmarktpolitik. System, Effektivität, Reformansätze*, Frankfurt a.M. 1985

Bürgen, H.R., *Die „indirekten" Subventionen, dargestellt am Beispiel der Steuervergünstigung des § 7 d EStG*, Diss., Köln 1959

Bürger, Hans, *Die landwirtschaftliche Interessenvertretung in der Zeit von 1933 bis zur Gegenwart unter besonderer Berücksichtigung der westdeutschen Verhältnisse*, Diss., Erlangen-Nürnberg 1966

Bürgin, A., Artikel „Merkantilismus", in: *HdSW*, Bd. VII, Stuttgart usw. 1961, S. 308 ff.

Buesch, H., *Steuerliche Entlastungen einzelner Wirtschaftsbereiche – ein Problem der sektoralen Finanzpolitik*, Diss., Köln 1966

Büssgen, Hans-Rico, Wiederaufbau eines Wirtschaftszweiges: „Indirekte" Subventionen für den Schiffbau, in: Karl-Heinrich Hansmeyer (Hrsg.), *Subventionen in der Bundesrepublik Deutschland*, Berlin 1963, S. 57–78

Bund der Steuerzahler, *Probleme einer Finanz- und Steuerreform*, Bad Wörrishofen 1971

Bundesministerium der Finanzen, Subventionen als wirtschaftspolitisches und als finanzpolitisches Problem, in: *Allgemeine Vorbemerkung zum Bundeshaushaltsplan für das Rechnungsjahr 1959*

Bundesminister für Wirtschaft, *Die Übertragungen und Subventionen an private Haushalte und Unternehmen (Studien-Reihe*, hrsg. v. Bundesminister für Wirtschaft, H. 39), Bonn, April 1983

Bundesverband der Deutschen Industrie, *Memorandum zur Wirtschaftslage der Bundesrepublik Deutschland*, Köln 28.3.1951

Busch, Roswitha, *Steuerentlastungen oder Transferzahlungen. Eine Untersuchung anhand geltender Steuerentlastungsnormen*, Köln 1975

Caesar, Rolf, „Pfennigabgaben" – fiskalisch motivierte Steuertarnung und Rückfall in die Fondwirtschaft? Eine finanzwissenschaftliche Analyse, in: *Finanzarchiv N.F.*, 38. Jg., 3/1980, S. 385–415

Coenenberg, Adolf, *Jahresabschluß und Jahresabschlußanalyse. Betriebswirtschaftliche, handels- und steuerrechtliche Grundlagen*, München ³1976

Conrad, E.-A., *Bürgschaften und Garantien als Mittel der Wirtschaftspolitik*, Berlin 1967

Cordon, W.M./Gerhard Fels (Hrsg.), *Public Assistance to Industry. Protection and Subsudies in Britain and Germany*, London 1976

Deininger, Werner, Die Stellung der Subventionen in den Wachstumszyklen unter besonderer Berücksichtigung der Wahltermine, in: Bernhard Gahlen (Hrsg.), *Wachstumszyklen und Einkommensverteilung*, Tübingen 1976, S. 238–261

Der Arbeitgeber, Rund um die Selbstfinanzierung, in: *Der Arbeitgeber*, 8/1951, S. 5–7

Deutscher Bauernverband, *Kurzdarstellung der Stellungnahme des Deutschen Bauernverbandes zum Gesetzentwurf der Bundesregierung zur Neuregelung der Einkommensbesteuerung der Land- und Forstwirtschaft*, BTDrs. 8/3239 vom 31.10.1979 (Stellungnahme des DBV in der nichtöffentlichen Anhörung des Finanzausschusses), o.O.

ders., *Stellungnahme des Deutschen Bauernverbandes e. V. zum Gesetzentwurf der Bundesregierung zur Neuregelung der Einkommensbesteuerung der Land- und Forstwirtschaft*, BTDrs. 8/3239 – Bonn, 20.11.1979 (detaillierte schriftliche Stellungnahme des DBV)

Deutscher Bundestag (Hrsg.), *Fragen der Subventionspolitik. Öffentliche Anhörung des Haushaltsausschusses des Deutschen Bundestages zum Achten Subventionsbericht der Bundesregierung*, Bonn: Deutscher Bundestag, Presse- und Informationszentrum, Referat Öffentlichkeitsarbeit, 1982

Deutscher Industrie- und Handelstag (DIHT), *Subventionen abbauen! Vorschläge des DIHT*, Bonn 1980

Deutscher Steinkohlenbergbau im Spannungsfeld zwischen Politik und Wirtschaft – Eine Dokumentation, Köln 1968 (Unternehmensverband Ruhrbergbau)

DGB, Forderungen und Vorschläge des Deutschen Gewerkschaftsbundes zur Subventionskontrolle, in: *DGB – Wirtschaftspolitische Informationen*, Nr. 2 v. 22.2.1980

Dickertmann, Dietrich, *Öffentliche Finanzierungshilfen. Darlehen, Schuldendiensthilfen und Bürgschaften als Instrumente des finanzwirtschaftlichen Interventionismus*, Baden-Baden 1980

ders., Mehr Transparenz im Subventionsbericht, in: *Wirtschaftsdienst* 1980, S. 143–151

ders./Klaus Dieter Diller, Subventionen als Mittel der Wirtschaftspolitik, in: *WiSt-Wirtschaftswissenschaftliches Studium*, 16. Jg. 1987, H. 11, S. 537–543

ders./Klaus Dieter Diller, Der Subventionsbericht des Bundes, in: *WiSt-Wirtschaftswissenschaftliches Studium*, 15. Jg. 1986, H. 12, S. 601–608

ders./Antonius Voss, Der Kohlepfennig – eine getarnte Steuer, in: *Wirtschaftsdienst*, 1/1979, S. 41 ff.

Dittes, Ellen, Die Finanzierungshilfen des Bundes und der Länder an die gewerbliche Wirtschaft, in: *Zeitschrift für das gesamte Kreditwesen*, Sonderausgabe, Frankfurt a.M. 1975

DIW, Subventionsberichte der Bundesregierung. Als Instrument der Erfolgskontrolle reformbedürftig, in: *DIW-Wochenberichte* 1976, S. 103–106

DIW, Zur Subventionierung der Agrarwirtschaft in der Bundesrepublik Deutschland, in: *DIW-Wochenberichte*, 16/1982, S. 212–216

DIW, *Erhöhter Handlungsbedarf im Strukturwandel. Strukturberichterstattung 1983*, Berlin 1983

DIW, Subventionspolitik – Bestandsaufnahme und Bewertung. Zur Entwicklung der Subventionen seit 1970, in: *DIW-Wochenberichte*, 20/1984, S. 231–239

Downs, Anthony, *An Economic Theory of Democracy*, New York 1957

Drinkuth, Heinrich, *Interventionen als Ursache von Interventionen. Dargestellt an Agrarmarktregulierungen*, Diss., Marburg 1960

Düker, Hans-Gerd von, *Die Aktionsgemeinschaft Deutsche Steinkohlenreviere GmbH. Grundzüge kooperativer Planung durch Staat und Wirtschaft,* Frankfurt a.M. 1969

Duisberg, Carl-Heinz, *Forschungssubventionen an Großunternehmen: wettbewerbs- und verfassungsrechtliche Probleme der Vergabepraxis,* Bielefeld 1983

Ebbighausen, Rolf, *Politische Soziologie. Zur Geschichte und Ortsbestimmung,* Opladen 1981

Eberstein, H.H., Grundlagen der Regionalpolitik und ihre wesentlichen Grundsätze, in: *Handbuch der Wirtschaftsförderung,* hrsg. v. H.H. Eberstein, Köln o.J. (1972 − Loseblattsammlung), Teil A III

Edelmann, Murray, *Politik als Ritual,* Frankfurt a.M. 1976

Ehmke, Horst, *„Ermessen" und „unbestimmter Rechtsbegriff" im Verwaltungsrecht,* Tübingen 1960

Elias, Norbert, *Über den Prozeß der Zivilisation,* 2 Bde., Frankfurt a.M. 1979

Engelmann, Ulrich, Die Energiepolitik der Bundesregierung, in: H. Besters (Hrsg.), *Probleme der Energiewirtschaft,* Institut für Unternehmensführung und Unternehmensforschung der Ruhr-Universität Bochum, Arbeitsbericht Nr. 9, Bochum 1976, S. 100 ff.

ders., Das Energieprogramm der Bundesregierung, in: Manfred Krüper (Hrsg.), *Energiepolitik: Kontroversen und Perspektiven,* Köln 1977, S. 19 ff.

Eppe, Franz, *Subventionen und staatliche Geschenke. Begriffliche Abgrenzung und verwaltungsrechtliche Bedeutung,* Stuttgart/Berlin 1966

Eschenburg, Theodor, *Herrschaft der Verbände,* Tübingen 1955

Esser, Josef, *Gewerkschaften in der Krise,* Frankfurt a.M. 1982

ders./Wolfgang Fach/Werner Väth, *Krisenregulierung. Zur politischen Durchsetzung ökonomischer Zwänge,* Frankfurt a.M. 1983

Eucken, Walter, *Grundsätze der Wirtschaftspolitik,* Reinbek 1959

Eurostat − Jahrbuch Energiestatistik 1970−1975, hrsg. v. Statistischen Amt der europäischen Gemeinschaft, Luxemburg 1976

Fach, Wolfgang, Verwaltungswissenschaft − ein Paradigma und seine Karriere, in: Joachim Jens Hesse (Hrsg.), *Verwaltungswissenschaft und Politikwissenschaft,* PVS-Sonderheft 13, Opladen 1982, S. 55−73

Fackelmeyer, Arno, *Subventionen und Produktionsförderung als Mittel der Außenhandelspolitik,* Diss., TU Berlin 1952

Falk, Ludwig, Die Grundgedanken des Steueränderungsgesetzes 1964, in: *Deutsche Steuerzeitung,* Ausgabe A, Nr. 23/24 1964, S. 353−359

Feiler, Klaus/Thomas Hübner, *Ökonomisch begründbare Subventionen und öffentliche Finanzen (WZB-discussion papers,* IIM/IP 82-16), Berlin 1982

dies., *Zum Erklärungsgehalt ökonomischer Politikmodelle − Eine empirische Überprüfung ausgewählter Subventionen in der Bundesrepublik Deutschland (WZB-discussion papers,* IIM/IP 84-8), Berlin 1984

Flume, Werner, „Subventionen" − ein strapazierter Begriff. Unkritischer Sprachgebrauch verleitet dazu, das Kind mit dem Bade auszuschütten, in: *Handelsblatt* v. 24.3.1966

ders., Trugschlüsse um die Steuersubventionen. Die Möglichkeiten des Abbaus werden überschätzt, in: *Handelsblatt* v. 30.11.1966

ders., Ist der Paragraph 6b EStG schon wieder abbruchreif?, in: *Handelsblatt* v. 25.8.1966

Freudenberg, Hans Erich, *Die Subventionen als Kreislaufproblem in der Marktwirtschaft und Staatswirtschaft,* Tübingen 1934

Freund, Ulrich, Rolle und Ausmaß des Mitnahmeeffekts in der Gemeinschaftsaufgabe „Verbesserung der regionalen Wirtschaftsstruktur", in: *Planung in der regionalen Wirtschaftsstruktur,* hrsg. v. J. Heinz Müller und Theodor Dams, Berlin 1982, S. 61−72

ders./Gerhard Zabel, Zur Effizienz der regionalpolitischen Industrieförderung in der Bundesrepublik Deutschland, in: *Raumforschung und Raumordnung,* 36. Jg. 1978, S. 99−106

Frey, Bruno S., Entwicklung und Stand der Neuen Politischen Ökonomie, in: *Politische Ökonomie des Wohlfahrtsstaates. Eine kritische Darstellung der Neuen Politischen Ökonomie,* hrsg. v. Hans-Peter Widmaier, Frankfurt a.M. 1974, S. 30−63

Frickenhoeffer, Wolfgang, Die Stunde der Wahrheit für die Subventionen, in: *Marktwirtschaft meistert die Zukunft,* Ludwigsburg 1968

Frickhöffer, Wolfgang/Hermann Priebe/Friedrich Greiff/Roderich Platte/Heinrich Niehaus, *Hilfe zur Selbsthilfe für die Landwirtschaft. Vorträge und Diskussionen der zehnten Arbeitstagung der Aktionsgemeinschaft Soziale Marktwirtschaft am 24. Januar 1958 in Bad Godesberg,* Ludwigsburg 1958

Friderichs, Hans, Rede vor dem Deutschen Bundestag v. 22.1.1976, *Bundestags-Protokoll* 7. WP, 215. Sitzung, S. 14832 ff.

Funk, Albrecht, Landwirtschaftspolitik in der Bundesrepublik: Kontinuität und Wandel eines Politikbereiches, in: *Leviathan,* 2/1976, S. 256−276

ders., *Abschied von der Provinz. Strukturwandel im ländlichen Raum und staatliche Politik,* Opladen/Stuttgart 1977

George, Heinz, *Berliner Steuerpräferenzen. Kommentierung des Berlinförderungsgesetzes,* Stuttgart/Wiesbaden ⁵1975

Gerken, Egbert/Karl Heinz Jüttemeier/Klaus-Werner Schatz/Klaus-Dieter Schmidt, *Mehr Arbeitsplätze durch Subventionsabbau,* in: *Kieler Diskussionsbeiträge,* hrsg. vom Institut für Weltwirtschaft Kiel, H. 113/114, Kiel 1985

Gesamtverband des Deutschen Steinkohlenbergbaus (GVSt), *Steinkohle 1971/72,* Essen 1972

ders., *Steinkohle 1975/76,* Essen 1976

ders., *Steinkohle 1977/78,* Essen 1978

Gessner, Dieter, *Agrardepression und Präsidialregierungen in Deutschland 1930−1933. Probleme des Agrarprotektionismus am Ende der Weimarer Republik,* Düsseldorf 1977

Giersch, Herbert, *Allgemeine Wirtschaftspolitik,* Bd. I, Wiesbaden 1960

Gimbel, John, *The Origins of the Marshall Plan,* Stanford University, California 1976

Göbner, Bruno, *Subventionen. Eine kritische Analyse,* Göttingen 1983

Götz, Volkmar, *Das Recht der Wirtschaftssubventionen,* München/Berlin 1966

Greven, Michael Th., Thesen zur Dialektik der Planung im Kapitalismus oder über die Ambivalenz gesellschaftlicher Prozesse in der bürgerlichen Gesellschaft, in: *PVS,* 3/1975, S. 303−317

Gröner, Helmut, Die „flankierenden Maßnahmen" der Kohlepolitik, in: *Ordo,* 20/1969, S. 181−259

Grosser, Hans-Dieter, Der Zehnte Subventionsbericht der Bundesregierung, in: *WiSt-Wirtschaftswissenschaftliches Studium,* 16. Jg. 1987, H. 8, S. 420−422

Grottian, Peter, *Strukturprobleme staatlicher Planung,* Hamburg 1974

ders., *Große Steuerreform. Fallstudie zu einem gescheiterten Reformversuch,* Ms., Berlin 1978

Gündel, Rudi, *Die zyklische Entwicklung der westdeutschen Wirtschaft von 1950 bis 1957 unter besonderer Berücksichtigung der Industrieproduktion,* Berlin (DDR) 1961

Günnemann, Willem, Konzentration und Zentralisation in der Agrarindustrie und in den Genossenschaften, in: Onno Poppinga (Hrsg.), *Produktion und Lebensverhältnisse auf dem Lande,* Opladen 1979, S. 50−71

ders., *Agrarpolitik in der EG − Markt oder Lenkung? Die Ursachen des Versagens der EG-Agrarpolitik und mögliche Alternativen,* Opladen 1981

Gundlach, H.-J., *Subventionen als Mittel der Wirtschaftspolitik,* Berlin 1965

Gutachten zur Einkommensbesteuerung der Landwirtschaft, erstattet von der Kommission zur Begutachtung der Einkommensbesteuerung der Landwirtschaft, hrsg. v. Bundesministerium der Finanzen, Bonn 1978

Gutachten der Steuerreformkommission 1971, hrsg. v. Bundesministerium für Wirtschaft und Finanzen, Referat Öffentlichkeitsarbeit (Schriftenreihe des Bundesministeriums der Finanzen, H. 17), Bonn 1971

Häußermann, Hartmut, *Die Politik der Bürokratie. Einführung in die Soziologie der staatlichen Verwaltung*, Frankfurt a.M. 1977

Hagemann, Günter, Die staatliche Tätigkeit in der Bundesrepublik Deutschland, in: *Finanzarchiv*, N.F.,28/1969, S. 300–320

ders., Die staatliche Tätigkeit in der Bundesrepublik Deutschland 1968 und 1969, in: *Finanzarchiv, N.F.*, Bd. 29, A. 456–467

Haller, Hans/Lore Kullmer/Carl S. Shoup/Herbert Timm (Hrsg.), *Theorie und Praxis des finanzpolitischen Interventionismus. Festschrift für Fritz Neumark*, Tübingen 1970

Hallgarten, George W.F./Joachim Radkau, *Deutsche Industrie und Politik von Bismarck bis zur Gegenwart*, Hamburg 1981

Hamm, Walter, Korrumpierende Subventionen, in: *FAZ* v. 22.12.1966

Hansmeyer, Karl-Heinrich, *Finanzielle Staatshilfen für die Landwirtschaft. Zur Theorie einer sektoralen Finanzpolitik*, Tübingen 1963

ders., Subventionen als wirtschaftspolitisches Instrument?, in: *Subventionen in der Bundesrepublik Deutschland. Materialien zu einem wirtschaftspolitischen Problem*, hrsg. v. Karl-Heinrich Hansmeyer, Berlin 1963, S. 9–32

ders., Die Beherrschbarkeit der Subventionen, in: *Wirtschaftsdienst*, 1967, S. 631–635

ders., Abbau von Subventionen. Ein finanzpolitischer Evergreen, in: *Wirtschaftsdienst*, 3/1973, S. 125–130

ders., Transferzahlungen an Unternehmen (Subventionen), in: *Handbuch der Finanzwissenschaften*, Bd. I, Tübingen [3]1977, S. 960–996

ders., Mißverständliche Thesen, in: *Wirtschaftsdienst*, 1979, S. 218 ff.

ders., Der erste Blick trügt, in: *Wirtschaftswoche* v. 4.6.1982

ders., Subventionen im finanzwirtschaftlichen Konsolidierungsprozeß, in: *Wirtschaftsdienst*, 1983, S. 276–278

ders., Die Finanzpolitik der Bundesrepublik Deutschland 1979 bis 1982, in: *Finanzarchiv, N.F.*, 43. Jg., 1/1985, S. 119–177

ders., Die Finanzpolitik der Bundesrepublik Deutschland 1979 bis 1982, in: *Finanzarchiv, N. F.*, 43. Jg., 1/1985, S. 119–176

ders./Klaus Mackscheidt, Finanzpsychologie, in: *Handbuch der Finanzwissenschaften*, Bd. I, Tübingen [3]1977, S. 553–583

Hartwich, Hans-Hermann, *Sozialstaatspostulat und gesellschaftlicher Status quo*, Köln/Opladen 1970

ders. (Hrsg.), *Gesellschaftliche Probleme als Anstoß und Folge von Politik. Wissenschaftlicher Kongreß der DVPW 4.–7.10.1982. Tagungsbericht*, Opladen 1983

Hase, Friedhelm/Mathias Ruete, Dekadenz der Rechtsentwicklung? Rationalität und Allgemeinheit des Gesetzes in der Rechtstheorie Franz Neumanns, in: *Leviathan*, 2/1983, S. 200–213

Hauff, Volker/Fritz Scharpf, *Modernisierung der Volkswirtschaft. Technologiepolitik als Strukturpolitik*, Frankfurt a.M. 1975

Heinze, Christian, *Gesetz zur Sicherung des Steinkohleneinsatzes in der Elektrizitätswirtschaft*, Berlin 1967

ders., Rechtsfragen der gesetzlichen Investitionszulage für Fördergebiete, in: *Der Betriebs-Berater*, 6/1971, S. 259–262

ders., Die Formel „volkswirtschaftlich förderungswürdig" als Richtmaß staatlicher Wirtschaftslenkung, in: *Wirtschaftsrecht*, 1972, S. 267–290

Heinze, Rolf G., *Verbändepolitik und „Neokorporatismus". Zur politischen Soziologie organisierter Interessen*, Opladen 1981

Henke, Wilhelm, *Das Recht der Wirtschaftssubventionen als öffentliches Vertragsrecht*, Tübingen 1979

Henze, Karl-Otto, *Verwaltungsrechtliche Probleme der staatlichen Finanzhilfe zugunsten Privater*, Heidelberg 1958

Herlemann, Hans-Heinrich, Vom Ursprung des deutschen Agrar-Protektionismus, in: Gerhardt/Kuhlmann (Hrsg.), *Agrarwirtschaft und Agrarpolitik*, Köln, 1969, S. 183–208

Hesse, Jens Joachim, Staat, Politik und Bürokratie – eine Einführung, in: ders. (Hrsg.), *Politikwissenschaft und Verwaltungswissenschaft*, *PVS*-Sonderheft, 13/1982, Opladen 1982, S. 9–33

Hessler, Heinz Dieter, *Finanzwissenschaftliches System der Besteuerung*, Tübingen/Düsseldorf 1976

Hirsch, Fred, *Die sozialen Grenzen des Wachstums*, Reinbek 1980

Hirsch, Joachim, Was heißt eigentlich Krise der Staatsfinanzen? Zur politischen Funktion der Staatskrise, in: Rolf-Richard Grauhan/Rudolf Hickel (Hrsg.), *Die Krise des Steuerstaats*, *Leviathan*-Sonderheft 1, Opladen 1979, S. 34–50

Hochbaum, Monika, *Das Diskriminierungs- und Subventionsverbot in der EGKS und EG*, Baden-Baden/Bonn 1962

Hochdörfer, Karl, *Die staatlichen Subventionen in der Nachkriegszeit in Deutschland*, Diss., Köln 1939

Höhnen, Wilfried, Subventionskontrolle im Dienste beschäftigungssichernder Finanz- und Strukturpolitik, in: Claus Schäfer/Hartmut Tofaute (Hrsg.), *Beschäftigungssichernde Finanzpolitik. Eine Chance für Vollbeschäftigung*, Frankfurt a.M., S. 90–100

Horn, Manfred, *Die Energiepolitik der Bundesregierung von 1958 bis 1970. Zur Bedeutung der Penetration ausländischer Ölkonzerne in der Energiewirtschaft der BRD für die Abhängigkeit interner Strukturen und Entwicklungen*, Berlin 1977

Hotze, Harald, *Skandal Europa. 25 Jahre Europäische Gemeinschaft oder: Wie sich eine Idee zu Tode subventioniert*, München 1982

Huster, Ernst-Ulrich/Gerhard Kraiker/Burkhard Scherer/Friedrich-Karl Schlotmann/Marianne Welteke, *Determinanten der Westdeutschen Restauration 1945–1949*, Frankfurt a.M. 1972

HWWA, *Strukturberichterstattung 1980*, Hamburg 1980

Institut für Besatzungsfragen Tübingen, *Die Einwirkung der Besatzungsmächte auf die westdeutsche Wirtschaft*, Tübingen 1949

Ipsen, Hans-Peter, *Die öffentliche Subventionierung Privater*, 1956

ders., Verwaltung durch Subventionen, in: *Veröffentlichungen der Deutschen Staatsrechtslehrer*, H. 25, Berlin 1967, S. 257–307

ders., Subventionen im Gemeinsamen Markt, in: *DÖV*, 30. Jg. 1977, H. 17, S. 613–614

Jákli, Zoltán, Staatliche Intervention und Private Politik im Energiesektor, in: Volker Ronge (Hrsg.), *Am Staat vorbei*, Frankfurt a.M. 1980, S. 30–82

Jürgens, Ulrich, *Selbstregulierung des Kapitals. Erfahrungen aus der Kartellbewegung in Deutschland um die Jahrhundertwende: Zum Verhältnis von Politik und Ökonomie*, Frankfurt a.M. 1980

Jüttemeier, Karl Heinz/Konrad Lammers, Subventionen in der Bundesrepublik, in: *Kieler Diskussionsbeiträge*, hrsg. v. Institut für Weltwirtschaft Kiel, H. 63/64, Kiel 1979

Junker-John, Monika, Die Steinkohlenpolitik in der Kohlenkrise 1959–1969. Ein Beitrag zur aktuellen politischen Diskussion um die möglichen Instrumente einer systematisch-rationalen sektoralen Strukturpolitik, in: *Jahrbuch für Sozialwissenschaft*, 27/1976, S. 413–429

Kartte, Wolfgang, Marktwirtschaft oder Subventionswirtschaft?, in: *Wirtschaftsdienst 1983*, S. 267–268

Kilz, Hans-Werner/Joachim Preuss, *Flick. Die gekaufte Republik*, Reinbek 1983

Kirchhoff, Gerd, Subventionen als Instrument der Lenkung und Koordinierung, Berlin 1973

Kitschelt, Herbert, *Kernenergiepolitik. Arena eines politischen Konflikts*, Frankfurt a.M./New York 1980

Klein, Albert, Aktivitäten der Länder in eigener Verantwortung versus bundesweite Planung in der regionalen Strukturpolitik, in: *Planung in der regionalen Strukturpolitik*, hrsg. v. Heinz Müller und Theodor Dams, Berlin 1982, S. 29–38

Klose, Hans-Ulrich, Was ist eigentlich die Gegenleistung für die staatliche Hilfe? – Rede auf der Bundeskonferenz der SPD-Arbeitsgemeinschaft für Arbeitnehmerfragen, abgedruckt in: *Frankfurter Rundschau* v. 13.9.1979

Koch, Claus/Wolf-Dieter Narr, Krise – oder das falsche Prinzip Hoffnung, in: *Leviathan,* 3/1976, S. 291–327

Koch, Hans-Joachim, *Unbestimmte Rechtsbegriffe und Ermessensermächtigungen im Verwaltungsrecht,* Frankfurt a.M. 1979

Köttgen, Arnold, Subventionen als Mittel der Verwaltung, in: *Deutsches Verwaltungsblatt* 1953, S. 485 ff.

ders., *Fondsverwaltung in der Bundesrepublik. Zur Rolle des Haushalts in einem Verwaltungsstaat,* Stuttgart 1965

Kofler, Leo, *Zur Geschichte der bürgerlichen Gesellschaft,* Darmstadt/Neuwied [7]1979

Kommission für die Finanzreform (Hrsg.), *Gutachten über die Finanzreform in der Bundesrepublik Deutschland (Troeger-Gutachten),* Stuttgart usw. 1966

Kommission für wirtschaftlichen und sozialen Wandel, *Wirtschaftlicher und sozialer Wandel in der Bundesrepublik Deutschland. Gutachten der Kommission für wirtschaftlichen und sozialen Wandel,* Ms., Bonn 1976

Koppensteiner, Hans-Georg, *Das Subventionsverbot im Vertrag über die Europäische Gemeinschaft für Kohle und Stahl,* Baden-Baden 1965

Koschorrek, Wilfried, Zur Geschichte der Steuerprivilegien der Sparkassen und Kreditgenossenschaften, in: *Finanzarchiv, N.F.,* 28. Jg. 1968, S. 253–279

Knapp, Manfred, Deutschland und der Marshallplan: Zum Verhältnis zwischen politischer und ökonomischer Stabilisierung in der amerikanischen Deutschlandpolitik nach 1945, in: Claus Scharf/Hans-Jürgen Schröder (Hrsg.), *Politische und ökonomische Stabilisierung Westdeutschlands: 1945–1949,* Wiesbaden 1977, S. 19–44

Krämer, Hans, *Die Finanzpolitik der westdeutschen Konzerne der Elektroindustrie, der chemischen Industrie und des Kohle-Eisen-Stahlbereichs von 1950–1959,* Berlin/ München 1951

Krawietz, Werner, Zur Kritik am Begriff des Maßnahmegesetzes, in: *DÖV,* 4/1969, S. 127– 135

Kreussler, Horst, *Der allgemeine Gleichheitssatz als Schranke für den Subventionsgesetzgeber unter besonderer Berücksichtigung von wirtschaftspolitischen Differenzierungszielen,* Berlin 1972

Kuczynski, Jürgen, *Die Lage der Arbeiter unter dem Kapitalismus,* Bd. 7a, Berlin (DDR) 1963

Küng, Emil, Die Subventionen in nationalökonomischer Beleuchtung, in: *Jahrbuch für Nationalökonomie und Statistik,* 1939

Kutscher, Gerhard, Gewinnermittlung aus Land- und Forstwirtschaft nach Durchschnittssätzen. Möglichkeiten und Unmöglichkeiten, in: *Deutsche Steuer-Zeitung,* Ausgabe A, 1976, S. 7–13

ders., Zur Neuregelung der Einkommensbesteuerung der Land- und Forstwirtschaft, in: *Deutsche Steuer-Zeitung,* Ausgabe A, 16/1980, S. 299–308

Labus, Otto, Das Investitionszulagengesetz, in: *Der Betriebs-Berater,* 23/1969, S. 989–991

Lambsdorff, Otto Graf, Rede vor dem Deutschen Bundestag am 10.11.1977, *Stenographisches Protokoll des Deutschen Bundestages,* 8. WP, 55. Sitzung, S. 4232 ff.

ders., Rede vor dem Deutschen Bundestag am 14.12.1978, *Stenographisches Protokoll des Deutschen Bundestages,* 8. WP, 125. Sitzung, S. 9837 ff.

Lammers, Konrad, Subventionen und Strukturwandel. Zu den Chancen eines Abbaus staatlicher Hilfen, in: *Wirtschaftsdienst* 1980, S. 539–546

ders., Die regionale Dimension von Subventionen in der Bundesrepublik Deutschland, in: *Jahrbuch für Regionalwirtschaft,* hrsg. v. d. Gesellschaft für Regionalplanung, 3. Jg. 1982, S. 64–91

Lang, Joachim, *Systematisierung von Steuervergünstigungen,* Berlin 1974

Langer, Jürgen/Dieter Lindenberger/Heino Nuppnau, *Probleme ausgewählter Steuervergünstigungen,* HWWA, Hamburg 1973

Langner, Manfred, Grundsätze zur Subventionspolitik, in: *Pressedienst der CDU/CSU-Fraktion im Deutschen Bundestag* v. 29.5.1978 ders., Grundsätze zur Subventionspolitik, in: *Pressedienst der CDU/CSU-Fraktion im Deutschen Bundestag* v. 6.12.1978

Lehmbruch, Gerhard, Wandlungen der Interessenpolitik im liberalen Korporatismus, in: Ulrich v. Alemann/Rolf G. Heinze (Hrsg.), *Verbände und Staat*, Opladen 1979, S. 50 ff.

Lenel, Hans Otto, Das Kohleanpassungsgesetz, in: *Ordo*, 20/1969, S. 158–180

Littmann, Eberhard, *Kommentar zum Einkommensteuergesetz*, Bd. I, 1978

Littmann, Konrad, Die staatliche Tätigkeit in der Bundesrepublik Deutschland 1963 und 1964, in: *Finanzarchiv, N.F.*, Bd. 25, 1966, S. 76 ff.

Luhmann, Niklas, *Zweckbegriff und Systemrationalität*, Frankfurt a.M. 1973

Lutz, Günter, *Die steuerliche Erfassung realisierter stiller Reserven des Anlagevermögens in den EWG-Staaten Belgien, Bundesrepublik Deutschland, Frankreich, Großbritannien und Niederlande. Ein rechtsvergleichender Beitrag zur Frage der Begünstigung gewerblicher Kapitalgewinne in der Bundesrepublik*, Bern/Frankfurt a.M. 1973

Mackscheidt, Klaus/Heinz-Hermann Menzenwerth/Jessica Metzmacher-Helpenstell, *Unternehmensgrößenspezifische Benutzerprofile von Staatsleistungen. Eine empirische Studie über die Inanspruchnahme von Subventionen und Realtransfers*, Göttingen 1977

ders./Jörg Steinhausen, *Finanzpolitik I. Grundfragen fiskalpolitischer Lenkung*, Tübingen ²1975

Matthäus, Ingrid, Der Subventionsbericht muß zu einem Instrument der Strukturpolitik werden, in: *fdk-tagesdienst*, Pressedienst der Bundestagsfraktion der F.D.P., v. 17.11. 1977, Bonn

Matthöfer, Hans, Zur Neuregelung der Einkommensbesteuerung der Land- und Forstwirtschaft, in: *Deutsche Steuerzeitung*, Ausgabe A, Nr. 23/1979, S. 443–444

Mayntz, Renate, Problemverarbeitung durch das politische System: Zum Stand der Forschung, in: Jens Joachim Hesse (Hrsg.), *Politikwissenschaft und Verwaltungswissenschaft*, PVS-Sonderheft 13/1982, Opladen 1982, S. 74–89

dies./Fritz Scharpf, Kriterien, Voraussetzungen und Einschränkungen aktiver Politik, in: dies. (Hrsg.), *Planungsorganisation. Die Diskussion um die Reform von Regierung und Verwaltung des Bundes*, München 1973, S. 115–145

Meinhold, Wilhelm, Artikel „Subventionen", in: *Handwörterbuch der Sozialwissenschaften*, Bd. X, S. 236–247

Mersmann, Wolfgang, Die Bewertung in der DM-Eröffnungsbilanz, in: *Steuer und Wirtschaft*, 1949, S. 678–703

Meyer-Renschhausen, Martin, *Energiepolitik in der BRD von 1950 bis heute. Analyse und Kritik*, Köln 1977

Mierheim, Horst/Lutz Wicke, *Die personelle Einkommensverteilung in der Bundesrepublik Deutschland*, Tübingen 1978

Mommsen, Hans/Dieter Petzina/Bernd Weisbrod (Hrsg.), *Industrielles System und politische Entwicklung in der Weimarer Republik*, 2 Bde., Düsseldorf 1977

Nahamowitz, Peter, *Gesetzgebung in den kritischen Systemjahren 1967–1969. Eine Rekonstruktion spätkapitalistischen Handelns*, Frankfurt a.M. 1978

Narr, Wolf-Dieter, Logik der Politikwissenschaft, in: Dieter Senghaas/Gisela Kress (Hrsg.), *Politikwissenschaft. Eine Einführung in ihre Probleme*, Frankfurt a.M. 1972, S. 13–36

ders., Die Bundesrepublik – eine Versicherungsgesellschaft?, in: ders. (Hrsg.), *Wir Bürger als Sicherheitsrisiko*, Hamburg 1977, S. 19–57

ders., Hin zu einer Gesellschaft bedingter Reflexe?, in: Jürgen Habermas (Hrsg.), *Stichworte zur „Geistigen Situation der Zeit"*, Bd. 2, Frankfurt a.M. 1979, S. 489–528

ders., Politisiert die Arbeit – Eine Anregung für Theorie und Praxis, in: Ulrich Jürgens/Frieder Naschold (Hrsg.), *Arbeitspolitik. Materialien zum Zusammenhang von politischer Macht, Kontrolle und betrieblicher Organisation der Arbeit*, Leviathan-Sonderheft 1983, Opladen 1984, S. 429–467

Neumann, Franz, Der Funktionswandel des Gesetzes im Recht der bürgerlichen Gesellschaft, in: ders., *Demokratischer und autoritärer Staat. Studien zur politischen Theorie*, hrsg. v. Herbert Marcuse, Frankfurt a.M. 1967, S. 31—81

ders., *Die Herrschaft des Gesetzes*, Frankfurt a.M. 1980

Neumark, Fritz, *Grundsätze gerechter und ökonomisch rationaler Steuerpolitik*, Tübingen 1970

ders., *Wirtschafts- und Finanzprobleme des Interventionsstaats*, Tübingen 1961

ders., Artikel „Subventionen", in: *Handwörterbuch des Bankwesens*, Berlin 1933, S. 548 ff.

Niehaus, Heinrich, Das Bauerntum in Wirtschaft und Gesellschaft, in: Heinrich Niehaus/Hermann Priebe (Hrsg.), *Agrarpolitik in der Sozialen Marktwirtschaft*, Ludwigsburg 1956, S. 11—30

ders., Staats- und Verbandsmacht prägen die Agrarpolitik, in: E. Gebhardt/P. Kuhlmann (Hrsg.), *Agrarwirtschaft und Agrarpolitik*, Köln 1969, S. 129—145 (erstmalige Veröffentlichung in: Heinrich Niehaus, *Leitbilder der Wirtschafts- und Agrarpolitik in der modernen Gesellschaft*, Stuttgart 1957)

ders./Hermann Priebe (Hrsg.), *Agrarpolitik in der Sozialen Marktwirtschaft. Wortlaut der Vorträge und Diskussion auf der fünften Arbeitstagung der Aktionsgemeinschaft Soziale Marktwirtschaft am 13. März 1956 in Bad Godesberg*, Ludwigsburg 1956

Nocken, Ulrich, Inter-Industrial Conflicts and Alliances as Examplified by the AVI-Agreements, in: Hans Mommsen/Dieter Petzina/Bernd Weisbrod (Hrsg.), *Industrielles System und politische Entwicklung in der Weimarer Republik*, 2 Bde., Düsseldorf 1977, S. 693—704

ders., Corporatism and Pluralism in Modern German History, in: Dirk Stegmann/Bernd-Jürgen Wendt/Peter-Christian Witt (Hrsg.), *Industrielle Gesellschaft und politisches System*, Bonn 1978, S. 37—56

Oberhauser, Alois, Förderung der Vermögensbildung in Unternehmerhand durch finanzpolitische Maßnahmen des Staates, in: Georg Leber (Hrsg.), *Vermögensbildung in Arbeitnehmerhand. Dokumentation*, Bd. 3, Frankfurt a.M. 1965, S. 217—233

Offe, Claus, *Strukturprobleme des kapitalistischen Staates*, Frankfurt a.M. 1972

ders., Rationalitätskriterien und Funktionsprobleme politisch-administrativen Handelns, in: *Leviathan*, 3/1974, S. 333—345

ders., *Berufsbildungsreform. Eine Fallstudie über Reformpolitik*, Frankfurt a.M. 1975

ders., „Unregierbarkeit". Zur Renaissance konservativer Krisentheorien, in: Jürgen Habermas (Hrsg.), *Stichworte zur ‚Geistigen Situation der Zeit‘*, Bd. 2, Frankfurt a.M. 1979, S. 294—318

Ossenbühl, Fritz, Tendenzen und Gefahren der neueren Ermessenslehre, in: *DÖV*, 17/18 1968, S. 618—627

ders., Ermessen, Verwaltungspolitik und unbestimmter Rechtsbegriff, in: *DÖV*, 2/1970, S. 84—90

Osterwald, Egbert, *Zur Entstehung des Stabilitätsgesetzes. Eine Studie über Entscheidungsprozesse des politischen Systems*, Frankfurt a.M. 1982

Ostleitner, Herbert, Keynesianische und Keynes'sche Wirtschaftspolitik, in: Heinz Markmann/Diethard Simmert (Hrsg.), *Krise der Wirtschaftspolitik*, Köln 1978, S. 87—96

Pehl, Günter, *Steuerpolitik in der Bundesrepublik Deutschland*, Köln 1962

Peters, Rudolf, *Grundlagen der Mesoökonomie und Strukturpolitik*, Bern/Stuttgart 1981

Pohl, Manfred, *Wiederaufbau. Kunst und Technik der Finanzierung 1947—1953. Die ersten Jahre der Kreditanstalt für Wiederaufbau*, mit einem Nachwort von Hermann J. Abs, Frankfurt a. M. 1973

Poppinga, Otto, Gebrauchsanleitung zum Agrarbericht, in: ders. (Hrsg.), *Produktion und Lebensverhältnisse auf dem Land*, Opladen 1979, S. 72—111

Preuss, Ulrich K., *Legalität und Pluralismus. Beiträge zum Verfassungsrecht der Bundesrepublik Deutschland*, Frankfurt a. M. 1973 ders., Politische Ordnungskonzepte für die Massengesellschaft, in: Jürgen Habermas (Hrsg.), *Stichworte zur ,Geistigen Situation der Zeit'*, Frankfurt a.M. 1979, S. 340—377

ders., *Die Internalisierung des Subjekts. Zur Kritik der Funktionsweise des subjektiven Rechts*, Frankfurt a.M. 1979

Priebe, Hermann, Der bäuerliche Betrieb, in: Heinrich Niehaus/Hermann Priebe (Hrsg.), *Agrarpolitik in der Sozialen Marktwirtschaft. Wortlaut der Vorträge und Diskussion auf der fünften Arbeitstagung der Aktionsgemeinschaft Soziale Marktwirtschaft am 13. März 1956 in Bad Godesberg*, Ludwigsburg 1956, S. 31—43

ders., Möglichkeiten und Grenzen der Strukturentwicklung, in: Wolfgang Frickhöffer/Hermann Priebe/Friedrich Greiff/Roderich Platte/Heinrich Niehaus, *Hilfe zur Selbsthilfe für die Landwirtschaft. Vorträge und Diskussionen der zehnten Arbeitstagung der Aktionsgemeinschaft Soziale Marktwirtschaft am 24. Januar 1958 in Bad Godesberg*, Ludwigsburg 1958, S. 13—28

ders., *Die subventionierte Unvernunft. Landwirtschaft und Naturhaushalt*, Berlin 1985

Puvogel, Curt, *Der Weg zum Landwirtschaftsgesetz*, Bonn 1957

Radkau, Joachim, *Aufstieg und Krise der deutschen Atomwirtschaft 1945—1975. Verdrängte Alternativen in der Kerntechnik und der Ursprung der nuklearen Kontroverse*, Reinbek 1983

Rathmann, L., Bismarck und der Übergang Deutschlands zur Schutzzollpolitik 1873/74 bis 1879, in: *Zeitschrift für die Geschichtswissenschaft*, 1956, S. 899 ff.

Rau, Johannes, Ohne regulierende staatliche Politik keine Absicherung. Rede vor der Landesvereinigung der industriellen Arbeitgeberverbände in Düsseldorf, abgedr. in: *Frankfurter Rundschau* v. 3.7.1979

Reintges, Heinz, *Der Einfluß der Gesetzgebung auf die Rationalisierungsmöglichkeiten des Steinkohlebergbaues*, hrsg. von der Arbeitsgemeinschaft für Rationalisierung des Landes Nordrhein-Westfalen, H. 77, o.O. 1965

Rhinow, René A., *Wesen und Begriff der Subventionen in der schweizerischen Rechtsordnung*, Basel/Stuttgart 1971

Richter, Jürgen, *Die Zinssubventionen in der Bundesrepublik Deutschland* (Schriftenreihe des Instituts für Kapitalmarktforschung an der J.W. Goethe-Universität Frankfurt), Frankfurt a.M. 1970

Rieden, Wolfgang, *Die betriebswirtschaftliche Bedeutung der Übertragung stiller Rücklagen gemäß § 6b des Einkommensteuergesetzes*, Diss., Köln 1972

Riese, Hajo, *Wohlfahrt und Wohlfahrtspolitik*, Reinbek 1975

Ring, Peter, *Wertschöpfungspräferenz nach dem Berlinförderungsgesetz*, Berlin 1975

ders., *Wertschöpfungsorientierte Umsatzsteuerpräferenz nach dem Berlinförderungsgesetz (BerlinFG). Erfolgskontrolle und Vorschläge zur Weiterentwicklung* (DIW-Beiträge zur Strukturforschung, H. 65), Berlin 1981

Ritz, Hans-Günther, Betriebliche und staatliche Arbeitspolitik — am Beispiel der beruflichen Integration Schwerbehinderter, in: Ulrich Jürgens/Frieder Naschold (Hrsg.), *Arbeitspolitik. Materialien zum Zusammenhang von politischer Macht, Kontrolle und betrieblicher Organisation der Arbeit*, Leviathan-Sonderheft 1983, Opladen 1984, S. 342—362

Röpke, Wilhelm, *Die Gesellschaftskrisis der Gegenwart*, Erlenbach-Zürich ⁵1948

Röthlingshöfer, Karl-Christian/Rolf-Ulrich Sprenger, *Die Effizienz der indirekten steuerlichen Forschungsförderung*, Berlin 1977

Ronge, Volker, Entpolitisierung der Forschungspolitik, in: *Leviathan*, 3/1975, S. 397 ff.

ders., *Forschungspolitik als Strukturpolitik*, München 1977

ders., *Bankpolitik im Spätkapitalismus*, Frankfurt a.M. 1979

ders. (Hrsg.), *Am Staat vorbei. Politik der Selbstregulierung von Arbeit und Kapital*, Frankfurt a.M. 1980

Roskamp, Karl W., *Capital Formation in West Germany*, Detroit 1965

Ruchti, Hans, *Die Abschreibung. Ihre grundsätzliche Bedeutung als Aufwandsfaktor, Ertragsfaktor, Finanzierungsfaktor*, Stuttgart 1953

Rüger, Gerald, *Steuerliche Vergünstigungen für die Landwirtschaft als Mittel der Agrarpolitik*, Bochum [2]1977

Rupp, Heinrich, Ermessensspielräume und Rechtsstaatlichkeit, in: *Neue juristische Wochenschrift*, 22. Jg. 1969, H. 30, S. 1273–1278

Ruppe, H.G., Steuerbegünstigungen als Subventionen?, in: Karl Wenger (Hrsg.), *Förderungsverwaltung*, Wien 1973, S. 57–86

Rutz, Karl, *Staatliche Subventionen an private Unternehmungen*, (Diss. Zürich) Turbenthal 1948

Sachverständigenrat zur Begutachtung der gesamtwirtschaftlichen Entwicklung, *Jahresgutachten* 1964/65 ff., Bundestagsdrucksache

Schaaf, Peter, *Ruhrbergbau und Sozialdemokratie. Die Energiepolitik der großen Koalition 1966–1969*, Marburg 1978

Scharpf, Fritz, Bisher wird die Arbeitslosigkeit noch vielfach verharmlost. Referat vor der SPD-Bundestagsfraktion, abgedruckt in: *Frankfurter Rundschau* v. 21.2.1981

ders., Der Erklärungswert „binnenstruktureller" Faktoren in der Politik- und Verwaltungsforschung, in: Joachim Jens Hesse (Hrsg.), *Verwaltungswissenschaft und Politikwissenschaft*, PVS-Sonderheft 13, Opladen 1982, S. 90–104

ders./Bernd Reissert/Fritz Schnabel, *Politikverflechtung: Theorie und Praxis des kooperativen Föderalismus in der Bundesrepublik*, Kronberg/Ts. 1976

Schatz, Klaus-Werner, Der Staat und seine Subventionen, in: *Wirtschaftsdienst*, 1983, S. 268–274

Schetting, Gerd, *Die Rechtspraxis der Subventionierung. Eine Untersuchung zur normativen Subventionspraxis in der Bundesrepublik Deutschland*, Berlin 1973

Schlothauer, Reinhold, Die Verhängung des permanenten Ausnahmezustandes im Wege der Verfassungsinterpretation. Zur gegenwärtigen Methode der Verfassungsauslegung, in: *Leviathan*, 4/1977, S. 538–551

Schmid, Günther/Dieter Freiburghaus, Techniken politischer Planung: Vom Marktkalkül zum Plankalkül? Anatomie des Problems am Beispiel der Kosten-Nutzen-Analyse „Wasserstraßenanschluß für das Saarland", in: *Leviathan*, 3/1974, S. 346–382

ders./Hubert Treiber, *Bürokratie und Politik*, München 1975

Schmidhuber, Peter, Rede vor dem Deutschen Bundestag vom 10.11.1977, *BT-Prot.*, 8. WP, 55. Sitzung, S. 4228 ff.

Schmidt, Helmut, Regierungserklärung vor dem Deutschen Bundestag vom 16.12.1976, in: *BT-Prot.*, 8. WP, 5. Sitzung, S. 31 ff.

Schmidt, Kurt, Entwicklungstendenzen der öffentlichen Ausgaben im demokratischen Gruppenstaat, in: Ernst-Bernd Blümle/Walter Wittmann (Hrsg.), *Verbände*, Stuttgart 1966, S. 14–21

Schmitt, Carl, Der Begriff des Politischen, in: ders., *Probleme der Demokratie*, Berlin 1928

Schmitt, Günther, Entwicklung, Struktur und Determinanten der finanzpolitischen Agrarförderung, in: Günther Schmitt/Hugo Steinhauser (Hrsg.), *Planung, Durchführung und Kontrolle der Finanzierung von Landwirtschaft und Agrarpolitik*, München 1978, S. 3–24

Schmölders, Günter, *Finanz- und Steuerpsychologie*, Reinbek 1970

Schneider, Dieter, Besteuerung von Veräußerungsgewinnen und Verkaufsbereitschaft: der fragwürdige „lock-in-Effekt", in: *Steuer und Wirtschaft*, 53. Jg., 3/1976, S. 197–210

Schroeder, Klaus, *Der Weg in die Stagnation*, Opladen 1984

Schülein, August, Normalität und Opposition. Über Ursachen und gesellschaftliche Funktion der „Alternativbewegung", in: *Leviathan*, 2/1983, S. 252–274

Schumpeter, Joseph, Subventionspolitik, in: *Berliner Börsencourier*, (Berlin) Nr. 87 v. 2.2. 1926

Schwarze, Ulla, Subventionen — Spürbare Beeinflussung des Wirtschaftsgefüges?, in: *RWI-Mitteilungen* 1980, S. 135 ff.

Selmer, Peter, *Steuerinterventionismus und Verfassungsrecht,* Frankfurt a.M. 1972
Shonfield, Andrew, *Geplanter Kapitalismus.* Wirtschaftspolitik in Westeuropa und USA, Köln 1968
Sieber, Luitgard, *Subventionen, Subventionen, Subventionen. Das bisher ungelöste Problem — hier ein konkreter Leitfaden,* Ludwigsburg 1971
Simonis, Heide, Die arbeitsplatzwirksamen Effekte der Subventionen müssen erfaßt werden, in: *Sozialdemokratischer Pressedienst* v. 15.2.1979
dies., Thesen zur Subventionspolitik, in: *Wirtschaftsdienst* 1979, S. 215—219
Söffing, Günther, Erläuterungen zu § 6b EStG, in: Fritz Lademann/Edgar Lenske/Hedin Brockhoff, *Kommentar zum Einkommensteuergesetz,* Loseblatt-Sammlung, Stuttgart usw., Nachtrag Mai 1977
Spahn, Hans-Peter, Keynes in der heutigen Wirtschaftspolitik, in: *Der Keynesianismus I. Theorie und Praxis keynesianischer Wirtschaftspolitik,* hrsg. v. Gottfried Bombach/Hans-Jürgen Ramser/Manfred Timmermann/Walter Wittmann, Berlin usw. 1981, S. 211—292
Spiegelberg, Friedrich, *Energiemarkt im Wandel. Zehn Jahre Kohlenkrise an der Ruhr,* Baden-Baden 1970
Spöri, Dieter, Steuergerechtigkeit — nicht nur Tariffrage. Finanzierungsspielräume im Subventionsdschungel, in: *Sozialdemokratischer Pressedienst* v. 20.10.1977
ders., Für Flick eine offene Hand. Der Subventionsbericht der Bundesregierung: geschönt und ohne Analysen, in: *Vorwärts* v. 16.3.1978
ders., Der Subventionsstaat. Wie ein Konzeptionswechsel die Finanzkrise verhindern kann, in: *Vorwärts* v. 5.4.1979
Springsguth, Ulrich, *Investitionshilfen des Staates sowie sonstige finanzielle und steuerliche Vergünstigungen für Betriebe,* Heiligenhaus (System-Marketing Hans O. Rasche, Praktiker-Checkliste) 1977
Stahl, K., Die Entwicklung der regionalen Wirtschaftspolitik in der Bundesrepublik, in: *Handbuch der regionalen Wirtschaftsförderung,* hrsg. v. H.H. Eberstein, Köln o.J. (Loseblattsammlung), Teil A II
Stern, St./P. Münch/Karl-Heinrich Hansmeyer, *Gesetz der Stabilität und des Wachstums der Wirtschaft. Kommentar,* Stuttgart 1972
Stickrodt, Georg, *Das Subventionsthema in der Steuerpolitik unter besonderer Berücksichtigung der Stellung der Landwirtschaft,* Berlin 1960
Stilz, Dieter, Die Begünstigung des Steinkohlenbergbaus des Ruhrgebiets durch die öffentliche Finanzwirtschaft, in: *Schmollers Jahrbuch für Wirtschafts- und Sozialwissenschaften,* 89. Jg., I. Halbband, Berlin 1969, S. 151—184
ders., Die Auswirkungen der öffentlichen Hilfen für den Ruhrbergbau auf dessen Wettbewerbsbedingungen, in: *Schmollers Jahrbuch für Wirtschafts- und Sozialwissenschaften,* 89. Jg., II. Halbband, Berlin 1969, S. 427—449
Strauß, Franz Josef, *Die Finanzverfassung,* München 1969
Sturm, Roland, Entscheidungsstrukturen und Entscheidungsprozesse in der Haushaltspolitik. Zum Selbstverständnis des Haushaltsausschusses des Deutschen Bundestages, in: *PVS,* 3/1985, S. 247—269
Teichmann, Ulrich, *Die Politik der Agrarpreisstützung. Marktbeeinflussung als Teil des Agrarinterventionismus in Deutschland,* Köln 1955
Terhalle, Fritz, Das Finanz- und Steuersystem der Bundesrepublik Deutschland, in: *Handbuch der Finanzwissenschaft,* Bd. III., Tübingen [2]1956, S. 139 ff.
Thiel, Rudolf, Die Übertragung stiller Reserven gemäß § 6b EStG, in: *Steuer-Kongreß-Report,* 1965, S. 183 ff.
Thormählen, Thies, Wirtschaftliche Interventionen in der Sozialen Marktwirtschaft, in: *WiSt-Wirtschaftswissenschaftliches Studium,* 16. Jg. 1987, H. 8, S. 385—391
Tiedemann, Klaus, *Subventionskriminalität in der Bundesrepublik. Erscheinungsformen, Ursachen, Folgerungen,* Reinbek 1974

Tipke, Klaus, *Die Steuerprivilegien der Sparkassen. Steuersystematische und verfassungsrechtliche Aspekte*, Köln 1972

ders., *Steuerrecht*, Köln [4]1977

Treutner, Erhard/Stephan Wolff/Wolfgang Bonß, *Rechtsstaat und situative Verwaltung. Zu einer sozialwissenschaftlichen Theorie administrativer Organisationen*, Frankfurt a.M. 1978

Uelner, Adalbert, Der neue § 6b des Einkommensteuergesetzes, in: *Die Deutsche Steuerzeitung*, Ausgabe A, Nr. 23/24, 1964, S. 364−369

Untersuchung über die Entwicklung der gegenwärtigen und zukünftigen Struktur von Angebot und Nachfrage in der Energiewirtschaft der Bundesrepublik unter besonderer Berücksichtigung des Steinkohlenbergbaus. Auf Beschluß des Deutschen Bundestages vom 12. Juni 1959 durchgeführt von der Arbeitsgemeinschaft deutscher wirtschaftswissenschaftlicher Forschungsinstitute e.V., Bonn, abgeschlossen und vorgelegt 1961, Berlin 1962

Vilmar, Fritz, *Rüstung und Abrüstung im Spätkapitalismus*, Frankfurt a.M. [5]1970

Vobruba, Georg, Keynesianismus als Politisches Prinzip, in: *Leviathan*, 4/1979, S. 491−512

ders., *Politik mit dem Wohlfahrtsstaat*, Frankfurt a.M. 1983

Vogelsang, Ingo, Eine Alternative zur Kohlepolitik des Dritten Verstromungsgesetzes, in: *Ordo*, 1977, S. 181 ff.

Vogt, Winfried, *Die Wachstumszyklen der westdeutschen Wirtschaft von 1950 bis 1965 und ihre theoretische Erklärung*, Tübingen 1968

Voss, Antonius, *Die Ausgleichsabgabe zur Sicherung der Elektrizitätsversorgung* (Sonderveröffentlichung Nr. 4 des Finanzwissenschaftlichen Forschungsinstituts der Universität zu Köln), Köln 1981

Wachendorf, Hans-Georg, Aktuelle Fragen der Steinkohlenverstromung, in: *Elektrizitätswirtschaft. Zeitschrift der Vereinigung Deutscher Elektrizitätswerke − VDEW*, 87. Jg. 1988, H. 26, S. 1296−1301.

Wallich, Henry C., *Triebkräfte des deutschen Wiederaufstiegs*, Frankfurt a.M. 1955

Wechsel, Lothar, *Beschleunigte Abschreibung, Wachstum und Konjunktur*, Köln 1964

Wehler, Hans-Ulrich, *Das Deutsche Kaiserreich 1871−1918*, Göttingen [5]1983

Weisbrod, Bernd, *Schwerindustrie in der Weimarer Republik. Interessenpolitik zwischen Stabilisierung und Krise*, Wuppertal 1978

Westphal, Heinz, Scheinheilige Oppositions-Fragen. Wenn's konkret wird: Verteidigung der Subventions-Erbhöfe, in: *Sozialdemokratischer Pressedienst* v. 27.8.1979

Westphal, Jürgen, Krisenbranchen und -regionen − Was kann man tun?, in: *Wirtschaftsdienst* 1983, S. 273−275

Widmaier, Hans-Peter, Politische Ökonomie des Wohlfahrtsstaates, in: *Politische Ökonomie des Wohlfahrtsstaates. Eine kritische Darstellung der Neuen Politischen Ökonomie*, hrsg. v. Hans-Peter Widmaier, Frankfurt 1974, S. 9−29

Willke, Helmut, Die Disjunktion von Rechtsformen und Machtformen − am Beispiel der konzertierten Aktion, in: *Rechtsformen der Verflechtung von Staat und Wirtschaft*, hrsg. v. Volkmar Gessner/Gerd Winter, *Jahrbuch für Rechtssoziologie und Rechtstheorie*, Bd. 8, Opladen 1982, S. 200−212

ders., Der Staat am Verhandlungstisch. Am Beispiel der konzertierten Aktion, in: *Abschied vom Recht?*, hrsg. v. Rüdiger Voigt, Frankfurt a.M. 1983, S. 298−313

Winter, Gerd, Literaturbericht zum Thema, in: *Rechtsformen der Verflechtung von Staat und Wirtschaft*, hrsg. v. Volkmar Gessner/Gerd Winter, *Jahrbuch für Rechtssoziologie und Rechtstheorie*, Bd. 8, Opladen 1982, S. 9−37

Wissenschaftlicher Beirat beim Bundesministerium der Finanzen, *Gutachten zur Reform der direkten Steuern (Einkommensteuer, Körperschaftssteuer, Vermögenssteuer und Erbschaftssteuer) in der Bundesrepublik Deutschland vom 11.7.1967*, Bonn 1967

Wissenschaftlicher Beirat beim Bundeswirtschaftsministerium, Subventionen in der Marktwirtschaft, in: *Bulletin der Bundesregierung* v. 31.3.1967, S. 262−264

Witt, Peter-Christian, Finanzpolitik und sozialer Wandel in Krieg und Inflation 1918–1924, in: Hans Mommsen/Dieter Petzina/Bernd Weisbrod (Hrsg.), *Industrielles System und politische Entwicklung in der Weimarer Republik*, 2 Bde., Düsseldorf 1977, S. 395–426

Wöhe, Günther, *Die Steuern des Unternehmens*, München ³1975

ders., *Betriebswirtschaftliche Steuerlehre*, München ⁵1978

Wolf, F., Wie effizient ist die regionale Wirtschaftsförderung?, in: *Informationen zur Raumentwicklung*, 9/1975, S. 431–437

Wollmann, Hellmut, Implementation durch Gegenimplementation von unten? Zur sozialen und räumlichen Selektivität der Wohnungspolitik und ihrer Implementation, in: Renate Mayntz (Hrsg.), *Implementation politischer Programme II. Ansätze zur Theoriebildung*, Opladen 1983. S. 168–196

Zachau-Mengers, Gertrud, *Subventionen als Mittel moderner Wirtschaftspolitik*, Diss., Jena 1930

Zacher, Hans F., Verwaltung durch Subventionen (Mitbericht), in: *Veröffentlichungen der Deutschen Staatsrechtslehrer*, H. 25, Berlin 1967, S. 308–400

ders., Staatliche Wirtschaftsförderung in der Bundesrepublik Deutschland, in: *Wirtschaftsrecht*, 2/1972, S. 185–229

Zavlaris, Démètre, *Die Subventionen in der Bundesrepublik Deutschland seit 1951. Eine Untersuchung ihres Umfangs, ihrer Struktur und ihrer Stellung in der Volkswirtschaft*, Berlin 1970

Zeitel, Gerhard, *Die Steuerlastverteilung in der Bundesrepublik Deutschland*, Tübingen 1959

ders., Über einige Kriterien zur Beurteilung staatlicher Subventionen, in: *Finanzarchiv*, N.F., 27. Jg. 1969, S. 187–201

Zeuner, Bodo, Verbandsforschung und Pluralismustheorie, in: *Leviathan*, 2/1976, S. 137–177

Zimmermann, Horst, Die Informationsfunktion des Subventionsberichtes, in: *Finanzarchiv*, N.F., 35. Jg. 1977, S. 451–468

ders., Vergleichbarkeit der Subventionsberichterstattung des Bundes, in: *Finanzarchiv, N.F.*, 37. Jg. 1979, S. 399–415

ders., Der Zehnte Subventionsbericht, in: *Finanzarchiv, N.F.*, 44. Jg. 1986, S. 503–508

ders., Der Mitnahmeeffekt, in: *WiSt-Wirtschaftswissenschaftliches Studium*, 16. Jg. 1987, H. 7, S. 339–343

Zuleeg, Manfred, *Die Rechtsform der Subvention*, Berlin 1965

Zydek, Hans/Wolfgang Heller, *Energiemarktrecht. Rechtsvorschriften zur Regelung des Energiemarktes*, Loseblattsammlung, Essen 1978

Schriften des Zentralinstituts für sozialwissenschaftliche Forschung der FU Berlin

Gert-Joachim Glaeßner
(Hrsg.)

**Die DDR
in der Ära Honecker**

Politik – Kultur – Gesellschaft.

1988. 689 S. (Bd. 56)
Kart. DM 78,–
ISBN 3-531-11922-2

Inhalt: Deutsche Frage und deutsche Nation – Die DDR als Gegenstand sozialwissenschaftlicher Forschung – Entwicklungstendenzen des politischen Systems – Einheit von Wirtschafts- und Sozialpolitik – Soziale Problemlagen – Bildung und Wissenschaft – Kultur und Kulturpolitik.

Führende Experten legen eine Bilanz der politischen und gesellschaftlichen Entwicklung der DDR in den 70er und 80er Jahren vor. Schwerpunkte der Analyse sind das politische System und die politische Kultur, die gesellschaftspolitische Strategie der DDR und soziale Problemlagen, das Verhältnis von Kultur und Gesellschaft und die deutsche Frage.

Tilla Siegel

**Leistung und Lohn
in der
nationalsozialistischen
„Ordnung der Arbeit"**

1989. 325 S. (Bd. 57)
Kart. DM 46,–
ISBN 3-531-12077-8

Um den „Arbeitsfrieden" und die „Arbeitsfreude" zu sichern, verließ sich das nationalsozialistische Regime nicht allein auf Zwang und Propaganda. Das Leistungsprinzip war ein zentrales Element seiner „Ordnung der Arbeit" wie auch der Ideologie und Praxis der Deutschen Arbeitsfront; und der tayloristische „gerechte Lohn" wurde eingesetzt, um innerbetriebliche Konflikte zu entschärfen und die Arbeitenden zu mehr „Leistungsfreude" anzuregen. Tilla Siegel dokumen-

tiert und analysiert diese bislang unterbelichteten Aspekte der NS-„Volksgemeinschaft" und ordnet sie in eine politische Geschichte betrieblicher Herrschaft ein, deren Kontinuitäten über die NS-Zeit hinausreichen.

Dietrich Herzog
und Bernhard Weßels (Hrsg.)

**Konfliktpotentiale und
Konsensstrategien**

Beiträge zur politischen Soziologie der Bundesrepublik.

1989. 344 S. (Bd. 54)
Kart. DM 46,–
ISBN 3-531-12033-6

Der Band versammelt Arbeitsergebnisse eines Forschungsprojektschwerpunktes der Freien Universität Berlin. Er enthält politologische, soziologische und zeitgeschichtliche Analysen wichtiger gesellschaftlicher Konfliktlagen und politischer Konsensstrategien in der Bundesrepublik Deutschland. Allen Beiträgen liegt die Frage zugrunde, inwieweit es gelang, in der zweiten deutschen Republik trotz beträchtlicher Veränderungen ihres „Problemhaushaltes", trotz rapider sozialstruktureller, ökonomisch-technologischer und kultureller Umwälzungen, insbesondere seit den ausgehenden sechziger Jahren, den gesellschaftlichen Grundkonsens zu bewahren und eine vergleichsweise hohe politische Stabilität zu sichern. Die Untersuchungen befassen sich mit der Arbeiterbewegung im Nachkriegsdeutschland, mit Veränderungen in der Wählerschaft und den Wandlungen politischer Strategien; sie behandeln die Bedeutung der Studentenbewegung und der „Parlamentarisierung" der Grünen; sie umfassen Analysen zur Technologie- und Umweltpolitik sowie zu Grundfragen der gegenwärtigen Parlamentarismusforschung.

Klaus Sühl

**SPD und
öffentlicher Dienst in
der Weimarer Republik**

Die öffentlichen Bediensteten in der SPD und ihre Bedeutung für die sozialdemokratische Politik 1918-1933.

1988. 259 S. (Bd. 53)
Kart. DM 39,–
ISBN 3-531-11869-2

„War die SPD in der Weimarer Republik eine ‚Partei des öffentlichen Dienstes'?" Unter dieser Fragestellung untersucht der Autor u. a. das Verhältnis der SPD zum Staatsdienst, zu den Beamten, Angestellten und Arbeitern im öffentlichen Dienst und zu ihren Berufsverbänden. Im Mittelpunkt der Arbeit steht die sozialdemokratische Personalpolitik und deren Auswirkungen auf Politik und Verwaltung. So wird insbesondere versucht, die Zahl der im öffentlichen Dienst beschäftigten Sozialdemokraten in der Zeit zwischen 1918 und 1933 zu ermitteln.

WESTDEUTSCHER VERLAG

Postfach 58 29
D-6200 Wiesbaden